LE MONDE FRANCOPHONE

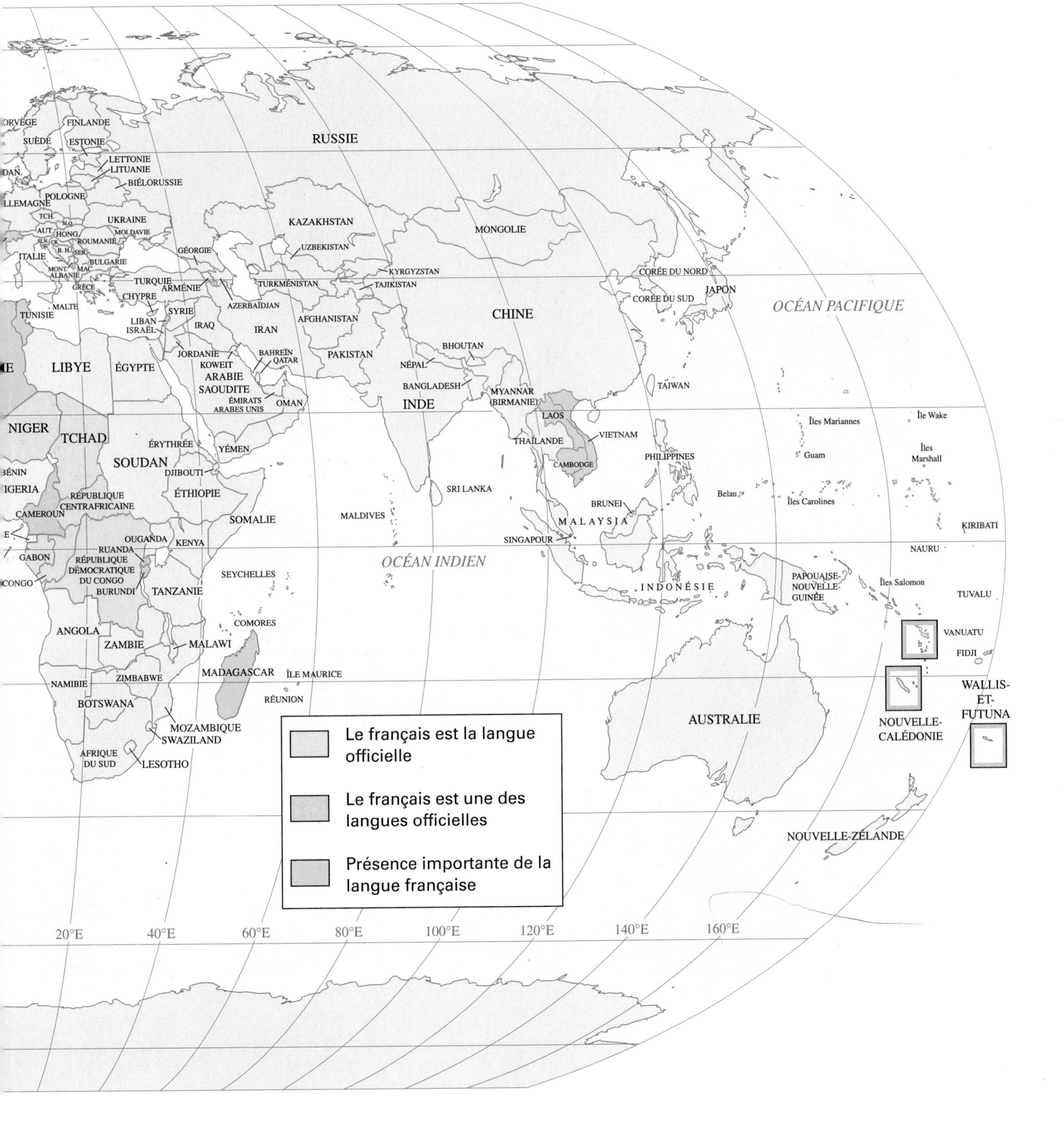

NINTH EDITION

Contacts

Langue et culture françaises

Jean-Paul Valette

Rebecca M. Valette
Boston College

Australia • Brazil • Japan • Korea • Mexico • Singapore • Spain • United Kingdom • United States

Contacts, Ninth Editon:
Langue et culture françaises
Valette and Valette

Vice-President, Editorial Director: P.J. Boardman

Publisher: Beth Kramer

Senior Acquisitions Editor: Nicole Morinon

Senior Content Project Manager: Esther Marshall

Development Editor: Nancy Pratt Siegel

Editorial Assistant: Gregory Madan

Senior Media Editor: Morgen Gallo

Executive Brand Manager: Ben Rivera

Senior Marketing Communications Manager: Linda Yip

Market Development Manager: Courtney Wolstoncroft

Manufacturing Planner: Betsy Donaghey

Senior Art Director: Linda Jurras

Rights Acquisitions Specialist: Jessica Elias

Image Researcher: Julie Low

Production Service: PreMediaGlobal

Text Designer: Polo Barrera

Cover Designer: Bill Reuter

Cover Image: © Jon Hicks/Corbis

For product information and technology assistance, contact us at
Cengage Learning Customer & Sales Support, 1-800-354-9706

For permission to use material from this text or product,
submit all requests online at **www.cengage.com/permissions**
Further permissions questions can be emailed to
permissionrequest@cengage.com

Library of Congress Control Number: 2012943477

Student Edition:

ISBN-13: 978-1-133-30958-1

ISBN-10: 1-133-30958-5

Loose Leaf Edition:

ISBN-13: 978-1-133-93400-4

ISBN-10: 1-133-93400-5

Heinle
20 Channel Center Street
Boston, MA 02210
USA

Cengage Learning is a leading provider of customized learning solutions with office locations around the globe, including Singapore, the United Kingdom, Australia, Mexico, Brazil, and Japan. Locate your local office at **www.cengage.com/global**

Cengage Learning products are represented in Canada by Nelson Education, Ltd.

To learn more about Heinle, visit **www.cengage.com/heinle**

Purchase any of our products at your local college store or at our preferred online store **www.cengagebrain.com**

Instructors: Please visit **login.cengage.com** and log in to access instructor-specific resources.

Printed in Mexico
3 4 5 6 7 8 20 19 18 17 16

Contents

Acknowledgments

The authors would like to thank the many users of ***Contacts*** who have made suggestions for this new edition. In particular they would like to thank **Andrea Javel** of Boston College for her perceptive and thorough review and **Marie-Claire Antoine** for her assistance in creating some of the readings.

The authors and publisher would like to thank the following reviewers of the ninth edition of ***Contacts:***

Antoinette Alitto, *Harrisburg Area Community College*
Terry Barnard, *North Idaho College*
Barbara Bateman, *Georgia Perimeter College*
Mary Bell, *East Los Angeles College*
Carolyn Bilby, *Bellevue College*
Marie Lorraine Bruno, *Immaculata University*
Nathalie Cornelius, *Bloomsburg University of Pennsylvania*
Debbie Damico, *Manhattan College*
Kelly Davidson, *Clemson University*
Nathaniel Dubin, *St. John's University*
Julie Foss, *Saginaw Valley State University*
Susan Gilbert, *College of the Redwoods*
Patricia Harrigan, *The Community College of Baltimore County*
Cristin Kalinowski, *D'Youville College*
Theodore Kendris, *Bloomsburg University of Pennsylvania*
Maite Killiam, *Sweet Briar College*
Laurence Lambert, *Sierra College*
Deborah M. Levin, *College of Marin*
Tamara Lindner, *University of Louisiana at Lafayette*
Jan Lund, *Creighton University*
Jack Marcus, *Gannon University*
Emily Mathis, *Christian Brothers University*
Anne-Hélène Miller, *East Carolina University*
Martine Motard-Noar, *McDaniel College*
Keith Poniewaz, *Bucks County Community College*
Nathan Reincheld, *Asbury College*
Linda M. Rouillard, *University of Toledo*
Randy Runyon, *Miami University*
Georgette Schmidt, *Cazenovia College*
Joanne Schmidt, *California State University, Bakersfield*
Louis Silvers, *Monroe Community College*
Daniele Slusser, *University of Redlands*
Edwina Spodark, *Hollins University*
Janet Starmer, *Guilford College*
Amye Sukapdjo, *Gainesville State College*
Rachael Wentz, *Carroll Community College*
Timothy L. Wilkerson, *Wittenberg University*
Florence Williams, *Palm Beach State College*

The Authors

Jean-Paul and **Rebecca M. Valette** are well-known modern language authors for college as well as high school programs. Jean-Paul Valette is a native of France and a full-time writer. Rebecca Valette is Professor Emeritus of Romance Languages at Boston College and Past President of the American Association of Teachers of French (AATF). In 2006 the Valettes were honored by the French government and named *Officier* and *Commandeur dans l'Ordre des Palmes Académiques* for their outstanding contributions in promoting French language and culture in the United States.

© Gretchen de Limur

To the Student: *Bonjour!*

Dear French student,

Congratulations for choosing to study French, a language which will open many doors for you and be a special asset as you explore future educational and professional opportunities. Millions of people around the world, spread over five continents, speak French as a first or second language. While still in college, you may have the opportunity to study or travel in a French-speaking country. Even without leaving the United States, you will be able to enjoy French-language films and international music of francophone origin, and you can discover the works of French artists, enjoy French cuisine, and follow the annual Tour de France. As your language skills expand, you may discover French-speaking students on your campus with whom to exchange conversation.

Welcome to ***Contacts*: *Langue et culture françaises***. Whether you have already studied a little French before, or whether this is your first experience with this language, you will find that our program leads you in small gradual steps with clear explanations and provides numerous opportunities for practice and self-expression.

If we can offer one bit of advice, it is to **listen** to French as much as you can – in your room, in the media lab, when walking across campus. Think of each new lesson conversation as a new song or a new rap number. Listen to it so often that it becomes second nature and that you have no trouble understanding what is said. Speak along with the recording, or try lip synch. Once you get the music of French in your head, you won't have to think about the rules very often: you will simply have a good feeling for what sounds right. Just as you do when speaking English.

Bonne chance! Good luck! Enjoy your new endeavor!

Jean-Paul Valette   Rebecca M. Valette

Bonjour, tout le monde!

UNITÉ 1

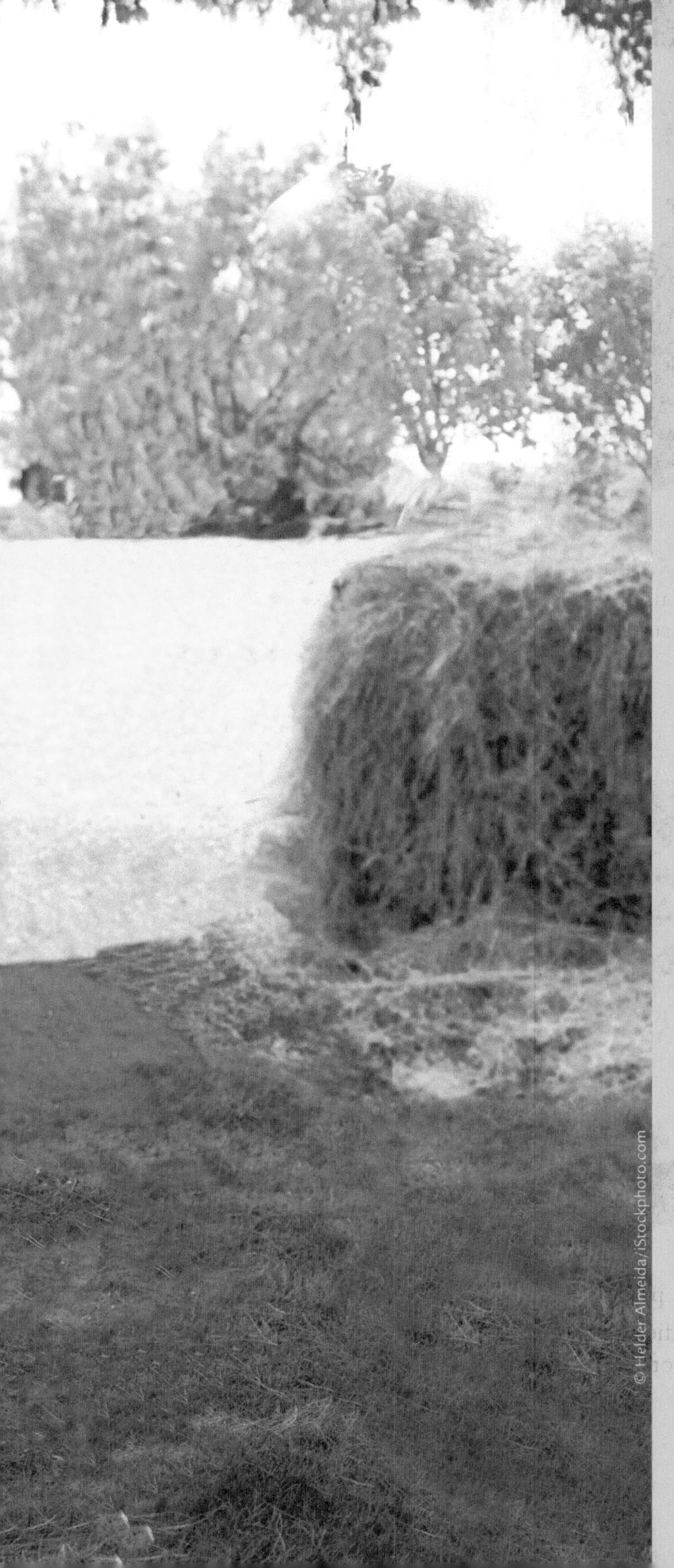
© Helder Almeida/iStockphoto.com

Leçon 1:
Bonjour!

Leçon 2:
Copain, copine

Leçon 3:
Ça va?

Rencontres francophones
Ask your International Student Office for the names of students from French-speaking countries. With your classmates, reach out to greet these students and help them feel at home on your campus.

LEÇON 1 Bonjour!

OBJECTIVES

- To greet people
- To introduce oneself
- To count from 0 to 12
- To know the French alphabet
- To tell time in hours

CD1-2

Four students at the École des Beaux-Arts de Paris introduce themselves.

Bonjour.
Je m'appelle Nicolas.
Je suis français.
Je suis de Toulouse.

Salut.
Je m'appelle Laura.
Je suis française.
Je suis de Paris.

Salut.
Je m'appelle Mélanie.
Je suis canadienne.
Je suis de Québec.

Bonjour.
Je m'appelle Pierre.
Je suis canadien.
Je suis de Montréal.

Pour communiquer: Présentations

HOW TO SAY HELLO AND GOOD-BY

Bonjour!	*Hello!*	**Bonjour, monsieur.**
Salut!	*Hi!*	**Bonjour, madame.**
		Bonjour, mademoiselle.
Au revoir.	*Good-by.*	
Salut!	*Bye!*	
À bientôt.	*See you soon.*	

Abréviations

M.	Monsieur
Mme	Madame
Mlle	Mademoiselle

HOW TO INTRODUCE ONESELF

Je m'appelle...	*My name is . . .*	**Je m'appelle** Mélanie.
Je suis de...	*I am from . . .*	**Je suis de** Paris.
Comment t'appelles-tu?	*What's your name?*	
D'où es-tu?	*Where are you from?*	

1 Bonjour

Choose a classmate and introduce yourselves to each other.

- Say hello.
- Give your name.
- Say what city you are from.

2 Conversation

Choose another classmate.

- Greet him/her casually.
- Ask his/her name.
- Ask where he/she is from.
- Say you will see him/her soon.

Note culturelle

La formalité

The French tend to be more formal than the Americans in their relationships with other people. For instance, adults generally address one another as **Monsieur, Madame,** and **Mademoiselle.** They do not use first names unless they are close friends or members of the same family. Similarly, students greet their teachers by saying **Bonjour, monsieur (madame, mademoiselle),** rather than just **Bonjour.** However, with their friends and fellow students they use the informal expression **Salut.**

Pour communiquer: La nationalité

HOW TO INDICATE ONE'S NATIONALITY

Je suis... *I am . . .* **Je suis** français.
Tu es...? *You are . . . ?* **Tu es** américain?

	Il est... *(He is . . .)*	**Elle est...** *(She is . . .)*
	**français**	**française**
	**anglais**	**anglaise**
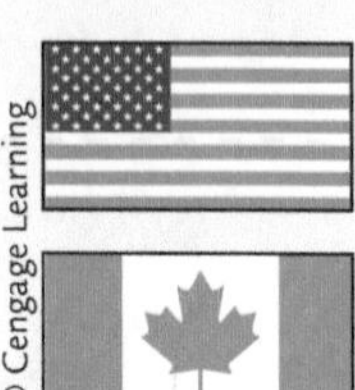	**américain**	**américaine**
	canadien	**canadienne**

→ Names of nationalities have two forms: they are MASCULINE or FEMININE depending on whether they refer to a man or a woman. These forms often have different pronunciations.

3 Au Club international

Students from different countries are gathering at the International Club. Play the role of one of the following students and introduce yourself, giving your name, nationality, and city of origin.

❋ Stéphanie (Montréal)
Salut! Je m'appelle Stéphanie.
Je suis canadienne.
Je suis de Montréal.

Marc (Québec)
Marie (Manchester)
Pierre (Toulouse)
Denise (Toronto)
Eric (Liverpool)
Isabelle (New York)
Kevin (Chicago)
Amélie (Bordeaux)

4 Nationalités

Give the nationalities of the following people, using **il** or **elle**, as appropriate.

❋ Paul McCartney *Il est anglais.*

1. Céline Dion
2. Britney Spears
3. Pierre Cardin
4. Jennifer Aniston
5. Juliette Binoche
6. Johnny Depp
7. Elton John
8. Tom Cruise
9. la reine *(queen)* Elizabeth
10. Lady Gaga
11. Eminem
12. le prince William

CD1-3

Prononciation: Les lettres muettes *(Silent letters)*

Some letters in French are not pronounced, especially when they come at the end of a word. The following letters are usually SILENT:

- **h** in all positions
  Répétez: Henri Thomas Nathalie Arthur Élisabeth hôtel théâtre
- final **-e**
  Répétez: Louise Denise Philippe Stéphane anglaise française
- final **-s**
  Répétez: Louis Denis Nicolas Charles Paris anglais français
- other final consonants
  Répétez: Richard Margot Roger Saint-Tropez Strasbourg Bordeaux

EXCEPTIONS: final **-c, -k, -f, -l** are pronounced, and sometimes **-r**
Répétez: Éri**c** Mar**c** Patri**ck** Miche**l** Pau**l** acti**f** Victo**r** bonjou**r**

5 Personnes célèbres

Pronounce the names of these famous French people.

Catherine Deneuve (actrice)

© GYI NSEA/iStockphoto.com

Charles de Gaulle (président)

© Time & Life Pictures/Getty Images

Louis Pasteur (biologiste)

© Interfoto/Alamy

Maurice Ravel (compositeur)

© Hulton Archive/Getty Images

Henri Matisse (artiste)

© Boris Lipnitzki/Roger-Viollet The Image Works

Édith Piaf (chanteuse)

© Glow Images

Victor Hugo (poète)

© Bettmann/Corbis

Coco Chanel (couturière)

© Lipnitzki/Roger-Viollet/Getty Images

CD1-4

Les nombres de 0 à 12

0	1	2	3	4	5	6	7	8	9	10	11	12
zéro	un	deux	trois	quatre	cinq	six	sept	huit	neuf	dix	onze	douze

6 Allô!

Give your phone numbers, using single digits.

❊ 617-962-1284 ***le six - un - sept - neuf - six - deux - un - deux - huit - quatre***

- numéro de téléphone
- numéro de portable

CD1-5

L'alphabet français

A	B	C	D	E	F	G	H	I	J	K	L	M
a	bé	cé	dé	e	effe	gé	ache	i	ji	ka	elle	emme
N	**O**	**P**	**Q**	**R**	**S**	**T**	**U**	**V**	**W**	**X**	**Y**	**Z**
enne	o	pé	ku	erre	esse	té	u	vé	double vé	ixe	i grec	zède

7 Réservations

You are phoning to make a hotel reservation in Paris. Identify yourself and spell your last name in French.

❊ ***Je m'appelle Nicole Smith: S - M - I - T - H***

CD1-6

Les signes orthographiques *(Spelling marks)*

French uses accents and spelling marks that do not exist in English. These marks are part of the spelling and cannot be left out.

- In French there are four accents that may appear on VOWELS.

l'accent aigu *(acute accent)*	Cécile, Mélanie	café
l'accent grave *(grave accent)*	Michèle, Hélène	collège
l'accent circonflexe *(circumflex)*	Jérôme	hôtel, dîner
le tréma *(dieresis)*	Noël, Anaïs	naïf

- One spelling mark is used with a CONSONANT: it occurs under the letter "c."

la cédille *(cedilla)*	François	français

Pour communiquer: L'heure

HOW TO TALK ABOUT TIME (IN HOURS)

Quelle heure est-il?	*What time is it?*
Il est...	*It is . . .*

une heure

deux heures

trois heures

quatre heures

cinq heures

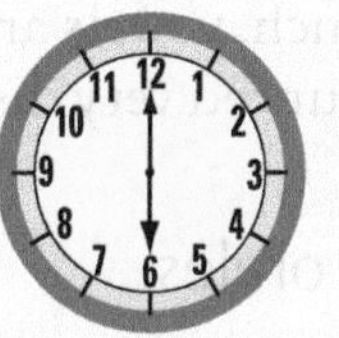

six heures

sept heures

huit heures

neuf heures

dix heures

onze heures

midi

minuit

HOW TO DISTINGUISH BETWEEN A.M. AND P.M.

du matin	*in the morning*	Il est dix heures **du matin.**
de l'après-midi	*in the afternoon*	Il est deux heures **de l'après-midi.**
du soir	*in the evening*	Il est neuf heures **du soir.**

 CD1-7

Prononciation: L'heure

In telling time, the number and the word **heure(s)** are pronounced together as a single expression.

une‿heure deux‿^{z}heures trois‿^{z}heures quatre‿heures cinq‿^{k}heures six‿^{z}heures

sept‿heures huit‿heures neuf‿^{v}heures dix‿^{z}heures onze‿heures

8 Quelle heure est-il?

Ask your partner what time it is.

❄ *— Quelle heure est-il?*
— Il est quatre heures.

1. 6:00
2. 11:00
3. 8:00
4. 
5. 
6. 

9 Matin ou soir?

Give the following times in French, indicating morning, afternoon, or evening.

❄ 9 a.m. ***Il est neuf heures du matin.***

1. 10 a.m. 2. 1 p.m. 3. 8 p.m. 4. 7 a.m. 5. 9 p.m. 6. 5 p.m.

CD1-8

Prononciation: Les voyelles françaises

While French and English words share many similarities in spelling, they are not pronounced the same. Vowels in the two languages are very different.

- In English, vowels are often glided.
- In French, vowels are clear, short, and clipped. Each vowel sound is pronounced very distinctly.

Voyelles orales

vowel sound	**sample spelling***	Répétez:	
/a/	a	Anne	Madame Laval est de l'Alabama.
/e/	é	Mélanie	Léa est de Québec.
/ɛ/	è, e	Michel	Elle s'appelle Michèle.
/ə/	e	je de	Denis est de Genève.
/ø/	eu	deux	Mathieu a deux dollars.
/œ/	eu	heure	Il est neuf heures.
/o/	o	Rose	Rose est de Mexico.
/ɔ/	o	Nicole	Thomas est de Limoges.
/i/	i, y	Sylvie	Émilie est de Paris.
/u/	ou	Ousmane	Loulou est de Toulouse.
/y/	u	tu Lucie	D'où es-tu, Julie?

Voyelles nasales

When pronouncing nasal vowels, the "n" is silent.

vowel sound	**sample spelling***	Répétez:	
/ɑ̃/	an	anglais	André est français.
	en	trente	Vincent est de Provence.
/ɔ̃/	on	onze	Bonjour, Simon.
/ɛ̃/	in, ain	cinq Alain	Martin est américain.
	un	un	J'ai un cousin à Verdun.

* Many French vowel sounds have several spellings. For a complete listing, see Appendix A.

À votre tour

Compréhension orale CD1-9

1. L'identité

You are registering French students for summer camp. Listen as they introduce themselves and spell their names. Complete the name tags below with the corresponding last name.

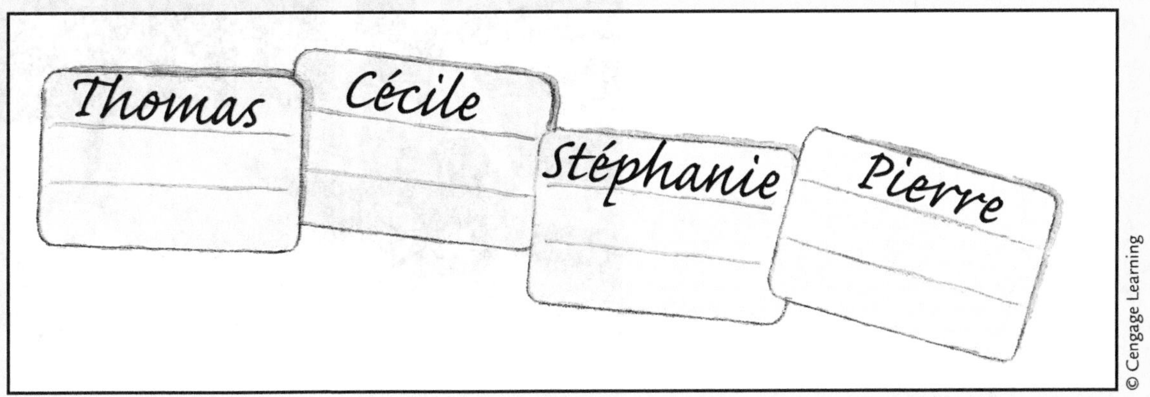

2. Quelle heure est-il? CD1-10

You will hear different people mentioning a time. Fill in the clocks with the correct hour.

1. :00
2. :00
3. :00
4. :00
5. :00
6. :00

Conversation dirigée

You meet a new student at the French Club.

Introduce yourselves to one another by giving:

- your name
- your nationality
- your city of origin

LEÇON 2 Copain, copine

OBJECTIVES
- To point out people
- To express likes and dislikes

CD1-11

Pierre and Mélanie are in the courtyard of the École des Beaux-Arts. Mélanie points out various people as they walk by.

MÉLANIE: Voici Laura.
PIERRE: Qui est-ce?
MÉLANIE: C'est une copine.

MÉLANIE: Voilà Nicolas.
PIERRE: Qui est-ce?
MÉLANIE: C'est un copain.
PIERRE: Un copain ou ton copain?
MÉLANIE: Un copain!

MÉLANIE: Tiens, voilà Madame Martin.
PIERRE: Qui est-ce?
MÉLANIE: C'est la prof d'anglais.

Pour communiquer: Les gens *(People)*

HOW TO PRESENT PEOPLE

Voici...	*This is . . .*	**Voici** Léa.
	Here come(s) . . .	**Voici** Éric et Thomas.
Voilà...	*This is . . .*	**Voilà** Mélanie et Marc.
	There come(s) . . .	**Voilà** Élodie.

HOW TO ASK ABOUT PEOPLE

Qui est-ce?	*Who is it? Who's that?*	**Qui est-ce?**
C'est...	*It's . . . / That's . . .*	**C'est** Thomas. **C'est** Charlotte.
C'est un/une...	*He/She is a . . .*	**C'est un** copain. **C'est une** copine.
Il/Elle s'appelle...	*His/Her name is . . .*	**Il s'appelle** Luc. **Elle s'appelle** Léa.

HOW TO TALK ABOUT PEOPLE ONE KNOWS

J'ai *(I have)* ...

© Cengage Learning

un ami	*friend*	**une amie**	*friend*
un copain	*close friend*	**une copine**	*close friend*
un cousin	*cousin*	**une cousine**	*cousin*
un frère	*brother*	**une soeur**	*sister*
un prof	*teacher*	**une prof**	*teacher*
un camarade de chambre	*roommate*	**une camarade de chambre**	*roommate*

Note culturelle

Copain, copine

French speakers use different terms to refer to their friends. The most common expression is **un ami** for a male friend and **une amie** for a female friend. Young people, however, prefer to use the more familiar expressions **un copain** and **une copine.**

When a young man talks about **ma** *(my)* **copine,** he is usually referring to his girlfriend. Similarly, when a young woman talks about **mon copain,** she is referring to her boyfriend.

Masculin / Féminin

In French, nouns are MASCULINE or FEMININE.

Similarly, the words that introduce nouns have a masculine and a feminine form.

	MASCULINE	FEMININE
(the)	**le** prof	**la** prof
(a, an)	**un** copain	**une** copine
(my)	**mon** frère	**ma** soeur
(your)	**ton** cousin	**ta** cousine

CD1-12

Prononciation: La liaison

In spoken French, words are not separated. Within a group of words, syllables are LINKED TOGETHER.

NOTE HOW THE FOLLOWING EXPRESSIONS ARE PRONOUNCED:

un‿ami   un‿artiste   mon‿ami   ton‿oncle

In general, the final "n" of **un, mon,** and **ton** is silent. However, it is pronounced when the next word begins with a VOWEL SOUND, that is, with an **a, e, i, o, u,** and often **h.** This is called LIAISON.

The liaison consonant—here the "n" of **un, mon,** and **ton**—is pronounced as if it were the *first* letter of the second word.

Répétez:

NO LIAISON		LIAISON	
un Français	un Canadien	un‿Anglais	un‿Américain
mon copain	mon cousin	mon‿ami	mon‿oncle
deux dollars	trois dollars	deux‿heures	trois‿heures

NOTE: Although liaison is not marked in written French, it will be indicated in this textbook with the symbol ‿, when useful.

1 Copain ou copine?

Introduce the following students as friends of yours.

❄ Mélanie *Voici Mélanie. C'est une copine.*

1. Thomas
2. Émilie
3. Christine
4. Lucas
5. Élodie
6. Zoé
7. Nicolas
8. Michel

2 Qui est-ce?

You are a student at the Université de Montpellier in southern France. As you walk across campus, you point out different people. Your partner asks who each person is. Respond, using **un** or **une,** as appropriate.

❄ Isabelle / copine
– ***Tiens!** (Hey look!) **Voilà Isabelle!***
– ***Isabelle? Qui est-ce?***
– ***C'est une copine.***

1. Paul / ami
2. Madame Laroche / prof
3. Nathalie / copine
4. Monsieur Lamy / prof
5. Christine / cousine
6. Patrick / copain
7. Sophie / amie
8. Mademoiselle Duval / prof

3 Les photos

You are showing your photo album to your partner. Indicate who each person is and give his/her name.

❄ frère / Jérémy
Voici mon frère. Il s'appelle Jérémy.

1. cousine / Julie
2. prof de maths / Monsieur Dumas
3. copain / Philippe
4. oncle / Philippe Vallée
5. cousin / Antoine
6. prof de français / Madame Moulin
7. soeur / Mathilde
8. copine / Sophie

Mots apparentés *(Cognates)*

Many words have similar meanings and similar spellings in French and English. These words are called COGNATES or **mots apparentés.**

(nationalities)	**américain**	**mexicain**	**canadien**	**chinois**
(places)	**un café**	**un hôtel**	**un restaurant**	**un musée**
(leisure activities)	**le sport**	**la musique**	**la télévision**	**le cinéma**
(concepts)	**la liberté**	**la justice**	**la civilisation**	**la philosophie**

→ Cognates are never pronounced the same way in French and in English. Make sure always to pronounce these words with a French accent.

→ Cognates are often spelled differently. As you progress in French, you will be able to recognize certain patterns. For example:

é ↔ *y* **liberté** *liberty* **égalité** *equality* **fraternité** *fraternity*

→ Cognates may represent a different cultural context. For example, in France **une pharmacie,** unlike an American *pharmacy,* sells only medicine and some beauty products, and not candies or newspapers.

Some words that look alike in French and English have very different meanings. Such words are called FALSE COGNATES or **faux amis.**

une lecture	*a reading*	(NOT *a lecture*)
une librairie	*a bookstore*	(NOT *a library*)
un collège	*a middle school*	(NOT *a college*)

4 Le journal *(The newspaper)*

Can you understand the following headlines?

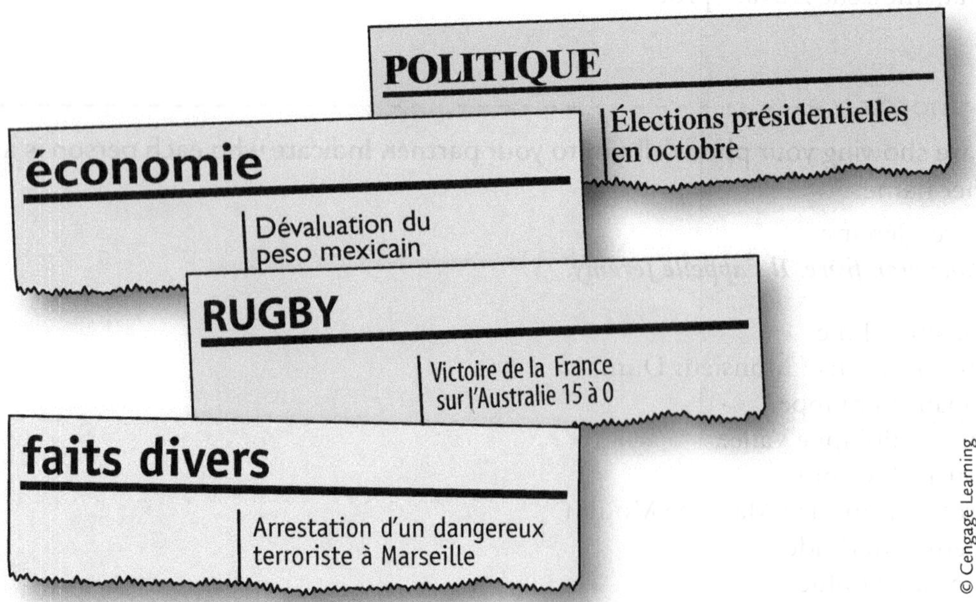

POLITIQUE
Élections présidentielles en octobre
économie
Dévaluation du peso mexicain
RUGBY
Victoire de la France sur l'Australie 15 à 0
faits divers
Arrestation d'un dangereux terroriste à Marseille

Pour communiquer: Préférences

HOW TO EXPRESS LIKES AND DISLIKES

J'aime...	*I like . . .*	**Je n'aime pas...**	*I don't like . . .*
J'aime beaucoup...	*I like . . . a lot.*		
J'adore...	*I love . . .*	**Je déteste...**	*I hate . . .*
Je préfère...	*I prefer . . .*		

5 Préférences

For each category, choose two items and tell your partner if you like them or not. In turn, your partner will express his/her opinion.

❊ ***— Comme musique, j'adore la musique classique. Je déteste le jazz.***
— Moi, j'aime le rap. Je préfère le rock.

1. Comme *(In terms of)* musique,...
   - ❑ le rock
   - ❑ le rap
   - ❑ le jazz
   - ❑ la musique classique
   - ❑ la musique folklorique

2. Comme loisir culturel,...
   - ❑ le cinéma
   - ❑ le théâtre
   - ❑ la musique
   - ❑ la lecture *(reading)*
   - ❑ la visite des musées

3. Comme sport individuel,...
   - ❑ le jogging
   - ❑ le ski
   - ❑ la bicyclette
   - ❑ le tennis
   - ❑ la marche *(hiking, walking)*

4. Comme sport d'équipe *(team)*,...
   - ❑ le football *(soccer)*
   - ❑ le football américain
   - ❑ le baseball
   - ❑ le basketball
   - ❑ le volleyball

5. Au restaurant,...
   - ❑ la cuisine française
   - ❑ la cuisine italienne
   - ❑ la cuisine mexicaine
   - ❑ la cuisine japonaise
   - ❑ la cuisine chinoise

6. Comme plat *(food, dish)*,...
   - ❑ la pizza
   - ❑ les spaghetti
   - ❑ le steak
   - ❑ le brocoli
   - ❑ la salade

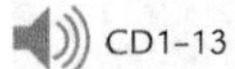 CD1-13

Prononciation: Français et anglais

Although French and English often look similar in their written forms, they sound very different in their spoken forms. Not only are words pronounced differently, but the overall impression of the languages is not the same.

tenseness	ENGLISH is a very RELAXED language. Vowels are often glided. Some consonants may also be prolonged. *café, cinema, chateau, Michelle*	FRENCH is a very TENSE language. Vowels are short and clipped: they do not glide. Consonants are short and distinctly pronounced. Répétez: café, cinéma, château, Michèle
rhythm	ENGLISH rhythm is SING-SONGY. Some syllables are short and others are long. ***She's** my **cousin**.* *Her **name** is **Emily**.*	FRENCH rhythm is very EVEN. Only the LAST syllable of a group of words is longer than the others. Répétez: C'est ma cou**sine.** Elle s'appelle Émi**lie.**
linking	In spoken ENGLISH, words are usually SEPARATED. Your vocal cords may even stop vibrating for an instant between words. *Hello / Isabelle.* *She / arrives / at the university.*	In spoken FRENCH, words are NOT SEPARATED. In fact, within a group of words, all syllables are LINKED or CONNECTED together. Répétez: Bonjour Isabelle. Elle arrive à l'université.
syllables	In spoken ENGLISH, many words and syllables end on a CONSONANT SOUND. *This is Paris.*	In spoken FRENCH, syllables end on a VOWEL SOUND whenever possible. Répétez: Voi-ci Pa-ris.

Compréhension orale 

Listen as people talk about their friends and relatives. If the person they mention is male, mark row A. If the person is female, mark row B.

	1	2	3	4	5	6	7	8
A.								
B.								

Conversation dirigée

You and a French exchange student are exchanging information about family and friends.

Give your partner the names of three of the following people. He/She will do the same.

- a brother or sister
- a cousin (male or female)
- a friend
- a roommate
- a teacher

❊ *Mon frère s'appelle Frank.*

LEÇON 3 Ça va?

OBJECTIVES

- To exchange greetings
- To tell time in minutes
- To talk about one's studies

CD1-15

Students and faculty meet at the École des Beaux-Arts.

PIERRE: Salut, Nicolas.
NICOLAS: Salut! Ça va?
PIERRE: Ça va! Et toi?
NICOLAS: Ça va bien, merci.

MÉLANIE: Salut, Laura. Comment vas-tu?
LAURA: Ça va mal.
MÉLANIE: Ah bon°? Pourquoi°?
LAURA: J'ai° un examen dans° dix minutes!
MÉLANIE: Alors°, salut!
LAURA: Au revoir.

M. VINCENT: Bonjour, madame. Comment allez-vous?
MME MARTIN: Je vais bien, merci. Et vous, monsieur?
M. VINCENT: Ça va! Merci.

Ah bon *Really* **Pourquoi** *Why* **J'ai** *I have* **dans** *in* **Alors** *Well then*

Pour communiquer: Ça va?

HOW TO EXCHANGE GREETINGS

informally		formally
Comment vas-tu?	*How are you?*	**Comment allez-vous?**
Ça va!	*I'm fine.*	**Je vais bien.**
Ça va bien, merci.	*I'm fine, thanks.*	**Je vais bien, merci.**
Et toi?	*And you?*	**Et vous?**

Ça va? *How are things going?*
Ça va...

- **bien** *(well)*
- **très bien** *(very well)*
- **pas mal** *(not so bad, quite well)*
- **comme ci, comme ça** *(so-so)*

- **mal** *(badly)*
- **très mal** *(very badly)*

→ Depending on their relationship, French people use two different forms of address:

- familiar **tu** or **toi**
- the formal **vous**

In general, young people, family members, and close friends address one another as **tu.** Other people are addressed as **vous.**

1 Salut! Ça va?

Your partner will say hello and ask how you are. Say how you feel.

❇ *(You feel great.)*
— Salut! Ça va?
— Oui, ça va très bien!

1. *(You have a headache.)*
2. *(You are going to the dentist.)*
3. *(You got a B on your exam.)*
4. *(It's your birthday.)*
5. *(You lost your wallet.)*
6. *(You won a trip to France.)*
7. *(You had an argument with your roommate.)*
8. *(You are going out on a date.)*

Note culturelle

Les salutations *(Greetings)*

In France, the formal way of greeting people is to shake hands. Young people and close friends are much less formal when they greet one another. Depending on the circumstances, male friends may shake hands, tap each other lightly on the shoulder, or even hug. Female friends exchange kisses on both cheeks. This is called **la bise.** Men and women who are on friendly terms also greet one another with **la bise.**

Pour communiquer: Les études

HOW TO TALK ABOUT YOUR STUDIES

Qu'est-ce que tu études? *What are you studying?*

J'étudie... *I am studying . . .*

le français	**la biologie**	**les maths**
l'espagnol *(Spanish)*	**l'informatique** *(computer science)*	**les sciences**

J'ai... *I have . . .*

un cours *(a class)*	**un cours de français** *(a French class)*
un examen *(an exam)*	**un examen d'histoire** *(a history exam)*

→ The names of school subjects may be masculine or feminine, singular or plural. After **j'étudie,** they are introduced by **le** (masculine singular), **la** (feminine singular), or **les** (plural).

CD1-16

Prononciation: L'élision

The final letter "e" of a few short words, such as **je, de,** and **le,** and the final "a" of **la** are dropped when the next word begins with a vowel—**a, e, i, o, u**—or a "mute **h**" (as in **heure** and **histoire**). This is called ELISION.

Répétez:

	no elision	elision
je → **j'**	**Je** suis français.	**J'**ai un examen.
le, la → **l'**	**le** chinois, **la** philo	**l'**italien, **l'**histoire
de → **d'**	un cours **de** maths	un cours **d'**informatique
	un examen **de** français	un examen **d'**anglais

NOTE: As you can see in the chart below, many school subjects are cognates. French students, like American students, often shorten the names of their classes.

Arts et lettres	Sciences
les langues°	la chimie°
l'anglais	la physique
l'espagnol	la biologie (la bio)
le français	la géologie
l'italien	les mathématiques (les maths)
le chinois	
la littérature	
la philosophie (la philo)	

Sciences sociales	Études professionnelles
l'histoire	le commerce°
l'économie	la finance
les sciences politiques	le marketing
la psychologie (la psycho)	l'informatique°
la sociologie	le droit°
la communication	la médecine

les langues *languages* **la chimie** *chemistry* **le commerce** *business* **l'informatique** *computer science* **le droit** *law*

2 À l'université

List a few subjects that you are studying. Your partner will do the same. Then describe your courses to each other. Which subjects do you have in common?

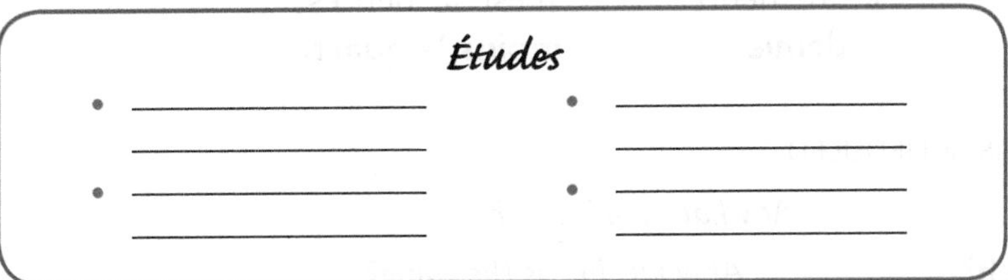

❊ *– J'étudie la biologie.*
– Moi, j'étudie la physique.

CD1-17

Les nombres de 13 à 60

13	treize	20	vingt	40	quarante
14	quatorze	21	vingt et un	41	quarante et un...
15	quinze	22	vingt-deux	47	quarante-sept...
16	seize	23	vingt-trois...	50	cinquante
17	dix-sept	30	trente	51	cinquante et un...
18	dix-huit	31	trente et un...	59	cinquante-neuf
19	dix-neuf	36	trente-six...	60	soixante

Pour communiquer: L'heure et les minutes

HOW TO TELL THE TIME WITH MINUTES

Il est...

trois heures cinq

cinq heures vingt

sept heures dix-huit

midi cinquante-deux

HOW TO INDICATE THE HALF HOUR AND THE QUARTER HOURS

et quart

et demie

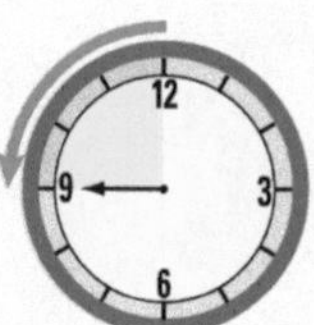

moins le quart

Il est dix heures **et quart.**

Il est une heure **et demie.**

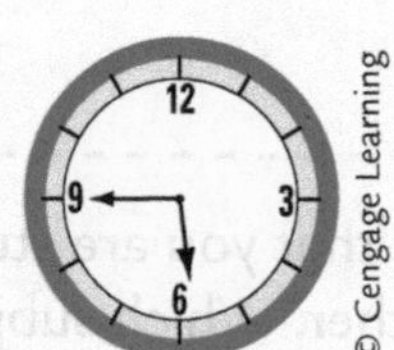

Il est six heures **moins le quart.**

HOW TO ASK WHEN SOMETHING IS SCHEDULED

À quelle heure est...?	*At what time is . . . ?*
— À quelle heure est le match?	*— At what time is the game?*
— Le match est à trois heures.	*— The game is at three [o'clock].*

3 À l'hôtel en France

French telephone numbers contain ten digits, which are given two digits at a time. Ask the operator at your hotel in Nice to connect you to the following numbers. Begin your request with **S'il vous plaît** *(Please).*

❋ 04.31.22.57.12
S'il vous plaît, le zéro quatre, trente et un, vingt-deux, cinquante-sept, douze.

01.42.21.18.60
03.15.52.35.18
02.57.26.14.49
05.36.08.46.11

4 L'heure

Give the time according to the clocks below.

❋ ***Il est deux heures et quart.***

1. 

2. 

3. 

4. 

5. 

5 À quelle heure?

Ask your partner at what time the following activities are scheduled.

❋ ***— À quelle heure est le film?***
— Le film est à neuf heures vingt.

❋ 9h20	le film
1. 6h30	le concert
2. 1h25	le match de baseball
3. 10h40	le match de tennis
4. 4h50	le récital
5. 7h20	le dîner

CD1-18

Prononciation: L'intonation

As you speak, your voice rises and falls: this is called INTONATION. In French, as in English, your voice falls at the end of a DECLARATIVE SENTENCE. However, in French, the voice rises after each group of words within a longer sentence, whereas in English it either falls or stays on the same pitch.

Répétez.

Ça va.

Ça va bien.

Ça va comme ci, comme ça.

Il est deux heures.

Il est deux heures et demie.

Il est deux heures et demie de l'après-midi.

J'ai un cours.

J'ai un cours de français.

J'ai un cours de français à dix heures.

J'ai un examen.

J'ai un examen de chimie.

J'ai un examen de chimie à trois heures.

J'étudie.

J'étudie le français.

J'étudie le français et l'espagnol.

Compréhension orale CD1-19

1. **Numéros de portable** *(Cell phone numbers)*
   Listen and write in the cell phone numbers of the following people. NOTE: In France, all cell phone numbers begin with "06" or "07."

Cécile	06. ______. ______. ______. ______
Martin	07. ______. ______. ______. ______
Ahmed	06. ______. ______. ______. ______
Charlotte	07. ______. ______. ______. ______

2. **L'heure** CD1-20
   You will hear people mentioning different times. Listen carefully to each person and indicate the time you hear on the corresponding clock.

1. 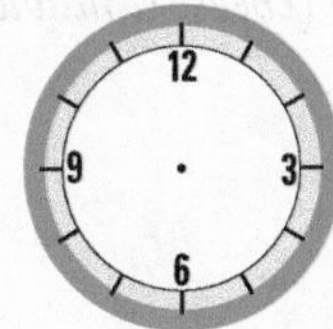
2. 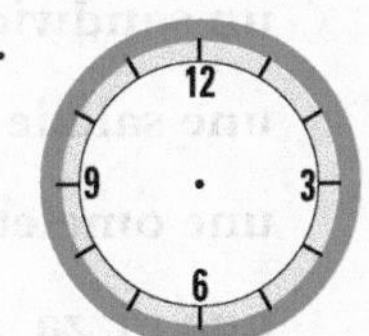
3. 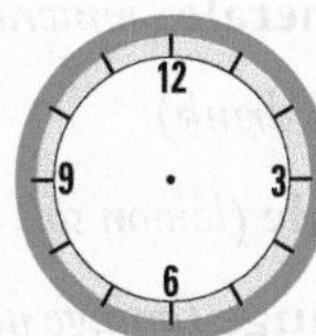
4. 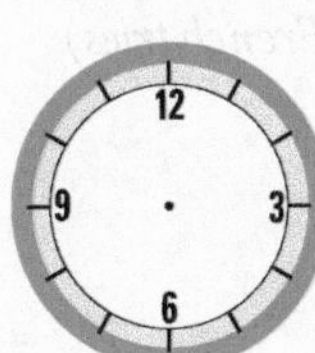
5. 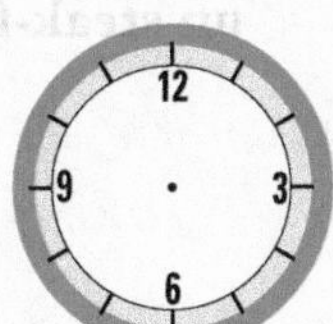
6. 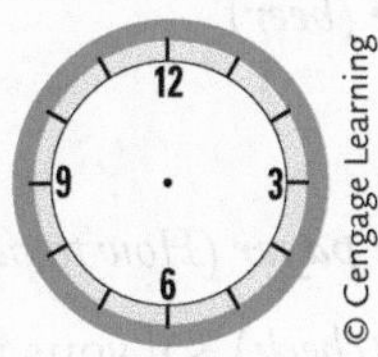

Conversation dirigée

You are a new student at the Université de Montpellier. In the dining hall, you strike up a conversation with another student (your partner).

- Say hello.
- Greet each other.
- Find out what each of you is studying.
- Ask the time.
- Say you have a class in **(dans)** ten minutes.

Au café

Au café

→ ***Comment commander*** *(How to order)*

Vous désirez? *(May I help you?)*

Je voudrais *(I would like)* un café.

Et avec ça? *(Anything else?)*

Donnez-moi *(Give me)* un croissant, **s'il vous plaît** *(please)*.

Merci.

une boisson *(beverage)*	**un plat** *(dish)*
un café *(coffee)*	**un croissant**
un thé *(tea)*	**un sandwich au jambon** *(ham sandwich)*
une eau minérale *(mineral water)*	**un sandwich au fromage** *(cheese sandwich)*
un soda *(soft drink)*	**une salade**
une limonade *(lemon soft drink)*	**une omelette**
un jus d'orange *(orange juice)*	**une pizza**
une bière *(beer)*	**un steak-frites** *(steak and French fries)*

→ ***Comment payer*** *(How to pay)*

L'addition *(check)*, s'il vous plaît

Ça fait combien? *(How much is it?)*

Ça fait *(That makes)* six euros trente.

Note: There are two ways to say *please* in French.

FORMAL (**vous**-form: with the server)	**s'il vous plaît**
INFORMAL (**tu**-form: with a friend)	**s'il te plaît**

Le café

Cafés can be found almost everywhere in France. People stop there to read the paper, relax, meet their friends, or, more simply, to watch what is going on in the street.

In a café, you can ask for almost any type of beverage **(une boisson)**, usually a cup of strong coffee **(un express)**, a coffee with cream **(un café-crème)**, a fruit juice **(un jus de fruit)**, a glass of beer, or often a bottle of mineral water.

If you are hungry, you can also order a croissant or a sandwich, and sometimes other dishes such as an omelet, a salad, or a steak with French fries.

In French cafés, the tip **(le pourboire)** of 15% is included in the check **(l'addition)**. It is customary, however, to leave some small change for the server **(le serveur / la serveuse)**, who is always politely addressed as **Monsieur** or **Mademoiselle / Madame.**

La Marine

Café - Restaurant

BOISSONS	
express	1,50 €
café-crème	2 €
thé	2 €
soda	3,50 €
limonade	3 €
eau minérale	3 €
jus d'orange	3,50 €
jus de tomate	3,50 €
bière	4 €

SANDWICHS	
sandwich au jambon	3,50 €
sandwich au fromage	3,50 €
ET AUSSI	
croissant	1,50 €
salade mixte	4,50 €
omelette	6 €
pizza	5,50 €
steak-frites	9,50 €

À votre tour

À La Marine

You are at the café La Marine. Your partner will play the role of the server.

- It is about 8:30 in the morning and you are ready to have a breakfast *"à la française."* Place your order.
- It is now noon and you are moderately hungry. Place your order.
- It is 8 p.m. You would like something to eat but have only 7,50 €. Place your order.

L'argent européen *(European money)*

Voici **un billet** *(bill)* de...

cinq euros

dix euros

vingt euros

cinquante euros

cent euros

deux cents euros

cinq cents euros

Voici **une pièce** *(coin)* de (d')...

un centime

deux centimes

cinq centimes

dix centimes

vingt centimes

cinquante centimes

un euro

deux euros

Recherches Internet

Find the current rate of exchange between the euro and the US dollar. Using this rate, calculate the approximate dollar value of the different euro bills.

L'euro

On January 1, 2002, France and eleven other European countries adopted the **euro** as their common currency. By 2011, 23 countries had joined the Euro Zone. The euro notes have different colors and sizes which increase with their respective values.

Although this currency is issued by each individual country, it has the same value throughout the entire Euro Zone. This is quite useful for tourists, as well as for the Europeans themselves, who do not have to change their money as they travel from country to country within this zone.

La zone euro (2011)

- l'Allemagne *Germany*
- Andorre
- l'Autriche *Austria*
- la Belgique *Belgium*
- Chypre
- l'Espagne *Spain*
- l'Estonie
- la Finlande
- la France
- la Grèce
- l'Irlande
- le Kosovo
- le Luxembourg
- Malte
- Monaco
- le Montenegro
- les Pays-Bas *Netherlands*
- le Portugal
- Saint-Marin *San Marino*
- la Slovaquie
- la Slovénie
- le Vatican

Conversation CD1-21

Émilie has invited a friend to La Marine. She asks the waiter for the check.

ÉMILIE: Ça fait combien, s'il vous plaît?
LE SERVEUR: Eh bien... un express, un euro cinquante.
Une Vittel, trois euros.
Un croissant, un euro cinquante.
Un sandwich au jambon, trois euros cinquante.
Ça fait neuf euros cinquante.
ÉMILIE: Voici un billet de dix euros.
LE SERVEUR: Et voilà votre monnaie *(change)*, cinquante centimes.

LA MARINE

EXPRESS	1,50
EAU MINÉRALE	3,00
CROISSANT	1,50
SAND. JAMBON	3,50
TOTAL	9,50

15% service compris

À votre tour

L'addition

Choose one of the checks below from the café-restaurant La Marine. Then, with your partner, act out a dialogue similar to the one between Émilie and the server.

LA MARINE

THÉ	2,00
CAFÉ-CRÈME	2,00
CROISSANT	1,50
CROISSANT	1,50
TOTAL	7,00

15% service compris

LA MARINE

OMELETTE	6,00
STEAK-FRITES	9,50
SODA	3,50
BIÈRE	4,00
TOTAL	23,00

15% service compris

LA MARINE

SAND. JAMBON	3,50
SAND. FROMAGE	3,50
EAU MINÉRALE	3,00
LIMONADE	3,00
TOTAL	13,00

15% service compris

Avant de lire
(Before you read)
What is the main reason you are studying French?

Le français, langue internationale

Pourquoi parler français? *Why speak French?*

After English, French is one of the most important world languages of the twenty-first century. Millions of people speak French fluently and many millions more around the world have studied it.

French is an international language.
French is spoken natively by about 100 million people in the world **(les francophones)**. More importantly, French is the official administrative or business language in over 30 countries or regions. These French-speaking areas are located in Europe, Africa, and the Americas.

© Cengage Learning

International Olympic Committee

French is the language of diplomacy and international exchanges.
Until World War I, French was the recognized diplomatic language. Monarchs and heads of state would communicate in French, both in their private and in their official correspondence. Today French is still an important diplomatic language. It is one of the five official languages of the United Nations, and one of the two main languages used in the governmental proceedings of the European Union. In the sports arena, French is one of the two official languages of the Olympic Games.

© Patrice Magnien /PHOTOPQR/LA PROVENCE/Newscom

French is a language of cultural expression.
French is the language of some of the world's most famous authors, artists, and composers of the past. This cultural tradition continues today, as writers, musicians, and moviemakers from many different countries express themselves in French.

French is a language of ideas.
Over the past several hundred years, French philosophers have developed ideas that have shaped the world in which we live. These thinkers have been pioneers in the promotion of democracy and the elimination of slavery. They argued for human rights, women's rights, and equality for all. Today French intellectuals continue to influence the way people think and act.

Recherches Internet
(Exploration)
Find the names of one or two famous French artists and writers. Explain why they are important.

French is a business language.
As a major economic power, France engages in trade relations with countries throughout the world. Business transactions are conducted in French, not only in France but also in North, West, and Central Africa, as well as Quebec, America's trading partner to the north.

French is a language of prestige.
Speaking French carries an aura of prestige and elegance. French is also the language of high fashion, haute cuisine, and superb wines. French terms slipped into marketing pieces create an aura of sophistication.

Le Comité International de la Croix-Rouge

French is a language of caring and concern.
Humanitarian organizations such as **le Comité international de la Croix-Rouge** and **Médecins sans Frontières** were founded by French speakers. Today at disaster relief sites in all corners of the globe you will find these agencies at work.

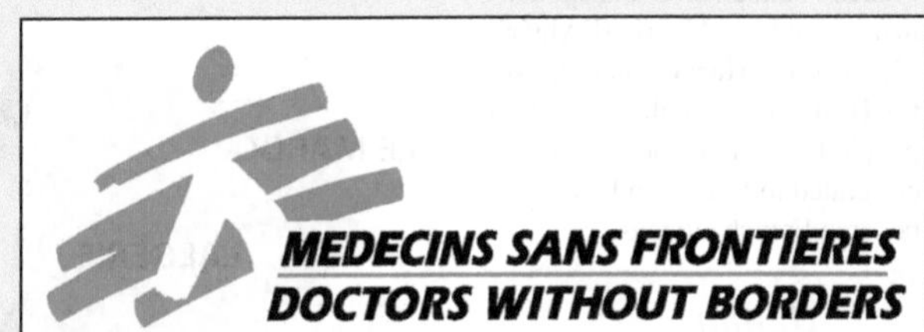

Médecins Sans Frontières

A short history of the French language

French is a Romance language, meaning it has its origins in Latin. In the first century B.C., Roman soldiers introduced their language to Gaul (the ancient name of what is now France). Over the centuries, the Latin spoken in that area evolved into French.

In 1066, French became the official language of England when William the Conqueror invaded that country and became its king. Modern English has grown out of this fusion of French and the Anglo-Saxon dialects previously spoken in England.

In the seventeenth and eighteenth centuries, French explorers and colonists brought their language to India, North America, and the Caribbean. In the nineteenth century, they extended the use of French to North and West Africa, as well as Indochina* and Lebanon.

Après la lecture
(After reading)
Which of the reasons given for speaking French are most relevant to you? Why?

Recherches Internet
(Exploration)
Today English has many words borrowed from French, such as *chic* and *entrepreneur*. How many other words can you find?

* The area of Southeast Asia known as Indochina includes Vietnam, Thailand, and Cambodia.

Ici on parle français

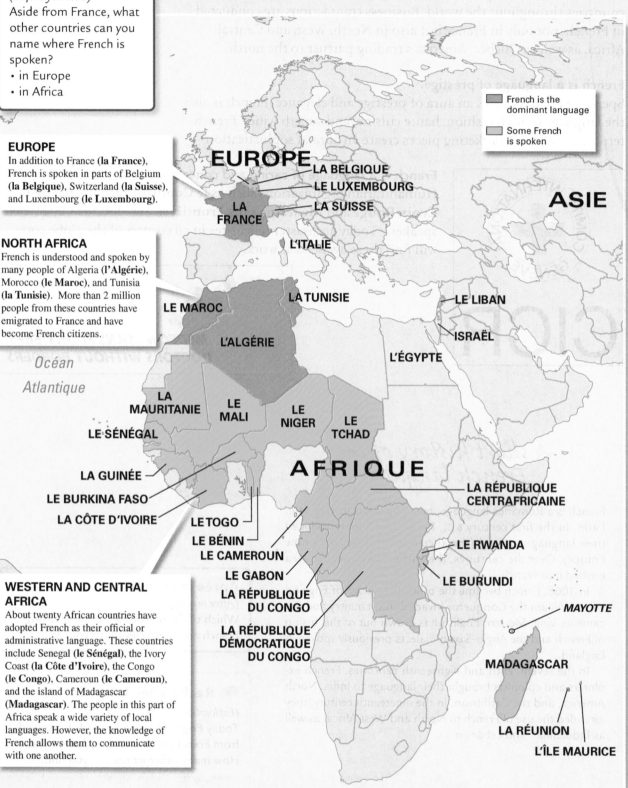

Avant de lire
(Before you read)
Aside from France, what other countries can you name where French is spoken?
- in Europe
- in Africa

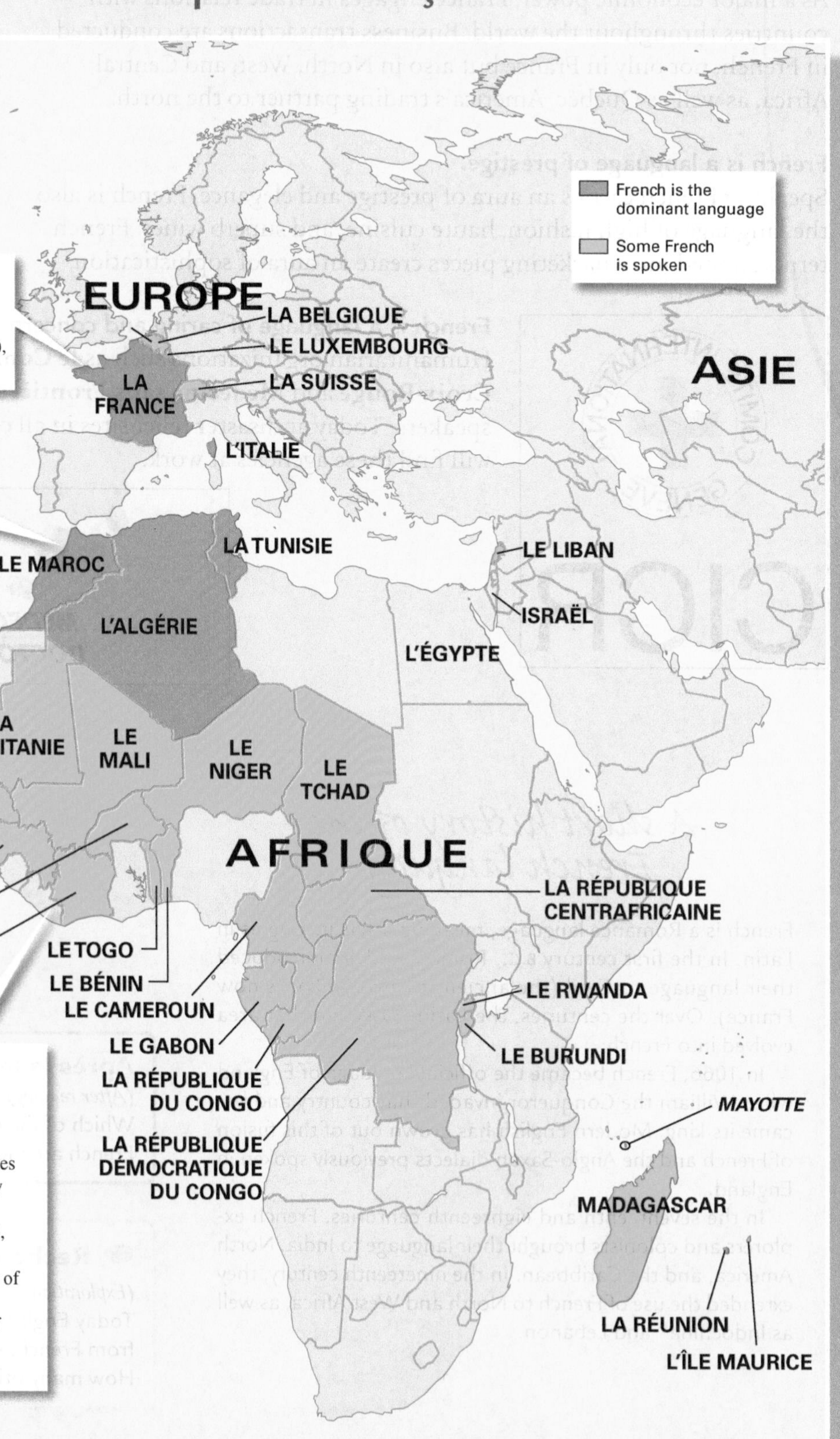

EUROPE
In addition to France **(la France)**, French is spoken in parts of Belgium **(la Belgique)**, Switzerland **(la Suisse)**, and Luxembourg **(le Luxembourg)**.

NORTH AFRICA
French is understood and spoken by many people of Algeria **(l'Algérie)**, Morocco **(le Maroc)**, and Tunisia **(la Tunisie)**. More than 2 million people from these countries have emigrated to France and have become French citizens.

WESTERN AND CENTRAL AFRICA
About twenty African countries have adopted French as their official or administrative language. These countries include Senegal **(le Sénégal)**, the Ivory Coast **(la Côte d'Ivoire)**, the Congo **(le Congo)**, Cameroun **(le Cameroun)**, and the island of Madagascar **(Madagascar)**. The people in this part of Africa speak a wide variety of local languages. However, the knowledge of French allows them to communicate with one another.

Ils parlent français

TUNISIE

© Alamy

Je m'appelle Hamadi Larbi. Je suis tunisien mais je travaille° en France. Je suis technicien en électronique.

BELGIQUE

© Helen King/Corbis

Je m'appelle Valérie Van der Meulen. J'habite à °Bruxelles où je suis journaliste. Je suis belge et je parle français et flamand°.

SÉNÉGAL

© Max Power/Corbis

Je m'appelle Diana Ndiaye. Je suis sénégalaise. Je parle français et deux langues° locales, le wolof et le mandinka. Je suis économiste.

MAROC

© Corbis

Je m'appelle Aïcha Choukri. Je suis marocaine. Je suis médecin° et je travaille dans un hôpital à Casablanca.

SUISSE

© Stockbyte/Getty Images

Je m'appelle Gilles Martinot. Je suis suisse. J'habite à Genève et je travaille pour les Nations Unies.

CAMEROUN

© Alamy

Je m'appelle Sadou Musange et je suis camerounais. Je suis professeur d'éducation physique.

Après la lecture
(After reading)
Which of these six people would you like to meet and why?

Recherches Internet
(Exploration)
Find out more about one of these French-speaking countries and share your information with your classmates.

---

travaille *work* **habite à** *live in* **flamand** *Flemish [similar to Dutch]* **langues** *languages* **médecin** *doctor*

On parle français aussi en Amérique

Avant de lire
(Before you read)
Where in the Western Hemisphere is French spoken?

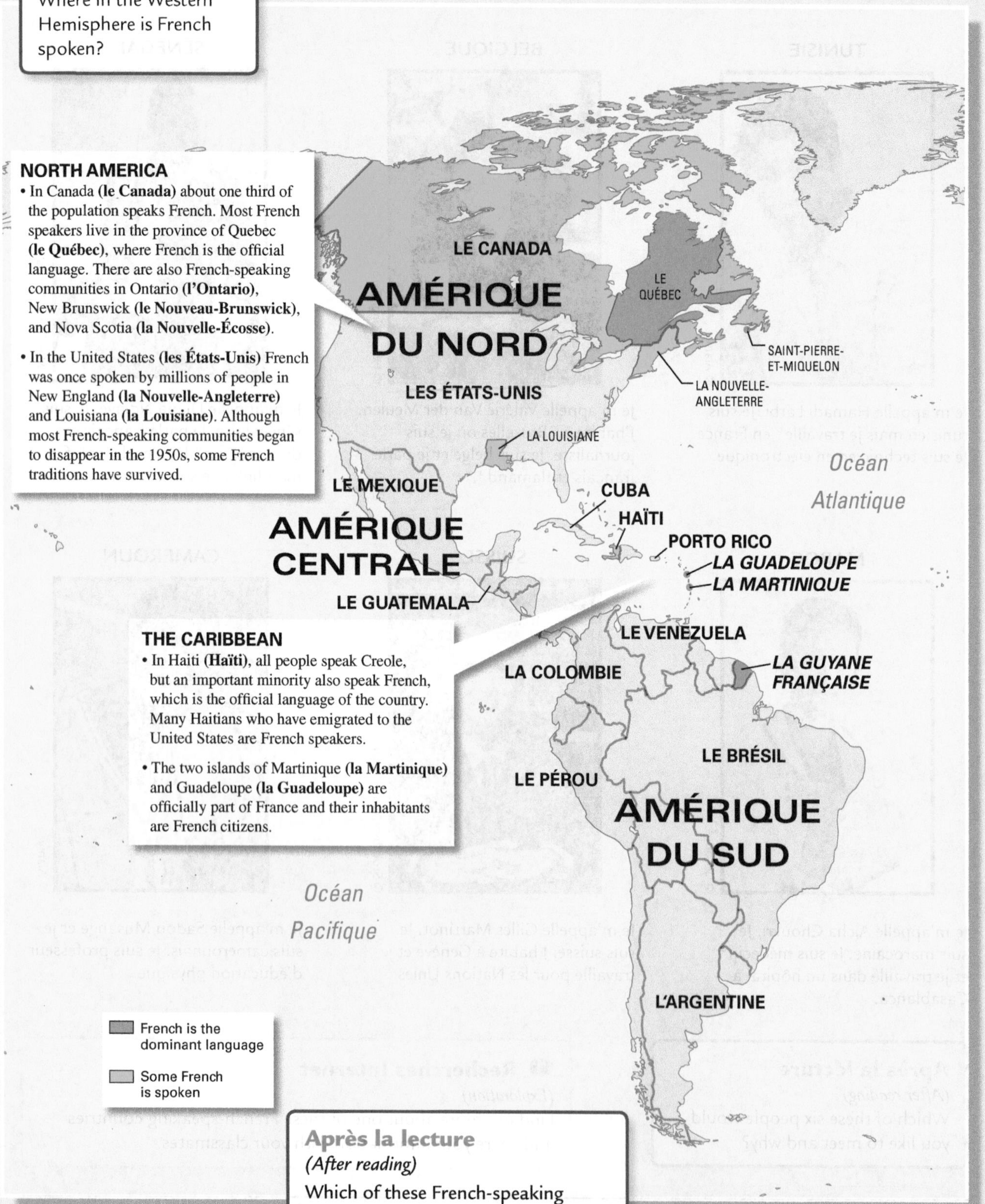

NORTH AMERICA

- In Canada **(le Canada)** about one third of the population speaks French. Most French speakers live in the province of Quebec **(le Québec)**, where French is the official language. There are also French-speaking communities in Ontario **(l'Ontario)**, New Brunswick **(le Nouveau-Brunswick)**, and Nova Scotia **(la Nouvelle-Écosse)**.
- In the United States **(les États-Unis)** French was once spoken by millions of people in New England **(la Nouvelle-Angleterre)** and Louisiana **(la Louisiane)**. Although most French-speaking communities began to disappear in the 1950s, some French traditions have survived.

THE CARIBBEAN

- In Haiti **(Haïti)**, all people speak Creole, but an important minority also speak French, which is the official language of the country. Many Haitians who have emigrated to the United States are French speakers.
- The two islands of Martinique **(la Martinique)** and Guadeloupe **(la Guadeloupe)** are officially part of France and their inhabitants are French citizens.

Après la lecture
(After reading)
Which of these French-speaking areas would you like to visit and why?

Nous parlons français

HAÏTI

© Image Source/Alamy

Monique Philippot Je suis d'origine haïtienne mais maintenant° j'habite à° Boston où je suis professeur de français.

QUÉBEC

© Hisham Ibrahim/Corbis

Philippe Boutin Je suis québécois. J'habite à Trois-Rivières où je suis photographe.

MARTINIQUE

© Tim Pannell/Corbis

Émilie Clément Je suis martiniquaise: donc° je suis française. J'habite à Paris où je suis étudiante°.

Le français dans la géographie américaine

By the mid-eighteenth century, the French had established a vast empire in North America, ten times as large as the British colonies. The territories claimed by France extended from Labrador to the Gulf of Mexico. French colonists settled in Quebec and Louisiana. Trappers and fur traders explored the lands from the Great Lakes to the Dakotas and often married into Indian tribes.

In 1763, the French lost all of their territorial claims in North America, but their historical presence is still reflected in many American place names:

- Louisiana: named in honor of the French king Louis XIV
- St. Louis: named after Louis IX, patron saint of king Louis XV
- Baton Rouge: *red stick* — an Indian marker
- Detroit: *strait* linking Lake Erie and Lake St. Clair
- Eau Claire: *clear water*
- Terre Haute: *high land*
- Belle Fourche: *beautiful fork* (in the river)
- Boise: *wooded area*

Recherches Internet

(Exploration)

Locate these French place names on a map of the United States. How many fall within the territory of the Louisiana Purchase?

---

maintenant *now* **habite à** *live in* **donc** *therefore* **étudiante** *student*

Oui, nous parlons français

UNITÉ 2

© andrea laurita/iStockphoto.com

Leçon 4: À Québec

Leçon 5: À Dakar

Leçon 6: À Genève

Rencontres francophones
Spend some time with one or two French-speaking students on your campus. Find out where they are from, what languages they speak, and what they like to do. Tell your classmates about whom you have met. Maybe you could all get together some evening.

LEÇON 4 À Québec

OBJECTIVES
- To say who we are
- To describe what we do
- To make general statements

© Megapress/Alamy

CD1-22 *Alice and Guy are new students at the Université Laval in Quebec City. Chris, another student, is about to join them.*

ALICE:	Salut! Je m'appelle Alice Paquette.	
GUY:	Et **moi**, je m'appelle Guy Beliveau.	*me*
ALICE:	Tu es de Québec?	
GUY:	Non, j'**habite** à Montréal.	*live*
	Je suis à Québec pour **mes études**.	*my studies*
	J'étudie les sciences politiques. Et toi?	
ALICE:	J'étudie la littérature française.	
	Tiens! Voilà ma copine Chris.	*Hey*
GUY:	Elle est **aussi** de Montréal?	*also*
ALICE:	Non! **En fait**, elle n'est pas québécoise.	*As a matter of fact*
	Elle habite à Toronto.	
GUY:	Elle **parle** bien français?	*speaks*
ALICE:	**Bien sûr**! Elle est bilingue.	*Of course*
GUY:	**Mais on ne parle pas** français à Toronto.	*But / people / don't speak*
ALICE:	C'est **vrai**! On parle anglais, mais les parents	*true*
	de Chris **sont** d'origine québécoise.	*are*
	Alors, en famille, ils parlent français.	*So / in the family*

Vrai ou faux? *(True or false?)*

1. Guy habite à Montréal.
2. Il étudie les sciences économiques.
3. Il étudie à Québec.
4. Chris habite à Montréal.
5. Elle parle français.
6. Elle parle anglais.

Note culturelle

Québec et la joie de vivre

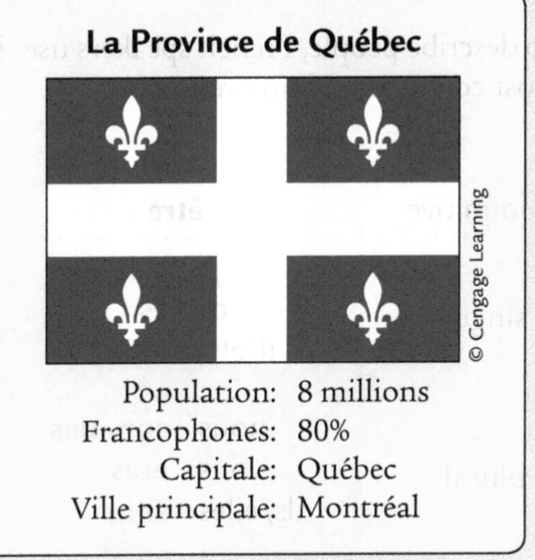

La Province de Québec
© Cengage Learning
Population: 8 millions
Francophones: 80%
Capitale: Québec
Ville principale: Montréal

Québec is the capital of the Canadian Province of Quebec, known as **le Québec,** which is the most francophone region of the world after France itself.

The city of Quebec was founded in 1608 on a hill dominating the Saint Lawrence River to serve as an outpost for the French fur trade. From its beginnings as a small encampment, it steadily grew with the arrival of settlers from Western France to become the administrative capital of **la Nouvelle-France,** an immense territory extending from Labrador to the Great Lakes.

Although the conquest of Quebec by British troops in 1759 put an end to the official French presence in North America, it did not alter the French character of the city since its inhabitants defended their French heritage with courage and determination.

Much in the city of Quebec reminds the visitor of its French past: the fortifications which protected the people against British incursions, the old churches, the architecture of the historic buildings, the narrow streets lined with restaurants, bistros, and boutiques. The charm of the city, however, is typically **québécois:** the French language spoken with its distinctive accent, the friendliness of the people, the traditional cuisine . . .

© Paul A. Souders/Corbis

The inhabitants of Quebec, **les Québécois,** are famous for their hospitality. They are very proud of their history and very attached to their language and their cultural heritage. They willingly share their **joie de vivre** with all those who visit their city, especially during festive events like the **Carnaval d'Hiver** in February and **la Saint-Jean,** the Quebec national holiday celebrated on June 24.

À votre avis

Why would you be interested in visiting Quebec? Explain.

La langue française

A. Le verbe *être* et les pronoms sujets

TO SAY WHO WE ARE

To describe people, French speakers use the verb **être** *(to be)*. **Être** is the most common verb in French.

infinitive	**être**	*to be*	
singular	je **suis** tu **es** il/elle **est**	*I am* *you are* *he/she is*	Je **suis** américain. Tu **es** canadienne. Il **est** à Montréal. Elle **est** à Québec.
plural	nous **sommes** vous **êtes** ils/elles **sont**	*we are* *you are* *they are*	Nous **sommes** de San Francisco. Vous **êtes** avec un copain. Ils **sont** à Paris. Elles **sont** à Lyon.

LIAISON
vous_êtes

→ **Tu** or **vous**?
When talking to ONE person, the French use:

- **tu** ("familiar" you) to address a family member, friend, or child

  Frédéric, **tu** es français?

- **vous** ("formal" you) to address anyone else

  Madame Dupont, **vous** êtes canadienne?

When talking to SEVERAL persons, the French use:

- **vous** (both "familiar" and "formal" you)

  Anne et Louise, **vous** êtes de Montréal?

À noter
You should use . . .
- **vous** to address your teacher
- **tu** to address a classmate

→ **Ils** or **elles**?
When talking about SEVERAL persons, the French use:

- **ils** if the group has at least one male member:

  Paul et David = **ils** Paul et Émilie = **ils** Paul, Émilie et Léa = **ils**

- **elles** if the group is exclusively female:

  Alice et Émilie = **elles** Alice, Pauline et Léa = **elles**

Note linguistique: Verbes

To talk about who we are or what we do, we use VERBS, such as **être** *(to be)* and **parler** *(to speak)*. These basic forms, **être** and **parler,** are called INFINITIVES. Dictionaries list verbs as infinitives. In a sentence, the form of a verb is determined by who or what the subject is.

- A verb is said to agree with its subject. (This is called subject-verb agreement.)
- A CONJUGATION chart shows the verb forms that correspond to each subject.
- Verbs, like **parler,** that follow a predictable pattern are called REGULAR verbs.
- Verbs, like **être,** that do not follow a predictable pattern are called IRREGULAR verbs.

Vocabulaire: Mots utiles *(Useful words)*

à	*at*	Nous sommes **à** l'Université Laval.
	in	Vous êtes **à** Québec.
de	*from*	Tu es **de** San Francisco. Je suis **d'**Omaha.
	of	Voici une photo **de** Montréal.
et	*and*	Anne **et** Sophie sont camarades de chambre.
ou	*or*	Qui est-ce? Juliette **ou** Sophie?
avec	*with*	Philippe est **avec** Pauline.
pour	*for*	Nous sommes **pour** la justice.
mais	*but*	Je suis français, **mais** mon cousin est canadien.

ÉLISION
de → d'

1 Vacances au Canada

The following students are spending their summer in Canada. Tell where everyone is.

1. Antoine ____ à Québec.
2. Nous ____ à Montréal.
3. Tu ____ à Chicoutimi.
4. Ma cousine ____ à Toronto.
5. Vous ____ à Halifax.
6. Émilie et Léa ____ à Vancouver.
7. Je ____ à Ottawa.
8. Marc et Éric ____ à Victoria.

2 Tu ou vous?

You are spending July in Chicoutimi at the home of your friend Anne. Ask the following people questions using **Tu es** or **Vous êtes,** as appropriate.

❊ *(the mailman)* ... de Chicoutimi? ***Vous êtes de Chicoutimi?***

1. *(Anne's mother)* ... de Québec?
2. *(Anne's best friend)* ... canadienne?
3. *(Anne's brother)* ... avec un copain?
4. *(a lady in the park)* ... française?
5. *(Anne's cousin)* ... étudiant?
6. *(a little girl)* ... avec ton papa?
7. *(Anne's teacher)* ... américain?
8. *(an older tourist)* ... anglais?

3 Oui!

The following students are from Quebec. Answer the questions about them in the affirmative, using **ils** or **elles,** as appropriate.

1. Pierre et Philippe sont à l'Université Laval?
2. Jacques et Thomas sont camarades de chambre?
3. Théo et Marie sont copains?
4. Isabelle et Léa sont avec une copine?
5. Marc et Antoine sont à la cafétéria?
6. Guy et Sophie sont à un match de rugby?

B. Les verbes en *-er*

TO DESCRIBE WHAT WE DO

To describe what we do, we use verbs like **parler** *(to speak)* and **habiter** *(to live)*. Most verbs with infinitives ending in **-er** are REGULAR.

infinitive	parler	habiter	
stem	**parl-**	**habit-**	ending
singular	Je **parle** français. Tu **parles** français. Il/Elle **parle** anglais.	J' **habite** à Paris. Tu **habites** à Québec. Il/Elle **habite** à Toronto.	**-e** **-es** **-e**
plural	Nous **parlons** italien. Vous **parlez** espagnol. Ils/Elles **parlent** russe.	Nous **habitons** à Rome. Vous **habitez** à Madrid. Ils/Elles **habitent** à Moscou.	**-ons** **-ez** **-ent**

→ The present tense forms of **-er** verbs consist of two parts:

STEM + ENDING

- The STEM does not change. It is the infinitive minus **-er.**

  parler → **parl-**
  habiter → **habit-**

- The ENDINGS change to agree with the subject.

je	**-e**	nous	**-ons**
tu	**-es**	vous	**-ez**
il/elle	**-e**	ils/elles	**-ent**

→ Before verbs beginning with a VOWEL SOUND, there is:

ÉLISION with	**je → j'**	**j'habite**	**j'étudie**
LIAISON with	**nous, vous, ils, elles**	**nous‿habitons**	**elles‿étudient**

→ The French present tense corresponds to three English forms.

Nathalie **parle** français. { *Nathalie **speaks** French.*
*Nathalie **is speaking** French.*
*Nathalie **does speak** French.* }

Quelques verbes en *-er*

parler	*to speak, talk*	Nous **parlons** français.
visiter	*to visit*	Vous **visitez** Québec.
aimer	*to like, love*	J'**aime** le sport.
étudier	*to study*	Claire **étudie** les finances.
habiter	*to live*	Ma cousine **habite** à Montréal.
inviter	*to invite*	J'**invite** un copain au restaurant.

4 Tourisme à Québec

A group of French students is in Quebec. Say what place each one is visiting, using the appropriate forms of visiter.

1. Léa et Mélanie ____ la Citadelle.
2. Nous ____ l'Université Laval.
3. Vous ____ les Plaines d'Abraham.
4. Éric et Théo ____ la cathédrale.
5. Claire ____ le Musée de l'Amérique française.
6. Tu ____ le vieux *(old)* Québec.
7. Thomas ____ le Parlement.
8. Je ____ Sainte-Anne-de-Beaupré.

5 Vive la différence!

People do different things. Express this by completing the sentences with the suggested verbs.

1. (parler) Nous ____ français. Vous ____ anglais.
2. (habiter) Alice ____ sur le campus. Éric et Antoine ____ dans un appartement.
3. (étudier) Tu ____ la physique. J' ____ l'histoire.
4. (aimer) Vous ____ la musique classique. Nous ____ le rock.
5. (inviter) Pauline ____ un copain. Lucas ____ une copine.
6. (visiter) Nous ____ Québec. Vous ____ Montréal.

6 Et vous?

Choose a partner and talk about yourselves, using the suggestions in the box. Are you similar or different in what you do?

✻ ***—Je parle chinois.***
—Moi, je parle anglais.

- parler (anglais? chinois? espagnol? ...?)
- aimer (le sport? la musique? le cinéma? ...?)
- étudier (la biologie? les maths? l'histoire? ...?)
- habiter (sur le campus? dans un appartement? avec mes parents? ...?)

C. La négation

TO DESCRIBE WHAT WE DO NOT DO

To describe what we do not do, we use NEGATIVE sentences. Compare the affirmative and negative sentences below.

Je suis à Québec.	Je **ne suis pas** à Montréal.	*I **am not** in Montreal.*
Anne est canadienne.	Elle **n'est pas** française.	*She **is not** French.*
Nous parlons français.	Nous **ne parlons pas** espagnol.	*We **don't speak** Spanish.*
Éric étudie l'histoire.	Il **n'étudie pas** l'anglais.	*He **doesn't study** English.*

In French, NEGATIVE sentences are formed as follows:	
subject + **ne** + verb + **pas...**	Nous **ne** visitons **pas** Paris.
↓ **n'** (+ vowel sound)	Nous **n'**habitons **pas** en France.

→ The word **pas** can be used alone in short answers.

Tu parles français? Oui, mais **pas** très bien. *Yes, but **not** very well.*

7 Nous sommes différents

You and your partner are polar opposites. Say what you do and don't do.

❊ parler italien
—Je parle italien. Et toi?
—Je ne parle pas italien.

1. étudier les maths
2. habiter sur le campus
3. étudier la biologie
4. étudier beaucoup *(a lot)*
5. aimer l'art moderne
6. visiter les musées
7. être optimiste
8. être timide

8 Oui et non

We all do certain things, but not others. Express this for the following people.

❊ Alice habite à Québec. (à Montréal)
Alice n'habite pas à Montréal.

1. Nous parlons français. (anglais)
2. Vous visitez Paris. (Rome)
3. J'étudie la physique. (la biologie)
4. Tu es au café. (à l'université)
5. Pierre invite Mélanie. (Léa)
6. Pauline aime Lucas. (Théo)
7. Tu aimes la musique. (le sport)
8. Isabelle est française. (canadienne)

Expressions pour la conversation

to indicate agreement, disagreement, or uncertainty

Oui!	*Yes!*	**Non!**	*No!*	**Peut-être...**	*Maybe . . .*
Mais oui!	*Sure!*	**Mais non!**	*Of course not!*		
Bien sûr!	*Of course!*	**Pas du tout!**	*Not at all!*		

9 Et vous?

Get acquainted with your classmates. Ask them if they do the following. They will use one of the above expressions in their answers.

❊ parler italien
— ***Tu parles italien?***
— ***Bien sûr, je parle italien.***
ou — ***Pas du tout! Je ne parle pas italien.***

1. parler russe?
2. étudier la physique?
3. étudier le week-end *(on weekends)*?
4. habiter dans un appartement?
5. aimer le rap?
6. aimer l'opéra?
7. visiter les musées?
8. être végétarien(ne)?
9. être pessimiste?
10. admirer le président?

D. L'expression négative *ne... jamais*

TO DESCRIBE WHAT WE NEVER DO

Note how the French indicate what they NEVER do.

Nous **ne parlons jamais** anglais en classe.	*We **never speak** English in class.*
Je **n'étudie jamais** le week-end.	*I **don't ever study** on weekends.*

The negative expression **ne (n')... jamais** *(never, not ever)* follows the same pattern as **ne... pas.**

subject + **ne** + verb + **jamais...** ↓ **n'** (+ vowel sound)	Anne **ne** parle **jamais** anglais. Vous **n'**êtes **jamais** sur le campus.

10 Jamais le week-end

With your partner, say what the following students do during the week **(en semaine)** and what they never do on weekends **(le week-end).**

❊ tu / étudier
— ***En semaine, tu étudies.***
— ***Le week-end, tu n'étudies jamais.***

1. nous / étudier
2. Isabelle / être sur le campus
3. vous / parler au professeur
4. tu / être au laboratoire
5. vous / dîner à la cafétéria
6. Éric / préparer le cours
7. Pauline / surfer sur l'Internet
8. tu / téléphoner à ton cousin

E. Le pronom *on*

TO MAKE GENERALIZATIONS

The French often use the pronoun **on** to make general statements.

À Québec, **on** parle français.	*In Quebec City, **they (people)** speak French.*
Quand **on** est jeune, **on** aime le sport.	*When **one** is (**you** are) young, **one** likes (**you** like) sports.*

The pronoun **on** is always used with a SINGULAR verb. It has many English equivalents.

on + **il/elle**-form of verb	Ici, **on** travaille beaucoup.	*Here one works a lot.* *Here they work a lot.* *Here you work a lot.* *Here we work a lot.* *Here people work a lot.*

→ There is liaison after **on** when the next word begins with a vowel sound.

On‿est comme **on**‿est. *We are like we are.*

→ In conversation **on** is often used instead of **nous.**

On invite un copain? *Do we invite a friend?*

11 En Amérique

Explain what people do or do not do in America.

❊ parler français?
On ne parle pas français.

1. parler espagnol?
2. aimer les sports?
3. admirer les athlètes?
4. être optimiste?
5. respecter l'environnement?
6. conserver l'énergie?
7. aimer la justice?
8. aimer la violence?

12 Mes copains et moi

Tell about you and your friends.

❊ étudier beaucoup *(a lot)*?
On étudie beaucoup.
ou ***On n'étudie pas beaucoup.***

1. habiter sur le campus?
2. parler français?
3. aimer le football?
4. aimer la musique classique?
5. parler de politique?
6. être libéral (libéraux)?
7. admirer le président?
8. être idéaliste (idéalistes)?

CD1-23

Phonétique: Les voyelles /u/ et /i/

- The letters "ou" represent the sound /u/. Do not let the vowel glide, as in English.
  Répétez: vous nous douze écoute beaucoup souvent toujours cousin
- The letters "i" and "y" represent the sound /i/ as in **Mimi.** Do not let the vowel glide.
  Répétez: il ami midi six copine aussi visiter finance Sylvie physique

Compréhension orale CD1-24

You will hear people mentioning various activities. If they use an affirmative sentence to say what they are doing, mark oui. If they use a negative sentence to say what they are not doing, mark non.

	❊	1	2	3	4	5	6	7	8	9	10
oui											
non	X										

Conversation dirigée

You are at the International Club and strike up a conversation with a student from Quebec. Tell him/her more about yourself and your studies (using the list on p. 23). He/She will give you similar information.

First give your name, and then tell your partner (the student from Quebec) . . .

- what nationality you are
- in which city you live
- what subjects you study
- what subjects you like
- what subjects you do not like

Expression libre

Interview four classmates, recording their answers in the chart below. What are the similarities and differences? Begin your questions with tu.

	❊ *Teresa*	1.	2.	3.	4.
parler espagnol?	*oui*				
étudier le chinois?	*non*				
habiter sur le campus?	*oui*				
aimer le rap?	*non*				

Expression écrite

In the following e-mail, Élodie tells you about her student life in France. Write her a similar letter in which you describe your campus activities.

Chers amis,

Je m'appelle Élodie Martin. Je suis étudiante à l'Université de Montpellier. Je n'habite pas sur le campus. J'habite avec une copine.

J'étudie la sociologie. À l'université on étudie beaucoup, mais le week-end on n'étudie pas. Personnellement, j'aime la musique et le cinéma. Et vous?

Élodie

Leçon 5 À Dakar

OBJECTIVES

- To ask yes/no questions
- To talk about our preferences
- To give the days of the week

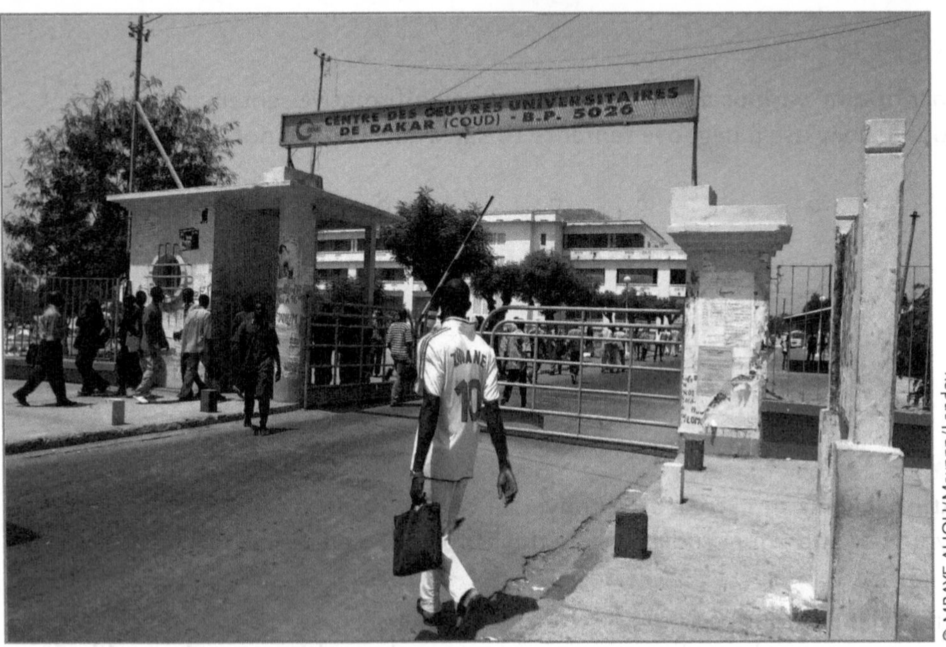

© MBAYE ALIOU/Maxppp/Landov

CD1-25 *Malika and Ousmane are from Senegal. They live in Dakar and are students at the Université Cheikh Anta Diop. Here they introduce themselves and talk about what they like to do.*

MALIKA:	Bonjour! Je m'appelle Malika.	
OUSMANE:	Et moi, je m'appelle Ousmane. Nous sommes **étudiants** à l'Université de Dakar.	*students*
MALIKA:	J'**étudie** la biologie et Ousmane est étudiant en informatique. Il est **toujours** très **occupé** avec son **ordinateur**.	*am studying* *always / busy / computer*
OUSMANE:	Mais non! J'aime aussi la musique, le cinéma, le sport... Je **joue** au basket et j'adore jouer au foot.	*play*
MALIKA:	Tu ne joues pas très **souvent**. Tu préfères **regarder** les **matchs** à la télé.	*often / watch / games*
OUSMANE:	Tu exagères! J'aime **beaucoup** l'activité physique.	*very much*
MALIKA:	**Dans ce cas**, est-ce que tu **veux aller** danser **samedi**?	*In that case / want / to go /*
OUSMANE:	Euh... je **voudrais** bien, mais je **dois** préparer un examen.	*Saturday / would like / have to*
MALIKA:	Un examen? Tu **as** toujours une **bonne** excuse. En réalité, tu n'aimes pas danser. Tu préfères dîner au restaurant?	*have / good*
OUSMANE:	Au restaurant? Ah oui! C'est une **très bonne idée**!	*very good idea*
MALIKA:	**Alors, à samedi**!	*So / see you Saturday*

À propos du texte

Vrai ou faux? *(True or false?)*

1. Malika habite à Dakar.
2. Elle est étudiante.
3. Elle ne parle pas français.
4. Elle étudie l'informatique.
5. Elle aime danser.
6. Ousmane aime le sport.
7. Il regarde le sport à la télé.
8. Il aime danser.

Note culturelle

Dakar et le Sénégal

© Finbarr O'Reilly/Reuters/Corbis

Le Sénégal

© Cengage Learning

Population: 12 millions
Capitale: Dakar
Religion: 94% Musulmans *(Muslim)*
Monnaie: le franc CFA*
Devise: Un peuple, un but, une foi *(One people, one goal, one faith)*

Dakar is the capital of Senegal, a country where people speak many local languages and where French has been adopted as the common language of administration, business, and education.

From its beginnings as a small fishing village, Dakar has grown into a large cosmopolitan center of more than 2,500,000 people. With its busy harbor, it is one of the principal industrial and commercial hubs of West Africa, connecting these countries to the rest of the world.

Dakar is also a vibrant artistic center, known for its musicians, its dance groups, its cinematographers, and, increasingly, its high fashion. Combining bold designs with highly colored fabrics, local designers export Dakar elegance to the rest of the world.

Dakar has much to offer the visitor. Its numerous open-air and covered markets display an abundant array of exotic products, arts and crafts, and colorful hand-dyed fabrics. The **Musée de l'IFAN (Institut Fondamental de l'Afrique Noire)** features exhibits of modern and traditional African arts. The **Grande Mosquée de Ouakam** is a testimony to the Muslim faith of the Senegalese people. The most visited place, however, is the **Maison des Esclaves** on the nearby island of Gorée. This reconstituted jail, built on the site where captured African prisoners were held before their deportation to the Americas, is a cruel reminder of the horrors of the slave trade.

À votre avis

Would you like to visit Dakar? Why or why not?

***CFA** = Communauté Financière d'Afrique. The **CFA franc** is attached to the euro.

Vocabulaire: Activités

Qu'est-ce que tu fais?	*What are you doing?*	**J'étudie.**
Qu'est-ce que tu aimes faire?	*What do you like to do?*	**J'aime voyager.**

TOUS LES JOURS *(every day)*

écouter	*to listen to*	Marc et Céline **écoutent** la radio (un CD...). J'**écoute** mon copain.
regarder	*to look at* *to watch*	Nous **regardons** le prof (une photo...). Je **regarde** la télé (un film...).
dîner	*to have dinner*	Tu **dînes** au restaurant (à la cafétéria...).
manger	*to eat*	Je **mange** un sandwich (une pizza, une salade...).
téléphoner (à)	*to phone*	Je **téléphone à** un ami.
travailler	*to work*	Je **travaille** à la cafétéria (pour mon oncle...).

LES LOISIRS *(leisure activities)*

chanter	*to sing*	Je **chante** dans une chorale *(choir).*
danser	*to dance*	Zoé et Richard **dansent** le rock.
jouer (à)	*to play*	Nous **jouons au** tennis et **au** volley *(volleyball).* Alice **joue au** foot *(soccer)* et **au** basket *(basketball).*
nager	*to swim*	Je **nage** dans l'océan.
voyager	*to travel*	Paul **voyage** avec un copain.

➔ The **nous**-form of verbs in **-ger** ends in **-geons.**

Nous **nageons** bien. Nous **mangeons** une omelette. Nous **voyageons.**

➔ Note the constructions with **regarder, écouter,** and **téléphoner.**

Philippe **regarde**	...	Alice.
Philippe looks	*at*	*Alice.*

Céline **téléphone**	**à**	Pierre.
Céline is phoning	...	*Pierre.*

Alice **écoute**	...	le professeur.
Alice is listening	*to*	*the teacher.*

1 Ce week-end *(This weekend)*

Say what the following people are doing this weekend. Choose an activity for each person.

- nous
- vous
- Pauline
- Antoine
- Émilie et Lisa
- Monsieur et Madame Charron
- je
- tu

❊ ***Émilie et Lisa jouent au tennis.***

2 Qu'est-ce qu'ils font?

Describe the activities of the following people by completing the sentences with the appropriate verb.

1. Clément ____ à la cafétéria.
2. Mélanie ____ une pizza.
3. Thomas ____ la radio.
4. Léa ____ un film.
5. Cécile ____ dans une chorale *(choir)*.
6. Paul ____ au foot.
7. Lucas ____ en bus.
8. Ma cousine ____ dans une banque *(bank)*.

3 Mes activités

Describe some activities you do and some that you do not do during the week and when you are on vacation. Compare activities with your partner.

En semaine

- ***J'étudie.***
- ____
- ____

En vacances

- ***Je joue au tennis.***
- ____
- ____

A. Questions à réponse oui ou non

TO ASK A YES/NO QUESTION

Often we ask questions to get a simple yes or no answer. Compare the statements and the corresponding YES/NO QUESTIONS below.

Tu joues au foot.	**Est-ce que** tu joues au foot?	*Do you play soccer?*
Paul habite à Paris.	**Est-ce que** Paul habite à Paris?	*Does Paul live in Paris?*
Il est français.	**Est-ce qu'**il est français?	*Is he French?*

In French, YES/NO QUESTIONS are commonly formed as follows:	
est-ce que + subject + verb . . .	**Est-ce que** Pauline joue au tennis?
↓ **est-ce qu'** (before a vowel sound)	**Est-ce qu'**elle joue au tennis?

→ In French, as in English, your voice goes up at the end of a yes/no question.

Est-ce que tu aimes voyager?

→ In conversational French, yes/no questions may be formed simply by intonation, without the addition of **est-ce que.** Compare:

Vous jouez au volley. Vous jouez au volley?

À noter

Yes/no questions may also be formed by adding the tag expression **n'est-ce pas**.

Tu habites à Paris.	Tu habites à Paris, **n'est-ce pas?**	*You live in Paris, don't you?*
Vous êtes français.	Vous êtes français, **n'est-ce pas?**	*You're French, aren't you?*

→ When asking a **n'est-ce pas** question, the speaker expects a YES answer.

4 Le club des sports

You are secretary of the Sports Club. Ask if the following people play certain sports.

❊ Anne-Marie / volley?
Est-ce qu'Anne-Marie joue au volley?

1. Carole / tennis?
2. Paul et Thomas / foot?
3. vous / basket?
4. tu / ping-pong?
5. Isabelle / golf?
6. ta cousine / rugby?
7. Antoine / baseball?
8. Lisa et Théo / basket?

Vocabulaire: Expressions utiles

bien	*well*	Tu chantes **bien.**
mal	*badly, poorly*	Je chante **mal.**
assez	*rather, fairly*	Vous dansez **assez** bien!
très	*very*	Anne joue **très** bien au tennis.
assez	*enough*	Vous n'étudiez pas **assez!**
peu	*not much*	Je mange **peu.**
beaucoup	*a lot, (very) much*	Nous regardons **beaucoup** la télé.
trop	*too much*	Tu travailles **trop!**
toujours	*always*	Nous parlons **toujours** français en classe.
souvent	*often*	Pauline ne dîne pas **souvent** au restaurant.
aussi	*also, too*	Je joue au volley. Je joue **aussi** au basket.
maintenant	*now*	**Maintenant,** nous sommes à l'université.

→ In French, adverbs like **bien, mal, souvent** usually come immediately AFTER the verb. They NEVER come between the subject and the verb.

Je joue **souvent** au tennis. *I **often** play tennis.*

5 Conversation

Ask your classmates if they do the following things.

❊ téléphoner souvent?
— ***Est-ce que tu téléphones souvent?***
— ***Oui, je téléphone souvent.***
ou — ***Non, je ne téléphone pas souvent.***

1. voyager beaucoup?
2. chanter bien?
3. étudier trop?
4. manger assez?
5. jouer bien au volley?
6. dîner souvent au restaurant?
7. regarder souvent la télé?
8. habiter sur le campus maintenant?

6 D'autres questions

Ask your partner about what other people do.

❊ ton copain / téléphoner souvent?
— ***Est-ce que ton copain téléphone souvent?***
— ***Oui, il téléphone souvent.***
ou — ***Non, il ne téléphone pas souvent.***

1. ton (ta) camarade de chambre / étudier assez?
2. tes parents / voyager souvent?
3. Céline Dion / chanter bien?
4. les Yankees / jouer mal?
5. les Américains / travailler trop?
6. les Français / manger bien?

B. La construction infinitive

TO SAY WHAT WE LIKE TO DO

Note how people express what they like or do not like to do.

J'aime **voyager.**	*I like* ***to travel.***	*(I like* ***traveling.****)*
Nous n'aimons pas **étudier.**	*We don't like* ***to study.***	*(We don't like* ***studying.****)*

The INFINITIVE is often used after verbs like **aimer,** according to the pattern:	
subject + **(ne)** + main verb + **(pas)** + INFINITIVE . . .	
Lisa **aime jouer** au foot.	*Lisa* ***likes to play*** *soccer.*
Elle **n'aime pas regarder** la télé.	*She* ***does not like to watch*** *TV.*

→ In infinitive constructions the MAIN VERB is conjugated. It may be affirmative or negative.

Vous **aimez** voyager? Non, nous **n'aimons pas** voyager.

À noter

- In French, the infinitive consists of one word, whereas in English the infinitive often includes the word *to*.

  parler *to speak* **jouer** *to play*

- French often uses an infinitive where the equivalent English sentence contains a verb in *-ing*.

  J'aime **chanter.** *I like* ***singing.*** *I like* ***to sing.***

7 Expression personnelle

Ask your partner if he/she likes to do the following activities.

❊ parler français

— ***Tu aimes parler français?***

— ***Bien sûr, j'aime parler français.***

ou — ***Mais non, je n'aime pas parler français.***

1. parler en public
2. voyager en train
3. jouer au tennis
4. nager dans l'océan
5. chanter
6. regarder la télé
7. travailler en groupe
8. dîner à la cafétéria
9. manger végétarien
10. organiser des fêtes *(parties)*
11. échanger des textos *(text messages)*
12. surfer sur Internet

8 Qu'est-ce qu'ils aiment?

Choose two of the following people and tell what things they like to do and do not like to do.

- mon copain
- ma copine
- mon frère
- ma soeur
- mon camarade de chambre
- ma camarade de chambre

Vocabulaire: Invitations

TO INVITE A FRIEND

Est-ce que tu veux...?	*Do you want to . . . ?*	**Est-ce que tu veux** dîner au restaurant?
Est-ce que tu peux...?	*Can you . . . ?*	**Est-ce que tu peux** téléphoner à mon cousin?

TO ACCEPT AN INVITATION

Oui, d'accord.	*Yes, all right, okay.*	
Je veux bien.	*I'd love to.*	Oui, **je veux bien.** Oui, **je veux bien** dîner au restaurant.
Je voudrais...	*I would like . . .*	Oui, **je voudrais** dîner à huit heures.
Je peux...	*I can . . .*	Oui, **je peux** téléphoner à ton cousin.

TO REFUSE AN INVITATION

Je ne veux pas.	*I don't want to.*	**Je ne veux pas** jouer au tennis.
Je regrette, mais...	*I am sorry, but . . .*	**Je regrette, mais...**
je ne peux pas...	*I can't . . .*	**je ne peux pas** dîner au restaurant.
je dois...	*I must, have to . . .*	**je dois** préparer l'examen.

→ The expression **être d'accord** means *to agree.*

Tu es d'accord avec moi? Non, **je ne suis pas d'accord.**

9 Invitations

Invite your partner to do the activities suggested by the illustrations. He/She will accept or refuse politely.

❊	1.	2.	3.	4.	5.
			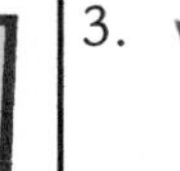  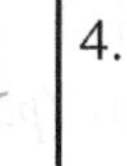		

❊ ***— [Kevin], est-ce que tu veux jouer au basket?***
— Oui, je veux bien.
ou ***— Je regrette, mais je ne peux pas.***

10 Excuses

Ask if your partner wants to do certain things. He/She will turn down your invitation and give you an excuse.

❊ ***— Est-ce que tu veux jouer au tennis?***
— Je ne peux pas.
Je dois préparer l'examen.

INVITATIONS
- jouer au tennis
- nager
- regarder la télé
- jouer au basket
- visiter un musée
- manger une pizza

EXCUSES
- étudier
- travailler
- préparer l'examen
- dîner
- aider *(help)* un copain

Vocabulaire: Les jours de la semaine *(Days of the week)*

Quel jour est-ce? *What day is it?*

Quel jour sommes-nous? *What day are we?*

aujourd'hui *today* **Aujourd'hui,** nous sommes lundi.

demain *tomorrow* **Demain,** c'est mardi.

lundi	mardi	mercredi	jeudi	vendredi	samedi	dimanche
Monday	*Tuesday*	*Wednesday*	*Thursday*	*Friday*	*Saturday*	*Sunday*

➔ To tell people when you are going to meet them, use the expression **à** + DAY.

À samedi. *See you Saturday.* **À demain.** *See you tomorrow.*

11 Quel jour?

Invite your partner to do certain things with you. He/She will accept and ask you what day. Decide on a day and conclude the conversation.

❊ dîner au restaurant

— ***Est-ce que tu veux dîner au restaurant?***
— ***Oui, je veux bien! Quel jour?***
— ***Jeudi.***
— ***D'accord! À jeudi!***

- jouer au volley
- visiter la ville *(city)*
- étudier avec moi
- organiser une fête *(party)*
- regarder un film
- dîner dans un restaurant vietnamien

CD1-26

Phonétique: La voyelle /ə/

When the letter "e" occurs at the end of a word or when it is followed by only one consonant sound, it is called a "mute e." It either is silent or is pronounced /ə/. Be careful not to pronounce it like the /ɛ/ in **elle**.

- Répétez: je que ne demain mercredi vendredi samedi regarder regretter

À votre tour

Compréhension orale  CD1-27

You will hear people talking about various activities. If they mention an activity shown in Group A, mark row A. If the activity is shown in Group B, mark row B.

A

B

	❄	1	2	3	4	5	6	7	8	9	10	11	12
A	X												
B													

Conversation dirigée

You meet a Senegalese student at the gym. You want to know more about him/her.

Ask your partner (the Senegalese student) . . .

- if he/she speaks French
- if he/she plays soccer
- if he/she plays tennis
- if he/she likes to play tennis
- if he/she lives on campus **(sur le campus)**
- if he/she eats at the cafeteria
- if he/she likes Italian food **(la cuisine italienne)**
- if he/she wants to have dinner with you tonight **(ce soir)**

Expression libre

Find out what type of sports your partner likes to play by asking a few yes/no questions. Then invite your partner to play a sport you both like. Decide on a day (quel jour) and a time (à quelle heure).

nom de votre partenaire	sport	jour	heure

→ Révision
l'heure: pp. 9, 24

Expression écrite

Read the following e-mail from Hamadi in which he talks about his favorite leisure activities. Then write a similar letter about yourself.

Bonjour! J'aime la musique. J'aime le rap mais je préfère le rock. Je n'écoute jamais la musique classique. J'aime le sport. J'aime jouer au foot et au basket. J'aime aussi nager, mais je ne nage pas souvent.

J'aime manger, mais je n'aime pas manger à la cafétéria. On ne mange pas bien. Je ne mange jamais à la cafétéria. Je dîne souvent dans un restaurant chinois avec ma copine. Nous adorons la cuisine chinoise.

Hamadi

LEÇON 6 À Genève

OBJECTIVES

- To ask for specific information
- To add emphasis to a statement
- To give dates

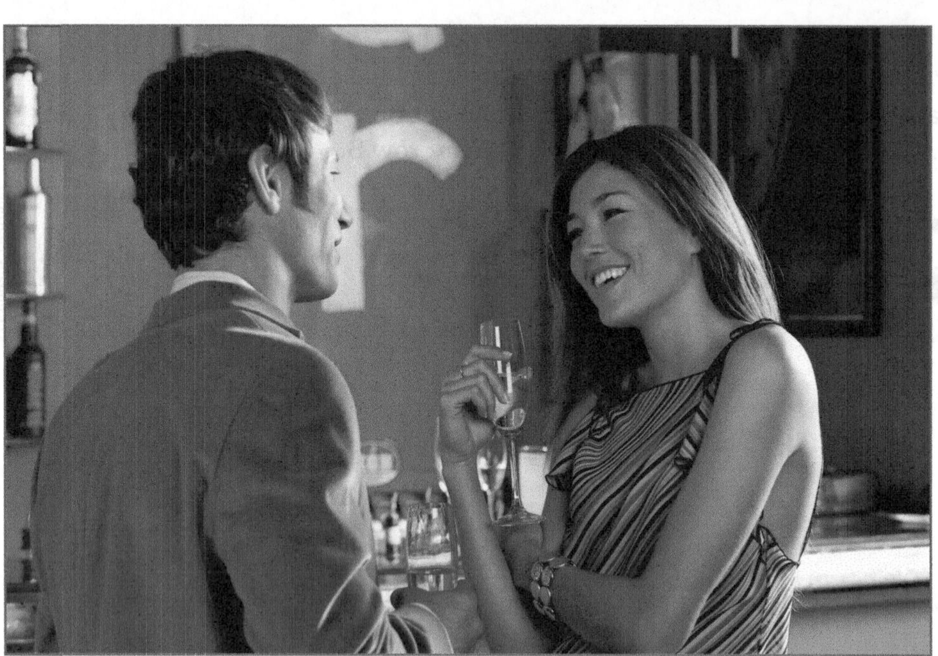

© Corbis

CD1-28 *Isabelle and Jean-Pierre meet at a party in Geneva, Switzerland. Isabelle is Swiss. Jean-Pierre is from Belgium.*

ISABELLE:	Je m'appelle Isabelle Lanson.	
JEAN-PIERRE:	Moi, je m'appelle Jean-Pierre Lamy. Je suis **belge.**	*Belgian*
ISABELLE:	Ah! **Où** est-ce que tu étudies?	*Where*
JEAN-PIERRE:	Je ne suis pas étudiant. Je suis à Genève pour mon **travail.**	*work, job*
ISABELLE:	Ah bon? **Pour qui** est-ce que tu travailles?	*For whom*
JEAN-PIERRE:	Pour une banque internationale. Je suis économiste.	
ISABELLE:	Tu aimes habiter à Genève?	
JEAN-PIERRE:	Bien sûr. J'adore l'ambiance cosmopolite.	
ISABELLE:	**Au fait,** est-ce que tu aimes la cuisine **suisse**?	*By the way / Swiss*
JEAN-PIERRE:	Bien sûr! **Pourquoi?**	*Why*
ISABELLE:	**Parce que** j'organise un dîner avec des copains. On va manger une fondue. Est-ce que tu veux dîner avec nous?	*Because*
JEAN-PIERRE:	Mais oui. Merci. **Quand?**	*When*
ISABELLE:	Le 28 octobre.	
JEAN-PIERRE:	Le 28 octobre? C'est le jour de mon **anniversaire.**	*birthday*
ISABELLE:	Alors, on va **célébrer** ton anniversaire **ensemble.** D'accord?	*celebrate / together*
JEAN-PIERRE:	**Super!**	*Great*

Vrai ou faux?

1. Isabelle est belge.
2. Elle organise un dîner pour des amis.
3. Elle invite Jean-Pierre.
4. Jean-Pierre est suisse.
5. Il travaille à Genève.
6. Il est étudiant.
7. Il aime la cuisine suisse.
8. Il accepte l'invitation d'Isabelle.

Note culturelle

Genève, ville internationale

© Murat Taner/Corbis

La Suisse

© Cengage Learning

Population:	7,7 millions
Capitale:	Berne
Langues:	allemand (69%) français (22%) italien (8%) romanche (1%)
Monnaie:	le franc suisse
Devise de Genève:	Post tenebras lux *(After the darkness, light)*

Geneva is the largest urban center of the French-speaking region of Switzerland. Located on the shores of the lake that bears its name, the city offers a beautiful view of the Alps.

In the course of its history, Geneva has always played a major international role in the domains of politics, business, and humanitarian outreach. Because of the neutrality of Switzerland in times of armed conflict, Geneva was chosen to be the seat of the League of Nations after World War I. At present, it serves as the European headquarters of the United Nations, regularly hosting international conferences on topics of global importance, such as scientific cooperation, disarmament, and aid to impoverished African nations.

Today, Geneva is also a world-class banking and business center. This role has evolved historically from the city's strategic location at the crossroads of important European trade routes. From the time of the Middle Ages, merchants have come to Geneva to exchange goods and finance their business dealings.

Over the past several centuries, Geneva has been a hub of humanitarian endeavors of all kinds. Because of the generosity and open-mindedness of its citizens, the city has provided a safe haven for foreigners in difficulty: French Huguenots and Italian Protestants persecuted in their own countries at the time of the Reformation, political exiles of various beliefs—mostly anonymous, some well-known, like Lenin prior to the Russian Revolution—and civilian refugees in time of war.

The humanitarian vocation of the city is probably best symbolized by the Geneva Convention, which established a code of ethics for combatants and protects the rights of prisoners of war. The major force behind the First Geneva Convention in 1864 was a local businessman named Henri Dunant, now best known for having founded the Red Cross. Headquartered in Geneva, **la Croix Rouge Internationale** brings humanitarian relief to victims of war and natural disasters in all parts of the world.

À votre avis

Which aspects of Geneva attract you the most? Explain.

La langue française

A. Questions d'information

TO ASK FOR SPECIFIC INFORMATION

To obtain specific information, we begin our questions with an INTERROGATIVE EXPRESSION that indicates the type of information we are looking for. Note the use of interrogative expressions in the questions below.

	questions	answers
(where)	**Où** est-ce que tu habites?	J'habite **à Bruxelles** en Belgique.
(when)	**Quand** est-ce que vous visitez Paris?	Nous visitons Paris **en septembre.**
(at what time)	**À quelle heure** est-ce qu'on dîne?	On dîne **à huit heures.**
(why)	**Pourquoi** est-ce que tu étudies le français?	**Parce que je veux travailler à Genève.**

INFORMATION QUESTIONS generally follow the pattern:

INTERROGATIVE EXPRESSION + **est-ce que** + subject + verb . . .
↓
est-ce qu'

Où est-ce que vous habitez?

Quand est-ce qu'on dîne?

→ In casual conversation, information questions can be formed by putting the interrogative expression at the end of the sentence and letting your voice rise.

Vous habitez **où**? Ils travaillent **quand**?

→ Information questions can also be formed by INVERSION, that is, by putting the subject after the verb.

Où **habite Anne-Marie**? Où **habitez-vous**?

Vocabulaire: Expressions interrogatives

où?	*where?*	**Où** est-ce que vous habitez?
quand?	*when?*	**Quand** est-ce que ton cousin arrive à Genève?
à quelle heure?	*at what time?*	**À quelle heure** est-ce que vous dînez?
comment?	*how? how well?*	**Comment** est-ce que vous jouez au tennis?
pourquoi?	*why?*	**Pourquoi** est-ce que tu étudies la biologie?
parce que	*because*	**Parce que** je veux être médecin *(doctor)*.

ÉLISION
parce que → parce qu'

→ Many interrogative expressions may also be used in statements.

J'écoute la radio **quand** je dîne. *I listen to the radio **when** I have dinner.*

Voici la résidence **où** j'habite. *Here is the dorm **where** I live.*

1 Conversation

At a party in Paris, Nicolas meets Rachel, a Belgian student. They engage in a conversation. Recreate the dialogue with your partner.

❊ où / habiter? (à Bruxelles)
NICOLAS: ***Où est-ce que tu habites?***
RACHEL: ***J'habite à Bruxelles.***

1. où / étudier? (à l'Université de Louvain)
2. quand / parler français? (toujours)
3. pourquoi / être à Paris? (parce que j'aime la France)
4. quand / visiter le Louvre? (demain)
5. comment / parler anglais? (assez bien)
6. pourquoi / étudier l'anglais? (parce que je veux visiter l'Amérique)
7. quand / voyager en Amérique? (en octobre)
8. comment / voyager? (en bus)

2 Questions et réponses

Complete the questions on the left with interrogative expressions that correspond to the answers on the right.

❊ ***Où est-ce que*** vous dînez? — Au restaurant «Lucullus».

1. _____ tu dînes?	À sept heures et demie.
2. _____ vous étudiez maintenant?	Parce que nous préparons l'examen.
3. _____ ton copain joue au tennis?	Il joue assez bien.
4. _____ vous jouez au volley?	En général, le samedi.
5. _____ tu étudies l'espagnol?	Parce que je veux visiter le Mexique.
6. _____ ton cousin travaille?	Il travaille à l'Office de Tourisme.
7. _____ tu dînes dans un restaurant italien?	Parce que j'adore les spaghetti.
8. _____ vous voyagez en Italie?	En septembre.

3 Et vous?

Now let's talk about you.

1. Où est-ce que vous habitez?
2. À quelle université est-ce que vous étudiez?
3. Quelles matières *(Which subjects)* est-ce que vous étudiez?
4. En général, à quelle heure est-ce que vous arrivez sur le campus?
5. En général, où est-ce que vous dînez?
6. À quelle heure est-ce que vous dînez?
7. Quels programmes de télé est-ce que vous regardez?

À noter
The INTERROGATIVE ADJECTIVE **quel** *(which, what)* is frequently used in information questions.
Quel jour sommes-nous? **Quelle** heure est-il?

B. Questions avec *qui* et *que*

TO ASK ABOUT PEOPLE AND THINGS

To ask about PEOPLE, French uses the INTERROGATIVE PRONOUN **qui** *(who, whom)* in the following constructions.

qui?	*who(m)?*	**Qui** est-ce que tu invites au concert?
à qui?	*to who(m)?*	**À qui** est-ce que vous téléphonez?
de qui?	*about who(m)?*	**De qui** est-ce que tu parles?
avec qui?	*with who(m)?*	**Avec qui** est-ce que Pierre étudie?
pour qui?	*for who(m)?*	**Pour qui** est-ce que ton cousin travaille?

To ask WHO IS DOING something, the expression **est-ce que** is omitted.

qui + verb...?	*who . . . ?*	**Qui** habite ici?

To ask about THINGS, French uses the INTERROGATIVE PRONOUNS **que** and **quoi** *(what)* in the following constructions.

qu'est-ce que?	*what?*	**Qu'est-ce que** tu étudies?
de quoi?	*about what?*	**De quoi** est-ce que vous parlez?

→ **Quoi** may also be used alone.

Quoi? *What?*

4 Un sondage *(poll)*

Take a survey of your classmates to find out about their leisure activities. What is the most popular activity?

❊ jouer au volley?
Qui joue au volley?

1. jouer au basket?
2. regarder souvent la télé?
3. surfer sur l'Internet?
4. écouter de la musique classique?
5. jouer de la guitare?
6. regarder les films d'action?
7. aimer danser?
8. dîner au restaurant?
9. aller sur / visiter Facebook?
10. voyager?

5 Répète, s'il te plaît *(Please repeat)*

A classmate will mention what he/she is doing. Because of the noise, you can't quite hear the end of the sentence. Ask your partner to repeat the information you missed.

❊ J'invite [ma copine].
Qui est-ce que tu invites?

1. J'écoute [un CD].
2. Je regarde [un film].
3. Je téléphone [à mon frère].
4. J'échange des textos [avec mes *(my)* parents].
5. Je mange [un sandwich].
6. Je prépare [mon cours d'anglais].
7. J'écoute [le professeur].
8. Je parle [de l'examen].

6 Conversation

Get better acquainted with your classmates by asking a few questions about what they do.

❊ avec qui? (étudier)
— Avec qui est-ce que tu étudies?
— J'étudie avec un copain (avec mon/ma camarade de chambre).

1. avec qui? (parler français)
2. avec qui? (jouer au tennis)
3. à qui? (téléphoner le soir *[in the evening]*)
4. qu'est-ce que? (écouter à la radio)
5. qu'est-ce que? (regarder à la télé en semaine *[during the week]*)
6. qu'est-ce que? (regarder à la télé le dimanche *[on Sundays]*)
7. de quoi? (parler avec ton copain/ta copine)

© peappop/Shutterstock.com

Tournois de tennis à Montpellier, France

C. Les pronoms accentués

To refer to people, we use different types of pronouns. In the responses on the right, the pronouns in boldface print are called STRESS PRONOUNS.

Tu dînes avec **tes parents**?	Oui, je dîne avec **eux.**
Tu travailles pour **Monsieur Leblanc**?	Oui, je travaille pour **lui.**

FORMS

Each subject pronoun has a corresponding stress pronoun.

(subject pronoun)	stress pronoun	(subject pronoun)	stress pronoun
(je)	**moi**	(nous)	**nous**
(tu)	**toi**	(vous)	**vous**
(il) (elle)	**lui** **elle**	(ils) (elles)	**eux** **elles**

USES

Stress pronouns are used:

→ to reinforce a subject pronoun
Moi, je parle français. *I speak French.*
Vous, vous parlez anglais. ***You** speak English.*

→ after **c'est** and **ce n'est pas**
– C'est Paul?
– Non, ce n'est pas **lui.** *No, it's not **him.***

→ in short sentences where there is no verb
– Qui parle français ici?
– **Moi!** ***I do!***

→ before and after **et** and **ou**
Lui et moi, nous sommes français. ***He and I,** (we) are French.*

→ after PREPOSITIONS like **de, avec, pour**
Voici Thomas. Nous parlons souvent **de lui.** *We often talk **about him.***
Voici Marc et Paul. Je joue au foot **avec eux.** *I play soccer **with them.***
Voici Monsieur Lucas. Nous travaillons **pour lui.** *We work **for him.***

Expressions pour la conversation

to agree with a positive statement

Moi aussi. *Me too.*
– J'aime voyager.
– **Moi aussi!**

to agree with a negative statement

Moi non plus. *Me neither.*
– Je n'aime pas voyager.
– **Moi non plus!**

7 Oui!

Answer the following questions affirmatively using pronouns.

❊ Patrick dîne avec Élise?
Oui, il dîne avec elle.

1. Julie joue au tennis avec Paul?
2. Alice étudie avec Mélanie?
3. Lucas voyage avec Jean-Pierre?
4. Isabelle parle français avec le professeur?
5. Pauline habite avec sa *(her)* cousine?
6. Élodie voyage avec ses *(her)* parents?
7. Philippe travaille pour son *(his)* oncle?
8. Madame Lambert travaille pour ses clients?

8 Oui ou non?

A classmate will ask you if you would like to engage in certain activities with well-known people and groups. Give your response.

❊ jouer au tennis avec Serena Williams?
— Est-ce que tu veux jouer au tennis avec Serena Williams?
— Bien sûr, je voudrais jouer avec elle.
ou ***— Mais non, je ne veux pas jouer avec elle.***

1. jouer au football américain avec Peyton Manning?
2. jouer au basket avec Kobe Bryant?
3. jouer au baseball avec les Yankees?
4. jouer au tennis avec Venus Williams?
5. chanter avec Rihanna?
6. parler avec Michelle Obama?
7. travailler pour le président?

9 Et toi?

Say whether or not you do the following things. Then ask if your partner agrees with you.

❊ chanter bien
A. ***— Je chante bien. Et toi?***
— Moi aussi, je chante bien.
ou ***— Moi, je ne chante pas bien.***

❊ B. ***— Je ne chante pas bien. Et toi?***
— Moi non plus, je ne chante pas bien.
ou ***— Moi, je chante bien.***

1. voyager souvent
2. travailler beaucoup
3. jouer au tennis
4. parler espagnol
5. jouer au basket
6. danser très bien
7. aimer la cuisine chinoise
8. être pessimiste
9. chatter avec Facebook
10. aller sur / visiter YouTube

D. La date

TO GIVE THE DATE

Vocabulaire: La date, les mois et les saisons

Quelle est la date?	*What's the date?*
C'est le 2 avril.	*It's April second.*
Mon anniversaire est le 3 mai.	*My birthday is (on) May third.*
J'ai rendez-vous le 5 juin.	*I have a date/appointment (on) June fifth.*

un an	*year*	**une année**	*(whole) year*
un mois	*month*	**une saison**	*season*

janvier	**avril**	**juillet**	**octobre**
février	**mai**	**août**	**novembre**
mars	**juin**	**septembre**	**décembre**

le printemps	*spring*
l'été	*summer*
l'automne	*fall*
l'hiver	*winter*

In French, dates are expressed with cardinal numbers (that is, numbers used in counting). The day always precedes the month.

le + number + month	**le trois** octobre **le vingt-cinq** septembre

→ EXCEPTION: The first of the month is **le premier.**

le premier avril   **le premier** octobre

→ In writing, dates are abbreviated by giving the day before the month.

7/3 = le 7 mars   6/11 = le 6 novembre

10 Dates

Complete the following sentences with the appropriate dates.

1. Aujourd'hui, nous sommes...
2. Demain, c'est...
3. Mon anniversaire est...
4. Noël est...
5. La fête nationale *(national holiday)* est...
6. L'examen de français est...
7. Les vacances *(vacation)* commencent...
8. J'ai rendez-vous chez le dentiste...

CD1-29

Phonétique : Les voyelles /e/ et /ɛ/

- In French, the vowel /e/ is very tense. There is no glide, as in English.
  Répétez: et été année février décembre téléphoner étudier visitez
- The vowel /ɛ/ is usually followed by a consonant sound.
  Répétez: elle avec hiver père mère frère anniversaire être

Compréhension orale CD1-30

You will hear a series of questions in which different speakers ask for specific information. Listen carefully to each question, paying attention to the interrogative expression. Mark the logical answer.

	❊	1	2	3	4	5	6	7	8
A. À Paris.									
B. En septembre.	✓								
C. Assez bien.									

Conversation dirigée

At a party, you meet an exchange student from Switzerland.

Ask your partner (the Swiss student) . . .

- where he/she lives
- where he/she studies
- what he/she studies
- how he/she speaks English
- why he/she is in America **(en Amérique)**
- what he/she watches on TV
- at what time he/she has dinner
- what he/she likes to eat

Expression libre

Ask five different classmates when their birthdays are. Do any have the same birthday?

❊ ***— Vanessa, c'est quand ton anniversaire?***
— C'est le 21 mai.

NOM	❊ *Vanessa*					
ANNIVERSAIRE	*le 21 mai*					

Expression écrite

In the following e-mail to his new roommate, Stéphane talks about himself and asks some questions. Write a similar letter to a prospective French roommate, describing yourself and asking information questions.

Salut! Je m'appelle Stéphane.
J'habite à Genève. Et toi, où est-ce que tu habites?
J'étudie l'espagnol parce que je veux travailler au Mexique. Et toi, qu'est-ce que tu étudies? Pourquoi?
En général je dîne à 7 heures. Et toi, à quelle heure est-ce que tu dînes? qu'est-ce que tu aimes manger?
Le week-end, j'aime jouer au basket. Et toi, est-ce que tu joues au basket? Comment est-ce que tu joues?
Stéphane

La communication

Au téléphone

Pour téléphoner, on utilise
- **un téléphone.**
- **un téléphone fixe** *(landline).*
- **un mobile / un portable** *(cell phone).*
- **un smartphone.**

Le téléphone **sonne** *(rings).*
La ligne *(line)* est **occupée** *(busy).*
C'est **le répondeur** *(answering machine).*
On peut **laisser un message** *(leave a message).*

→ *Comment parler au téléphone*

Allô!	*Hello!*
Bonjour, Paul Dubois à **l'appareil.**	*Hello, Paul Dubois speaking.*
Qui est à l'appareil?	*Who is calling?*
Ici c'est Paul Dubois.	*This is Paul Dubois.*
Est-ce que je pourrais parler à Céline?	*May I speak to Céline?*
C'est de la part de qui?	*Who is calling?*
Un instant, s'il vous plaît.	*Just a moment, please.*
Ne quittez pas, s'il vous plaît.	*Please hold.*
Au revoir!	*Good-by!*
À lundi!	*See you (on) Monday!*
À bientôt!	*See you soon!*

→ *Comment laisser un message*

Veuillez laisser un message après le bip sonore.	*Please leave a message at the tone.*
Ici Stéphanie.	*This is Stéphanie.*
Appelle-moi, s'il te plaît.	*Please call me.*
Je suis au 01.42.22.14.23.	*I am at 01.42.22.14.23.*
Mon numéro de portable est le 06.35.67.51.13.	*My cell number is 06.35.67.51.13.*

Le téléphone portable

The adoption of a common cell phone standard called GSM (Global Service for Mobiles) has facilitated the creation of a vast and efficient cell phone network throughout Europe.

In France, most people make extensive use of their cell phones. This use, however, is limited by regulations and etiquette. For instance, it is prohibited to use a cell phone in certain public spaces or while you are driving. It is also considered inappropriate to use a cell phone wherever your conversation might inconvenience people around you, especially in a restaurant, at a party, or on public transportation.

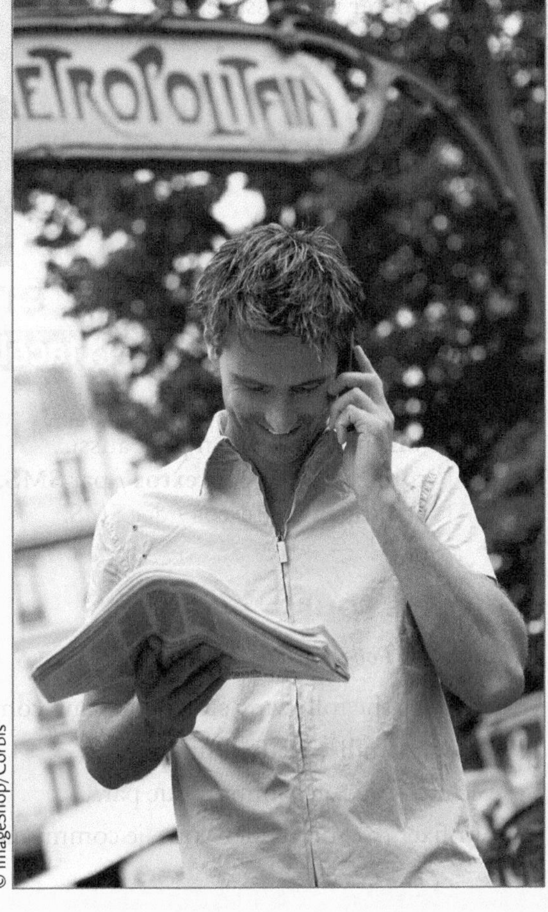

© ImageShop/Corbis

Conversation CD1-31

Philippe calls Amélie to invite her to dinner.

PHILIPPE: Allô!
AMÉLIE: Allô? Qui est à l'appareil?
PHILIPPE: C'est moi, Philippe.
AMÉLIE: Ah, c'est toi! Ça va?
PHILIPPE: Oui, ça va. Dis *(Say)*, Amélie, tu veux dîner avec moi?
AMÉLIE: Quand?
PHILIPPE: Mercredi.
AMÉLIE: Mercredi. D'accord! À quelle heure?
PHILIPPE: À huit heures?
AMÉLIE: Très bien! Alors *(So)*, à mercredi, huit heures.
PHILIPPE: C'est ça *(Agreed)*! Au revoir, Amélie.
AMÉLIE: Au revoir, Philippe.

À votre tour

Au téléphone

Phone a classmate, using the conversation between Philippe and Amélie as a model. Suggest one of the following activities or another activity of your choice.

- dîner au restaurant
- jouer au tennis
- regarder un DVD
- manger une pizza

You should decide on a day and a time.

La communication

Communication électronique

Avec un ordinateur *(computer)*, on peut *(can)*...
- **communiquer** avec ses *(one's)* amis.
  - **par** *(by)* **mail / mél / email / courriel.**
  - par **appel vidéo / Skype.**
- **partager** *(share)* ses photos / ses vidéos.
- **rester** *(stay)* **en contact** avec ses amis sur Facebook.
- visiter le **profil** de ses amis.
- **poster** un message.

Chattez en direct
avec facebook

© Cengage Learning

Avec un smartphone, on peut aussi...
- communiquer par **textos** / par **SMS.**
- **échanger** des textos / des SMS.

À votre tour

Sondage *(Poll)*

Complete the following statements and compare your results with your classmates.

Avec ma famille, je communique par...

Avec mes amis, je communique par...

Pour fixer *(set)* un rendez-vous, je communique par...

Recherches Internet

Go to a French Internet site and find a smartphone you would like to buy. For instance, use the French search engine **www.google.fr** and type in **smartphones.** How do models and prices compare with those in your area?

The URL mentioned in the *Recherches Internet* section was an active site at the time of printing. However, due to the unpredictable nature of the Internet, Heinle cannot guarantee that it will remain so.

En classe

Le professeur **donne** *(gives)* **des instructions:**

Écoutez.	*Listen.*
Répétez.	*Repeat.*
Encore une fois.	*Once more. Again.*
Répondez.	*Answer.*
Regardez.	*Look.*
Lisez.	*Read.*
Écrivez.	*Write.*
Faites l'exercice 3.	*Do exercise 3.*
Faites attention.	*Pay attention.*
Ouvrez vos livres.	*Open your books.*
Fermez vos cahiers.	*Close your notebooks.*
Prenez une feuille de papier.	*Take (out) a sheet of paper.*

Le professeur parle aux étudiants:

Très bien.	*Very good.*
Oui, c'est ça.	*Yes, that's it.*
Attention!	*Careful!*
Non, ce n'est pas ça.	*No, that's not it.*

→ ***Comment parler au professeur***

Savez-vous...?	*Do you know . . . ?*
Oui, je sais.	*Yes, I know.*
Non, je ne sais pas.	*No, I don't know.*
Comprenez-vous...?	*Do you understand . . . ?*
Oui, je comprends.	*Yes, I understand.*
Non, je ne comprends pas.	*No, I don't understand.*
Répétez, s'il vous plaît.	*Please repeat.*
Pouvez-vous répéter?	*Can you repeat?*
Comment dit-on *«cell phone»* **en français?**	*How do you say "cell phone" in French?*
Que signifie «répondeur»?	*What does* ***"répondeur"*** *mean?*

Avant de lire
(Before you read)
What do you know about France?
- geography
- political institutions
- economy
- technology and science

La France et les Français

La France

- Capitale: Paris
- Population: 65 millions
- Monnaie: l'euro
- Drapeau°: bleu, blanc, rouge
- Devise°: «Liberté, égalité, fraternité»
- Hymne national: La Marseillaise
- Fête° nationale: le 14 juillet

La République française est symbolisée par une jeune fille nommée° Marianne.

L'hexagone

La France est située° à l'ouest du continent européen. Elle a la forme générale d'un hexagone. C'est un pays° avec° un relief varié: plaines au nord et au centre, montagnes à l'est et au sud.

La France a des frontières° naturelles avec les pays voisins°: le Rhin avec l'Allemagne, les Alpes avec la Suisse et l'Italie, les Pyrénées avec l'Espagne. Les autres° frontières naturelles sont l'océan Atlantique à l'ouest et la mer Méditerranée au sud.

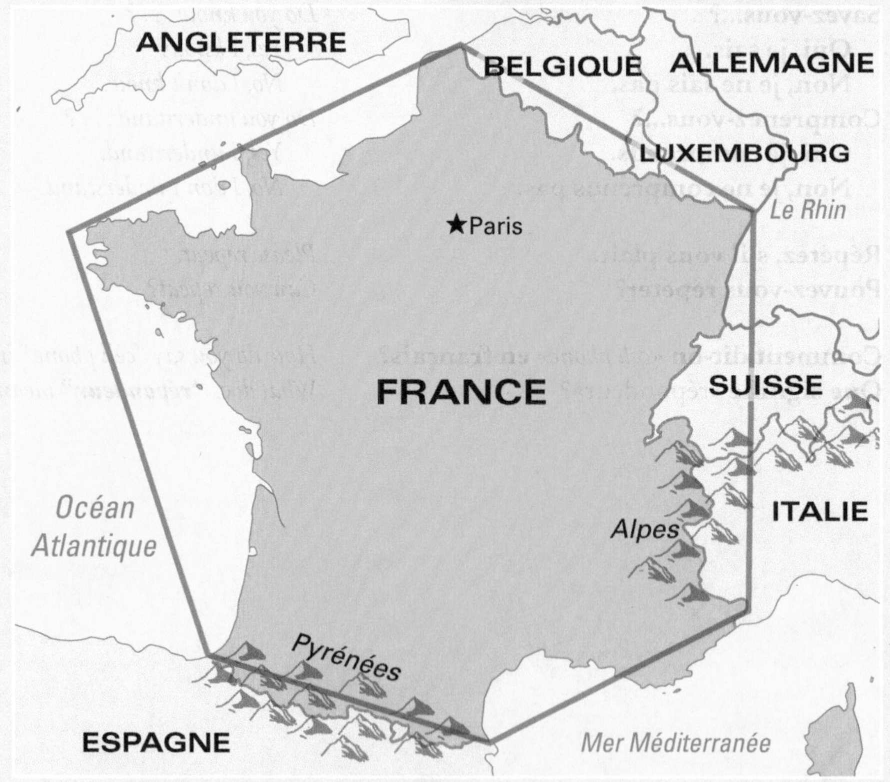

Drapeau *Flag* **Devise** *Motto* **Fête** *Holiday* **nommée** *named* **située** *located* **pays** *country* **avec** *with* **frontières** *borders* **voisins** *neighboring* **autres** *other*

Les institutions

La France est une république constitutionnelle. Le Président de la République est élu° pour cinq ans°.

La France est une république laïque°. Il n'y a pas de° religion officielle. Toutes° les religions sont tolérées. Aucune° religion n'est privilégiée.

Le racisme et la discrimination sont des crimes. Les actes de racisme et de discrimination sont sévèrement° condamnés et punis°.

© Horacio Villalobos/Corbis

Économie, commerce et sciences

La France est la huitième puissance° économique du monde (après° les États-Unis°, la Chine, le Japon, l'Inde, l'Allemagne, la Russie et la Grande-Bretagne).

Les principales industries de la France sont: l'automobile, la construction aéronautique et spatiale, les produits° chimiques°, les produits pharmaceutiques, l'électronique, l'informatique et le tourisme. La France est un pionnier dans le domaine de la recherche contre le cancer et le SIDA°.

Château Carcassonne
Visites guidées: tous les jours, toute l'année
Réservation recommandée

© Cengage Learning; Photo: © Fulcanelli/Shutterstock.com

© G. Bowater/Corbis

Une meilleure façon d'avancer

Après la lecture
(After reading)
What are the most interesting facts that you learned about France?

Recherches Internet
(Exploration)
Find out more information about France. For example, you could check out: www.premier-ministre.gouv.fr/en

élu *elected* **ans** *years* **laïque** *lay* **Il n'y a pas de** *There is no* **Toutes** *All* **Aucune** *No* **sévèrement** *severely* **punis** *punished* **puissance** *power* **après** *after* **États-Unis** *United States* **produits** *products* **chimiques** *chemical* **SIDA** *AIDS*

Avant de lire
(Before you read)
What is the cultural makeup of today's French society?
- national origins
- religions

La France multiculturelle

La France a une population de 65 millions d'habitants°. La majorité des Français sont d'origine européenne, mais les non-Européens sont de plus en plus° nombreux°. Ils représentent environ° dix pour cent (10%) de la population. Les nouveaux° immigrants viennent° principalement du **Maghreb** (ou Afrique du Nord), de l'**Afrique occidentale** et de l'**Asie.**

La présence de ces immigrants donne un visage multiculturel et multiethnique à la France. Elle enrichit la vie° quotidienne° dans un grand nombre de domaines: musique, cuisine, langage. Malheureusement° la diversité des cultures crée° aussi des problèmes d'intégration et provoque un sentiment de xénophobie chez° une minorité de Français. Des organisations nationales comme° *SOS Racisme* luttent° pour les droits° des immigrants et contre° la discrimination.

PAYS D'ORIGINE DES IMMIGRANTS

le Maghreb (Afrique du Nord)
- l'Algérie
- le Maroc
- la Tunisie

l'Afrique occidentale
- le Sénégal
- le Mali
- le Cameroun

l'Asie
- le Vietnam
- la Chine
- le Cambodge
- la Turquie

Le Nouvel An° chinois est célébré chaque année° à Paris.

---

habitants *inhabitants* **de plus en plus** *more and more* **nombreux** *numerous* **environ** *about* **nouveaux** *new* **viennent** *come* **vie** *life* **quotidienne** *daily* **Malheureusement** *Unfortunately* **crée** *creates* **chez** *in the minds of* **comme** *like* **luttent** *fight* **droits** *rights* **contre** *against* **Nouvel An** *New Year* **chaque année** *every year*

Des Français comme les autres°

© BAVEREL/LEFRANC/CORBIS KIPA

Isabelle Adjani est une célèbre° actrice française. Elle est de père algérien et de mère allemande.

© AFP/Getty Images

MC Solaar est le numéro un du rap français. Il est d'origine tchadienne.

© Pierre Verdy/Getty Images

Rama Jade est d'origine sénégalaise. Elle a occupé° des postes importants dans le gouvernement français.

© Lionel Flusin/Getty Images

Jamel Debbouze est un acteur comique. Il est d'origine marocaine.

Recherches Internet
(Exploration)
Find out more about one of the people pictured above.

Les religions en France

La majorité des Français sont catholiques (mais seulement° 10% sont pratiquants°). La France a la plus grande° population musulmane d'Europe (cinq millions) et la troisième plus grande population juive° du monde (après° Israël et les États-Unis).

Les religions en France

Parmi° les religions déclarées:

catholiques	82,0%
musulmans	9,0%
protestants	3,0%
bouddhistes	1,6%
juifs	1,3%
orthodoxes	0,3%

Après la lecture
(After reading)
How does France compare to the United States in terms of ethnic and religious diversity?

comme les autres *like the others* **célèbre** *famous* **a occupé** *held* **seulement** *only* **pratiquants** *practicing* **plus grande** *largest* **juive** *Jewish* **après** *after* **Parmi** *Among*

Avant de lire
(Before you read)
Can you name any events or festivities which the French like to celebrate?

Le calendrier des événements°

L'année° est marquée° par un certain nombre d'événements qui intéressent tous° les Français.

© Stephane Cardinale/People Avenue/Corbis

PRINTEMPS°

Mai: Le Festival de Cannes

En mai, les acteurs et actrices célèbres° arrivent à Cannes pour participer au grand festival mondial° de cinéma. Le jury choisit° le meilleur° film de l'année.

© Gail Mooney/Corbis

ÉTÉ°

Juin: La Fête de la Musique

Les Français saluent l'arrivée de l'été avec la Fête de la Musique. Il y a des concerts publics gratuits° dans toutes° les villes° de France. Ce jour-là°, tout le monde° fait° de la musique.

© Corbis

Juillet: La Fête Nationale

Les Français célèbrent leur fête nationale le 14 juillet avec un grand défilé° sur les Champs-Élysées. Le soir° on regarde les feux d'artifice° et on danse dans les rues°.

© Tim de Waele/Corbis

Juillet: Le Tour de France

Pendant° trois semaines de juillet, les coureurs° roulent sur° les routes de France. Le vainqueur° arrive triomphalement à Paris avec son maillot jaune°. Ici, Lance Armstrong, sept fois° victorieux du Tour de France.

événements *events* **année** *year* **marquée** *marked* **tous** *all* **printemps** *spring* **célèbres** *famous* **mondial** *worldwide* **choisit** *chooses* **meilleur** *best* **été** *summer* **gratuits** *free* **toutes** *all* **villes** *cities* **Ce jour-là** *That day* **tout le monde** *everyone* **fait** *makes* **défilé** *parade* **Le soir** *In the evening* **feux d'artifice** *fireworks* **rues** *streets* **Pendant** *During* **coureurs** *racers* **roulent sur** *pedal along* **vainqueur** *winner* **maillot jaune** *yellow jersey* **fois** *times*

© Paul Hawthorne/Getty Images

AUTOMNE

Septembre: La Semaine de la Mode

Les grands couturiers° présentent leurs collections de printemps. Les mannequins° défilent° devant° une clientèle internationale.

© Anne Domdey/Corbis

HIVER°

Décembre: Le Réveillon° du Jour de l'An°

Le 31 décembre on célèbre l'arrivée du Nouvel An° avec le Réveillon. On boit° du champagne et on déguste° des huîtres°.

© Michel Gaillard/REA/Redux

Janvier: La Fête des Rois*

Pendant° tout le° mois de janvier, les pâtisseries offrent des galettes des Rois. Dans ce gâteau° est cachée° une petite figurine de porcelaine. La personne qui trouve la figurine est couronnée° roi ou reine°, et ensuite° choisit° son partenaire.

Après la lecture
(After reading)
Which of these festivities would you most like to participate in? Why?

Recherches Internet
(Exploration)
Find out more information about one of these festivities.

* **La Fête des Rois** (January 6) is Catholic in origin. The feast celebrates the arrival in Bethlehem of the three Magi who brought gifts to the Baby Jesus.

couturiers *fashion designers* **mannequins** *models* **défilent** *walk the runway* **devant** *in front of* **hiver** *winter* **Réveillon** *New Year's Eve dinner* **Jour de l'An** *New Year's Day* **Nouvel An** *New Year* **boit** *drinks* **déguste** *savors* **huîtres** *oysters* **Pendant** *During* **tout le** *the entire* **gâteau** *cake* **cachée** *hidden* **couronnée** *crowned* **reine** *queen* **ensuite** *then* **choisit** *chooses*

René Philombe, écrivain africain

Courtesy Aija Bjornson

Faisons connaissance

René Philombe (1930–2001) est un écrivain° camerounais. Philombe est son nom de plume°. Son véritable nom est Philippe Louis Ombéde. En 1958, une maladie lui paralyse les deux jambes° et il décide de poursuivre° une carrière littéraire. Dans *Lettres de ma cambuse,* publié en 1964, il parle de son handicap physique. (Une «cambuse» est une pièce° sombre.) Dans ses romans° et ses pièces de théâtre°, il critique la colonisation. Après l'indépendance du Cameroun en 1960, il encourage la création de l'Association des poètes et écrivains camerounais.

Dans son célèbre poème, *L'homme° qui te ressemble*, il encourage les différentes races humaines à vivre° ensemble°.

Pour mieux comprendre

Mots apparentés *(Cognates)*

In reading French, you will encounter many cognates.

Some are easy to understand.

magazine **lettres** **handicap** **décide** **association** **poète** **encourage**

Others require some guesswork.

nom *(name)* **carrière** *(career)* **physique** *(physical)* **humaines** *(human)*

Sometimes the English cognate is not the most common equivalent.

véritable *(veritable: real)* **maladie** *(malady: sickness)*

sombre *(somber: dark)* **célèbre** *(celebrated: famous)*

Occasionally you will encounter a false cognate, but these are rare.

demander *(not demand, but ask)*

Expansion de vocabulaire

In order to understand this poem, you will need to learn some new vocabulary.

COLORS:

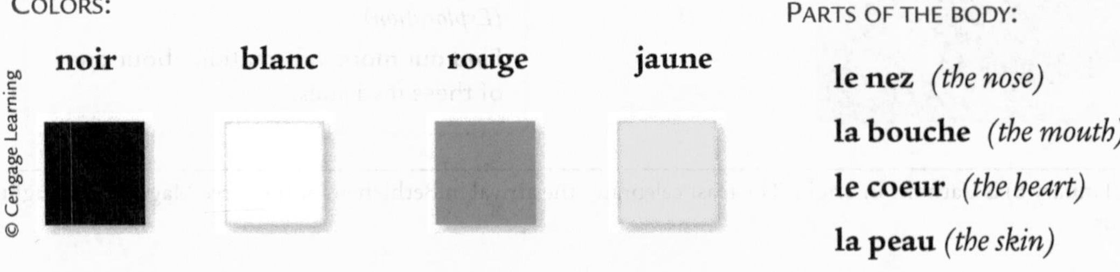

PARTS OF THE BODY:

le nez *(the nose)*

la bouche *(the mouth)*

le coeur *(the heart)*

la peau *(the skin)*

écrivain *writer* **nom de plume** *pen name* **jambes** *legs* **poursuivre** *to take up* **pièce** *room* **romans** *novels* **pièces de théâtre** *plays* **homme** *man* **vivre** *to live* **ensemble** *together*

L'homme qui te ressemble

J'ai frappé° à ta porte°,	*knocked / door*
j'ai frappé à ton coeur	
pour avoir bon lit°	*to have a good bed (place to sleep)*
pour avoir bon feu°	*to have a nice fire (place to keep warm)*
pourquoi me repousser°?	*push me away*
Ouvre-moi° mon frère!...	*Open up to me*
Pourquoi me demander	
si je suis d'Afrique	
si je suis d'Amérique	
si je suis d'Asie	
si je suis d'Europe?	
Ouvre-moi mon frère!...	
Pourquoi me demander	
la longueur° de mon nez	*length*
l'épaisseur° de ma bouche	*thickness*
la couleur de ma peau	
et le nom de mes dieux°?	*gods*
Ouvre-moi mon frère!...	
Je ne suis pas un noir	
je ne suis pas un rouge	
je ne suis pas un jaune	
je ne suis pas un blanc	
mais je ne suis qu'un° homme	ne... que *only*
Ouvre-moi mon frère!...	
Ouvre-moi ta porte,	
Ouvre-moi ton coeur	
car je suis un homme	
l'homme de tous les temps°	*all ages (of time)*
l'homme de tous les cieux°	*(who lives) under all skies*
l'homme qui te ressemble°!...	*is like you*

Question de discussion

Why do you think the narrator uses the form **tu** rather than the form **vous**?

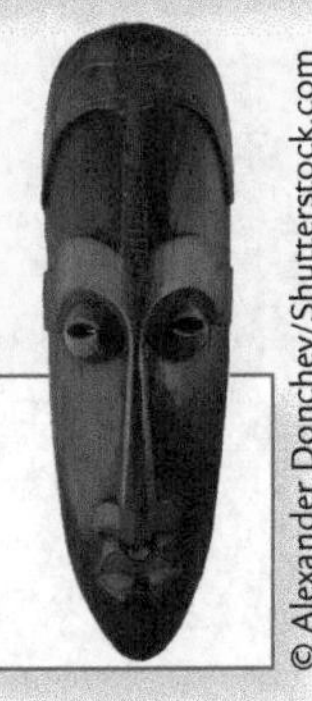

À la découverte *(Discovery)*

In your workbook you will discover an anonymous African poem entitled *Polychromie.*

Entre amis

UNITÉ 3

© Thomas Northcut/Getty Images

Leçon 7:
La vie est belle

Leçon 8:
À la terrasse d'un café

Leçon 9:
Vive la musique!

Rencontres francophones
Discover music from France and the French-speaking world: **chansons** (songs), rap, reggae, zouk, raï, or instrumental works by French composers. Download a piece that you especially like and share it with your classmates.

LEÇON 7 La vie est belle

OBJECTIVES
- To describe what we own
- To talk about common objects

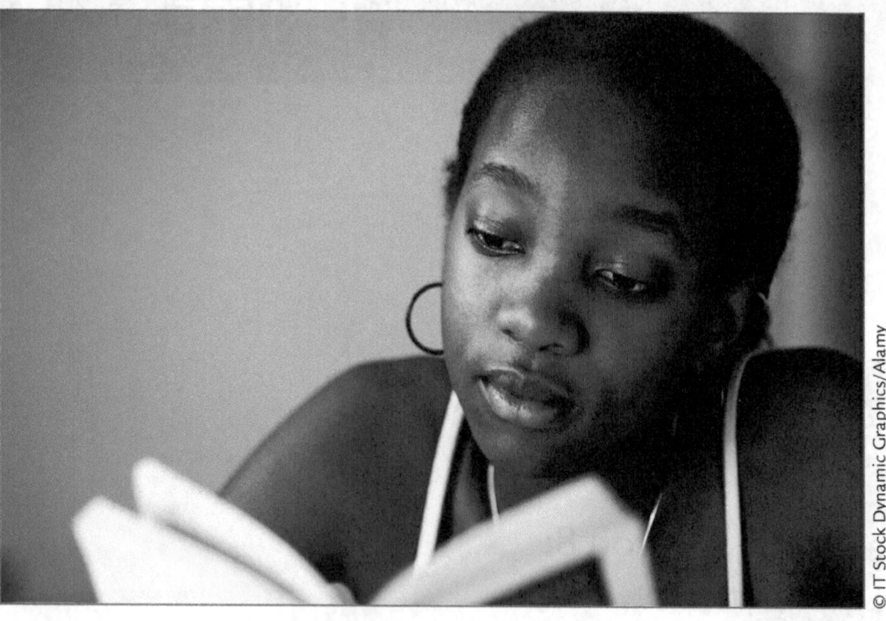

© IT Stock Dynamic Graphics/Alamy

CD1-32

*Nafi est une **jeune** Française d'origine sénégalaise. Elle est **étudiante** en sociologie à l'Université de Toulouse. Aujourd'hui, elle parle de **sa vie**.* — *young / student*; *her life*

Est-ce que vous **avez** une **voiture**? — *have / car*
Moi, je n'ai pas de voiture,
    mais j'ai une **mobylette**. — *moped*
Je n'ai pas d'appartement,
    mais j'ai une **chambre** à la cité universitaire*. — *room*
Ma chambre n'est pas **grande**, — *large*
    mais elle est **claire** et confortable — *sunny*
    et il y a des plantes **partout**. — *everywhere*

J'ai un **ordinateur portable**. — *laptop*
    Je n'ai pas de **télé**. — *TV*
Je n'ai pas de **chaîne-stéréo**, — *stereo*
    mais j'ai un **baladeur MP3**. — *MP3 player*
Et bien sûr, j'ai des **livres**, beaucoup de livres. — *books*

***Cité universitaire:** French university dormitory complex which may be located a certain distance from the classroom buildings.

Je n'ai pas de camarade de chambre,
mais j'ai des copains et des copines.
Et j'ai aussi un **copain**. *boyfriend*
En général, je n'ai pas de problèmes.
La vie est **belle**, n'est-ce pas? *beautiful*

Vrai ou faux?

1. Nafi est étudiante.
2. Elle a une voiture.
3. Elle habite avec ses *(her)* parents.
4. Elle a un ordinateur.
5. Elle regarde souvent la télé.
6. Elle a des livres.
7. Elle a des copains.
8. Elle a une camarade de chambre.

Note culturelle

L'amitié *(Friendship)*

© Pierre Valette

French and Americans both highly value friendship, but they cultivate it differently. French visitors are often surprised at how fast and easily Americans strike up casual "friendships" and how quickly these "friendships" are dissolved. For the French, "friendship" involves a deeper, more permanent, and more exclusive commitment. Friendships are formed early, often in high school or in college, and last a lifetime.

French students use different terms to describe various levels of friendly relationships.

- **Un copain/une copine** is a member of one's social group of the moment. It is someone whose company one appreciates and with whom one likes doing things together, such as going to the movies or organizing weekend parties. This social group constitutes **la bande de copains**.
- **Mon copain/ma copine** refers to the person of the opposite sex with whom one has a special, exclusive relationship, even though this relationship may be limited in time.
- **Un ami/une amie** is special. This is not just anybody with whom one has a friendly relationship. It is a person that one has known for some time, that one can always trust and confide in, and who will be there to help in times of difficulty or crisis. This type of relationship is unique and long-lasting, especially since French people tend not to move from region to region and hence remain more easily in touch with one another.

French adults refer to their circle of friends as **amis** rather than **copains.** They use the term **une connaissance** to refer to a person that they know casually but with whom they do not have a special relationship.

À votre avis

How would you explain the American concept of friendship to French visitors?

La langue française

A. Le verbe *avoir*

TO SAY WHAT WE HAVE

The verb **avoir** *(to have)* is one of the most common verbs in French. Its forms are irregular.

infinitive		avoir	to have	
singular	j'	ai	*I have*	J'**ai** une copine à Montréal.
	tu	as	*you have*	Est-ce que tu **as** un frère?
	il/elle/on	a	*he/she/one has*	Marc **a** une cousine à Québec.
plural	nous	**avons**	*we have*	Nous **avons** une voiture.
	vous	**avez**	*you have*	Est-ce que vous **avez** un vélo?
	ils/elles	ont	*they have*	Ils **ont** un appartement à Paris.

Liaison
on‿a
nous‿avons
vous‿avez
ils‿ont

→ **Avoir** is used in a certain number of expressions.

avoir besoin de (d')	*to need, to need to*	J'**ai besoin d'**un dictionnaire. Vous **avez besoin de** travailler.
avoir envie de (d')	*to want to feel like*	Thomas **a envie d'**une pizza. J'**ai envie de** regarder la télé.

1 Voitures

Say which types of cars the following people have. Use subject pronouns.

❊ ma cousine (une Ford) — ***Elle a une Ford.***
Pierre et moi, nous (une Fiat) — ***Nous avons une Fiat.***

1. mon oncle (une Renault)
2. Émilie (une Volvo)
3. moi (une Jaguar)
4. M. et Mme Rémi (une Mercedes)
5. Monique et moi, nous (une Saab)
6. toi (une Chevrolet)
7. nous (une Alfa Romeo)
8. vous (une Peugeot)
9. Thomas et Julie (une Honda)
10. Jacques et toi, vous (une Toyota)

© Achim Hartmann/cultur/age fotostock

Vocabulaire: Les objets personnels

un portable (un mobile)

un appareil photo

un baladeur MP3

un ordinateur (un ordinateur portable)

un sac

une montre

une radio

une tablette

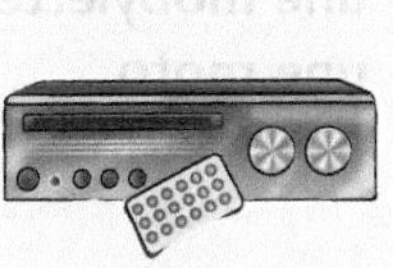
une chaîne-stéréo

une raquette

une guitare

2 Mes possessions

Make a list of the above objects that you own. With a partner, compare your lists. How many objects do you both own?

❊ ***J'ai un portable,...***
[Kevin] et moi, nous avons un portable,...

3 Préférences

As a graduation present, your aunt/uncle (your partner) is offering you the choice between two items. Express your preferences.

❊ ordinateur ou tablette?
— Tu préfères un ordinateur ou une tablette?
— J'ai envie d'une tablette.
ou ***— J'ai envie d'un ordinateur.***

1. smartphone ou portable?
2. baladeur MP3 ou radio?
3. appareil photo ou guitare?
4. sac ou montre?
5. chaîne-stéréo ou ordinateur?
6. raquette ou guitare?

4 Quel objet?

Say what the following people feel like doing. Then say which object they need.

❊ Inès / jouer au tennis
Inès a envie de jouer au tennis.
Elle a besoin d'une raquette.

1. tu / téléphoner à un copain
2. nous / regarder un match de basket
3. vous / écouter de la musique
4. Éric et Théo / surfer sur Internet
5. Eva / prendre *(to take)* une photo
6. Thomas / écouter les nouvelles *(news)*

Vocabulaire: D'autres objets

Qu'est-ce que c'est? *What is it?*

C'est **un objet** *(object).* C'est **une chose** *(thing).*

EN CLASSE

un cahier	*notebook*	**une calculatrice**	*calculator*
un crayon	*pencil*		
un livre	*book*		
un stylo	*pen*		

DANS LE GARAGE

un vélo	*bike*	**une bicyclette**	*bicycle*
un scooter		**une mobylette**	*moped*
un VTT	*mountain bike*	**une moto**	*motorcycle*
		une voiture	*car*

DANS LA CHAMBRE *(room)*

un CD		**une affiche**	*poster*
un DVD		**une photo**	
un lecteur CD (DVD)	*CD (DVD) player*	**une table**	
un smartphone		**une chaise**	*chair*
un téléphone		**une télé (télévision)**	

VERBS

marcher	*to work, run*	J'ai une télé mais elle **ne marche pas.**
utiliser	*to use*	J'**utilise** une tablette.

→ The verb **marcher** also means *to walk.*

Je **marche** parce que ma voiture **ne marche pas.**

© Pierre Valette

B. Le singulier des noms et des articles

TO TALK ABOUT ONE PERSON OR ONE OBJECT

Note linguistique: Noms et articles

NOUNS can designate PEOPLE, THINGS, or CONCEPTS.
In French, each noun has a GENDER: it is either MASCULINE or FEMININE.

- Masculine nouns are introduced by MASCULINE ARTICLES.
- Feminine nouns are introduced by FEMININE ARTICLES.

There are two different types of articles: DEFINITE *(the)* and INDEFINITE *(a, an)*.

The DEFINITE and INDEFINITE ARTICLES have the following forms in the singular.

	definite article			indefinite article		
masculine	le (l')	**le** portable	**l'**ordinateur	un	**un** portable	**un** ordinateur
feminine	la (l')	**la** guitare	**l'**affiche	une	**une** guitare	**une** affiche

LIAISON
un‿ami
un‿ordinateur

→ The articles **le** and **la** become **l'** before a vowel sound.

→ A noun subject can be replaced by a pronoun of the same gender.

Voici **un sofa.** **Il** est confortable.

Voici **une voiture.** **Elle** est confortable.

À noter

It is important to know the gender of each noun, since the gender determines the forms of the words associated with that noun, such as ARTICLES, ADJECTIVES, and PRONOUNS.

Since there is no systematic way of predicting the gender of nouns designating objects and concepts, you should learn each noun together with its article.

Think of **un ordinateur** (rather than simply **ordinateur**), **une télé** (rather than **télé**).

5 Au centre commercial

You are visiting a large shopping mall near Paris. Point out the following objects to your partner.

❋ moto *Regarde la moto.*

1. vélo
2. calculatrice
3. affiche
4. scooter
5. stylo
6. VTT
7. lecteur DVD
8. tablette
9. chaîne-stéréo

6 Qu'est-ce que j'utilise?

Say which objects you would use in the following circumstances.

❋ J'écoute un CD. ***J'utilise un lecteur CD (un ordinateur, ...)***

1. Je téléphone.
2. Je regarde un DVD.
3. Je dessine *(draw)*.
4. Je signe un chèque.
5. Je fais *(do)* un problème de maths.
6. Je prends *(take)* des notes.
7. Je surfe sur l'Internet.
8. Je voyage.

7 Sur ou sous? *(On or under?)*

Your partner is looking for certain objects. Tell him/her where each object is: **sur/sous la chaise** or **sur/sous la table.**

© Cengage Learning

❋ ***— Où est la photo?***
— Elle est sur la table.

1. appareil photo
2. lecteur MP3
3. cahier
4. guitare
5. livre
6. montre
7. ordinateur
8. portable
9. raquette
10. sac
11. stylo
12. téléphone

8 Usages professionnels

In different professions, people use different objects. What are the following people likely to use?

❋ Mlle Marceau est photographe.
Elle utilise un appareil photo.

1. Mme Launay est journaliste.
2. Julien est secrétaire.
3. Mlle Minot signe un contrat.
4. M. Lavie est représentant de commerce *(sales representative)*.
5. Mme Durand est comptable *(accountant)*.
6. Isabelle est étudiante *(student)*.
7. Mélanie est musicienne.

9 Joyeux anniversaire

Make a list of five things that you would like to have for your birthday, ranking them in order of preference. (Price should not be a consideration.) With your partner, compare your wish lists.

❄ *— Pour mon anniversaire,*
je voudrais un VTT, ...
— Moi, pour mon anniversaire,
je voudrais...

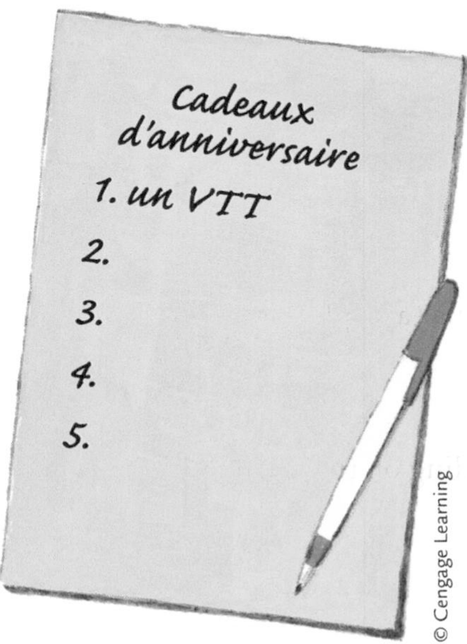

10 Contrôle de qualité

You are a supervisor at a Better Business Bureau. You are calling a consumer (your partner) to know if he/she is satisfied with certain products. The consumer's answers vary with each object. As you play the roles, use the appropriate indefinite articles **(un, une)** and pronouns **(il, elle)**.

❄ montre / bien

CONTRÔLEUR: ***Est-ce que vous utilisez une montre?***
CLIENT: ***Oui, j'ai une montre.***
CONTRÔLEUR: ***Comment est-ce qu'elle marche?***
CLIENT: ***Elle marche bien.***

1. tablette / bien
2. portable / très bien
3. chaîne-stéréo / assez mal
4. appareil photo / pas très bien
5. calculatrice / très mal
6. VTT / pas bien
7. voiture / mal
8. ordinateur portable / très bien

C. Le pluriel des noms et des articles

TO SPEAK ABOUT SEVERAL PEOPLE OR ITEMS

Nouns can be SINGULAR or PLURAL. Compare the singular and plural forms of the articles and nouns in the sentences below.

Où est **le prof**?	Où sont **les profs**?
Regarde **la photo.**	Regarde **les photos.**
J'ai **un livre.**	J'ai **des livres.**
J'invite **une copine.**	J'invite **des copines.**

RAPPEL
Final **-s** is silent:
les photos
les copines

In written French, the PLURAL of most nouns is formed as follows:	
singular noun + **s**	une **raquette** des **raquettes**

→ If the noun ends in **-s** (or **-x** or **-z**) in the singular, the singular and plural forms are the same.

un Français **des Français**

→ Plural subject nouns can be replaced by **ils** or **elles,** depending on their gender.

— Où sont **les cahiers**? — Où sont **les bicyclettes**?
— **Ils** sont sur la table. — **Elles** sont dans le garage.

À noter

- Plurals of some nouns do not follow the above pattern:
  - un CD **des CD**
  - une chaîne-stéréo **des chaînes-stéréo**
- Proper nouns are invariable. They do not take an **-s** in the plural.
  - une Renault **des Renault**
  - M. et Mme Martin **les Martin**

11 Où?

Ask your partner where to find the people or objects on the left. He/She will answer by choosing a logical response from the box on the right.

❊ **vélos**
— Où sont les vélos?
— Ils sont dans le garage.

1. étudiants
2. mobylettes
3. cahiers
4. livres
5. profs
6. motos
7. crayons
8. stylos

- à l'université
- dans la classe
- dans le garage
- sur *(on)* la table

PLURAL NOUNS are introduced by PLURAL ARTICLES.

	singular	plural			
definite article	**le, la, l'**	**les**	**les** copains	**les** copines	**les** amis
indefinite article	**un, une**	**des**	**des** copains	**des** copines	**des** amis

LIAISON
les‿amis
des‿ordinateurs
des‿affiches

→ **Des** corresponds to the English *some.* While *some* is often omitted in English, **des** MUST be expressed in French. Contrast:

J'ai	**des**	amis à Québec.
I have	*(some)*	*friends in Quebec.*

Voici	**des**	photos de Paris.
Here are	*some*	*photos of Paris.*

→ Because the final **-s** of the plural is silent, the singular and plural forms of regular nouns SOUND THE SAME. However, you can usually tell whether a noun is singular or plural by listening to the form of the article.

une voiture **des** voitures

12 Le pluriel, s'il vous plaît

Transform each sentence by putting the underlined words in the plural, and making all necessary changes.

❊ Éric regarde <u>une affiche</u>. — ***Éric regarde des affiches.***
<u>L'ami</u> de Pierre habite à Bruxelles. — ***Les amis de Pierre habitent à Bruxelles.***

1. Nous écoutons <u>un CD</u>.
2. Je regarde <u>la photo</u>.
3. J'ai <u>un copain</u> à Québec.
4. <u>La voiture</u> marche bien.
5. <u>La cousine</u> de Paul parle français.
6. <u>L'ordinateur</u> ne marche pas.
7. Vous utilisez <u>un portable</u>.
8. Tu as <u>une amie</u> à Paris?

13 Shopping

You are in a department store looking for the following items. Indicate what you need to buy and ask the salesperson (your partner) if he/she has these items. The salesperson will answer affirmatively.

❊ *— Pardon, monsieur (madame).*
J'ai besoin d'un sac.
Est-ce que vous avez des sacs?
— Bien sûr, nous avons des sacs.

❊

1. 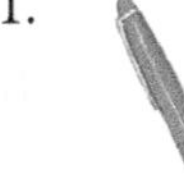

2. 

3. 

4. 

5. 

6. 

7. 

8. 

Credits: © Cengage Learning

D. L'article indéfini dans les phrases négatives

Compare the forms of the indefinite article in affirmative and negative sentences.

affirmative	negative	
Mélanie a **un** vélo?	Non, elle n'a **pas de** vélo.	*No, she doesn't have a bike.*
Paul a **une** tablette?	Non, il n'a **pas de** tablette.	*No, he doesn't have a tablet.*
Tu as **un** ordinateur?	Non, je n'ai **pas d'**ordinateur.	*No, I don't have a computer.*
Vous avez **des** copains à Paris?	Non, nous n'avons **pas de** copains à Paris.	*No, we don't have any friends (we have no friends) in Paris.*

After a NEGATIVE verb, **un, une, des** become **de (d')**.	
pas un / **pas une** / **pas des** } **pas de (d')**	Je n'ai **pas d'**ordinateur. Je n'ai **pas de** radio. Je n'ai **pas de** crayons.

→ After **être**, the articles **un, une, des** do NOT change.

Éric est **un** copain. Philippe n'est **pas un** copain.

Ce sont **des** vélos. Ce ne sont **pas des** VTT.

14 Possessions

Ask your classmates if they own the following.

❄ un ordinateur

— ***Est-ce que tu as un ordinateur?***

— ***Oui j'ai un ordinateur.***

ou — ***Non, je n'ai pas d'ordinateur.***

1. un appareil photo
2. une moto
3. une guitare
4. une clarinette
5. des DVD
6. des affiches
7. un baladeur MP3
8. un portable
9. un boa
10. un alligator
11. des copains en France
12. une amie à Québec

15 Oui et non!

One cannot have everything. Say that the following people do not have the items in parentheses.

❄ Julien a un scooter. (une moto)

Il n'a pas de moto.

1. Clara a un vélo. (une mobylette)
2. J'ai un ordinateur. (une calculatrice)
3. Nous avons des CD. (des DVD)
4. Tu as un portable. (un téléphone)
5. Vous avez une chambre. (un appartement)
6. Thomas a un frère. (une soeur)
7. Léa a un ami à Toulouse. (une amie à Paris)
8. Les étudiants ont un cours de français. (un cours d'espagnol)

E. L'expression *il y a*

To talk about what THERE IS or what THERE IS NOT in a certain place, the French use the following constructions with **il y a.**

il y a	*there is* *there are*	Dans ma chambre *(in my room)*, **il y a** une télé. Dans la classe, **il y a** 28 étudiants.
il n'y a pas de	*there is no, isn't any* *there are no, aren't any*	Dans la voiture, **il n'y a pas de** radio. Dans le livre, **il n'y a pas de** photos.
est-ce qu'il y a...?	*is/are there . . . ?*	**Est-ce qu'il y a** un crayon sur *(on)* la table?
qu'est-ce qu'il y a...?	*what is there . . . ?*	**Qu'est-ce qu'il y a** sur la chaise?

16 Dans ma chambre

Ask whether your partner has the following in his/her room.

❊ des affiches
— ***Est-ce qu'il y a des affiches dans ta chambre?***
— ***Oui, il y a des affiches.***
ou — ***Non, il n'y a pas d'affiches.***

1. une télé?
2. un téléphone?
3. des posters?
4. des photos?
5. des plantes?
6. un réfrigérateur?
7. une chaîne-stéréo?
8. un ordinateur?
9. un sofa?
10. des chaises?
11. un bureau *(desk)*?
12. un fantôme *(ghost)*?

17 Qu'est-ce qu'il y a...?

Select one of the following locations and describe all of the things you can find there, using vocabulary that you know.

- Dans la classe, il y a...
- Dans le garage, il y a...
- Dans la rue *(street)*, il y a...
- Dans le grenier *(attic)*, il y a...
- Dans le laboratoire de langues, il y a...
- Dans un magasin d'audiovisuel, il y a...

Expression pour la conversation

to contradict a NEGATIVE statement or question: use **si** rather than **oui**

— **Tu as** une guitare?
— **Oui,** j'ai une guitare.

— **Tu n'as pas** de portable?
— **Si,** j'ai un portable.

18 Contradictions

Contradict the following statements.

❊ Tu ne parles pas anglais! ***Mais si, je parle anglais!***

1. Tu n'habites pas en Amérique.
2. Tu n'étudies pas le français.
3. Tu n'es pas étudiant(e)!
4. Tu n'étudies pas beaucoup.
5. Tu n'écoutes pas le prof!
6. Tu n'aimes pas la musique!

 CD1-33

Phonétique: Les voyelles nasales

Spoken French has three nasal vowels. Note the spellings for each sound. Although nasal vowels are written with an "n" or "m", this consonant is not pronounced.

Répétez:

/ɔ̃/ on nom crayon montre bonjour onze

/ɑ̃/ an quand dimanche janvier chanter manger quarante
en souvent vendredi septembre novembre rendez-vous trente

/ɛ̃/ in matin cinq vingt quinze inviter
ain train américain Alain maintenant
(i)en bien canadien italien
un un sac un DVD un CD un VTT

À votre tour

Compréhension orale CD1-34

You will hear people mentioning certain objects. If you see the object in Michèle's room, check row A. If it is in Pascal's room, check row B.

A.
La chambre de Michèle

B.
La chambre de Pascal

		1	2	3	4	5	6	7	8	9	10	11	12	13	14	15
A.	Michèle															
B.	Pascal															

Conversation dirigée

Next semester you are going to share an apartment with a French student. Right now you are planning ahead.

Ask your partner (the French student) . . .

- if he/she has a stereo
- if he/she has DVDs
- if there is a TV set in the apartment **(dans l'appartement)**
- if there is a refrigerator **(un réfrigérateur)**
- if he/she has a car

Expression libre

You have been hired by a French consumer research firm to do a market survey on the types of electronic equipment purchased by young Americans. Interview a few classmates to find out what they own.

Expression écrite

Read this letter from Philippe. Then write a similar letter describing your own living situation.

Chers amis,

J'habite sur le campus. J'ai un camarade de chambre qui s'appelle Alain. Dans la chambre il y a deux tables et deux chaises. Sur les murs°, il y a des affiches. Sur ma table, il y a des photos de ma famille. Dans la chambre il n'y a pas de téléphone, mais nous avons des portables.

Dans la chambre, il n'y a pas de réfrigérateur, mais il y a un four à micro-ondes°. Moi, j'aime la cuisine chinoise. Alain préfère les pizzas et les paninis.

Alain a une chaîne-stéréo et il écoute des CD de rock. Il a une guitare, mais il ne joue pas très bien. Moi, j'ai un lecteur CD et j'écoute des CD de musique classique.

Nous avons une télé et un lecteur DVD. Moi, je regarde des films français et anglais. Lui, il préfère M6°.

Mon camarade de chambre et moi, nous n'avons pas beaucoup de points communs! C'est la vie°.

Philippe

---

murs *walls* **four à micro-ondes** *microwave oven* **M6 =** *French MTV station* **vie** *life*

LEÇON 8 À la terrasse d'un café

OBJECTIVES
- To talk about people
- To give their nationality
- To describe their appearance and personality

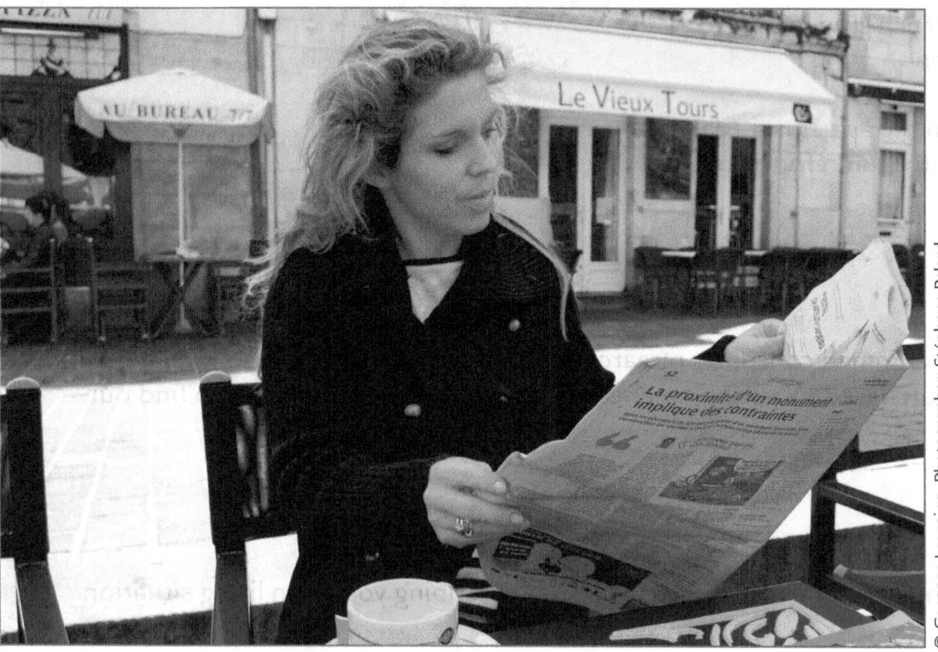

CD1-35

Léa et Raphaël sont ***en ville****. Léa* ***remarque*** *une* ***jeune femme*** *blonde à la terrasse d'un café.* — *in town / notices / young woman*

LÉA: Regarde la jeune femme à la terrasse du café...
RAPHAËL: La jeune femme blonde?
LÉA: Oui! Ce n'est pas Valérie Lestrade?
RAPHAËL: L'**actrice de cinéma**? Non, ce n'est pas elle! Valérie Lestrade est **brune.** — *movie actress / dark-haired*
LÉA: Pas du tout! Elle est blonde, **assez grande**, très **jolie... Exactement comme** cette jeune femme! Regarde, elle **lit** un scénario de film! — *rather / tall / pretty / Exactly like / is reading*
RAPHAËL: Mais non, c'est un magazine anglais. C'est probablement une touriste anglaise, ou américaine, ou australienne... **Je ne sais pas**, moi. — *I don't know*
LÉA: Je suis sûre que c'est Valérie Lestrade!
RAPHAËL: **Alors, si** tu es sûre que c'est Valérie Lestrade, tu peux lui **demander** un autographe. — *So / if / to ask for*
LÉA: Non, je suis timide, moi.
RAPHAËL: Écoute, tu n'es pas timide, mais tu as beaucoup d'imagination!

Vrai ou faux?

1. Léa et Raphaël sont dans un café.
2. Dans le café, il y a une jeune femme.
3. Elle est brune.
4. Elle est jolie.
5. Elle regarde un magazine.
6. C'est un magazine français.

Note culturelle

Les Français et le cinéma

© Photos12.com—ARJ

The French are dedicated movie fans or **cinéphiles**. For them, cinema is an art form: **le septième art**. They also proudly claim it as a French invention. On December 28, 1895, two French scientists, **les Frères Lumière**, hung a bed sheet against the wall of a back room in a Parisian café. Against this improvised screen, they projected a short documentary film using a device of their invention called **le cinématoscope**. This first public performance, attended by thirty-three people, marked the birth of a totally new and revolutionary form of entertainment.

Quelques stars du cinéma français (présent et passé)

ACTEURS	ACTRICES
Daniel Auteuil	Isabelle Adjani
Jean-Paul Belmondo	Brigitte Bardot
Vincent Cassel	Juliette Binoche
Alain Delon	Marion Cotillard
Gérard Depardieu	Catherine Deneuve
Yves Montand	Isabelle Huppert
Jean Reno	Audrey Tautou

Today France has the largest film industry in Europe, with a production of nearly 200 films per year. Many French movies conform to the traditions of classic French theater. They focus primarily on human emotions and the complex nature of interpersonal relationships. Other movies present social satire or deal with current societal problems, such as racial integration. In contrast to American movies, action sequences are generally limited and only modest use is made of special effects.

The French go to the movies mainly for relaxation and overwhelmingly prefer comedy, especially French comedy, to all other movie genres. They are partial to American sci-fi and adventure movies and love Hollywood blockbusters, but show limited interest in musical comedies and animated films. Because TV stations regularly include reruns of French movies in their prime-time programming, French people have ample opportunity to see their favorite actors and actresses in the comfort of their homes.

Every year France hosts several important film events. The most prestigious of these is the **Festival International du Film de Cannes**, which is held every May and is attended by movie celebrities from around the world. The best film of the year is awarded the coveted **Palme d'Or.**

À votre avis

Which French movie stars do you know? What films have they played in?

La langue française

A. Adjectifs réguliers

TO DESCRIBE A PERSON OR AN OBJECT

> **Note linguistique**
> ADJECTIVES are used to describe people and things.
> In French, adjectives AGREE with the nouns and pronouns they modify
> - in GENDER (masculine or feminine) and
> - in NUMBER (singular or plural).

Note the forms of the adjectives in the following descriptions.

Lucas est **patient** et **calme.** Léa est **patiente** et **calme.**

Pierre et Marc sont **patients** et **calmes.** Eva et Julie sont **patientes** et **calmes.**

REGULAR ADJECTIVES take the following written endings.

	masculine	feminine		
singular	—	**-e**	patient	patient**e**
plural	**-s**	**-es**	patient**s**	patient**es**

→ Adjectives that end in **-e** in the masculine singular remain the same in the feminine singular.

Thomas est **idéaliste.** Élodie est **idéaliste** aussi.

→ Adjectives that end in **-s** or **-x** in the masculine singular remain the same in the masculine plural.

Raphaël est **français.** Nicolas et Philippe sont **français.**

Kevin est **sérieux.** Antoine et David sont **sérieux.**

→ Adjectives that do not follow the above patterns are IRREGULAR.

PRONONCIATION

Feminine forms If the masculine form of an adjective ends in a *silent consonant,* this consonant is pronounced in the feminine.	**Plural forms** Since the final **-s** is not pronounced, singular and plural forms have the *same* pronunciation.
masculine **feminine** peti~~t~~ petite gran~~d~~ grande anglai~~s~~ anglaise	**singular** **plural** patien~~t~~ patien~~ts~~ anglaise anglaise~~s~~

Vocabulaire: Adjectifs de nationalité

On est...

anglais	**japonais**
français	**chinois**
américain	**canadien (canadienne)**
mexicain	**italien (italienne)**
espagnol *(Spanish)*	**russe** *(Russian)*
allemand *(German)*	**suisse** *(Swiss)*

→ In French, adjectives of nationality are not capitalized, but nouns are.

Il est **français.**	Voici **un Français** *(a Frenchman)*.
Elle est **anglaise.**	Voici **une Anglaise** *(an Englishwoman)*.

1 Les nationalités

Give the nationalities of each of the following people.

❊ Marie et Pierre sont de Québec.
Marie est canadienne. Pierre est canadien.

1. Luigi et Silvia sont de Rome.
2. Clara et Pedro sont de Mexico.
3. Jim et Janet sont de Liverpool.
4. Mme Li et M. Chang sont de Beijing.
5. Boris et Olga sont de Moscou.
6. Isabelle et Thomas sont de Genève.
7. Karin et Hans sont de Berlin.
8. M. et Mme Katagiri sont de Tokyo.

La ville de Québec

2 Les amis

The following people have friends with similar personalities. Describe these friends.

❊ Alain est intelligent. (Et Monique?)
Monique est intelligente aussi.

1. Thomas est optimiste. (Et Lucie?)
2. Lucas est élégant. (Et Mathilde?)
3. Clément est indépendant. (Et Claire?)
4. Philippe est riche. (Et Noémie?)
5. Nicolas est idéaliste. (Et Marie et Caroline?)
6. Marc est brillant. (Et Léa et Isabelle?)
7. Thomas est arrogant. (Et Patrick et David?)
8. Pierre est impatient. (Et Zoé et Véronique?)

Vocabulaire: Les personnes et la description

Qui est-ce?

C'est...	**un garçon**	*boy*	**une fille**	*girl*
	un jeune homme	*young man*	**une jeune fille**	*young woman*
	un homme	*man*	**une femme**	*woman*
	un monsieur	*gentleman*	**une dame**	*lady*
	un étudiant	*student*	**une étudiante**	*student*
	un voisin	*neighbor*	**une voisine**	*neighbor*
			une personne	*person*
Ce sont...	**des gens**	*people*		

LA DESCRIPTION PHYSIQUE

beau (belle)	*handsome, beautiful*		
mignon (mignonne)	*cute*	**moche**	*plain, not good-looking*
joli	*pretty*		
blond	*blond*	**brun**	*dark-haired, brunette*
grand	*tall, big*	**petit**	*short, small, little*
fort	*strong*	**faible**	*weak*
rapide	*fast*	**lent**	*slow*

LA DESCRIPTION PERSONNELLE

intelligent	*smart*	**stupide**	*stupid*
drôle	*funny*		
amusant	*amusing*	**pénible**	*boring, tiresome*
intéressant	*interesting*		
sympathique [sympa]	*friendly, nice*	**antipathique**	*unpleasant*
gentil (gentille)	*nice*	**méchant**	*nasty, mean*
poli	*polite*	**impoli**	*impolite*
riche	*rich*	**pauvre**	*poor*
content	*happy*	**triste**	*sad*
généreux (généreuse)	*generous*	**égoïste**	*selfish*

→ **Une personne** is always feminine, whether it refers to a male or female person.

→ **Des gens** is always plural.

→ In conversation, **sympathique** is shortened to **sympa,** which is invariable.

un garçon **sympa**   une fille **sympa**

3 Oui et non!

Describe the following people using the appropriate forms of the suggested adjectives.

❊ Marilyn Monroe (brun ou blond?)
Marilyn Monroe n'est pas brune. Elle est blonde.

1. King Kong (faible ou fort?)
2. Wonder Woman (gentil ou méchant?)
3. Oprah Winfrey (intéressant ou pénible?)
4. Bill Gates et Donald Trump (riche ou pauvre?)
5. Scrooge (généreux ou égoïste?)
6. Les Lakers (petit ou grand?)
7. Dracula et Frankenstein (sympathique ou antipathique?)
8. Bart Simpson (poli ou impoli?)
9. la tortue *[turtle]* (lent ou rapide?)
10. les bébés pandas (mignon ou moche?)

4 Expression personnelle

Describe yourself and other people by completing the following sentences with one or more adjectives of your choice.

1. Je suis...
2. Je ne suis pas...
3. J'ai une cousine. Elle est...
4. J'ai des amis. Ils sont...
5. J'ai un copain. Il n'est pas...
6. J'ai des professeurs. Ils sont...
7. J'ai une amie. Elle n'est pas...
8. J'ai une voisine. Elle est...
9. J'ai des voisins. Ils ne sont pas...
10. J'ai un(e) camarade de chambre. Il (Elle) est...

5 Les célébrités

Choose a famous person in one of the following categories. Describe this person using several adjectives in affirmative and negative sentences.

- un acteur
- une actrice
- un chanteur *(singer)*
- une chanteuse
- un athlète
- une athlète
- un comédien
- une comédienne
- une personnalité politique
- une personnalité historique
- une personnalité de la télé

B. Adjectifs irréguliers

Many IRREGULAR ADJECTIVES have their own patterns.

- adjectives in **-eux**

	masculine	feminine		
singular	-eux	-euse	Antoine est **sérieux.**	Alice est **sérieuse.**
plural	-eux	-euses	Les garçons sont **sérieux.**	Les filles sont **sérieuses.**

- adjectives in **-al**

	masculine	feminine		
singular	-al	ale	Vincent est **loyal.**	Valérie est **loyale.**
plural	-aux	-ales	Les amis sont **loyaux.**	Les amies sont **loyales.**

- adjectives with irregular feminine forms

masculine	feminine		
-el	-elle	Éric est **ponctuel.**	Céline est **ponctuelle.**
-on	-onne	Théo est **mignon.**	Annick est **mignonne.**
-en	-enne	Marc est **canadien.**	Alice est **canadienne.**
-if	-ive	Bernard est **actif.**	Éliane est **active.**
-eur	-euse	Paul est **travailleur.**	Zoé est **travailleuse.**
-teur	-trice	Mon père est **conservateur.**	Ma mère n'est pas **conservatrice.**

À noter

Nouns that have endings similar to the above adjectives usually follow the same patterns.

irregular feminine forms	irregular plural forms
un champion → une championne	**un journal → des journaux**
un acteur → une actrice	**un animal → des animaux**

6 Autoportrait

Describe yourself, using adjectives in affirmative and negative sentences. If you wish, you may mention both good traits and bad traits. Compare your self-portrait with that of your partner.

Je suis... *Je ne suis pas...*

Vocabulaire: Quelques adjectifs de personnalité

-eux/-euse	**ambitieux** **consciencieux** **curieux**	**ennuyeux** *(boring)* **généreux** **sérieux**	**heureux** *(happy)* **malheureux** *(unhappy)* **paresseux** *(lazy)*
-al/-aux *(pl)*	**génial** *(great)*	**libéral**	**loyal**
-el/-elle	**intellectuel**	**ponctuel**	**spirituel** *(witty)*
-on/-onne	**mignon** *(cute)*		
-en/-enne	**musicien** *(musical)*		
-if/-ive	**actif** **imaginatif**	**impulsif** **intuitif**	**naïf** **sportif** *(athletic)*
-eur/-euse	**travailleur** *(hard-working)*		
-teur/-trice	**conservateur**	**créateur** *(creative)*	

7 Une question de personnalité

Determine whether or not the following people have the personality trait reflected by the adjective in parentheses.

❊ Léa et Caroline étudient beaucoup. (paresseux?)
Elles ne sont pas paresseuses.

1. Thomas et Nicolas jouent au foot et au tennis. (sportif?)
2. Cécile déteste les concerts. (musicien?)
3. Ivan et Théo sont très intelligents. (génial?)
4. Mes *(My)* cousines ne travaillent pas. (actif?)
5. Ces *(These)* artistes ont beaucoup d'imagination. (original?)
6. Isabelle est très contente. (heureux?)
7. Eva et Inès n'aiment pas voyager le vendredi 13. (superstitieux?)
8. La présidente désire changer la société. (conservateur?)
9. Madame Laval est très riche. (malheureux?)
10. Béatrice et Charlotte sont très drôles. (ennuyeux?)

8 L'idéal

Make a list of qualities that you would like to find in the ideal man or woman. Then compare your descriptions with those of your classmates.

L'homme idéal est...
Il n'est pas...

La femme idéale est...
Elle n'est pas...

C. La place des adjectifs

Note the position of the adjectives in the sentences on the right.

J'ai un copain.	J'ai un copain **sympathique.**
Nous avons des cousins.	Nous avons des cousins **français.**
Marc a une voiture.	Il a une voiture **rapide.**
Voici des livres.	Voici des livres **intéressants.**

In French, most ADJECTIVES come AFTER the noun.	
article + noun + ADJECTIVE	un garçon **intelligent** des amis **sympathiques**

→ A few common adjectives come BEFORE the noun.

une **petite** voiture   un **grand** appartement

9 C'est normal!

Who we are often reflects whom we associate with and what we do. Express this by completing the sentences with the appropriate form of the underlined adjectives.

❊ Thomas est généreux. Il a une copine ***généreuse.***

1. Alice est sympathique. Elle a des amis...
2. Isabelle est riche. Elle a des parents...
3. Les étudiants sont intelligents. Ils ont un professeur...
4. La présidente est honnête. Elle a des employés...
5. Vincent est conservateur. Il a des idées...
6. Luigi est italien. Il a une voiture...
7. Teresa et Maria sont mexicaines. Elles dînent dans un restaurant...
8. Monsieur Katagiri est japonais. Il aime la cuisine...
9. Monique est élégante. Elle a des vêtements *(clothes, m.)*...
10. Les Américains sont optimistes. Ils ont une attitude...

10 À votre avis *(In your opinion)*

Give your opinion on the following topics.

❊ le français / une langue / difficile?
Le français est (n'est pas) une langue difficile.

1. le ski / un sport / dangereux?
2. le football américain / un sport / violent?
3. les SUV / des voitures / économiques?
4. l'argent *(money)* / une chose / importante?
5. la perception extra-sensorielle / un phénomène / réel?
6. les Américains / des gens / optimistes?
7. les Français / des gens / sympathiques?

Vocabulaire: Adjectifs qui précèdent le nom

bon (bonne)	*good*	J'ai un très **bon** appareil photo.
mauvais	*bad, poor*	Nous n'avons pas de **mauvais** professeurs.
grand	*big, large; tall*	Mélanie a un **grand** appartement.
petit	*small; short*	Élodie a un **petit** ordinateur.
joli	*pretty*	Inès est une **jolie** fille.
jeune	*young*	Qui est le **jeune** homme avec qui vous parlez?
vrai	*true, real*	Vous êtes de **vrais** amis.

LIAISON
un bon‿ami /bonami/
un petit‿ordinateur
un grand‿appartement

→ In formal French, the indefinite article **des** becomes **de (d')** when it is followed by an adjective. Compare:

Vous êtes **des** étudiants brillants. Vous êtes **de** bons étudiants.

11 Madame Hulot a de la chance!

Madame Hulot, a French businesswoman, is very fortunate. Explain why in complete sentences, using the elements suggested.

❊ Mme Hulot / travailler / pour une compagnie (international)
Madame Hulot travaille pour une compagnie internationale.

1. elle / avoir / une secrétaire (compétent)
2. elle / travailler / avec des collègues (sympathique)
3. elle / avoir / un salaire (bon)
4. elle / avoir / des employés (dynamique)
5. elle / avoir / un directeur (intelligent)
6. elle / travailler / dans un bureau (grand)
7. elle / avoir / des amies (vrai)
8. elle / avoir / des voisins (bon)
9. elle / habiter / dans un appartement (joli)
10. elle / avoir / une voiture (rapide)

12 Expression personnelle

Describe yourself using one of the suggested adjectives or another adjective of your choice. Compare your responses with your partner's.

1. Je suis étudiant(e) dans une université. (grand? petit?)
2. En général, je suis un(e) étudiant(e). (bon? sérieux? consciencieux?)
3. J'ai des professeurs. (bon? mauvais? sympathique? strict?)
4. En général, j'ai des notes *(grades)*. (bon? mauvais? passable?)
5. J'ai des amis. (amusant? riche? vrai? loyal?)
6. J'habite dans un appartement/une maison. (grand? petit? moderne? confortable?)
7. J'ai une voiture. (grand? petit? rapide? confortable?)
8. J'ai des parents. (généreux? gentil? libéral? conservateur?)

D. *Il est ou c'est?*

To refer to PEOPLE and THINGS, the constructions **il/elle est** and **c'est** may both be used. The choice of construction depends on the words that follow.

> **LIAISON**
> C'est‿Antoine.
> C'est‿un ami.

	people	things
c'est + name (person, place) **c'est** + article + noun (+ adjective)	C'est **Nathalie.** C'est **une amie.** *(She is . . .)* C'est **une fille intelligente.** C'est **une bonne étudiante.**	C'est **Paris.** C'est **une voiture.** *(It is . . .)* C'est **une voiture française.** C'est **une petite voiture.**
il/elle est + adjective	Elle est **sympathique.** *(She is . . .)* Elle est **drôle.**	Elle est **rapide.** *(It is . . .)* Elle est **confortable.**

→ **C'est** has the following forms:

	affirmative	negative
singular	**C'est** Mélanie.	**Ce n'est pas** Élodie.
plural	**Ce sont** des CD.	**Ce ne sont pas** des DVD.

13 Qui est-ce?

Explain who the following people are. First identify them and then give your personal opinion on their talent.

❄ Picasso (artiste / original?)
C'est un artiste. Il est (n'est pas) original.

1. Bruce Springsteen (musicien / génial?)
2. Tom Cruise (acteur / mignon?)
3. Angelina Jolie (actrice / jolie?)
4. Ivan le Terrible (tsar / sympathique?)
5. Einstein (physicien / brillant?)
6. les Beatles (musiciens / extraordinaires?)
7. les Marx Brothers (comédiens / drôles?)
8. les frères Wright (inventeurs / importants?)

→ With names of professions, two constructions are possible.

	il/elle est + NOUN	**c'est** + ARTICLE + NOUN
(Philippe)	**Il est** étudiant.	**C'est un** étudiant.
(Céline)	**Elle est** journaliste.	**C'est une** journaliste.

→ **C'est** is also used in the following construction.

c'est + STRESS PRONOUN	C'est Paul? Non, **ce** n'**est** pas **lui.**

→ **Il/Elle est** is used to indicate location or origin.

Où est Christine? Elle est à **l'université.** Elle est **de Paris.**

14 Descriptions

Complete the following descriptions with the appropriate form of il est or c'est.

1. Voici un jeune homme
   _____ David.
   _____ américain.
   _____ de Los Angeles.
   _____ étudiant.
   _____ un étudiant brillant.
   _____ sympathique.
   _____un bon copain.

2. Voici une jeune fille
   _____ Cécile.
   _____ française.
   _____ grande et blonde.
   _____ une fille sympathique.
   _____ photographe.
   _____une excellente photographe.
   _____ très compétente.

3. Voici une voiture
   _____ une Mercedes.
   _____ allemande.
   _____ confortable.
   _____ une très bonne voiture.

4. Voici un ordinateur
   _____ un PC.
   _____ un ordinateur japonais.
   _____ moderne.
   _____ très pratique.

5. Voici des gens
   _____ américains.
   _____ des touristes.
   _____ à Paris.
   _____ des gens de Chicago.

6. Voici des jeunes filles
   _____ jolies.
   _____ des étudiantes.
   _____ italiennes.
   _____ en France pour les vacances *(vacation)*.

Vocabulaire: Expression d'opinion

C'est...	*It's . . .*	*That's . . .*
Ce n'est pas...	*It's not . . .*	*That's not . . .*

vrai	*true*	**super**	*great*	**utile**	*useful*
faux	*false*	**génial**	*terrific*	**inutile**	*useless*
facile	*easy*	**amusant**	*fun*		
difficile	*hard, difficult*	**ennuyeux**	*boring*		

15 Opinions personnelles

Say whether or not you like to do the following things and explain why. Compare your opinions with your partner's.

❄ étudier le week-end *(on weekends)*
Je n'aime pas étudier le week-end. Ce n'est pas amusant.

1. parler français
2. parler en public
3. voyager
4. danser
5. chanter
6. dîner à la cafétéria
7. jouer au volley
8. jouer du piano
9. surfer sur l'Internet
10. télécharger *(download)* la musique
11. nager dans une piscine *(pool)*
12. visiter les musées *(museums)*

CD1-36

Phonétique: Masculin - féminin

- Masculine adjectives, nouns, and articles in **-n, -nt,** or **-nd** end on a NASAL vowel. The **n** is not pronounced, nor is the **t** or **d.**
- Feminine adjectives, nouns, and articles in **-ne** or **-nne** do NOT have a nasal vowel and end on the consonant sound /n/.

Contrastez et répétez:

-un	un - une	brun – brune	
-in	voisin – voisine		
-ain	américain - américaine	mexicain - mexicaine	africain - africaine
-(i)en	italien - italienne	canadien - canadienne	parisien – parisienne
-on	bon - bonne	mignon - mignonne	

- Feminine adjectives in **-nte** or **-nde** keep the NASAL vowel and add the consonant sound /t/ or /d/. The **n** is not pronounced.

Contrastez et répétez:

-ant	amusant - amusante	méchant - méchante	intéressant – intéressante
-ent	content - contente	lent - lente	intelligent – intelligente
-and	grand – grande		
-ond	blond – blonde		

À votre tour

Compréhension orale

CD1-37

In French, some boys' and girls' names sound the same. A few are even spelled the same. Listen carefully to the speaker's descriptions. If the adjective is masculine, circle the name in row A. If the adjective is feminine, circle the name in row B.

	1	2	3	4	5	6	7	8
A. ♂	René	André	Noël	Claude	Camille	Joël	Michel	Dominique
B. ♀	Renée	Andrée	Noëlle	Claude	Camille	Joëlle	Michelle	Dominique

Conversation dirigée

You have heard that your partner has a cousin named Vanessa who is studying in Paris. Since you are going to Paris this summer, you would like to know more about her.

Ask your partner . . .

- if Vanessa is French
- if she is blond or dark-haired
- if she is an interesting person
- if she is a good student
- if she has French friends
- if she is fun to be with

Expression libre

Make a list of several movies that everyone has seen. With your partner prepare an oral description of one of the characters without identifying the person by name. Your classmates will try to guess the mystery identity.

Expression écrite

Read Zoé's description of her friend Céline. Write a similar letter in which you describe a real or imaginary friend.

Chers amis,

J'ai une copine. Elle s'appelle Céline. Elle a dix-neuf ans et elle est étudiante. C'est une bonne copine. Elle est sympathique et généreuse. Elle a des parents conservateurs, mais elle est très libérale.

Céline est intelligente, mais ce n'est pas une très bonne étudiante. En classe, elle n'est pas attentive. Elle n'aime pas étudier. Elle préfère jouer au tennis. C'est une fille très sportive. Elle est aussi drôle et amusante. C'est une personne très intéressante.

Zoé

LEÇON 9 Vive la musique!

OBJECTIVES

- To express general opinions
- To say where we are going
- To talk about future events
- To discuss favorite pastimes
- To show people around town

CD1-38 *Saïd et Yasmina parlent de **leurs loisirs préférés**. Ils ont une passion **commune**: la musique.* — *their / pastimes / favorite / common*

Saïd

Dans ma famille, on est très **musicien. Alors**, mon loisir préféré c'est la musique. Ma soeur Aïcha chante et joue de la guitare. Et moi, je joue du **tambour**. Le week-end, nous jouons avec un groupe de jeunes du quartier où nous habitons. — *musical / So; drum*

J'aime aussi les sports. Je joue au foot et au basket. J'aime regarder les **matchs** de foot à la télé. Ce soir, je vais regarder le match France-Italie. — *games*

Yasmina

J'adore la musique parce que j'aime danser. J'aime le rock et le rap, mais ma musique préférée est le raï. C'est une musique d'origine algérienne.

J'aime aussi **aller** au cinéma. J'aime les films d'aventure et les comédies. Je n'aime pas les films de science-fiction. Samedi, **je vais** aller au cinéma avec une copine. Nous allons **voir** une comédie américaine. — *to go; I'm going; to see*

Après le film, nous allons dîner. Il y a un très bon restaurant **marocain** dans le **quartier** où nous habitons. Ma copine adore le couscous. — *Moroccan; neighborhood*

Vrai ou faux?

1. Saïd joue de la guitare.
2. Il est sportif.
3. Il joue souvent au volley.
4. Le soir, il va jouer au foot avec des copains.
5. Yasmina aime la musique algérienne.
6. Elle aime le cinéma.
7. Elle aime les films d'horreur.
8. Elle va dîner dans un restaurant vietnamien.

Note culturelle

Les jeunes Français et la musique

French young people love music. According to a recent poll, 73% of those surveyed rank listening to music as their favorite cultural activity, ahead of going to the movies or watching television. On an average, they listen to music 90 minutes a day.

Although 20% enjoy music over the radio, 40% prefer listening to music on their MP3 players (iPods) or smartphones. At home, they enjoy playing CDs and streaming music over the Internet.

For young people, the most popular types of music are contemporary R&B, which they refer to as "RnB" (45%), closely followed by pop and rock (42%), and rap (38%). Of those surveyed, 28% also enjoy techno and electronic music, while only 26% listen to French songs, or **chansons.**

Fête de la musique
30e édition
21 juin 2011

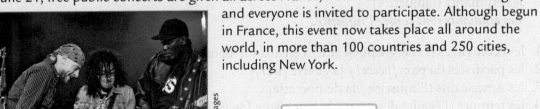

www.fetedelamusique.culture.fr/

For the general population in France, television and reading are the favorite cultural activities, with music in third position. Older respondents also have more traditional musical tastes. Their preferences go to French **chansons** (51%), classical music (34%), international songs, or **variétés,** (34%), pop and rock (31%), and jazz (22%).

Forms of music reflecting the multi-ethnic diversity of the French population are rapidly gaining in popularity. **Le rap,** which combines American rhythms and French lyrics, is a favorite in the African and North African immigrant milieu. **Le reggae** and **le zouk,** its counterpart from the French West Indies, provide dance music enjoyed by young people of all backgrounds. **Le raï,** a kind of soul music originally from Algeria but transformed in France, has become popular all across Europe.

The French government, recognizing the importance of music for people of all generations, has instituted a special annual event, **la Fête de la Musique,** which celebrates the first day of summer. On June 21, free public concerts are given all across France, from Paris to the smallest villages, and everyone is invited to participate. Although begun in France, this event now takes place all around the world, in more than 100 countries and 250 cities, including New York.

© AFP/Getty Images

À votre avis

Are French and American tastes in music similar or different? Explain.

La langue française

A. L'usage de l'article défini dans le sens général

TO EXPRESS GENERAL OPINIONS

When using nouns in a general sense, the French often use the definite article **(le, la, les).** Compare the following French and English statements.

J'aime **le sport.**	*I like **sports** (in general).*
Le tennis est un sport intéressant.	***Tennis** (in general) is an interesting sport.*
Les Français aiment **le cinéma.**	*(Generally speaking,) **French people** like **movies.***
Les écologistes respectent **la nature.**	*(Generally speaking,) **ecologists** respect **nature.***

In contrast to English, French uses the DEFINITE ARTICLE **(le, la, les)** to introduce ABSTRACT nouns and nouns used in a GENERAL or COLLECTIVE sense.

1 Préférences personnelles

Indicate your preferences on the following topics. Does your partner agree with you?

❊ le cinéma ou le théâtre?
— ***Je préfère le cinéma.***
— ***Moi aussi, je préfère le cinéma.***
ou — ***Moi, je préfère le théâtre.***

1. le sport ou la musique?
2. le jogging ou la gymnastique?
3. le volleyball ou le basket-ball?
4. l'histoire ou les sciences?
5. le rap ou le rock?
6. les hamburgers ou les pizzas?
7. la cuisine chinoise ou la cuisine mexicaine?
8. l'art moderne ou l'art classique?
9. les comédies ou les films d'action?
10. les documentaires ou les westerns?

2 Pour ou contre *(For or against)*

Express the views of the following people by saying if they are for **(pour)** or against **(contre)** certain things.

❊ les étudiants (l'injustice)
Les étudiants sont contre l'injustice.

1. les écologistes (l'énergie nucléaire / l'environnement)
2. les pacifistes (la paix *[peace]* / la guerre *[war]*)
3. les Américains (l'injustice / la démocratie)
4. les femmes (l'égalité des sexes / le machisme *[male chauvinism]*)
5. les jeunes (l'autorité / le progrès)
6. les terroristes (la violence / l'anarchie)

B. Les prépositions *à* et *de* + l'article défini

The PREPOSITIONS **à** and **de** have several meanings.

à	*at*	Le docteur Mercier arrive **à** l'hôpital.
	to	Il parle **à** son *(his)* assistant.
de	*of*	Voici une photo **de** Rachid.
	from	Il est **de** Tunis.
	about	Nous parlons **de** lui.

Note the forms of the definite article with the prepositions **à** and **de.**

Voici **le** garçon.	Paul parle **au** garçon.	Léa parle **du** garçon.
Voici **la** fille.	Paul parle **à la** fille.	Léa parle **de la** fille.
Voici **l'**étudiant.	Paul parle **à l'**étudiant.	Léa parle **de l'**étudiant.
Voici **les** étudiants.	Paul parle **aux** étudiants.	Léa parle **des** étudiants.

The prepositions **à** and **de** contract with **le** and **les** to form single words.

à + le → au	**au** garçon	**de + le → du**	**du** garçon
à + les → aux	**aux** filles	**de + les → des**	**des** filles

LIAISON
aux‿ᶻétudiants
des‿étudiants

→ There is no contraction with **la** and **l'**.

3 Conversations

Say to whom the following people are talking and your partner will say what they are talking about.

❋ l'étudiant (le professeur / l'examen)
— ***L'étudiant parle au professeur.***
— ***Il parle de l'examen.***

1. le professeur (les étudiants / les cours)
2. Éric (le voisin / le match de foot)
3. Pauline (le cousin de Léa / le concert de rock)
4. Isabelle (le frère de Nicolas / les vacances *[vacation]*)
5. mon oncle (les voisins / la politique internationale)
6. le président (le public / le problème de l'énergie)

4 Oui ou non?

Ask your partner if the following people are doing certain things. He/She will say no and give the correct information, using the expression in parentheses.

❊ Mélanie / être à / le cinéma? (le concert de rock)
— Est-ce que Mélanie est au cinéma?
— Non, elle est au concert de rock.

1. Thomas / dîner à / la cafétéria? (le restaurant marocain)
2. Léa / parler de / le concert? (le film)
3. Victor / arriver de / le musée? (le café)
4. le professeur / parler de / les examens? (le problème de maths)
5. Pauline / étudier à / la Sorbonne? (l'Université de Strasbourg)
6. Madame Moreau / téléphoner à / les clients japonais? (la cliente américaine)
7. Monsieur Martin / parler à / la mère de Cécile? (les voisins)
8. les sénateurs / parler de / la situation internationale? (le problème de l'énergie)

Vocabulaire: Deux verbes — *jouer* et *penser*

jouer	*to play*	L'actrice **joue** un rôle intéressant.
jouer à	*to play (a sport or game)*	Je **joue au** tennis, mais je ne **joue** pas **au** volley.
jouer de	*to play (an instrument)*	Je **joue du** piano, mais je ne **joue** pas **de** guitare.
penser	*to think, to believe*	Je **pense**, donc *(therefore)* je suis.
penser à	*to think about (to direct one's thoughts toward)*	Je ne **pense** pas **à l'**examen.
		À qui **penses-tu**? Je **pense à** mon copain.
		À quoi **penses**-tu? Je **pense aux** vacances *(vacation)*.

➔ To ask someone's opinion on a given topic, the French use **penser de.**

Qu'est-ce que tu penses de...? *What do you think of . . . ? What is your opinion of . . . ?*
Qu'est-ce que tu penses du film?

➔ To respond, the French use **penser que.**

Je **pense qu'il** est génial! *I think (that) it is brilliant!*

Unlike English, the conjunction **que** *(that)* cannot be omitted in French.

Vocabulaire: Sports, jeux et musique

Avez-vous...	**un passe-temps** *(pastime)?*	
	des loisirs *(leisure activities)?*	

UN SPORT	UN JEU	UN INSTRUMENT DE MUSIQUE	
le tennis	**le bridge**	**un piano**	**une flûte**
le foot *(soccer)*	**les cartes** *(cards)*	**un violon**	**une guitare**
le volley	**les échecs** *(chess)*		
le basket	**les jeux vidéo**		
le football américain	**les jeux sur ordinateur**		

➔ In French, some names of sports are often shortened.

le football - le foot **le volleyball - le volley** **le basket-ball - le basket**

5 Les loisirs

Ask your partner whether he/she plays the following sports, games, or instruments. (Use **jouer à** and **jouer de**, as appropriate.)

❄ le golf
— ***Est-ce que tu joues au golf?***
— ***Oui, je joue au golf.***
ou — ***Non, je ne joue pas au golf.***

1. le tennis
2. le piano
3. les échecs
4. le foot
5. la guitare
6. les cartes
7. le basket
8. le violon
9. la clarinette
10. la batterie *(drums)*
11. les jeux vidéo
12. les jeux sur ordinateur

6 Opinions personnelles

Ask your partner's opinion about the following people or topics. He/She will answer, using one of the suggested adjectives.

❄ les films de science-fiction?
— ***Qu'est-ce que tu penses des films de science-fiction?***
— ***Je pense qu'ils sont géniaux (excellents, ennuyeux...).***

1. les examens
2. le cours de français
3. la cuisine française
4. le football américain
5. les films américains
6. l'art moderne
7. les Yankees
8. le président

facile	difficile
fort	faible
bon	mauvais
génial	violent
excellent	pénible
super	ennuyeux

C. Le verbe *aller*

TO SAY WHERE WE ARE GOING

The verb **aller** *(to go)* is irregular.

infinitive		**aller**	
present	je	vais	Je **vais** au cinéma.
	tu	vas	Tu **vas** au concert.
	il/elle/on	va	Elle **va** au restaurant.
	nous	**allons**	Nous **allons** à l'université.
	vous	**allez**	Vous **allez** au café.
	ils/elles	vont	Ils **vont** au musée.

LIAISON
nous‿allons
vous‿allez

→ **Aller** cannot be used alone. It is generally used with a destination.

Quand est-ce que tu vas à Paris? *When are you going to Paris?*

Je vais à Paris en septembre. ***I am going (to Paris)*** *in September.*

→ **Aller** is also used with **bien** and **mal** to describe a physical or mental state.

Nous **allons bien.** *We* ***are feeling (doing) fine.***

7 Les vacances

The following foreign students will be spending summer vacation at home. Say where each of them is going.

❄ Michiko est japonaise. ***Elle va à Tokyo.***

1. Vous êtes canadiens.
2. Je suis anglais.
3. Tu es chinois.
4. Luis et Marcos sont espagnols.
5. Nous sommes américains.
6. Olga est russe.

Beijing
Madrid
Manchester
Montréal
Saint-Pétersbourg
San Francisco
Tokyo

8 Week-end

On weekends, students do not go to the university, but they do go other places. Say whether or not the following students are going to the places in parentheses.

❄ Thomas (le cours de maths) ***Thomas ne va pas au cours de maths.***

1. Inès (l'université)
2. moi (le cinéma)
3. nous (le centre de sport)
4. toi (la fac)
5. les étudiants (le café)
6. mon copain (le restaurant chinois)
7. vous (les cours)
8. Pierre et Isabelle (le concert)

Vocabulaire: Ma ville

Où est-ce que tu habites?

J'habite dans...	**un appartement**		**une maison**	*house*
	un quartier	*district*	**une ville**	*town*
			une rue	*street*

Où êtes-vous?

Je suis...	**en ville**	*downtown*	**à la maison**	*(at) home*

Dans ma ville (mon quartier, ma rue), il y a...

un bureau	*office*	**une banque**	*bank*
un café		**une bibliothèque**	*library*
un centre commercial	*mall*	**une boutique**	*shop*
un cinéma		**une école**	*school*
un magasin	*store, shop*	**une gare**	*(train) station*
un musée	*museum*	**une piscine**	*swimming pool*
un parc	*park*	**une plage**	*beach*
un stade	*stadium*	**une poste**	*post office*
un supermarché	*supermarket*	**une université**	
un théâtre			

→ French students often refer to their college as **la fac (= la faculté).**

9 Où vont-ils?

Say where the following people are going, depending on what they do, like to do, or need to do.

❊ Monique et Marie sont étudiantes. ***Elles vont à l'université (à la fac).***

1. Catherine est serveuse *(waitress)*.
2. Monsieur Moulin est secrétaire.
3. Alain voyage en train.
4. Léa aime l'art moderne.
5. Thomas aime les westerns.
6. Cécile aime le jogging.
7. Nicolas aime nager.
8. Isabelle aime le shopping.
9. Eva a besoin d'un livre.
10. David a besoin d'argent *(money)*.
11. Noémie a besoin de savon *(soap)*.
12. Mathilde a besoin de timbres *(stamps)*.

10 Préférences personnelles

Ask your classmates about their preferences.

❊ aller à (le concert ou le cinéma?)
— Tu préfères aller au concert ou au cinéma?
— Je préfère aller au cinéma.

1. dîner à (la cafétéria ou le restaurant?)
2. nager à (la plage ou la piscine?)
3. étudier à (la bibliothèque ou la maison?)
4. regarder un film à (la télé ou le cinéma?)
5. aller à (le théâtre ou le musée?)

D. Le futur proche: *aller* + infinitif

TO TALK ABOUT FUTURE EVENTS

Note how FUTURE actions are described in French.

Je **vais dîner** au restaurant.	***I am going to have dinner** at the restaurant.*
Marc **va jouer** au foot.	*Marc **is going to play** soccer.*
Nous **n'allons pas étudier.**	*We **are not going to study.***

To express events or actions that are GOING TO TAKE PLACE in the NEAR FUTURE, French uses the construction:

aller + INFINITIVE	Je **vais voyager.** *I **am going to travel.*** Nous **allons nager.** *We **are going to swim.***

→ In negative sentences, the expression **ne... pas** goes around the verb **aller.**

Je **ne vais pas** travailler. *I **am not going** to work.*

11 Ce week-end *(This weekend)*

Ask whether your partner is going to do the following things this weekend.

❊ travailler
—Tu vas travailler ce week-end?
—Oui, je vais travailler.
ou ***—Non, je ne vais pas travailler.***

1. étudier
2. nager
3. danser
4. voyager
5. aller au cinéma
6. inviter des copains
7. organiser une fête
8. jouer au basket
9. dîner au restaurant
10. aller au musée

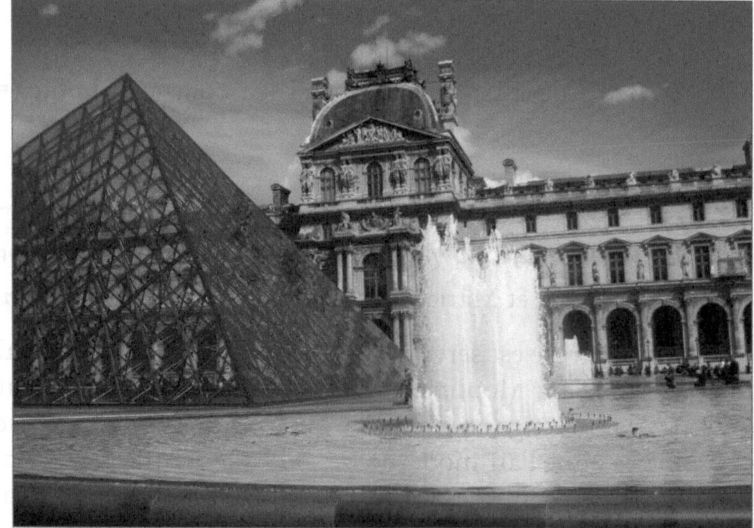
© Rebecca Valette
Au musée du Louvre

12 Pas le dimanche!

Say that on Sunday the following people are not going to do what they do during the week.

❊ Tu étudies. ***Dimanche tu ne vas pas étudier.***

1. M. Mercier travaille.
2. Mme Dumas voyage.
3. Éric va au bureau.
4. Je vais à l'université.
5. Le prof écoute les étudiants.
6. Nous dînons à la cafétéria.
7. Tu travailles dans un supermarché.
8. Vous préparez l'examen.

13 C'est évident!

Choose two or three of the following people. Decide where they are going and say what they are going to do there. Use elements of A and B in logical sentences.

❋ ***Paul et Chloé vont à la piscine. Ils vont nager.***

	A: DESTINATION	B: ACTIVITÉ
moi	• le musée	• nager
nous	• la plage	• surfer
Paul et Chloé	• la piscine	• danser
Laura	• la bibliothèque	• changer des dollars
Antoine	• la discothèque	• regarder des livres
vous	• le centre commercial	• regarder un match de foot
toi	• la banque	• faire du shopping *(to shop)*
les touristes	• le stade	• regarder l'exposition *(exhibit)* de photos

Vocabulaire: Les déplacements *(Getting around)*

Je suis... Je vais...

ici *here* **là** *there* **là-bas** *over there*

Je vais à l'université...

à pied	*on foot*	**en bus**	**en avion**	*by plane*
à vélo	*by bike*	**en train**	**en voiture**	*by car*

arriver à	*to arrive (at)*	J'**arrive au** café.
arriver de	*to come (from)*	Tu **arrives du** restaurant.
entrer (dans)	*to enter*	Nous **entrons dans** le magasin.
passer	*to spend (time)*	Je **passe** une heure au café.
passer par	*to go by*	Vous **passez par** la bibliothèque.
rentrer à	*to go back to*	Éric **rentre à** Paris.
rentrer de	*to come back from*	Il **rentre de** Québec.
rester	*to stay*	Nous **restons** à la maison.

14 Et vous?

Describe your usual routine by completing the following sentences with one of the suggested expressions or a similar phrase.

1. Je vais à l'université... (à pied? à vélo? en voiture? en bus?)
2. J'arrive là-bas... (à huit heures? à midi?)
3. Je passe par la bibliothèque... (à neuf heures? à trois heures et demie?)
4. Je reste là-bas... (une heure? deux heures?)
5. Je rentre chez moi... (à cinq heures? à minuit?)
6. Le week-end, je ne vais pas à la fac. Je vais... (en ville? au cinéma? au supermarché?)
7. Quand je voyage, je voyage généralement... (en bus? en train? en avion?)

E. La préposition *chez*

Note how the French use **chez** to indicate where they are or where they are going.

Paul est **chez Céline.**	*Paul is* ***at Céline's (house).***
Nous allons **chez un copain.**	*We are going* ***to a friend's (place).***
Je vais **chez le dentiste.**	*I'm going* ***to the dentist's (office).***
J'étudie **chez moi.**	*I am studying* ***at home.***
Éric travaille **chez lui.**	*Éric works* ***at his place/house.***

To refer to someone's home, residence, or place of work, the French use the expression:

chez +	NOUN	**chez** Léa	**chez** des copains	**chez** le dentiste
	STRESS PRONOUN	**chez** elle	**chez** eux	**chez** lui

Liaison
chez‿elle
chez‿eux

→ In questions, the interrogative expression **chez qui** is used.

Chez qui est-ce que vous allez? ***To whose place*** *are you going?*

À noter

Chez is used only with people. With places, the preposition **à** is used. Compare:

Je vais **chez le pharmacien.** *I am going* ***to the pharmacist's.***

Je vais **à la pharmacie.** *I am going* ***to the pharmacy.***

15 La tempête *(Storm)*

Because of a storm, people are staying home. Say what they are doing there.

❋ Clément regarde la télé. ***Il regarde la télé chez lui.***

1. Monsieur Thomas travaille.
2. Nous dînons.
3. Tu prépares l'examen.
4. Céline regarde un DVD.
5. J'écoute des CD.
6. Marc et Thomas étudient.
7. Vous jouez aux jeux vidéo.
8. Brigitte et Zoé mangent une pizza.

16 Chez qui?

Complete the following sentences with chez and a person of your choice.

1. Le week-end, je vais...
2. Je passe les vacances...
3. Je dîne parfois *(sometimes)*...
4. Je joue parfois aux jeux sur ordinateur...
5. Je suis souvent...
6. Je regarde des DVD...

CD1-39

Phonétique: La voyelle /a/

In French, the letter "a" always represents the sound /a/, which is like the English *ah.* It never sounds like the "a" in *all, at,* or *agree.*

Répétez:

/a/ la va ça ma là-bas avec stade café plage gare
arrivez passer appartement basket magasin actif libéral

Compréhension orale

CD1-40

Listen carefully to the speakers and determine whether they are talking about present or future events. Check A or B, as appropriate.

	1	2	3	4	5	6	7	8	9	10	11	12
A. le présent												
B. le futur												

Conversation dirigée

Winter vacation is a few weeks away. You meet a friend from Quebec in the library and begin talking about vacation plans. Ask your friend (your partner) . . .

- where he/she is going
- if he/she is going to travel by car or by plane
- to whose place he/she is going
- how long **(combien de temps)** he/she is going to stay there
- what he/she is going to do **(faire)**
- when he/she is going to come back

Expression libre

You plan to get together with your partner next Saturday. List three things you would like to do if the weather is nice (s'il fait beau) and three things you would do if it rains (s'il pleut).

s'il fait beau

© Cengage Learning

1.

2.

3.

s'il pleut

© Cengage Learning

1.

2.

3.

Expression écrite

In the following letter, Matthieu describes his life on campus. Write a similar letter in which you talk about yourself.

Chers amis,

Je suis étudiant à l'Université Stendhal à Grenoble. J'habite dans une résidence° et je vais à l'université en bus. Je mange au restaurant universitaire. Parfois°, je vais manger une pizza en ville.

Après les cours, je vais au centre sportif. Là, je joue au basket avec des copains. Le week-end, je ne reste pas sur le campus. Généralement, je vais au cinéma avec ma copine. J'aime les films d'action et elle préfère les comédies. Parfois des copains organisent une fête°. Alors nous allons chez eux et nous dansons toute la nuit°.

Matthieu

résidence *dorm* **Parfois** *Sometimes* **fête** *party* **toute la nuit** *all night*

La ville

En ville

Dans mon quartier, il y a...

un parc
un jardin *(garden)* **public**
un centre sportif
un commissariat de police *(police station)*
une banque
une mairie *(city hall)*
une piscine municipale
une caserne de pompiers *(fire station)*

→ ***Comment expliquer*** *(to explain)* ***où on habite***

Où habitez-vous?

J'habite | 10, rue Victor Hugo.
25, avenue Descartes.
120, boulevard Léon Blum.
18, place de la République.

une rue
une avenue
un boulevard
une place ***(square)***

Où est-ce exactement?

C'est dans | **le centre-ville.**
la banlieue *(suburbs).*
le quartier Saint-Jean.
un lotissement *(development).*

C'est près d'ici? *(Is it near here?)*

Oui, c'est | **tout près** *(very close).*
à 100 mètres.
à dix minutes à pied.

Non, c'est | **assez loin** *(pretty far).*
à trois kilomètres.
à vingt minutes en bus.

Comment est-ce qu'on peut aller là-bas?

On peut y aller | **à pied.**
à vélo.
en taxi.

On peut **prendre** *(take)* | **un bus.**
un train.
le métro *(subway).*

Dans quel genre de résidence habitez-vous?

J'habite dans | **un appartement.**
un immeuble *(apartment building).*
une maison individuelle.
une tour *(high rise).*
une résidence universitaire *(dormitory).*

À quel étage *(floor)* habitez-vous?

J'habite | **au premier étage** *(second floor).*
au troisième étage *(fourth floor).*
au rez-de-chaussée *(first floor).*

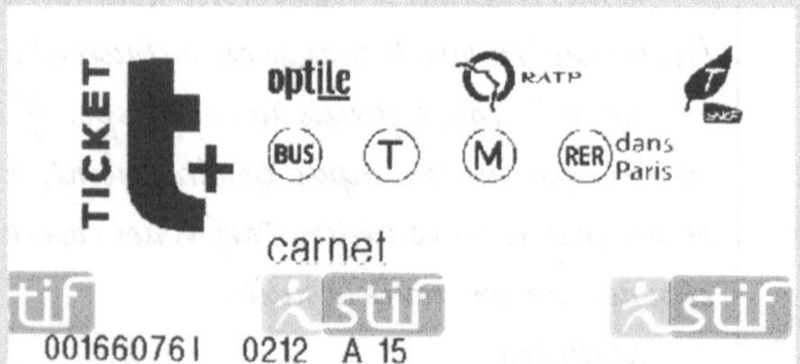

© Rebecca Valette

Les villes françaises

French cities have not been built on a geometric grid pattern as have many American cities. As a result, the streets are not identified by numbers or compass directions. Instead, they often bear the name of important historical figures, notably writers (Victor Hugo), scientists (Descartes), and politicians (Léon Blum).

High rises are located in the suburbs, and not in the downtown area. In the older sections of the city, buildings are contiguous and not higher than six or seven stories. Small shops, boutiques, and cafés often occupy the ground floor, called the **rez-de-chaussée.** The numbering of the floors begins with the second floor, which is **le premier étage,** the third floor being **le deuxième étage,** and so on.

KKulikov/Shutterstock.com

À votre tour

1. Ma ville

Décrivez votre ville ou votre quartier. Mentionnez les lieux *(places)* et les bâtiments *(buildings)* publics.

Dans ma ville (mon quartier), il y a...
Il n'y a pas (de)...

2. Où habites-tu?

Posez à votre partenaire quelques *(some)* questions sur son lieu *(place)* de résidence.

- l'adresse
- le genre de résidence
- le quartier
- l'étage
- si c'est près
- comment aller là-bas

Recherches Internet

Find and print out the map of a French city or town. (Go to **www.mapquest.com** and look under "maps" and "France.") Which streets are named after people? Do you recognize any of those people? Which streets are names of places? Compare maps with your classmates.

Renseignements

→ ***Pour demander un renseignement** (information)*

Pardon, | **Excusez-moi,** — monsieur, | madame, — **pouvez-vous me dire...**
où — est la poste? | **se trouve** *(is located)* l'Office du Tourisme?

Bien sûr, monsieur (madame), ...
c'est — **dans** la rue... | **dans** l'avenue... | **sur** la place... | **sur** le boulevard...

Où est-ce?
C'est — **tout droit** *(straight ahead)*. | **à droite** *(to/on the right)*. | **à gauche** *(to/on the left)*.
C'est — **en haut** *(at the top; upstairs)*. | **en bas** *(at the bottom; downstairs)*.

Comment est-ce qu'on y va? *(How do you get there?)*

Vous — **prenez** *(take)* la rue Colbert.
traversez (*cross*) le boulevard Colbert.
allez | **continuez** *(keep going)* — tout droit **jusqu'à** *(until)* la rue Victor Hugo.
tournez — à gauche dans l'avenue Pasteur. | à droite sur le boulevard du Parc.

Merci — **bien.** | **beaucoup.** | **infiniment.**
Je **vous remercie** *(thank you)*.

Conversation CD1-41

Émilie cherche (is looking for) la poste de Villeneuve. Elle demande à un passant (passerby) comment aller là-bas.

ÉMILIE: Pardon, Monsieur, pouvez-vous me dire où est la poste?
PASSANT: Bien sûr, Mademoiselle, c'est dans la rue d'Albi.
ÉMILIE: Est-ce que c'est loin d'ici?
PASSANT: Mais non, c'est à deux cents mètres à pied.
ÉMILIE: Pouvez-vous me dire comment je peux aller là-bas?
PASSANT: Eh bien, d'abord vous allez tout droit.
Vous traversez la place du Marché
et vous tournez à gauche dans la rue Colbert.
Puis vous continuez jusqu'à la rue d'Albi.
ÉMILIE: Je vous remercie.

À votre tour

1. En ville

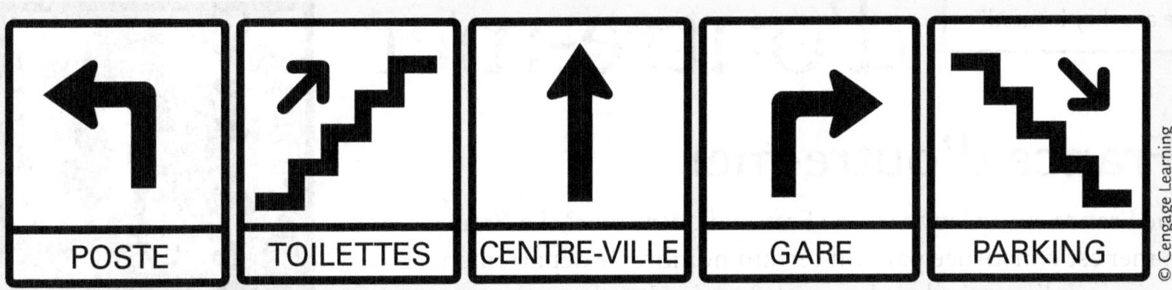

Choisissez l'une des destinations ci-dessus *(above)* et demandez à votre partenaire où c'est. Utilisez les formules de politesse usuelles.

2. À Villeneuve

Vous arrivez à Villeneuve. Choisissez un endroit où vous voulez aller. Demandez à votre partenaire...

- où se trouve cette destination
- si c'est loin
- comment aller là-bas

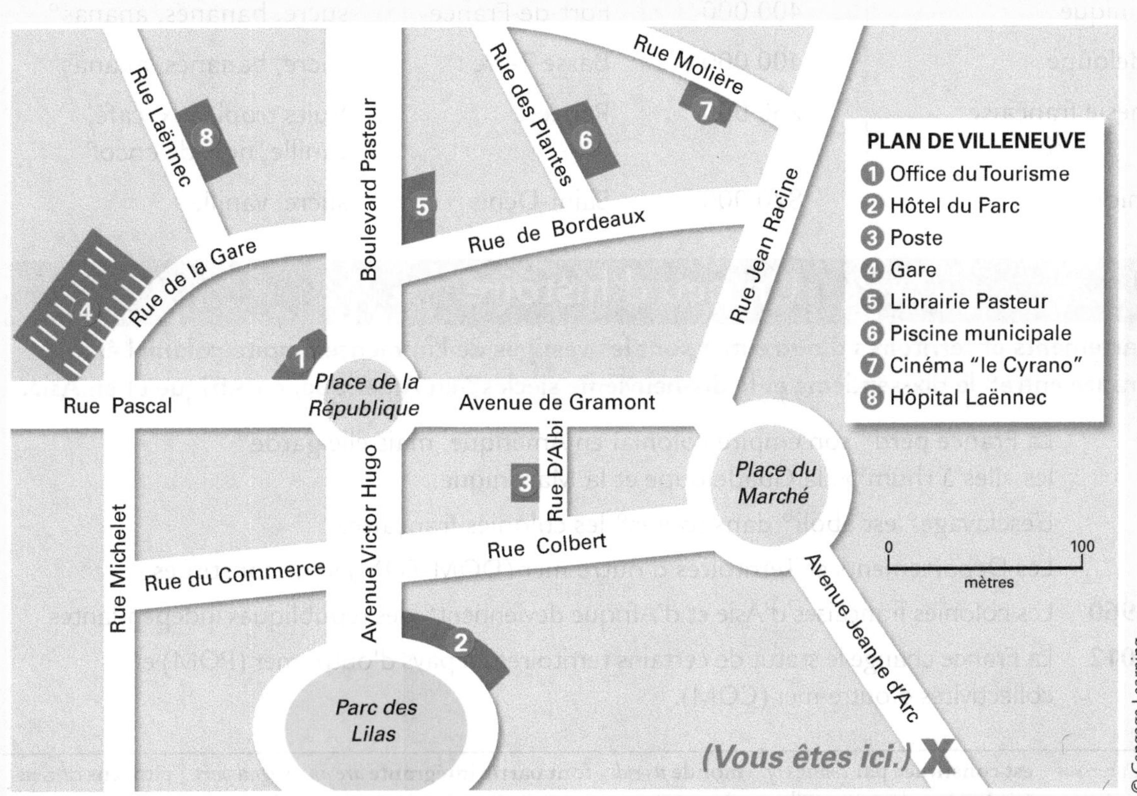

Avant de lire
Do you know any places outside of Europe which are part of France? Where are they located?

La France d'outre-mer

© Robert Fried/Alamy

La France d'outre-mer

Il y a une France européenne et une France d'outre-mer°. La France d'outre-mer est constituée par° un certain nombre de départements et de territoires dispersés dans le monde° entier. Les départements et territoires d'outre-mer font partie intégrante° de la France. Leurs habitants sont citoyens° français. Ils ont les mêmes° droits° et les mêmes obligations que tous° les Français.

Voici quelques-uns° de ces départements et territoires.

Département/Territoire	Population	Capitale	Produits
Saint-Pierre-et-Miquelon	6 000	Saint-Pierre	poisson°
la Guyane française	230 000	Cayenne	fruits tropicaux, sucre°, bananes, riz°, tabac°
la Martinique	400 000	Fort-de-France	sucre, bananes, ananas°
la Guadeloupe	400 000	Basse-Terre	sucre, bananes, ananas
la Polynésie française	260 000	Papeete	fruits tropicaux, café, vanille, noix de coco°
La Réunion	820 000	Saint-Denis	sucre, vanille

Un peu d'histoire

Les départements et territoires d'outre-mer sont les vestiges de l'immense empire colonial établi par la France entre° le dix-septième et le dix-neuvième siècles° en Amérique, en Afrique et en Asie.

1763 La France perd° son empire colonial en Amérique, mais elle garde° les «îles à rhum°»: la Guadeloupe et la Martinique.

1848 L'esclavage° est aboli° dans toutes° les colonies françaises.

1946 Les Départements et Territoires d'outre-mer (DOM-TOM) sont constitués.

1950–1960 Les colonies françaises d'Asie et d'Afrique deviennent° des républiques indépendantes.

2003–2012 La France change le statut de certains territoires en pays d'outre-mer (POM) et collectivités d'outre-mer (COM).

d'outre-mer *overseas* **est constituée par** *consists of* **monde** *world* **font partie intégrante** *are an integral part* **citoyens** *citizens* **mêmes... que** *same . . . as* **droits** *rights* **tous** *all* **quelques-uns** *some* **poisson** *fish* **sucre** *sugar* **riz** *rice* **tabac** *tobacco* **ananas** *pineapple* **noix de coco** *coconut* **entre** *between* **siècles** *centuries* **perd** *loses* **garde** *keeps* **îles à rhum** *rum islands* **esclavage** *slavery* **aboli** *abolished* **toutes** *all* **deviennent** *become*

Amérique du Nord

Saint-Pierre-et-Miquelon

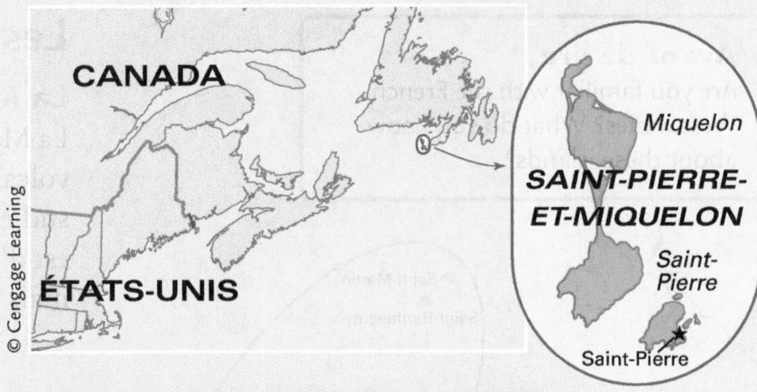

Saint-Pierre et Miquelon sont deux petites îles situées au sud° de Terre-Neuve° dans l'Atlantique Nord°.

À l'origine ces îles servaient de° base pour les pêcheurs de morue° venus° de Normandie et de Bretagne.

Pendant la Prohibition, elles ont servi° de base aux trafiquants d'alcool.

Aujourd'hui, la France maintient une base navale à Saint-Pierre.

© Michael Dwyer/Alamy

Port de Saint-Pierre

Amérique du Sud

La Guyane française

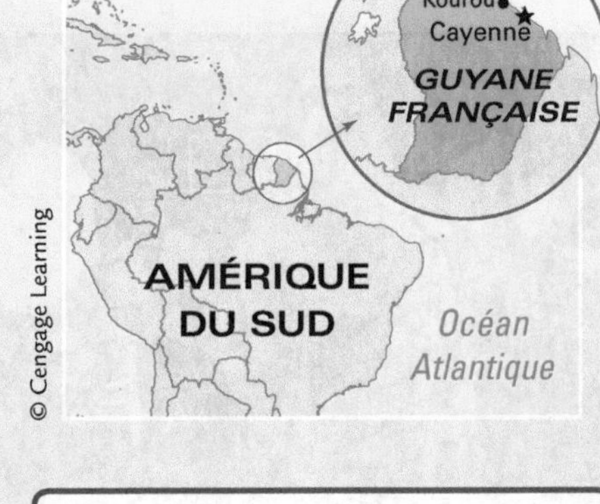

La Guyane est un pays° de forêt tropicale situé dans le nord-est° de l'Amérique du Sud. La majorité de sa population est d'origine africaine.

La Guyane est célèbre° pour son ancienne° colonie pénitentiaire° de l'Île du Diable°.

Ce territoire français entre dans l'ère moderne avec la création du centre spatial de Kourou. C'est d'ici qu'est lancée° la fusée° européenne *Ariane*.

© Westend61 GmbH/Alamy

L'Île du Diable

Après la lecture
What are the two most interesting facts that you have discovered about overseas France?

Recherches
See the French film ***La Veuve de Saint-Pierre*** *(The Widow of Saint-Pierre)*. The action takes place in Saint-Pierre in the 19th century.

---

sud *south* **Terre-Neuve** *Newfoundland* **Atlantique Nord** *North Atlantic* **servaient de** *served as* **pêcheurs de morue** *cod fishermen* **venus** *who came* **ont servi** *served* **pays** *country* **nord-est** *northeast* **célèbre** *known* **ancienne** *former* **pénitentiaire** *penal* **Île du Diable** *Devil's Island* **lancée** *launched* **fusée** *rocket*

Avant de lire
Are you familiar with the French West Indies? What do you know about these islands?

Les Antilles

La Martinique et la Guadeloupe

La Martinique et la Guadeloupe sont des îles volcaniques situées à 600 kilomètres au sud-est de Porto Rico. La population de ces îles est d'origine diverse: principalement africaine, mais aussi européenne, indienne et libanaise.

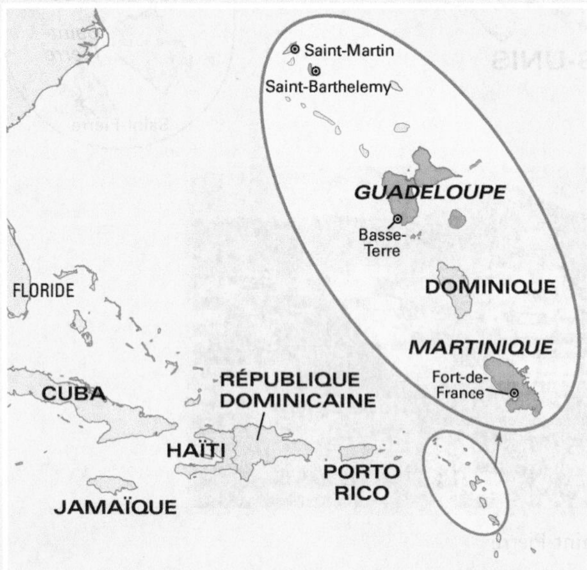

© Cengage Learning

© Philip Gould/Corbis

Le Carnaval°

À la Martinique, le grand événement° annuel est le Carnaval. C'est un festival extraordinaire de musique, de danse, de rythme, d'exubérance... et de bonne humeur. Dans les rues° les orchestres jouent des airs de zouk et de musique créole. Les jeunes gens sont masqués et portent° des costumes rouges. Tout le monde° participe à la fête. On danse, on rit°, on s'amuse°. Mercredi soir, on brûle° publiquement «Vaval», une immense effigie de papier mâché qui représente le Carnaval. La fête est finie°.

© Robert Harding Picture Library/Alamy

Le zouk

Le zouk est une musique de danse typiquement antillaise. Elle représente la fusion de rythmes caraïbes, africains, français et espagnols. L'instrument principal est le tambour°. Les autres instruments sont le synthétiseur, la basse, la guitare, le banjo et la clarinette. Le chanteur° chante en créole.

---

tambour *drum* **chanteur** *singer*

Carnaval *Mardi Gras* **événement** *event* **rues** *streets* **portent** *wear* **Tout le monde** *Everyone* **rit** *laughs* **s'amuse** *has fun* **brûle** *burns* **finie** *over, finished*

Aimé Césaire et la Négritude

© Roger-Viollet/Getty Images

Dans les années 1930°, un groupe de jeunes intellectuels d'origine africaine arrive à Paris. L'un d'eux° s'appelle Aimé Césaire. Il vient° de la Martinique. Ces jeunes intellectuels fondent un mouvement philosophique, littéraire et politique appelé *la Négritude*. Ce mouvement affirme l'existence d'une identité noire, distincte et respectable.

Aimé Césaire exprime° ses idées dans un livre intitulé° *Cahiers du retour au pays natal*°. Il rentre° à la Martinique où il prend une part° très active dans la vie politique. Il est élu° maire° de Fort-de-France et député° de l'île. Dans ce rôle, il représente la Martinique à l'Assemblée Nationale française.

Le concept de négritude joue° un rôle très important dans l'histoire du vingtième siècle°. Il inspire les mouvements indépendantistes dans les colonies françaises qui obtiennent leur indépendance dans les années 1960. C'est aussi une source d'inspiration pour le mouvement du *«Black Power»* aux États-Unis.

> Je suis un Martiniquais, un Africain transporté.
> Mais je suis avant tout° un homme.
> Et un homme qui veut quoi°?
> L'accomplissement° de l'humanité dans l'homme.
> — Aimé Césaire

Le créole martiniquais

Le créole martiniquais est la langue populaire de la Martinique et de la Guadeloupe. Cette langue est née° du contact entre° les esclaves° noirs° et les Européens. Influencé par les langues africaines, le créole contient des mots° d'origine principalement française, mais aussi espagnole et anglaise.

Voici quelques expressions en créole martiniquais:

créole	français
Ça ou fé?	Comment allez-vous?
Moin bien.	Je vais bien.
Ça ou lé?	Qu'est-ce que vous voulez?
Moin pa savé.	Je ne sais pas.

Recherches Internet
Download a zouk song and share it with your classmates.

Après la lecture
Would you like to visit Martinique? Why?

Dans les années 1930 *In the 1930s* **L'un d'eux** *One of them* **vient** *comes* **exprime** *expresses* **intitulé** *entitled* ***Cahiers du retour au pays natal*** *Notebook of a Return to the Native Land* **rentre** *returns* **prend une part** *plays a role* **élu** *elected* **maire** *mayor* **député** *representative* **joue** *plays* **siècle** *century* **avant tout** *above all else* **veut quoi** *wants what* **accomplissement** *fulfillment, realization* **née** *born* **entre** *between* **esclaves** *slaves* **noirs** *black* **mots** *words*

> **Avant de lire**
> Do you know where the islands of Tahiti and La Réunion are located?

Course de pirogues à Tahiti

Une plage à l'île de La Réunion

Pacifique Sud

La Polynésie française et Tahiti

La Polynésie française est un archipel° de petites îles° disséminées dans le Pacifique Sud. L'île principale est Tahiti. La majorité de la population est d'origine polynésienne et parle une langue proche de° l'hawaïen. Il y a aussi des Européens et des Chinois.

Les Tahitiens sont célèbres° pour leur hospitalité et leur bonne humeur. De grandes fêtes ont lieu° en juillet. Il y a des danses folkloriques, des cérémonies traditionnelles et des épreuves sportives°. Le grand événement° est la course° de pirogues°.

Océan Indien

La Réunion

La Réunion est une île volcanique située dans l'Océan Indien à 1 500 kilomètres des côtes° de l'Afrique de l'Est. Sa population est d'origine très diverse: européenne, africaine, chinoise, indienne et libanaise.

Aujourd'hui, La Réunion est le paradis des touristes et des éco-touristes. Les adeptes° de plongée sous-marine° peuvent° admirer les bancs de corail rouge°.

> **Après la lecture**
> Would you rather spend a week in Tahiti or in La Réunion? Explain why.

---

archipel *archipelago, group* **îles** *islands* **proche de** *close to* **célèbres** *known* **ont lieu** *take place* **épreuves sportives** *athletic contests* **événement** *event* **course** *race* **pirogues** *canoes* **côtes** *coasts* **adeptes** *enthusiasts* **plongée sous-marine** *scuba diving* **peuvent** *can* **bancs de corail rouge** *red coral reefs*

Paul Gauguin, peintre° de l'exotisme (1848–1903)

Paul Gauguin, French, 1848–1903. *D'où venons-nous? Que sommes-nous? Où allons-nous?*, 1897–98. Oil on canvas. 139.1 × 374.6 cm (54-3/4 × 147-1/2 in.). Museum of Fine Arts, Boston. Tompkins Collection-Arthur Gordon Tompkins Fund, 36.270.

Vahine no te vi

Paul Gauguin est un peintre post-impressionniste. Cet artiste français travaille d'abord° dans une banque. À l'âge de vingt-cinq ans il découvre° sa véritable vocation: la peinture°. Avec son ami Van Gogh, il peint° les paysages° de Bretagne et de Provence.

À quarante ans, Gauguin a besoin° d'une inspiration nouvelle°. Il quitte° la France et va à la Martinique. Puis, il part° pour Tahiti. Là il découvre des gens° simples et heureux. Il apprend° leur langue et adopte leur style de vie° primitif. Ses amis tahitiens deviennent° ses modèles. Il fait° leur portrait avec des couleurs chaudes° et opulentes. Il utilise le bleu, le rouge, l'ocre, le mauve...

Mais Gauguin cherche° une solitude plus complète. Il quitte Tahiti pour Hiva Oa, une île perdue° de la Polynésie. Là, il continue à peindre. Et c'est là où il meurt° en 1903.

Recherches Internet

Find some of Gauguin's paintings. Print a copy of your favorite one.

---

peintre *painter* **d'abord** *at first* **découvre** *discovers* **peinture** *painting* **peint** *paints* **paysages** *landscapes* **a besoin de** *needs* **nouvelle** *new* **quitte** *leaves* **part** *leaves* **gens** *people* **apprend** *learns* **vie** *life* **deviennent** *become* **fait** *does* **chaudes** *warm* **cherche** *is looking for* **perdue** *lost* **meurt** *dies*

Notre monde personnel

UNITÉ 4

Leçon 10:
Ma famille

Leçon 11:
Rien n'est parfait

Leçon 12:
Le rêve et la réalité

Rencontres francophones
Do any of your classmates have parents or grandparents or other ancestors **(des ancêtres)** with French heritage? Locate on a map where they are or were from and find out why they came to the United States.

LEÇON 10 Ma famille

OBJECTIVES
- To describe one's family
- To express personal relationships
- To indicate ownership
- To talk about the weather

© Owen Franken/Corbis

© Angelika Schwarz/iStockphoto.com

CD2-2

Deux étudiants français, Vatea et Thomas, parlent de leur famille.

Vatea

Je m'appelle Vatea. J'habite à Tahiti. Je suis étudiante à l'Université de la Polynésie française. J'habite chez mes parents à Papeete. Mon **père** travaille à la poste. Ma **mère** est prof au **Lycée** Paul Gauguin.

J'ai une soeur **aînée** et un **petit** frère. Ma soeur s'appelle Emmanuelle. Elle est **mariée**. Elle habite à Moorea avec son **mari** et ses deux **enfants**. Mon frère s'appelle Teiki. Il va au lycée. Il adore **faire de la planche à voile**.

Mes grands-parents maternels habitent chez nous. J'ai beaucoup d'**oncles** et de **tantes**.

Nous n'avons pas d'**animaux domestiques**.

father
mother / high school
older / younger
married / husband / children
to go windsurfing
uncles / aunts
pets

Thomas

Je m'appelle Thomas. J'habite à Tours, mais je suis étudiant à l'Université de Bordeaux. Je **fais des études de droit**.

Mes parents sont **divorcés**. J'habite chez mon père. Il travaille dans une banque. Ma mère est remariée. Elle ne travaille pas. Mon **beau-père** est assez sympa.

J'ai une soeur et un **demi-frère**. Ma soeur est mariée et elle a deux enfants. Ce sont mes **neveux**. Ma nièce Victoire **a trois ans**. Mon neveu Clément a deux ans.

Et j'ai un **chat**. Il s'appelle Attila... mais, il est très gentil.

study law
divorced
stepfather
half brother
nephews / is 3 years old
cat

À propos du texte

1. Où habite Vatea?
2. Où travaillent ses *(her)* parents?
3. Comment s'appellent sa soeur et son frère?
4. Quel est le sport préféré de son frère?
5. Est-ce que Vatea a une grande famille? Expliquez.
6. Qu'est-ce que Thomas étudie?
7. Où est-ce qu'il fait ses études?
8. Quel travail a son père?
9. Est-ce que ses parents sont mariés?
10. Qu'est-ce qu'il pense de son beau-père?

Note culturelle

La famille en France CD2-3

www.journee-mondiale.com

Pour la majorité des Français, l'objectif le plus important de l'existence est d'avoir une famille heureuse. La famille reste une valeur° fondamentale même si° son concept a évolué°.

Quand on parle de «famille», on parle généralement du groupe constitué par° le père, la mère et les enfants. Dans le monde moderne, ce groupe social est souvent modifié. La famille est «monoparentale» quand il y a un seul parent ou quand les parents se séparent ou divorcent. En France, un mariage sur deux° finit par un divorce. La famille est «recomposée» quand l'un des parents se remarie°. Pour beaucoup de jeunes couples français, la création d'une famille ne nécessite pas la formalité du mariage. Aujourd'hui, quatre naissances° sur dix ont lieu° dans des familles où les parents ne sont pas mariés et vivent° en «union libre°».

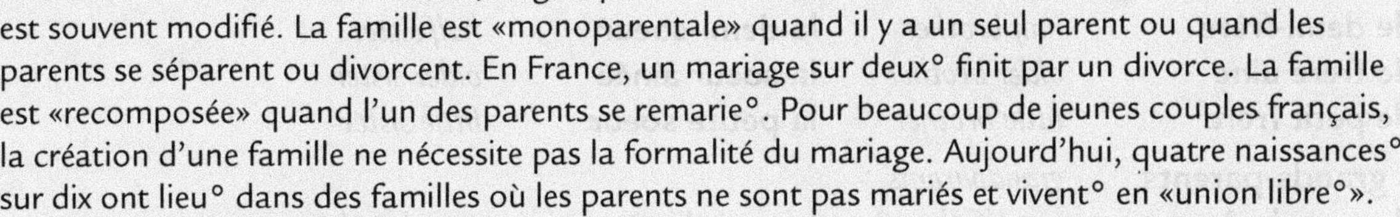

À côté de la famille nucléaire, il y a aussi une famille plus grande°, et parfois° plus° permanente. Cette famille comprend° tous° les gens apparentés°: grands-parents, oncles, tantes, cousins, cousines, neveux, nièces, etc. Pour les Français, ce groupe familial constitue une zone très importante de confort, de confiance° et de sécurité. La solidarité est une vertu° familiale.

Les relations° sont fréquentes entre° les membres d'une même° famille, particulièrement quand ils habitent dans la même région. Les enfants passent° les vacances chez leurs cousins. Les petits-enfants° rendent visite° à leurs grands-parents pour Noël ou le Nouvel An. Et tout le monde° se retrouve° pour les grandes fêtes de famille°: mariages, anniversaires, cérémonies civiles et religieuses. Comme° on est en France, ces réunions familiales sont toujours l'occasion d'un repas° fastueux°.

À votre avis

Comparez la famille en France et aux États-Unis. Quelles sont les similarités et les différences?

---

valeur *value* **même si** *even if* **évolué** *evolved* **par** *by* **un... sur deux** *one out of two* **se remarie** *remarries* **naissances** *births* **ont lieu** *happen* **vivent** *live* **libre** *free* **plus grande** *larger* **parfois** *sometimes* **plus** *more* **comprend** *includes* **tous** *all* **apparentés** *related* **confiance** *trust* **vertu** *virtue* **relations** *contacts* **entre** *among* **même** *same* **passent** *spend* **petits-enfants** *grandchildren* **rendent visite** *visit* **tout le monde** *everyone* **se retrouve** *gets together* **fêtes de famille** *family gatherings* **Comme** *Since* **repas** *meal* **fastueux** *sumptuous*

La langue française

Vocabulaire: La famille et les relations personnelles

LA SITUATION FAMILIALE

On est...

marié *(married)*	**divorcé**
célibataire *(single)*	**remarié**

LA FAMILLE

la famille	*family*		
les parents	*parents*		
le mari	*husband*	**la femme**	*wife*
le père	*father*	**la mère**	*mother*
le beau-père	*stepfather*	**la belle-mère**	*stepmother*
les enfants	*children*		
le fils	*son*	**la fille**	*daughter*
le frère	*brother*	**la soeur**	*sister*
le demi-frère	*half brother*	**la demi-soeur**	*half sister*
le frère aîné	*older brother*	**la soeur aînée**	*older sister*
le petit frère	*little brother*	**la petite soeur**	*little sister*
les grands-parents	*grandparents*		
le grand-père	*grandfather*	**la grand-mère**	*grandmother*
les petits-enfants	*grandchildren*		
le petit-fils	*grandson*	**la petite-fille**	*granddaughter*
les parents	*relatives*		
l'oncle	*uncle*	**la tante**	*aunt*
le cousin	*cousin (male)*	**la cousine**	*cousin (female)*
le neveu	*nephew*	**la nièce**	*niece*

PRONONCIATION
la femme /fam/
le fils /fis/

LES ANIMAUX DOMESTIQUES

un animal			
un chien	*dog*	**un oiseau**	*bird*
un chat	*cat*	**un poisson rouge**	*goldfish*

PLURIELS IRRÉGULIERS
un neveu des neveux
un animal des animaux
un oiseau des oiseaux

→ Note the use of **de** to express family relationships.

La soeur de Vatea habite à Moorea. — ***Vatea's sister** lives on Moorea.*
Où habitent **les neveux de Thomas**? — *Where do **Thomas' nephews** live?*

→ Most adjectives ending in **-é** are derived from **-er** verbs and correspond to English adjectives in *-ed*.

divorcé *divorced* **remarié** *remarried* **préféré** *preferred (favorite)*

1 La famille Balard

With your partner, identify the following people by name. Begin your questions with **Qui est** or **Qui sont.**

❋ la nièce de Marc Balard
— Qui est la nièce de Marc Balard?
— C'est Élodie Lebeuf.

1. la nièce de Maurice Lebeuf
2. la tante de Léa
3. le cousin de Nicolas
4. le neveu de Martine Mallet
5. la grand-mère d'Élodie
6. la fille de Jean Balard
7. les parents d'Éric
8. les petits-fils de Julie Gasse

2 Les relations familiales

Use the family tree in **Activité 1** to define the relationships between the following people.

❋ Éric / Maurice Lebeuf
Éric est le fils de Maurice Lebeuf.

1. Léa / Nicolas
2. Martine Mallet / Léa
3. Jean Balard / Élodie
4. Alice Balard / Nicolas
5. Marc Balard / Martine Mallet
6. Alice Balard / Maurice Lebeuf
7. Éric / Marc Balard
8. Élodie / Maurice Lebeuf
9. Léa / Éric
10. Nicolas / Élodie

3 Et vous?

1. Avez-vous des frères et des soeurs? Combien de frères? Combien de soeurs? Quel âge est-ce qu'ils ont?
2. Avez-vous des cousins? des cousines? Où habitent vos *(your)* cousins et vos cousines?
3. Où habitent vos grands-parents? Est-ce que vous allez chez eux? Quand?
4. Combien d'enfants ont vos grands-parents? Combien de petits-enfants?
5. Dans votre *(your)* famille, est-ce qu'il y a souvent des réunions de famille? Allez-vous à ces *(these)* réunions? Qui va à ces réunions?
6. Avez-vous un chien? Comment s'appelle-t-il? Avez-vous un chat? Comment s'appelle-t-il?
7. Avez-vous d'autres *(other)* animaux domestiques? Quels animaux?

A. Les adjectifs possessifs

EXPRESSING PERSONAL RELATIONSHIPS AND OWNERSHIP

POSSESSIVE ADJECTIVES are used to express RELATIONSHIP between PEOPLE and OWNERSHIP. Note the forms of the possessive adjectives in the following sentences.

– C'est **ton** frère?
– Oui, c'est **mon** frère.

– C'est **ta** cousine?
– Non, ce n'est pas **ma** cousine.

– Ce sont **tes** livres?
– Oui, ce sont **mes** livres.

LIAISON
There is liaison after possessive adjectives.
mon‿oncle
ton‿oncle
mes‿amis
leurs‿amis

In French, possessive adjectives AGREE with the nouns they introduce.

		singular		plural			
possessor		masculine	feminine				
(je)	*my*	**mon**	**ma**	**mes**	**mon** vélo	**ma** radio	**mes** CD
(tu)	*your*	**ton**	**ta**	**tes**	**ton** vélo	**ta** radio	**tes** CD
(il/elle)	*his, her, its*	**son**	**sa**	**ses**	**son** vélo	**sa** radio	**ses** CD
(nous)	*our*	**notre**		**nos**	**notre** vélo	**notre** radio	**nos** CD
(vous)	*your*	**votre**		**vos**	**votre** vélo	**votre** radio	**vos** CD
(ils/elles)	*their*	**leur**		**leurs**	**leur** vélo	**leur** radio	**leurs** CD

→ The feminine forms **ma, ta, sa** become **mon, ton, son** before a vowel sound.

mon‿amie Claire BUT **ma** meilleure *(best)* amie

ton‿affiche BUT **ta** petite affiche

→ The choice between **son, sa,** and **ses** depends only on the gender and number of the noun that follows and not on the gender and number of the owner.

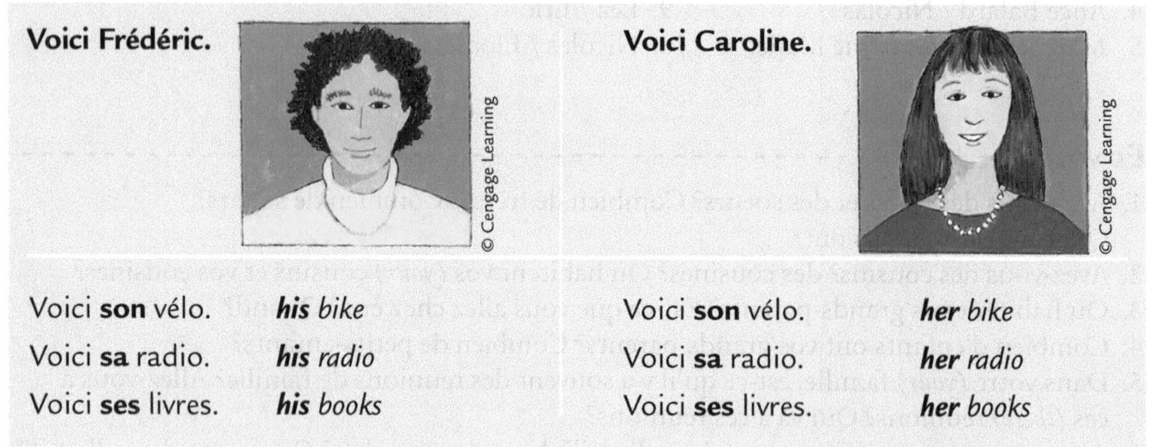

Voici Frédéric.		**Voici Caroline.**	
Voici **son** vélo.	***his** bike*	Voici **son** vélo.	***her** bike*
Voici **sa** radio.	***his** radio*	Voici **sa** radio.	***her** radio*
Voici **ses** livres.	***his** books*	Voici **ses** livres.	***her** books*

À noter
French uses the construction **à** + STRESS PRONOUN to clarify who the owner is.
Voici Pierre. Voici sa voiture **à lui.** Voici Léa. Voici sa voiture **à elle.**

4 Millionnaire

Imagine that you have worked hard and that you are now a millionaire. Answer your partner's questions about your possessions.

❊ la Jaguar?
— C'est ta Jaguar?
— Bien sûr, c'est ma Jaguar.

1. l'avion *(plane)*
2. l'Alfa Romeo
3. la piscine
4. les motos
5. l'appartement à Paris
6. la villa à Monaco
7. le château en Irlande
8. les chevaux *(horses)*

5 La fête du 14 juillet

Say that everyone is inviting a friend or relative to the Bastille Day festivities.

❊ Nicolas / une cousine
Nicolas invite sa cousine.

1. Philippe / une copine
2. Marc / des cousins
3. Pauline / un ami
4. Claire / une amie
5. Nathalie / des cousines
6. Thomas / une soeur
7. Mélanie / un frère
8. Antoine / des voisins

6 Le jour de l'An *(New Year's Day)*

New Year's Day is a good time to visit or keep in touch with friends and relatives. Complete the following sentences with the appropriate possessive adjectives.

❊ Nous téléphonons à / le cousin
Nous téléphonons à notre cousin.

1. Vous téléphonez à / les parents
2. Nous invitons / les voisins
3. Vous allez chez / l'oncle
4. Marc et Claire téléphonent à / la tante
5. Monsieur et Madame Laval invitent / les neveux
6. Mes copains dînent chez / les grands-parents
7. Nous allons chez / les amis

7 Oui ou non?

Read about the following people. On the basis of this information, say whether or not they do the things in parentheses. Use appropriate possessive adjectives.

❊ Claire est sérieuse. (préparer les examens?)
Oui, elle prépare ses examens.

1. Raphaël est égoïste. (aider les amis?)
2. Les étudiants sont paresseux. (étudier les leçons?)
3. Pauline est généreuse. (aider la camarade de chambre?)
4. Emma et Léa aiment la musique. (écouter les CD?)
5. Mes parents sont sociables. (inviter les voisins?)
6. Clément est individualiste. (aimer l'indépendance?)

B. La possession avec *de*

Another way to indicate RELATIONSHIP and OWNERSHIP is to use a construction with **de.**

Voici **le copain de Clara.**	*Here is **Clara's friend.***
Voici **la maison de mon cousin.**	*Here is **my cousin's house.***

RELATIONSHIP and OWNERSHIP can be expressed by the following construction:

Construction	Examples
le / la / les } NOUN + **de (d')** + { RELATED PARTY / OWNER	**le père d'Amélie** **la voiture de mes parents** **les livres du prof**

> **RAPPEL**
> de + le = du
> de + les = des

8 Objets trouvés *(Lost and found)*

Your partner found several objects. Help him identify the owners.

❊ la montre (David)
— ***Voici une montre.***
— ***C'est la montre de David.***

1. le portable (Nathalie)
2. l'appareil photo (Clément)
3. le sac (Mélanie)
4. les CD (Thomas)
5. la tablette (Chloé)
6. l'ordinateur (Emma)
7. les livres (le professeur)
8. le vélo (mon neveu)

9 Curiosité

You want to know more about the friends and other acquaintances of the people below. Ask the appropriate questions.

❊ Paul a une copine. (sympathique?)
Est-ce que la copine de Paul est sympathique?

1. Camille a un cousin. (marié?)
2. Thomas a des amis. (amusants?)
3. Élise a un oncle. (riche?)
4. Céline a des grands-parents. (généreux?)
5. Le dentiste a un assistant. (compétent?)
6. Le prof a une secrétaire. (gentille?)
7. La voisine a des chats. (mignons?)
8. Les voisins ont un chien. (méchant?)

© Rebecca Valette

C. L'expression *être à*

TO INDICATE OWNERSHIP

Note how OWNERSHIP can be expressed in French.

– Les CD **sont à** Claire?	*Do these CDs **belong to** Claire?*
– Oui, ils **sont à** elle.	*Yes, they **belong to** her. (They are hers.)*
– Le livre **est au** professeur?	*Does this book **belong to** the teacher?*
– Oui, il **est à** lui.	*Yes, it **belongs to** him. (It is his.)*

The expression **être à** *(to belong to)* is used to indicate OWNERSHIP.

être à +	NOUN or NAME	Le portable **est à Thomas.**
	STRESS PRONOUN	L'ordinateur **n'est pas à lui.**

→ To ask about ownership, use the following pattern.

à qui	**est** + singular object?	**À qui est** le livre?	***Whose** book **is** this?*
	sont + plural object?	**À qui sont** les CD?	***Whose** CDs **are** these?*

10 Après la fête *(After the party)*

Last night you and your partner gave a party. Now you are trying to find out to whom certain things belong.

❊ l'appareil photo / Pauline
– À qui est l'appareil photo?
– Il est à Pauline.

1. la guitare / Mélanie
2. le portable / Thomas
3. la tablette / Éric
4. les lunettes *(glasses)* / ma soeur
5. le DVD / le copain d'Éric
6. les CD / les étudiants anglais
7. le sac / l'amie de Claire
8. la chaîne-stéréo / le cousin de Marc

RAPPEL
à + le = au
à + les = aux

11 Rendez à César *(Render unto Caesar)*

You and your partner are arguing about who owns some of the objects you have found.

❊ la montre (Nicolas / Mélanie)
– La montre est à Nicolas.
– Mais non, elle n'est pas à lui.
Elle est à Mélanie.

→ RÉVISION
Review stress pronouns, p. 66.

1. le stylo (Léa / Marc)
2. les cahiers (Vincent / Mathilde)
3. le vélo (ton copain / Claire)
4. les CD (Pierre et Michel / moi)

D. Le verbe *faire*

The verb **faire** *(to do, to make)* is irregular. It is used in many expressions.

infinitive		**faire**	Qu'est-ce que nous allons **faire**?
present	je	**fais**	Je **fais** un sandwich.
	tu	**fais**	Qu'est-ce que tu **fais** ici?
	il/elle/on	**fait**	Céline **fait** du shopping.
	nous	**faisons**	Nous ne **faisons** pas la cuisine.
	vous	**faites**	Qu'est-ce que vous **faites**?
	ils/elles	**font**	Qu'est-ce qu'ils **font** à l'université?

PRONONCIATION
faisons /fəzɔ̃/

Expressions avec *faire*

faire attention (à)	*to pay attention (to)*	Je **fais attention** quand le professeur parle.
	to be careful (about)	**Faites**-vous **attention à** votre budget?
faire le ménage	*to do the housework*	Nicolas **fait le ménage.**
faire la cuisine	*to do the cooking*	Je déteste **faire la cuisine.**
faire la vaisselle	*to do the dishes*	Qui **fait la vaisselle** chez vous?
faire du shopping	*to shop*	Je **fais mon shopping** le samedi.
faire les courses	*to go food shopping*	Je **fais les courses** à Monoprix.
faire des études	*to study*	Nous **faisons des études** de français.
faire ses devoirs	*to do homework*	Nous ne **faisons** pas **nos devoirs.**
faire des économies	*to save money*	Je ne **fais** pas **d'économies.**
faire un voyage	*to take, go on a trip*	Paul **fait un voyage** à Québec.
faire une promenade	*to take a walk*	Nous **faisons une promenade** dans le parc.
	to go for a ride	Emma **fait une promenade** à vélo.
faire un match	*to play a game*	Raphaël **fait un match** de tennis.

12 Dans la cuisine

In this family, everyone loves to cook. Say what each person is doing, using the appropriate forms of faire.

1. Mes cousins ____ un dessert.
2. Ma soeur ____ une pizza.
3. Je ____ une tarte *(pie)*.
4. Vous ____ des sandwichs.
5. Nous ____ une salade.
6. Mon frère ____ une salade de tomates.
7. Tu ____ une salade de fruits.
8. Marc et Léa ____ des quiches.

13 Occupations de week-end

Weekends are for relaxation, *not* for work. Say what the following people do or do not do on weekends.

© Pierre Valette

❊ Nicolas / la vaisselle?
Non, il ne fait pas la vaisselle.

1. nous / une promenade à pied?
2. mes copines / du shopping?
3. moi / les devoirs?
4. Laure / le ménage?
5. les Dupont / un petit voyage à Paris?
6. Carole et André / un match de tennis?
7. toi / une promenade en auto?
8. mon frère / une promenade à vélo?

14 Qui fait quoi?

Living in a dorm or an apartment requires sharing tasks. Explain who does what: you, your roommate, or both of you.

	moi	*mon/ma camarade de chambre*	*nous deux*
• faire le ménage			
• faire les courses			
• faire la cuisine			
• faire la vaisselle			
• faire le budget			
• faire attention aux dépenses			

15 Et vous?

Answer the following questions and compare your answers with your partner's.

1. Faites-vous du shopping le week-end? Où est-ce que vous faites votre shopping?
2. Quand vous êtes chez vous, qui fait la cuisine? Qui fait la vaisselle? Qui fait le ménage?
3. Est-ce que vous aimez faire la cuisine? Avez-vous une spécialité?
4. Faites-vous attention quand vous avez un examen? quand vous faites vos devoirs?
5. Faites-vous des économies pour les vacances?
6. Faites-vous souvent des voyages? Où allez-vous?
7. Allez-vous faire un voyage pendant *(during)* les vacances? Où allez-vous aller?
8. Faites-vous des matchs de tennis? des matchs de basket? Avec qui? Qui gagne?
9. Aimez-vous faire des promenades en voiture? à vélo? à pied? Où allez-vous?

Vocabulaire: Le temps et les saisons

LE TEMPS *(weather)*

Quel temps fait-il?	*How's the weather?*		
Aujourd'hui...	*Today . . .*		
il fait beau	*it's beautiful*	**il fait chaud**	*it's hot*
il fait bon	*it's nice*	**il fait froid**	*it's cold*
il fait mauvais	*it's terrible*		
il fait du vent	*it's windy*	**il pleut**	*it's raining*
il fait du soleil	*it's sunny*	**il neige**	*it's snowing*
Demain...	*Tomorrow . . .*		
il va faire beau	*it's going to be beautiful*	**il va pleuvoir**	*it's going to rain*
il va faire froid	*it's going to be cold*	**il va neiger**	*it's going to snow*

chaud *hot, warm*
froid *cold*

le vent *wind*
le soleil *sun*
la pluie *rain*
la neige *snow*

Quelle température fait-il? *What's the temperature?*
Il fait 18 degrés (Celsius). *It's 18° (Centigrade).*

LES SAISONS *(seasons)*

le printemps	*spring*	**au printemps**	*in spring*
l'été	*summer*	**en été**	*in summer*
l'automne	*fall*	**en automne**	*in fall*
l'hiver	*winter*	**en hiver**	*in winter*

Liaison
en‿été
en‿automne
en‿hiver

→ **Le temps** has two different meanings.
weather **Le temps** est mauvais aujourd'hui.
time Je n'ai pas **le temps** d'étudier.

16 Le temps

1. Quel temps fait-il aujourd'hui?
2. Quel temps va-t-il faire demain?
3. Est-ce qu'il neige dans votre région?
4. Est-ce qu'il pleut? En quelle saison?
5. Quel temps fait-il en hiver? au printemps? en été? en automne?
6. Qu'est-ce que vous faites quand il y a du soleil? quand il pleut?

CD2-4

Phonétique: Les lettres "ch"

In French, the letters "ch" are always pronounced /ʃ/ as in Chicago.

Répétez: chien chat chaud cher chanter marcher riche blanche Charles

Compréhension orale CD2-5

You will hear what certain people are doing. If these activities take place inside the home, mark row A. If the activities take place outside the home, mark row B.

	*	1	2	3	4	5	6	7	8
A.									
B.	✔								

Conversation dirigée

You are sharing an apartment with a roommate who is very nice but not well organized. In fact, the apartment is getting rather messy.

Ask your roommate (your partner) . . .

- if he/she is going to do his/her homework tonight
- when he/she is going to do the dishes
- when he/she is going to do the house cleaning
- if he/she is going to clean the kitchen too

Expression libre

Avec votre partenaire, vous allez décrire vos familles respectives. Par exemple:

- Combien de frères et de soeurs avez-vous?
- Quel âge ont-ils?
- Qu'est-ce qu'ils font?
- Où habitent vos cousins et cousines?
- Qu'est-ce qu'ils font? etc.

Est-ce qu'il y a beaucoup de similarités entre vos familles?

Expression écrite

Votre famille va recevoir un(e) étudiant(e) français(e) pendant un mois durant les vacances. Composez une petite lettre où vous décrivez les différents membres de votre famille.

LEÇON 11 Rien n'est parfait

OBJECTIVES

- To talk about clothes
- To describe what we purchase
- To discuss prices
- To point out people and things

© Ray Roberts/Alamy

CD2-6

	Marité habite à Fort-de-France à la Martinique. ***La semaine prochaine****, elle est invitée au mariage de sa cousine. Elle a besoin d'une* ***nouvelle robe*** *pour* ***cette*** *occasion. Elle va dans un magasin de la rue Victor Hugo avec sa copine Julie.*	*Next week* / *new dress / that*
JULIE:	Dis, Marité, regarde cette robe!	
MARITÉ:	**Quelle** robe?	*Which*
JULIE:	Cette robe **jaune**. Elle est très élégante.	*yellow*
MARITÉ:	Oui, elle est très belle. **Combien** est-ce qu'elle **coûte**?	*How much / cost*
JULIE:	**Trois cents** euros.	*300*
MARITÉ:	Oh là là! Elle est beaucoup **trop chère**.	*too expensive*
JULIE:	Et cette robe **rouge**? Elle n'est pas très chère. Elle coûte **seulement quatre-vingts** euros.	*red / only* / *80*
MARITÉ:	Quelle robe? Cette robe-là? Quelle horreur!	
JULIE:	Et cette robe **bleue**? Elle est très chic... et elle est **en solde**.	*blue / on sale*
MARITÉ:	Quel est le **prix**?	*price*
JULIE:	Seulement cent vingt euros!	
MARITÉ:	Ça, c'est dans mon budget.	
	Marité va ***essayer*** *la robe. Elle revient* ***déçue****.*	*to try on / disappointed*
MARITÉ:	Elle est très jolie et elle ne coûte pas trop cher. Mais regarde! Elle est trop longue...	
JULIE:	**Rien n'est parfait**!	*Nothing is perfect*

À propos du texte

1. Pourquoi est-ce que Marité a besoin d'une nouvelle robe?
2. Où est-ce qu'elle va?
3. Est-ce qu'elle achète la robe jaune? Pourquoi pas?
4. Est-ce qu'elle achète la robe rouge? Pourquoi pas?
5. Qu'est-ce qu'elle pense de la robe bleue?
6. À votre avis, qu'est-ce qu'elle va faire?

Note culturelle

Les Français et la mode° CD2-7

© Bloomberg/Getty Images

On parle toujours de l'élégance française. Pour beaucoup de gens, Paris est la capitale de la mode. Les maisons de couture° françaises ont une réputation internationale: Christian Dior, Chanel, Yves St. Laurent, Givenchy, Jean-Paul Gaultier, Christian Lacroix, Sonia Rykiel... Chaque° année, ces grands couturiers° présentent leurs nouvelles° créations à un élégant public international.

Les jeunes Français, eux aussi, ont besoin d'affirmer leur personnalité par° leur apparence physique. Pour cela°, chacun° choisit° son «look». Ce look s'exprime° en particulier par le style de vêtements° qu'on porte°: chic, classique, moderne, sport, original, hip-hop, etc. Le style des chaussures° est aussi un élément très important du look.

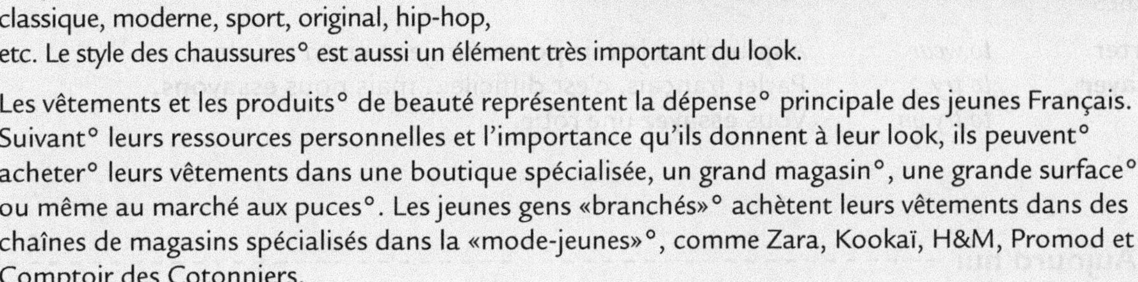

Les vêtements et les produits° de beauté représentent la dépense° principale des jeunes Français. Suivant° leurs ressources personnelles et l'importance qu'ils donnent à leur look, ils peuvent° acheter° leurs vêtements dans une boutique spécialisée, un grand magasin°, une grande surface° ou même au marché aux puces°. Les jeunes gens «branchés»° achètent leurs vêtements dans des chaînes de magasins spécialisés dans la «mode-jeunes»°, comme Zara, Kookaï, H&M, Promod et Comptoir des Cotonniers.

À votre avis

Comparez l'importance de la mode en France et aux États-Unis.

---

mode *fashion* **maisons de couture** *fashion houses* **Chaque** *Each* **couturiers** *designers* **nouvelles** *new* **par** *by* **cela** *that* **chacun** *each person* **choisit** *chooses* **s'exprime** *is expressed* **vêtements** *clothes* **porte** *wears* **chaussures** *shoes* **produits** *products* **dépense** *expenditure* **Suivant** *Depending on* **peuvent** *can* **acheter** *buy* **grand magasin** *department store* **grande surface** *discount house* **marché aux puces** *flea market* **«branchés»** *"in"* **mode-jeunes** *youth fashion*

La langue française

Vocabulaire: Les vêtements

Pour acheter des **vêtements** *(clothes)*, on va dans...

un grand magasin	*department store*	**une boutique**	*shop*
un centre commercial	*shopping mall*	**une grande surface**	*discount store*

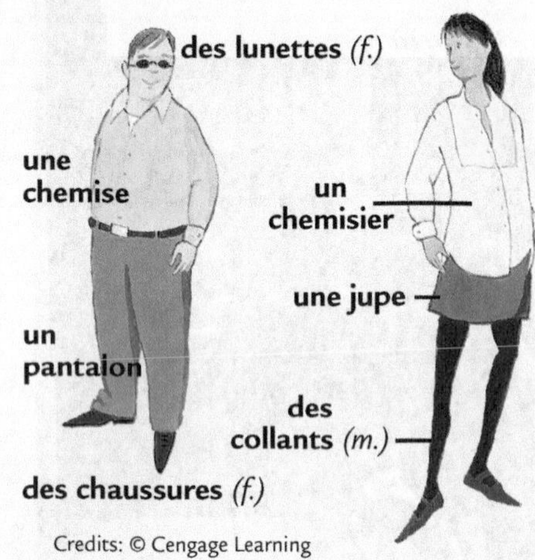

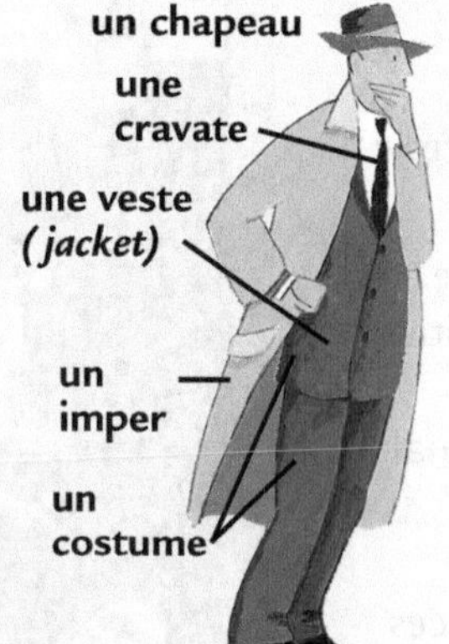

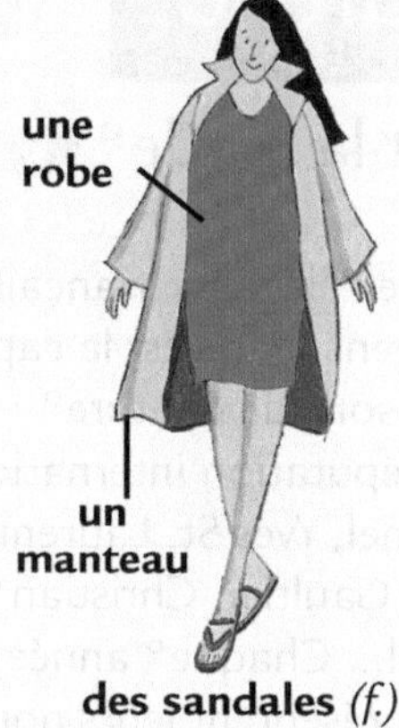

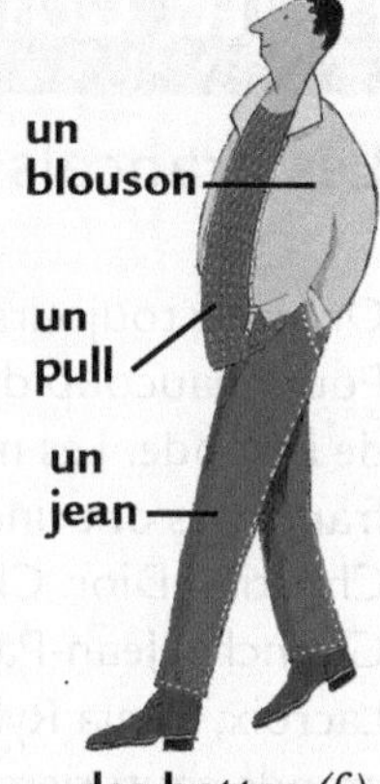

Credits: © Cengage Learning

→ Nouns that end in **-eau** in the singular end in **-eaux** in the plural.

un **chapeau** des **chapeaux** un **manteau** des **manteaux**

VERBES

porter	*to wear*	Aujourd'hui je vais **porter** un jean et un tee-shirt.
essayer	*to try*	Parler français, c'est difficile... mais nous **essayons.**
	to try on	Vous **essayez** une robe.

1 Aujourd'hui

Describe the clothes that the following people are wearing today.

1. Aujourd'hui, je porte...
2. Le/La prof porte...
3. L'étudiant(e) à ma droite *(on my right)* porte...
4. L'étudiant(e) à ma gauche *(on my left)* porte...

2 Vêtements pour toute *(every)* occasion

Describe what you wear in the following situations.

1. Quand je vais à la campagne *(to the country)*, je porte...
2. Quand je vais à une entrevue professionnelle, je porte...
3. Quand je vais en boîte *(to a [night] club)*, je porte...
4. Quand je vais à un mariage, je porte...
5. Quand je vais à la plage, je porte...
6. Quand il pleut, je porte...
7. Quand il neige, je porte...
8. Quand il fait chaud, je porte...

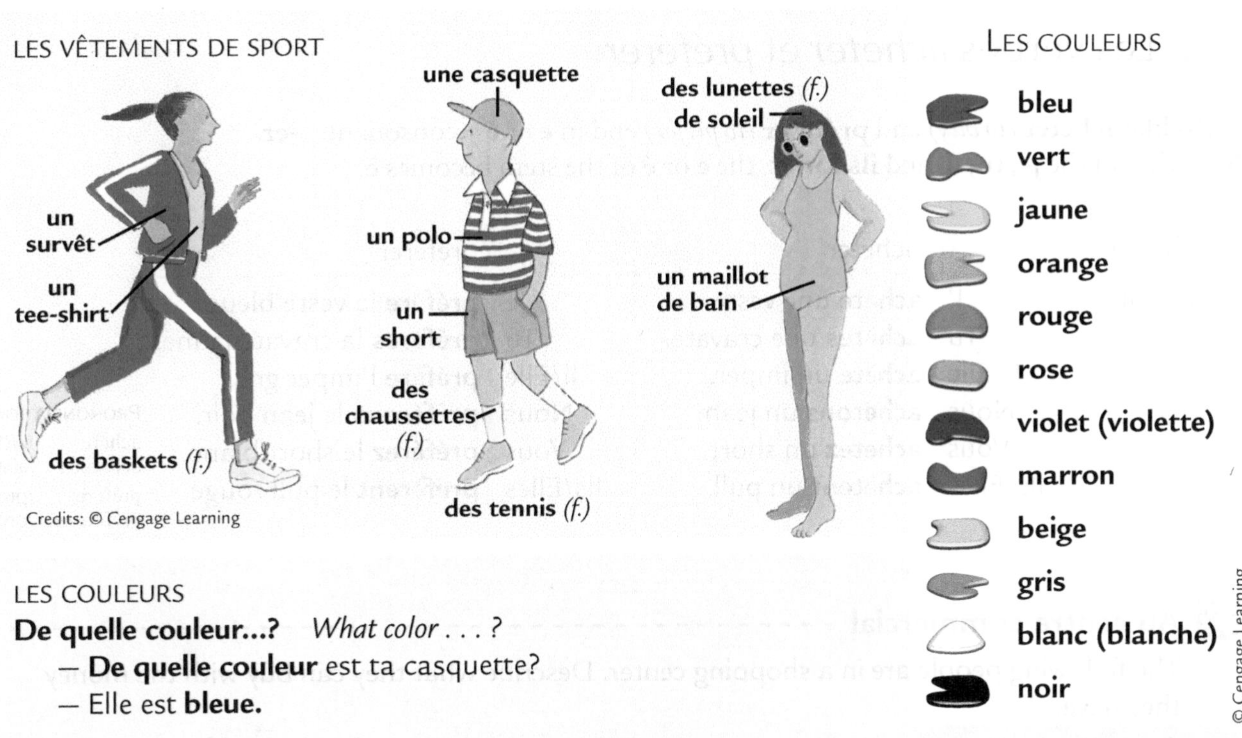

Credits: © Cengage Learning

© Cengage Learning

LES COULEURS

De quelle couleur...? *What color . . . ?*

— **De quelle couleur** est ta casquette?

— Elle est **bleue.**

→ Adjectives of color agree with the nouns they modify.

EXCEPTION: **orange** and **marron** are invariable and do not take endings.

un polo **vert**	un tee-shirt **orange** et **marron**
une chemise **verte**	des cravates **orange** et **marron**

LE PRIX *(price)*

cher (chère)	*expensive*	Les chaussures italiennes sont **chères.**
bon marché	*inexpensive, cheap*	Les lunettes de soleil sont **bon marché.**

→ **Bon marché** is an invariable expression. It does not take adjective endings.

3 Descriptions

Describe what one of the people in the *Vocabulaire* is wearing, including the color of each item. Your partner will identify the corresponding picture.

4 De quelle couleur?

Give the colors of the following objects.

❋ les tomates *Les tomates sont rouges.*

1. les bananes
2. les roses
3. le raisin *(grapes)*
4. le vin *(wine)*
5. l'émeraude
6. le drapeau *(flag)* américain
7. le drapeau français
8. la statue de la Liberté

A. Les verbes *acheter* et *préférer*

Verbs like **acheter** *(to buy)* and **préférer** *(to prefer)* end in **e** or **é** + consonant + **-er.** Note that in the **je, tu, il,** and **ils** forms, the **e** or **é** of the stem becomes **è.**

infinitive		acheter		préférer
present	J'	**achète** une veste.	Je	**préfère** la veste bleue.
	Tu	**achètes** une cravate.	Tu	**préfères** la cravate jaune.
	Il/Elle	**achète** un imper.	Il/Elle	**préfère** l'imper gris.
	Nous	**achetons** un jean.	Nous	**préférons** le jean noir.
	Vous	**achetez** un short.	Vous	**préférez** le short blanc.
	Ils/Elles	**achètent** un pull.	Ils/Elles	**préfèrent** le pull rouge.

PRONONCIATION

achète /aʃɛt/
achetons /aʃətɔ̃/ /aʃtɔ̃/
préfère /prefɛr/
préférons /preferɔ̃/

5 Au centre commercial

The following people are in a shopping center. Describe what they can buy with the money they have.

❊ Raphaël a 35 dollars.
Avec trente-cinq dollars, il achète des lunettes de soleil (une chemise, une casquette, deux tee-shirts).

→ **RÉVISION**
Review numbers from 1–60 on pp. 8, 24.

1. Nous avons 60 dollars.
2. Tu as 20 dollars.
3. Pauline et Mélanie ont 40 dollars.
4. Céline a 25 dollars.
5. Vous avez 50 dollars.
6. Antoine a 30 dollars.
7. J'ai 15 dollars.
8. Mes cousins ont 45 dollars.

une chemise
un tee-shirt
un jean
un pantalon
un survêt
des sandales
des baskets
des lunettes de soleil

Verbes comme *acheter* et *préférer*

acheter	*to buy*	Qu'est-ce que tu **achètes**?
amener	*to bring (a person)*	Nicolas **amène** sa copine au concert.
préférer	*to prefer*	**Préfères**-tu le manteau ou l'imper?
célébrer	*to celebrate*	Je **célèbre** mon anniversaire le 3 mai.
considérer	*to consider*	Je **considère** Paul comme *(as)* un ami.
espérer	*to hope*	J'**espère** visiter Paris en été.
posséder	*to own*	Mon oncle **possède** une maison à Nice.

→ In French, there are two verbs that correspond to the English *to bring.*

amener + PEOPLE	J'**amène** une copine au pique-nique.
apporter + THINGS	J'**apporte** des sandwichs au pique-nique.

6 La fête *(The party)*

Everyone is bringing someone or something to the party. Complete the sentences below with the appropriate forms of **amener** or **apporter.**

❊ ***Nous amenons un copain.*** ***Marc apporte une pizza.***

1. Tu ____ ton appareil photo.
2. Philippe ____ sa soeur.
3. Nous ____ des copains.
4. Vous ____ des sodas.
5. Michèle ____ des chips.
6. Antoine et Vincent ____ leur cousine.
7. Raphaël ____ ses CD.
8. Mon cousin ____ son camarade de chambre.
9. J' ____ ma guitare.
10. Léa et Émilie ____ leurs cousins.

7 Et vous?

1. Quand est-ce que vous célébrez votre anniversaire? Comment est-ce que vous célébrez votre anniversaire? Est-ce que vous invitez vos amis au restaurant quand ils célèbrent leur anniversaire?
2. Est-ce que vous achetez souvent des vêtements? Où est-ce que vous achetez vos vêtements? Quelles marques *(brands)* préférez-vous?
3. Qu'est-ce que vous achetez aussi avec votre argent *(money)*?
4. Quand vous allez à une fête, est-ce que vous amenez vos amis? Qui amenez-vous? Qu'est-ce que vous apportez?
5. Est-ce que vous espérez aller en France un jour? Quand?
6. Est-ce que vous espérez être très riche? Pourquoi (pas)?
7. Est-ce que vous possédez un ordinateur? un smartphone? un appareil photo numérique? De quelles marques?
8. Est-ce que vous considérez l'avenir *(future)* avec optimisme? Pourquoi (pas)?

B. L'adjectif interrogatif *quel*

TO ASK FOR SPECIFICS

To ask about SPECIFIC people or things, we use INTERROGATIVE ADJECTIVES.

Quelle veste est-ce que tu achètes? — ***Which (What)** jacket are you buying?*

Quels amis est-ce que tu invites? — ***Which (What)** friends are you inviting?*

The INTERROGATIVE ADJECTIVE **quel** *(which, what)* agrees with the noun it introduces. It has the following written forms.

	singular	plural		
masculine	**quel**	**quels**	**Quel** pantalon?	**Quels** cousins?
feminine	**quelle**	**quelles**	**Quelle** robe?	**Quelles** copines?

LIAISON
quels_amis
quelles_amies

→ **Quel** may be separated from the noun it modifies by the verb **être.**

Quelle est la **date** de l'examen? *What is the date of the exam?*

Quel est le **nom** de ta nièce? *What is the name of your niece?*

8 La boutique

You are walking around the duty-free shop at the Paris airport. Whenever you point out something, your partner asks you to be more specific.

❊ les vestes (bleues)
— ***Regarde les vestes!***
— ***Quelles vestes?***
— ***Les vestes bleues.***

1. l'appareil photo (japonais)
2. les lunettes (italiennes)
3. la robe (blanche)
4. le parfum (français)
5. les montres (suisses)
6. les polos (bleus)
7. le blouson (rouge)
8. les cravates (jaunes)
9. les imper (gris)
10. la robe (verte)

9 Préférences

Ask your partner what some of his/her favorite things or places are. Then agree or disagree. (Note: **préféré** = *favorite.*)

❊ la cuisine
Quelle est ta cuisine préférée?
C'est la cuisine chinoise.
Moi aussi, c'est la cuisine chinoise (la cuisine italienne...).

1. le restaurant
2. le magasin
3. les couleurs
4. les sports
5. le programme de télé
6. la marque *(brand)* de chaussures
7. la marque de vêtements
8. le genre *(type)* de musique

C. L'adjectif démonstratif ce

TO POINT OUT PEOPLE OR THINGS

To POINT OUT people or things, we use DEMONSTRATIVE ADJECTIVES.

Regarde **cette** veste. — *Look at **this** jacket.*

Qui sont **ces** filles? — *Who are **those** girls?*

The DEMONSTRATIVE ADJECTIVE **ce** *(this, that)* agrees with the noun it introduces. It has the following forms.

	singular	plural		
masculine	**ce** **cet** (+ VOWEL SOUND)	**ces**	**ce** blouson **cet** ami	**ces** blousons **ces** amis
feminine	**cette**	**ces**	**cette** veste **cette** amie	**ces** vestes **ces** amies

LIAISON
cet‿ordinateur
ces‿affiches

→ To distinguish between a person or object that is close by and one that is farther away, the French may use **-ci** or **-là** after the noun.

Alain achète **cette chemise-ci.** — *Alain is buying **this shirt** (over here).*

Marc achète **cette chemise-là.** — *Marc is buying **that shirt** (over there).*

10 Aux Galeries Lafayette

You and your partner are shopping at the Galeries Lafayette, a large department store in Paris. Whenever your partner points out an item, you ask him/her to be more specific.

❋ un blouson
— ***Regarde ce blouson.***
— ***Quel blouson?***
— ***Ce blouson-ci.***

1. un imper
2. une casquette
3. des chaussures
4. une cravate
5. un pull
6. des livres
7. un ordinateur
8. des affiches
9. des lunettes
10. un survêt

Expression pour la conversation

to emphasize a statement

Eh bien... — *Well . . .* — **Eh bien,** moi, j'achète ce jean.

11 Désaccord *(Disagreement)*

Whenever you go shopping with your partner, you disagree on your preferences.

❋ un polo
— ***Quel polo est-ce que tu préfères?***
— ***Je préfère ce polo-ci.***
— ***Eh bien, moi, je préfère ce polo-là.***

1. un blouson
2. une veste
3. des sandales
4. des bottes
5. une chemise
6. une cravate
7. une montre
8. des lunettes

D. Le verbe *payer*

Verbs like **payer** *(to pay, pay for)* end in **-yer.**
Note how in the **je, tu, il,** and **ils** forms, the **y** of the stem becomes **i.**

infinitive	payer	
present	je **paie**	Je **paie** le restaurant.
	tu **paies**	Tu **paies** le logement.
	il/elle/on **paie**	Christiane **paie** le repas.
	nous **payons**	Comment **payons**-nous?
	vous **payez**	Vous **payez** en euros.
	ils/elles **paient**	Les Américains **paient** en dollars.

Prononciation
paie /pe/
payons /pejɔ̃/

Verbes conjugués comme *payer*

payer	*to pay, pay for*	Nous **payons** avec une carte de crédit.
employer	*to employ, hire* *to use*	Le magasin **emploie** des étudiants. J'**utilise** un ordinateur.
envoyer	*to send*	Paul **envoie** un email à Patrick.
essayer	*to try, try on*	Julie **essaie** une robe.
nettoyer	*to clean*	Tu **nettoies** l'appartement.

12 La fin du mois *(The end of the month)*

Say what the following people or companies do at the end of the month.

❋ moi / nettoyer / l'appartement
Je nettoie l'appartement.

1. Mme Rousseau / payer / le loyer *(rent)*
2. Philippe / envoyer / un chèque à l'université
3. toi / nettoyer / le garage
4. nous / payer / le téléphone
5. l'entreprise / employer / des employés temporaires
6. les magasins / envoyer / les factures *(bills)* aux clients
7. vous / nettoyer / la maison
8. moi / payer / ma carte de crédit
9. les employés / nettoyer / le bureau

Vocabulaire: Les nombres de 60 à l'infini

60	**soixante**	**80**	**quatre-vingts**	**100**	**cent**
61	**soixante et un**	81	**quatre-vingt-un**	101	**cent un**
62	**soixante-deux**	82	**quatre-vingt-deux**	102	**cent deux...**
63	**soixante-trois...**	83	**quatre-vingt-trois...**	**200**	**deux cents**
69	**soixante-neuf**	89	**quatre-vingt-neuf**	201	**deux cent un...**
70	**soixante-dix**	**90**	**quatre-vingt-dix**	**1 000**	**mille**
71	**soixante et onze**	91	**quatre-vingt-onze**	**10 000**	**dix mille**
72	**soixante-douze**	92	**quatre-vingt-douze...**	**100 000**	**cent mille**
73	**soixante-treize...**	98	**quatre-vingt-dix-huit**	**1 000 000**	**un million**
79	**soixante-dix-neuf**	99	**quatre-vingt-dix-neuf**	**10 000 000**	**dix millions**

À noter
70 = 60 + 10
71 = 60 + 11
80 = 4 × 20
90 = 4 × 20 + 10

EXPRESSIONS

combien	*how much*	**Combien** coûte le livre? **Combien** coûtent les CD?
combien de + NOUN	*how much* *how many*	**Combien de** temps est-ce que tu as? **Combien de** copains est-ce que tu invites?

coûter *to cost*

➔ In writing numbers, French uses:
SPACES between the hundreds — **2 000 000** d'euros
COMMAS to indicate decimals — **8,50** euros

➔ Note the construction: **million(s)** + **de** + NOUN
deux millions **de** dollars

À noter
- **Quatre-vingts** takes no **-s** when followed by a number.
  quatre-vingts BUT **quatre-vingt-douze**
- The plural of **cent** takes no **-s** when followed by a number.
  deux cents BUT **deux cent dix**
- **Mille** never takes an **-s.**
  mille **vingt mille**
- **Million** takes an **-s** in the plural.
  un million **deux millions**

13 Le Bon Marché

You are shopping at Le Bon Marché, a department store in Paris. Ask your partner how much the following items cost.

© Cengage Learning

14 Combien?

With your partner, estimate the prices of the following items.

- un iPod
- un appareil photo numérique
- un vélo
- un VTT
- une guitare électrique
- une moto Harley-Davidson
- une Rolls-Royce

E. Les adjectifs *beau, nouveau, vieux*

The adjectives **beau** *(pretty, beautiful; handsome)*, **nouveau** *(new)*, and **vieux** *(old)* are IRREGULAR. They usually come BEFORE the noun they modify.

PRONONCIATION
vieil and vieille are both pronounced /vjɛj/:
un vieil homme
une vieille femme

Singular			
• masculine + consonant	un **beau** costume	un **nouveau** vélo	un **vieux** livre
• masculine + vowel sound	un **bel** homme	un **nouvel** ami	un **vieil** ami
• feminine	une **belle** robe	une **nouvelle** moto	une **vieille** dame
Plural			
• masculine	les **beaux** manteaux	les **nouveaux** pulls	les **vieux** vêtements
• feminine	les **belles** chaussures	les **nouvelles** robes	les **vieilles** personnes

→ Liaison is required with adjectives that come before the noun.

les belles‿affiches

les nouveaux‿ᶻamis

les vieux‿ᶻordinateurs

À noter

Note the difference between the adjectives **nouveau** and **neuf.**

Nouveau (nouvelle) means *new* in the sense of "newly acquired."

It comes BEFORE the noun. J'ai une **nouvelle** voiture.

Neuf (neuve) means *new* in the sense of "brand new."

It comes AFTER the noun. Ce n'est pas une voiture **neuve.**

15 Pas de chance! *(No luck!)*

You are showing the new things you have bought to your partner. He/She prefers the old things and explains why. (NOTE: **plus** = *more*)

❄ des chaussures
— ***Tu aimes mes nouvelles chaussures?***
— ***Non, je préfère tes vieilles chaussures.***
— ***Pourquoi?***
— ***Elles sont plus belles.***

1. un polo
2. un imper
3. des baskets
4. une montre
5. un survêt
6. des lunettes de soleil
7. une casquette
8. des affiches
9. un ordinateur

CD2-8

Phonétique: Les voyelles /o/ et /ɔ/

• closed /o/

At the end of a word, the letters **-o, -ot, -au,** and **-eau** represent the vowel sound /o/. Do not let the vowel glide, as in English.

Répétez:

radio stylo vélo philo géo stéréo maillot Margot
au chaud beau nouveau chapeau manteau oiseau

• open /ɔ/

In the middle of a word or when followed by a consonant sound, the letters **-o-** and **-au-** usually represent the vowel sound /ɔ/, which is somewhat similar to the "u" in the English word *up.*

Répétez:

botte short robe costume collants école mobile Nicole
chaussures chaussettes mauvais Australie Aurélie

Compréhension orale 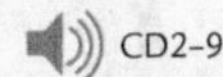 CD2-9

You will hear people talking about different articles of clothing. If the article is worn by Luc, check row A. If it is worn by Léa, check row B.

Credits: © Cengage Learning

	1	2	3	4	5	6	7	8	9	10
A. Luc										
B. Léa										

Conversation dirigée

You are in a shopping mall conducting a survey for *La Mode,* a French fashion magazine. Interview two or three shoppers (your classmates), whom you address as vous.

Ask the shoppers . . .

- what colors they prefer
- where they buy their clothes
- where they buy their shoes
- what clothes they are going to buy for the summer **(pour l'été)**
- what clothes they are going to buy for the winter **(pour l'hiver)**

Expression libre

Avec votre partenaire vous êtes invité(e)s à l'un des événements suivants. Choisissez quel événement et décrivez les vêtements que vous allez porter à cette occasion.

- un pique-nique à la plage
- un week-end à la campagne *(country)*
- la nuit des Oscars
- une semaine à Tahiti
- une semaine de ski

Expression écrite

Le mois prochain, vous êtes invité(e) à deux mariages: un mariage très élégant et un mariage simple mais original. Décrivez les vêtements que vous allez porter pour chaque *(each)* mariage.

Pour le mariage élégant, je vais porter...
Et pour le mariage simple et original, ...

LEÇON 12 Le rêve et la réalité

OBJECTIVES

- To describe one's home
- To make comparisons
- To talk about one's finances

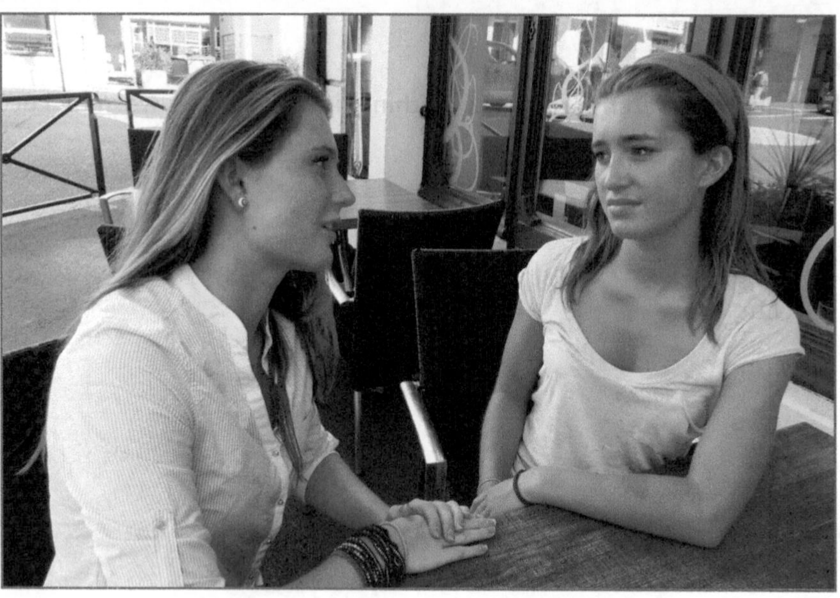

© Pierre Valette

CD2-10 *Zoé est étudiante à Paris et habite chez ses parents. En ce moment, elle passe les vacances de* ***Pâques*** *chez sa cousine Céline en Savoie. Un après-midi, elle parle de ses projets.* — *Easter*

ZOÉ:	Tu **sais** quoi?	*know*
CÉLINE:	Non! Quoi?	
ZOÉ:	Je vais **louer** une **chambre**.	*to rent / room*
CÉLINE:	Où ça?	
ZOÉ:	Au Quartier latin. C'est **près de** la fac.	*near*
CÉLINE:	Et comment est-elle cette chambre? grande? confortable?	
ZOÉ:	Pas vraiment! Elle est **moins** grande que ma chambre chez mes parents et elle est moins confortable.	*less*
CÉLINE:	Mais alors, tu as des problèmes avec ta famille?	
ZOÉ:	Mais non, j'adore mes parents. Ce sont les **meilleurs** parents **du monde**. Mais voilà, je voudrais être **plus** indépendante!	*best* / *in the world / more*
CÉLINE:	Comment? Être plus indépendante? Mais tu es **libre** chez toi! Et en plus, tu as une très jolie chambre.	*free*
ZOÉ:	Oh...	
CÉLINE:	Tu exagères! C'est **la plus belle** chambre de l'appartement, **la plus grande**... Et puis, tu as une **salle de bains**. **Au fait**, est-ce qu'il y a une salle de bains dans la chambre du Quartier latin?	*the most beautiful* / *the largest / bathroom / By the way*
ZOÉ:	Non, il y a une **douche** dans un **placard**, mais il y a une kitchenette.	*shower / closet*
CÉLINE:	**Tu parles!** Tu ne fais jamais la cuisine! Et combien coûte cette chambre?	*You bet!*
ZOÉ:	Sept cents euros par mois!	

Céline: Sept cents euros par mois! C'est probablement la chambre la plus chère du quartier, et toi, tu n'es pas la fille la plus riche du monde. Et au fait, comment vas-tu payer ton voyage à La Réunion cet été?

Zoé: Bon, bon... Tu as peut-être raison! Je vais rester chez mes parents pour le moment. **Après tout**, la vie de famille, c'est sympa... et aussi, c'est moins cher!

After all

À propos du texte

1. Où habite Zoé?
2. Qu'est-ce qu'elle veut faire?
3. Pourquoi est-ce qu'elle veut quitter ses parents?
4. Est-ce que la chambre du Quartier latin est confortable? Expliquez.
5. Combien est-ce qu'elle coûte?
6. Comment est la chambre de Zoé en comparaison?
7. Finalement, qu'est-ce que Zoé décide de faire? Pourquoi?

Note culturelle

Le logement° des étudiants CD2-11

Beaucoup d'étudiants français vont à l'université dans leur ville d'origine. Dans ce cas, ils habitent généralement chez leurs parents et profitent des avantages de la vie° familiale.

Le logement devient° un problème quand ils décident de faire leurs études universitaires dans une autre° ville. S'ils ont de la chance°, ils peuvent° loger dans une cité ou une résidence universitaire près du° campus. Malheureusement° les places dans ces résidences sont limitées. Beaucoup d'étudiants doivent louer° une chambre en ville. Ces «chambres d'étudiants» ne représentent pas un logement idéal. Elles sont généralement très petites. Le confort est minimal et le loyer° très élevé°.

À votre avis

Est-ce que les étudiants américains ont un problème de logement comparable? Expliquez.

logement *housing* **vie** *life* **devient** *becomes* **une autre** *another* **ont de la chance** *are lucky* **peuvent** *can* **près de** *near* **Malheureusement** *Unfortunately* **doivent louer** *have to rent* **loyer** *rent* **élevé** *high*

Cité Internationale Universitaire de Paris

La langue française

Vocabulaire: Le logement

J'habite... **en ville** *in town* **dans une résidence** *in a dorm*

Je vais			
chercher	*to look for*	**un studio**	*studio apartment*
trouver	*to find*	**un appartement**	*apartment*
louer	*to rent*	**une maison**	*house*

Dans cette maison, il y a...

un salon	*(formal) living room*	**une chambre**	*bedroom*
un living	*(informal) living room*	**une pièce**	*room*
des meubles	*furniture*	**une cuisine**	*kitchen*
un garage	*garage*	**une salle à manger**	*dining room*
un jardin	*garden*	**une salle de séjour**	*family room*
l'accès wifi	*wifi*	**une salle de bains**	*bathroom*
des WC	*toilets*	**des toilettes**	*toilets*

➔ When one noun modifies another, the pattern is:

main noun + **de** + descriptive noun

une <u>salle</u> de bains	*<u>bathroom</u>*
une <u>lampe</u> de table	*table <u>lamp</u>*
un(e) <u>camarade</u> de chambre	*room<u>mate</u>*

Expressions pour la conversation

TO REQUEST OR PROVIDE AN EXPLANATION

alors?	*so?*	– Je n'habite pas avec mes parents. – **Alors,** où habites-tu?
alors	*therefore, so*	Je ne suis pas riche. **Alors,** je n'ai pas de voiture.

1 Où sont-ils?

Read what the following people are doing and say in which part of the house they are.

❊ Pierre répare sa voiture.
Alors, il est dans le garage.

1. Isabelle regarde la télé.
2. Marie-Noëlle fait ses devoirs.
3. Clément joue du piano.
4. Nous dînons.
5. Vous faites la vaisselle.
6. Tu fais tes devoirs.
7. Monique consulte son email.
8. Jean-Marc se lave *(washes up)*.
9. Mélanie fait des sandwichs.
10. Mme Martin regarde ses roses.
11. M. Thibaud se rase *(is shaving)*.
12. Je répare mon vélo.
13. Élodie et Luc mangent une pizza.
14. Louise se bronze *(is getting a tan)*.

2 Chez moi?

Describe where you live and also where your family lives. Complete the following sentences and then compare your answers with your partner's.

1. J'habite dans... (un studio? une maison? une résidence à l'université?)
2. Dans ma chambre, il y a... (quels meubles?)
3. Les murs de ma chambre sont... (blancs? de quelle couleur?)
4. Chez mes parents, il y a... (combien de pièces? combien de chambres?)
5. Ma chambre à la maison est... (grande? petite? confortable?)
6. La cuisine est... (grande? petite? moderne? ancienne *[old]*? neuve? bien équipée?)
7. Les murs de la cuisine sont... (de quelle couleur?)
8. Dans le salon, il y a... (quels meubles?)
9. Dans la salle à manger, il y a... (quels meubles?)
10. Chez moi, il y a aussi... (un garage? un jardin? une piscine?)

Vocabulaire: Les prépositions de lieu *(place)*

dans	*in*	La télé est **dans** la salle de séjour.
par	*through, by*	Je passe **par** la cuisine pour aller au garage.
entre	*between*	Lyon est **entre** Paris et Nice.
sur	*on*	Il y a un ordinateur **sur** mon bureau.
sous	*under*	Mes chaussettes sont **sous** le lit.
devant	*in front of*	La chaise est **devant** le bureau.
derrière	*in back of, behind*	Le jardin est **derrière** la maison.
près de*	*near*	J'habite **près de** l'université.
loin de*	*far from*	Habitez-vous **loin du** campus?
à côté de*	*next to*	Il y a un café **à côté du** cinéma.
en face de*	*across from, opposite*	**En face du** cinéma, il y a un restaurant.
à droite de*	*to the right of*	La salle de bains est **à droite de** la chambre.
à gauche de*	*to the left of*	La cuisine est **à gauche du** salon.

→ The expressions marked with an asterisk (*) are used without **de** when they are not followed by a noun. Compare:

J'habite **à côté.**	*I live **nearby (next door).***
J'habite **à coté de** l'université.	*I live **next to** the university.*
Est-ce que tu habites **loin**?	*Do you live **far (away)**?*
Non, je n'habite pas **loin du** campus.	*No, I don't live **far from** the campus.*

© Sylvie Bouchard/Shutterstock.com

La ville de Lyon sur la Saône

3 Et vous?

1. Habitez-vous sur le campus?
2. Sinon *(If not)*, habitez-vous loin ou près de l'université?
3. Qui habite à côté de chez vous?
4. Qui habite en face de chez vous?
5. Est-ce qu'il y a des magasins près de votre maison? Quels magasins?
6. Est-ce qu'il y a un parc dans votre ville? Est-ce que vous passez souvent par ce parc?
7. Est-ce que votre maison a un jardin? Est-ce qu'il est devant ou derrière la maison?
8. Comment s'appelle l'étudiant(e) à votre droite? Comment s'appelle l'étudiant(e) à votre gauche?
9. Combien d'étudiants est-ce qu'il y a entre vous et le/la prof?

4 Où est-ce?

You are sometimes disorganized. Right now you are looking for the following items. Ask your partner to help you.

❊ mon manteau
 — ***Où est mon manteau?***
 — ***Il est à côté de la fenêtre (à gauche de la fenêtre).***

1. mes livres
2. ma guitare
3. ma raquette de tennis
4. mon jean
5. mes chaussures
6. mon ordinateur
7. mes chaussettes
8. mon sac
9. mon portable
10. le chat

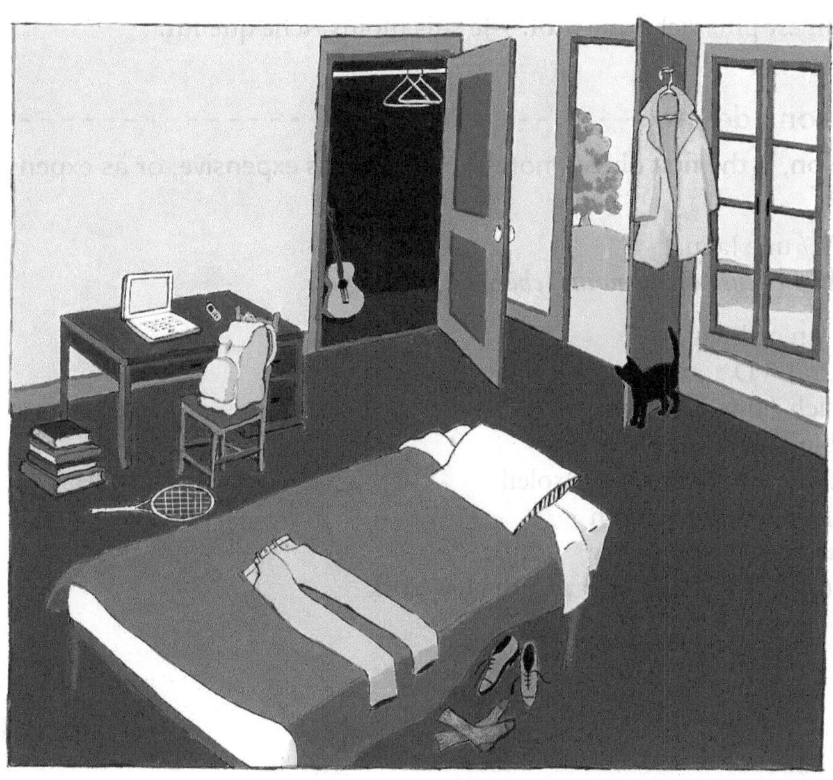

A. Le comparatif

TO MAKE COMPARISONS

To make COMPARISONS, we use the COMPARATIVE form of adjectives.

Le sofa est **plus cher que** le fauteuil.	*The sofa is **more expensive than** the armchair.*
La cuisine est **plus petite que** le salon.	*The kitchen is **smaller than** the living room.*
Pauline est **moins riche qu'**Alain.	*Pauline is **less rich than** Alain.*
Mais elle est **moins égoïste que** lui.	*But she is **less selfish than** he (is).*
Je suis **aussi sérieux que** toi.	*I am **as serious as** you (are).*
Tu n'es pas **aussi gentil que** moi.	*You are not **as nice as** I (am).*

COMPARISONS with ADJECTIVES are expressed according to the following patterns.

[+] **plus**	ADJECTIVE (+ **que...**)	**plus cher (que)**	*more expensive (than)*
[-] **moins**		**moins cher (que)**	*less expensive (than)*
[=] **aussi**		**aussi cher (que)**	*as expensive (as)*

LIAISON
plus‿actif
moins‿actif

→ The comparative of **bon** (*good*) is **meilleur** *(better)*. **Meilleur** agrees with the noun it modifies.

Cette pizza-ci est **bonne.** Cette pizza-là est **meilleure.**

→ The comparative of **bon marché** *(cheap)* is **meilleur marché** *(cheaper)*. **Meilleur marché** is invariable.

Cette veste-ci est **bon marché.** Cette veste-là est **meilleur marché.**

→ In comparisons with people, STRESS PRONOUNS are used after **que.**

Mon copain est plus riche que **moi.** Je suis moins riche que **lui.**

5 Comparaisons de prix

In your opinion, is the first object more expensive, less expensive, or as expensive as the second one?

❄ une BMW / une Jaguar
Une BMW est plus (aussi, moins) chère qu'une Jaguar.

1. une télé / un ordinateur
2. un CD / un DVD
3. un sandwich / une pizza
4. un portable / un smartphone
5. une casquette / des lunettes de soleil
6. un short / un maillot de bain
7. une Ferrari / une Rolls-Royce
8. un appartement à Paris / un studio à New York

Expressions pour la conversation

TO EXPRESS ONE'S OPINION

à mon avis	*in my opinion*	**À mon avis,** cet appartement est très cher.
selon moi	*according to me*	**Selon moi,** vous payez trop *(too much)*.

6 À votre avis

Compare the following people or things, using the suggested adjective. Your partner will also express his/her opinion.

❄ le français / difficile / l'allemand
— ***À mon avis, le français est aussi difficile que l'allemand.***
— ***Selon moi, le français est moins difficile que l'allemand.***

1. le football / violent / le basket
2. le ski / dangereux / le patinage *(ice skating)*
3. l'amitié *(friendship)* / importante / l'argent
4. Dracula / sympathique / King Kong
5. Bill Gates / riche / Donald Trump
6. les adolescents / idéalistes / les adultes
7. les étudiants / conservateurs / leurs parents
8. les Français / intellectuels / les Américains
9. les Red Sox / bons / les Yankees
10. la cuisine française / bonne / la cuisine chinoise

7 Préférences personnelles

Your partner will ask you to indicate your preference on the following choices. Explain your response using the comparative form of one of the adjectives in parentheses.

❄ louer un appartement ou une chambre? (cher, grand, confortable)
— ***Est-ce que tu préfères louer un appartement ou une chambre?***
— ***Je préfère louer une chambre parce que la chambre est moins chère que l'appartement.***

1. étudier le français ou l'espagnol? (difficile, important, intéressant)
2. avoir une voiture ou une moto? (cher, confortable, dangereux)
3. acheter une voiture de sport ou un minivan? (rapide, pratique, économique)
4. porter un jean ou un pantalon? (élégant, confortable)
5. manger une pizza ou une salade? (cher, bon, riche en calories)
6. avoir un chien ou un chat? (gentil, méchant, intelligent)

8 Et vous?

1. En général, êtes-vous plus optimiste que vos parents? plus idéaliste? moins conservateur/conservatrice?
2. Êtes-vous plus ou moins âgé(e) *(older)* que votre frère ou que votre soeur? aussi individualiste? plus généreux/généreuse?
3. Êtes-vous aussi sérieux/sérieuse que vos copains? plus travailleur/travailleuse *(hard-working)*? moins sportif/sportive?
4. Êtes-vous meilleur(e) en français que les étudiants de la classe?

B. Le superlatif

TO MAKE ABSOLUTE COMPARISONS

SUPERLATIVE constructions are used to compare people or things with the rest of a group. Note the superlative forms of the adjectives in the following sentences.

Anne est la fille **la plus gentille** de la classe.	*Anne is **the nicest** girl in the class.*
C'est l'hôtel **le plus moderne** de la ville.	*It's **the most modern** hotel in the city.*
Quel est le magasin **le moins cher**?	*Which is **the least expensive** store?*
Qui sont les étudiants **les moins sérieux**?	*Who are **the least serious** students?*

SUPERLATIVE ADJECTIVES are formed according to the pattern:

le/la/les { **plus** / **moins** } ADJECTIVE	**le/la/les plus moderne(s)**	*the most modern*
	le/la/les moins moderne(s)	*the least modern*

→ The superlative of **bon/bonne** is **le meilleur/la meilleure** *(the best)*.

Léa est **une bonne** athlète. C'est **la meilleure** athlète de l'université.

→ After a superlative construction, French uses the preposition **de** where English uses *in.*

le café le plus cher **de** la ville	*the most expensive café **in** town*
les meilleurs étudiants **de** la classe	*the best students **in** the class*

→ In a superlative construction, the POSITION of the superlative adjective (BEFORE or AFTER the noun) is usually the SAME as the basic adjective.

Voici une fille **sympathique.** C'est la fille **la plus sympathique** de mes amies.

9 À mon avis

Name your candidates in the following categories. Then compare your choices with those of your classmates.

1. La plus grande université américaine, c'est...
2. La meilleure université, c'est...
3. Le plus grand bâtiment *(building)* du campus, c'est...
4. La résidence la plus confortable, c'est...
5. La résidence la moins confortable, c'est...
6. Le restaurant le plus cher de la ville, c'est...
7. La plus jolie ville des USA, c'est...
8. La personne la plus riche, c'est...
9. Le sport le plus intéressant, c'est...
10. Le sport le plus dangereux, c'est...
11. Mon cours le plus intéressant, c'est...
12. Mon cours le moins intéressant, c'est...

Escalade, Aiguille du Midi, France

10 Les Oscars

In your opinion, who is the best in each of the categories below? Then conduct a poll asking your classmates for their opinions.

1. le meilleur acteur de cinéma
2. la meilleure actrice
3. le meilleur chanteur
4. la meilleure chanteuse
5. le meilleur athlète professionnel
6. la meilleure athlète
7. le comédien le plus drôle
8. la comédienne la plus drôle
9. la meilleure émission de télé *(TV show)*
10. le meilleur film de l'année
11. la meilleure équipe *(team)* de baseball
12. la meilleure équipe de football américain

nom		
le meilleur acteur		
la meilleure actrice		

11 C'est vrai!

You and your partner agree on what is the best.

❊ une boutique chère / la ville
— C'est une boutique chère.
— C'est vrai! C'est la boutique la plus chère de la ville.

1. un hôtel moderne / la ville
2. un bon restaurant / le quartier
3. une étudiante sérieuse / le cours
4. un prof sympathique / l'université
5. une fille sportive / le club
6. une grande pièce / la maison
7. une chaise confortable / le salon
8. un beau jardin / le quartier

Le Bel Costumé par Jean Dubuffet
Jardin des Tuileries, Paris

Vocabulaire: Finances personnelles

NOMS

l'argent *(m.)*	*money*	**les dépenses** *(f.)*	*expenses*
un coût	*cost*	**les frais** *(m.)* **de scolarité**	*tuition*
un prix	*price*	**la pension**	*room and board*
un chèque	*check*	**le logement**	*housing*
une carte de crédit	*credit card*	**un repas**	*meal*
une carte bancaire	*debit card*	**les loisirs** *(m.)*	*leisure activities*
		les transports *(m.)*	*transportation*

VERBES

coûter	*to cost*	L'appartement **coûte** 600 dollars par mois.
dépenser	*to spend*	Combien **dépensez**-vous pour les repas?
gagner	*to earn*	Combien d'argent **gagnez**-vous?
	to win	Qui va **gagner** le match de basket?

EXPRESSIONS

par jour	*per day*	Je dépense dix dollars **par jour** pour les repas.
par semaine	*per week*	Je gagne 180 euros **par semaine.**
par mois	*per month*	Combien dépenses-tu **par mois** pour les loisirs?

12 Mon budget personnel

Prepare a (real or imaginary) budget of your monthly expenses. Then compare your list with your partner's.

❊ – ***Combien est-ce que tu dépenses pour le logement?***
– Je dépense... dollars.

Dépenses

les frais de scolarité	________
le logement	________
les repas	________
les transports	________
le téléphone	________
les loisirs	________
les livres	________

13 Et vous?

1. Combien coûtent les frais de scolarité à votre université?
2. Si vous habitez sur le campus, combien coûte la pension?
3. Si vous n'habitez pas sur le campus, combien payez-vous pour votre logement?
4. Combien dépensez-vous pour les livres? pour les transports? pour le téléphone?
5. Avez-vous des cartes de crédit? des cartes bancaires? Combien?
6. Au restaurant, payez-vous avec une carte de crédit ou en liquide *(cash)*?
7. En général, payez-vous vos dépenses par chèque ou avec une carte de crédit?
8. Est-ce que vous avez un job? Si oui, où est-ce que vous travaillez? Combien d'heures par semaine?
9. Combien d'argent est-ce que vous gagnez par heure? par semaine?
10. Est-ce que vous travaillez pendant les vacances?
11. Si oui, où est-ce que vous travaillez? Combien d'argent est-ce que vous gagnez?

C. Les questions avec inversion

In conversational French, questions are usually formed with **est-ce que.** However, when the subject of the question is a PRONOUN, French speakers often use INVERSION; that is, they invert or reverse the order of the subject pronoun and the verb. Note the position of the subject in these questions:

with **est-ce que**	with inversion
Est-ce que tu habites sur le campus?	**Habites-tu** sur le campus?.
Où **est-ce que vous dînez** ce soir?	Où **dînez-vous** ce soir?
Quand **est-ce qu'ils étudient**?	Quand **étudient-ils**?

INVERTED QUESTIONS are formed according to the patterns:	
VERB – SUBJECT PRONOUN...?	INTERROGATIVE EXPRESSION + VERB – SUBJECT PRONOUN...?
Vas-tu au cinéma? **Habitez-vous** sur le campus?	Quand **vas-tu** au cinéma? Où **habitez-vous** maintenant?

→ In inverted questions, the verb and pronoun subject are joined with a hyphen.

→ In inverted questions, the liaison sound /t/ links the verb to the subject pronouns **il/elle/on** and **ils/elles.**

Que fait-il? Que font-elles?

→ If the **il/elle/on-**form of the verb ends in a VOWEL, the letter **-t-** is inserted between the verb and the pronoun so that this liaison can occur. Compare:

Où travaille-t-il?	BUT	Où est-il?
Où habite-t-elle?		Fait-elle les courses?
Où va-t-on?		Que fait-on demain?

→ In infinitive constructions, it is the CONJUGATED VERB that is inverted.

Aimes-tu faire les courses? Où **allez-vous** faire les courses?

→ In inverted questions, **qu'est-ce que** becomes **que.**

Qu'est-ce que vous faites? **Que** faites-vous?

→ Inversion may also occur in short information questions where the subject is a NOUN, according to the pattern:

interrogative expression + verb + noun subject

Où **habite Paul**? À quelle heure **passe le bus**?

14 Faisons connaissance *(Getting to know each other)*

Choose a classmate you don't know very well and ask one another a few questions. How many traits do you have in common?

❊ où / habiter?
— Où habites-tu?
— J'habite à Chicago. Et toi, où habites-tu?
— Moi, j'habite à Denver.

1. combien de frères et de soeurs / avoir?
2. quelle voiture / avoir?
3. combien de cours / avoir?
4. quels sujets / étudier?
5. où / aller pendant les vacances?
6. combien d'argent / dépenser pour le téléphone?
7. où / dîner avec tes copains?

15 Les étudiants français

The French students below are spending a semester at your university. You want to know more about them. Ask your partner, who will guess at an answer.

❊ [Lucas et Thomas]
— Aiment-ils le football américain?
— Je pense qu'ils aiment (qu'ils n'aiment pas) le football américain.

LES ÉTUDIANTS
Mélanie
Raphaël
Lucas et Thomas
Eva et Mélanie

LES QUESTIONS	
• être sympathique(s)	• jouer au volley
• parler anglais	• jouer au tennis
• habiter sur le campus	• aller au cinéma
• aimer le rap	• aimer le football américain

CD2-12

Phonétique: L'accent final

In French words and phrases, all the syllables are very EVEN, except the last one, which is LONGER than the others. Always be sure to pronounce this **accent final.**

Répétez:

bu<u>reau</u> pla<u>card</u> cui<u>sine</u> mai<u>son</u> écono<u>mie</u> philoso<u>phie</u> grands-pa<u>rents</u>
apparte<u>ment</u> salle à man<u>ger</u> carte de cré<u>dit</u> par se<u>maine</u> lunettes de so<u>leil</u>
Vous cher<u>chez</u>. Nous ne cherchons <u>pas</u>. Vous ne trouvez pas l'a<u>dresse</u>.

Compréhension orale 

You will hear several students talking about places where they live. If they are talking about their room at the cité universitaire, check row A. If they are talking about their parents' house, check row B.

	1	2	3	4	5	6	7	8	9	10
A. la chambre										
B. chez les parents										

Conversation dirigée

You have just arrived in Strasbourg, where you will be studying for several months. You phone a real estate agency to try to find a furnished apartment. The agent has an apartment, but you need more information.

Find out from your partner (the real estate agent) . . .

- if the apartment is near the university
- how many rooms it has
- if it has a large bathroom
- if it has a modern kitchen
- if there is WiFi
- what furniture there is in the bedroom
- what furniture there is in the living room
- how much it costs per month

Expression libre

Vous cherchez un(e) camarade de chambre pour l'année prochaine. Interviewez votre partenaire pour obtenir un maximum d'information sur lui/elle. Utilisez l'inversion. Voici quelques suggestions.

- être végétarien(ne)?
- avoir des plantes?
- avoir un chien ou un chat?
- faire le ménage?
- faire les courses?
- faire la cuisine?
- avoir un profil sur Facebook?
- téléphoner souvent?
- avoir beaucoup de *(many)* visiteurs?
- organiser souvent des fêtes *(parties)*?
- regarder la télé après *(after)* minuit?
- étudier tard *(late)* le soir?

Sur la base de cette interview, décidez si vous allez choisir votre partenaire comme camarade de chambre.

Expression écrite

Décrivez votre chambre à un(e) étudiant(e) français(e).

- Comment est votre chambre?
- Quels meubles est-ce qu'il y a?
- Aimez-vous votre chambre? Pourquoi ou pourquoi pas?

L'achat des vêtements

VIE PRATIQUE 4

Les vêtements

→ ***Comment acheter des vêtements***

Vous désirez, madame (mademoiselle, monsieur)?
Je cherche une veste.
Je voudrais | **voir** *(to see)* vos chaussures de sport.
| **essayer** cette veste.

Quelle est votre **taille** *(size)*?
Je **fais du trente-huit.** *(I'm size 38.)*

Quelle est votre **pointure** *(shoe size)*?
Je **fais du quarante.**

Est-ce que ce pantalon **vous va** *(fits you)*?
Oui, il **me va** *(fits me)* | bien.
| **à merveille** *(beautifully)*.

Non, il ne me va pas.
Il est **trop** *(too)* | **grand/petit.**
| **long/court** *(long/short)*.
| **large/étroit** *(wide/narrow)*.
| **serré** *(tight)*.

Est-ce que **ce pull / cette chemise vous plaît**? *(Do you like this sweater/shirt?)*
Oui, **il/elle me plaît beaucoup.** *(I like it a lot.)*

© Sigrid Olsson/age fotostock

Recherches Internet

Allez sur le site d'une compagnie française de vente en ligne, par exemple, *La Redoute* (**www.laredoute.fr**). Imprimez *(Print)* votre sélection de vêtements et décrivez ces vêtements à votre partenaire.

Les soldes

En France, les magasins de vêtements et de chaussures font des soldes° seulement° deux fois° par an à des dates fixées par l'administration: en janvier pour les collections d'hiver et en juillet pour les collections d'été. Depuis° 2008, les magasins peuvent° avoir deux semaines supplémentaires de soldes «libres»° à des dates de leur choix°.

soldes *sales* **seulement** *only* **deux fois** *twice* **Depuis** *As of* **peuvent** *may* **libres** *free* **choix** *choice*

© Cengage Learning. Photographer: Anne Besco-Dumas

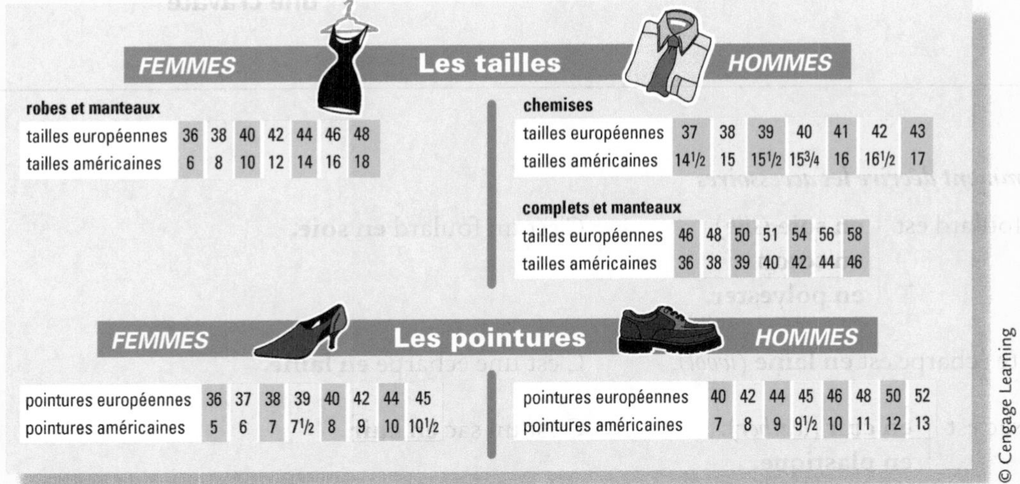

Les tailles

FEMMES

robes et manteaux

tailles européennes	36	38	40	42	44	46	48
tailles américaines	6	8	10	12	14	16	18

HOMMES

chemises

tailles européennes	37	38	39	40	41	42	43
tailles américaines	14½	15	15½	15¾	16	16½	17

complets et manteaux

tailles européennes	46	48	50	51	54	56	58
tailles américaines	36	38	39	40	42	44	46

Les pointures

FEMMES

pointures européennes	36	37	38	39	40	42	44	45
pointures américaines	5	6	7	7½	8	9	10	10½

HOMMES

pointures européennes	40	42	44	45	46	48	50	52
pointures américaines	7	8	9	9½	10	11	12	13

© Cengage Learning

À votre tour

Aux Galeries Lafayette

Vous allez aux Galeries Lafayette, un grand magasin de Paris, pour acheter des vêtements et des chaussures. Votre partenaire va jouer le rôle du vendeur/de la vendeuse *(salesperson)*. Composez et jouez un dialogue où vous dites...

- quel genre d'articles vous désirez acheter
- quelle est votre taille (et quelle est votre pointure)
- si l'article vous va ou non

Courtesy of the Galeries Lafayette

L'achat des vêtements

VIE PRATIQUE 4

Les accessoires

Si vous cherchez **un cadeau** *(gift)* pour votre ami(e), vous **pouvez** *(can)* acheter **un accessoire.**

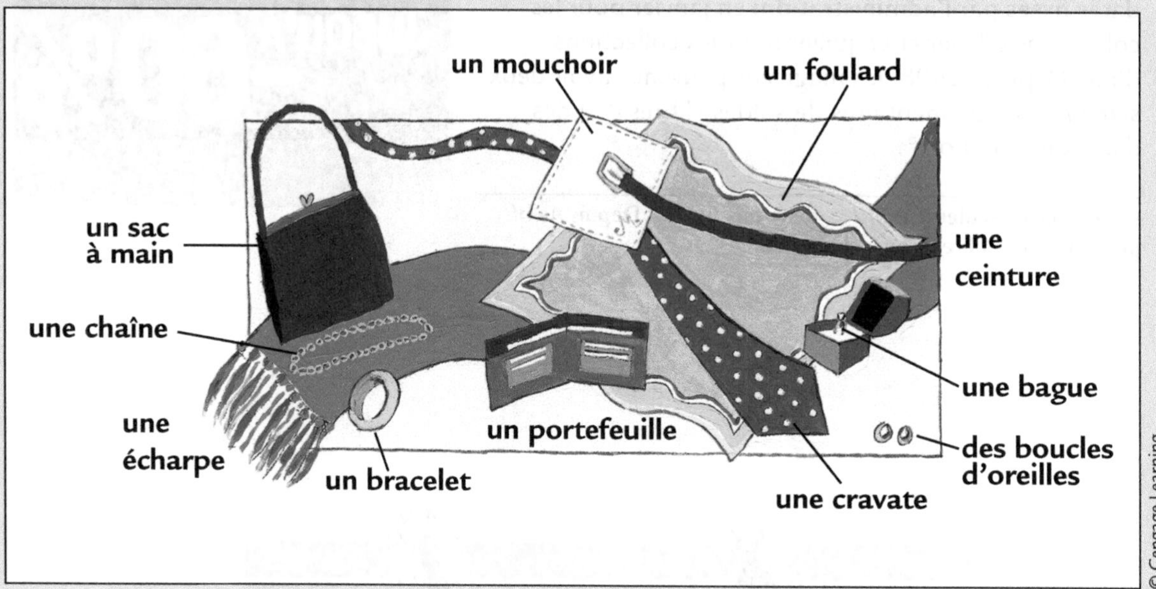

→ *Comment décrire les accessoires*

Ce foulard est | **en soie** *(silk)*. | **en coton.** | **en polyester.** — C'est un foulard **en soie.**

Cette écharpe est **en laine** *(wool)*. — C'est une écharpe **en laine.**

Ce sac est | **en cuir** *(leather)*. | **en plastique.** — C'est un sac **en cuir**.

Cette bague est | **en argent** *(silver)*. | **en or** *(gold)*. — C'est une bague **en argent.**

Recherches Internet

Allez sur le site d'une boutique française, par exemple, *Hermès* (**www.hermes.com**). Choisissez un foulard (un carré), un châle, une cravate ou un bracelet. Décrivez votre sélection à votre partenaire.

Conversation CD2-14

Noémie fait du shopping au Bon Marché, un grand magasin à Paris. Elle cherche une ceinture.

VENDEUSE: Vous désirez, Mademoiselle?
NOÉMIE: Je cherche une ceinture.
VENDEUSE: En cuir ou en plastique?
NOÉMIE: Je préfère les ceintures en cuir.
VENDEUSE: Est-ce que cette ceinture vous plaît?
NOÉMIE: Oui, elle me plaît. Combien coûte-t-elle?
VENDEUSE: Vingt euros.
NOÉMIE: Bon, je vais l'acheter *(buy it)*.

À votre tour

Au Bon Marché

Vous allez au Bon Marché pour acheter un des objets suivants. Avec votre partenaire, composez un dialogue semblable *(similar)* à la conversation entre Noémie et la vendeuse.

1.

argent / or / 78 €

2.
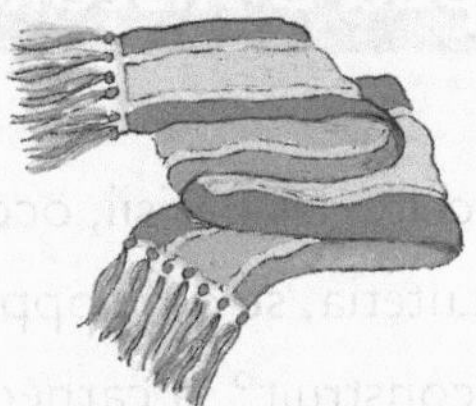
coton / laine / 20 €

3.
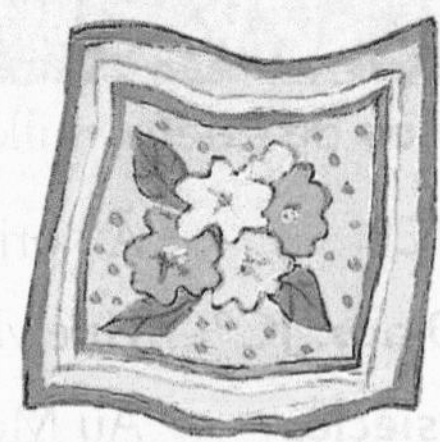
soie / polyester / 120 €

4.
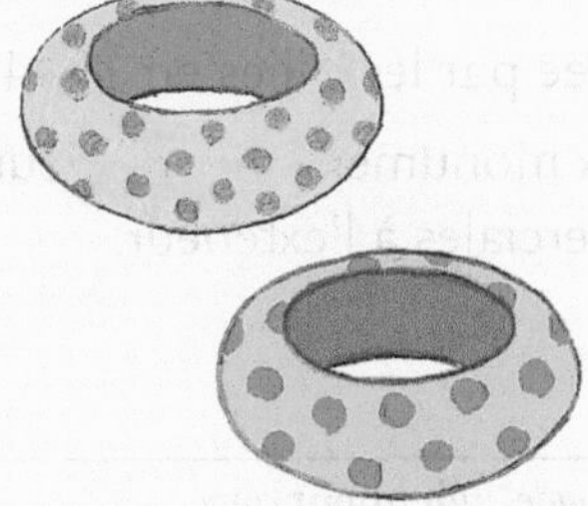
argent / plastique / 5 €

5.

coton / cuir / 15 €

6.

cuir / faux cuir / 30 €

Avant de lire
Que savez-vous de Paris?
- *son histoire*
- *ses monuments*

Paris

Paris, Ville Lumière°

Paris est une très belle ville avec de larges avenues, de beaux immeubles°, des monuments historiques et beaucoup de° musées. Paris est la capitale politique de la France et aussi sa capitale administrative, financière et économique. Toutes° les décisions importantes sont prises° à Paris. Les idées, les mouvements artistiques et la mode viennent° de Paris. C'est pourquoi on appelle souvent Paris la «Ville Lumière».

© Fernand Ivaldi/Getty Images

Un peu d'histoire

Paris a plus de° deux mille ans.

300 av. JC°	• À l'origine une tribu celte, les Parisii, occupe l'île de la Cité.
100–200 apr. JC°	• Une ville romaine°, Lutetia, se développe° sur la rive gauche.
12ᵉ–14ᵉ siècles	• Au Moyen Âge°, on construit° la cathédrale de Notre Dame et on établit° l'Université de Paris.
17ᵉ–18ᵉ siècles	• Les rois° de France abandonnent Paris pour Versailles au dix-septième siècle mais le gouvernement y est rétabli° après° la Révolution.
1890–1939	• À la fin° du dix-neuvième siècle, Paris devient° la «Ville Lumière» et attire° les écrivains° et les artistes du monde° entier.
1940–1944	• Paris est occupée par les Allemands en 1940 et libérée par les Alliés en 1944.
1975–présent	• Paris se modernise° avec la construction de nouveaux monuments à l'intérieur de la ville et la construction de grandes tours° commerciales à l'extérieur.

Ville Lumière *City of Lights* **immeubles** *buildings* **beaucoup de** *many* **Toutes** *All* **prises** *made* **viennent** *come*
plus de *more than* **av. JC = avant Jésus-Christ** *B.C.* **apr. JC = après Jésus-Christ** *A.D.* **romaine** *Roman* **se développe** *develops*
Au Moyen Âge *In the Middle Ages* **construit** *builds* **établit** *establishes* **rois** *kings* **y est rétabli** *is reestablished there* **après** *after*
fin *end* **devient** *becomes* **attire** *attracts* **écrivains** *writers* **monde** *world* **se modernise** *becomes more modern* **tours** *high rises*

Les monuments

La Seine traverse° Paris et la divise° en deux parties°: **la rive° droite** et **la rive gauche.**

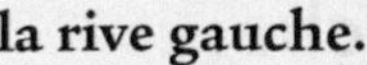

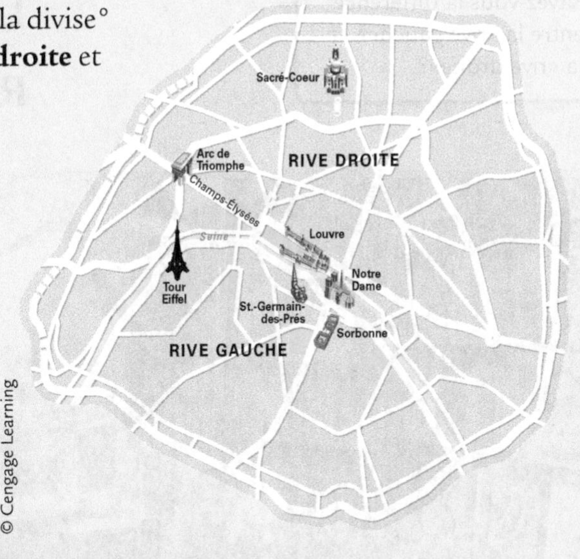

© Cengage Learning

© Free Agents Ltd./Corbis

L'Arc de Triomphe

L'Arc de Triomphe a été construit° au dix-neuvième siècle pour célébrer les victoires de Napoléon. Sous l'arche principale, il y a le tombeau° du soldat° français inconnu°.

© Michel Setboun/Corbis

Le Louvre

Le Louvre est un ancien° palais° royal. Aujourd'hui c'est le grand musée national français. Une pyramide de verre°, construite par l'architecte sino-américain I. M. Pei, facilite l'accès aux galeries.

© AP/Wide World Photos

La Tour Eiffel

La Tour Eiffel a été construite pour l'Exposition Universelle de 1889. Aujourd'hui, c'est le monument français le plus visité° de France. Elle est illuminée le soir°. Pour les grandes occasions, il y a des feux d'artifice°.

Après la lecture

Quel monument parisien aimeriez-vous visiter? Pourquoi?

Recherches Internet

Téléchargez plusieurs photos de Paris et faites un album virtuel de ces photos. Montrez ces photos à la classe.

---

traverse *crosses* **la divise** *divides it* **parties** *parts* **rive** *bank* **a été construit** *was built* **tombeau** *tomb* **soldat** *soldier* **inconnu** *unknown* **millénaire** *millennium* **le plus visité** *the most visited* **le soir** *in the evening* **feux d'artifice** *fireworks* **ancien** *former* **palais** *palace* **verre** *glass*

Avant de lire
Savez-vous la différence entre la «rive gauche» et la «rive droite»?

Les quartiers de Paris

Rive gauche...

© Jerome Chatin/EXPANSION-REA/Redux

Le Quartier Latin

Au Moyen Âge°, les étudiants de l'Europe entière venaient° étudier à l'Université de Paris, à la Sorbonne. Ils étaient° français, espagnols, anglais, allemands, hongrois°... Pour communiquer entre eux°, ils parlaient° une langue commune: le latin.

Aujourd'hui le Quartier Latin est toujours° le quartier° des étudiants. On y° trouve aussi des vieilles librairies, des cafés sympathiques, des clubs de jazz, des restaurants vietnamiens, grecs et marocains.

Saint-Germain-des-Prés

Au Moyen Âge, il y avait° une grande abbaye° avec une église, des jardins pour les cultures° et des prés° pour les animaux.

Aujourd'hui, Saint-Germain-des-Prés est un quartier «chic», avec beaucoup de boutiques de mode. C'est le lieu de rendez-vous° des Parisiennes élégantes.

© Morgan David de Lossy/Corbis

Au Moyen Âge *In the Middle Ages* **venaient** *would come* **étaient** *were* **hongrois** *Hungarians* **entre eux** *among themselves* **parlaient** *would speak* **toujours** *still* **quartier** *district* **y** *there* **il y avait** *there were* **abbaye** *monastery* **cultures** *crops* **prés** *meadows* **lieu de rendez-vous** *meeting place*

... et Rive droite

© Richard Klune/Corbis

Montmartre

Montmartre est une colline° dominée par une église blanche, le Sacré-Coeur°. Au dix-huitième siècle°, la colline était° couverte de° vignes°. Au dix-neuvième siècle, c'était un village d'artistes avec des cabarets et des bals populaires.

Aujourd'hui, Montmartre est un quartier populaire et pittoresque très apprécié des Parisiens et des touristes. Et on peut° toujours trouver un artiste pour faire votre portrait.

© AP/Wide World Photos

Les Champs-Élysées

Autrefois° c'était un quartier pour les Parisiens chics et élégants. Maintenant, c'est un quartier pour tout le monde°. Il y a des fast-foods et des cafés chers, des magasins bon marché et un grand nombre de cinémas qui présentent les derniers° films français et étrangers°. C'est sur les Champs-Élysées qu'ont lieu° le défilé° du 14 juillet et l'arrivée du Tour de France.

Après la lecture

Imaginez que vous allez passer une semaine à Paris. Préféreriez-vous un hôtel sur la rive droite ou sur la rive gauche? Pourquoi?

Recherches Internet

Informez-vous sur un quartier de Paris de votre choix.

- monuments
- lieux intéressants
- choses à faire

---

colline *hill* **Sacré-Coeur** *Sacred Heart* **siècle** *century* **était** *was* **couverte de** *covered with* **vignes** *vineyards* **peut** *can* **Autrefois** *In the past* **tout le monde** *everybody* **derniers** *latest* **étrangers** *foreign* **a lieu** *takes place* **défilé** *parade*

Avant de lire
Que savez-vous de l'École de Paris?
- les artistes
- leur style artistique

Paris, capitale artistique

Entre 1900 et 1940, Paris est le pôle d'attraction de tous° les artistes du monde°. Ces artistes forment des colonies à Montmartre et à Montparnasse. Il y a des Russes, des Espagnols, des Allemands, des Italiens, des Lituaniens, des Roumains°... et des Américains. Ils sont venus° à Paris pour trouver la liberté totale d'expression. Là, ils trouvent aussi l'inspiration personnelle.

Tous ces artistes constituent l' «École de Paris». Ce n'est pas véritablement° une école, mais plutôt° un tourbillon° de création artistique où chacun° exprime° des idées nouvelles. Des mouvements d'avant-garde naissent°: le cubisme avec Picasso et Braque, le surréalisme avec Ernst et Dalí.

En 1940, l'armée allemande arrive à Paris et les colonies d'artistes disparaissent°.

Robert Delaunay, *Tour Eiffel*
(Musée national d'art moderne de Paris)

Quelques artistes de l'École de Paris

Constantin Brancusi (Roumanie)	**Alberto Giacometti** (Suisse)	**Pablo Picasso** (Espagne)
Marc Chagall (Russie)	**Joan Miró** (Espagne)	**Man Ray** (États-Unis)
Salvador Dalí (Espagne)	**Moïse Kisling** (Pologne)	**Diego Rivera** (Mexique)
Max Ernst (Allemagne)	**Amadeo Modigliani** (Italie)	**Chaim Soutine** (Lituanie)
Tsuguharu Foujita (Japon)	**Piet Mondrian** (Hollande)	**Victor Vasarely** (Hongrie)

tous *all* **monde** *world* **Roumains** *Romanians* **sont venus** *came* **véritablement** *really* **plutôt** *rather* **tourbillon** *whirlwind* **chacun** *each one* **exprime** *expresses* **naissent** *are born* **disparaissent** *disappear*

> **Avant de lire**
> Connaissez-vous des Américains célèbres qui ont passé beaucoup de temps à Paris?
> • artistes
> • écrivains
> • personnalités politiques

Des Américains à Paris

© AP/Wide World Photos

À la Libération de Paris en août 1944, les soldats américains défilent (*march*) sur les Champs-Élysées.

Paris a toujours attiré° les Américains: touristes par millions, mais aussi personnalités politiques, artistes, musiciens et écrivains°.

Benjamin Franklin
En 1775, il arrive à Paris comme représentant° de la jeune nation américaine. Il gagne l'amitié° des Français et obtient° l'alliance de la France contre° l'Angleterre.

John Adams et John Jay
Ils rejoignent Benjamin Franklin à Paris en 1783. Le 3 septembre, ils signent le traité de paix° avec l'Angleterre. Ce jour-là°, les États-Unis deviennent° officiellement une nation indépendante.

Mary Cassatt
En 1866, à l'âge de 22 ans, elle va à Paris pour étudier la peinture°. Encouragée par Degas, elle devient° une grande artiste impressionniste.

Ernest Hemingway
Il séjourne à Paris dans les années 1920 avec d'autres° membres de la «génération perdue°». En 1944, il retourne à Paris avec l'armée américaine.

Joséphine Baker
Elle arrive à Paris en 1925 avec un groupe de musiciens de jazz. Immédiatement elle obtient un succès extraordinaire comme chanteuse et danseuse. Pendant la deuxième guerre°, elle participe à la Résistance française.

James Baldwin
Il visite la France en 1948 et décide de s'installer à Paris. C'est là qu'il écrit° sa biographie *Go Tell It to the Mountain* et ses romans°.

> **Après la lecture**
> Quels sont les trois faits les plus importants que vous avez appris sur Paris?

> **Recherches Internet**
> Choisissez un artiste de l'École de Paris et informez-vous sur lui. Selectionnez un de ses tableaux que vous aimez et imprimez-le.

---

a attiré *has attracted* **écrivains** *writers* **représentant** *representative* **amitié** *friendship* **obtient** *obtains* **contre** *against* **traité de paix** *peace treaty* **Ce jour-là** *On that day* **deviennent** *become* **peinture** *painting* **devient** *becomes* **d'autres** *other* **perdue** *lost* **la deuxième guerre** *World War II* **écrit** *writes* **romans** *novels*

Georges Moustaki, chanteur français

Faisons connaissance

Georges Moustaki (1934–) est né° Yussef Mustacchi de parents juifs° italo-grecs à Alexandrie en Égypte. Il arrive à Paris en 1951, à l'âge de dix-sept ans. En France il fait la connaissance° du chanteur° Georges Brassens qui l'encourage à écrire°. C'est Édith Piaf qui chante une de ses premières chansons°, *Milord*. Sa propre° carrière de chanteur commence en 1969 avec le succès phénoménal de sa chanson *Le métèque*. (On appelle «métèques» les étrangers° qui ont un aspect physique méditerranéen. Ce terme a une connotation négative.) Moustaki se décrit° ainsi: «Avec ma gueule° de métèque, de juif errant°, de pâtre° grec, et mes cheveux° aux quatre vents°...»

Dans ses chansons, Moustaki chante les joies de l'amour, la mélancolie de l'exil et les mystères de l'être humain°. Cet être humain, bien complexe, est fait° de forces contraires et contradictoires. C'est cette dualité qu'évoque Moustaki dans sa chanson *Elle est elle...*

Pour mieux comprendre

Prosodie et poésie

In French, as you will recall, the accent falls on the last syllable of a phrase. This accented syllable is longer than the others, but not louder.

In French poetry, therefore, one counts the number of syllables per line since there are no "feet" as in English.

Compare:

Elle est docile elle est re**belle**
• • • • • • • —
1 2 3 4 5 6 7 8 = eight syllables (**octosyllabe**)

Once up**on** a **mid**night **drea**ry **as** I **pon**dered **weak** and **wea**ry [Poe, *The Raven*]
— • — • — • — • — • — • — • — •
1 2 3 4 5 6 7 8 = eight feet

Mots apparentés en -ant

The French verb and adjective ending *-ant* often corresponds to the English ending *-ing*.

changeant (*changing*) **errant** (*wandering*)

---

né *born* **juifs** *Jewish* **fait la connaissance** *meets* **chanteur** *singer* **écrire** *to write* **chansons** *songs* **propre** *own* **étrangers** *foreigners* **se décrit** *describes himself* **gueule** *face (slang)* **errant** *wandering* **pâtre** *shepherd* **cheveux** *hair* **aux quatre vents** *windblown* **être humain** *human being* **fait** *made*

Elle est elle…

Elle est docile elle est rebelle
Elle est changeante et éternelle
Elle est blue-jean elle est dentelle° *lace*
Elle est vestale° elle est charnelle° *chaste / sensual*

Elle est gamine° elle est femelle° enfant / femme
Elle est fugace° elle est fidèle° *flighty / faithful*
Elle est Mozart elle est Ravel
Elle est passion elle est pastel

Elle est jadis° elle est futur passé
Elle est le havre° et l'aventure *haven, harbor*
Elle est le musc° et la lavande° *musk (pungent perfume) / lavender*
Elle est l'Espagne elle est Irlande

Elle est consonne elle est voyelle
Est est l'orage° et l'arc-en-ciel° *storm / rainbow*
Elle est guitare et violoncelle
Elle est tigresse elle est gazelle

Elle est piment° elle est canelle° *hot pepper / cinnamon*
Elle est la poudre° et l'étincelle° *gunpowder / spark*
Elle est docile elle est rebelle
Elle est changeante et éternelle

Elle est elle est elle est elle est

Analyse

Dans cette chanson, Moustaki évoque la coexistence de qualités opposées chez la femme. Quels exemples choisit-il dans les catégories suivantes *(following)* pour exprimer *(express)* ce dualisme?

instruments de musique / compositeurs / animaux / phénomènes naturels / parfums *(perfumes)* / pays *(countries)*

À vous maintenant *(Your turn now)*

With a partner, write lyrics for a new song: *Il est il est...*

Courtesy of Eric Vincent

À la découverte *(Discovery)*

In your workbook you will discover another French singer: Moustaki's good friend Éric Vincent.

Chez les Français

UNITÉ 5

Leçon 13:
Une question de priorité

Leçon 14:
Un mois à Paris

Leçon 15:
Souvenirs de vacances

Rencontres francophones

Many successful French movies have been remade into American films, e.g., *Trois hommes et un couffin (Three Men and a Baby), La Totale! (True Lies), À bout de souffle (Breathless), La Femme Nikita (Point of No Return), Le Retour de Martin Guerre (Sommersby), Plein Soleil (The Talented Mr. Ripley), La Cage aux folles (The Birdcage), Cousin, cousine (Cousins), Le Dîner de cons (Dinner for Schmucks).* With a classmate, watch a pair of such movies and discuss the differences.

LEÇON 13 Une question de priorité

OBJECTIVES
- To describe certain feelings and needs
- To make suggestions

© Pierre Valette

CD2-15 *Céline et Alain sont au parc. Alain regarde un magazine. Céline, elle, **a envie d'aller** au restaurant.* — *feels like going*

CÉLINE:	Dis, Alain, est-ce que tu **as l'intention de** rester **longtemps** ici? Moi, **j'ai faim**.	*intend / long* *I'm hungry*
ALAIN:	**Attends** une minute. Je **finis** cet article...	*Wait / finish*
CÉLINE:	Qu'est-ce que c'est?	
ALAIN:	C'est un **sondage** sur les priorités des jeunes Français.	*poll*
CÉLINE:	Très intéressant! Et alors?	
ALAIN:	Ils **choisissent** la famille, le **métier** et les amis avant l'argent.	*choose / job*
CÉLINE:	Ils ont raison! L'argent ne fait pas le **bonheur**.	*happiness*
ALAIN:	Beaucoup sont aussi concernés par l'**avenir** de la planète... Ils **ont peur** de la pollution, des épidémies...	*future / are afraid*
CÉLINE:	Je **suis absolument d'accord** avec eux... Mais écoute, pour le moment ma priorité à moi, c'est d'aller au restaurant... J'**ai très envie** d'un steak-frites.	*absolutely agree* *really feel like*
ALAIN:	Tu **as bien raison**! Moi aussi, j'ai faim.	*are right*
CÉLINE:	Alors, allons au restaurant.	

À propos du texte

1. Quel est le sujet du sondage?
2. Quelle est la priorité de Céline?
3. Où vont Alain et Céline?

Note culturelle

Les jeunes Français et le bonheur CD2-16

© Max Topchi/Shutterstock.com

Les Français sont des gens heureux. En très grande majorité (92%), ils déclarent être satisfaits de leur existence. Cependant les femmes sont plus heureuses que les hommes. Les gens qui habitent la province° sont plus heureux que les Parisiens.

En quoi consiste le bonheur pour les jeunes Français? Radio-France a réalisé° une enquête° à ce sujet auprès de jeunes de 15 à 24 ans. Voici leurs priorités, par ordre d'importance.

Les éléments qui comptent le plus	Rang
• la famille	1
• trouver un métier° intéressant	2
• les amis	3
• l'amour	4
• le sport	5
• le développement intellectuel	6
• la musique	7
• la santé	8
• l'argent	9

À votre avis

1. Quels sont les trois éléments qui comptent le plus pour vous actuellement?
2. Est-ce que les Français et les Américains ont les mêmes *(same)* priorités? Expliquez.

la province *all France outside the Paris area* **a réalisé** *carried out* **enquête** *poll* **métier** *job, profession*

La langue française

A. Expressions avec *avoir*

TO TALK ABOUT AGE AND FEELINGS

French uses expressions with **avoir** to describe age, physical states, and feelings.

Nathalie **a vingt ans.**	*Nathalie **is twenty (years old).***
Nous **avons soif.**	*We **are thirsty.** We **feel thirsty.***
J'**ai envie de** manger.	*I **want** to eat. I **feel like** eating.*

Rappel

j'ai	**nous‿avons**
tu as	**vous‿avez**
il a	**ils‿ont**

Expressions avec *avoir*

avoir... ans	*to be . . . years old*	J'**ai dix-neuf ans.**
avoir faim	*to be, feel hungry*	Tu **as faim.** Tu vas au restaurant.
avoir soif	*to be, feel thirsty*	J'**ai soif.** Je voudrais un Orangina.
avoir chaud	*to be, feel hot/warm*	Lucas **a chaud**! Il va à la plage.
avoir froid	*to be, feel cold*	J'**ai froid.** Où est mon pull?
avoir sommeil	*to be, feel sleepy*	Il est minuit. Claire **a sommeil.**
avoir peur (de)	*to be afraid (of)*	**Avez**-vous **peur de** l'examen?
avoir raison	*to be right*	Est-ce que le prof **a raison**?
avoir tort	*to be wrong*	Mes copains **ont tort**!
avoir besoin de	*to need*	Mon copain **a besoin d'**argent.
(+ INFINITIVE)	*to need, to have to*	Il **a besoin de** travailler.
avoir envie de	*to want, feel like*	Nous **avons envie d'**un steak.
(+ INFINITIVE)	*to feel like, to want to*	Nous **avons envie de** manger.
avoir l'intention de	*to intend, plan to*	As-tu **l'intention de** voyager cet été?

→ To ask how old someone is, use the expression **quel âge.**

Quel âge as-tu? **Quel âge a ton frère?**

→ When giving someone's age, the word **ans** *(years)* must be used.

Mon frère a **quinze ans.** *My brother is fifteen.*

1 L'âge

Quel âge ont les personnes suivantes? Complétez les phrases.

1. Moi, j'...
2. Ma copine...
3. Mon copain...
4. Mon/Ma camarade de chambre...
5. Ma mère...
6. Mon grand-père...

2 Quel âge ont-ils?

D'après vous, quel âge ont ces personnes? Est-ce que votre partenaire est d'accord avec vous?

❊ — ***Je pense que cette femme a trente-cinq ans.***
— ***Mais non, elle a quarante ans.***

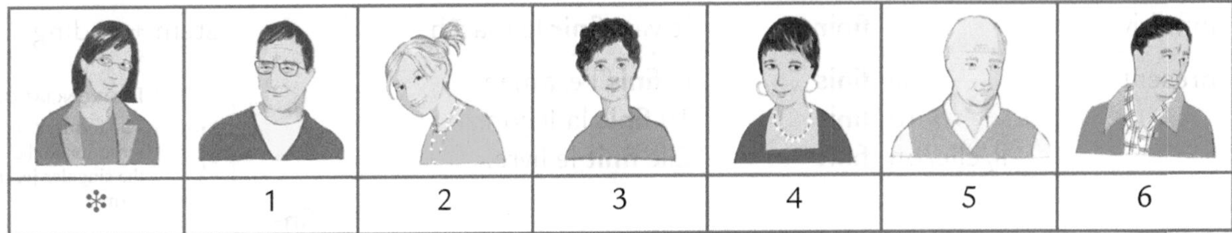

Credits: © Cengage Learning

3 Hou là là!

Indiquez comment les personnes suivantes se sentent *(feel)*.

1. Nous sommes au Sahara! La température est de 40° Celsius.
   J'...   Mélanie...   Paul et David...
2. Nous sommes au Pôle Nord. La température est de –20° Celsius. Brrr.
   Tu...   Vous...   Est-ce que Charlotte...?
3. Le réfrigérateur est vide *(empty)* et le restaurant est fermé *(closed)*.
   Isabelle...   Mes copains...   Est-ce que vous...?
4. Il n'y a pas de soda, pas d'eau minérale, pas de jus de fruits...
   J'ai...   Francine...   Nous...
5. Il y a un fantôme *(ghost)* dans la maison.
   Cécile...   Nous...   Les enfants...
6. Nous avons étudié *(studied)* et maintenant il est deux heures du matin.
   J'...   Vous...   Mes camarades de chambre...

4 Expression personnelle

Complétez les phrases suivantes avec l'une des expressions entre parenthèses ou avec une expression de votre choix. Comparez vos réponses avec votre partenaire.

1. En ce moment, j'ai besoin... (d'argent? de loisirs? d'encouragement? ...)
2. J'ai peur... (des examens? du professeur? de la solitude? de l'avenir *[future]*? ...)
3. J'ai besoin... (d'étudier? de travailler? d'aller en vacances? ...)
4. Ce soir, je n'ai pas envie... (de faire mes devoirs? d'aller à la bibliothèque? de regarder la télé? ...)
5. Ce week-end, j'ai envie... (d'aller au cinéma? de faire une promenade à vélo? de dîner dans un restaurant chinois? ...)
6. Cet été, j'ai l'intention... (de travailler? de visiter Québec? d'aller en France? ...)
7. Avec mon argent, j'ai envie... (d'acheter un smartphone? d'acheter un VTT? de faire un voyage? ...)
8. Après l'université, j'ai l'intention... (de trouver un emploi? de rester chez mes parents? de me marier *[to get married]*? ...)

B. Les verbes réguliers en *-ir*

Some French verbs end in **-ir** in the infinitive. Many of these verbs are conjugated like **finir** *(to finish)*. Note the forms of **finir,** paying special attention to the endings.

infinitive		**finir**	Je vais **finir** le match.	stem + ending	
present	je	**finis**	Je **finis** l'examen.		-is
	tu	**finis**	Tu **finis** la leçon.		-is
	il/elle/on	**finit**	Elle **finit** le livre.	**fin-**	-it
	nous	**finissons**	Nous **finissons** à midi.		-issons
	vous	**finissez**	Quand **finissez**-vous?		-issez
	ils/elles	**finissent**	Ils **finissent** à une heure.		-issent

PRONONCIATION
The forms of the present tense sound the SAME in the singular **je, tu, il/elle** forms.

→ The present tense stem of **-ir** verbs is formed as follows:

STEM = INFINITIVE minus **-ir**

5 Au restaurant

Des amis sont au restaurant. Dites ce que chacun choisit.

1. Mélanie est végétarienne. Elle...
2. Nous avons très faim. Nous...
3. Vous avez soif. Vous...
4. Tu n'as pas très faim. Tu...
5. Pauline et Léa ont froid. Elles...
6. J'adore les desserts. Je...

un soda
un chocolat chaud
un steak-frites
une salade de tomates
un sandwich
une tarte aux pommes *(apple pie)*

6 Les bons et les mauvais étudiants

Dites ce que font (ou ne font pas) les étudiants suivants.

1. réussir aux examens?
2. finir les devoirs?
3. choisir les cours très faciles?
4. réfléchir pendant l'examen?

les bons étudiants
Vous...
Je...
Claire et Marc...
Nous...

les mauvais étudiants
Nous...
Tu...
Thomas et Léa...
Vous...

Verbes réguliers en *-ir*

finir	*to finish, end*	Le programme **finit** à deux heures.
choisir	*to choose, select*	Qu'est-ce que vous **choisissez,** une pizza ou une omelette?
réfléchir (à)	*to think (about)*	Nous **réfléchissons à** l'avenir *(future)*.
réussir	*to be successful*	Vas-tu **réussir** dans tes projets?
réussir (à)	*to pass (an exam)*	Les bons étudiants **réussissent** toujours **à** leurs examens.
grossir	*to gain weight*	Je ne **grossis** pas parce que je ne mange pas beaucoup.
maigrir	*to lose weight*	Est-ce que vous **maigrissez**?

7 C'est évident. *(It's obvious.)*

Complétez les phrases avec l'un des verbes suggérés. Soyez logique.

1. David étudie beaucoup. Il ______ aux examens.
2. Vous mangez trop! Vous ______.
3. Nous sommes au régime *(on a diet)*. Nous ______.
4. Élodie et Léa sont dans une boutique. Elles ______ des robes.
5. Marc et Lucas jouent au tennis. Ils ______ le match.
6. Tu ______ à la question.

choisir
finir
grossir
maigrir
réfléchir
réussir

8 Et vous?

1. À quelle heure finit le cours de français?
2. À quelle date finissent les cours cette année?
3. Quels cours allez-vous choisir le semestre prochain *(next)*?
4. Quand vous allez au restaurant, est-ce que vous choisissez un menu cher ou bon marché?
5. Quand vous êtes en vacances, est-ce que vous maigrissez ou est-ce que vous grossissez?
6. Quand vous faites du sport, est-ce que vous maigrissez?
7. Est-ce que vous réfléchissez souvent aux problèmes de la société? à votre avenir *(future)*? à la politique? à la possibilité d'une attaque terroriste?
8. En général, est-ce que vous réussissez à vos examens? aux examens de français?

C. Les verbes réguliers en *-re*

Some French verbs end in **-re** in the infinitive. Many of these verbs are conjugated like **vendre** *(to sell)*. Note the forms of **vendre,** paying special attention to the endings.

infinitive	vendre	Je vais **vendre** mes CD.	stem + ending	
present	je **vends**	Je **vends** ma télé.		-s
	tu **vends**	Qu'est-ce que tu **vends**?		-s
	il/elle/on **vend**	Céline **vend** sa guitare.		—
			vend-	
	nous **vendons**	Nous **vendons** nos livres.		-ons
	vous **vendez**	Vous **vendez** votre moto?		-ez
	ils/elles **vendent**	Ils **vendent** leur maison.		-ent

LIAISON
In liaison, the final **-d** is pronounced /t/:
vend‿[t]il
vend‿[t]elle
vend‿[t]on

→ The present tense stem of **-re** verbs is formed as follows:

STEM = INFINITIVE minus **-re**

→ The **"d"** of the stem is silent in the singular forms but is pronounced in the plural forms.

9 Rendez-vous

Les personnes suivantes sont dans un café. Dites qui elles attendent.

❊ Jérôme (sa copine) ***Jérôme attend sa copine.***

1. nous (des copains)
2. vous (votre cousine)
3. moi (Mathilde)
4. toi (Julie)
5. Élodie (Céline)
6. les étudiants (les étudiantes)
7. Julien et moi, nous (Charlotte)
8. Annette et toi, vous (son fiancé)
9. on (des amis)
10. Clément et Lucas (Mélanie et Léa)

10 Qu'est-ce qu'ils font?

Complétez les phrases avec les verbes suggérés. Soyez logique!

1. Tu joues mal! Tu ____ ton match.
2. Nous travaillons dans une boutique. Nous ____ des CD.
3. En classe, les bons étudiants ____ aux questions du prof.
4. Les touristes sont à la gare. Ils ____ le train.
5. Répète, s'il te plaît. J' ____ mal!
6. Élodie est à Québec. Elle ____ à ses cousins canadiens.
7. À la fin *(end)* du semestre, les étudiants ____ les livres à la bibliothèque.

attendre
entendre
perdre
rendre
rendre visite
répondre
vendre

Verbes réguliers en *-re*

attendre	*to wait (for)*	J'**attends** un ami.
entendre	*to hear*	**Entendez**-vous l'ambulance?
perdre	*to lose*	Pourquoi est-ce que tu **perds** patience?
perdre (son) temps	*to waste (one's) time*	Je n'aime pas **perdre mon temps.**
rendre	*to give back*	Je **rends** les CD à Pierre.
rendre visite à	*to visit (someone)*	Nous **rendons visite à** nos cousins.
répondre (à)	*to answer*	Vous **répondez à** un email.
vendre	*to sell*	Pourquoi **vends**-tu ton ordinateur?

→ Note the difference between the French and English in the following constructions:

Je réponds	**à**	**Laure.**
I am answering	—	*Laure.*

Je rends visite	**à**	**Jérôme.**
I am visiting	—	*Jérôme.*

J'attends	—	**Émilie.**
I am waiting	*for*	*Émilie.*

→ There are two French verbs that correspond to the English verb *to visit.*

visiter + PLACES — Nous **visitons** Paris.

rendre visite à + PEOPLE — Nous **rendons visite à** des amis à Paris.

11 Oui ou non?

Informez-vous sur les personnes suivantes et dites si oui ou non elles font les choses entre parenthèses.

❊ Jérôme est impatient. (attendre ses amis?)
Il n'attend pas ses amis.

1. Vous êtes des étudiants sérieux. (étudier? réussir à l'examen? répondre aux questions du prof?)
2. Toi, tu n'es pas sérieux! (finir tes devoirs? réfléchir? parler français en classe? perdre ton temps sur Facebook?)
3. Cet employé est compétent. (travailler bien? perdre son temps? répondre aux questions des clients?)
4. Inès est une championne de squash. (jouer bien? gagner ses matchs? perdre souvent?)
5. Nous sommes au régime *(on a diet)*. (grossir? maigrir? perdre des kilos?)
6. Je suis à l'aéroport de Roissy. (attendre un ami? regarder les avions *[planes]*? entendre les trains?)
7. Nous sommes en vacances à Paris. (visiter la Tour Eiffel? rendre visite à nos amis français? parler espagnol?)

D. L'impératif

TO GIVE ORDERS AND MAKE SUGGESTIONS

To give orders or make suggestions, we use the IMPERATIVE.

à Pierre	**Nettoie** ta chambre!	***Clean*** *your room!*
	Ne reste pas ici!	***Don't stay*** *here!*
à M. Dumas	**Vendez** votre voiture!	***Sell*** *your car!*
	N'achetez pas cette moto!	***Don't buy*** *that motorcycle!*
à mes amis et moi	**Finissons** les devoirs!	***Let's finish*** *the homework!*
	N'attendons pas Michel!	***Let's not wait for*** *Michel!*

For regular verbs and most irregular verbs, the forms of the imperative are similar to the corresponding forms of the present tense.

infinitive	**parler**	**finir**	**attendre**	**aller**
imperative				
(tu)	**parle**	**finis**	**attends**	**va**
(vous)	**parlez**	**finissez**	**attendez**	**allez**
(nous)	**parlons**	**finissons**	**attendons**	**allons**

→ For all **-er** verbs, including **aller,** the **-s** of the **tu-**form is dropped.

Tu parles anglais. **Parle** français, s'il te plaît.

Tu vas au café. **Va** à la bibliothèque!

→ The negative imperative is formed as follows:

ne + VERB + **pas...**	**Ne perdez pas** votre temps!
	N'allons pas au cinéma!

→ The verbs **être** and **avoir** have irregular imperative forms.

être	**avoir**		
sois	**Aie**	**Sois** sérieux.	**Aie** tes livres avec toi!
soyez	**ayez**	**Soyez** à l'aéroport à midi!	**Ayez** vos passeports sur vous!
soyons	**ayons**	**Soyons** courageux!	N'**ayons** pas peur!

12 Avant le week-end

Vous partez *(are leaving)* ce week-end. Demandez à votre camarade de chambre de faire certaines choses. Il/Elle va accepter ou refuser.

❊ faire le ménage

— ***Fais le ménage, s'il te plaît.***

— ***D'accord, je vais faire le ménage.***

ou — ***Non, je ne veux pas faire le ménage.***

1. nettoyer l'appartement
2. faire la vaisselle
3. faire les courses
4. aller au supermarché
5. acheter des provisions *(food)*
6. payer le loyer *(rent)*
7. rendre les livres à la bibliothèque
8. répondre au téléphone

13 Baby-sitting

Vous faites du baby-sitting chez vos deux petits cousins. Dites-leur *(Tell them)* de faire ou de ne pas faire certaines choses.

❊ manger vos sandwichs
Mangez vos sandwichs.

1. finir votre dîner
2. faire vos devoirs
3. aller dans votre chambre
4. regarder la télé
5. être gentils
6. être impolis
7. faire du bruit *(noise)*
8. avoir peur de la nuit

14 Une question de circonstances

Proposez à vos amis de faire ou de ne pas faire certaines choses, suivant *(according to)* les circonstances.

❊ Nous sommes en vacances. (étudier? voyager?)
N'étudions pas! Voyageons!

1. Nous sommes à Paris. (parler anglais? parler français?)
2. C'est dimanche. (aller à la bibliothèque? aller au cinéma?)
3. Il fait beau. (jouer aux jeux d'ordinateur? faire une promenade?)
4. Il pleut. (rendre visite à nos amis? jouer aux cartes?)
5. Il neige. (louer des skis? aller à la piscine?)
6. Il y a un examen demain. (aller au café? étudier?)

15 Bons conseils!

Certaines personnes aiment donner des conseils *(to give advice)*. Exprimez les conseils des personnes suivantes. Pour cela, utilisez l'impératif des expressions entre parenthèses dans des phrases affirmatives ou négatives.

❊ Madame Chartier parle à son fils qui n'a pas assez d'argent pour acheter un ordinateur. (chercher un job?)
Cherche un job!

1. Le professeur parle aux étudiants. (réfléchir à la question? réussir à l'examen? répondre bien? avoir peur de l'examen?)
2. Le médecin parle à un patient. (grossir? maigrir? faire du sport?)
3. La directrice parle à son assistant. (finir votre travail? répondre à cette lettre? être poli avec les clients?)
4. Le professeur d'art dramatique parle à un jeune acteur. (parler distinctement? être nerveux? avoir peur?)
5. Julie parle à son partenaire pendant le match de tennis. (être impatient? faire attention? perdre ta concentration?)

E. Les expressions *quelqu'un, quelque chose* et leurs contraires

To refer to unspecified people or things, French uses the following IMPERSONAL EXPRESSIONS in affirmative or negative sentences.

Expressions impersonnelles

quelqu'un	*someone*	— Tu attends **quelqu'un**?
ne... personne	*no one, not anyone*	— Non, je **n'**attends **personne.**
quelque chose	*something*	— Vous faites **quelque chose** ce soir?
ne... rien	*nothing, not anything*	— Non, nous **ne** faisons **rien.**

Ne... personne and **ne... rien** are negative expressions consisting of two parts.

ne + verb (+ **à, de, avec...**) +	**personne**	Je **ne** parle **à personne.**
	rien	Vous **ne** faites **rien.**

→ When **personne** and **rien** are the subjects of a sentence, they come BEFORE the verb. The verb is introduced by **ne.**

Personne n'est ici! **Rien n'**est impossible.

→ **Personne** and **rien** can stand alone.

Qui est là? **Personne!**

Que fais-tu? **Rien!**

16 La grippe *(flu)*

Vous avez la grippe. Répondez négativement à votre partenaire.

❊ faire quelque chose ce soir?
— ***Tu fais quelque chose ce soir?***
— ***Non, je ne fais rien.***

1. inviter quelqu'un aujourd'hui?
2. manger quelque chose?
3. attendre quelqu'un cet après-midi?
4. regarder quelque chose à la télé?
5. téléphoner à quelqu'un?
6. préparer quelque chose pour le dîner?

17 Non!

Dites ce que les personnes suivantes ne font pas. Utilisez les expressions **ne... personne** ou **ne... rien** avec les verbes entre parenthèses.

❊ Pauline n'a pas d'appétit. (manger)
Elle ne mange rien.

1. Thomas est inactif. (faire)
2. Céline est égoïste. (aider)
3. Je fais des économies. (dépenser)
4. Vous n'avez pas d'argent. (acheter)
5. Ces garçons sont timides. (parler à)
6. Hélène déteste les conseils. (écouter)
7. Tu n'es pas sociable. (inviter chez toi)
8. Je n'ai pas de portable. (téléphoner à)

 CD2-17

Phonétique: La lettre «s»

- At the beginning of a word, the letter "s" is pronounced /s/.
  Répétez: soif sommeil sac septembre Stéphane Sylvie
- Between vowels, "s" is pronounced /z/.
  Répétez: raison besoin loisirs choisir visite fusion
- Between vowels, "ss" is pronounced /s/.
  Répétez: finissez maigrissons intéressant expression passion
  Contrastez: nous choisissons Lise réussit Isabelle ne grossit pas

À votre tour

Compréhension orale

CD2-18

Le professeur décrit certains étudiants. S'il décrit un bon étudiant, marquez la rangée A. S'il décrit un mauvais étudiant, marquez la rangée B.

	1	2	3	4	5	6	7	8
A.								
B.								

Credits: © Cengage Learning

Conversation dirigée

You are visiting Paris with two French friends. It is a hot day and you are tired.

Ask your partners . . .
- if they feel warm
- if they are thirsty
- if they feel like going to a café
- what they are going to choose **(un Perrier? une limonade?)**
- what they intend to do afterwards **(après)**

Expression libre

Avec votre partenaire, faites des projets pour ce week-end.
- Chacun va décrire ce qu'il/elle a envie de faire (ou de ne pas faire).
- Trouvez deux activités d'intérêt commun.
- De quoi avez-vous besoin pour faire ces activités?
- Décidez quand (quel jour? à quelle heure?) vous allez faire ces activités.

Expression écrite

Vous organisez une fête avec votre camarade de chambre ce week-end. Faites une liste de quatre choses qu'il/elle doit faire. Utilisez l'impératif. Indiquez aussi ce que vous allez faire.

Nettoie la chambre.
Moi, je vais nettoyer la salle de bains.

LEÇON 14 Un mois à Paris

OBJECTIVES
- To describe past actions
- To ask about past activities

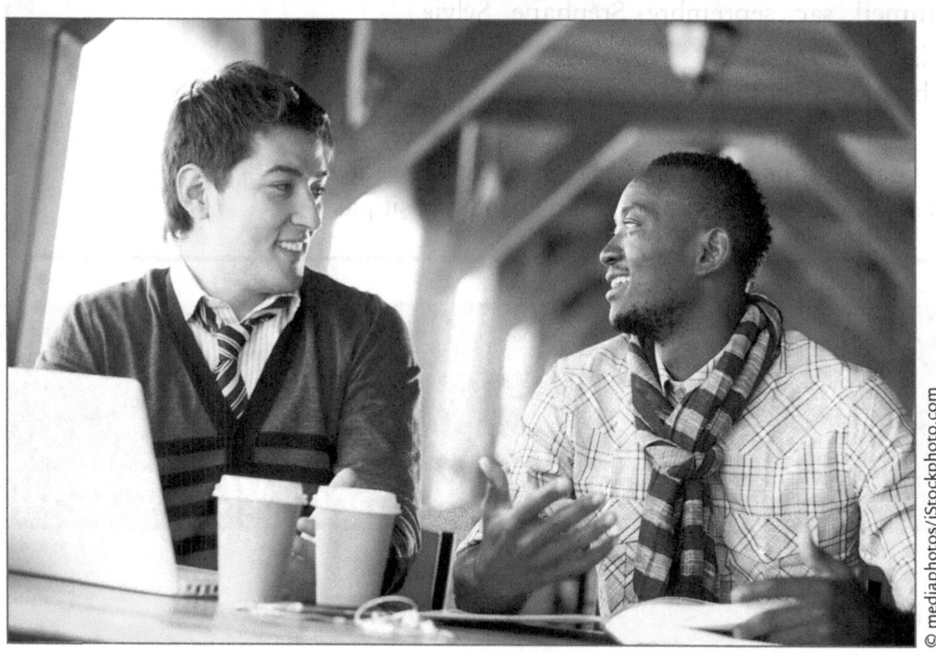
© mediaphotos/iStockphoto.com

CD2-19 *L'été dernier, Denis Marcotte, un étudiant québécois, **a fait** un **stage** d'informatique à Paris. **De retour** à Québec, il **a parlé** de cette expérience avec son copain Yannick.* — *did / internship*; *Back / spoke*

YANNICK:	Alors, qu'est-ce que **tu as fait** pendant ton stage?	*did you do*
DENIS:	J'**ai** beaucoup **travaillé** mais j'**ai appris** beaucoup de choses... Et j'**ai rencontré** des gens très sympathiques.	*worked / learned*; *met*
YANNICK:	Est-ce que **tu as eu** le temps de visiter la ville?	*did you have*
DENIS:	Bien sûr, j'**ai visité** beaucoup de monuments: la Tour Eiffel, le musée d'Orsay, le Louvre... Un jour j'**ai décidé** de visiter le cimetière du Père Lachaise.	*visited*; *decided*
YANNICK:	Tu as visité un cimetière? Quelle drôle d'idée!	
DENIS:	Pas du tout! C'est un endroit extrêmement touristique.	
YANNICK:	**Tu plaisantes**! Pourquoi touristique?	*You're kidding*
DENIS:	Parce que beaucoup de gens célèbres sont **enterrés** là: des artistes, des poètes, des musiciens... Il y a **même** Jim Morrison.	*buried*; *even*
YANNICK:	**Tu as trouvé** sa tombe?	*Did you find*
DENIS:	Non, j'**ai cherché**, mais je n'ai pas trouvé. **Par contre**, j'**ai fait la connaissance d'**une charmante étudiante italienne.	*looked / However*; *met*
YANNICK:	Ah bon? Raconte!	
DENIS:	Non, mais **dis donc**, Yannick, tu es un peu trop curieux!	*hey*

À propos du texte

1. Où est-ce que Denis est allé un jour?
2. Qu'est-ce qu'il a cherché là-bas?
3. Qui est-ce qu'il a rencontré?

Note culturelle

La France, un pays touristique CD2-20

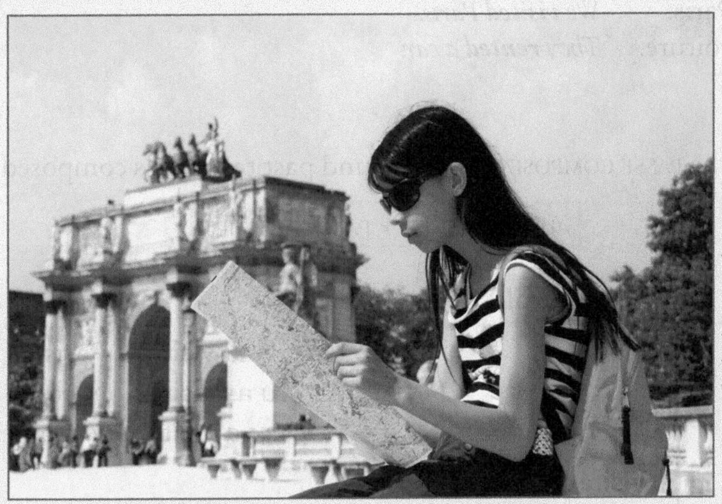
© Jan Kranendonk/Shutterstock.com

La France est la première destination touristique du monde. Chaque° année 80 millions de touristes visitent le pays. Ces touristes viennent surtout d'Europe: d'Angleterre, de Belgique, d'Allemagne, d'Italie, de Hollande et d'Espagne. Les Américains sont aussi des visiteurs enthousiastes, ainsi que° les Chinois et les Japonais.

Les étrangers° viennent en France pour des raisons° très variées. Certains viennent pour l'histoire et la culture, d'autres° pour la cuisine et beaucoup pour voir° des paysages° différents. Les jeunes, les étudiants en particulier, viennent en France pour apprendre la langue et pour rencontrer° des Français et des Françaises de leur âge. Certains s'inscrivent° à une université pour des cours d'été. D'autres passent les vacances dans une famille avec qui ils font un échange. D'autres font du camping. D'autres visitent la France en train avec un Eurailpass. Et les sportifs peuvent découvrir° une région à vélo ou à pied.

À votre avis

Pour vous, quelles sont les raisons de visiter la France? Qu'est-ce que vous aimeriez faire?

Chaque *Each* **ainsi que** *as well as* **étrangers** *foreigners* **raisons** *reasons* **d'autres** *others* **voir** *to see* **paysages** *landscapes* **rencontrer** *to meet* **s'inscrivent** *register* **découvrir** *discover*

A. Le passé composé avec *avoir*

TO DESCRIBE PAST ACTIONS AND PAST EVENTS

To describe past actions and past events, the French use the PASSÉ COMPOSÉ. Note the forms of the passé composé and its English equivalents.

J'**ai voyagé.**	*I* ***traveled.***
Nous **avons visité** Paris.	*We* ***visited*** *Paris.*
Elles **ont loué** une voiture.	*They* ***rented*** *a car.*

FORMS

As its name indicates, the PASSÉ COMPOSÉ is a compound past tense. It is composed of two words:

AUXILIARY VERB + PAST PARTICIPLE

present of **avoir** +		past participle		
j'	**ai**	**visité**	J'**ai visité**	Paris.
tu	**as**		Tu **as visité**	Nice.
il/elle/on	**a**		Marc **a visité**	Versailles.
nous	**avons**		Nous **avons visité**	l'Alsace.
vous	**avez**		Vous **avez visité**	la Provence.
ils/elles	**ont**		Mes cousins **ont visité**	la Bretagne.

LIAISON
on‿a
nous‿avons
vous‿avez
ils‿ont

→ The PAST PARTICIPLE of regular verbs is formed by replacing the infinitive ending with the corresponding past participle ending.

infinitive ending	past participle ending			
-er	-é	voyag**er** →	voyag**é**	Nous **avons voyagé** en France.
-ir	-i	fin**ir** →	fin**i**	J'**ai fini** le livre sur Paris.
-re	-u	vend**re** →	vend**u**	Ils **ont vendu** leur auto.

USES

The passé composé is used to describe what HAPPENED IN THE PAST. It has several English equivalents.

J'**ai visité** Paris. → *I visited Paris.* / *I have visited Paris.* / *I did visit Paris.*

1 À Paris

Dites quels monuments ou quels endroits les personnes suivantes ont visités hier (*yesterday*). Utilisez le passé composé de visiter.

❊ Jérôme / le Louvre — ***Hier, Jérôme a visité le Louvre.***

1. Sylvia / le musée Picasso
2. nous / le Centre Pompidou
3. vous / la Cité des Sciences
4. mes amis / le Quartier latin
5. moi / Notre Dame
6. toi / le musée d'Orsay
7. Antoine et David / la Tour Eiffel
8. Céline et Mélanie / la Défense

2 Avant le départ

Dites ce que ces personnes ont fait avant *(before)* d'aller en France.

❊ Jim Leary / acheter un guide — ***Jim Leary a acheté un guide.***

1. moi / acheter des lunettes de soleil
2. nous / louer une voiture
3. Alice / téléphoner à son copain français
4. vous / réserver un hôtel
5. David / envoyer un email à son oncle
6. Mélanie / renouveler son passeport
7. mes cousines / choisir des vêtements d'été
8. Thomas / vendre sa voiture
9. moi / rendre les livres à la bibliothèque
10. Julie et Marie / finir leurs examens

3 En France

Maintenant dites ce que ces personnes ont fait pendant leur voyage. Soyez logique dans votre choix de verbes. Dans certains cas, il y a plusieurs *(several)* possibilités!

1. Nous ______ le château de Versailles.
2. J' ______ dans un restaurant «trois étoiles *(stars)*».
3. Vous ______ des escargots *(snails)*.
4. Élodie ______ un cadeau *(gift)* pour son copain.
5. Marc et Thomas ______ un email à leurs parents.
6. Tu ______ visite à tes amis français.
7. Isabelle ______ des cartes postales *(postcards)*.
8. Mme Martin ______ des vêtements dans une boutique de mode.

acheter
dîner
envoyer
manger
visiter
choisir
rendre

4 Samedi dernier *(Last Saturday)*

Dites ce que les personnes suivantes ont fait samedi dernier.

	Pauline	Léa et Marc	nous	vous
le matin	• travailler • ranger sa chambre	• aider leurs parents • nettoyer le garage	• rendre les livres à la bibliothèque	• nettoyer l'appartement
l'après-midi	• jouer au tennis • gagner	• jouer au volley • perdre	• visiter un musée	• acheter des vêtements • choisir des chemises
le soir	• envoyer un email • répondre à des textos	• rendre visite à des copains • dîner chez eux	• organiser une fête • danser	• finir les devoirs • regarder la télé

5 Les nouvelles *(News)*

Vous travaillez comme journaliste à la télévision française. Annoncez les événements suivants.

❊ le président / parler / à la télé ***Le président a parlé à la télé.***

1. des terroristes / attaquer / le train Paris-Nice
2. les sénateurs / voter / le budget
3. les Chinois / lancer *(launch)* / une station spatiale
4. un chimiste japonais / inventer / un nouveau textile artificiel
5. la femme du président / inaugurer / l'exposition *(exhibit)* Gauguin
6. le musée du Louvre / rendre / la *Mona Lisa* à l'Italie
7. la France / perdre / la Coupe du Monde *(World Cup)*
8. un jeune Espagnol / gagner / le Tour de France

6 Hier soir

Avec votre partenaire, comparez ce que vous avez fait hier soir.

❊ étudier (quoi?)
—J'ai étudié pour mon cours de maths. Et toi?
—Moi, j'ai étudié pour mon cours de français.

1. dîner (où?)
2. manger (quoi?)
3. parler (avec qui?)
4. téléphoner (à qui?)
5. envoyer un email (à qui?)
6. regarder (quel programme de télé?)

7 Et vous?

Décrivez quelques événements personnels, réels ou imaginaires.

quand?	qui?	quoi?
• hier • le week-end dernier *(last weekend)* • pendant *(during)* les vacances • à l'école secondaire	• moi • mon copain et moi, nous • mes copains et moi, nous • mon/ma camarade de chambre et moi, nous • ma famille et moi, nous • mes parents	acheter... regarder... dîner... manger... étudier... visiter... voyager... choisir...

❊ ***Le week-end dernier, ma camarade de chambre et moi, nous avons acheté des vêtements. J'ai choisi un tee-shirt et un jean.***

Note linguistique

French uses two main tenses to describe the past: the PASSÉ COMPOSÉ and the IMPERFECT.

- The PASSÉ COMPOSÉ is used to tell WHAT HAPPENED.
- The IMPERFECT is used to describe WHAT CONDITIONS WERE or WHAT WAS GOING ON.

In **Unité 8,** you will learn the forms of the imperfect and how to use it together with the passé composé to narrate past events.

B. Le passé composé: Forme négative

Compare the verbs in each set of sentences.

affirmative	negative
J'**ai visité** Paris.	Je **n'ai pas visité** Marseille.
Nous **avons voyagé** en bus.	Nous **n'avons pas voyagé** en train.
David **a choisi** ce livre-ci.	Il **n'a pas choisi** ce livre-là.
Tu **as vendu** tes CD.	Tu **n'as pas vendu** ton smartphone.

Rappel
je n'ai pas
tu n'as pas
il n'a pas
nous n'avons pas
vous n'avez pas
ils n'ont pas

For most verbs, the NEGATIVE form of the PASSÉ COMPOSÉ is formed as follows:

subject + NEGATIVE of **avoir** + past participle

Je **n'ai pas**	**répondu.**	*I didn't answer. I haven't answered.*
Léa **n'a pas**	**téléphoné.**	*Léa didn't call. Léa hasn't called.*

→ The negative expression **ne... jamais** follows the same pattern.

Nous **n'avons jamais téléphoné.** *We **never called.***

8 Pourquoi pas?

Expliquez à votre partenaire pourquoi vous n'avez pas fait certaines choses.

❊ réussir à l'examen? (étudier)
— Tu as réussi à l'examen?
— Non, je n'ai pas réussi à l'examen.
— Pourquoi pas?
— Parce que je n'ai pas étudié!

1. étudier? (trouver mon livre)
2. répondre au professeur? (entendre la question)
3. trouver la solution au problème? (réfléchir)
4. acheter une voiture? (vendre ma moto)
5. téléphoner à ta copine? (trouver son numéro de téléphone)
6. gagner beaucoup d'argent? (travailler)

9 Tant pis! *(Too bad!)*

Dites ce que les personnes n'ont pas fait. Faites des phrases logiques avec les verbes suggérés.

❊ Florence n'a pas sa raquette.
Elle n'a pas joué au tennis.

1. Nous n'avons pas faim.
2. Thomas n'a pas de patience.
3. Tu n'as pas ton maillot de bain.
4. Caroline n'a pas ses livres.
5. Nous n'avons pas d'argent.
6. Vous n'avez pas votre portable.
7. Ils n'ont pas de baladeur.
8. Mes cousins n'ont pas leur télé.

dîner
nager
écouter un CD
étudier
jouer au tennis
téléphoner
attendre ton copain
regarder le match de foot
acheter des vêtements

Expressions pour la conversation

to find out if people have ever done certain things

déjà?	*ever, already*	Tu as **déjà** visité Québec?
ne... pas encore	*not yet*	Je **n'**ai **pas encore** visité Québec.

10 Activités

Demandez à vos camarades si oui ou non ils ont fait les choses suivantes.

❊ gagner à la loterie?
— ***Tu as gagné à la loterie?***
— ***Oui, j'ai déjà gagné à la loterie.***
ou — ***Non, je n'ai pas encore gagné à la loterie.***
(Non, je n'ai jamais gagné à la loterie.)

1. voyager au Tibet?
2. visiter Beijing?
3. skier dans les Alpes?
4. danser la valse *(waltz)*?
5. piloter un avion?
6. trouver un trésor *(treasure)*?
7. téléphoner au Président?
8. rencontrer *(meet)* Dracula?

Mont Blanc, France

C. Les questions au passé composé

Note how questions are formed in the passé composé:

Est-ce que tu as travaillé ce week-end?	***Did you work** this weekend?*
Où est-ce que Paul a travaillé?	***Where did Paul work?***

QUESTIONS in the PASSÉ COMPOSÉ are usually formed as follows:

[interrogative expression] + **est-ce que** + subject + PASSÉ COMPOSÉ...

Est-ce que Sylvie **a téléphoné?** **À qui est-ce qu'**elle **a téléphoné?**

→ In conversational French, statements in the passé composé may be transformed into yes/no questions by using a RISING INTONATION.

Charlotte a téléphoné? Lucas a visité Paris?

→ Questions in the passé composé may also be formed by INVERTING **avoir** and its pronoun subject.

As-tu voyagé?	**A-t-il** dîné?
Où **as-tu** voyagé?	À quelle heure **a-t-il** dîné?

Expressions pour la conversation

to express surprise or disbelief

vraiment? *really?* **Vraiment?** Tu as visité le Tibet?

11 Bavardages *(Chit chat)*

Lisez ce que les personnes suivantes ont fait. Posez des questions à votre partenaire sur leurs activités.

❊ Alice a voyagé. (quand? en juin)
— Alice a voyagé!
— Ah vraiment? Quand est-ce qu'elle a voyagé?
— En juin.

1. Anne a voyagé au Canada. (comment? en train)
2. Isabelle a visité le Maroc. (avec qui? une copine)
3. Éric et Paul ont travaillé. (où? dans un café)
4. Philippe a trouvé un job. (où? dans un supermarché)
5. Caroline a visité Genève. (quand? en juillet)
6. Léa et Élise ont acheté des vêtements. (où? aux Galeries Lafayette)
7. Thomas a envoyé une photo. (à qui? à sa cousine)

Aït Benhaddou

12 Conversation libre

Engagez une conversation avec votre partenaire. Il/Elle va répondre affirmativement. Continuez la conversation avec des questions comme quand? où? avec qui? comment? pourquoi? Utilisez votre imagination.

❊ visiter Québec?
— Est-ce que tu as visité Québec?
— Bien sûr, j'ai visité Québec.
— Quand est-ce que...

1. visiter la France?
2. dîner dans un restaurant japonais?
3. organiser une fête?
4. jouer dans un orchestre *(band)*?
5. voyager en hélicoptère?
6. gagner à la loterie?
7. jouer dans un film?
8. participer à un marathon?

Vocabulaire: Quand?

noms

un an	*year*	**une année**	*(whole) year*
un anniversaire	*birthday*	**une date**	*date*
un jour	*day*	**une journée**	*(whole) day*
un mois	*month*	**une saison**	*season*
un week-end	*weekend*	**une semaine**	*week*
un matin	*morning*		
un après-midi	*afternoon*	**une nuit**	*night*
un soir	*evening*	**une soirée**	*(whole) evening*

adjectifs

premier (première)	*first*	Lundi est le **premier** jour de la semaine.
prochain	*next*	Où vas-tu la semaine **prochaine**?
dernier (dernière)	*last*	La semaine **dernière,** nous avons joué au tennis.

expressions

avant	*before*	Nettoie ta chambre **avant** le week-end.
après	*after*	Je vais étudier **après** le dîner.
pendant	*during*	J'ai travaillé **pendant** les vacances.
avoir lieu	*to take place*	La fête *(party)* va **avoir lieu** samedi soir.

Premier usually comes before the noun.
Dernier and **prochain** usually come after the noun with EXPRESSIONS OF TIME, such as **mois, semaine,** etc.

le mois **dernier** la semaine **prochaine**

MAINTENANT	AVANT	APRÈS
aujourd'hui	**hier** *(yesterday)*	**demain**
	avant-hier *(the day before yesterday)*	**après-demain** *(the day after tomorrow)*
ce matin	**hier matin**	**demain matin**
cet après-midi	**hier après-midi**	**demain après-midi**
ce soir	**hier soir**	**demain soir**
mardi	**mardi dernier**	**mardi prochain**
le 8 janvier	**le 8 janvier dernier**	**le 8 janvier prochain**
en mars	**en mars dernier**	**en mars prochain**
cette semaine	**la semaine dernière**	**la semaine prochaine**
ce week-end	**le week-end dernier**	**le week-end prochain**
ce mois-ci	**le mois dernier**	**le mois prochain**
cet été	**l'été dernier**	**l'été prochain**
cette année	**l'année dernière**	**l'année prochaine**

The construction **le** + DAY OF THE WEEK is used to express repeated events.

Repeated occurrence	**Le samedi,** je vais au cinéma.	*(On) Saturdays . . .*
One occurrence	**Samedi,** je vais au théâtre avec Léa.	*(On/This) Saturday . . .*

13 Qu'est-ce que tu as fait? *(What did you do?)*

Demandez à votre partenaire quand il/elle a fait les choses suivantes. Votre partenaire va répondre en utilisant une expression du *Vocabulaire*.

❊ célébrer ton anniversaire

— Quand as-tu célébré ton anniversaire?

— J'ai célébré mon anniversaire en juin dernier (le mois dernier).

1. jouer aux jeux sur ordinateur
2. téléphoner à tes parents
3. louer un DVD
4. nettoyer ta chambre
5. rendre visite à tes cousins
6. voyager en bus
7. télécharger *(download)* une chanson
8. amener un(e) ami(e) au cinéma
9. choisir un cadeau *(gift)* pour un(e) ami(e)
10. rendre un livre à la bibliothèque
11. acheter des vêtements
12. envoyer un email
13. répondre à une lettre
14. chatter sur Facebook

14 Avant et après

Décrivez une ou deux choses que vous avez faites *(did)* et deux ou trois choses que vous allez faire aux moments indiqués. Comparez vos réponses avec votre partenaire.

- Hier soir...
- Le week-end dernier...
- L'été dernier...
- Demain...
- Le week-end prochain...
- L'été prochain...

Un diamant
pour hier,
aujourd'hui et demain
Les Tourmalines
tout simplement !
C.C. place des Halles - 67000 STRASBOURG - Tél. 03 88 22 10 58

D. Les participes passés irréguliers

Some irregular verbs have IRREGULAR PAST PARTICIPLES.

infinitive	past participle	passé composé
avoir	**eu**	Nous **avons eu** une bonne surprise.
être	**été**	Jacqueline **a été** en France en juin.
faire	**fait**	Mes parents **ont fait** un voyage au Canada.

PRONONCIATION
The past participle **eu** is pronounced /y/ as in **tu.**

→ Note the two possible meanings of **être** in the passé composé.

Paul **a été** malade. — *Paul **has been** sick.*
Il **a été** à l'hôpital. — *He **went** to the hospital.*

→ The passé composé of **il y a** is **il y a eu.**

Il y a eu un accident hier. — ***There was** an accident yesterday.*

15 Et toi?

Demandez à votre partenaire s'il/si elle a fait les choses suivantes aux moments indiqués.

❋ faire une promenade ce matin?
— ***Est-ce que tu as fait une promenade ce matin?***
— ***Oui, j'ai fait une promenade ce matin.***
ou — ***Non, je n'ai pas fait de promenade ce matin.***

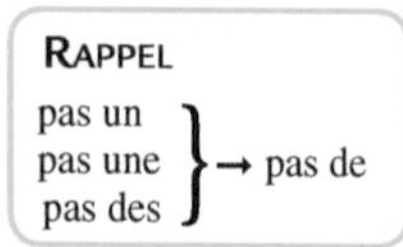

RAPPEL
pas un
pas une
pas des
→ pas de

1. faire tes devoirs hier soir?
2. être au cinéma samedi dernier?
3. être en ville hier?
4. être en France l'été dernier?
5. faire des économies le mois dernier?
6. avoir la grippe *(flu)* l'hiver dernier?
7. avoir un rendez-vous samedi dernier?
8. avoir des amis chez toi le week-end dernier?

16 Oui ou non?

Informez-vous sur les personnes suivantes et dites si oui ou non elles ont fait les choses indiquées.

❋ Martin est très impatient.
• attendre ses amis? ***Il n'a pas attendu ses amis.***

1. Tu n'es pas prudent(e) *(careful).*
   • faire attention?
   • avoir un accident?
2. Cet ingénieur est très compétent.
   • faire des erreurs dans les calculs *(calculations)*?
   • avoir des problèmes avec l'ordinateur?
3. Annie est la championne de notre club.
   • faire un excellent match?
   • avoir le premier prix *(prize)*?
4. Oh là là! J'ai eu une très mauvaise grippe!
   • être malade *(sick)*?
   • avoir envie d'aller au cinéma?

CD2-21

Phonétique: La voyelle /y/

The letter "u" is pronounced /y/. Round your lips as you say /i/. Practice: dit - du.

Répétez: vendu rendu répondu perdu eu il y a eu
Lucie a perdu le numéro de Julie

À votre tour

Compréhension orale

CD2-22

Claire et Julien parlent de leurs activités. S'ils utilisent le présent, marquez la rangée A: aujourd'hui. S'ils utilisent le passé composé, marquez la rangée B: hier.

	1	2	3	4	5	6	7	8	9	10
A. aujourd'hui (avril 10)										
B. hier (avril 9)										

Conversation dirigée

Your best friend has just returned from a month in France. You want to know more about his/her trip.

Ask your partner . . .

- if he/she liked Paris
- which monuments he/she visited
- which other cities **(quelles autres villes)** he/she visited
- how he/she traveled **(en bus? en train? en voiture?)**
- what souvenirs **(quels souvenirs)** he/she bought
- how much he/she spent

Expression libre

Vous faites une enquête *(survey)* sur ce que font les étudiants américains après les cours. Choisissez trois camarades et posez-leur les questions suivantes sur ce qu'ils ont fait hier soir. Inscrivez les résultats de votre enquête.

- à quelle heure / dîner?
- combien de temps *(how long)* / étudier
- quel programme / regarder à la télé?
- quelle musique / écouter?
- combien de textos / répondre?

nom			
l'heure du dîner			
heures d'étude			
programme de télé			
musique			
nombre de textos			

Expression écrite

Comment s'appelle votre copain? votre copine? Écrivez un petit paragraphe où vous parlez de vos activités du week-end dernier. N'utilisez pas le verbe aller, mais utilisez votre imagination.

Ma copine s'appelle Melissa. Samedi après-midi, nous avons été à un match de basket...

LEÇON 15 Souvenirs de vacances

OBJECTIVES
- To talk about vacation plans
- To describe where we went
- To give complete dates

© Maksym Gorpenyuk/Shutterstock.com

CD2-23 *Trois étudiants parlent de leurs vacances de l'été dernier.*

Pauline

En juillet, je **suis restée** chez moi. En août, je **suis allée** en Bretagne. Là, j'ai travaillé comme **animatrice** dans un centre de vacances pour enfants handicapés. J'ai fait un travail utile et intéressant. Et puis, je suis allée à la **mer** et j'ai gagné un peu d'argent.

stayed / went
counselor
ocean

Clément

Comme d'habitude, je suis allé en Savoie où ma famille a un chalet de montagne. Un jour, j'ai décidé avec mon cousin de **faire l'ascension de** la Tournette. Nous **sommes partis** à six heures du matin et à dix heures nous **sommes arrivés** au **sommet**. Malheureusement, quand nous **sommes descendus**, j'**ai glissé** sur un **rocher** et je **me suis cassé la jambe**. Je suis resté trois jours à l'hôpital... Là, j'**ai fait la connaissance** d'une jeune fille très sympathique. Alors, **tout** est bien qui finit bien.

As usual
to climb
left
reached / summit
went down / slipped / rock / broke my leg / met
all

Laure

Moi, je suis allée au Canada avec deux copines de mon école de commerce. D'abord, nous avons fait un **stage** d'un mois dans une banque à Montréal. Après, nous avons loué un camping-car et nous **sommes parties à la conquête** de l'Ouest... Trois semaines après, nous sommes arrivées à Vancouver. De là, nous **sommes rentrées** en France.

internship
set out to "conquer"
returned

À propos du texte

1. Qui a eu un accident?
2. Qui a fait un voyage à l'étranger *(abroad)*?
3. Qui a fait un travail social?
4. Selon vous, qui a passé les vacances les plus intéressantes? Pourquoi?

Note culturelle

Les vacances des Français CD2-24

Pour les Français, la qualité de la vie° dépend d'un bon équilibre entre le travail et le temps libre°. Les loisirs et les vacances prennent donc° une place très importante dans le calendrier personnel de chacun°.

Les Français bénéficient légalement de cinq semaines de vacances ou «congés° payés» par an. Ils prennent généralement un mois de vacances en été et une semaine supplémentaire en hiver. Ils prennent aussi des week-ends prolongés° au cours de l'année.

Pour la majorité des Français, le terme de «vacances» est synonyme d'évasion°. En été, 80 pour cent des Français quittent° leur domicile°. Les «grands départs» ont lieu début juillet et début août. Ces jours-là, des millions de Français partent° en vacances. Où vont-ils? Vers le soleil, vers la montagne° et surtout vers les plages de l'Atlantique et de la Méditerranée. Pour beaucoup, c'est l'occasion de rendre visite à des parents ou des amis. D'autres° vont à l'étranger°, principalement en Espagne, en Italie, mais aussi au Portugal, en Grèce, en Turquie, au Maroc et en Tunisie. Chaque année, plus d'un million de touristes français visitent les États-Unis. Leurs destinations préférées sont New York, San Francisco, Las Vegas et le Grand Canyon. En hiver, un grand nombre de Français font du ski, mais les destinations exotiques comme La Réunion ou l'île Maurice gagnent en popularité.

Pour beaucoup de Français, les vacances constituent l'élément capital de l'existence. Cette obsession des vacances est encouragée par les médias et la publicité qui rappellent° continuellement leur importance. Quelqu'un a remarqué avec humour que le calendrier français était divisé en trois parties inégales°: un mois, août, pendant lequel° les Français sont en vacances; deux mois, septembre et octobre, pendant lesquels ils parlent des vacances passées; et neuf mois pendant lesquels ils préparent les vacances suivantes°. Pour les Français, «les vacances, c'est sacré°».

À votre avis

Comparez l'importance du temps libre et des vacances en France et aux États-Unis.

---

vie *life* **libre** *free* **donc** *therefore* **chacun** *each person* **congés** *leave* **prolongés** *extended* **évasion** *getting away* **quittent** *leave* **domicile** *home* **partent** *leave* **montagne** *mountains* **D'autres** *Others* **à l'étranger** *abroad* **rappellent** *remind* **inégales** *unequal* **lequel** *which* **suivantes** *next* **sacré** *sacred*

La langue française

Vocabulaire: Les vacances et les sorties

LES VACANCES *(VACATION)*

En été, on peut...

rester à la maison	*to stay home*
partir en vacances	*to leave, go on vacation*

On peut **passer** *(spend)* les vacances...

à la mer	*at the ocean*
à la montagne	*in the mountains*
à la campagne	*in the country*

Pendant *(During)* les vacances, on peut aussi...

voyager *(to travel)*	**à l'étranger** *(abroad)*
faire un voyage *(to take a trip)*	

étranger (étrangère)	*foreign*
un étranger, une étrangère	*foreigner*

Quand on voyage, on peut...

visiter des **endroits** intéressants

un endroit	*place*

LES SORTIES *(GOING OUT)*

Le week-end, on peut...

sortir *(to go out)*	**seul(e)** *(alone, by oneself)*
	avec des copains

Quand on sort, on peut...

retrouver		des gens sympathiques
rencontrer	*meet*	des gens sympathiques
faire la connaissance de		gens sympathiques

→ French has three different ways of expressing TO MEET someone.

retrouver	*to meet (as planned)*	J'**ai retrouvé** mes copains au café.
rencontrer	*to meet, run into*	J'**ai rencontré** Alice dans la rue.
faire la connaissance de	*to meet (for the first time)*	J'**ai fait la connaissance de** cette personne à la fête hier.

A. Les verbes *sortir, partir* et *dormir*

The verbs **sortir** *(to go out)*, **partir** *(to leave)*, and **dormir** *(to sleep)* are irregular in the present tense.

infinitive	sortir	partir	dormir	endings
present	Je **sors** avec Marc. Tu **sors** maintenant. Il **sort** avec Anne. Nous **sortons** ce soir. Vous **sortez** demain? Ils **sortent** souvent.	Je **pars** à Paris. Tu **pars** en vacances. On **part** en voyage. Nous **partons** à une heure. Vous **partez** en voiture. Elles **partent** à six heures.	Je **dors** peu. Tu **dors** trop. Elle **dort** en classe. Nous **dormons** mal. Vous **dormez** bien. Ils **dorment.**	-s -s -t -ons -ez -ent
passé composé	Je **suis sorti.**	Je **suis parti.**	J' **ai dormi.**	

→ The above verbs have two stems in the present.

PLURAL STEM infinitive minus **-ir**	SINGULAR STEM infinitive minus last consonant + **-ir**
sort(ir) **part**(ir) **dorm**(ir)	**sor**(tir) **par**(tir) **dor**(mir)

1 Et vous?

1. En général, est-ce que vous dormez bien ou mal?
2. Combien d'heures par nuit dormez-vous?
3. Est-ce que vous sortez le week-end? Quel jour?
4. Allez-vous sortir ce week-end? Avec qui?
5. Quand est-ce que vous allez partir en vacances?
6. Pendant les vacances, préférez-vous aller à la mer ou à la montagne?
7. Préférez-vous passer les vacances avec vos copains ou avec votre famille?
8. Où avez-vous passé vos vacances l'année dernière? Avez-vous fait la connaissance de personnes intéressantes? Qui?
9. Avez-vous voyagé à l'étranger? Où?
10. Qu'est-ce que vous allez faire pendant les prochaines vacances?
11. Est-ce qu'il y a des étudiants étrangers à votre université? De quelle nationalité?

2 Bonne nuit?

Est-ce que les personnes suivantes dorment bien ou non?

❊ Mattéo est nerveux. ***Il ne dort pas bien.***

1. Je n'ai pas de problèmes.
2. Tu as la grippe *(flu)*.
3. Mes copains sont malades *(sick)*.
4. Vous avez des cauchemars *(nightmares)*.
5. Nous sommes très calmes.
6. Thomas a des insomnies.
7. Vous habitez à la campagne.
8. Léa est en vacances.

La plage d'Étretat en Normandie

Verbes conjugués comme *sortir, partir* et *dormir*

sortir	*to go out, leave*	Nous **sortons** samedi soir.
sortir avec	*to go out with, to date*	Raphaël **sort avec** Charlotte.
partir	*to leave*	Céline **part** en vacances.
dormir	*to sleep*	En général, je **dors** bien.
sentir	*to smell*	Est-ce que vous **sentez** ce parfum?
	to feel	Je **sens** une douleur *(pain)* dans le dos *(back)*.

The verbs **sortir, partir,** and **quitter** all mean *to leave,* but they are not interchangeable. Compare:

		(alone)	+ places	+ people
partir (de)	*to leave, go away*	Je **pars.**	Je **pars de** Nice.	—
sortir (de)	*to leave, go out (of)*	Je **sors.**	Je **sors de** la cuisine.	—
quitter	*to leave (behind)*	—	Je **quitte** Paris.	Je **quitte** mes amis.

3 Conversations

Posez des questions à votre partenaire et continuez la conversation.

❊ dormir bien?
- combien d'heures par nuit?

— Est-ce que tu dors bien?
— Oui, je dors bien. (Non, je ne dors pas bien.)
— Combien d'heures par nuit est-ce que tu dors?
— Je dors sept heures par nuit.

1. sortir le week-end?
   - quel jour?
   - avec qui?
2. quitter le campus aujourd'hui?
   - à quelle heure?
   - aller où?
3. partir en vacances cet été?
   - aller où?
   - rester combien de temps?
4. partir en voyage?
   - partir où?
   - partir quand?

4 Dialogues

Complétez les dialogues suivants avec le verbe approprié: sortir, partir ou quitter.

A. — Qu'est-ce que tu fais ce soir?
— Je ______ avec une copine.
— À quelle heure est-ce que tu ______ la maison?
— Je ______ à sept heures.

B. — À quelle heure est-ce que le train ______?
— Il ______ la gare à six heures et demie.

C. — Quand est-ce que vous ______ le campus?
— Nous ______ en vacances le 15 mai.

B. Le passé composé avec *être*

TO DESCRIBE WHERE WE WENT

Note the forms of the PASSÉ COMPOSÉ in the following sentences:

Léa **est sortie** ce week-end. Elle **est allée** au cinéma.

Mes cousins **sont partis** en vacances. Ils **sont allés** à Québec.

The PASSÉ COMPOSÉ of certain verbs of MOTION, like **aller, sortir,** and **partir,** is formed with **être** as follows:

present of **être** + PAST PARTICIPLE

When a verb is conjugated with **être** in the passé composé, the PAST PARTICIPLE agrees with the SUBJECT in gender and number.

	masculine	feminine
singular	je **suis** **allé** tu **es** **allé** il/on **est** **allé**	je **suis** **allée** tu **es** **allée** elle **est** **allée**
plural	nous **sommes** **allés** vous **êtes** **allé(s)** ils **sont** **allés**	nous **sommes** **allées** vous **êtes** **allée(s)** elles **sont** **allées**
negative	Je **ne suis pas allé** à Paris.	Anne **n'est pas allée** à Nice.
interrogative	**Est-ce que tu es allé** à la mer? Où **est-ce que tu es allé**?	**Est-elle allée** en France? Où **est-elle allée**?

RAPPEL
je suis
tu es
il est
nous sommes
vous‿êtes
ils sont

5 À la mer ou à la montagne?

Dites si les personnes suivantes sont allées à la mer ou à la montagne.

❊ Raphaël et Stéphane ont visité Cancun.
Ils sont allés à la mer.

1. Élise a fait un voyage au Colorado.
2. Vous avez nagé dans l'océan Atlantique.
3. Tu as passé une semaine sur la Riviera.
4. Nous avons photographié le Mont Blanc.
5. Ma copine a fait du parapente *(paragliding)*.
6. Charlotte et Élodie ont passé les vacances à Tahiti.
7. J'ai fait du VTT dans les Alpes.
8. Mattéo a visité le Népal.

Au-dessus du lac d'Annecy en Savoie

Quelques verbes conjugués avec *être*

Most verbs conjugated with **être** in the passé composé are VERBS OF MOTION. They indicate movement to and from, in and out, etc.

aller	**(allé)**	*to go*	Nous **sommes allés** en France.
arriver	**(arrivé)**	*to arrive, to come*	Élise **est arrivée** à Tours le 8 juin.
partir	**(parti)**	*to leave*	Pierre **est parti** d'Annecy le 5 septembre.
entrer	**(entré)**	*to enter, to come in*	Je **suis entré** dans l'appartement.
sortir	**(sorti)**	*to go out*	Pauline **est sortie** avec un copain.
monter	**(monté)**	*to go up, to climb, to get on*	Vous **êtes montés** à la Tour Eiffel? Nous **sommes montés** dans le bus.
descendre	**(descendu)**	*to go down, to get off, to stop (at a place)*	Ils **sont descendus** à la station Opéra. Mon père **est descendu** à cet hôtel.
tomber	**(tombé)**	*to fall*	Je **suis tombé** de vélo.
passer	**(passé)**	*to pass, to go (by)*	Nous **sommes passés** par Tours.
rester	**(resté)**	*to stay, to remain*	Ils ne **sont** pas **restés** à Marseille.
rentrer	**(rentré)**	*to go back, to get back*	Nicolas **est rentré** chez lui.
retourner	**(retourné)**	*to return, to go back*	Nous **sommes retournés** à Québec.

➔ When names of places are used with verbs of motion, they are always introduced by a PREPOSITION such as **à, de, en, dans, par** *(by, through)*, **pour, chez,** etc.

Je suis entré **dans** l'appartement. — *I entered the apartment.*
Paul est rentré **chez** lui. — *Paul returned home.*

➔ When followed directly by a NOUN, some of these verbs describe an ACTION rather than a motion. In this case, the passé composé is conjugated with **avoir.**

passer	*to spend (time)*	Nous **avons passé** une semaine à Paris.
	to pass, to give	J'**ai passé** le livre à mon copain.
monter	*to bring up*	Céline **a monté** sa valise *(suitcase)*.
descendre	*to bring down*	Tu **as descendu** tes bagages.

6 Qui est sorti?

Dites si oui ou non les personnes suivantes sont sorties ce week-end.

❊ Mélanie a fait ses devoirs.
Elle n'est pas sortie.

1. M. Martin a fait les courses.
2. Catherine a fait le ménage.
3. Nous avons acheté des vêtements.
4. Tu es allé au cinéma.
5. J'ai joué aux jeux vidéo.
6. Tu as retrouvé des copains au café.
7. Vous avez rendu visite à vos cousins.
8. Ils ont dîné chez eux.

Au marché, rue de Buci, Paris

7 Enquête

Interviewez plusieurs camarades de classe et demandez-leur s'ils ont fait les choses suivantes le week-end dernier. Inscrivez les résultats de votre enquête.

❊ — ***Julie, tu es restée chez toi le week-end dernier?***
— ***Non, je ne suis pas restée à la maison.***
— ***Est-ce que tu es partie en week-end?***
— ***Oui, je suis partie en week-end...***

NOM:	*Julie*		
• rester chez toi	*non*		
• partir en week-end	*oui*		
• quitter le campus			
• sortir avec des copains			
• aller au cinéma			
• faire les courses			
• acheter des vêtements			
• dîner en ville			
• rentrer tard *(late)*			

8 La journée de Mlle Laval

Mademoiselle Laval travaille dans une agence de voyages. Décrivez sa journée d'hier.

1. arriver au bureau à huit heures
2. téléphoner à des clients
3. répondre à son email
4. envoyer des brochures
5. aller au restaurant
6. retourner au bureau
7. vendre des billets d'avion
8. préparer des documents
9. partir du bureau à six heures
10. sortir avec une amie
11. dîner au «Petit Zinc»
12. rentrer chez elle à onze heures

9 Le 14 juillet *(Bastille Day)* à Paris

Le 14 juillet est la fête nationale en France. Des copains ont célébré la fête à Paris. Expliquez ce qu'ils ont fait.

1. nous / passer sur les Champs-Élysées
2. vous / regarder le défilé *(parade)*
3. Mathilde / écouter la musique militaire
4. Éric / monter à la Tour Eiffel
5. vous / retrouver des copains
6. nous / descendre dans la rue
7. toi / rencontrer des amis
8. mes cousins / aller dans un café
9. Léa et Christine / aller à un concert public
10. on / danser dans la rue
11. Zoé / regarder les feux d'artifices *(fireworks)*
12. nous / rentrer très tard *(late)*

10 Des vacances différentes...

Ces étudiants français ont fait différentes choses pendant les vacances. Choisissez quelqu'un et décrivez ses vacances.

	Émilie	**Clément**	**Pauline et Zoé**
en juin	• rester chez elle • travailler • gagner de l'argent	• acheter une tente • partir à la campagne • faire du camping	• faire un voyage en Amérique • arriver à New York • monter à la statue de la Liberté
en juillet	• partir en vacances • aller à la mer • nager	• faire du VTT • tomber dans un ravin • rester dix jours à l'hôpital	• louer une voiture • voyager avec des copines • visiter l'Ouest
en août	• rendre visite à des amies • sortir avec elles • rentrer chez elle	• rentrer chez lui • étudier • retourner à l'université	• aller dans l'Arizona • descendre dans le Grand Canyon • rentrer chez elles

11 Un séjour à Paris

Marie-Cécile, une jeune fille suisse, a passé quelques jours à Paris. Regardez son journal. Posez des questions à votre partenaire sur son séjour.

❊ quel jour / arriver à Paris?
— ***Quel jour est-ce que Marie-Cécile est arrivée à Paris?***
— ***Elle est arrivée le jeudi 18 juin.***

1. quel jour / partir de Paris?
2. combien de jours / rester à Paris?
3. comment / arriver à Paris?
4. comment / partir?
5. dans quel hôtel / descendre?
6. quel jour / monter à la Tour Eiffel?
7. quel musée / visiter?
8. où / acheter des vêtements?
9. combien d'argent / dépenser?
10. quel jour / dîner à l'Hippopotame?
11. avec qui / dîner samedi?
12. où / aller avec lui?

jeudi 18 juin	arriver - gare de Lyon, 11h30 hôtel Esmeralda visite du Louvre dîner à l'Hippopotame
vendredi 19 juin	matin: visite du musée Picasso midi: rendez-vous avec Claudine cinéma soir: dîner chez Claudine
samedi 20 juin	matin: Tour Eiffel après-midi: Bon Marché pantalon, 2 chemises (60 €) soir: dîner avec Marc, discothèque
dimanche 21 juin	départ - aéroport d'Orly 10h45

12 Un voyage

Demandez à votre partenaire de décrire un voyage (réel ou imaginaire). Vous pouvez utiliser les suggestions suivantes.

❊ — *Où est-ce que tu es allé(e)?*
— *Je suis allé(e) à Tahiti.*
— *Quand est-ce que tu es parti(e)?*
— ...

- où / aller?
- comment / voyager?
- quand / partir?
- combien de temps / rester là-bas?
- quels endroits / visiter?
- qu'est-ce que / faire?
- qui / rencontrer?
- de qui / faire la connaissance?
- où / sortir?
- quand / rentrer?

Vocabulaire: L'existence

la vie	*life*	**la mort**	*death*
naître (né)	*to be born*	Quand **es**-tu **né**? Je **suis né** en 1985.	
mourir (mort)	*to die*	Ma grand-mère **est morte** le 14 septembre 2002.	

→ **Naître** and **mourir** are generally used in the passé composé, which is formed with **être.**

13 Histoire de famille

Béatrice décrit la vie de ses grands-parents. Jouez le rôle de Béatrice.

❊ mon grand-père / naître en Normandie
Mon grand-père est né en Normandie.

1. ma grand-mère / naître à Paris
2. il / faire son service militaire
3. elle / aller à l'université
4. il / rencontrer ma grand-mère
5. ils / partir au Canada
6. ils / avoir deux enfants
7. ils / créer une entreprise
8. ils / faire fortune
9. ils / rentrer en France
10. ils / retourner en Normandie
11. elle / mourir l'année dernière
12. il / mourir en janvier

Gatteville-le-Phare, Normandie

C. L'emploi du passé avec *il y a*

Note the use of the expression **il y a** in the following sentences.

Paul a téléphoné **il y a** dix minutes. *Paul phoned ten minutes* ***ago.***

Émilie est rentrée **il y a** deux jours. *Émilie came back two days* ***ago.***

To indicate HOW LONG AGO an event occurred, the following construction is used:	
passé composé + **il y a** + elapsed time	Je suis allé en France **il y a dix mois.**

14 Quand?

Dites quand les personnes suivantes ont fait certaines choses.

❄ Nathalie / téléphoner / une heure
Nathalie a téléphoné il y a une heure.

1. Mélanie / rentrer / dix minutes
2. Nicolas / partir / deux heures
3. Élodie / aller au cinéma / deux jours
4. Clément / organiser une fête / une semaine
5. Thomas / aller à Québec / six mois
6. Philippe / avoir un accident / un an
7. Mlle Rémy / acheter sa voiture / deux ans
8. M. Thibaut / faire la connaissance de sa femme / dix ans

15 Mes activités

Dites quand vous avez fait les choses suivantes. (Inventez une réponse si c'est nécessaire.) Comparez vos réponses avec votre partenaire.

1. téléphoner à mes parents?
2. aller au cinéma?
3. être chez le dentiste?
4. sortir avec des copains?
5. nettoyer ma chambre?
6. faire un voyage?
7. arriver à cette université?
8. avoir mon diplôme de high school?
9. faire la connaissance de mon meilleur copain?
10. faire la connaissance de ma meilleure copine?

D. La date et l'année

HOW TO GIVE THE COMPLETE DATE

Note how dates are expressed in French and English.

Je suis né **le 24 juin 1995.**	*I was born **(on) June 24, 1995.***
Ma mère est née **le premier mai 1968.**	*My mother was born **(on) May 1, 1968.***

To express the DATE, French uses the following construction:	
le + number + month + year	le 5 [cinq] avril 2004 le 20 [vingt] mai 1985

RÉVISION
numbers: pp. 8, 24, 157
dates: p. 68

→ The first day of the month is **le premier** (abbreviated **le 1er**).

le premier juin 2012 *(on) June first, 2012*

Years from 1100 to 1999 can be expressed in two ways:	Years 2000 and after are expressed only one way:
1 960 **mille neuf cent** soixante 19 60 **dix-neuf cent** soixante [The word **cent** cannot be left out.]	2 000 **deux mille** 2 010 **deux mille dix**

16 Dates de naissance

Avec vos camarades de classe, comparez vos dates de naissance. Découvrez qui est né...

- la même *(same)* année
- le même mois
- le même jour

❊ ***Je suis né(e) le 21 décembre 1987. Et toi?***

17 Dates historiques

Faites correspondre les dates et les événements.

1. le 12/10/1492
2. le 4/7/1776
3. le 1/1/1863
4. le 7/12/1941
5. le 22/11/1963
6. le 11/9/2001

- l'attaque de Pearl Harbor
- la destruction du World Trade Center
- la déclaration de l'émancipation des esclaves
- l'assassinat de John Kennedy
- la déclaration de l'Indépendance
- l'arrivée de Colomb en Amérique

E. La place de l'adverbe au passé composé

Compare the position of the adverbs **bien, souvent,** and **beaucoup** in the PRESENT and PASSÉ COMPOSÉ.

Léa joue **bien** au tennis.	Elle a **bien** joué.
Nous voyageons **souvent.**	Nous avons **souvent** voyagé.
David ne travaille pas **beaucoup.**	Il n'a pas **beaucoup** travaillé.

When ADVERBS OF MANNER, like **bien** and **souvent,** and ADVERBS OF QUANTITY, like **beaucoup,** are used in the passé composé, the word order is:

subject + (**ne**) auxiliary verb (**pas**) + ADVERB + past participle...

J'ai **bien** dormi. Elle n'est pas **beaucoup** sortie.

ADVERBS OF TIME, like **hier** and **aujourd'hui,** and ADVERBS OF PLACE, like **ici** and **là-bas,** come AFTER the past participle.

François est rentré **hier.** Nous avons travaillé **ici.**

18 Causes et conséquences

Lisez ce que les personnes suivantes ont fait et dites si oui ou non elles ont fait les choses entre parenthèses.

❊ Les étudiants ont réussi à l'examen. (travailler beaucoup?)
Ils ont beaucoup travaillé.

1. Tu as eu un cauchemar *(nightmare)*. (dormir mal?)
2. Vous avez perdu le match. (jouer bien?)
3. Nous sommes allés dans un excellent restaurant. (dîner bien?)
4. Charlotte est fatiguée. (dormir assez?)
5. Raphaël a fait du sport. (maigrir beaucoup?)
6. Vous n'êtes jamais sortis de chez vous. (voyager peu?)
7. Tu n'as pas trouvé la solution du problème. (chercher assez?)
8. Je suis malade *(sick)*. (manger trop?)
9. Nous n'avons pas d'argent. (sortir beaucoup?)

CD2-25

Phonétique: La consonne /r/

The French letter "r" never represents the sound of the English "r".
In French, the consonant /r/ is a soft sound pronounced at the back of the throat.
To practice the French /r/, say "ah" and then clear your throat: a-ra a-ra

Répétez: pars sors dors pour jour mer faire heure
Raphaël restez rencontrez retournez
sortir partir dormir retrouver personne
J'arrive à Paris mercredi soir.

À votre tour

Compréhension orale CD2-26

Vous allez entendre plusieurs personnes décrire certaines activités. Si la personne parle de ses vacances, marquez la rangée A. Si elle parle d'un week-end, marquez la rangée B.

	1	2	3	4	5	6	7	8	9	10
A. vacances										
B. week-end										

Conversation dirigée

It's the day after spring break. Your partner has come back to school with a very nice tan.

Ask your partner . . .

- where he/she went
- how he/she traveled
- how many days he/she stayed there
- if he/she stayed in a hotel or with friends
- what he/she did
- if he/she met someone interesting (and if so, whom)
- when he/she got back

Expression libre

Décrivez un voyage que vous avez fait avec votre famille ou avec des copains. Vous pouvez décrire:

- en quelle année vous avez fait ce voyage
- où vous êtes allé(e) et où vous êtes resté(e)
- comment vous avez voyagé
- pendant combien de temps vous êtes resté(e) là-bas
- quels endroits intéressants vous avez visités
- quand vous êtes parti(e) et quand vous êtes rentré(e)

Si vous voulez, vous pouvez illustrer votre présentation avec des images.

Expression écrite

Décrivez ce que vous avez fait samedi dernier.

Samedi matin, je suis resté(e) chez moi. J'ai rangé ma chambre et après...

Samedi après-midi...

Samedi soir...

Les sorties

Les spectacles

On va...	pour...
au cinéma	**voir** *(to see)* **un film.**
au théâtre	**voir** | **une pièce de théâtre** *(play)*. **une comédie musicale.**
dans une salle de concert	**assister à** | **un concert.** **un spectacle musical.**
	écouter | **un récital.** **un groupe musical.** **un chanteur.** **une chanteuse.**
dans une salle de spectacles	**voir un spectacle de variétés** *(show)*. **écouter** | **un comédien.** **une comédienne.**

→ ***Quand on va au cinéma***

Quel film est-ce qu'on va **voir**?

On va voir *Minuit à Paris.*

Où est-ce qu'on joue ce film?

À l'Odéon.

À quelle heure est le film?

Il y a | **une première séance** *(show)* à 14 heures.
une deuxième séance à 18 heures 15

Combien coûtent les **billets** *(tickets)*?

Sept euros dix.

SALLE 3
MK2 ODEON
19/05/11 18:15
VERMEIL-NORMAL
7,10 EUR
MINUIT A PARIS
CNC 1-000703
OP-664120 SR-V006325
PCA 12:101 19/05/11 18:04

Recherches Internet

Vous êtes à Paris et vous désirez inviter un(e) ami(e) à un spectacle. Sur Internet, cherchez trois spectacles différents. Indiquez aussi l'endroit, l'heure et le prix. (Il y a beaucoup de sites que vous pouvez consulter, par exemple: **www.ticketac.com, www.sortiraparis.com** ou **www.theatreonline.com.**)

Concert de Metal-rock	Olympia	20 h 30	45 euros

© Marka/SuperStock

Le cinéma en France

Les Français adorent aller au cinéma. Ils vont voir des films français ou des films américains en version française° ou en version originale avec des sous-titres° français.

Chaque° année en février a lieu° la *Nuit des César.* Le jury donne un César au meilleur film français de l'année et aussi au meilleur acteur, à la meilleure actrice et aux meilleurs jeunes espoirs°, masculin et féminin, du cinéma français.

Fin juin, les Français célèbrent la *Fête du Cinéma.* Pendant quatre jours, ils peuvent aller au cinéma à des prix réduits°.

en version française *dubbed in French* **sous-titres** *subtitles* **Chaque** *Every* **a lieu** *takes place* **jeunes espoirs** *promising young actors* **réduits** *reduced*

À votre tour

1. Enquête

Vous faites une enquête pour le magazine français *Top-Spectacles.*
Interviewez plusieurs étudiants.
Demandez-leur...

- quel genre de spectacles ils préfèrent
- à quel spectacle ils sont allés récemment

2. Une invitation au cinéma

Vous voulez inviter votre partenaire au cinéma ce week-end. Votre partenaire accepte, mais il/elle veut savoir...

- le nom du film
- le nom du cinéma
- l'heure du film

Créez le dialogue correspondant.

Les sorties

Cinéma

→ ***Pour parler d'un film***

Quel film est-ce que tu as vu? *(Which movie did you see?)*

J'ai vu *Maxime et Julia.*

Quel genre de film est-ce?

C'est
- **une comédie.**
- **une comédie dramatique.**
- **un drame psychologique.**
- **un film d'animation.**
- **un film documentaire.**
- **un film d'aventure.**
- **un film policier** *(detective movie)*.
- **un film historique.**
- **un film de science-fiction.**
- **un film d'épouvante** *(horror movie)*.

© Fédération nationale des cinémas français

Qui est...
- **le réalisateur / la réalisatrice** *(director)*?
- **l'acteur principal?**
- **l'actrice principale?**

Comment est...
Comment as-tu trouvé...
- **l'action?**
- **le scénario** *(script)*?
- **les dialogues?**
- **la mise en scène** *(setting)*?
- **les effets spéciaux?**
- **les costumes?**

C'est		
	super	**moyen** *(so-so)*
	excellent	**médiocre**
	bon	**mauvais**
	pas mal	**nul** *(of no interest)*

Courtesy of Académie des Arts et Techniques du Cinéma

Quelle est ton opinion générale sur ce film?

Le film **vaut** *(is worth)*...

★ une étoile ★★★★★ cinq étoiles

Bon Voyage

Réalisateur: Jean-Paul Rappeneau
avec Isabelle Adjani
Gérard Depardieu
et Virginie Ledoyen
Yvan Attal
Peter Coyote

Résumé: L'action a lieu° au printemps 1940. L'armée allemande entre en France. Une actrice, un homme politique° et une étudiante quittent Paris pour des raisons diverses...

a lieu *takes place* **homme politique** *politician*

À votre tour

1. Débats

En classe, choisissez un film populaire récent. Divisez la classe en deux groupes:

- ceux qui ont aimé
- ceux qui n'ont pas aimé

Chaque groupe va donner son opinion sur les différents éléments du film.

Quelques films français

- *Des Hommes et des Dieux*
- *Coco avant Chanel*
- *La Môme (La Vie en Rose)*
- *Les Choristes*
- *Adèle H*
- *Un long dimanche de fiançailles*
- *Le Fabuleux Destin d'Amélie Poulain*

2. Un film français

En groupes de deux ou trois, regardez un film français. Puis faites une présentation générale de ce film en classe.

- le nom et le genre du film
- les acteurs principaux
- le scénario
  Où a lieu le film? à quelle époque?
  Qui sont les protagonistes principaux?
  Quelle est l'action principale?
- le nombre d'étoiles que vous donnez au film

Avant de lire
Quelles provinces françaises connaissez-vous?
Qu'est-ce que vous savez de ces provinces?

Les régions françaises

Les régions de France

La France est divisée° administrativement en 96 départements regroupés en 22 grandes régions. Ces régions correspondent plus ou moins° aux anciennes° provinces royales. Chaque° région a une identité caractérisée par sa géographie, son histoire, son économie, son architecture et ses traditions.

Un peu d'histoire

À l'origine, la France était° un petit royaume° centré sur la région de Paris. Cette région était habitée par une tribu germanique, les Francs, qui ont donné leur nom au pays°.

Au cours des siècles°, la France s'est progressivement agrandie° par l'acquisition pacifique des provinces environnantes°. Soumises à° l'autorité royale, ces provinces conservaient cependant une grande autonomie culturelle. Chacune° avait° sa langue, ses coutumes° et son mode de vie°.

La Révolution française (1789–1799) a aboli° la monarchie et divisé les provinces en départements. Elle a aussi uniformisé les institutions et généralisé l'usage de la langue française dans tout le° pays. Malgré° cet effort de centralisation, les différences locales n'ont pas complètement disparu°. Elles font aujourd'hui l'originalité de chaque région.

Quelques provinces

(et leur date de rattachement à la France)

- la Provence (15e siècle)
- la Bretagne (16e siècle)
- la Bourgogne (16e siècle)
- l'Alsace (17e siècle)
- la Lorraine (18e siècle)
- la Savoie (19e siècle)

divisée *divided* **plus ou moins** *more or less* **anciennes** *former* **Chaque** *Each* **était** *was* **royaume** *kingdom* **pays** *country* **Au cours des siècles** *Across the centuries* **s'est... agrandie** *increased in size* **environnantes** *neighboring* **Soumises à** *Subjected to* **Chacune** *Each one* **avait** *had* **coutumes** *customs* **vie** *life* **a aboli** *abolished* **tout le** *the entire* **Malgré** *In spite of* **disparu** *disappeared*

La Normandie

Cette province, située sur l'Atlantique, a une histoire riche et complexe. Au neuvième siècle, la Normandie a été occupée par les Vikings qui ont adopté le christianisme et les coutumes° françaises. Au onzième siècle, un duc de Normandie, Guillaume le Conquérant°, a conquis° l'Angleterre et introduit° la langue française dans ce pays°. Au dix-huitième siècle, beaucoup de Normands ont émigré au Canada et introduit le français en Amérique du Nord.

Le 6 juin 1944 *(D-Day)*, les troupes américaines ont débarqué sur les plages d'Omaha et de Utah pour libérer la France de l'occupation allemande. Aujourd'hui ces plages attirent° beaucoup de touristes venus rendre hommage au sacrifice de ces soldats américains. Une autre manifestation de l'amitié franco-américaine est le Festival de Cinéma américain qui a lieu° chaque° année à Deauville, une station balnéaire° très populaire.

L'Abbaye du Mont-Saint-Michel

Le port de Honfleur. C'est de ce port qu'est parti Samuel de Champlain, le fondateur de Québec.

La tapisserie de Bayeux raconte la conquête de l'Angleterre par Guillaume, duc de Normandie.

Après la lecture

Qu'est-ce que vous avez appris sur les anciennes provinces françaises?

Recherches Internet

- Informez-vous sur D-Day et la bataille de Normandie.
- Visitez le site du Cimetière Américain de Normandie: www.abmc.gov/no.htm

coutumes *customs* **Guillaume le Conquérant** *William the Conqueror* **a conquis** *conquered* **introduit** *introduced* **pays** *country* **attirent** *attract* **a lieu** *takes place* **chaque** *each* **station balnéaire** *seaside resort*

Avant de lire
Connaissez-vous les provinces mentionnées ici? Qu'est-ce que vous savez d'elles?

La Provence

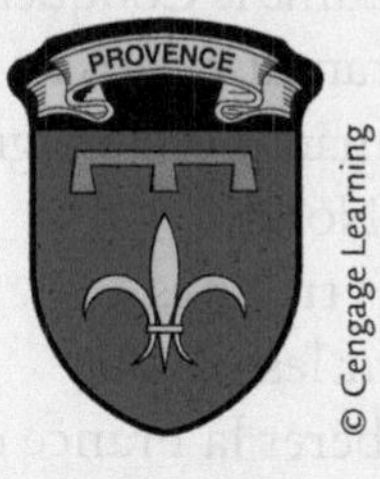

Au premier siècle, la Provence était° la province la plus riche° de l'empire romain. Au dix-neuvième siècle, son climat doux° a attiré° les touristes venus d'Angleterre et de Russie. La luminosité de ses paysages a inspiré de nombreux° artistes: Cézanne, Van Gogh, Matisse et Picasso.

Aujourd'hui la Provence a des vocations multiples: tourisme sur la Côte d'Azur°, haute technologie avec le centre scientifique de Sophia Antipolis, vie° culturelle avec les nombreux festivals: Festival du Cinéma de Cannes, Festival du Théâtre à Avignon, Festival du Jazz à Juan-les-Pins...

Une spécialité provençale: la bouillabaisse

La bouillabaisse est une soupe de poissons° avec des tomates, des épices° et de l'ail°.

La Touraine

Au seizième siècle, les rois° de France ont choisi la Touraine comme° lieu° de résidence. Ils y ont construit° de magnifiques châteaux, agrémentés° de jardins bien ordonnés° «à la française». Le roi François Ier était un patron des arts et des lettres. Il a attiré en Touraine l'artiste italien Léonard de Vinci à qui° il a acheté la fameuse *Mona Lisa*.

Aujourd'hui les touristes peuvent visiter ces châteaux. Le soir ils peuvent aussi assister aux spectacles «Son et Lumière°» qui évoquent en paroles° et en musique les splendeurs du passé°.

Le château de Villandry et ses jardins

Une spécialité tourangelle: les rillettes

Les rillettes sont une sorte de pâté à base de porc. Avec les rillettes on peut faire des sandwichs délicieux.

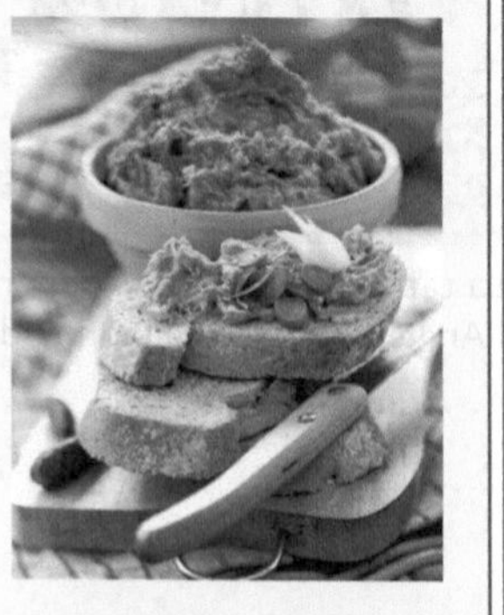

était *was* **la plus riche** *the richest* **doux** *gentle* **a attiré** *attracted* **de nombreux** *numerous* **Côte d'Azur** *Riviera* **vie** *life* **poissons** *fish, seafood* **épices** *spices* **ail** *garlic* **rois** *kings* **comme** *as* **lieu** *place* **y ont construit** *built there* **agrémentés** *rendered more beautiful* **bien ordonnés** *formal* **à qui** *from whom* **Son et Lumière** *sound and light* **paroles** *words* **passé** *past*

L'Alsace

Dans son histoire, l'Alsace a été tour à tour° allemande et française. Le passé° germanique de cette province se manifeste° dans l'architecture de ses maisons, dans sa langue alsacienne et dans sa cuisine riche et variée.

À cause° de sa situation° centrale, l'Alsace a aujourd'hui une vocation européenne. Sa capitale Strasbourg est le siège° du Parlement européen et de l'Institut international des droits° de l'homme.

Une maison alsacienne à colombages°

Le village de Bergheim avec ses vignobles

Une spécialité alsacienne: la choucroute garnie

La choucroute° alsacienne est un plat de choucroute accompagnée de jambon fumé°, de saucisses°, de lard° et de pommes de terre°.

Après la lecture

Quelle région aimeriez-vous visiter? Pourquoi?

Recherches Internet

Faites des recherches supplémentaires sur une province de votre choix:

- climat et géographie
- monuments historiques
- choses à faire

---

tour à tour *alternately* **passé** *past* **se manifeste** *is evident* **À cause de** *Because of* **situation** *location* **siège** *seat* **droits** *rights* **colombages** *half-timbers* **cadeau** *gift* **construit** *built* **choucroute** *sauerkraut* **jambon fumé** *smoked ham* **saucisses** *sausages* **lard** *bacon slabs* **pommes de terre** *potatoes*

Avant de lire
Quels sont les vins et fromages français que vous connaissez?

La carte des vins...

La France est un important producteur de vin. Les meilleurs° vins viennent des régions où les conditions naturelles sont les plus° favorables à la culture de la vigne°: Bordeaux, Bourgogne, Champagne, Alsace, Rhône, Touraine, Provence, etc.

Les vins de chaque° région ont des caractéristiques distinctives car° ils sont produits° avec des cépages° et suivant° des méthodes spécifiques à cette région. Les grands vins portent° le nom de la localité où ils sont produits, par exemple, Chablis en Bourgogne ou Vouvray en Touraine.

Les régions et leurs vins

Région	Type de vin	Cépages principaux
Bourgogne	vins rouges vins blancs	pinot noir chardonnay
Bordeaux	vins rouges vins blancs	cabernet sauvignon, merlot sauvignon blanc
Alsace	vins blancs	riesling, gewürztraminer
Champagne	vins blancs	chardonnay, pinot noir
Touraine	vins blancs	chenin blanc
Rhône (nord) (sud)	vins rouges vins rouges	syrah grenache

meilleurs *best* **plus** *most* **culture de la vigne** *wine growing* **chaque** *each* **car** *because* **produits** *produced* **cépages** *grape varieties* **suivant** *according to* **portent** *bear*

... et des fromages

Il y a plus de° quatre cents (400) variétés de fromages français. Comme° pour les vins, chaque° région produit° ses spécialités de fromages. Ces fromages se distinguent° par leur forme (ronde, carrée°, rectangulaire, conique ou pyramidale), leur consistance (pâte molle° ou pâte dure°) et par leur procédé° de fabrication. Chacun° a sa saveur particulière.

Les facteurs de qualité d'un vin

1. **l'origine géographique**
   Les conditions naturelles d'une localité ou *terroir* (composition du sol°, exposition au soleil°, climat) déterminent les caractéristiques du vin.
2. **l'année (ou millésime)**
   Les conditions climatiques influencent la qualité du raisin°.
3. **le producteur**
   Son *savoir-faire* et sa compétence sont des éléments indispensables.

Comment lire° une étiquette°

1 → ALSACE
Les Vieilles Vignes de Sylvaner
Alsace
2 → 2010
DOMAINE
3 → OSTERTAG
750 ML

Après la lecture
Quelles sont les choses les plus intéressantes que vous avez apprises sur les fromages français?

Recherches Internet
Faites une liste de dix autres fromages français. De quelles régions viennent-ils?

---

plus de *more than* **Comme** *As* **chaque** *each* **produit** *produces* **se distinguent** *are distinguished* **carrée** *square* **pâte molle** *soft cheese* **pâte dure** *hard cheese* **procédé** *means* **Chacun** *Each one* **sol** *soil* **soleil** *sun* **raisin** *grape* **lire** *to read* **étiquette** *label*

Bon appétit!

UNITÉ 6

Leçon 16: Un grand gourmand

Leçon 17: Petit déjeuner du matin

Leçon 18: L'anniversaire de Charlotte

Rencontres francophones
Print out an authentic French menu from the Internet. (Go to **www.google.fr** and search under **menu restaurant français.**) Share your menu with a classmate and decide what dishes you would like to sample.

LEÇON 16 Un grand gourmand

OBJECTIVES
- To indicate for how long certain activities have been going on
- To describe recent events
- To talk about cities and countries

© Cemark/Shutterstock.com

CD2-27

Emma a un job d'été. Elle travaille pour le ***Syndicat d'Initiative*** *de Tours. Cette semaine, elle fait une* ***enquête*** *sur le tourisme en Touraine. Aujourd'hui, elle parle avec un jeune couple de touristes étrangers.*

EMMA:	Bonjour! De quel **pays venez**-vous?	*country / come*
LUI:	Nous sommes **hollandais**.	*Dutch*
ELLE:	Nous venons d'Amsterdam.	
EMMA:	C'est la première **fois** que vous venez en France?	*time*
LUI:	Non, nous venons **tous les étés**. Cette année nous avons décidé de visiter la Touraine.	*every summer*
EMMA:	Qu'est-ce que vous faites **pendant** votre voyage?	*during*
ELLE:	Eh bien, nous visitons les châteaux de la Loire. Nous venons de visiter le château d'Amboise. Demain, nous allons visiter le château de Chenonceau.	
EMMA:	Pourquoi avez-vous choisi de **venir** en Touraine?	*to come*
ELLE:	C'est une belle région avec beaucoup de monuments historiques. J'adore l'histoire.	
EMMA:	Et vous, **vous vous intéressez** aussi à l'histoire de France?	*are you interested*
LUI:	Euh... Pas spécialement. Mais j'adore la cuisine française... les bons **vins**, les **fromages**, les spécialités régionales. Nous n'avons pas **ça** chez nous.	*wines* / *cheeses / that*
EMMA:	Je vois, vous êtes un fin gourmet*.	
ELLE:	Ou plutôt un grand gourmand**!	

Side glosses: *tourist office* (Syndicat d'Initiative); *survery* (enquête)

* **Un fin gourmet** est une personne qui apprécie les qualités de la bonne cuisine.
** **Un grand gourmand** est une personne qui adore manger et qui mange beaucoup.

À propos du texte

1. Quelle est la nationalité des deux touristes?
2. Quelle région de France visitent-ils?
3. Qu'est-ce qu'ils font pendant leur voyage?
4. Qu'est-ce que la jeune femme aime?
5. Qu'est-ce que le jeune homme aime?

Note culturelle

L'art de manger à la française CD2-28

La France est le pays de la «gastronomie». Les Français pratiquent et cultivent l'art de bien manger. Pour eux, la bonne cuisine est un aspect très important de la culture. Aujourd'hui la cuisine française a une réputation internationale. En quoi consiste l'art de manger à la française? Voici quelques principes.

- **La qualité est plus importante que la quantité.** Bien manger est le contraire de beaucoup manger. La qualité des aliments° et l'harmonie des saveurs° sont les ingrédients essentiels d'un bon repas.
- **Un repas est un événement° organisé.** Les plats° sont servis dans un ordre prédéterminé. Pour apprécier la saveur individuelle des éléments, on mange séparément la viande°, les légumes° et la salade.
- **Un repas est une expérience esthétique.** Une bonne table doit être aussi une belle table. La présentation des plats et la décoration de la table sont des éléments indispensables à la qualité d'un repas.
- **Un repas est un acte social et convivial.**

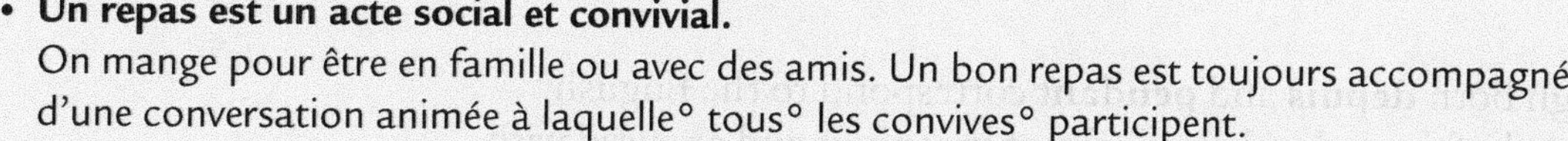

On mange pour être en famille ou avec des amis. Un bon repas est toujours accompagné d'une conversation animée à laquelle° tous° les convives° participent.

À votre avis

1. Quelles différences voyez-vous entre la conception d'un repas français et d'un repas américain?
2. Quelle conception préférez-vous? Pourquoi?

aliments *foods* **saveurs** *flavors* **événement** *event* **plats** *dishes* **viande** *meat* **légumes** *vegetables* **à laquelle** *in which* **tous** *all* **convives** *guests*

A. Le présent avec *depuis*

TO DESCRIBE HOW LONG ACTIONS HAVE BEEN GOING ON

The following sentences describe HOW LONG or SINCE WHEN certain actions HAVE BEEN GOING ON. Compare the use of verbs in French and English.

Nous **voyageons depuis** un mois.	*We **have been traveling for** a month.*
Je **visite** Tours **depuis** deux jours.	*I **have been visiting** Tours **for** two days.*
Léa **habite** à Paris **depuis** mai.	*Léa **has been living** in Paris **since** May.*
Nous **sommes** ici **depuis** ce matin.	*We **have been** here **since** this morning.*

To describe what people have been doing SINCE a certain point in time or FOR a certain period of time, French uses the construction:

PRESENT + **depuis** +	DURATION of activity	Je **suis** à Tours **depuis un mois.**
	STARTING POINT in time	Je **suis** à Tours **depuis le 2 juin.**

→ Note the corresponding interrogative expressions.

Depuis quand...?	*Since when . . . ?*	— **Depuis quand** voyagez-vous? — Depuis septembre.
Depuis combien de temps...?	*For how long . . . ?*	— **Depuis combien de temps** habites-tu ici? — Depuis deux ans.

→ Although both **depuis** and **pendant** correspond to the English *for (+ length of time)*, they have different meanings and are used with different tenses. Compare:

Pierre **habite** à Tours **depuis** deux ans.	*Pierre **has been living** in Tours **for** two years. (The action is continuing: he still lives there.)*
Léa **a habité** à Tours **pendant** deux ans.	*Léa **lived** in Tours **for** two years. (The action ended in the past: she no longer lives there.)*

1 En France

Ces étudiants américains sont en France. Dites depuis quand ils font certaines choses.

❊ Robert / habiter à Paris / septembre
Robert habite à Paris depuis septembre.

1. Julie / habiter à Toulouse / le 3 mai
2. nous / étudier à l'Alliance française / octobre
3. Charlotte et Claire / louer un appartement à Paris / le 15 novembre
4. vous / étudier le français / le mois d'octobre
5. moi / travailler pour une agence de voyages / le printemps
6. Barbara / sortir avec un copain français / juin dernier
7. toi / déjeuner au restaurant universitaire / janvier

Expressions pour la conversation

to introduce a question

Dites,...	*Say . . .*	**Dites**, où est-ce que vous habitez?
Dis donc,...	*Say . . . , Hey . . .*	**Dis donc,** où est-ce que tu habites?

2 Dis donc,...

Demandez à votre partenaire depuis combien de temps il/elle fait les choses suivantes. (Si c'est nécessaire, inventez une réponse.)

❊ être à l'université
— Dis donc, depuis combien de temps es-tu à l'université?
— Je suis à l'université depuis deux ans (six mois...).

1. habiter dans cette ville
2. étudier le français
3. avoir un ordinateur
4. avoir l'âge de voter
5. avoir ton diplôme de high school
6. avoir une voiture
7. être dans la salle de classe *(classroom)*
8. faire cet exercice

3 Quelle expression?

Complétez les phrases avec pendant ou depuis.

1. Nous voyageons en France ____ le 15 juin. Nous sommes restés à Paris ____ une semaine.
2. J'ai voyagé en Europe ____ une semaine. Je suis chez moi ____ mardi.
3. Éric et David sont au gymnase ____ dix heures. Ils ont joué au basket ____ une heure.
4. Martine est au café ____ ce matin. Elle a attendu Pierre ____ vingt minutes.
5. Patrick a fait la connaissance d'Isabelle ____ les vacances. Il sort avec elle ____ avril.
6. Il a fait beau ____ cinq jours. Il pleut ____ hier.

B. Le verbe *venir*

The verb **venir** *(to come)* is irregular.

infinitive	**venir**	Quand vont-ils **venir**?
present	je **viens**	Je **viens** de France.
	tu **viens**	Tu **viens** avec nous?
	il/elle/on **vient**	Mon copain **vient** chez moi pour dîner.
	nous **venons**	Nous **venons** de chez un ami.
	vous **venez**	Vous **venez** à midi, n'est-ce pas?
	ils/elles **viennent**	Elles **viennent** au café avec nous.
passé composé	je **suis** **venu(e)**	Elles **sont venues** avec leurs amis.

PRONONCIATION
viens /vjɛ̃/
venons /vənɔ̃/
viennent /vjɛn/

→ The passé composé of **venir** is conjugated with **être.**

→ Note the interrogative expression:

D'où...? *From where . . . ?* **D'où** venez-vous?

Verbes conjugués comme *venir*

venir	*to come*	Thomas **vient** demain. Ses cousins **sont venus** hier.
devenir	*to become*	Avec l'âge, on **devient** plus patient. Cet artiste **est devenu** riche et célèbre *(famous)*.
revenir	*to come back*	Quand est-ce que tu **reviens**? Quand est-ce que ta tante **est revenue** de Paris?

→ After **devenir,** nouns designating professions are generally used WITHOUT **un** or **une** (except when these nouns are modified by an adjective).

Après l'université, Céline est devenue **avocate.** *After college, Céline became **a lawyer.***

4 La conférence internationale

Les étudiants suivants participent à une conférence internationale. Donnez leur nationalité et leur ville d'origine.

❊ Charlotte (française / Marseille)
Charlotte est française. Elle vient de Marseille.

Le Château d'If devant le port de Marseille

© Boris Stroujko/Shutterstock.com

1. Luis et Carlos (mexicains / Puebla)
2. nous (américains / San Francisco)
3. ces étudiants (indiens / New Delhi)
4. ces étudiantes (suisses / Genève)
5. vous (japonais / Tokyo)
6. moi (canadien / Québec)
7. toi (anglais / Londres)
8. Boris (russe / Moscou)

5 Après l'université

Dites ce que les personnes suivantes sont devenues après l'université.

❊ Delphine / architecte
Delphine est devenue architecte.

1. nous / photographes
2. vous / interprète
3. Cécile / actrice
4. ces étudiants / journalistes
5. moi / professeur de français
6. toi / pianiste
7. Alice et Mélanie / femmes d'affaires *(businesswomen)*
8. Jean-Claude / pharmacien

6 Et vous?

1. De quelle ville venez-vous?
2. D'où vient votre père? votre mère? votre meilleur ami? votre meilleure amie?
3. Est-ce que vos amis viennent souvent chez vous? Quand? Pourquoi?
4. Est-ce que le français devient plus facile pour vous?
5. Depuis que vous êtes à l'université, est-ce que vous devenez plus patient(e)? plus libéral(e)? plus indépendant(e)? plus tolérant(e)? plus optimiste? plus réaliste?
6. Avez-vous l'intention de revenir à cette université l'année prochaine?

C. Le passé récent avec *venir de*

TO TALK ABOUT RECENT ACTIVITIES

The following sentences describe events or actions that HAVE JUST TAKEN PLACE.
Note how this is expressed in French.

Charlotte **vient de téléphoner.**	*Charlotte **(has) just called.***
Nous **venons de rentrer.**	*We **just came (have just come) back.***
Tes amis **viennent de partir.**	*Your friends **(have) just left.***

To express an action or event that has just happened in the RECENT PAST, French uses the following construction:

present tense of **venir** + **de** + INFINITIVE	Je **viens de finir** ce livre. Mon copain **vient d'**acheter une moto.

ÉLISION
de → d'

7 D'où reviennent-ils?

Dites d'où reviennent les personnes suivantes et ce qu'elles viennent de faire. Faites des phrases logiques avec les éléments des colonnes A et B.

❊ Julie ***Julie revient de la bibliothèque. Elle vient d'étudier.***

1. Pierre
2. nous
3. vous
4. mes copains
5. Nicole et Laure
6. toi
7. Mme Prévost
8. M. Duval
9. moi

A	B
la piscine	dîner
le restaurant	étudier
la bibliothèque	nager
le supermarché	jouer au foot
le bureau	travailler
la poste	voir *(to see)* un film
le stade	acheter des fruits
le magasin de vêtements	acheter une chemise
le cinéma	envoyer une lettre

8 Trop tard! *(Too late!)*

Vous téléphonez à votre partenaire pour savoir si *(to find out if)* vos amis sont avec lui/elle. Il/Elle répond négativement et explique pourquoi.

❊ Céline (sortir)
—Allô! Est-ce que Céline est avec toi?
—Non, elle n'est pas ici. Elle vient de sortir.

1. Pauline (partir)
2. Élodie (aller au cinéma)
3. Nicolas (aller au gymnase)
4. Zoé (téléphoner d'un café)
5. Thomas (sortir avec des copains)
6. Antoine (quitter l'appartement)
7. Éric et Pierre (partir pour la bibliothèque)
8. Léa et Mathilde (sortir avec Marc)

9 Pourquoi?

Demandez à vos camarades pourquoi ils se sentent ainsi *(feel the way they do)*. Ils vont répondre avec la réponse suggérée ou une réponse de leur choix.

❊ ***— Pourquoi es-tu triste?***
— Je viens d'avoir une dispute avec mon copain.
ou ***— Je viens d'avoir un «C» à l'examen de maths.***

POURQUOI?	PARCE QUE...
• triste	• avoir une dispute avec un copain
• content(e)	• réussir à l'examen de...
• fatigué(e)	• jouer au tennis
• heureux (heureuse)	• gagner à la loterie
• de bonne humeur *(in a good mood)*	• téléphoner à mon copain
• de mauvaise humeur	• perdre mon portefeuille *(wallet)*

D. L'article défini avec les noms géographiques

TO TALK ABOUT PLACE NAMES

Note the use of the definite article with geographical names.

Paris est la capitale de **la France.**
Le Texas est un état *(state)* américain.
Nous allons visiter **le Portugal** en août.
Béatrice va faire du ski dans **les Alpes.**

The DEFINITE ARTICLE is used to introduce most GEOGRAPHICAL NAMES: continents, countries, states, provinces, rivers, mountains, etc.

le/la/les + geographical name	**l'**Amérique	**l'**Europe
	le Canada	**l'**Ontario
	la France	**la** Touraine
	la Seine	**le** Mississippi
	les Alpes	**le** lac Huron

→ The names of a few countries, especially island countries, are used without articles.

Israël, Cuba, Porto Rico, Tahiti, Madagascar

→ The definite article is NOT used with cities, unless the article is part of their name.

Paris, New York BUT **Le Havre, Le Caire** *(Cairo)*, **La Nouvelle-Orléans, La Havane**

Vocabulaire: Pays et nationalités

le monde	*world*	**une région**	
un continent		**une province**	
un pays	*country*	**une nationalité**	
un état	*state*	**une langue**	*language*

Les directions

le nord

l'ouest 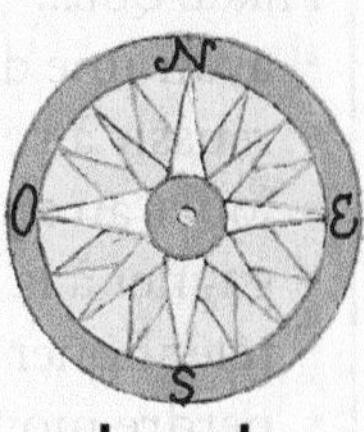 **l'est**

le sud

l'Europe	**européen**	**l'Amérique**	**américain**
l'Allemagne	**allemand**	**le Canada**	**canadien**
l'Angleterre	**anglais**	**les États-Unis**	**américain**
la Belgique	**belge**	**le Mexique**	**mexicain**
l'Espagne	**espagnol**		
la France	**français**	**Cuba**	**cubain**
la Hollande	**hollandais**		
l'Irlande	**irlandais**	**l'Asie**	**asiatique**
l'Italie	**italien**	**la Chine**	**chinois**
le Portugal	**portugais**	**la Corée**	**coréen**
la Russie	**russe**	**le Japon**	**japonais**
la Suisse	**suisse**	**l'Inde**	**indien**
		le Vietnam	**vietnamien**
l'Afrique	**africain**		
le Maroc	**marocain**	**le Moyen-Orient**	
l'Égypte	**égyptien**	**Israël**	**israélien**
le Sénégal	**sénégalais**	**le Liban**	**libanais**
		la Palestine	**palestinien**
l'Australie	**australien**		

→ The gender of a country or state is indicated by its ending.

FEMININE: ending in **-e**	
la Chine	**la** Floride
la Suisse	**la** Californie

MASCULINE: not ending in **-e**	
le Japon	**le** Colorado
le Brésil	**le** Texas

EXCEPTIONS: **le** Mexique **le** Maine **le** New Hampshire **le** Tennessee

→ Names of languages are MASCULINE and are NOT capitalized.

Le français et **l'espagnol** sont des langues d'origine latine.

10 Tourisme

Faites une liste, par ordre de préférence, de cinq pays que vous voudriez visiter. Comparez votre liste avec votre partenaire.

Je voudrais visiter...
1.
2.
3.
4.
5.

11 Préférences

Complétez les phrases avec un adjectif de nationalité.

1. J'aime la cuisine...
2. Je dîne souvent dans un restaurant...
3. Je voudrais avoir une voiture...
4. Je voudrais avoir des copains...
5. J'aime l'art...
6. J'aime la musique...

12 En voyage

Les personnes suivantes ont voyagé cet été. Utilisez les renseignements *(information)* suivants et dites quel pays chaque personne a visité.

❋ Julien a fait une croisière *(cruise)* sur le Nil.
Il a visité l'Égypte.

1. Nous avons fait un film d'une corrida *(bullfight)*.
2. Vous avez fait une promenade sur la Grande Muraille *(Great Wall)*.
3. Thomas a acheté un CD de musique mariachi.
4. Sarah a visité la basilique Saint-Pierre à Rome.
5. Antoine et Vincent ont acheté des cartes postales de Berlin.
6. J'ai fait du rafting dans le Colorado.
7. Tu as visité le Kremlin.
8. Julie et Aurélie ont visité les temples bouddhistes à Kyoto.

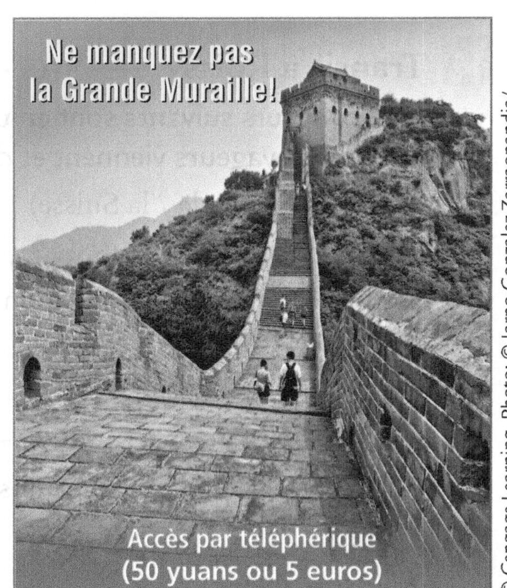

Ne manquez pas
la Grande Muraille!
Accès par téléphérique
(50 yuans ou 5 euros)

13 Et vous?

1. Dans quelle région des États-Unis habitez-vous?
2. Comment s'appelle l'état où vous habitez? Quelle est sa capitale?
3. Comment s'appelle l'état où vous êtes né(e)?
4. Quels états avez-vous visités?
5. Quel état préférez-vous? Pourquoi?

À noter

Some state names that end in **-a** in English end in **-e** in French and are feminine.

la Californie, la Caroline du Nord, la Caroline du Sud, la Floride, la Géorgie, la Louisiane, la Pennsylvanie, la Virginie, la Virginie de l'Ouest

Other state names in **-a** retain their English spelling and are masculine.

l'Alabama, l'Alaska, l'Arizona, le Dakota du Nord, le Dakota du Sud, l'Indiana, l'Iowa, le Minnesota, le Montana, le Nebraska, le Nevada, l'Oklahoma

E. L'emploi des prépositions avec les noms géographiques

The prepositions **à**, **en**, and **de** are used with place names to express movement and location.

	city	feminine place name	masculine place name	plural place name
	J'aime Paris.	J'aime **la** France.	J'aime **le** Canada.	J'aime **les** États-Unis.
to	Je vais **à** Paris.	Je vais **en** France.	Je vais **au** Canada.	Je vais **aux** États-Unis.
in	Je suis **à** Paris.	Je suis **en** France.	Je suis **au** Canada.	Je suis **aux** États-Unis.
from	Je viens **de** Paris.	Je viens **de** France.	Je viens **du** Canada.	Je viens **des** États-Unis.

→ With masculine US states, **dans le** is often used instead of **au** to express location.

Mon cousin habite **dans le** Vermont. Mes amis vont **dans le** Colorado.

→ Note how French distinguishes between cities and states having the same name.

Je suis **à** New York. Albany est **dans l'état de** New York.
Tu habites **à** Washington. Mon cousin habite **dans l'état de** Washington.

14 Transit à Roissy

Les voyageurs suivants sont en transit à l'aéroport de Paris-Charles de Gaulle. Dites de quels pays ces voyageurs viennent et dans quels pays ils vont.

❊ Paul (le Canada / la Suisse) ***Paul vient du Canada. Il va en Suisse.***

1. nous (le Sénégal / le Canada)
2. vous (les Bermudes / le Japon)
3. Silvia (l'Italie / la Belgique)
4. Jacqueline (le Portugal / l'Angleterre)
5. François (la Suisse / les États-Unis)
6. Bob et Bill (les États-Unis / l'Allemagne)

15 Expression personnelle

Complétez les phrases suivantes avec le nom d'un pays. Utilisez la préposition qui convient.

1. J'habite...
2. Je suis allé(e)...
3. Je ne suis jamais allé(e)...
4. Je voudrais passer les vacances...
5. Je voudrais travailler...
6. J'ai envie de faire un voyage...

CD2-29

Phonétique: La lettre «h»

In French, unlike English, the letter "h" is always silent.

- *le «h muet»:* Most words that begin with "h" are treated as if they began with a vowel sound. Before a "mute h," elision and liaison are required.

  Répétez: l'homme un‿homme des‿hommes l'histoire j'habite
  En‿hiver, nous‿habitons à l'hôtel.

- *le «h aspiré»:* Some words that begin with "h" are treated as if they began with a consonant sound. Before an "aspirate h" there is never elision or liaison.*

  Répétez: la Hollande les×Hollandais un×héros le hockey le huit
  Les×Hollandais jouent au hockey le huit octobre.

* Words with an "aspirate h" are marked in the end vocabulary with an asterisk.

Compréhension orale CD2-30

Vous allez entendre neuf phrases. Chaque phrase contient le nom d'un pays. Marquez le continent où ce pays se trouve *(is located)*.

	❄	1	2	3	4	5	6	7	8	9
A. l'Europe	✓									
B. l'Asie										
C. les Amériques										

Conversation dirigée

Last August your friend traveled around Europe on a Eurailpass. Since you are going to Europe this July, you would like to know more about your friend's trip.

Ask your partner . . .

- in which country he/she started **(commencer)** his/her trip
- which countries he/she visited
- if he/she went to Spain and to Portugal
- which countries he/she preferred
- when he/she came back to the United States

Expression libre

Cet été vous allez faire un voyage autour *(around)* du monde avec votre partenaire, mais chacun *(each one)* va proposer un itinéraire différent.

D'abord (*First*), préparez votre itinéraire. Mentionnez:

- quels pays vous allez visiter
- pourquoi vous avez choisi ces pays
- ce que vous allez faire dans chaque pays

Comparez votre itinéraire avec votre partenaire. Puis *(Then)*, décidez quel va être votre itinéraire définitif.

Expression écrite

Imaginez que vous visitez l'Europe avec un Eurailpass. Écrivez une carte postale à un ami où vous décrivez *(describe)* ce que vous venez de faire cette semaine.

LEÇON 17 Petit déjeuner du matin

OBJECTIVES

- To discuss foods and beverages
- To talk about portions and servings

© Corbis

CD2-31

*Le **petit déjeuner** est le premier **repas** de la journée. Il **fournit** l'énergie nécessaire aux activités du matin. Il doit donc être nutritif et **équilibré**. **Plusieurs** jeunes Français **décrivent** leur petit déjeuner.*

breakfast / meal / provides
balanced / Several
describe

Antoine (19 ans)

Chez nous, le petit déjeuner est très classique. On **mange** du **pain** avec du **beurre** et de la **confiture** et on **boit** du café avec du **lait** et du **sucre**. Le dimanche, on mange **parfois** des croissants... si **quelqu'un se lève** pour aller à la **boulangerie**.

eat / bread
butter / jam / drink / milk
sugar / sometimes
someone / gets up / bakery

Eva (17 ans)

Je **prends** un petit déjeuner «à l'américaine». Je commence par du **jus** d'orange et **ensuite** je mange des céréales avec du lait ou du yaourt. Avec ça, je bois du café noir ou du **thé**.

have / juice
then
tea

Émilie (25 ans)

Moi, je **fais attention** aux calories. Alors, mon petit déjeuner est assez **léger**. Je prends du yaourt **nature** et je mange un fruit. **En général**, c'est un kiwi ou une orange. Parfois je mange de la **compote de pomme**. Et comme **boisson**, je bois du thé **sans** sucre.

pay attention / light
plain / Generally
applesauce / beverage
without

Thomas (15 ans)

Le petit déjeuner est mon repas préféré. Je **prends** du chocolat chaud et je mange des **tartines de pain grillé** avec du beurre et de la marmelade. Après, je vais au lycée.

have
toast

Raphaël (18 ans)

Pour moi, ça dépend de **ce qu'**il y a dans le réfrigérateur. Parfois c'est des biscottes* avec de la confiture. Parfois, c'est du pain avec du **fromage** ou du beurre. Et je bois toujours un grand **bol** de café au lait**.

what / *cheese* / *bowl*

Nicolas (31 ans)

Je n'ai pas le **temps** de **prendre** le petit déjeuner chez moi. Parfois je vais dans un café et je **commande** des croissants avec un café-crème***.

time / to have / *order*

---

* **Biscotte:** *dried white toast (zwieback), "continental toast"*
** **Café au lait:** *half coffee, half hot milk, served at home in a high bowl or* ***bol.***
*** **Café-crème:** *espresso with hot milk, served in cafés in a small cup*

À propos du texte

1. Qu'est-ce que c'est qu'un petit déjeuner «classique»?
2. Qu'est-ce que c'est qu'un petit déjeuner «à l'américaine»?
3. Selon vous, qui a le petit déjeuner le plus nutritif? Pourquoi?
4. Qui a le petit déjeuner le moins nutritif? Pourquoi?
5. Qui a le petit déjeuner le plus comparable au vôtre *(yours)*? Pourquoi?

Note culturelle

Le petit déjeuner français CD2-32

En France, le petit déjeuner est un repas simple et léger. Il y a différentes façons° de prendre le petit déjeuner.

- La majorité des Français (51%) choisissent la formule traditionnelle: pain, beurre et confiture, café ou thé. Souvent le pain est remplacé par d'autres produits°: biscottes, croissants, viennoiseries°.
- Vingt-neuf pour cent (29%) prennent seulement une boisson chaude: café, thé ou chocolat.
- Douze pour cent (12%) — et surtout les jeunes femmes — préfèrent un petit déjeuner «équilibré°» avec fruits frais°, yaourt, muesli, eau minérale ou thé.
- Huit pour cent (8%) adoptent une formule américaine simplifiée: jus d'orange, céréales avec du lait, thé ou café.

À votre avis

1. Quelles sont les différences entre un petit déjeuner français typique et un petit déjeuner américain?
2. Quel est le petit déjeuner le plus nutritif? le plus équilibré? le moins riche en calories?
3. Quelle formule de petit déjeuner préférez-vous: la formule française ou la formule américaine?

---

façons *ways* **produits** *products* **viennoiseries** *Viennese pastries* **équilibré** *balanced* **frais** *fresh*

La langue française

Vocabulaire: Les plats

Quel est ton **plat préféré** *(favorite dish)*?
  C'est le **poulet rôti** *(roast chicken)*.

J'aime...	Je n'aime pas...
J'adore...	Je n'aime pas **tellement** *(that much)*...
Je préfère...	Je déteste...

LE MATIN

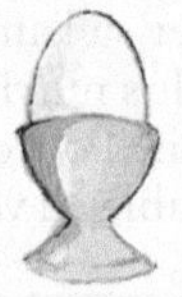
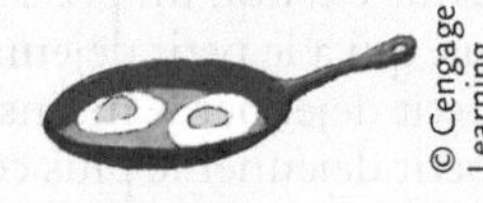

Prononciation
un‿**oeuf** /œf/
des‿**oeufs** /ø/
le **porc** /pɔr/

le pain **les céréales** *(f.)* **la confiture** **un oeuf** **les oeufs sur le plat**

À MIDI ET LE SOIR

les entrées *(f.)* *(starters)*	**le jambon** *(ham)*	**le saucisson** *(salami)*	**la soupe**
	le pâté	**le melon**	**la salade de tomates**
la viande *(meat)*	**le poulet** *(chicken)*	**le rosbif** *(roast beef)*	**le veau** *(veal)*
	le porc	**le boeuf** *(beef)*	
le poisson *(fish)*	**le thon** *(tuna)*	**le saumon** *(salmon)*	**la sole**
les autres plats *(m.)*	**les pâtes** *(f.)* *(pasta)*	**les frites** *(f.)* *(French fries)*	**le riz** *(rice)*
	la salade	**le fromage** *(cheese)*	**le yaourt**
le dessert	**le gâteau** *(cake)*	**la tarte** *(pie)*	**la glace** *(ice cream)*
les ingrédients *(m.)*	**le beurre** *(butter)*	**le sel** *(salt)*	**la moutarde** *(mustard)*
	la crème *(cream)*	**le poivre** *(pepper)*	**la mayonnaise**
	la margarine	**le sucre** *(sugar)*	**le ketchup**

1 Les courses *(Shopping)*

Vous avez fait les courses. Votre partenaire vous demande où sont certains produits. Dites-lui s'ils sont sur la table ou dans le réfrigérateur.

© Cengage Learning

❊ le pain
❊ — ***Où est le pain?***
— ***Il est sur la table.***

1. le poulet
2. le gâteau
3. le fromage
4. la glace
5. le jambon
6. les oeufs
7. la moutarde
8. la confiture
9. le beurre
10. le sel
11. le yaourt
12. le riz

2 Au «Duc de Normandie»

Vous dînez au «Duc de Normandie». Indiquez quels plats vous préférez. Utilisez l'article défini. Comparez vos choix avec votre partenaire.

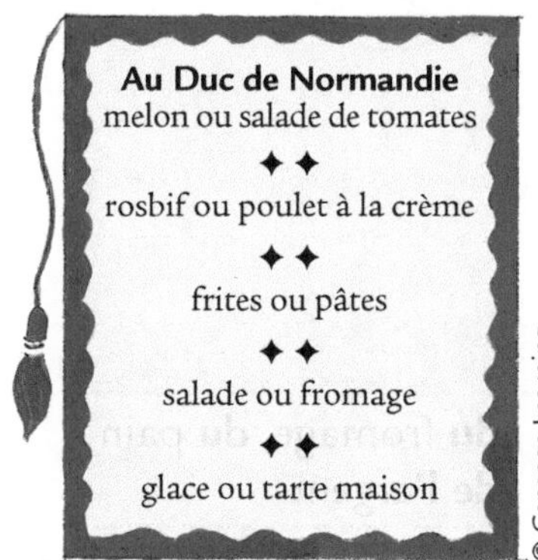
Au Duc de Normandie
melon ou salade de tomates
✦✦
rosbif ou poulet à la crème
✦✦
frites ou pâtes
✦✦
salade ou fromage
✦✦
glace ou tarte maison

© Cengage Learning

1. Comme *(For)* entrée, je préfère...
2. Comme viande, ...
3. Avec la viande, ...
4. Après le plat principal, ...
5. Comme dessert, ...

3 Une question de goût *(A matter of taste)*

Faites une liste de plats que vous aimez et que vous n'aimez pas. Comparez votre liste avec votre partenaire.

J'aime...	*J'aime beaucoup...*	*Je n'aime pas...*	*Je déteste...*
•	•	•	•
•	•	•	•

A. L'article partitif: *du, de la, des*

TO REFER TO UNSPECIFIED QUANTITIES

When we talk about certain foods, we may refer to a whole item or to an unspecified quantity of that item.

The illustrations below depict whole items: an entire chicken, a whole loaf of bread, a whole pie, a single egg. The nouns are introduced by INDEFINITE ARTICLES: **un, une.** Voici...	The illustrations below depict a part or some quantity of these items: some chicken, some pieces of bread, a slice of pie, a serving of eggs. The nouns are introduced by PARTITIVE ARTICLES: **du, de la, des.** Voilà...
un poulet	**du** poulet
un pain	**du** pain
une tarte	**de la** tarte
un oeuf	**des** oeufs

Credits: © Cengage Learning

FORMS

The PARTITIVE ARTICLE has the following forms:			
singular	masculine	**du** **de l'** (+ VOWEL SOUND)	**du** fromage, **du** pain **de l'**argent
	feminine	**de la** **de l'** (+ VOWEL SOUND)	**de la** salade, **de la** glace **de l'**omelette
plural		**des**	**des** pâtes, **des** oeufs

USES

PARTITIVE ARTICLES are used to refer to AN UNSPECIFIED QUANTITY or A CERTAIN AMOUNT of something.	
Voici **du** pain et voilà **de la** confiture. Julie mange **du** fromage. Veux-tu **des** oeufs?	*Here is **some** bread and there is **some** jam.* *Julie is eating **(some)** cheese.* *Do you want **(any)** eggs?*

→ While *some* and *any* may be left out in English, the articles **du, de la,** and **des** must always be used in French.

→ The partitive article is generally used in the singular **(du, de la).** The plural form **des** is the same as the plural of **un, une.**

Voici **des frites.**	*Here are **(some) French fries.***
Veux-tu **des spaghetti**?	*Do you want **(any) spaghetti**?*

À noter

Partitive articles are not only used with foods. They may also introduce other concrete or abstract nouns.

Nous avons **de l'argent.**	*We have **(some) money.***
Avez-vous **du temps** ce soir?	*Do you have **(any) time** tonight?*
Tu as **du courage**!	*You have **(a lot of) courage.***
Michel écoute **de la musique.**	*Michel is listening to **(some) music.***

4 Au choix

Vous travaillez dans un restaurant à Québec. Proposez les choix suivants à un(e) client(e). Il/Elle va répondre.

❊ le melon ou la soupe?
—Voulez-vous du melon ou de la soupe?
—Je voudrais du melon (de la soupe), s'il vous plaît.

1. le jambon ou le saucisson?
2. le rosbif ou le poulet?
3. le thon ou la sole?
4. le riz ou les pâtes?
5. le beurre ou la margarine?
6. le fromage ou la salade?
7. la tarte ou le gâteau?
8. le yaourt ou la glace?

5 Au «Lion d'or»

Vous dînez au «Lion d'or». Demandez les choses suivantes au serveur/à la serveuse.

❊ *—S'il vous plaît, je voudrais du pain.*
—Voilà du pain, monsieur (mademoiselle).

❊	1. MOUTARDE	2.
3.	4.	5.
6.	7. Crème	8.

Credits: © Cengage Learning

6 Le dîner d'hier

Demandez à trois camarades ce qu'ils ont mangé hier pour le dîner. Inscrivez les résultats de votre enquête.

❊ *—Frank, qu'est-ce que tu as mangé hier?*
—J'ai mangé du poulet, de la salade et de la glace.

NOM	Frank			
PLATS	poulet salade glace			

B. Le verbe *boire*

The verb **boire** *(to drink)* is irregular.

infinitive	**boire**	Qu'est-ce que tu vas **boire**?
present	je **bois** tu **bois** il/elle/on **boit** nous **buvons** vous **buvez** ils/elles **boivent**	Moi, je **bois** du jus d'orange. Tu **bois** de la limonade? Éric **boit** toujours de l'eau minérale. Nous ne **buvons** pas de vin. **Buvez**-vous du thé? Mes parents **boivent** du champagne.
passé composé	j'**ai** **bu**	Mes amis **ont bu** du café ce matin.

Vocabulaire: Boissons

le café	*coffee*	**une boisson**	*beverage, drink*
le thé	*tea*	**l'eau** (*f.*)	*water*
le thé glacé	*iced tea*	**l'eau minérale**	*mineral water*
le lait	*milk*	**la limonade**	*lemon soda*
le jus d'orange	*orange juice*	**la bière**	*beer*
le jus de raisin	*grape juice*		
le jus de tomate	*tomato juice*		
le cidre	*cider*		
le vin	*wine*		

7 Une réception

Vous êtes invité(e) à une réception par la famille de vos amis français. Dites ce que chacun boit. (Utilisez l'article partitif.)

❄ M. Dupont / le champagne
Monsieur Dupont boit du champagne.

1. Marc / le Perrier
2. Stéphanie / la limonade
3. mes amis / l'eau minérale
4. vous / le jus de tomate
5. nous / le vin blanc
6. moi / le jus d'orange
7. toi / la bière
8. Isabelle et Didier / le vin

© Rebecca Valette

8 Préférences

Indiquez ce que vous buvez dans les circonstances suivantes. Comparez vos préférences avec votre partenaire.

❄ Quand j'ai très soif...
Quand j'ai très soif, je bois de l'eau (de la limonade, du thé glacé...)

1. Le matin...
2. Quand j'étudie...
3. Quand j'ai froid...
4. Avec mes amis...
5. Quand je mange un hamburger...
6. Quand je mange du poisson...
7. Quand je vais dans un restaurant français...
8. Quand je vais dans un restaurant chinois...
9. Quand je célèbre mon anniversaire...
10. Le 31 décembre...

C. L'emploi idiomatique de *faire*

TO TALK ABOUT SOME PERSONAL ACTIVITIES

Note the use of the PARTITIVE ARTICLE in the following expressions with **faire.**

Nous **faisons du** volley.	*We **play (practice)** volleyball.*
Je **fais de la** danse moderne.	*I **am doing** modern dance.*
Faites-vous **de la** guitare?	***Do** you **play** the guitar?*
Avez-vous **fait de** l'italien?	***Did** you **study (have** you **studied)** Italian?*
J'**ai fait du** théâtre.	*I **was active in (did)** theater.*
Ces étudiants **font de la** politique.	*These students **are involved in** politics.*

The verb **faire** is used in the following PARTITIVE construction with several meanings: *to practice, play, or do (a sport); to play (an instrument); to study (a subject); to be active or involved in (an activity).*

faire	**du (de l')** **de la (de l')** **des**	+ noun	**faire du** football, **faire de l'**allemand **faire de la** photo, **faire de l'**informatique **faire des** maths, **faire des** affaires *(business)*

9 Qu'est-ce qu'ils font?

Dites ce que les personnes font, en choisissant une activité suggérée. Soyez logique.

1. Dans le parc, nous...
2. À l'université, Claire...
3. À Washington, les sénateurs...
4. À la montagne en hiver, vous...
5. Au conservatoire de musique, tu...
6. À la campagne, David et Mélanie...
7. À la mer, je...
8. Dans la classe d'art, tu...

le ski
la natation *(swimming)*
le jogging
la marche *(hiking)*
le piano
l'espagnol
la politique
la poterie
les maths

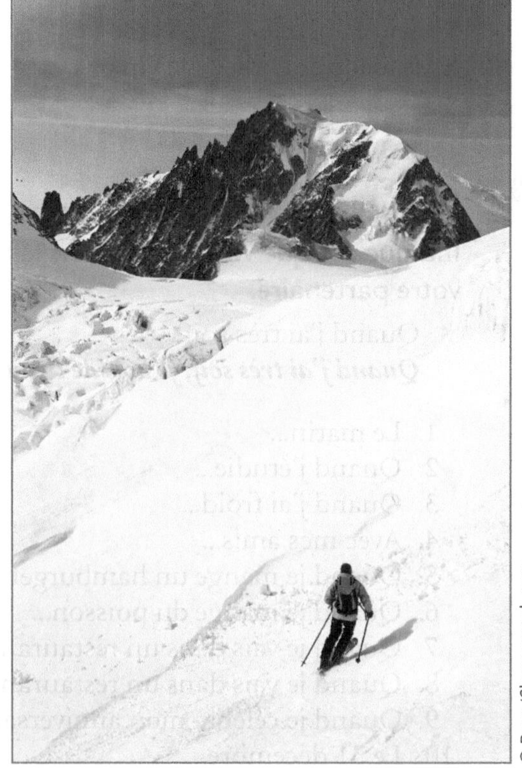

Le Massif du Mont Blanc

D. L'article partitif au négatif

Note the forms of the partitive article in the NEGATIVE answers below.

Tu bois **du** vin?	Non, je **ne** bois **pas de** vin.	*I don't drink (any) wine.*
Tu manges **de la** viande?	Non, je **ne** mange **pas de** viande.	*I don't eat (any) meat.*

After NEGATIVE expressions, such as **ne... pas** and **ne... jamais:**	
du, de la (de l'), des → de (d')	Je **ne** mange **pas de** pain. Je **ne** bois **jamais de** limonade. Je **ne** veux **pas de** pâtes. Je **n'**ai **pas d'**argent.

→ Note the use of **pas de** in short sentences.

Non, merci, **pas de** café pour moi! *No thanks, **no** coffee for me!*

À noter
The regular partitive is used after **ce n'est pas.**
Est-ce que c'est du rosbif? Non, **ce n'est pas du rosbif,** c'est du porc.

10 Une végétarienne

Émilie est végétarienne. Dites si oui ou non elle mange les plats suivants.

Émilie mange...
Elle ne mange pas...

- rosbif
- fromage
- poulet
- salade de tomates
- jambon
- saucisson
- melon
- pâtes

11 Au café

Le serveur/La serveuse propose certaines choses aux clients. Jouez les rôles d'après le modèle.

❋ SERVEUR: ***Qu'est-ce que vous désirez avec votre steak?***
CLIENT: ***Je voudrais des frites, s'il vous plaît.***
SERVEUR: ***Voulez-vous aussi de la salade?***
CLIENT: ***Non, merci, pas de salade.***

1. sur votre pizza?
   du fromage
   du jambon
2. avec votre salade?
   de la vinaigrette
   du poivre
3. avec votre hamburger?
   du ketchup
   de la moutarde
4. avec votre café?
   du sucre
   de la crème

12 Au régime *(On a diet)*

Décrivez les plats que les personnes suivantes mangent ou ne mangent pas. Puis dites ce que ces personnes boivent ou ne boivent pas.

1. un mannequin *(fashion model)*
2. une personne diabétique
3. une personne allergique aux produits laitiers *(dairy products)*
4. une personne qui veut maigrir

13 Et vous?

Décrivez certaines choses que vous faites et certaines choses que vous ne faites pas. Utilisez les suggestions suivantes ou votre imagination.

Je mange... Je ne mange pas...	Je bois... Je ne bois pas...	Je fais... Je ne fais pas...
• le poisson	• l'eau	• le ski
• le porc	• l'eau minérale	• le yoga
• la soupe	• le jus d'orange	• la méditation
• le caviar	• le jus de tomates	• la politique
• le beurre	• le vin	• le jogging
• les escargots *(snails)*	• la bière	• le théâtre
• les épinards *(spinach)*	• le champagne	• la boxe
• ??	• ??	• ??

CD2-33

Phonétique: Les consonnes /ʒ/ et /g/

- *la consonne* /ʒ/: The consonant /ʒ/ is similar to the "soft g" in *mirage.* Do not pronounce a /d/ before the /ʒ/. Note the spellings in French.

j	je jambon jus Japon Jean
g before **e, i, y**	âge fromage manger intelligent Gigi gymnastique
ge before **a, o, u**	nageons mangeons voyageons

- *la consonne* /g/: The consonant /g/ is similar to the "hard g" of *game,* but is more tense. Note the spellings in French.

g before **a, o, u**	gare gâteau magasin gauche Margot Auguste
g before **l, r**	glace anglais grand gris maigrir
gu before **e, i, y**	langue vague guitare guide Guy

Compréhension orale CD2-34

Plusieurs personnes parlent de leurs repas. Écoutez bien. Si la personne mentionne un plat, marquez la rangée A. Si elle mentionne une boisson, marquez la rangée B.

	1	2	3	4	5	6	7	8	9	10
A.										
B.										

Conversation dirigée

Your partner went to a nice restaurant last Saturday and you want to know more about the meal.

Ask your partner . . .

- which restaurant he/she went to
- if he/she ate meat or fish (if so, what meat? what fish?)
- if he/she ate cheese and salad
- what he/she drank
- what he/she had for **(comme)** dessert
- what he/she did after dinner **(après le dîner)**

Expression libre

Avec votre partenaire, décrivez votre petit déjeuner de ce matin. Dites ce que vous avez mangé et ce que vous avez bu. Quels sont les éléments communs de vos petits déjeuners respectifs?

Expression écrite

François, un étudiant français, va passer deux semaines chez vous cet été. Dans un email, vous décrivez deux repas typiques dans votre famille: le déjeuner *(lunch)* et le dîner.

Salut François,

Voici deux repas typiques dans notre famille.

Pour le déjeuner, nous mangeons... et nous buvons...

Pour le dîner, ...

LEÇON 18 L'anniversaire de Charlotte

OBJECTIVES
- To describe meals
- To talk about various quantities

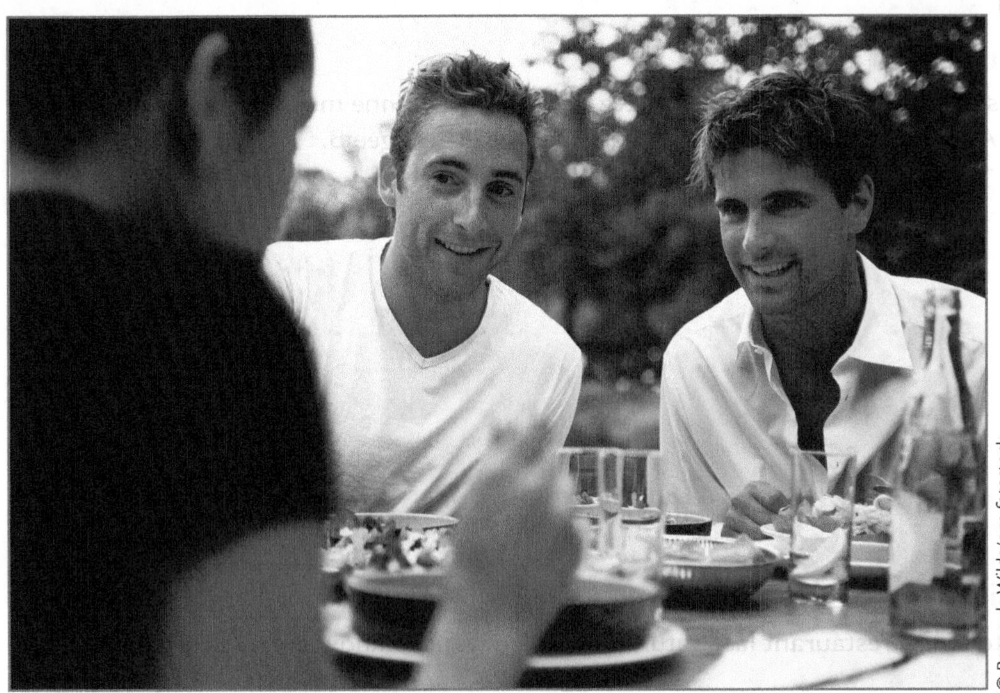
© Benno de Wilde/age fotostock

CD2-35

Trois amis sont dans un café. Ils discutent d'un sujet important: comment célébrer l'anniversaire de leur copine Charlotte. Celle-ci va avoir vingt ans mercredi prochain.

RAPHAËL:	Dites, qu'est-ce qu'on va faire pour l'anniversaire de Charlotte?	
LUCAS:	J'ai une idée. On peut l'inviter à dîner à la «**Toque** Blanche». Il y a un nouveau chef. **On dit** que sa cuisine est extraordinaire.	*chef's hat* / *They say*
LÉA:	Oui, mais c'est un restaurant très snob. Charlotte préfère les choses simples. Je suis sûre qu'elle ne va pas aimer...	
RAPHAËL:	Alors, qu'est-ce que tu proposes?	
LÉA:	On peut organiser un dîner chez moi! J'adore **faire la cuisine**.	*to cook*
LUCAS:	Excellente idée! Ce sera très sympa... Qu'est-ce qu'on va manger?	
LÉA:	Eh bien, comme **entrée**, on va **prendre** du saumon **fumé** avec de la **crème fraîche**. Et ensuite on va manger un colombo de porc. Charlotte adore la cuisine martiniquaise.	*starter / have / smoked* / *sour cream*
RAPHAËL:	Un colombo? Qu'est-ce que c'est?	
LÉA:	C'est de la viande de porc préparée avec des épices exotiques et **servie** avec des légumes. C'est délicieux.	*served*
LUCAS:	Moi, je vais **commander** un gâteau au chocolat chez le pâtissier.	*to order*
RAPHAËL:	Très bon **choix**! J'adore le chocolat! Eh bien, moi, je vais apporter une **bouteille** de champagne.	*choice* / *bottle*
LÉA:	**Parfait**... Tout est organisé. Maintenant il faut inviter Charlotte.	*Perfect*
LUCAS:	Tiens, **justement**, la voilà qui arrive.	*as a matter of fact*

Charlotte entre dans le café.

TOUS: Salut, Charlotte.

CHARLOTTE: Salut.

LÉA: Dis Charlotte, qu'est-ce que tu fais mercredi soir?

CHARLOTTE: Comment? Vous avez oublié? C'est mon anniversaire. Je vais avoir vingt ans. Alors, pour célébrer cette occasion, mes parents m'ont invitée à dîner à la «Toque Blanche». Il y a un nouveau chef. On dit que sa cuisine est extraordinaire! Génial, non?

À propos du texte

1. Quel événement est-ce que les amis vont célébrer?
2. Qui va préparer le repas? Décrivez le menu.
3. Qu'est-ce que Charlotte annonce à ses amis?
4. Est-ce que c'est une bonne ou une mauvaise surprise? Expliquez.
5. À votre avis, qu'est-ce que les amis vont faire?

Note culturelle

Les repas° français CD2-36

Les Français déjeunent° entre° midi et deux heures. Beaucoup de gens déjeunent au restaurant, au café ou à la cafétéria de l'entreprise où ils travaillent. Certaines personnes rentrent chez elles et déjeunent en famille.

On dîne généralement après sept heures. Le dîner est un repas familial servi° à table. Tous° les membres de la famille se réunissent° et discutent° des événements° de la journée°.

Les repas sont des événements constitués d'une série de plusieurs° plats. Voici l'organisation typique des repas français.

DÉJEUNER

- une entrée (salade de tomates, saucisson)
- un plat principal (viande ou poisson avec légumes)
- une salade verte
- un choix° de fromages
- un dessert

DÎNER

- une soupe
- un plat principal léger° (omelette ou pâtes)
- un fromage et/ou un fruit

À votre avis

1. Comparez l'heure des repas en France et aux États-Unis.
2. Comparez la composition du déjeuner et du dîner en France et aux États-Unis.
3. Comparez le rôle du dîner dans la vie familiale en France et aux États-Unis.

---

repas *meals* **déjeunent** *have lunch* **entre** *between* **servi** *served* **Tous** *All* **se réunissent** *get together* **discutent** *discuss* **événements** *events* **journée** *day* **plusieurs** *several* **choix** *choice* **léger** *light*

La langue française

Vocabulaire: Les repas et la nourriture

À quelle heure est...

- **le dîner** *(dinner, supper)*
- **le déjeuner** *(lunch)*
- **le petit déjeuner** *(breakfast)*
- **le repas** *(meal)*

Nous allons...

- **dîner** *(to have dinner)*
- **déjeuner** *(to have lunch)*
- **prendre le petit déjeuner** *(to have breakfast)*
- **prendre le repas** *(to have the meal)*

Est-ce que vous aimez...

- **la cuisine** *(cooking)* chinoise
- **la nourriture** *(food)* exotique

faire la cuisine	*to cook*
faire les courses	*to shop for food*
faire un régime	*to go on a diet*

Quel plat est-ce que vous allez...

- **commander** *(to order)*
- **préparer** *(to prepare, make)*
- **servir** *(to serve)*

un serveur	*server, waiter*
une serveuse	*server, waitress*

→ The verb **servir** is conjugated like **dormir.**

je **sers** nous **servons** j'**ai servi**

1 Préférences

Complétez les phrases avec une expression de votre choix.

1. Mon repas préféré est...
   ❍ le déjeuner ❍ le dîner ❍ le petit déjeuner
2. En général, je déjeune...
   ❍ chez moi ❍ au restaurant ❍ à la cafétéria ❍ ??
3. Le samedi, je prends mon petit déjeuner...
   ❍ à 7 heures ❍ à 9 heures ❍ à 11 heures ❍ ??
4. J'aime (Je déteste) la cuisine...
   ❍ chinoise ❍ mexicaine ❍ italienne ❍ ??
5. J'aime (Je déteste) la nourriture...
   ❍ exotique ❍ végétarienne ❍ bio *(organic)* ❍ ??
6. J'aime (Je déteste)...
   ❍ faire la cuisine ❍ faire les courses ❍ faire un régime ❍ ??

2 Et vous?

1. Où avez-vous dîné hier soir? avec qui? Qu'est-ce que vous avez mangé?
2. Avec qui et où allez-vous déjeuner (avez-vous déjeuné) aujourd'hui?
3. Quelle est votre cuisine préférée? Quel est votre plat préféré?
4. Qui prépare les repas chez vous? Qui fait les courses?
5. Aimez-vous faire la cuisine? Quelles sont vos spécialités?
6. Faites-vous un régime? Qu'est-ce que vous mangez? Qu'est-ce que vous ne mangez pas?
7. Travaillez-vous comme serveur/serveuse? Dans quel restaurant? Quels plats est-ce que vos clients commandent?

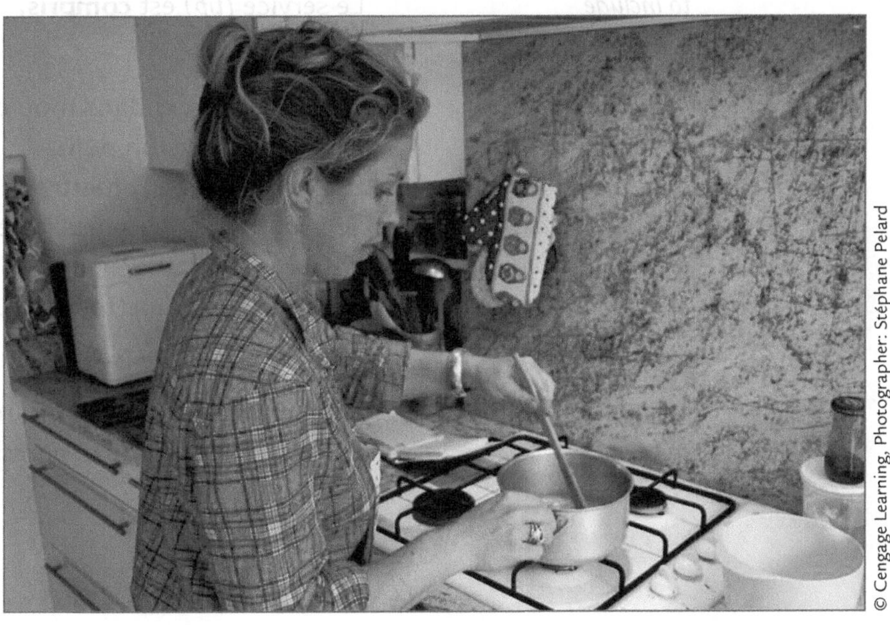

A. Les verbes *prendre* et *mettre*

The verbs **prendre** *(to take)* and **mettre** *(to put)* are irregular.

infinitive	prendre	mettre
present	je **prends** tu **prends** il/elle/on **prend** nous **prenons** vous **prenez** ils/elles **prennent**	je **mets** tu **mets** il/elle/on **met** nous **mettons** vous **mettez** ils/elles **mettent**
passé composé	j'**ai** **pris**	j'**ai** **mis**

PRONONCIATION
prenons /prənɔ̃/
prenez /prəne/
prennent /prɛn/

Verbes conjugués comme *prendre* et *mettre*

prendre	*to take*	Cécile **prend** des photos.
	to take (along)	Je ne **prends** pas mon appareil photo.
	to take (transportation)	Les touristes **prennent** le bus.
	to have (food/drink)	Est-ce que tu **prends** du fromage?
reprendre	*to have seconds*	Vous **reprenez** de la soupe?
apprendre	*to learn*	Pauline **a appris** l'italien.
apprendre à + INFINITIVE	*to learn (how) to*	Nous **apprenons à** jouer au golf.
comprendre	*to understand*	Je ne **comprends** pas ta question.
	to include	Le service *(tip)* est **compris.**
mettre	*to put, to place*	Je **mets** du sucre dans mon café.
	to wear, to put on	Stéphane **a mis** un pull.
	to turn on	Est-ce que tu peux **mettre** la télé?
	to give (a grade)	Le prof **met** des bonnes notes *(grades).*
	to set (the table)	Qui **a mis** la table?
remettre	*to put back*	**Remets** le lait au réfrigérateur.
promettre	*to promise*	Je **promets** d'être à l'heure.
permettre	*to let, allow*	Léa **permet** à Zoé de prendre son vélo.
	to permit	Les chiens ne sont pas **permis** ici.

3 Qu'est-ce qu'ils prennent?

Dites ce que prennent les personnes suivantes. Utilisez le verbe prendre et les mots suggérés dans des phrases logiques.

1. J'ai faim. Je...
2. Tu as soif. Tu...
3. Les touristes vont à l'aéroport. Ils...
4. Vous allez à la gare. Vous...
5. Émilie a un appareil photo. Elle...
6. Nous sommes en classe. Nous...

le train
l'avion
des photos
des notes
un sandwich
du thé glacé

4 Études à l'étranger *(Study abroad)*

Quelle langue est-ce que les personnes suivantes apprennent dans le pays où elles sont en vacances: le français? l'espagnol? l'anglais?

❊ Mes cousins sont à Buenos Aires. ***Ils apprennent l'espagnol.***

1. Tom est à Québec.
2. Nous sommes à Londres.
3. Eva est à Bogota.
4. Je suis à Madrid.
5. Vous êtes à Bordeaux.
6. Tu es à Mexico.
7. Raphaël est à Chicago.
8. Mes cousins sont à Baltimore.

5 Chaque chose à sa place *(Everything in its place)*

Complétez les phrases avec mettre en choisissant pour chaque personne une chose (colonne A) et un endroit (colonne B). Soyez logique.

❊ ***Vous mettez du sucre dans le café.***

Je...
Vous...
Tu...
Nous...
Isabelle...
Antoine et Clément...

A. QUOI?	B. OU?
du sucre	à la poste
de la moutarde	sur le steak
du papier *(paper)*	sur le pain
des lettres	dans l'appareil photo
une pile *(battery)*	dans le café
du beurre	dans l'imprimante *(printer)*

6 Soyez logique

Complétez les phrases avec l'un des verbes suggérés.

1. Les étudiants ne ________ pas la question du professeur.
2. Tu ________ une chemise et une cravate pour l'interview.
3. Nous ________ un taxi pour aller à l'aéroport.
4. Thomas ne ________ pas que je regarde son album de photos.
5. Les touristes ________ des photos de la Tour Eiffel.
6. Est-ce que vous ________ d'être sérieux et d'étudier?
7. Cécile ________ l'italien parce qu'elle veut travailler à Rome.
8. On ________ la table, et après on dîne.

apprendre
comprendre
mettre
permettre
prendre
promettre

B. L'emploi des articles

In French, nouns are very frequently introduced by ARTICLES. The choice of DEFINITE, INDEFINITE, or PARTITIVE article depends on the context in which a noun is used. Compare the use of articles in the following sentences:

J'aime **le** fromage.	*(Generally speaking,) I like cheese.*
J'ai acheté **un** fromage.	*I bought a (whole) cheese.*
Je mange **du** fromage.	*I am eating (some) cheese.*

These articles...	introduce...	
definite: **le** **la**	a SPECIFIC thing	Voici **le** gâteau de ma mère. Je mange **le** fromage du menu. **Le** lait est au réfrigérateur.
	a noun used in a GENERAL or COLLECTIVE sense	J'aime **le** fromage. **Le** lait est bon pour **les** enfants.
indefinite: **un** **une**	ONE item, a WHOLE item	Voici **un** gâteau. J'achète **un** fromage. Anne commande **une** bière.
	a SPECIFIC item, ONE OF A KIND	Ce boulanger *(baker)* fait **un** excellent pain.
partitive: **du** **de la**	SOME, ANY, an UNSPECIFIED QUANTITY of	Voici **du** gâteau. J'achète **du** fromage. Ce magasin vend **du** pain.

→ Depending on the context, a sentence may use a definite, indefinite, or partitive article. Compare:

J'ai commandé **le** yaourt.	*I ordered* ***the*** *yogurt* ***(on the menu).***
J'ai commandé **un** yaourt.	*I ordered* ***a (single serving of)*** *yogurt.*
J'ai commandé **du** yaourt.	*I ordered* ***some (quantity of)*** *yogurt.*

→ The distinction between definite, indefinite, and partitive articles applies to ABSTRACT as well as concrete nouns.

J'admire **la patience.**	*I admire* ***patience (in general).***
Le prof **a une patience** extraordinaire.	*The teacher has extraordinary* ***patience.***
J'ai **de la patience.**	*I have* ***(a certain amount of) patience.***

Où est **la** glace?	*Where is the ice cream (that I am looking for)?*
Julie achète **une** glace.	*Julie is buying a single (dish/serving of) ice cream.*
Nous mangeons **de la** glace.	*We are eating (an unspecified quantity of) ice cream.*

DEFINITE ARTICLES

The DEFINITE article is often used after the following verbs, since these verbs introduce nouns taken in a GENERAL SENSE:

admirer **adorer** **aimer** **détester** **préférer**

Aimes-tu **le** poisson?	*Do you **like** fish?*
Non, je **préfère la** viande.	*No, I **prefer** meat.*

→ The DEFINITE article (and not the partitive article) is used when the noun is the SUBJECT of the sentence.

Le pain est sur la table.

PARTITIVE ARTICLES

The PARTITIVE article is often (but not always) used after the following verbs and expressions:

voici	je veux	acheter	prendre	commander
voilà	je voudrais	apporter	manger	choisir
il y a	voulez-vous	vendre	boire	

→ Compare the choice of articles in the two sentences below.

Le serveur **apporte du vin.**	*The server **brings (some) wine.***
Le serveur **apporte le vin.**	*The server **brings the wine (I ordered).***

7 Au choix

Choisissez les plats que vous allez commander.

❋ ***Comme entrée je vais commander du melon.***

- entrée
- plat principal
- fromage
- dessert

melon	sole	crème caramel
tarte	porc	gâteau au chocolat
saucisson	thon	glace à la vanille
brie	Roquefort	saumon fumé *(smoked)*
poulet	veau	rosbif

8 Chacun à son goût *(Each to one's own taste)*

Dites que les personnes suivantes aiment les choses entre parenthèses et dites ce qu'elles ont fait.

❋ M. Moreau (le champagne) / boire
M. Moreau aime le champagne. Il a bu du champagne.

1. vous (le thé) / prendre
2. David (la confiture) / acheter
3. mes cousins (le rosbif) / manger
4. Alain (l'eau minérale) / apporter
5. M. Delorme (le vin rouge) / boire
6. moi (le sucre) / mettre dans mon café
7. vous (le jazz) / écouter
8. Pauline (la musique classique) / mettre
9. ces gens (l'argent) / gagner
10. ces étudiants (la politique) / faire

© Rebecca Valette

9 Quel article?

Complétez les phrases avec le mot suggéré et l'article approprié (défini, indéfini ou partitif).

1. (l') eau minérale
   - ______ est dans le réfrigérateur.
   - Antoine boit ______.
   - Le Perrier est ______ française.
2. (la) salade
   - J'ai acheté ______ et trois tomates.
   - Où est ______?
   - Je vais prendre ______ avec mon steak.
3. (le) sport
   - Le foot est ______ formidable!
   - Je fais ______ à l'université.
   - ______ est bon pour vous!
4. (le) vin
   - Est-ce que tu veux ______?
   - ______ est une boisson alcoolisée.
   - Le Vouvray est ______ de Touraine.
5. (le) gâteau
   - Mathilde a fait ______.
   - Voulez-vous ______ ou de la glace?
   - ______ est sur la table.
6. (la) patience
   - Avez-vous ______?
   - ______ est une vertu.
   - Le prof a ______ extraordinaire.

10 À la douane *(At customs)*

Un douanier *(customs officer)* demande aux touristes s'ils ont les choses suivantes. Les touristes répondent affirmativement ou négativement. Avec un(e) partenaire, jouez le rôle du douanier et des touristes en utilisant un article indéfini ou partitif.

❊ (l') ordinateur?

LE DOUANIER: ***Avez-vous un ordinateur?***
LE/LA TOURISTE: ***Oui, j'ai un ordinateur.***
OU ***Non, je n'ai pas d'ordinateur.***

❊ (l') alcool?

LE DOUANIER: ***Avez-vous de l'alcool?***
LE/LA TOURISTE: ***Oui, j'ai de l'alcool.***
OU ***Non, je n'ai pas d'alcool.***

1. (le) parfum?
2. (le) passeport?
3. (le) visa?
4. (l') argent américain?
5. (le) vin?
6. (l') adresse à Paris?
7. (les) cigarettes?
8. (l') appareil photo?
9. (le) tabac *(tobacco)*?
10. (la) carte d'identité?

11 Chez Jeannette

Vous êtes «Chez Jeannette», une petite auberge de province *(country inn)*. Vous entendez des phrases incomplètes. Complétez ces phrases avec les articles définis, indéfinis ou partitifs. (NOTE: Roquefort et champagne sont masculins.)

1. —Aimez-vous ______ fromage? Est-ce qu'il y a ______ fromage au menu?
   —Mais oui, il y a ______ Roquefort. ______ Roquefort est un fromage du centre de la France. C'est ______ fromage délicieux!
2. D'accord, ______ champagne est ______ vin français, mais moi, je n'aime pas ______ vin. Monsieur, s'il vous plaît, est-ce que vous pouvez *(can)* apporter ______ eau minérale? Merci!
3. Madame, voulez-vous ______ thé ou ______ café? Vous préférez ______ café? Très bien. Avec ______ sucre? et avec ______ crème?
4. ______ glace de ce restaurant est absolument extraordinaire! Monsieur, deux glaces, s'il vous plaît, ______ glace au chocolat pour moi et ______ glace à vanille pour mademoiselle.
5. Comme viande, il y a ______ rosbif et ______ poulet. Moi, je préfère ______ rosbif. Mais toi, tu n'aimes pas ______ viande, n'est-ce pas? Tu peux prendre ______ poisson. ______ poisson est toujours très bon ici.

C. Expressions de quantité

TO TALK ABOUT VARIOUS QUANTITIES

Some nouns may be introduced by EXPRESSIONS OF QUANTITY. Note these expressions in the sentences on the right.

Tu manges **du** pain?	Oui, je mange **beaucoup de** pain.	*I eat **a lot of** bread.*
Tu as **de l'**argent?	Non, je n'ai pas **assez d'**argent.	*I don't have **enough** money.*
Vous mangez **de la** viande.	Vous mangez **trop de** viande.	*You eat **too much** meat.*

Many, but not all, expressions of quantity introduce nouns according to the construction:	
adverb of quantity + **de (d')** + noun	**beaucoup de** pain **assez d'**argent

→ When an expression of quantity introduces a noun, no article is used.

Je bois **du café.** Je bois **trop de café.**

Vocabulaire: Expressions de quantité avec *de*

assez de	*enough*	Avez-vous **assez d'**argent?
beaucoup de	*a lot of, much, very much*	Philippe n'a pas **beaucoup de** courage.
	a lot of, many, very many	Charlotte a **beaucoup de** copains.
trop de	*too much*	J'ai **trop de** travail *(work)*.
	too many	Nous avons **trop d'**examens.
peu de	*little, not much*	Tu as **peu de** patience.
	few, not many	Vous avez **peu de** livres intéressants.
un peu de	*a little, a little bit of*	Donne-moi **un peu de** fromage.
combien de	*how much*	**Combien d'**argent as-tu?
	how many	**Combien de** CD est-ce que tu as?

Note linguistique

- ADVERBS OF QUANTITY modify verbs or adverbs.

  Je **travaille beaucoup.** Je travaille **beaucoup trop.**
  Vous **mangez trop.** Vous mangez **trop vite** *(fast)*.

- EXPRESSIONS OF QUANTITY introduce nouns.

  J'ai **beaucoup de travail.**
  Vous mangez **trop de protéines.**

12 Réponses personnelles

Posez certaines questions personnelles à votre partenaire. Il/Elle va répondre en utilisant l'une des expressions du Vocabulaire dans des phrases affirmatives ou négatives.

❊ Il/Elle fait du sport?
— ***Tu fais du sport?***
— ***Oui, je fais beaucoup de sport.***
ou — ***Non, je ne fais pas assez de sport.***

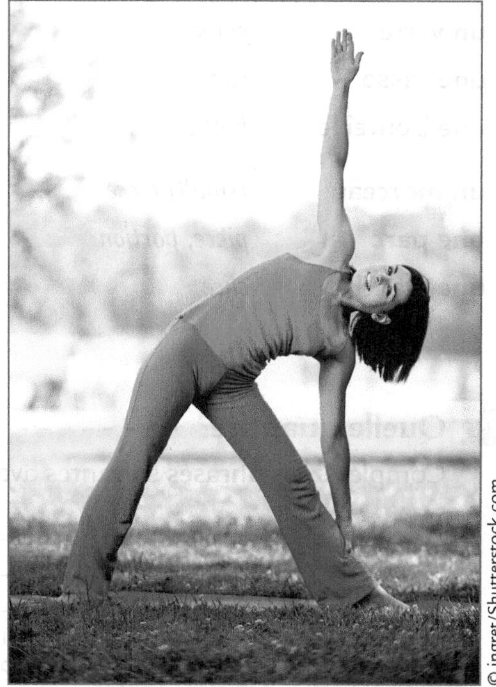
© ingret/Shutterstock.com

1. Il/Elle mange de la nourriture bio *(organic)*?
2. Il/Elle boit de l'eau minérale?
3. Il/Elle fait de la gymnastique *(exercises)*?
4. Il/Elle a des examens?
5. Il/Elle a de la patience?
6. Il/Elle a des vacances?
7. Il/Elle fait des économies?
8. Il/Elle a des copains sympathiques?
9. Il/Elle a des profs intéressants?
10. Il/Elle fait des progrès en français?

13 Opinions

Que pensez-vous du monde d'aujourd'hui? Exprimez votre opinion dans des phrases affirmatives ou négatives, en utilisant une expression de quantité. Votre partenaire va exprimer son accord ou désaccord.

❊ Il y a de la violence à la télé.
— ***Il y a trop de violence à la télé.***
— ***Je suis d'accord avec toi. Il y a beaucoup trop de violence à la télé.***
ou — ***Je ne suis pas d'accord avec toi. Il n'y a pas trop de violence à la télé.***

1. Il y a de la violence dans les sports professionnels.
2. Les Américains consomment de l'énergie.
3. Nous mangeons des produits artificiels.
4. Les jeunes ont des responsabilités.
5. Les Américains gagnent de l'argent.
6. Nous importons du pétrole.
7. Il y a de l'injustice dans la société.
8. Il y a de la pollution dans la ville où j'habite.

Vocabulaire: Certaines quantités de boissons et de nourriture

S'il te plaît, donne-moi...
Est-ce que je peux avoir...

un verre	*glass*	**un verre de** jus d'orange
une tasse	*cup*	**une tasse de** café
une bouteille	*bottle*	**une bouteille d'**eau
un morceau	*(small) piece*	**un morceau de** fromage
une part	*piece, portion*	**une part de** pizza
une tranche	*slice*	**une tranche de** jambon

14 Quelle quantité?

Complétez les phrases suivantes avec l'expression de quantité appropriée. Soyez logique.

1. Dans mon sandwich, je mets ______ de rosbif.
2. Comme dessert, je voudrais ______ de gâteau.
3. Avec mon café, je vais prendre ______ de sucre.
4. J'ai soif. Je vais boire ______ de limonade.
5. Est-ce que tu veux ______ de thé?
6. Quand tu fais les courses, achète-moi ______ d'eau minérale.

15 Un pique-nique

Vous êtes à un pique-nique du Cercle français. Proposez certaines choses à votre partenaire. Il/Elle va vous répondre en indiquant la quantité appropriée.

❋ du jus de tomate
—Tu veux du jus de tomate?
—Oui, donne-moi un verre de jus de tomate, s'il te plaît.

1. du jambon
2. du soda
3. du gâteau
4. de la pizza
5. de l'eau
6. du rosbif
7. du fromage
8. du café

CD2-37

Phonétique: La semi-voyelle /j/

The semi-vowel /j/ is similar to the initial sound of *yes*, but is more tense.

- /j/+ *voyelle:* Be sure to pronounce the /j/and the following vowel as ONE syllable.
  Répétez: bi<u>en</u> combi<u>en</u> janvi<u>er</u> hi<u>er</u> derni<u>ère</u> vi<u>ol</u>et vi<u>and</u>e Vi<u>et</u>nam
- *voyelle* + /j/: Be sure to pronounce the /j/ very distinctly.
  Répétez: trav<u>aille</u> fi<u>lle</u> fam<u>ille</u> faut<u>euil</u> bout<u>eille</u> somm<u>eil</u> appar<u>eil</u> m<u>eill</u>eur m<u>aill</u>ot trav<u>aill</u>ons br<u>ill</u>ant

Compréhension orale  CD2-38

Écoutez bien chaque personne et identifiez le repas en question. Puis, marquez la case correspondante.

	1	2	3	4	5	6	7	8	9
A. petit déjeuner									
B. déjeuner									
C. dîner									

Conversation dirigée

Find out about your partner's eating habits.
Ask your partner . . .

- at what time he/she has breakfast
- at what time he/she has lunch
- if he/she is on a diet
- if he/she eats meat
- what desserts he/she likes
- what he/she drinks for/with breakfast
- what he/she drinks with other meals

Expression libre

Vous allez inviter plusieurs amis à prendre un dîner léger chez vous. Avec votre partenaire, préparez le menu et faites une liste des choses à acheter.

NOURRITURES (en quelles quantités)	BOISSONS (en quelles quantités)

Expression écrite

Décrivez un repas que vous avez pris récemment dans un restaurant. Vous pouvez utiliser les suggestions suivantes.

- quel repas?
- quel restaurant?
- quel type de cuisine?
- quelles entrées?
- quels plats?
- quelles boissons?

Les courses

VIE PRATIQUE 6

Au marché

Pour faire les courses, on va...

dans un supermarché.
dans une supérette *(convenience store).*
au marché *(open-air market).*
chez un commerçant *(shopkeeper).*

LES LÉGUMES
une tomate
une pomme de terre *(potato)*
une carotte
un concombre
des haricots verts *(green beans)*
des petits pois *(peas)*

→ ***Comment faire les courses au marché***

Vous désirez, madame (mademoiselle, monsieur)?

Je voudrais **un kilo** de tomates.
Je voudrais **une livre** *(pound)* de carottes.

Et avec ça? *(Anything else?)*

Donnez-moi aussi **une douzaine** *(dozen)* d'oeufs.

C'est tout? *(Is that all?)*

Oui, c'est tout.

Ça fait combien? *(How much does that come to?)*

Eh bien, ça fait cinq euros et vingt centimes.

LES FRUITS
une pomme *(apple)*
une poire *(pear)*
une orange
une banane
un pamplemousse *(grapefruit)*
une cerise *(cherry)*
une fraise *(strawberry)*

Conversation: Au marché de Vence CD2-39

Madame Denis habite à Vence, une petite ville de Provence. Le vendredi, elle fait ses courses au marché.

LE MARCHAND: Bonjour, Madame Denis. Ça va bien aujourd'hui?
LA CLIENTE: Ça va bien, merci. Et vous, Monsieur Pivert?
LE MARCHAND: Ça peut aller! Qu'est-ce que vous désirez aujourd'hui?
LA CLIENTE: Donnez-moi deux kilos de tomates.
LE MARCHAND: Elles sont très bonnes en cette saison. Et avec ça?
LA CLIENTE: Donnez-moi aussi une livre de fraises. Elles sont de chez vous?
LE MARCHAND: Bien sûr! Fraîches *(Fresh)* de ce matin. C'est tout?
LA CLIENTE: Oui, c'est tout.
LE MARCHAND: Alors, deux kilos de tomates à 3 euros le kilo et une livre de fraises à 4 euros 20 la livre, ça fait 10 euros 20.
LA CLIENTE: Voilà... Alors, au revoir, Monsieur Pivert.
LE MARCHAND: Au revoir, Madame Denis! À la semaine prochaine.

© Philippe Giraud/Sygma/Corbis

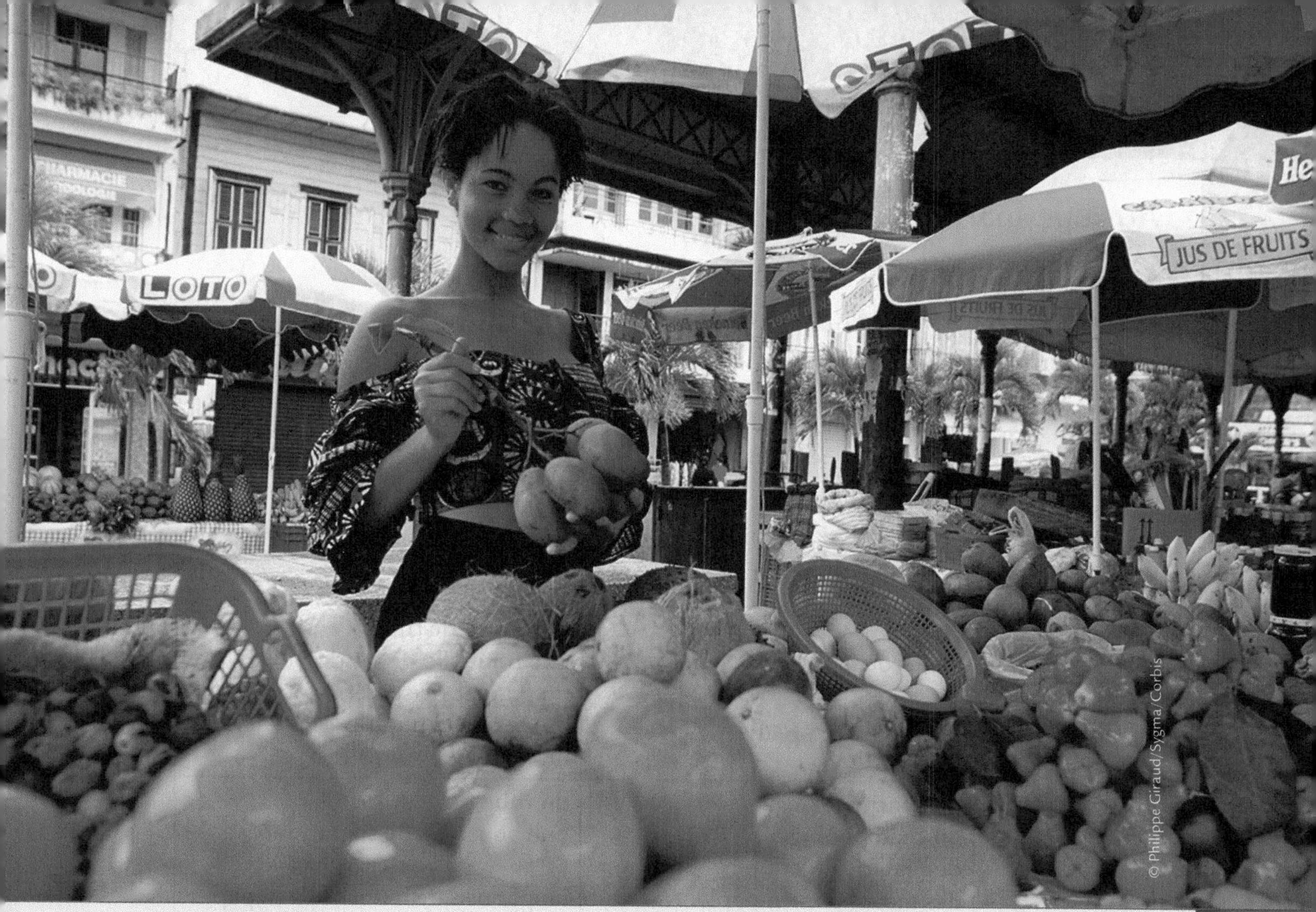

Le marché

Le marché est une institution bien française. Dans les petites villes et certains quartiers° des grandes villes, le marché a lieu° un jour particulier de la semaine, le mardi, par exemple, ou le vendredi. Ce jour-là, les fermiers° de la région viennent vendre leurs produits: fruits, légumes, oeufs, fromages régionaux, jambons et saucissons faits localement. Les produits° sont frais°, la qualité est excellente, et les prix sont généralement meilleur marché que° dans les supermarchés.

Dans les marchés bio (= biologiques), on vend uniquement des produits naturels, c'est-à-dire faits sans engrais° chimiques. Les produits bio sont généralement plus chers, mais ils sont bien meilleurs° pour la santé°!

quartiers *neighborhoods* **a lieu** *takes place* **fermiers** *farmers* **produits** *products* **frais** *fresh* **meilleur marché que** *cheaper than* **engrais** *fertilizer* **meilleurs** *better* **santé** *health*

À votre tour

Au marché

Vous êtes au marché de Vence. Sur la base de l'illustration, créez avec votre partenaire un dialogue similaire au dialogue précédent. Achetez trois choses différentes.

© Cengage Learning

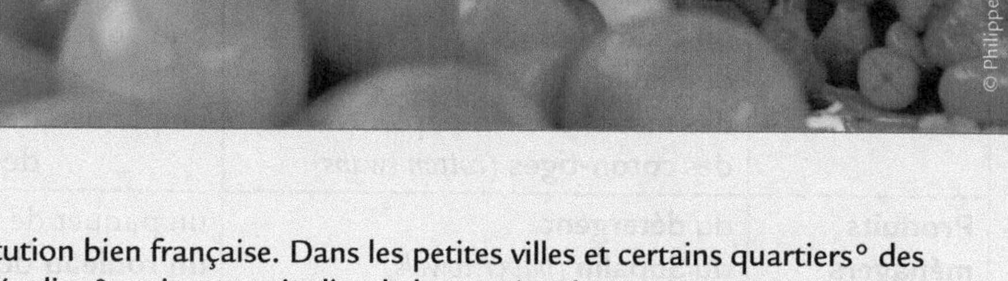

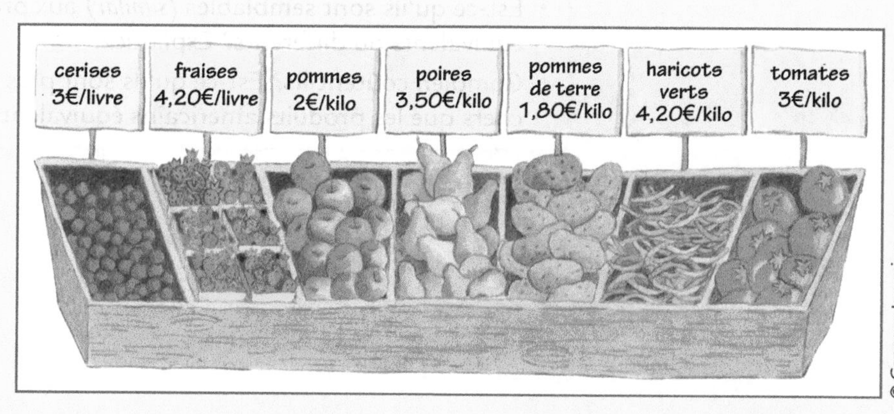

Les courses

Au supermarché

→ ***Comment trouver un article*** *(item)*

Pardon, madame (mademoiselle, monsieur)...

où se trouve le shampooing?
où se trouvent les céréales?

C'est **au rayon** *(department)* **de l'alimentation** *(food)*.
au fond du magasin *(at the back of the store)*.

quel rayon?	quels articles?	quelles quantités?
Alimentation	du thon du jus de fruit du sucre de la **confiture** *(jam)* des céréales	**une boîte** de thon **une bouteille** de jus de fruit **un paquet** de sucre **un pot** de confiture un paquet de céréales
Produits d'hygiène	du **dentifrice** *(toothpaste)* du **shampooing** de l'eau de toilette des **mouchoirs en papier** *(tissues)* des **coton-tiges** *(cotton swabs)*	**un tube** de dentifrice une bouteille de shampooing d'eau de toilette un paquet de mouchoirs en papier de coton-tiges
Produits ménagers *(household products)*	du **détergent** du **Sopalin** *(paper towels)*	un paquet de détergent **un rouleau** de Sopalin

Recherches Internet

Allez sur le site d'un magasin d'alimentation français, par exemple Picard **(www.picard.fr),** ou Monoprix **(www.monoprix.fr).**

- Quels sont les produits offerts?
- Est-ce qu'ils sont semblables *(similar)* aux produits américains équivalents ou différents? Expliquez.
- Combien coûtent-ils? Est-ce qu'ils sont plus chers ou moins chers que les produits américains équivalents?

Les petits commerces

© Peter Bowater/Alamy

Dans la vie moderne, les gens sont généralement pressés°. Pour faire les courses, ils vont généralement dans un supermarché (à l'intérieur des villes) ou dans un grand hypermarché° (à l'extérieur des villes). Là, ils trouvent tous les produits nécessaires à la vie quotidienne°.

Les gens qui ont du temps préfèrent souvent aller chez les commerçants du quartier où ils habitent. Ils vont chez **le boulanger** pour le pain et les croissants, chez **le pâtissier** pour les gâteaux. Ils vont chez **le boucher** pour le boeuf et le veau et chez **le charcutier** pour le porc et le jambon. Ils vont chez **le crémier** pour les produits laitiers° et chez **l'épicier** pour les épices°, le riz et les pâtes, le thé et le café, les eaux minérales et les jus de fruit. Ils vont chez **le marchand de légumes** pour les légumes et chez **le marchand de fruits** pour les fruits.

Évidemment le service n'est pas très rapide, mais il est beaucoup plus personnel qu'au supermarché. Et puis°, c'est chez les petits commerçants qu'on apprend° les nouvelles du quartier.

pressés *in a hurry* **hypermarché** *supermarket + discount store* **vie quotidienne** *daily life* **laitiers** *dairy* **épices** *spices* **Et puis** *Moreover* **apprend** *learns*

À votre tour

1. Débat: Supermarché ou petits commerçants?

Où faire les courses? Avec votre partenaire, décrivez les avantages et les désavantages de faire les courses au supermarché ou chez les petits commerçants.

	avantages	désavantages
Supermarché		
Petits commerçants		

2. Au supermarché

Vous habitez avec votre partenaire à Amboise, une petite ville de Touraine. Faites ensemble la liste des courses pour la semaine.
Décidez...

- quels produits vous allez acheter et en quelles quantités
- à quel rayon vous allez acheter ces produits

Avant de lire
Qu'est-ce que vous savez de l'Afrique francophone?
- nombre de pays
- langues
- religions
- économie
- histoire

L'Afrique

L'Afrique francophone

L'Afrique francophone est constituée par un bloc de pays situés à l'ouest et au centre du continent africain. Elle comprend aussi la grande île de Madagascar. Anciennes° colonies françaises ou belges, ces pays ont décidé de garder° le français comme langue officielle ou administrative après la proclamation de l'indépendance dans les années 60.

La mosquée d'Oukama, Dakar, Sénégal

Dans ces pays, la population parle une multitude de langues locales, par exemple le **wolof** et le **pulaar** au Sénégal, le **baoulé** et le **sénoufo** en Côte d'Ivoire, le **bambara** et le **malinké** au Mali, le **fang** et le **bamiléké** au Cameroun, et le **lingala** et le **swahili** au Congo. Le français est utilisé dans le commerce, dans l'administration et dans l'enseignement° universitaire. Le français facilite la communication entre des gens de langues différentes et crée une certaine unité linguistique entre tous° les pays de l'Afrique francophone. Malgré° cet avantage, l'usage du français pose un dilemme moral à certains intellectuels africains: Pourquoi utiliser la langue du colonisateur pour communiquer avec d'autres victimes de la colonisation?

Les pays de l'Afrique francophone représentent une grande variété de climats, de conditions géographiques, de cultures et de religions. L'Islam, le christianisme – catholique et protestant – et l'animisme* y sont les religions les plus pratiquées. Malgré leurs diversités, ces pays ont cependant° des problèmes communs. Par exemple, leurs économies sont basées presque uniquement sur l'agriculture et l'exploitation des ressources minérales, comme pendant leur passé° colonial. Des variations climatiques importantes ou des fluctuations même° minimes dans le cours° des matières premières° peuvent provoquer des crises économiques graves et, par là°, mener° à l'instabilité politique.

Grâce à° leurs ressources humaines et à leurs richesses naturelles, les pays de l'Afrique francophone ont de grandes possibilités de développement. Le progrès nécessite cependant l'adoption de réformes sociales et économiques pour permettre aux jeunes Africains de vivre° dans un monde moderne dans le respect des valeurs° spirituelles de leur culture.

Anciennes *Former* **garder** *to keep* **enseignement** *education* **tous** *all* **Malgré** *In spite of* **cependant** *nevertheless* **passé** *past* **même** *even* **cours** *price on the stock exchange* **matières premières** *raw materials* **par là** *thereby* **mener** *lead* **Grâce à** *Thanks to* **vivre** *to live* **valeurs** *values*

***animisme** *religion qui attribue des forces surnaturelles aux objets, aux animaux et à la nature*

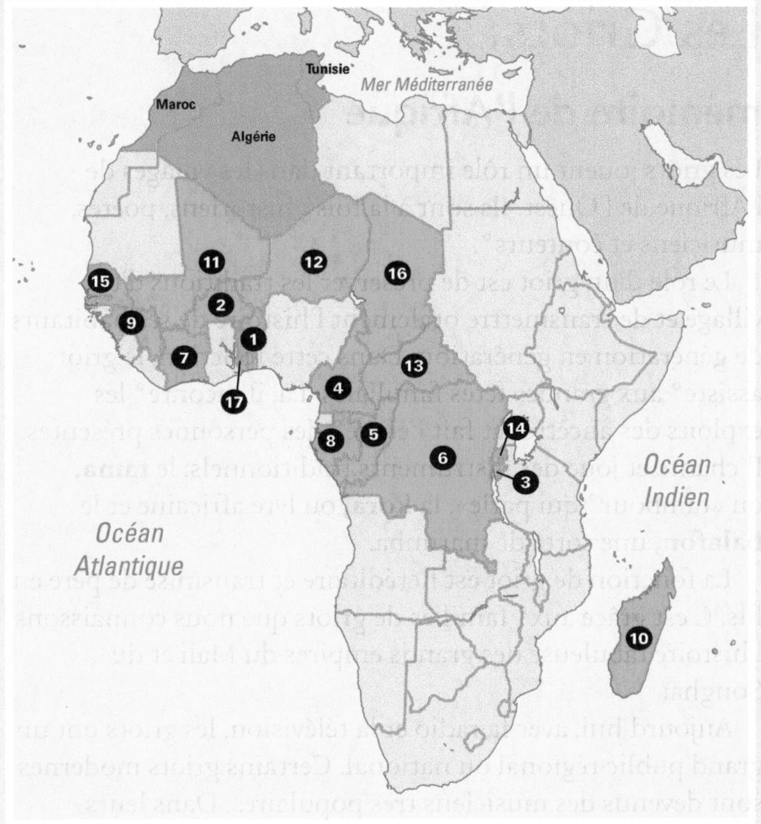

Pays francophones
1. Bénin
2. Burkina Faso
3. Burundi
4. Cameroun
5. Congo
6. Congo (République démocratique)
7. Côte d'Ivoire
8. Gabon
9. Guinée
10. Madagascar
11. Mali
12. Niger
13. République Centrafricaine
14. Rwanda
15. Sénégal
16. Tchad
17. Togo

Après la lecture

Quels sont les trois faits les plus importants que vous avez appris sur l'Afrique francophone?

Recherches Internet

Informez-vous sur un pays de l'Afrique francophone et préparez un rapport de 10 lignes.

Un peu d'histoire

Empires et royaumes	
8e–16e siècle	Empires successifs du **Ghana,** du **Mali** et de **Songhaï.**
14e–19e siècle	Royaumes° au **Bénin** et au **Congo.**
Esclavage et colonisation	
1480	Exploration des côtes° africaines par des navigateurs européens.
1510	Premières déportations d'esclaves° vers l'Amérique.
1659	Fondation° de **Saint-Louis** au Sénégal par les Français.
1884	Traité° de Berlin divisant° l'Afrique en zones d'influences européennes. La France colonise l'Afrique occidentale et équatoriale. La Belgique colonise le Congo et le Burundi.
1945	Mouvements indépendantistes.
Indépendance	
1960–1962	Indépendance dans les colonies françaises et belges. Les nouvelles républiques africaines deviennent membres des Nations Unies°. Accords° commerciaux et culturels avec la France.

Royaumes *Kingdoms* **côtes** *coasts* **esclaves** *slaves* **Fondation** *Founding* **Traité** *Treaty* **divisant** *dividing* **Nations Unies** *United Nations* **Accords** *Agreements*

Avant de lire
Connaissez-vous la musique africaine?
- chanteurs/chanteuses
- divers styles de musique
- rôle du griot

Les Griots:

mémoire de l'Afrique

Les griots jouent un rôle important dans les villages de l'Afrique de l'Ouest. Ils sont à la fois° historiens, poètes, musiciens et conteurs°.

Le rôle d'un griot est de préserver les traditions d'un village et de transmettre oralement l'histoire de ses habitants de génération en génération. Dans cette fonction, le griot assiste° aux grandes fêtes familiales. Là, il raconte° les exploits des ancêtres et fait l'éloge° des personnes présentes. Il chante et joue des instruments traditionnels: le **tama,** ou «tambour° qui parle», la **kora,** ou lyre africaine et le **balafon,** une sorte de marimba.

La fonction de griot est héréditaire et transmise de père en fils. C'est grâce aux° familles de griots que nous connaissons l'histoire fabuleuse des grands empires du Mali et du Songhaï.

Aujourd'hui, avec la radio et la télévision, les griots ont un grand public régional ou national. Certains griots modernes sont devenus des musiciens très populaires. Dans leurs chansons ils expriment° la dignité et l'espoir des peuples d'Afrique.

La **kora** ou «lyre africaine» est faite avec une calebasse° et 21 cordes métalliques.

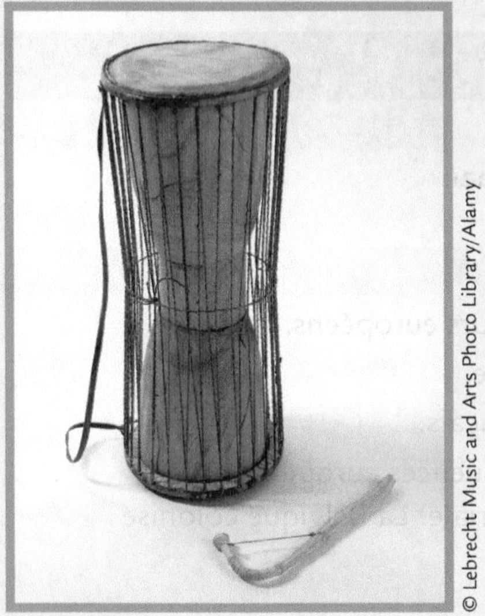

Le **tama** ou «tambour qui parle» est un tambour recouvert de° peaux° de reptiles.

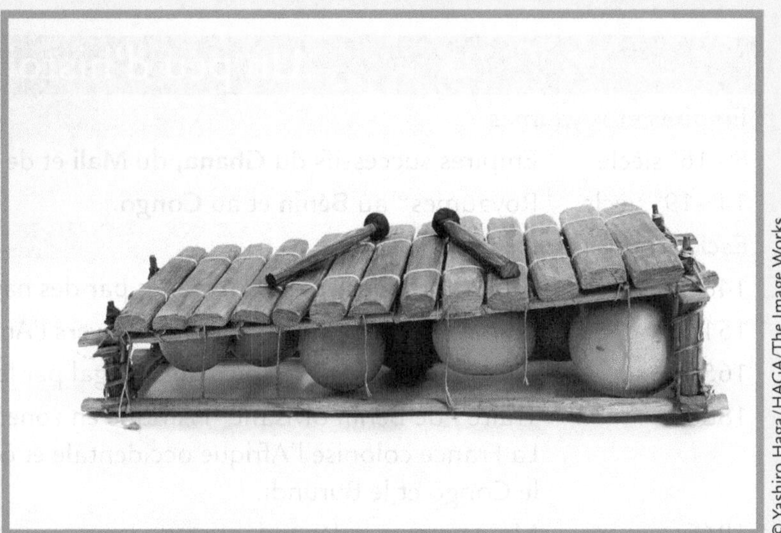

Le **balafon** ou «marimba africain» est fait de lames de bois° attachées en dessous° à des paires de calebasses.

à la fois *at the same time* **conteurs** *storytellers* **assiste** *is present* **raconte** *tells about* **fait l'éloge** *praises* **tambour** *drum* **grâce aux** *thanks to* **expriment** *express* **calebasse** *gourd* **recouvert de** *covered with* **peaux** *skins* **lames de bois** *slats of wood* **en dessous** *underneath*

La musique africaine

La musique africaine traditionnelle est une musique aux rythmes complexes marqués par le son° du tambour. La musique d'aujourd'hui combine ces rythmes traditionnels avec les rythmes plus modernes de la musique afro-américaine: jazz, blues, reggae, rock, pop et rap.

Chaque° pays a des styles de musiques spécifiques, comme le **mbalax** au Sénégal, le **makossa** et le **bitutsi** au Cameroun et le **soukous** au Congo. Les musiciens de ces pays interprètent ces musiques d'une manière personnelle et originale.

Quelques rythmes africains

Sénégal

© AFP/Getty Images

COUMBA GAWLO

mbalax

Rythmes énergiques de la musique africaine (kora, tambours) et du rock (guitare, batterie°).

Mali

© Lindsay Hebberd/Corbis

OUMOU SANGARÉ

wassoulou

Musique du sud-est du Mali, souvent interprétée par des femmes.

Congo

© AFP/Getty Images

PAPA WEMBA

soukous

Musique de danse d'inspiration cubaine.

Côte d'Ivoire

© AFP/Getty Images

MONIQUE SEKA

afro-zouk

Musique influencée par le **zouk** de la Martinique, avec des sonorités ivoiriennes.

Youssou N'Dour

© Herve Coste/Maxppp/Landov

Youssou N'Dour vient d'une famille de griots. Aujourd'hui, il est la superstar de la musique africaine moderne et son ambassadeur en Europe et aux États-Unis. Youssou N'Dour est le grand interprète du mbalax, la musique sénégalaise inspirée par les rythmes traditionnels et le rock américain.

Youssou N'Dour chante en français, en anglais, en wolof et en d'autres langues africaines. Dans la tradition des griots modernes, ses chansons ont des thèmes humanitaires: contre le racisme, pour l'unité africaine, en faveur des enfants déshérités° de l'Afrique.

Après la lecture

Quels sont les trois faits les plus importants que vous avez appris sur la musique africaine?

Recherches Internet

Écoutez de la musique africaine et choisissez une chanson qui vous plaît particulièrement. Expliquez pourquoi vous l'aimez.

son *sound* **Chaque** *Each* **batterie** *drums* **déshérités** *underprivileged*

> **Avant de lire**
> Que savez-vous du cinéma africain?
> • les films
> • les cinéastes

Le cinéma africain

Le cinéma africain est né° dans les années 60 peu° après la proclamation de l'indépendance dans les pays de l'Afrique francophone. Le premier cinéaste africain, Ousmane Sembène, est un intellectuel sénégalais qui utilise le film pour dénoncer le colonialisme et pour affirmer la dignité de la personnalité africaine. Les cinéastes d'aujourd'hui sont nombreux et représentent la grande variété de l'Afrique francophone. Les acteurs, souvent non-professionnels, s'expriment° en langues locales ou en français.

Les films explorent le présent et le passé de l'Afrique et présentent un vaste panorama de la société africaine contemporaine et de ses problèmes. Les thèmes principaux concernent les conflits entre la tradition et la modernité, les dangers du néocolonialisme et l'illusion de l'argent°, la condition féminine et le rôle de la femme, l'importance de l'éducation pour l'avenir° de l'Afrique. Dans la tradition africaine, les cinéastes traitent° souvent ces sujets sérieux avec humour et ironie en utilisant la satire et la comédie.

Le cinéma africain d'aujourd'hui est un art populaire qui s'adresse d'abord au° public africain, mais aussi à un vaste public universel. La vitalité de ce cinéma est célébrée au grand Festival Panafricain du Cinéma et de la Télévision de Ouagadougou (FESPACO) qui a lieu° tous les deux ans° dans la capitale du Burkina Faso. Les films récents sont présentés au cours de° ce festival et le meilleur film reçoit° le prestigieux Étalon° de Yennenga, qui est un peu° l'Oscar du film africain.

Panorama du cinéma africain

Burkina Faso	*Keita* de **Dani Kouyaté** Les révélations d'un griot à un jeune Africain.
Cameroun	*Afrique, je te plumerai* de **Jean-Marie Teno** L'effet destructeur du colonialisme sur l'Afrique d'aujourd'hui.
Congo	*Pièces d'identités* de **Ngangura Mweze** Un roi° congolais recherche sa fille en Belgique.
Madagascar	*Quand les étoiles rencontrent la mer* de **R. Rajaonarivelo** Le monde magique d'un villageois qui échappe à° la destinée.
Mali	*Ta Dona* de **Adama Drabo** Un agronome moderne à la recherche des remèdes secrets du passé.
Mauritanie	*Heremakono* de **Abderrahmane Sissako** La vie dans un village de pêcheurs°.
Sénégal	*Karmen Geï* de **Joseph Gaï Ramaka** Comédie musicale sur le thème de *Carmen* dans un contexte africain.

né *born* **peu** *shortly* **s'expriment** *speak* **argent** *money* **avenir** *future* **traitent** *treat* **s'adresse d'abord à** *appeals first to* **a lieu** *takes place* **tous les deux ans** *every other year* **au cour de** *during* **reçoit** *receives* **Étalon** *Stallion* **un peu** *sort of* **roi** *king* **échappe à** *escapes from* **pêcheurs** *fishermen*

Ousmane Sembène, père du cinéma africain

Ousmane Sembène (1923–2007) est né au Sénégal. Il commence à travailler à l'âge de quatorze ans. Tour à tour°, il est maçon, plombier, mécanicien. Engagé volontaire° dans l'armée française, il participe en 1944 à la Libération de la France.

Après la guerre°, il reste en France et travaille comme° docker à Marseille. Là, il milite dans le parti communiste parce que ce parti est opposé au colonialisme.

Illettré°, Ousmane Sembène apprend par lui-même à lire° et écrire°. Puis° il décide de devenir écrivain. Son premier roman°, *Le Docker noir,* est publié en 1956. Dans ce roman, basé sur ses expériences personnelles, il s'attaque au° racisme et à l'injustice sociale.

Après d'autres° livres, écrits° en français, Ousmane Sembène décide d'utiliser le cinéma pour exprimer° ses idées par l'image et pour les rendre° ainsi° accessibles à un grand public africain qui ne parle pas français. Il va à Moscou pour étudier la technique du cinéma. De retour au Sénégal, Ousmane Sembène devient le premier cinéaste africain à utiliser des acteurs africains dans des films à thèmes africains. Son premier grand film, *La Noire de ...,* tourné° en 1965, est un réquisitoire° contre l'exploitation post-coloniale des Africains. Ce film est primé° au Festival de Cannes.

En 1968, Ousmane Sembène décide de filmer en langue wolof. Dans chacun° de ses films, il traite de sujets particuliers à la société africaine: le néocolonialisme, la corruption, la bureaucratie, les divisions religieuses et, plus récemment°, la condition de la femme. Cinéaste engagé°, il dénonce le conformisme, les préjugés° et l'hypocrisie et se bat° pour une société plus juste et plus humaine. Par la qualité de ses films, Ousmane Sembène est considéré comme l'une des grandes figures du cinéma mondial°.

© AF archive/Alamy

Films d'Ousmane Sembène

	TITRE	THÈME
1966	**La Noire de ...**	Racisme et exploitation post-coloniale
1968	**Mandabi**	Corruption
1977	**Ceddo**	Conflits religieux
1992	**Guelwaar**	Satire sociale
2000	**Faat-Kiné**	Condition de la femme africaine
2004	**Moolaadé**	Condition de la femme africaine

© Caroline Penn/Corbis

Après la lecture

Quels sont les trois faits les plus importants que vous avez appris sur le cinéma africain?

Recherches Internet

Regardez un des films mentionnés ou un autre film par un cinéaste africain. Est-ce que vous le recommanderez à vos copains? Pourquoi ou pourquoi pas?

Tour à tour *In succession* **Engagé volontaire** *Enlisted* **guerre** *war* **comme** *as a* **Illettré** *Illiterate* **lire** *to read* **écrire** *to write* **Puis** *Then* **roman** *novel* **s'attaque au** *attacks* **d'autres** *other* **écrits** *written* **exprimer** *to express* **pour les rendre** *to make them* **ainsi** *in this way* **tourné** *filmed* **réquisitoire** *attack* **primé** *awarded a prize* **chacun** *each* **récemment** *recently* **engagé** *socially active* **préjugés** *prejudices* **se bat** *fights for* **mondial** *world*

Jacques Prévert, poète et scénariste° français

© Keystone/Hulton Archive/Getty Images

Faisons connaissance

Jacques Prévert (1900–1977) a commencé sa carrière littéraire par le cinéma. Il a écrit° les dialogues de films français très célèbres comme *Le Quai des brumes°* (1935), *Drôle de drame* (1937), *Les Visiteurs du soir* (1941) et, le plus célèbre de tous, *Les Enfants du paradis* (1944).

Aujourd'hui, Prévert est connu° principalement comme poète. Ses poèmes, pleins° d'humour, évoquent la vie de tous les jours. Son recueil° principal s'appelle tout simplement *Paroles*. Certains de ses poèmes ont été mis° en musique comme *Les Feuilles mortes* qui est devenue une chanson° très populaire. Cette chanson a aussi connu un très grand succès aux États-Unis sous le nom de *Autumn Leaves*.

Pour mieux comprendre

Ponctuation

Like many poets, Prévert often leaves out punctuation. As you read the poem, try to determine where sentences begin and end.

Expressions originales

Prévert loves to replace everyday phrases with poetic expressions.

For example, in the title of his poem, **petit déjeuner** *(breakfast)* becomes **déjeuner du matin.**

In French, a raincoat is typically **un imper,** short for **imperméable,** but Prévert uses the old-fashioned **un manteau de pluie.**

Les rimes

Prévert likes to play with rhymes. Note the many lines that end in the vowel sounds /ɪ/ and /e/.

---

scénariste *screenwriter* **a écrit** *wrote* ***Le Quai des brumes*** *Port of Shadows* **connu** *known* **pleins** *full* **recueil** *collection* **mis** *put* **chanson** *song*

Déjeuner du matin

Il a mis le café
Dans la tasse
Il a mis le lait
Dans la tasse de café
Il a mis le sucre
Dans le café au lait
Avec la petite cuiller° *spoon*
Il a tourné° *stirred*
Il a bu le café au lait
Et il a reposé° la tasse *put back*
Sans me parler° *Without talking to me*

Il a allumé° *lit*
Une cigarette
Il a fait des ronds° *circles*
Avec la fumée° *smoke*
Il a mis les cendres° *ashes*
Dans le cendrier° *ashtray*
Sans me parler
Sans me regarder

Il s'est levé° *got up*
Il a mis
Son chapeau sur sa tête° *head*
Il a mis
Son manteau de pluie
Parce qu'il pleuvait° *was raining*
Et il est parti
Sous la pluie
Sans une parole° *word*
Sans me regarder

Et moi j'ai pris
Ma tête dans ma main° *hand*
Et j'ai pleuré°. *cried*

Jacques Prévert, *Paroles*, 1945. © Éditions Gallimard

À l'écoute

Allez sur le site français **www.google.fr** et tapez «Prévert déjeuner du matin». Écoutez deux ou trois interprétations. Laquelle *(Which one)* préférez-vous?

Dramatisation

Dramatisez le poème en mimant les actions du couple.

Allons plus loin

Écrivez un poème similaire du point de vue de l'homme:
J'ai mis le café...

À la découverte

Dans votre cahier, vous allez trouver le Petit Prince au moment où il pense à la rose qu'il aime.

À l'université

UNITÉ 7

© Jean-Marc Charles/age fotostock

Leçon 19:
Une condition essentielle

Leçon 20:
Des notes importantes

Leçon 21:
Problèmes, problèmes

Rencontres francophones
Talk with one or two students from your university who have spent a semester or a summer in a French-speaking country. Where did they go? Did they enjoy the experience? What were the main benefits? Would they recommend their program to others?

LEÇON 19 Une condition essentielle

OBJECTIVES

- To talk about university studies
- To express wishes
- To express obligations

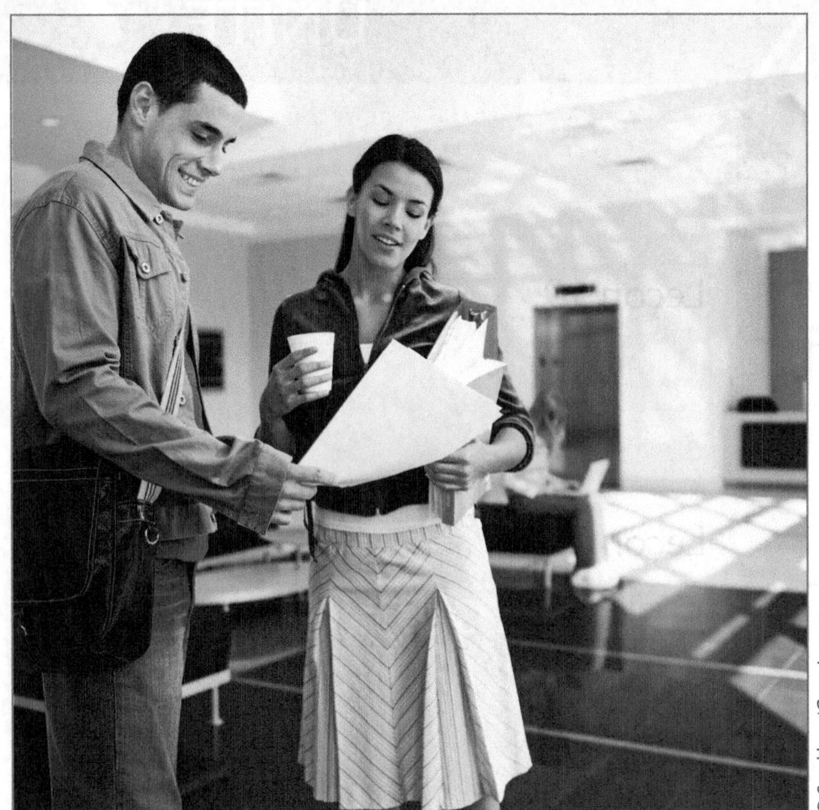

CD3-2 *Élisabeth est étudiante à l'Université de Dijon. Un jour sur le campus elle rencontre Ahmed, un ancien copain de lycée.*

ÉLISABETH:	Tiens, Ahmed, **qu'est-ce que tu deviens**? Tu **suis des cours** ici?	*what are you up to* / *take classes*
AHMED:	Oui, je prépare une licence de **chimie**. Et toi?	*chemistry*
ÉLISABETH:	Moi, je suis en deuxième année de **droit**. Après le bac, j'ai commencé des études de sciences **éco**, mais je n'ai pas réussi à mes examens. Alors j'ai changé d'orientation. Maintenant, je fais du droit. C'est plus intéressant.	*law* / = économiques
AHMED:	Ce n'est pas trop difficile?	
ÉLISABETH:	Il faut beaucoup travailler, mais les cours sont **passionnants**. J'ai des bonnes **notes**, alors ça va. Et toi, qu'est-ce que tu veux faire avec ta licence de chimie?	*exciting* / *grades*
AHMED:	Tu veux dire: qu'est-ce que je peux faire! Il y a une différence! **En fait**... avec un diplôme de chimie, il y a deux possibilités: on peut être prof dans un lycée ou on peut travailler dans un laboratoire. Personnellement, je préfère **enseigner**. Mais il y a une condition essentielle...	*Actually* / *to teach*
ÉLISABETH:	Ah?	
AHMED:	Et oui! Je dois **d'abord être reçu** aux examens!	*first / to pass*

À propos du texte

1. Qu'est-ce qu'Élisabeth étudie à l'université?
2. Qu'est-ce qu'Ahmed étudie?
3. Qu'est-ce qu'il voudrait faire après l'université?
4. Quelle est la condition essentielle?

Note culturelle

Les diplômes universitaires CD3-3

Les jeunes Français vont à l'université à l'âge de 18 ou 19 ans. Pour être admis à l'université, ils doivent avoir **le baccalauréat,** ou «bac», qui est le diplôme de fin° d'études secondaires.

Le système universitaire français est sélectif. Il est aussi assez complexe. Les deux premières années d'université sont particulièrement difficiles. Le premier semestre est un semestre d'orientation. Ensuite°, les étudiants doivent obtenir° un certain nombre d'**unités d'enseignement** dans leur spécialité pour passer au semestre suivant. Pour cela, ils doivent avoir de bonnes notes° dans leurs cours ou passer un examen terminal°. Sinon°, ils doivent **redoubler,** c'est-à-dire, recommencer le semestre. Après quatre semestres d'études réussies, ils obtiennent un diplôme, **le DEUG (Diplôme d'Études Universitaires Générales).**

Après le DEUG, les étudiants peuvent continuer leurs études et obtenir d'autres° diplômes: **la licence, la maîtrise, le DEA (Diplôme d'Études Approfondies)** ou **le DESS (Diplôme d'Études Supérieures Spécialisées)** et finalement **le doctorat.**

	Système français		Système américain	
années	**études universitaires**	**diplômes**	**études universitaires**	**diplômes**
1 2	premier cycle	 DEUG	études sous-graduées	 Associate's degree
3 4	deuxième cycle	Licence Maîtrise		 BA, BS
5 6 7 8 9	troisième cycle	DEA, DESS Doctorat	études graduées	 Master's degree PhD

À votre avis

1. Expliquez les similarités et les différences entre le système universitaire en France et aux États-Unis.
2. Préférez-vous faire vos études à l'université en France ou aux États-Unis? Expliquez votre choix.

---

fin *end* **Ensuite** *Then* **obtenir** *to get* **notes** *grades* **terminal** *end-of-semester* **Sinon** *If not* **d'autres** *other*

La langue française

Vocabulaire: À l'université

LES COURS

Quand on est à l'université, **il faut** *(one must)*...

suivre *(take)* **des cours**
prendre **des notes**
faire | **des devoirs** / **des préparations**
préparer un diplôme
passer *(take)* **des examens**

un cours	*class*
une note	*grade*
un devoir	*assignment*
une préparation	*homework*
un diplôme	*degree, diploma*
un examen	*exam*

Le cours va...

commencer *(begin)* à deux heures
finir à trois heures quinze

Ce cours est...

facile *(easy)*	**difficile** *(hard, difficult)*
utile *(useful)*	**inutile** *(useless)*
passionnant *(exciting, fascinating)*	**barbant** *(boring)*

LES EXAMENS

Je veux... Je ne veux pas...

réussir *(pass)* / **être reçu(e)** *(pass)* | à l'examen — **rater** *(flunk, fail)* l'examen

obtenir *(get, obtain)* | une bonne note / mon diplôme — **obtenir** une mauvaise note

faire des progrès *(improve, make progress)*

→ Note the cedilla [ç] in the **nous**-form of **commencer.**

Nous **commençons** le cours à dix heures.

→ In the PRESENT tense, **obtenir** is conjugated like **venir.**

j'**obtiens** nous **obtenons** ils **obtiennent**

In the PASSÉ COMPOSÉ, **obtenir** is conjugated with **avoir.**

Nous **avons obtenu** une bonne note à l'examen.

1 Et vous?

Avec votre partenaire, complétez les phrases avec les expressions suggérées. Sur combien de points êtes-vous d'accord?

1. Je prépare... (quel diplôme?)
2. Je vais obtenir mon diplôme... (cette année? dans deux ans? ...?)
3. Aujourd'hui, j'ai... (combien de cours?)
4. Le lundi, mon premier cours commence... (à quelle heure?)
5. En général, je fais mes devoirs... (avant ou après le dîner? juste avant le cours? ...?)
6. Ce soir, j'ai une préparation... (de quel sujet?)
7. En général, mes notes sont... (très bonnes? assez bonnes? mauvaises? ...?)
8. En français, j'espère *(hope)* obtenir... (quelle note au prochain examen? quelle note finale?)
9. Pour moi, le cours de français est... (facile ou difficile?)
10. Je pense que le français est une langue... (très utile? assez utile? inutile?)
11. En général, j'ai des cours... (intéressants? passionnants? barbants?)
12. Je pense que ce semestre je vais... (réussir à mes examens ou rater mes examens?)

2 Les bons étudiants

Les étudiants suivants sont des étudiants modèles. En conséquence, dites si oui ou non ils ont fait les choses suivantes.

❊ Thomas / prendre des notes en classe?
Oui, il a pris des notes en classe.

1. Claire / perdre ses notes?
2. Nathalie / réussir à l'examen?
3. Pierre / choisir des cours difficiles?
4. moi / obtenir de mauvaises notes?
5. vous / faire des progrès en français?
6. David et Nicolas / rater leurs examens?
7. toi / obtenir ton diplôme?
8. Marc / être reçu à l'examen?

Vocabulaire: Expressions utiles

vite	*fast, quickly*	Je fais **vite** mes devoirs.
lentement	*slowly*	Le professeur parle **lentement.**
ensemble	*together*	Mon copain et moi, nous étudions **ensemble.**
seul(e)	*alone;*	Vanessa préfère travailler **seule.**
	only	Mon **seul** devoir pour demain, c'est le français.
seulement	*only*	Aujourd'hui, j'ai **seulement** deux cours.
rarement	*seldom*	J'étudie **rarement** le samedi.
pour + infinitive	*(in order) to*	Nous étudions **pour réussir** à l'examen.

➔ **Seul(e)** is an ADJECTIVE and modifies nouns and pronouns.

Céline est **seule.** — *Céline is **alone.***
Céline est ma **seule** amie. — *Céline is my **only** friend.*

➔ **Seulement** is an ADVERB and modifies verbs, adjectives, and numbers.

En cours, nous parlons **seulement** français. — *In class we **only** speak French.*
J'ai **seulement** deux cours ce matin. — ***I only** have two classes this morning.*
Il n'est pas triste; il est **seulement** fatigué. — *He's not sad; he's **only** tired.*

3 Et vous?

1. Est-ce que vous parlez seulement français en classe?
2. Est-ce que le professeur parle vite ou lentement?
3. En général, faites-vous vite vos devoirs?
4. Allez-vous souvent ou rarement à la bibliothèque? au centre sportif?
5. Dînez-vous souvent ou rarement à la cafétéria?
6. Est-ce que vous préparez vos cours seul(e) ou avec vos ami(e)s? Qu'est-ce que vous étudiez ensemble?
7. Le week-end, sortez-vous seul(e) ou avec vos copains? Qu'est-ce que vous faites ensemble?

A. Le verbe *suivre*

The verb **suivre** *(to follow)* is irregular.

infinitive		**suivre**	Je vais **suivre** tes conseils.
present	je	suis	Je **suis** un cours d'anglais.
	tu	suis	Tu **suis** un cours de maths.
	il/elle/on	suit	Elle **suit** un cours de chimie.
	nous	**suivons**	Nous **suivons** un régime.
	vous	**suivez**	Vous **suivez** la politique.
	ils/elles	**suivent**	Ils **suivent** les instructions du prof.
passé composé	j'**ai**	suivi	J'**ai suivi** un cours à l'Alliance française.

→ **Suivre** generally means *to follow*. It is also used in several idiomatic expressions.

suivre un conseil	*to follow (take) advice*	**Suivez** mes conseils!
suivre un cours	*to take a class*	Quels cours est-ce que tu **suis**?
suivre un régime	*to be on a diet*	Je **suis** un régime très strict.
suivre (un sujet)	*to keep abreast of (a topic)*	**Suivez**-vous la politique?

4 Et vous?

1. Est-ce que vous suivez les conseils de vos amis? de vos parents? de vos profs?
2. Combien de cours suivez-vous ce semestre? Quels cours suivez-vous?
3. Avez-vous suivi un cours de français le semestre dernier? Allez-vous suivre un cours de français le semestre prochain? Pourquoi (pas)?
4. Suivez-vous un régime? Qu'est-ce que vous mangez? Qu'est-ce que vous ne mangez pas?
5. Suivez-vous la politique? l'économie? la mode *(fashion)*?
6. Suivez-vous les sports professionnels? quels sports?
7. L'année dernière, avez-vous suivi les progrès de votre équipe de baseball favorite?
8. Suivez-vous les progrès d'une équipe de football? de quelle équipe?

5 Quel cours?

Décrivez la profession future des étudiants suivants. Dites quel cours chacun suit.

❄ Caroline / actrice
Caroline pense devenir actrice.
Elle suit des cours de diction.

1. nous / pharmaciennes
2. vous / avocats *(lawyers)*
3. moi / professeur de langues
4. Raphaël / musicien
5. Cécile et Marie / ingénieurs
6. toi / médecin

biologie
droit *(law)*
pharmacie
diction
linguistique
maths
piano

B. Les verbes *vouloir* et *pouvoir*

The verbs **vouloir** *(to want)* and **pouvoir** *(to be able, can, may)* are irregular.

infinitive	vouloir	pouvoir
present	Je **veux** un livre. Tu **veux** aller en France. Il/Elle/On **veut** gagner de l'argent. Nous **voulons** voyager. Vous **voulez** aller en ville. Ils/Elles **veulent** parler français.	Je **peux** prendre ce livre? Tu **peux** visiter Paris. Il/Elle/On **peut** travailler cet été. Nous **pouvons** aller en Chine. Vous **pouvez** prendre le bus. Ils/Elles **peuvent** parler avec Zoé.
passé composé	**J'ai voulu** voyager.	**J'ai pu** visiter la Suisse.

VOULOIR

Vouloir *(to want)* is usually used with a NOUN or an INFINITIVE construction.

Tu veux **du café**? Non, je veux **du thé.**

Tu veux **être professeur**? Oui, je veux **être professeur.**

→ **Je veux** expresses a strong will or wish.
Je voudrais *(I would like)* is often used to express a request.

Je voudrais visiter le Québec avec vous cet été.

Je voudrais un livre sur le Canada, s'il vous plaît.

→ **Je veux bien** is often used to accept an invitation or request.

—Veux-tu aller au cinéma avec moi?
—Oui, **je veux bien.** *Yes, I do. / Yes, I would.*

© Cengage Learning

POUVOIR

Pouvoir has several English equivalents.

	PRÉSENT	PASSÉ COMPOSÉ
(may)	Est-ce que **je peux** partir?	
(can, could)	**Peux-tu** parler plus lentement?	**Je n'ai pas pu** venir à la fête.
(to be able to)	**Je ne peux pas** réparer mon vélo.	**J'ai pu** finir la préparation.

6 Quand on veut...

Décrivez ce que veulent faire les personnes suivantes et dites si oui ou non elles veulent faire les choses entre parenthèses. Soyez logique!

❊ Brigitte: être indépendante (rester chez ses parents?)
Brigitte veut être indépendante. Elle ne veut pas rester chez ses parents.

1. Philippe: étudier (sortir ce soir?)
2. nous: avoir une bonne note (rater l'examen?)
3. moi: trouver du travail (gagner de l'argent cet été?)
4. vous: faire des économies (dépenser votre argent?)
5. ces étudiants: réussir aux examens (obtenir leur diplôme?)
6. M. Legros: suivre un régime (grossir?)
7. toi: faire des études scientifiques (être ingénieur?)
8. Isabelle et Vincent: sortir ce soir (faire leurs devoirs?)

7 Qu'est-ce qu'on peut faire?

Informez-vous sur les personnes suivantes et dites si oui ou non elles peuvent faire les choses entre parenthèses.

❊ Marc suit un régime très strict. (manger du pain?)
Il ne peut pas manger de pain.

1. Christine a un doctorat. (être professeur d'université?)
2. Je suis très malade. (sortir avec mes copains?)
3. Nous avons nos passeports. (voyager à l'étranger cet été?)
4. Tu viens de rater tous *(all)* tes examens. (obtenir ton diplôme?)
5. Éric n'a pas son portable. (téléphoner à Caroline?)
6. Vous avez dix-huit ans. (voter?)
7. Mes copains ont loué des vélos. (faire une promenade dans la campagne?)
8. On a faim. (aller au restaurant?)

8 Selon vous *(In your opinion)*

Dites ce qu'on peut faire (ou ne pas faire) dans les circonstances suivantes.

❊ Quand on a un diplôme d'université...
Quand on a un diplôme d'université, on peut toujours trouver un bon job.

1. Quand on est à l'université...
2. Quand on fait des études de commerce...
3. Quand on parle français...
4. Quand on a 18 ans...
5. Quand on est riche...
6. Quand on n'a pas beaucoup d'argent...

C. Le verbe *devoir*

EXPRESSING OBLIGATION AND NECESSITY

The verb **devoir** *(must, to have to, to be supposed to)* is irregular.

infinitive		**devoir**	
present	je	**dois**	Je **dois** étudier.
	tu	**dois**	Tu **dois** préparer tes examens.
	il/elle/on	**doit**	Elle **doit** passer un examen demain.
	nous	**devons**	Nous **devons** rentrer chez nous.
	vous	**devez**	Vous **devez** acheter ce livre.
	ils/elles	**doivent**	Ils **doivent** gagner de l'argent.
passé composé	j'**ai**	**dû**	J'**ai dû** téléphoner à mon père.

➔ The construction **devoir** + INFINITIVE is used to express:

- NECESSITY or OBLIGATION *(must, to have to)*

Je **dois finir** mes devoirs. — *I **must (have to) finish** my homework.*

Ils **ont dû** beaucoup **étudier.** — *They **had to study** a lot.*

- PROBABILITY or LIKELIHOOD *(must)*

Paul n'est pas ici. Il **doit être** à la bibliothèque. — *He **must be** at the library.*

Élodie n'est pas venue. Elle **a dû rester** chez elle. — *She **must have stayed** home.*

- EXPECTATION *(to be supposed to)*

Philippe **doit venir** à huit heures. — *Philippe **is supposed to come** at eight.*

➔ **Devoir** + NOUN means *to owe.*

Je **dois** dix euros à Cécile. — *I **owe** Cécile ten euros.*

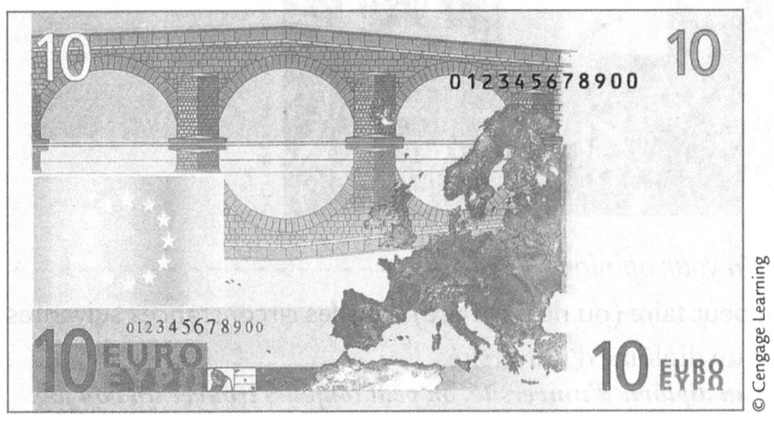

9 Obligations?

Lisez ce que veulent faire les personnes suivantes et dites si oui ou non elles doivent faire les choses entre parenthèses.

❊ Nicole veut obtenir son diplôme. (rater ses examens?)
Elle ne doit pas rater ses examens.

1. Je veux être docteur. (suivre des cours de biologie?)
2. Vous voulez être interprètes. (faire des progrès en français?)
3. Nous voulons réussir à l'examen. (dormir en cours?)
4. Éric veut maigrir. (boire de la bière?)
5. Tu veux suivre un régime végétarien. (manger du poulet?)
6. Monique veut trouver du travail. (regarder les petites annonces *[want ads]* dans le journal?)
7. Ces étudiants veulent organiser une fête. (nettoyer leur appartement?)
8. On veut rester en bonne santé *(health)*. (faire du sport?)

10 Invitations

Invitez vos camarades à faire certaines choses avec vous. Ils vont vous demander quand, et accepter ou refuser votre invitation. S'ils refusent, ils vont donner une excuse.

❊ ***— Tu veux aller au cinéma avec moi?***
— Quand?
— Samedi soir.
— D'accord! Je veux bien.
ou ***— Je voudrais bien, mais je ne peux pas. Je dois finir une préparation.***

LES INVITATIONS	LES EXCUSES
• sortir • aller au cinéma • aller au concert • dîner dans un restaurant chinois • jouer aux jeux sur ordinateur • faire du jogging • faire du shopping	???

11 Conseils

Donnez des conseils aux personnes suivantes. Dites ce qu'elles doivent faire, ou ce qu'elles ne doivent pas faire, et ce qu'elles peuvent faire.

❊ Votre camarade de chambre est malade *(sick)*.
Tu dois rester dans la chambre.
Tu ne dois pas sortir.
Si tu es très malade, tu peux aller chez le docteur.

1. Votre frère veut gagner de l'argent cet été.
2. Votre cousine veut être ingénieur.
3. Votre copain va aller en France cet été.
4. Vos camarades veulent réussir à l'examen de français.
5. Vos amis veulent organiser une fête chez eux.
6. Votre copain français veut visiter les États-Unis.

D. L'expression impersonnelle *il faut*

TO EXPRESS NECESSITY

Note the expression **il faut** in the following sentences.

À l'université, **il faut** étudier.	*At the university,* ***one has to*** *study.*
Pour être heureux, **il faut** avoir des amis.	*To be happy,* ***one must*** *have friends.*
Est-ce qu'il faut passer par Paris pour aller à Nice?	***Is it necessary to*** *pass through Paris to go to Nice?*
Il ne faut pas parler au cinéma.	***You should not*** *talk at the movies.*

The expression **il faut** is used to express a GENERAL OBLIGATION or a NECESSARY CONDITION.

infinitive	**falloir**	Il va **falloir** travailler.
present	**il faut**	**Il faut** partir maintenant.
passé composé	**il a fallu**	Il a plu et **il a fallu** rentrer.

→ Note the uses of **il faut** and the corresponding negative expressions.

AFFIRMATIVE	NEGATIVE
to express general obligation	to forbid an action
En classe, **il faut** écouter le professeur. *In class,* ***you must (have to)*** *listen to the teacher.*	**Il ne faut pas** dormir. ***You should not*** *sleep.*
to express a necessary condition	to express a lack of necessity
Dans la vie, **il faut** avoir des amis. *In life,* ***one has to (it is necessary to)*** *have friends.*	**Il n'est pas nécessaire d'**être riche. ***One does not have to (it is not necessary to)*** *be rich.*

12 Dans le studio d'enregistrement *(recording studio)*

Vous êtes le directeur/la directrice d'un studio d'enregistrement en France. Certaines personnes n'observent pas le règlement *(the rules)* du studio. Dites à ces personnes de ne pas faire ce qu'elles font.

❋ Quelqu'un fume *(is smoking).* ***Il ne faut pas fumer ici!***

1. Quelqu'un parle fort *(loud).*
2. Quelqu'un écoute la radio.
3. Quelqu'un utilise un portable.
4. Quelqu'un arrive en retard *(late).*
5. Quelqu'un fait du bruit *(noise).*
6. Quelqu'un mange.
7. Quelqu'un entre.
8. Quelqu'un sort.

13 Que faire?

Dites si certaines choses sont nécessaires ou non pour obtenir certains résultats.

❋ être heureux: avoir de l'argent?
Pour être heureux, il faut avoir de l'argent.
ou ***Pour être heureux, il n'est pas nécessaire d'avoir de l'argent.***

1. être journaliste: aller à l'université?
2. trouver du travail: avoir des diplômes?
3. réussir aux examens: étudier?
4. réussir dans la vie: avoir des relations *(connections)*?
5. réussir dans les affaires *(business)*: avoir beaucoup de chance?
6. devenir architecte: suivre des cours de maths?
7. aller à l'université: avoir le bac *(high school diploma)*?

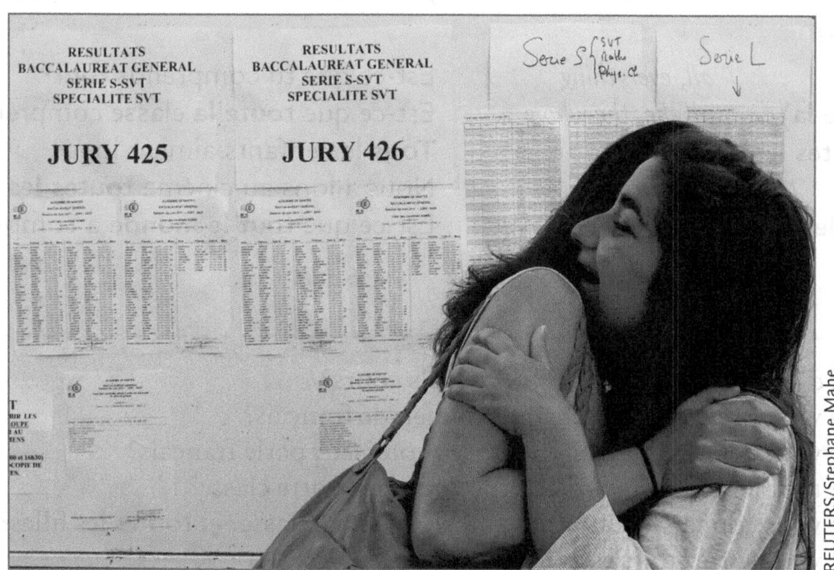

REUTERS/Stephane Mahe

14 Expression personnelle

Dites ce qu'il faut faire pour réaliser les objectifs suivants. Utilisez il faut et une expression infinitive de votre choix. Comparez vos réponses avec votre partenaire.

❋ Pour être reçu aux examens, ...
Pour être reçu aux examens, il faut étudier (être sérieux, travailler beaucoup, apprendre les leçons, ...)

1. Pour passer un bon week-end, ...
2. Pour passer quatre années agréables à l'université, ...
3. Pour avoir des amis, ...
4. Pour gagner vite de l'argent, ...
5. Pour être heureux, ...
6. Pour avoir un travail intéressant, ...
7. Pour être bien considéré, ...
8. Pour vraiment parler une langue étrangère, ...

Vocabulaire: Expressions indéfinies de quantité

autre	*other*	
l'autre	*the other*	**L'autre** jour, je suis allée au parc.
les autres	*the other*	**Les autres** étudiants ne sont pas venus.
un(e) autre	*another*	J'ai **un autre** cours ce matin.
d'autres	*other*	As-tu **d'autres** cours aujourd'hui?
certain	*certain*	
un(e) certain(e)	*a certain, a particular*	J'ai besoin d'**un certain** livre.
certain(e)s	*certain, some*	**Certains** problèmes n'ont pas de solution.
chaque	*each, every*	**Chaque** jour est différent.
plusieurs	*several*	J'ai **plusieurs** examens cette semaine.
quelques	*some, a few*	Marc a **quelques** magazines français chez lui.
de nombreux (nombreuses)	*many, numerous*	J'ai **de nombreux** amis à l'université.
tout	*all, everything*	Est-ce que tu comprends **tout**?
tout le (toute la)	*all the, the whole*	Est-ce que **toute la** classe comprend la leçon?
tous les (toutes les)	*all (the), every*	**Tous les** enfants aiment jouer. Nous allons au cinéma **toutes les** semaines.
tout le monde	*everybody, everyone*	Est-ce que **tout le monde** a compris?

15 Et vous?

1. Avez-vous d'autres cours aujourd'hui? Quels cours?
2. Est-ce que vous préparez bien chaque examen de français?
3. Est-ce que vous comprenez tout quand le professeur parle français?
4. Est-ce que tout le monde répond en français dans votre classe?
5. Est-ce que vous connaisssez tous les garçons dans la classe? et toutes les filles?
6. Est-ce que vous sortez tous les week-ends?
7. Est-ce que vous avez un(e) ou plusieurs camarades de chambre?
8. De temps en temps *(From time to time)*, avez-vous quelques difficultés avec vos amis?

CD3-4

Phonétique: Les semi-voyelles /w/ et /ɥ/

When the vowel sounds /u/ and /y/ are followed by another vowel in the same syllable, they are pronounced rapidly as semi-vowels.

/w/ Begin with the /u/ of **vous** and pronounce it quickly with the next vowel.

- The letters "oi" are pronounced /wa/.

  Répétez: m<u>oi</u> t<u>oi</u> v<u>oi</u>r je v<u>oi</u>s dev<u>oi</u>r tu d<u>oi</u>s p<u>oi</u>vre p<u>oi</u>sson

- The letters "oin" are pronounced /wɛ̃/.

  Répétez: m<u>oin</u>s l<u>oin</u> bes<u>oin</u> C<u>oin</u>treau

- The letters "oui" are pronounced /wi/.

  Répétez: <u>oui</u> L<u>oui</u>se L<u>oui</u>s L<u>oui</u>siane

/ɥ/ Begin with the /y/ of **tu** and pronounce it quickly with the next vowel, keeping your lips rounded.

- The letters "ui" are pronounced /ɥi/

  Répétez: l<u>ui</u> je s<u>ui</u>s tu s<u>ui</u>s n<u>ui</u>t min<u>ui</u>t s<u>ui</u>sse c<u>ui</u>sine

Compréhension orale CD3-5

Plusieurs étudiants vont parler de leurs activités. Écoutez bien. Si l'étudiant parle de ses études, marquez la rangée A. S'il parle d'autres activités, marquez la rangée B.

	1	2	3	4	5	6	7	8	9	10
A.										
B.										

Conversation dirigée

Imagine that you are an academic advisor. Today you are talking to one of your student advisees about how he/she is doing. Address your advisee as vous.

Ask your partner . . .

- if he/she is making progress in French
- what grade he/she got on the last exam
- what other courses he/she is taking
- when he/she is going to get his/her diploma

Expression libre

Avec votre partenaire, décrivez vos études à l'université.

Vous pouvez mentionner:

- quel diplôme vous préparez (et quand vous allez obtenir ce diplôme)
- quels cours vous suivez
- votre opinion de ces cours
- quelles notes vous obtenez en général

Expression écrite

Dans une page de journal intime, décrivez une journée complète à l'université. Donnez un maximum de détails.

Hier, je suis arrivé(e) sur le campus à 8 heures. Je suis allé(e) à mon cours d'économie. Ensuite...

LEÇON 20 Des notes importantes

OBJECTIVES
- To talk about university studies
- To refer to previously mentioned people and things

© Pierre Valette

CD3-6 *Céline et Emma sont étudiantes à l'Université de Savoie à Annecy. Cet après-midi, Céline est très* ***agitée****.* — *upset*

CÉLINE: Dis, Emma, est-ce que tu as **vu** mon livre de sociologie? — *seen*
EMMA: Non, je ne **l'**ai pas vu. Tu le cherches? — *it*
CÉLINE: Oui, je le cherche **partout** et je ne le trouve pas. J'espère que je ne l'ai pas perdu... **Zut**, zut et zut! — *everywhere* / *Darn*
EMMA: Écoute, Céline, ce n'est pas grave. Tu peux utiliser mon livre. Tiens, **le voilà**. — *here it is*
CÉLINE: Merci, Emma, mais ce n'est pas seulement mon livre que je cherche. Ce sont les notes qui sont **dedans**. Je **les** ai prises ce matin pendant le cours. — *inside / them*
EMMA: Ah bon, je comprends maintenant. Si tu les as perdues, tu vas avoir des difficultés à l'examen.
CÉLINE: Mais non, tu ne comprends pas... Écoute, tu **connais** Vincent Michelet? — *know*
EMMA: Vincent Michelet? Non je ne **le** connais pas... — *him*
CÉLINE: Mais si, c'est l'étudiant belge. Il est grand, blond avec des cheveux longs.
EMMA: Ah oui, maintenant je **vois** qui c'est. — *see*
CÉLINE: Eh bien, il m'a invitée à voir un film ce soir. Je dois le contacter pour **fixer** l'heure de notre rendez-vous... — *set*

EMMA: Et alors? Je ne comprends pas!

CÉLINE: **Figure-toi que** les notes que j'ai prises ce matin, c'est son numéro de portable et son adresse email! *Actually*

EMMA: Ah bon, je comprends maintenant pourquoi ces notes sont si importantes.

À propos du texte

1. Que cherche Céline?
2. Pourquoi est-ce qu'elle a besoin de cet objet?
3. Pourquoi est-ce que ses notes sont importantes?

Note culturelle

Les études supérieures CD3-7

Après le bac, 80% des étudiants français décident de continuer leurs études. Ils ont différentes options.

L'UNIVERSITÉ

La majorité des étudiants vont à l'université ou dans un IUT (Institut Universitaire de Technologie). Là, ils doivent choisir une spécialité dès° leur inscription°. Les principales spécialités sont: les lettres° et les langues, les sciences humaines et sociales, les sciences économiques, les sciences et la technologie, le droit° et la médecine.

LES ÉCOLES SPÉCIALISÉES

Beaucoup d'étudiants veulent acquérir rapidement une formation professionnelle. Ils vont alors dans des écoles spécialisées, par exemple, écoles paramédicales, écoles d'ingénieurs, de commerce, de journalisme, de cinéma, de publicité, etc.

LES «GRANDES ÉCOLES»

Une minorité d'étudiants décident de faire une «grande école». Pour être admis dans ces grandes écoles très prestigieuses, il faut réussir à un concours d'entrée° très difficile et très sélectif. Seulement un pourcentage très limité de candidats est admis. Les diplômés° de grandes écoles deviennent les leaders de la vie politique, économique et industrielle françaises.

Quelques «Grandes Écoles»

Écoles d'administration:

Sciences Po (Institut de Sciences Politiques)
l'ENA (École Nationale d'Administration)

Écoles commerciales:

HEC (École des Hautes Études Commerciales)

Écoles scientifiques et techniques:

X (École Polytechnique)
Centrale (École Centrale Paris)

À votre avis

1. Comparez l'étendue *(range)* des cours enseignés dans une université française et une université américaine.
2. Est-ce qu'il existe dans le système américain un équivalent aux grandes écoles françaises?

---

dès *immediately upon* **inscription** *registration* **lettres** *humanities* **droit** *law* **concours d'entrée** *competitive entrance exam* **diplômés** *graduates*

La langue française

Vocabulaire: Les études supérieures

Je vais à... **l'Université** *(University)* de Montpellier.
la faculté de droit *(law school)*.
l'école de commerce *(business school)*.

LES ÉTUDES LITTÉRAIRES, ARTISTIQUES, SCIENTIFIQUES

les lettres *(f.) (humanities)*: **la littérature, la philosophie, l'histoire** *(f.)*, **les langues** *(f.)*
les beaux-arts *(m.) (fine arts)*: **la peinture, la sculpture, l'architecture** *(f.)*
les sciences humaines et sociales: **l'anthropologie** *(f.)*, **la psychologie, les sciences politiques, les sciences économiques**
les sciences *(f.)*: **la chimie, la biologie, la physique, les mathématiques** *(f.)*

LES ÉTUDES PROFESSIONNELLES

les études d'ingénieur *(engineering)*: **l'électronique** *(f.)*, **l'informatique** *(f.) (computer science)*
les études commerciales: **la gestion** *(management)*, **la comptabilité** *(accounting)*, **le marketing, la publicité** *(advertising)*, **l'administration** *(f.)* **des affaires** *(business administration)*
la médecine, la pharmacie
le droit *(law)*

VERBES

faire des études de	*to specialize in*	Il **fait des études de** droit.
faire de la recherche	*to do research*	Le professeur Mayet **fait de la recherche** sur le cancer.

EXPRESSIONS UTILES

comme	*like, as*	Faites **comme** moi! Étudiez le français!
sans	*without*	Pierre n'est pas venu. Nous sommes partis **sans** lui.
même	*even*	Marc travaille toujours, **même** le week-end.
même si	*even if*	Je vais voyager cet été, **même si** je n'ai pas beaucoup d'argent.

→ **La faculté,** often shortened to **la fac,** refers to a specialized school within a university: **la faculté de sciences, la faculté de droit.**

→ After **sans,** the indefinite article is usually omitted.

Ne pars pas **sans** tes livres. *Don't leave **without** your books.*
Sans livres, on ne peut pas étudier. ***Without** books we cannot study.*

1 Expression personnelle

Complétez les phrases suivantes avec une expression personnelle.

❊ Je fais mes études à... ***Je fais mes études à l'Université du Colorado.***

1. Je fais des études de...
2. Mon meilleur ami fait des études de...
3. Les meilleurs départements de mon université sont les départements de...
4. Aux États-Unis, les meilleures écoles d'ingénieurs sont...
5. À la Business School de Harvard, on peut faire des études de...
6. Pour aller à la fac de médecine, on doit faire des études de...
7. Dans le monde moderne, il faut avoir des notions de...
8. Si on veut avoir un bon salaire après l'université, il faut faire des études de...

A. Le verbe *connaître*

The verb **connaître** *(to know)* is irregular.

infinitive	**connaître**	Je dois **connaître** ta tante.
present	je **connais**	Je **connais** Mélanie.
	tu **connais**	Tu **connais** Antoine.
	il/elle/on **connaît**	On **connaît** le professeur.
	nous **connaissons**	Nous **connaissons** nos voisins.
	vous **connaissez**	Vous **connaissez** un restaurant chinois.
	ils/elles **connaissent**	Elles **connaissent** bien Paris.
passé composé	**j'ai connu**	J'**ai connu** tes cousins en France.

→ In the passé composé, **connaître** also can have the meaning of *to meet.*

J'**ai connu** Éric au lycée. ***I met (knew)*** *Éric in high school.*

→ **Reconnaître** *(to recognize)* is conjugated like **connaître.**

Je n'**ai** pas **reconnu** ton frère.

2 Connaissances

Les étudiants suivants connaissent différentes personnes ou différentes choses.

❊ Pierre / la date de l'examen ***Pierre connaît la date de l'examen.***

1. nous / le prof de biologie
2. moi / un étudiant canadien
3. vous / les résultats de l'examen
4. Pauline / une étudiante sénégalaise
5. toi / mon camarade de chambre
6. mes copains / un café près de la fac

Note linguistique

The DIRECT OBJECT of a verb answers the question *whom?* **(qui?)** or *what?* **(quoi?)**.

QUI?	QUOI?
– **Qui est-ce que** tu regardes? – Je regarde **le prof.**	– **Qu'est-ce que** tu regardes? – Je regarde **le match de foot.**
– **Qui est-ce que** tu attends? – J'attends **ma cousine.**	– **Qu'est-ce que** tu attends? – J'attends **le bus.**

The direct object can represent people, things, or abstract concepts.

B. Les pronoms *le, la, les*

Direct-object nouns can be replaced by DIRECT-OBJECT PRONOUNS. Note the forms and position of these pronouns.

Tu connais **David**? — Oui, je **le** connais. — Non, je ne **le** connais pas.
Tu connais **cette université**? — Oui, je **la** connais. — Non, je ne **la** connais pas.

Tu invites **ta copine**? — Oui, je **l'**invite. — Non, je ne **l'**invite pas.
Tu prends **tes livres**? — Oui, je **les** prends. — Non, je ne **les** prends pas.

FORMS

DIRECT-OBJECT PRONOUNS have the following forms:

	singular	plural	
masculine	**le (l')**	**les**	Je **le** connais. Je **l'**attends. Je **les** invite.
feminine	**la (l')**	**les**	Je **la** connais. Je **l'**attends. Je **les** invite.

ÉLISION
le, la → l'

LIAISON
Je les‿invite.

POSITION

Direct-object pronouns normally come immediately BEFORE the verb.		
affirmative	subject + OBJECT PRONOUN + verb	Je **les** reconnais.
negative	subject + **ne** + OBJECT PRONOUN + verb + **pas**	Je ne **les** reconnais pas.

→ In the passé composé, object pronouns come BEFORE **avoir.**

affirmative	Je **l'**ai reconnu.
negative	Je ne **l'**ai pas reconnu.

→ Note the use of object pronouns with **voici** and **voilà.**

Où est **le prof**? — **Le** voici. — *Here he comes.*
Où est **Léa**? — **La** voici. — *Here she is.*
Où sont **mes livres**? — **Les** voilà. — *There they are.*

3 Expression personnelle

Dites si oui ou non vous connaissez personnellement les personnes suivantes. Utilisez le pronom qui convient.

❊ Oprah Winfrey?
Oui, je la connais personnellement.
ou *Non, je ne la connais pas personnellement.*

1. Tom Cruise?
2. Angelina Jolie?
3. le/la prof de français?
4. le/la secrétaire du département de français?
5. le président (la présidente) de l'université?
6. vos voisins?
7. les amis de vos parents?
8. les étudiants de la classe?
9. les étudiantes de la classe?
10. le président des États-Unis?

4 Les bagages

Vous allez passer le mois de juillet en France. Un(e) camarade demande si vous allez prendre les choses suivantes. Répondez affirmativement ou négativement.

❊ tes CD?
—Tu prends tes CD?
—Oui, je les prends.
ou *—Non, je ne les prends pas.*

1. ta tablette?
2. ton livre de français?
3. ta guitare?
4. ton baladeur MP3?
5. ton appareil photo?
6. ton portable?
7. tes tee-shirts?
8. tes sandales?
9. tes lunettes de soleil?
10. ta raquette de tennis?

Quelques verbes utilisés avec un complément d'objet direct

aider *(to help)*
— Tu **aides tes amis**?
— Bien sûr, je **les aide.**

aimer *(to like)*
— Tu **aimes tes cours**?
— Non, je **ne les aime pas.**

écouter *(to listen to)*
— Tu **écoutes tes parents**?
— Je **ne les écoute pas** toujours.

regarder *(to look at, to watch)*
— Tu **regardes le match de foot**?
— Oui, je **le regarde.**

attendre *(to wait for)*
— Tu **attends le bus**?
— Non, je **ne l'attends pas.**

chercher *(to look for)*
— Tu **cherches tes notes**?
— Oui, je **les cherche.**

trouver *(to find)*
— Comment **trouves**-tu **le film**?
— Je **le trouve** assez intéressant.

oublier *(to forget)*
— Tu **as oublié ton livre**?
— Oui, je **l'ai oublié** chez moi.

laisser *(to leave)*
— Où **as**-tu **laissé ton portable**?
— Je **l'ai laissé** sur la table.

garder *(to keep)*
— Tu **gardes ton livre de français**?
— Bien sûr, je **le garde**!

5 Le bon choix

Complétez les réponses aux questions suivantes. Pour cela, remplacez les noms soulignés par les pronoms **le, la, l'** ou **les.**

❋ Tu connais <u>Céline</u>?
Oui, je <u>la</u> connais. C'est ma voisine.

1. Tu connais <u>Pierre et Alain</u>? — Oui, je ____ connais. Ce sont des copains.
2. Tu invites <u>Sylvie</u>? — Oui, je ____ invite. C'est une bonne copine.
3. Tu aides <u>ta mère</u>? — Oui, je ____ aide. Elle a beaucoup de travail.
4. Tu écoutes <u>ces chanteurs</u>? — Oui, je ____ écoute. Ils sont excellents.
5. Tu connais <u>cette comédie</u>? — Oui, je ____ connais. Elle est très drôle.
6. Tu regardes <u>le film</u>? — Oui, je ____ regarde. Il est amusant.
7. Tu trouves <u>tes notes</u>? — Oui, je ____ trouve. Elles sont dans mon sac.
8. Tu gardes <u>tes magazines</u>? — Oui, je ____ garde. Ils sont intéressants.
9. Tu attends <u>le bus</u>? — Oui, je ____ attends. Il arrive dans dix minutes.
10. Tu cherches <u>ta casquette</u>? — Oui, je ____ cherche. Où est-elle?

6 Opinions

Demandez à vos camarades ce qu'ils pensent des choses suivantes. Ils vont répondre en utilisant un pronom complément d'objet direct et l'adjectif entre parenthèses.

❊ le cours (intéressant?)
— ***Comment trouves-tu le cours?***
— ***Je le trouve (assez) intéressant.***
ou — ***Je ne le trouve pas (très) intéressant.***

1. le français (facile?)
2. les examens (difficiles?)
3. les profs (sympathiques?)
4. la politique américaine (intelligente?)
5. le président (remarquable?)
6. les Américains (matérialistes?)
7. les Français (snobs?)
8. la cuisine française (délicieuse?)
9. le vin américain (excellent?)
10. la nourriture mexicaine (bonne?)

Soupe à l'oignon

7 D'accord ou pas d'accord?

Dites si vous êtes d'accord ou pas d'accord avec les remarques suivantes.

❊ Les jeunes ne respectent pas les adultes.
— ***C'est vrai, ils ne les respectent pas.***
ou — ***Mais si, ils les respectent.***

> **Rappel**
> To contradict a negative statement, use **Si!** or **Mais si!** instead of **Oui!** or **Mais oui!**

1. Les adultes ne comprennent pas les jeunes.
2. Les étudiants ne font pas leurs devoirs.
3. Les professeurs ne préparent pas les cours.
4. Les Américains n'aiment pas la cuisine française.
5. Les Français n'aiment pas les vins américains.
6. Les gens ne respectent pas la nature.

8 Le bon étudiant et le mauvais étudiant

Julien est un bon étudiant. Vincent est un mauvais étudiant. Dites ce que chacun *(each one)* fait ou ne fait pas en utilisant un pronom complément d'objet direct. Soyez logique.

❊ Qui prépare ses examens?
Julien les prépare.
Vincent ne les prépare pas.

1. Qui écoute le professeur?
2. Qui fait ses devoirs?
3. Qui apprend la grammaire?
4. Qui étudie les verbes irréguliers?
5. Qui aide ses camarades de classe?
6. Qui oublie son livre de français?
7. Qui trouve les réponses aux questions?
8. Qui comprend la leçon?

9 Oui ou non?

Demandez à votre partenaire s'il/si elle fait les choses suivantes.

❋ inviter souvent tes amis?
   — ***Est-ce que tu invites souvent tes amis?***
   — ***Oui, je les invite souvent.***
ou — ***Non, je ne les invite pas souvent.***

1. aider tes parents? ton meilleur ami?
2. admirer le président? les gens riches?
3. aimer la musique classique? le rap?
4. perdre ton temps? ton sang-froid *(cool)*?
5. étudier la biologie? le droit?
6. regarder la télé? les films d'horreur?
7. suivre les sports à la télé? la politique internationale?
8. faire la cuisine? les courses?
9. nettoyer souvent ton bureau? ta chambre?
10. avoir ton permis de conduire *(driver's license)*? ton diplôme d'université?

10 Conversation

Posez des questions à votre partenaire. Il/Elle va répondre avec les expressions suggérées ou avec une expression personnelle.

❋ quand / faire les courses? (le week-end)
   — ***Quand est-ce que tu fais les courses?***
   — ***Je les fais le week-end (le vendredi...).***

1. quand / regarder la télé? (après le dîner)
2. pourquoi / étudier le français? (pour aller en France)
3. où / retrouver tes copains? (au café)
4. quand / faire tes devoirs? (le soir)
5. où / acheter tes vêtements? (dans une boutique de soldes *[discount shop]*)
6. pour combien / louer ton appartement? (500 dollars par mois)
7. depuis quand / connaître ton meilleur ami? (depuis l'année dernière)
8. depuis combien de temps / suivre ce cours? (depuis trois mois)

11 Ce matin

Demandez à votre partenaire s'il/si elle a fait les choses suivantes ce matin.

❋ acheter le journal?
   — ***As-tu acheté le journal?***
   — ***Oui, je l'ai acheté.***
ou — ***Non, je ne l'ai pas acheté.***

1. écouter les informations *(news)*?
2. regarder le thermomètre?
3. prendre le petit déjeuner?
4. faire le café?
5. regarder ton livre de français?
6. préparer le cours de français?
7. attendre le facteur *(mailman)*?
8. nettoyer ta chambre?

C. Le verbe *voir*

The verb **voir** *(to see)* is irregular.

infinitive	**voir**	Je vais **voir** un film.
present	je **vois**	Je **vois** mes amis ce week-end.
	tu **vois**	Tu **vois** souvent tes grands-parents?
	il/elle/on **voit**	Elle **voit** souvent ses copains.
	nous **voyons**	Nous **voyons** un film ce soir.
	vous **voyez**	Vous **voyez** bien sans lunettes?
	ils/elles **voient**	Ils **voient** leurs copains ce soir.
passé composé	j'**ai** vu	Quel film est-ce que tu **as vu**?

Verbes conjugués comme *voir*

prévoir	*to foresee, to forecast*	On **prévoit** du beau temps pour le week-end.
revoir	*to see again, to look over*	J'**ai revu** mes notes pour l'examen.

12 Et vous?

1. Est-ce que vous voyez bien? Avez-vous besoin de lunettes?
2. Voyez-vous souvent votre famille? vos amis? vos grands-parents?
3. Ce week-end, allez-vous voir un film? un match de basket?
4. Est-ce que vous avez vu un film récemment *(recently)*? Quel film avez-vous vu?
5. Est-ce que vous avez regardé la télé hier? Quel programme avez-vous vu?
6. Avez-vous déjà vu un OVNI *(UFO)*? Où et quand?
7. Quel temps est-ce que la météo *(weather forecast)* prévoit pour aujourd'hui? pour demain? Quel temps a-t-elle prévu le week-end dernier?

13 Quand?

Demandez à votre partenaire quand il/elle a vu les personnes ou les choses suivantes. Il/Elle va répondre avec une des expressions suggérées ou une expression personnelle.

❊ ton copain
— Quand est-ce que tu as vu ton copain?
— Je l'ai vu ce matin (hier soir...).

1. ton cousin
2. tes parents
3. tes grands-parents
4. ton voisin
5. le président de l'université
6. ton prof d'anglais
7. le dernier match de foot
8. le dernier film

ce matin
hier
le week-end dernier
il y a une semaine
il y a trois mois
pendant les vacances
???

D. Les pronoms *le, la, les* avec l'infinitif

Note the position of the direct-object pronouns in the answers to the questions below.

questions	answers
Quand vas-tu voir **David**?	Je vais **le voir** ce soir.
Devons-nous préparer **cette leçon**?	Oui, nous devons **la préparer**.
Veux-tu acheter **mes livres**?	Non, je ne veux pas **les acheter**.

In most INFINITIVE CONSTRUCTIONS with verbs like **aimer, aller, vouloir, devoir, pouvoir,** and **venir de,** the direct-object pronoun comes immediately BEFORE the infinitive, according to the pattern:

subject + (ne) + conjugated verb + (pas) + { **le (l')** / **la (l')** / **les** } + INFINITIVE

Je vais **faire mes devoirs** demain. Je ne vais pas **les faire** ce soir.

14 Le week-end prochain

Demandez à votre partenaire s'il/si elle va faire les choses suivantes le week-end prochain. Il/Elle peut répondre affirmativement ou négativement.

❋ faire les courses?
— ***Tu vas faire les courses ce week-end?***
— ***Oui, je vais les faire.***
ou — ***Non, je ne vais pas les faire.***

1. faire le ménage?
2. dépenser ton argent?
3. écouter tes CD?
4. préparer tes cours?
5. inviter ton meilleur ami au cinéma?
6. voir ta cousine?
7. retrouver tes copains?
8. aider tes parents?

15 Procrastination

Les gens suivants ne font pas certaines choses immédiatement. Dites quand ils vont les faire.

❋ Pauline ne fait pas les courses. (demain) ***Elle va les faire demain.***

1. Mélanie ne fait pas ses devoirs. (avant le dîner)
2. Vincent ne nettoie pas sa chambre. (ce week-end)
3. Je ne regarde pas mes messages. (ce soir)
4. Nous n'invitons pas nos amis. (le week-end prochain)
5. Tu ne prépares pas ton examen. (la semaine prochaine)
6. Vous n'apprenez pas les verbes. (avant l'examen)
7. Les étudiantes ne rendent pas les livres à la bibliothèque. (avant les vacances)
8. Je ne suis pas le cours de biologie. (le semestre prochain)
9. Tu ne regardes pas la télé. (après le dîner)

E. Passé composé: L'accord du participe passé

In the answers below, the direct-object pronouns are all of different GENDER (masculine or feminine) and NUMBER (singular or plural). Note the form of the past participle in each case.

As-tu fini **cet exercice**? Oui, je **l'**ai **fini.**
As-tu fini **la leçon**? Oui, je **l'**ai **finie.**

As-tu fini **tes devoirs**? Oui, je **les** ai **finis.**
As-tu fini **les leçons**? Non, je ne **les** ai pas **finies.**

In the passé composé with **avoir,** the past participle AGREES with the DIRECT OBJECT, if that direct object comes BEFORE the verb.

position of the direct object	past participle		
after the verb	no agreement	Tu as **vu Mélanie.**	Tu as **trouvé tes livres.**
before the verb	agreement	Oui, je **l'ai vue.**	Non, je ne **les** ai pas **trouvés.**

À noter

→ When the past participle ends in **-é, -i, -u,** masculine and feminine forms sound the same.
→ When the past participle ends in **-s** or **-t,** the final "s" or "t" is pronounced in the feminine form.

Tu as **pris** ta raquette? Oui, je l'ai **prise.**
Tu as **fait** la préparation? Non, je ne l'ai pas **faite.**

RAPPEL
faire → fait
mettre → mis
prendre → pris

16 Chaque chose à sa place

Demandez à votre partenaire où il/elle a mis certaines choses.

❊ la glace (au réfrigérateur)
— ***Où as-tu mis la glace?***
— ***Je l'ai mise au réfrigérateur.***

1. les livres (sur le bureau)
2. la limonade (sur la table)
3. les CD (dans la chambre)
4. la voiture (au garage)
5. ton argent (à la banque)
6. tes notes (dans mon sac)

17 Oui ou non?

Vous avez un(e) ami(e) qui déteste étudier. Demandez-lui s'il/si elle a fait les choses suivantes.

❊ préparer l'examen?
— ***Tu as préparé l'examen?***
— ***Non, je ne l'ai pas préparé.***

1. regarder la télé?
2. faire la préparation?
3. finir les devoirs?
4. apprendre les verbes?
5. écouter tes CD?
6. étudier la leçon?

18 Zut alors!

Demandez à votre partenaire, qui est très distrait(e) *(absent-minded)*, où sont certains objets. Il/Elle va vous répondre avec des phrases affirmatives (1–4) ou négatives (5–8).

❊ tes livres? (oublier)
— Où sont tes livres?
— Zut alors! Je les ai oubliés.

1. ton sac? (laisser à la maison)
2. ton portable? (oublier)
3. ta raquette? (perdre)
4. tes CD? (laisser chez un copain)
5. ton cahier? (prendre)
6. tes notes? (prendre)
7. ta préparation? (faire)
8. ton argent? (apporter)

19 Où est-ce?

Christine demande à Mélanie, sa camarade de chambre, où sont certains objets. Mélanie dit ce qu'elle a fait de ces objets. Avec un(e) partenaire, jouez les deux rôles selon le modèle.

❊ le livre d'histoire? (rendre à Pierre)
CHRISTINE: ***Dis, Mélanie, où est le livre d'histoire?***
MÉLANIE: ***Je l'ai rendu à Pierre.***

1. le DVD? (rendre à la bibliothèque)
2. la petite table? (mettre dans ma chambre)
3. les chemises? (apporter à la blanchisserie *[laundry]*)
4. les photos? (envoyer à mes parents)
5. le journal? (prendre avec moi ce matin)
6. les lettres? (mettre à la poste)
7. ta voiture? (apporter à la station-service)
8. ta tablette? (laisser à la maison)

CD3-8

Phonétique: La consonne /l/

In French, the consonant /l/ is always pronounced with the tongue touching the upper front teeth. In English, the tongue is often farther back in the mouth.

Contrastez: il *eel* l'eau *low*

Répétez:

le la les livre lecteur là-bas lunettes
allez voulez vélo salade poulet blanc plat
il ville mille facile sole nouvelle quelle je m'appelle

Compréhension orale

CD3-9

Vous allez entendre des jeunes Français qui parlent de leurs études. Écoutez bien. Si la personne mentionne des études littéraires, marquez la rangée A. Si elle mentionne des études scientifiques, marquez la rangée B. Si elle mentionne des études commerciales, marquez la rangée C.

	1	2	3	4	5	6	7	8
A. études littéraires								
B. études scientifiques								
C. études commerciales								

Conversation dirigée

Your roommate cannot stop talking about Julie, a French student he/she met last month.

Ask your partner . . .

- where he/she met Julie
- if he/she knows her friends
- if he/she sees her often
- if he/she is going to invite her to the movies next weekend
- if so, what movie **(quel film)** they are going to see

Expression libre

Avec votre partenaire, discutez d'un film que vous avez vu récemment. Si possible, utilisez les pronoms le, la, les.

Voici quelques suggestions:

- Comment s'appelle le film?
- Où avez-vous vu ce film? (dans quel cinéma?) Quand?
- Comment avez-vous trouvé ce film? (génial? sans intérêt? original? ...?)
- Comment avez-vous trouvé les acteurs?
- Est-ce que vous allez recommander ce film à vos amis? Pourquoi ou pourquoi pas?

Expression écrite

Décrivez votre université à un étudiant français qui veut passer un semestre dans une université américaine. Vous pouvez indiquer:

- comment s'appelle votre université
- quelle sorte d'université c'est (publique ou privée)
- où elle est située
- combien il y a d'étudiants
- combien coûte la scolarité *(tuition)*

LEÇON 21 Problèmes, problèmes

OBJECTIVES
- To describe what we say, read, and write
- To talk about interpersonal relationships
- To ask others for favors

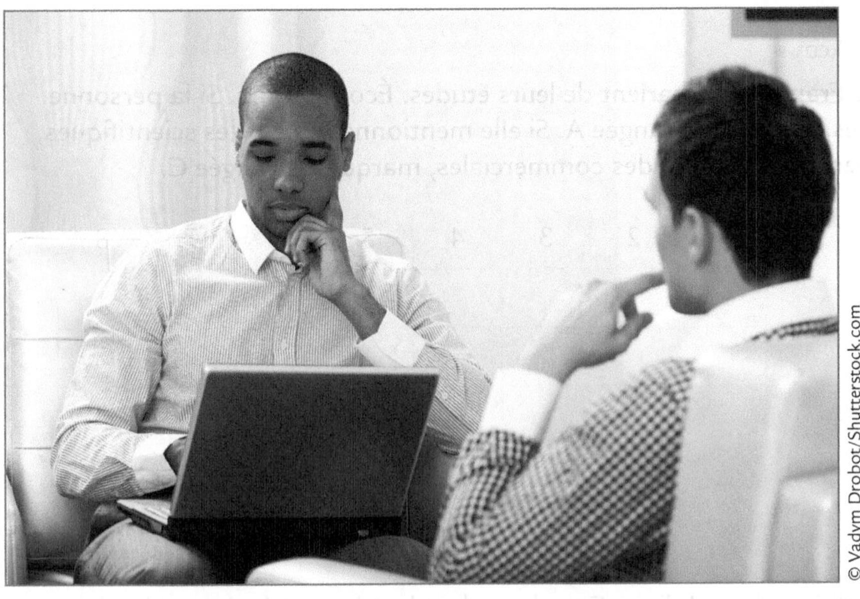
© Vadym Drobot/Shutterstock.com

CD3-10 *Clément habite à Bordeaux. Il est étudiant à la fac de droit de Montpellier. Pendant les vacances de Noël, il est rentré chez lui. Il a rencontré son ami Antoine. Ils ont parlé de leur vie d'étudiant.*

CLÉMENT: Tu sais, j'ai un problème.
ANTOINE: Tu as raté tes examens?
CLÉMENT: Non, mon problème, c'est mon camarade de chambre.
ANTOINE: Ah bon? Qu'est-ce qu'il t'a fait?
CLÉMENT: Eh bien voilà. Le mois dernier, je lui **ai prêté** mon portable. — *loaned him*
ANTOINE: Et il te l'a rendu?
CLÉMENT: Non, il l'a oublié dans le bus!
ANTOINE: Je comprends ton problème!
CLÉMENT: Mais ce n'est pas tout. La semaine dernière, je lui ai prêté ma voiture...
ANTOINE: Et il ne te l'a pas rendue?
CLÉMENT: Si, il me l'a rendue, mais avec le **phare cassé**! — *headlight / broken*
ANTOINE: Tu lui as demandé de payer la **réparation**? — *repair*
CLÉMENT: Bien sûr, mais il me **dit** que ce n'est pas lui! — *says*
ANTOINE: Écoute, il y a une solution à ton problème! Est-ce que je peux te donner un conseil?
CLÉMENT: Bon, je t'écoute.

ANTOINE: Cherche un autre camarade de chambre.
CLÉMENT: Mais, c'est impossible...
ANTOINE: Et pourquoi?
CLÉMENT: Parce que mon camarade de chambre, c'est le frère de ma copine.
ANTOINE: Ça, c'est un autre problème.

À propos du texte

1. Quel est le problème de Clément? Pourquoi?
2. Qui est son camarade de chambre?
3. Avez-vous eu une expérience semblable *(similar)* avec votre camarade de chambre? ou avec un(e) ami(e)?

Note culturelle

Les universités françaises

En France, comme dans les autres pays européens, l'enseignement° est la responsabilité du gouvernement. La quasi-totalité° des universités sont des universités publiques, administrées et financées par le Ministère de l'Éducation nationale.

Les universités françaises

Il y a 83 universités publiques en France.
- 17 dans la région parisienne (Les universités de Paris portent un numéro: Paris I, Paris II, etc.)
- 61 dans les villes de province
- 5 dans les territoires d'outre-mer

Dans les universités publiques, les étudiants paient des frais° de scolarité minimes (250 euros par an) et des frais administratifs (175 euros par an). Beaucoup d'étudiants ont aussi des bourses° du gouvernement. Avec cette aide financière, ils peuvent payer leur logement et leur nourriture.

Dans la majorité des universités françaises, le «campus» comprend seulement les bâtiments administratifs, les salles de cours° et la bibliothèque. Les étudiants peuvent être logés dans les cités universitaires constituées de plusieurs résidences situées à une certaine distance du campus. Ils prennent leurs repas aux restaurants universitaires, ou *Resto-U*. Ces restaurants sont subventionnés par° le gouvernement. Un repas complet coûte trois ou quatre euros.

À votre avis

Quels sont les avantages d'aller à l'université en France?

---

enseignement *education* **La quasi-totalité** *Almost all of* **frais** *fees* **bourses** *scholarships* **salles de cours** *lecture halls* **subventionnés par** *subsidized by*

A. Les verbes *dire, lire* et *écrire*

The verbs **dire** *(to say, tell)*, **lire** *(to read)*, and **écrire** *(to write)* are irregular.

infinitive	dire	lire	écrire
present	Je **dis** que j'ai raison. Tu **dis** une chose stupide. On **dit** que c'est vrai. Nous **disons** la vérité. Vous **dites** que c'est facile. Ils **disent** que j'ai tort.	Je **lis** un magazine. Tu **lis** une annonce. Il **lit** un article. Nous **lisons** un livre. Vous **lisez** le journal. Ils **lisent** une lettre.	J' **écris** une lettre. Tu **écris** à un ami. Elle **écrit** à une amie. Nous **écrivons** un poème. Vous **écrivez** un roman. Elles **écrivent** à un ami.
passé composé	J'**ai** dit la vérité.	J'**ai** lu ce journal.	J'**ai** écrit à ma tante.

→ **Décrire** *(to describe)* is conjugated like **écrire.**

Le journaliste **décrit** la situation économique.

→ Note the expression **vouloir dire** *(to mean)*.

Qu'est-ce que vous **voulez dire**? Que **veut dire** cette expression?

À noter

The conjunction **que** *(that)* must be used after **dire, lire, écrire,** and other similar verbs to introduce a clause. In English the word *that* is often omitted.

Mélanie dit **que** le film est génial. *Mélanie says **(that)** the movie is great.*
Je pense **qu'**elle a raison. *I think **(that)** she is right.*

1 Après le film

Des copains sont allés au cinéma. Maintenant ils parlent du film. Décrivez ce que chacun dit.

❋ Sophie / le film est excellent ***Sophie dit que le film est excellent.***

1. nous / nous avons aimé le film
2. toi / le film est mauvais
3. moi / les acteurs jouent bien
4. Nicolas / le scénario est sans intérêt
5. Isabelle / elle n'aime pas l'actrice principale
6. Frédéric et Marc / le film est trop long
7. Thomas / la musique est bonne
8. vous / les billets *(tickets)* sont trop chers

2 Quel verbe?

Complétez les phrases avec le verbe (dire, lire ou écrire) qui convient.

1. Thomas ____ une carte à sa soeur. Dans sa carte, il ____ qu'il n'aime pas ses cours.
2. En classe, nous ____ un roman d'Albert Camus. Le professeur ____ que c'est le meilleur roman moderne.
3. Quel journal est-ce que vous ____? Qu'est-ce que les journalistes ____ de la politique américaine?
4. À qui est-ce que vous ____ cette lettre? Est-ce que vous ____ la vérité dans cette lettre?

Vocabulaire: On lit, on écrit, on dit

ON LIT...

le courrier	*(the) mail*	**une annonce**	*(classified) ad*
un journal (pl. journaux)	*(news)paper*	**une bande dessinée**	*comic strip*
		une histoire	*story; history*
un magazine	*magazine*	**une nouvelle**	*news item; short story*
un message	*message*	**les nouvelles**	*(the) news*
un roman	*novel*	**une revue**	*magazine*
un roman policier	*detective story*		

ON ÉCRIT...

un blog	*blog*	**une carte**	*card*
un email, un mail	*e-mail*	**une carte postale**	*postcard*
un journal	*diary, journal*	**une lettre**	*letter*
un poème	*poem*		
un texto, un SMS	*text message*		

ON DIT...

un mensonge	*lie*	**la vérité**	*truth*
un mot	*word*	**une phrase**	*sentence*

→ French has two verbs which mean *to tell.*

dire	*to tell or say (something)*	Est-ce que tu **dis** toujours la vérité?
raconter	*to tell or narrate (a story)*	Cécile **raconte** une histoire drôle.

3 Et vous?

Répondez aux questions suivantes. Comparez vos réponses avec votre partenaire.

1. Quel journal lisez-vous? Quels magazines?
2. Quand vous achetez un journal, est-ce que vous lisez les nouvelles? les annonces? la page des sports? les bandes dessinées? l'horoscope?
3. Quelles sont vos bandes dessinées favorites?
4. Aimez-vous lire? Avez-vous lu un roman récemment? Quel roman?
5. Pour contacter vos amis, préférez-vous téléphoner, écrire un mail ou écrire un texto?
6. Utilisez-vous une messagerie instantanée? Combien de messages échangez-vous par jour?
7. Avez-vous un journal intime *(diary)*? une page web? un blog?
8. Quand vous êtes en vacances, écrivez-vous des cartes postales? À qui?
9. Est-ce que vous dites toujours la vérité? Est-ce qu'il y a des occasions où vous ne dites pas la vérité? Quand et pourquoi?
10. Selon vous, est-ce que les journalistes disent la vérité? Et les hommes et femmes politiques *(politicians)*? et le président?

Note linguistique

The INDIRECT OBJECT answers the question **à qui?** *(to whom?)*

À qui est-ce que tu parles?	Je parle **à Francine.**
À qui écris-tu?	J'écris **à mes cousins.**

The indirect object always represents PEOPLE.

Note: A few French verbs take indirect objects, while their English equivalents take direct objects.

téléphoner à	Nous téléphonons **à Stéphane.**	*We are phoning* ***Stéphane.***
répondre à	Je n'ai pas répondu **à David.**	*I didn't answer* ***David.***

B. Les pronoms *lui, leur*

INDIRECT-OBJECT PRONOUNS replace **à** + NOUN representing PEOPLE. Note the forms and position of the pronouns in the answers to the questions below.

Tu parles souvent **à Thomas**?	Oui, je **lui** parle souvent.
Tu as téléphoné **à Mélanie**?	Non, je ne **lui** ai pas téléphoné.
Tu écris souvent **à tes cousins**?	Non, je ne **leur** écris pas souvent.
Tu as téléphoné **à tes copines**?	Oui, je **leur** ai téléphoné.

INDIRECT-OBJECT PRONOUNS refer to PEOPLE. They have the following forms:

singular	**lui**	*(to) him* *(to) her*	Tu écris **à Paul**? Et **à Charlotte**?	Oui, je **lui** écris. Je **lui** écris aussi.
plural	**leur**	*(to) them*	Et **à tes cousins**?	Je **leur** écris à Noël.

→ Like direct-object pronouns, the indirect-object pronouns usually come BEFORE THE VERB.

J'ai vu Charlotte hier. Je **lui** ai montré mes photos.

→ In an infinitive construction, **lui** and **leur** come immediately BEFORE THE INFINITIVE.

Voici Lucas. Nous allons **lui** parler. Nous n'allons pas **lui** téléphoner.

→ Since **lui** and **leur** are INDIRECT objects, there is NO agreement with the past participle in the passé composé. Compare:

	INDIRECT OBJECT	DIRECT OBJECT
(Charlotte)	Je **lui** ai téléphon**é**.	Je **l'**ai invit**ée** au concert.
(Marc et David)	Je **leur** ai parl**é**.	Je **les** ai aid**és** avec la préparation.

4 Oui ou non?

Demandez à votre partenaire si oui ou non il/elle fait les choses suivantes.

❊ téléphoner souvent à ton meilleur ami?
— ***Est-ce que tu téléphones souvent à ton meilleur ami?***
— ***Oui, je lui téléphone souvent.***
ou — ***Non, je ne lui téléphone pas souvent.***

© Cengage Learning. Photographer: Thomas Vergne

1. téléphoner souvent à ta meilleure amie?
2. parler souvent à tes voisins?
3. rendre souvent visite à ton cousin?
4. rendre visite à tes grands-parents?
5. répondre en français au professeur?
6. écrire à tes amis pendant les vacances?
7. écrire à ta cousine pour son anniversaire?
8. envoyer des textos à tes copains?
9. dire toujours la vérité à ton meilleur ami?
10. parler de tes problèmes à tes parents?

5 Une bonne copine

Pierre a une bonne copine qui s'appelle Mélanie. Dites ce qu'il fait pour elle. Pour cela, complétez les phrases avec la (l') ou lui.

❊ Il ***l'*** aide avec ses examens.
Il ***lui*** téléphone tous les jours.

1. Il ____ connaît depuis six ans.
2. Il ____ invite souvent au restaurant.
3. Il ____ envoie souvent des emails.
4. Il ____ écrit une carte pour son anniversaire.
5. Il ____ voit le week-end.
6. Il ____ parle de ses problèmes.
7. Il ____ dit toujours la vérité.
8. Il ____ rend visite pendant les vacances.

À noter

Lui and **leur** cannot be used with certain verbal expressions such as **penser à** and **faire attention à.**

Instead, the construction **à** + STRESS PRONOUN is used to replace **à** + PERSON(S).

Je pense **à mes amis.**	Je pense **à eux.**
Ne fais pas attention **à Robert.**	Ne fais pas attention **à lui.**

Vocabulaire: Quelques verbes utilisés avec un complément d'objet indirect

parler	**à quelqu'un**	*to speak*	Qui **a parlé à** Julien?
poser une question		*to ask a question*	**As**-tu **posé** la question **au** prof?
rendre visite		*to visit*	Hier, j'**ai rendu visite à** Marc.
répondre		*to answer*	**Réponds à** Charlotte.
téléphoner		*to phone, call*	**Téléphonez à** vos amis.
demander	**quelque chose à quelqu'un**	*to ask (for)*	**Demande** des conseils **à** ton père.
dire		*to tell*	**As**-tu **dit** la vérité **à** ton copain?
donner		*to give*	Je **donne** une revue **à** Pauline.
écrire		*to write*	J'**ai écrit** une lettre **à** Cécile.
envoyer		*to send*	**As**-tu **envoyé** un email **à** Éric?
montrer		*to show*	J'**ai montré** mes photos **à** Michel.
prêter		*to loan, lend*	Je **prête** mon cahier **à** Sophie.
rendre		*to give back*	Je dois **rendre** ce CD **à** Aurélie.

→ Note the following constructions with **demander:**

Demande à Léa **si** elle fait les courses.
Ask Léa if (whether) she is going shopping.

Demande à Léa **de** faire les courses.
Ask Léa to go shopping.

6 Les amis de Mélanie

Mélanie a beaucoup d'amis qui font beaucoup de choses pour elle. Complétez les phrases suivantes avec Mélanie ou à Mélanie.

❊ Thomas invite...
Thomas invite Mélanie.

1. Julien aide...
2. Nicolas téléphone...
3. Vincent parle...
4. Céline répond...
5. Émilie écoute...
6. Maxime regarde...
7. Marc prête sa voiture...
8. Camille pose une question...
9. Éric donne un DVD...
10. Sophie cherche...
11. Pauline demande un livre...
12. David montre ses photos...
13. Philippe rend visite...
14. Jérémy aime...
15. Charlotte voit souvent...
16. Sarah attend...
17. Antoine dit toujours la vérité...
18. Catherine envoie un texto...
19. Alice connaît bien...
20. Cécile écrit souvent...

7 Quelques prêts *(loans)*

Dites quels objets de la liste vous allez prêter aux personnes suivantes.

❊ Élodie veut écrire.
Je vais lui prêter mon stylo.

1. Thomas et Pierre veulent téléphoner.
2. Isabelle veut prendre des photos.
3. Chloé veut lire un livre numérique *(e-book)*.
4. Sophie veut envoyer un email.
5. Claire et Marc veulent étudier la leçon.
6. Éric veut jouer au tennis.
7. Mes copains veulent aller à la campagne.
8. Le professeur veut lire les nouvelles.

- le journal
- ma raquette
- ma tablette
- ma voiture
- mon ordinateur
- mon stylo
- mon portable
- mes notes
- mon appareil photo

8 Relations personnelles

Informez-vous sur les personnes suivantes. Dites si oui ou non elles font certaines choses pour les personnes soulignées. Pour cela utilisez les verbes avec les pronoms d'objet direct (le, la, l', les) ou indirect (lui, leur) qui conviennent.

❊ Paul n'aime pas Philippe.
- trouver sympathique? *Il ne le trouve pas sympathique.*
- parler souvent? *Il ne lui parle pas souvent.*

1. Antoine aime beaucoup Béatrice.
   - téléphoner souvent?
   - écrire des poèmes?
2. M. Normand déteste ses voisins.
   - inviter?
   - rendre visite?
3. Les étudiants admirent le prof.
   - écouter?
   - demander des conseils?
4. Le prof est gentil avec les étudiants.
   - aider avec le cours?
   - donner des examens difficiles?
5. Alice est généreuse avec sa soeur.
   - prêter de l'argent?
   - donner des cadeaux *(gifts)*?
6. Julien est égoïste avec ses frères.
   - prêter sa voiture?
   - inviter au cinéma?

9 Au bureau

Monsieur Moreau demande à son assistant s'il a fait les choses suivantes. Avec votre partenaire, jouez les rôles de Monsieur Moreau et de son assistant. Dans les réponses de l'assistant, utilisez le pronom d'objet direct ou indirect qui convient.

❊ téléphoner à Mme Ledru? (non)
M. MOREAU: *Avez-vous téléphoné à Madame Ledru?*
L'ASSISTANT: *Non, je ne lui ai pas téléphoné.*

1. répondre à la présidente? (oui)
2. préparer le contrat? (oui)
3. écrire à M. Tabard? (non)
4. lire les annonces? (non)
5. inviter les clients américains? (oui)
6. préparer la présentation PowerPoint? (non)
7. envoyer un email à nos clients japonais? (oui)
8. parler à l'agent commercial? (non)

C. Les pronoms *me, te, nous, vous*

TO DESCRIBE INTERPERSONAL RELATIONSHIPS

Note the forms and position of the object pronouns in the following sentences.

– Tu **me** parles?	*Are you speaking **to me**?*
– Oui, je **te** parle.	*Yes, I am speaking **to you**.*
– Tu **nous** as téléphoné hier?	*Did you call **us** yesterday?*
– Non, je ne **vous** ai pas téléphoné.	*No, I didn't call **you**.*

The following OBJECT PRONOUNS correspond to **je, tu, nous, vous.** Note that the same pronoun can function as either a DIRECT or an INDIRECT object.

			direct object	indirect object
singular	**me (m')**	*me, to me*	Claire **me** voit.	Elle **me** parle.
	te (t')	*you, to you*	Alain **t'**invite.	Il **te** téléphone.
plural	**nous**	*us, to us*	Marc **nous** aide.	Il **nous** prête ses notes.
	vous	*you, to you*	Annie **vous** aime.	Elle **vous** écrit.

LIAISON
Eva nous‿invite.
Je vous‿écris.

→ Like all object pronouns, **me, te, nous, vous** usually come BEFORE THE VERB. In an infinitive construction they come BEFORE THE INFINITIVE.

Je **vous** aide.	Je peux **vous** aider.
Pierre ne **m'**écoute pas.	Pierre ne veut pas **m'**écouter.

© Rebecca Valette

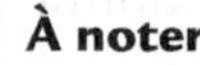

À noter
In the PASSÉ COMPOSÉ, the past participle agrees with **me, te, nous, vous** only when these pronouns are DIRECT OBJECTS of the verb. Compare and contrast:

indirect objects: no agreement	direct objects: agreement
Je **vous** ai téléphoné, Monsieur, ...	et je **vous** ai invit**é**.
Je **vous** ai téléphoné, Madame, ...	et je **vous** ai invit**ée**.
Je **vous** ai téléphoné, Marc et David, ...	et je **vous** ai invit**és**.
Je **vous** ai téléphoné, Sophie et Zoé, ...	et je **vous** ai invit**ées**.

10 Entre amis *(Among friends)*

Demandez à vos camarades de faire les choses suivantes pour vous. Ils vont accepter ou refuser.

© Cienpies Design/Shutterstock.com

❊ prêter tes notes?
— *Tu me prêtes tes notes?*
— *D'accord, je te prête mes notes.*
ou **— *Pas question! Je ne te prête pas mes notes.***

1. téléphoner ce soir?
2. attendre après le cours?
3. aider avec l'exercice?
4. inviter au restaurant?
5. prêter tes CD?
6. donner cinq dollars?
7. montrer tes photos?
8. rendre mon livre?
9. prêter ton portable?
10. passer le journal?

11 Reproches

Les parents de Thomas lui font certains reproches. Thomas se défend *(defends himself)*. Avec votre partenaire, jouez les rôles du père et de Thomas.

❊ téléphoné hier
LE PÈRE: ***Tu ne nous as pas téléphoné hier.***
THOMAS: ***Mais si, je vous ai téléphoné.***

1. rendre visite ce week-end
2. écrire pour notre anniversaire
3. parler de ton accident de voiture
4. montrer tes notes du trimestre
5. demander des conseils
6. aider à nettoyer le garage
7. attendre après le concert
8. dire la vérité

12 Petits services

Les personnes soulignées ont besoin de certaines choses. Expliquez comment leurs amis les aident. Pour cela, complétez les phrases avec le pronom **(me, te, nous, vous)** représentant ces personnes.

❊ J'ai faim. Patrick ***m'*** apporte un sandwich.

1. Nous avons soif. Céline ____ apporte des sodas.
2. Tu veux téléphoner. Alice ____ prête son portable.
3. Vous allez à Paris. Nicolas ____ donne l'adresse de son cousin.
4. Je veux étudier. Isabelle ____ rend mon livre.
5. Vous préparez l'examen. Le prof ____ donne de bons conseils.
6. Nous voulons dîner en ville. Nos copains ____ invitent au restaurant.
7. Tu es à l'hôpital. Tes amis ____ rendent visite.
8. Je célèbre mon anniversaire. Ma tante ____ écrit une carte.

D. La place des pronoms à l'impératif

In the commands below, the verb is in the IMPERATIVE. Contrast the position of the OBJECT PRONOUNS in affirmative and negative commands.

	affirmative	negative
(moi)	Téléphone-**moi** demain.	Ne **me** téléphone pas ce soir.
(Paul)	Donne-**lui** le journal.	Ne **lui** donne pas les magazines.
(nous)	Attendez-**nous** au café.	Ne **nous** attendez pas ici.
(Léa et Anne)	Invitons-**les** demain.	Ne **les** invitons pas ce soir.

When the verb is in the IMPERATIVE, the position of OBJECT PRONOUNS is:		
affirmative	AFTER the verb	Écris-**nous.**
negative	BEFORE the verb	Ne **nous** écris pas.

→ In affirmative commands:

- **me** becomes **moi:** Écoutez-**moi.**
- verb and pronoun are linked with a hyphen: Demandons-**leur** de venir.

13 Arrivée à Québec

Vous venez d'arriver à Québec. Demandez certains services aux personnes suivantes.

❊ au serveur du café
- apporter un sandwich ***S'il vous plaît, apportez-moi un sandwich.***

1. au chauffeur de taxi
   - montrer la ville
   - amener à l'hôtel
   - aider avec les bagages
2. à la réceptionniste de l'hôtel
   - montrer ma chambre
   - prêter un plan *(map)* de Québec
   - donner l'adresse d'un bon restaurant
3. à la serveuse du restaurant
   - montrer le menu
   - apporter un verre de vin
   - donner l'addition
4. à un copain canadien
   - prêter ton portable
   - vendre des dollars canadiens
   - présenter *(to introduce)* à tes copains

14 Déménagement *(Moving)*

Vous aidez un(e) camarade à déménager. Demandez-lui où vous devez mettre certaines choses. Il/Elle va vous répondre.

❊ la table? / devant la fenêtre
— ***Où est-ce que je mets la table?***
— ***Mets-la devant la fenêtre.***

1. la lampe? / dans ma chambre
2. la table? / dans la cuisine
3. les plantes? / au salon
4. les livres? / dans ma chambre
5. le réveil? / sur la table
6. l'ordinateur? / sur le bureau
7. le sac? / sur la chaise
8. le vélo? / dans le garage

15 Week-end à Paris

Vous êtes à Paris avec des copains. Vous décidez de faire les choses suivantes.

❊ visiter le musée d'Orsay
— ***On visite le musée d'Orsay?***
— ***Mais oui, visitons-le.***

1. visiter la Cité des Sciences
2. acheter le plan *(map)* de Paris
3. acheter ces affiches
4. prendre le métro
5. voir la collection Picasso
6. parler à ces étudiants
7. téléphoner à nos amis français
8. écrire à notre prof de français

16 Maintenant!

Vous habitez à Strasbourg. Demandez à votre camarade de chambre s'il/si elle a fait certaines choses. Il/Elle va répondre négativement. Dites-lui alors de faire ces choses.

❊ téléphoner à Christophe
— ***Tu as téléphoné à Christophe?***
— ***Non, je ne lui ai pas téléphoné.***
— ***Bon alors, téléphone-lui maintenant.***

1. faire les courses
2. payer le loyer *(rent)*
3. écrire à tes parents
4. téléphoner à ta tante
5. nettoyer ta chambre
6. répondre à ta soeur
7. préparer le dîner
8. acheter les billets *(tickets)* pour le concert

17 Décisions

Dites à votre partenaire de faire ou de ne pas faire certaines choses suivant la situation.

❊ Catherine est sympathique. (inviter?)
Alors, invite-la!

❊ Thomas et Patrick sont pénibles. (inviter?)
Alors, ne les invite pas!

1. Ces chemises sont super. (acheter?)
2. Cette veste est trop chère. (acheter?)
3. Cette comédie est sans intérêt. (regarder?)
4. Ce film est génial. (regarder?)
5. Jérôme et Marc sont snobs. (parler?)
6. Nathalie est une bonne copine. (inviter?)
7. Léa n'est pas chez elle. (téléphoner?)
8. David est à l'hôpital. (rendre visite?)
9. Éric veut téléphoner. (prêter ton portable?)
10. Camille est très riche. (prêter de l'argent?)

E. L'ordre des pronoms

Sometimes a sentence may contain both a direct- and an indirect-object pronoun. Note the sequence of these pronouns.

le / la / les	before	lui / leur	Je prête mon vélo à Alice. Tu envoies cette carte à tes cousins. Nous montrons nos photos à Éric.	Je **le lui** prête. Tu **la leur** envoies. Nous **les lui** montrons.

→ This order is also used in AFFIRMATIVE commands.

Montre la photo à Catherine. Montre-**la-lui.**

me / te / nous / vous	before	le / la / les	Vous me donnez le journal. Cécile te donne son adresse. Paul nous vend sa chaîne-stéréo. Sylvie vous prête ses DVD.	Vous **me le** donnez. Elle **te la** donne. Il **nous la** vend. Elle **vous les** prête.

→ Note the order in AFFIRMATIVE commands.

le / la / les	before	moi / nous	Donne-moi ton adresse. Montrez-nous vos photos.	Donne-**la-moi.** Montrez-**les-nous.**

18 Oui ou non?

Demandez à votre partenaire si oui ou non il/elle fait les choses suivantes.

❋ prêter ton portable à ton copain?
— Tu prêtes ton portable à ton copain?
— Oui, je le lui prête.
ou *— Non, je ne le lui prête pas.*

1. prêter tes CD à ton frère?
2. prêter ta voiture à ta copine?
3. donner ton adresse email à tes amis?
4. montrer tes notes à tes parents?
5. montrer ton journal *(diary)* à ta mère?

19 Un bon copain

Vous avez un bon copain. Il vous offre les choses suivantes. Acceptez-les.

❋ — Tu veux ma voiture? (prêter)
— Oui, prête-la-moi!

1. Tu veux utiliser mon portable? (prêter)
2. Tu veux mon numéro de téléphone? (donner)
3. Tu veux voir mes photos? (montrer)
4. Tu veux mon adresse électronique? (envoyer)
5. Tu veux écouter mes CD? (prêter)
6. Tu veux regarder le journal? (passer)

CD3-12

Phonétique: Les voyelles /ø/ et /œ/

The French vowels /ø/ and /œ/ have no counterpart in English. In written French, they are represented with the letters "eu" or "oeu".

- The vowel /ø/ occurs at the end of a word or before the sound /z/. Pronounce it by rounding your lips tensely as you say /e/.
  Répétez: deux jeu je veux je peux il pleut sérieux sérieuse
- The vowel /œ/ occurs in the middle of a word or before a consonant sound.
  Répétez: leur beurre meilleur heure jeudi bonheur Europe oeuf boeuf soeur hors-d'oeuvre

À votre tour

Compréhension orale  CD3-13

Écoutez les descriptions de certains jeunes Français. S'ils sont à leur ordinateur, marquez la rangée A. S'ils n'utilisent pas leur ordinateur, marquez la rangée B.

	1	2	3	4	5	6	7	8
A.								
B.								

Conversation dirigée

Ask your partner about his/her activities.

Find out . . .

- if he/she has read an interesting novel recently **(récemment)**
- if he/she sends e-mails to his/her cousins
- if he/she lends DVDs to his/her friends
- if he/she reads any newspapers, and if so, which ones
- what he/she likes to read in newspapers or magazines
- if he/she often phones his/her parents

Expression libre

Avec votre partenaire, créez un dialogue correspondant à la situation suivante:

- Vous demandez à votre partenaire de vous rendre un service.
- Votre partenaire accepte, mais en échange, il/elle vous demande de lui rendre un autre service.
- Négociez un échange acceptable entre vous.

Dans ce dialogue, vous pouvez utiliser les verbes suivants:

prêter	montrer	dire
aider avec	donner	expliquer *(to explain)*

Expression écrite

Décrivez une lecture intéressante que vous avez faite récemment. Dans votre description vous pouvez indiquer:

- le genre de lecture
  —si c'est un livre, quel genre de livre
  —si c'est un article, dans quel journal ou quel magazine
- le sujet
- l'auteur *(author)*
- pourquoi vous avez trouvé cette lecture intéressante

La technologie

L'ordinateur

Aujourd'hui, beaucoup de gens utilisent...

un ordinateur, un ordi — **un ordinateur de bureau** *(desktop)*

une tablette — **un ordinateur portable, un portable** *(laptop)*

Avec un ordinateur, on peut...

préparer les cours — regarder un DVD

composer un texte — écouter de la musique

éditer des photos / une vidéo — **graver** *(burn)* un CD

L'équipement électronique

Pour...	on utilise...
échanger des messages, des textos	**un smartphone, un mobile, un portable**
lire **un livre électronique, un ebook**	**un lecteur de livre électronique, un lecteur ebook**
écouter de la musique	**un lecteur CD** **un lecteur MP3, un MP3** *(iPod)* **une chaîne hi-fi**
regarder un DVD	**un lecteur DVD**
prendre une photo	**un appareil photo numérique**
faire un film, une vidéo	**un caméscope** *(camcorder)*

→ ***Comment emprunter** (to borrow) **un objet***

Dis, est-ce que je peux **emprunter** ton portable?

Pourquoi est-ce que tu en as besoin?

Je voudrais téléphoner à une copine.

Bon d'accord, je vais te le **prêter.**

À votre tour

Emprunt *(Borrowing things)*

Vous voulez emprunter un des objets suivants à votre partenaire. Créez un dialogue où il/elle vous demande pourquoi.

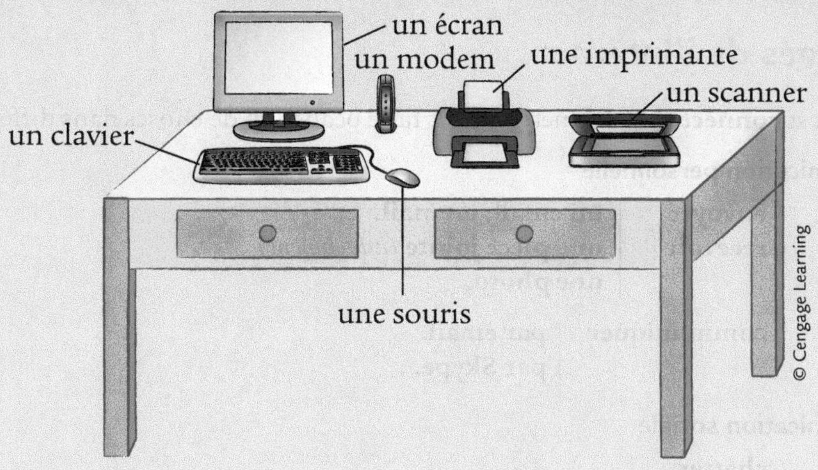

> **Recherches Internet**
>
> Imaginez que vous voulez acheter pour 1 000 euros d'équipement électronique.
>
> - Cherchez le site d'un distributeur *(dealer)* français de cet équipement (par exemple, **www.darty.com** ou **www.fnac.com**).
> - Faites une liste des objets que vous voulez acheter avec leurs prix.
> - Comparez les prix de ces objets en France et aux États-Unis.

L'adresse électronique

Une adresse électronique comprend *(includes)* les éléments suivants:

1	2	3	4	5
mariedupont	@	wanadoo	.	fr
martin37	@	orange	.	fr

1. nom
2. arobase
3. fournisseur d'accès, portail
4. point
5. France

On le lit ainsi: «mariedupont - arobase - wanadoo - point - F - R».
Typiquement, les deux dernières lettres d'une adresse électronique indiquent le pays d'origine. Par exemple: **fr** = France; **be** = Belgique; **ca** = Canada.

À votre tour

Adresses électroniques

Échangez votre adresse électronique avec votre partenaire (en français, bien sûr).

La technologie

Les usages de l'Internet

Quand on est **connecté à** l'Internet, on peut faire beaucoup de choses dans différents domaines.

La communication personnelle

On peut... **envoyer** / **recevoir** | **un email, un mail.** / **une pièce jointe** *(attachment).* / **une photo.**

communiquer | **par email.** / **par Skype.**

La communication sociale

On peut... **chatter.**

participer à | **un réseau social** *(social network).* / **un forum de discussion.**

créer | **un blog.** / **un site personnel.** / **un profil sur Facebook.**

poster un message.

L'information

On peut... **surfer sur le Web.**

faire des recherches *(do research).*

s'informer sur | **l'actualité** *(current events).* / **les nouvelles sportives** *(sports news).*

Les loisirs

On peut... **jouer aux jeux en ligne** *(on-line games).*

télécharger *(download)* / **mettre en ligne** *(upload)* | **une chanson** *(song).* / **un fichier** *(file).* / **une vidéo.** / **une appli** *(app).*

La vie pratique

On peut... **faire des achats** *(purchases)* / **payer une facture** *(bill, invoice)* / **faire une opération bancaire** *(bank)* | **en ligne.**

Mais attention, l'ordinateur peut...

attraper *(catch)* **un virus.**

planter *(crash).*

Les Français et l'Internet

Pour les Français, l'Internet est une invention utile, comme la télévision ou le téléphone, mais pas indispensable comme l'électricité. Deux tiers° des Français utilisent régulièrement ce moyen° de communication électronique. Ils utilisent l'Internet principalement pour rester en contact avec leurs amis et leur famille. D'autres usages importants concernent les divers aspects de la vie quotidienne° (comme l'achat° en ligne, la réservation de billets°, le paiement des factures, etc...) et la possibilité de se cultiver°. Les jeunes apprécient la possibilité de télécharger de la musique et de jouer aux jeux en ligne.

Quant aux° réseaux sociaux, leur utilisation est moins généralisée qu'aux États-Unis. Trente-cinq pour cent (35%) seulement des internautes français sont inscrits° à Facebook ou d'autres réseaux. Cet usage limité est peut-être dû à la réticence des Français à parler en public de leurs problèmes personnels et de leur vie privée°.

Deux tiers *Two thirds* **moyen** *means* **quotidienne** *daily* **achat** *shopping* **billets** *tickets* **se cultiver** *to learn new things* **Quant aux** *As for* **inscrits** *registered* **privée** *private*

À votre tour

L'Internet et moi

Expliquez comment vous utilisez votre ordinateur en ligne. Faites une liste de vos usages principaux. Comparez cette liste avec votre partenaire.

J'utilise mon ordinateur pour...

(la communication personnelle)
- ______
- ______

(les loisirs)
- ______
- ______

(la communication sociale)
- ______
- ______

(la vie pratique)
- ______
- ______

(l'information)
- ______
- ______

Avant de lire

Qu'est-ce que vous savez du Québec?

- histoire
- importance du français
- identité québécoise

Le Québec

L'identité québécoise

Le Québec a la plus grande population francophone du monde après la France. Cette population est multi-ethnique, mais d'origine principalement française.

La majorité des Québécois francophones sont les descendants des colons° français établis dans la «Nouvelle-France» aux dix-septième et dix-huitième siècles°. En 1763, ces colons français deviennent sujets britanniques malgré eux° quand la France cède toutes ses colonies d'Amérique du Nord à l'Angleterre. Pendant deux siècles, ces «Canadiens français» résistent à l'assimilation désirée par l'administration anglaise. Ils maintiennent° leur identité en préservant leur culture et surtout° leur langue.

En 1950, les Canadiens français sont 4 millions et représentent 90% de la population de la province de Québec. Ils jouent cependant° un rôle très limité dans l'administration et l'économie dominées par la minorité anglophone. Une transformation radicale de cette situation commence avec la «Révolution tranquille» des années 1960. Conscients de° leur majorité numérique, les francophones prennent le pouvoir politique. Avec le slogan «Soyons° maîtres° chez nous», ils assument le contrôle du gouvernement, de l'administration et de l'économie.

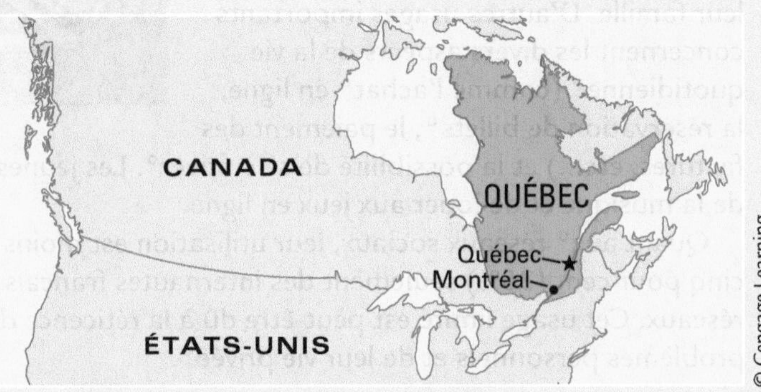

Une nouvelle identité collective se développe°, l'identité québécoise. Les Canadiens français deviennent des «Québécois» et la province de Québec devient plus simplement «le Québec». Cette identité s'affirme° par la «francisation», c'est-à-dire l'expansion générale de la langue française dans la vie courante°. Sur le plan° culturel, l'identité québécoise se manifeste° dans la chanson, le théâtre, le cinéma et le roman.

Politiquement, l'opinion québécoise est divisée sur la question des relations avec le reste du Canada. Les «Fédéralistes» veulent maintenir le Québec dans la Fédération canadienne. Les «Indépendantistes» proposent une solution plus radicale: la «souveraineté°» du Québec avec association libre° avec le reste du Canada. Cette solution est rejetée dans deux référendums, mais la question reste ouverte°.

colons *colonists* **siècles** *centuries* **malgré eux** *against their will* **maintiennent** *maintain* **surtout** *above all* **cependant** *however* **Conscients de** *Aware of* **Soyons** *Let's be* **maîtres** *masters* **se développe** *is developed* **s'affirme** *asserts itself* **vie courante** *daily life* **Sur le plan** *From the point of view* **se manifeste** *is evident* **souveraineté** *sovereignty* **libre** *free* **ouverte** *open*

Un peu d'histoire

La période amérindienne

1000
- Le nord-est du Canada est habité par des tribus amérindiennes **(Inuits, Algonquins, Iroquois).**
- Exploration des côtes° canadiennes par des marins° vikings.

La période française (1534–1763)

1534, 1535
- **Jacques Cartier,** un marin français, «découvre°» le fleuve° Saint-Laurent et le site de Montréal.

1608
- **Samuel Champlain** fonde Québec.
- Arrivée progressive des colons° français qui fondent la «Nouvelle-France».
- Alliance avec des tribus indiennes **(Hurons, Mohicans, Montagnais).**

1670–1680
- Exploration des Grands Lacs **(Jolliet, Marquette, Duluth)** et de la vallée du Mississippi **(Cavelier de la Salle).**

1754–1760
- Guerre° franco-anglaise. Victoire des Anglais et de leurs alliés Iroquois.

1763
- Traité° de Paris: le Canada devient une colonie anglaise.

La période anglaise (1763–1960)

1852
- Fondation à Québec de l'Université Laval, première université francophone en Amérique.

La période québécoise (1960–)

1974
- Le français devient la langue officielle du Québec.

1977
- La Loi° 101 établit la «Charte de la langue française».

1980, 1995
- Majorité de «nons» aux référendums sur la souveraineté du Québec.

© Cengage Learning

Le drapeau québécois, adopté en 1948: Le drapeau à croix *(cross)* blanche est le drapeau des régiments français au 18e siècle. La fleur-de-lys est le symbole des rois *(kings)* de France.

© Cengage Learning

La devise *(motto)* québécoise: «Je me souviens» *(I remember)*. Cette devise évoque la nostalgie des Québécois pour leur passé.

Après la lecture
Quels sont deux faits intéressants que vous avez appris sur le Québec?

Recherches Internet
Cherchez des informations plus complètes sur un épisode dans l'histoire du Québec et préparez une courte présentation sur ce sujet.

---

côtes *coastlines* **marins** *sailors* **découvre** *discovers* **fleuve** *river* **colons** *colonists* **Guerre** *War* **Traité** *Treaty* **Loi** *Law*

> **Avant de lire**
> Quelles fêtes est-ce qu'on célèbre au Québec?

La fête nationale du Québec:

La Saint-Jean°

La Saint-Jean, fête de la lumière°, a lieu° le 24 juin. Autrefois°, c'était° la fête traditionnelle des Canadiens français. Aujourd'hui, c'est la fête nationale du Québec et de tous les Québécois. Cette grande fête populaire est célébrée avec joie et émotion dans tout le Québec et particulièrement dans la ville de Québec.

À Québec, les festivités commencent le soir du 23 juin. La population de la ville se rassemble° dans le parc historique des Plaines d'Abraham où est allumé° un immense feu de joie°. On vient écouter le grand concert en plein air° où participent les meilleurs représentants de la chanson québécoise. À minuit un spectaculaire feu d'artifice° illumine la ville.

© david sanger photography/Alamy

La fête continue dans la journée du 24. Le matin des défilés° ont lieu dans les différents quartiers de la ville. Les orchestres jouent des airs québécois traditionnels et aussi de la musique pop et de la musique antillaise. L'après-midi, on vient en famille sur les Plaines d'Abraham pour participer à la «Grande Tablée», un immense pique-nique populaire où tout le monde est invité. La fête se termine dans la convivialité et la bonne humeur.

Quelques autres fêtes québécoises

- **Le Carnaval,** à Québec (février) *Grande fête d'hiver présidée par **Bonhomme,** mascotte du Carnaval*
- **Les Francofolies,** à Montréal (juillet) *Grande fête internationale de la musique francophone*
- **La Fabuleuse Histoire d'un Royaume°,** à Saguenay (juin, juillet, août) *Immense tableau historique avec participation de la population locale*

© Jacques Boissinot/Associated Press

la Saint-Jean *Feast of John the Baptist* **lumière** *light* **a lieu** *takes place* **Autrefois** *In the past* **c'était** *it was* **se rassemble** *comes together* **allumé** *lit* **feu de joie** *bonfire* **en plein air** *outdoors* **feu d'artifice** *fireworks* **défilés** *parades* **Royaume** *Kingdom*

> **Après la lecture**
> À quelle fête québécoise est-ce que vous voudriez participer? Pourquoi?

Une création québécoise:

Le Cirque du Soleil

© Jeff Moore/Pressnet/Topham/The Image Works

En 1984, des jeunes Québécois ont décidé de transformer complètement le cirque traditionnel. Leur idée était de créer un spectacle artistique combinant° l'acrobatie, la danse, la musique et la comédie. Leur création, le **Cirque du Soleil,** est aujourd'hui le plus grand cirque du monde.

Dans les spectacles du **Cirque du Soleil,** clowns, musiciens, danseurs, trapézistes, équilibristes° évoluent dans un monde magique, plein de° couleurs. La mise en scène°, les costumes, les jeux de lumière, les effets spéciaux donnent une qualité surréelle à chaque acte. Mais le spectacle reste humain et les participants expriment° une variété de sentiments: l'amour°, la jalousie, la tendresse, la peur, le courage, la poésie...

Né° à Montréal et toujours basé dans cette ville, le **Cirque du Soleil** s'est multiplié° en dehors du° Québec. Il offre aujourd'hui des spectacles permanents à Las Vegas et en Floride, et d'autres spectacles qui circulent au Canada, en Europe et en Australie.

© Ints Kalnins/Reuters/Landov

Recherches Internet

Allez sur le site du Cirque du Soleil. Faites un rapport sur les différents spectacles offerts.

combinant *combining* **équilibristes** *tightrope walkers* **plein de** *full of* **mise en scène** *staging* **expriment** *express* **amour** *love* **Né** *Born* **s'est multiplié** *multiplied* **en dehors du** *outside of*

Avant de lire
Qu'est-ce que vous savez du français qu'on parle au Québec? Est-il très différent du français de France?

Le français québécois

On parle français à Paris et à Québec, mais avec des accents différents et certaines variations de vocabulaire et de grammaire. Les particularités du français québécois reflètent l'histoire de la région où il s'est développé°.

Vers 1700, les habitants de la Nouvelle-France parlaient° un français d'excellente qualité. Cette qualité de langue était maintenue° par l'église catholique, mais surtout par les *Filles du Roy*. Ces jeunes filles, éduquées en France, sont venues en Nouvelle-France avec l'encouragement royal pour épouser° les colons° français et créer des familles. Le français parlé à Québec était comparable au français parisien de l'époque° avec, en plus, certaines expressions régionales qui dénotaient les origines diverses des colons: Normandie, Picardie, Saintonge, Touraine, Poitou, Maine.

Après la «conquête» anglaise en 1763, les Français du Canada ont perdu contact avec la France et la langue a évolué de façon indépendante° dans les deux pays. Au Québec, le français a absorbé un certain nombre de mots d'origine anglaise et il a conservé des expressions anciennes. Ainsi° s'est formé° peu à peu le français québécois.

Dans les années 1960, l'usage du français a symbolisé l'émergence de la nouvelle identité québécoise. La protection de cette langue, face à la concurrence° de l'anglais, est donc° devenue une nécessité politique.

Cette protection s'est matérialisée° dans un certain nombre de lois° destinées à généraliser l'usage du français dans tous les aspects de la vie courante°. En 1974, le français a été reconnu comme la seule° langue officielle du Québec. En 1977, la fameuse Loi 101 a établi la «Charte de la langue française» qui renforce l'usage du français dans l'administration, le commerce, les entreprises et les écoles publiques. Un «Office québécois de la langue française» a été créé pour adapter le français aux réalités de la vie moderne, en particulier dans les domaines de la technologie et des communications. Ces mesures ont eu pour effet d'unifier et de moderniser la langue française au Québec. Aujourd'hui, cette langue n'est pas très différente du français parlé en France.

Petit lexique franco-québécois

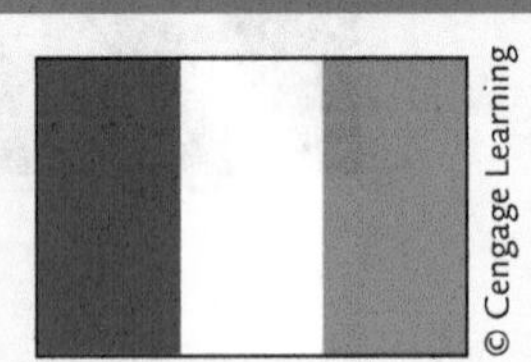

un chum	un ami
un char	une voiture
une piastre	un dollar
une toune	un air de musique
le déjeuner	le petit déjeuner
le dîner	le déjeuner
le souper	le dîner
la fin de semaine	le week-end
C'est fun!	C'est amusant!
Bonjour!	Au revoir!

s'est développé *developed* **parlaient** *used to speak* **était maintenue** *was maintained* **épouser** *to marry* **colons** *colonists* **époque** *period* **de façon indépendante** *independently* **Ainsi** *Thus* **s'est formé** *was formed* **concurrence** *competition* **donc** *thus* **s'est matérialisée** *materialized* **lois** *laws* **vie courante** *daily life* **seule** *only*

Quelques voix québécoises

Roch Voisine

© Patrick Beauchamp/CP Photo

Roch Voisine est né au Nouveau-Brunswick, mais il a grandi° au Québec. Là, il découvre ses deux passions: la guitare et le hockey. Il donne son premier grand concert à Montréal à l'occasion de la Fête du Canada. Roch Voisine devient acteur de télévision et crée sa propre° série télévisée: *Top Jeunesse*. Puis il retourne à sa véritable vocation: la musique. Depuis, il fait des tournées° triomphales au Canada, puis en France et dans tous les pays francophones. Roch Voisine est l'ambassadeur de la musique québécoise en Europe.

Céline Dion

© AP Photo/John Marshall Mantel

Céline Dion est née à Charlemagne, une petite ville près de Montréal. Elle commence à chanter à l'âge de cinq ans et à treize ans elle enregistre° son premier album. L'année suivante° son second album remporte° la Médaille d'Or° au Festival de la Chanson Internationale de Tokyo. La carrière professionnelle de la chanteuse québécoise est instantanément lancée°. Céline Dion donne des concerts à Montréal, à Paris, à Londres. Entre-temps°, elle apprend l'anglais. Avec ses chansons en anglais elle devient rapidement une superstar mondiale.

Gilles Vigneault

© Patrice Laroche/Le Soleil/CP Photo

Gilles Vigneault est originaire de Natashquan, un petit village de pêcheurs° situé sur l'estuaire du Saint-Laurent. C'est le grand poète de la chanson québécoise. Il chante son pays, le Québec, avec ses gens, son hiver, ses misères, ses joies et son espoir°. Sa chanson «Gens du Pays» est aujourd'hui l'hymne non-officiel du Québec. Tous les Québécois connaissent le refrain:

Gens du pays, c'est votre tour
De vous laisser parler d'amour.*

* *People of the country [of Quebec], it is your turn to allow yourselves to speak of love.*

a grandi *grew up* **propre** *own* **tournées** *tours* **enregistre** *records* **suivante** *next* **remporte** *wins* **Médaille d'Or** *Gold Medal* **lancée** *launched* **Entre-temps** *In the meantime* **pêcheurs** *fishermen* **espoir** *hope*

Recherches Internet
Téléchargez une chanson d'un de ces chanteurs.

Après la lecture
Pourquoi est-ce que le français québécois est différent du français parisien? Expliquez les différences.

Hier et aujourd'hui

UNITÉ 8

Leçon 22: La vie urbaine

Leçon 23: Le premier rendez-vous

Leçon 24: Un cambriolage

Rencontres francophones
Go to the Internet and read about the many museums in Paris **(musées de Paris).** Which one would you like to visit? Are there special exhibits in addition to the permanent collections? Discuss your choices with your classmates.

LEÇON 22 La vie urbaine

OBJECTIVES
- To discuss city life
- To talk about what we know and whom we know
- To describe people and things in longer sentences

© Owen Franken/Corbis

CD3-14

*En 1900, la France **était** un pays rural. Aujourd'hui, 85% de la population habite dans des villes. La vie urbaine a des avantages, mais aussi des inconvénients. Plusieurs Français expriment leurs opinions sur ce sujet.* — *was*

Laure Mercier (21 ans, étudiante)

Je suis très contente d'habiter à Toulouse où je suis étudiante. D'abord, c'est une ville historique qui a beaucoup de charme. J'apprécie aussi la vie culturelle et les possibilités de loisirs qu'on trouve dans une grande ville: les cinémas, les concerts, les **expositions** et aussi les petits restaurants de **quartier**, les **boîtes** sympa... Et puis, on a l'occasion de rencontrer des gens très différents. Pour moi, la vie urbaine, c'est super!

exhibits
neighborhood / clubs

Inès Nieto (26 ans, chimiste)

Je suis venue à Strasbourg pour mes études. Après l'université, j'ai décidé de rester ici. J'ai trouvé un travail qui paie bien et que je trouve très intéressant (passionnant). J'habite dans un quartier très **ancien** qui a beaucoup de caractère et qui est toujours **animé**. Je **connais** tous les **commerçants** du quartier et maintenant tout le monde me connaît. Je suis très heureuse ici. Vraiment, je ne sais pas comment je **pourrais vivre ailleurs**.

old
lively / know / shopkeepers
could / live / elsewhere

Mounir Belkacem (lycéen, 17 ans)

Mes parents sont venus d'Algérie, mais moi, j'ai toujours **vécu** dans la **banlieue** de Marseille. Je n'aime pas beaucoup le quartier où nous habitons. Il n'y a pas d'atmosphère. Les gens sont **tristes**. Les rues sont **sales**. Les immeubles sont **en mauvais état**. En plus, il n'y a pas de centre commercial, pas d'**équipement** sportif, pas de cinéma. Alors, le week-end, les jeunes n'ont rien à faire... Souvent avec mes copains on prend le bus et on va dans

lived
suburbs
sad / dirty
in bad condition
facilities

le centre-ville. On aime bien **flâner** dans les rues et regarder les magasins. Mais il y a la police qui nous **surveille** et les gens qui nous **regardent de travers** parce que nous sommes des enfants d'immigrés. Pour moi, la vie urbaine n'a pas beaucoup d'avantages.

to stroll
watches / give us bad looks

Philippe Bouillon (63 ans, retraité)

J'ai vécu quarante ans à Paris. Eh bien, maintenant je suis très content d'habiter à la campagne. Je **connais** beaucoup de jeunes. Je ne sais pas pourquoi ils veulent **tous** vivre en ville. Est-ce qu'ils lisent les journaux? Est-ce qu'ils regardent la télé? Est-ce qu'ils connaissent les problèmes des zones urbaines: le **bruit**, la **circulation**, la pollution, la criminalité... Et je ne parle pas des appartements qui sont minuscules, des services publics qui ne fonctionnent pas, de la vie qui coûte cher, des gens qui sont toujours stressés...

know
all
noise / traffic

À propos du texte

Qui est pour la vie urbaine? Qui est contre? Expliquez.

Note culturelle

Les Français et la ville

CD3-15

Dans une enquête°, les Français ont exprimé° leur opinion sur la vie urbaine. Voici quelques° résultats.

- Les Français ont une conception économique de la ville. Pour eux, la ville est d'abord un lieu où on travaille, et ensuite un lieu de loisirs.
- Les Français sont généralement satisfaits de la vie urbaine, mais ils ont la nostalgie des espaces verts. Un Français sur° trois voudrait habiter à la campagne.
- Les Français sont assez pessimistes sur l'avenir° des villes. Une majorité pense que la qualité de la vie urbaine va se détériorer dans les dix prochaines années. Le problème majeur est celui de° la circulation°.

1. Les Français préfèrent habiter...
   35% en ville
   33% à la proximité d'une ville ou dans la banlieue
   32% à la campagne
2. Pour les Français, la ville représente (par ordre d'importance)...
   - un lieu de travail
   - un lieu de loisirs
   - un lieu pour le shopping
   - un lieu pour les rencontres
   - un lieu pour la vie culturelle
   - un lieu administratif
3. Selon les Français, pour améliorer° la vie urbaine, il faut (par ordre d'importance)...
   - réduire° la circulation automobile
   - assurer la sécurité
   - développer les transports en commun
   - développer les espaces verts

À votre avis

1. Où préférez-vous habiter?
2. Que représente la ville pour vous?
3. Comment peut-on améliorer la vie urbaine?

enquête *survey* **ont exprimé** *expressed* **quelques** *some* **Un... sur trois** *One out of three* **avenir** *future* **celui de** *that of* **circulation** *traffic* **améliorer** *to improve* **réduire** *to reduce*

La langue française

Vocabulaire: La vie urbaine

Où habitez-vous?

J'habite | à Montpellier | **dans une petite ville** | **dans une grande ville** | **à la campagne** *(country)* | **dans un village**

Ma ville a 100 000 habitants.

un habitant *inhabitant*

Dans quelle partie de la ville habitez-vous?

J'habite | **en ville** *(downtown)* | **au centre-ville** | **dans la banlieue** *(suburbs)* | **dans un lotissement** *(subdivision)* | **dans un quartier** *(district, neighborhood)*

Dans quel **genre** *(kind)* de résidence?

J'habite dans | **un appartement** | **un immeuble** *(apartment building)* | **une maison individuelle** | **une tour** *(high-rise)*

Mon quartier est...

agréable	*pleasant*	**ordinaire**	*plain*
animé	*lively*	**triste**	*lifeless*
calme	*quiet*	**bruyant**	*noisy*
propre	*clean*	**sale**	*dirty*
neuf	*new*	**ancien**	*old*
moderne			

La vie urbaine a...

DES AVANTAGES **(un avantage)**	DES PROBLÈMES **(un problème)**
l'animation *(f.)*	**le bruit** *(noise)*
la vie *(life)* **culturelle**	**la circulation** *(traffic)*
la diversité de la population	**la pollution**
la possibilité d'emploi	**la criminalité**

Expressions utiles

pour ≠ contre	*for ≠ against*	Êtes-vous **pour** ou **contre** la vie urbaine?
au contraire	*on the contrary*	J'aime la ville. Toi, **au contraire,** tu préfères la campagne.
au moins	*at least*	Ma ville a **au moins** cent mille habitants.
quel genre de	*what kind of*	Dans **quel genre de** quartier habitez-vous?
quelle sorte de	*what sort of*	**Quelle sorte de** résidence préfères-tu?
gagner sa vie	*to earn one's living*	Comment **gagnez**-vous **votre vie**?

1 Et vous?

Comparez votre environnement urbain avec votre partenaire. Pour cela, répondez tous les deux aux questions suivantes. Quelles sont les similarités et les différences?

1. Où habitez-vous?
2. Est-ce que c'est une grande ville ou une petite ville?
3. Combien d'habitants est-ce qu'il y a?
4. Dans quelle partie de la ville habitez-vous?
5. Dans quel genre de résidence?
6. Quels sont les aspects positifs de votre quartier?
7. Quels sont les aspects négatifs?
8. Dans quelle sorte d'environnement urbain aimeriez-vous habiter?

2 Pour ou contre la vie urbaine

La classe est divisée en deux groupes.

- Le groupe A adore habiter en ville.
- Le groupe B déteste habiter en ville.

Chaque groupe explique sa position en faisant une liste des avantages et des désavantages de la vie urbaine.

Groupe A: **Pour (les avantages)**	Groupe B: **Contre (les désavantages)**
• *On peut rencontrer des gens d'origines diverses.*	• *Il y a trop de pollution.*
• *Les rues sont très animées.*	• *Les rues sont sales.*
•	•
•	•
•	•
•	•
•	•

A. Le verbe *vivre*

The verb **vivre** *(to live)* is irregular.

infinitive	**vivre**	J'aime **vivre** à la campagne.
present	je **vis** tu **vis** il/elle/on **vit** nous **vivons** vous **vivez** ils/elles **vivent**	Je **vis** en ville. Tu **vis** au centre-ville. On **vit** dans la banlieue. Nous **vivons** bien. Vous **vivez** mal. Elles **vivent** confortablement.
passé composé	j'**ai** **vécu**	J'**ai vécu** trois ans en France.

→ Both **vivre** and **habiter** mean *to live (in a place)*.
Vivre, but NOT **habiter**, can also mean *to live (in a general sense)*.

Je **vis** à Paris. J'**habite** à Paris.	*I **live** in Paris.*
Je **vis** bien.	*I **live** well.*

3 Où et comment?

Dites où les personnes suivantes habitent et comment elles vivent. Votre seconde phrase peut être affirmative ou négative.

❊ Mlle Richard / dans un beau château / bien?
Mademoiselle Richard habite dans un beau château. Elle vit bien.

1. mes cousins / à la campagne / simplement?
2. nous / dans un appartement minuscule / confortablement?
3. moi / dans un petit village / dans le calme?
4. vous / dans un quartier bruyant / mal?
5. toi / près d'un volcan / dangereusement?
6. Élodie / avec sa famille / seule?

© john dvoravic/Shutterstock.com

La ville de Saint-Pierre, ancienne capitale de la Martinique, a été détruite en 1902 à la suite de l'éruption de la Montagne Pelée.

4 Et vous?

1. Vivez-vous bien ou mal? Vivez-vous confortablement? Vivez-vous seul(e)?
2. Est-ce qu'on vit bien aux États-Unis?
3. Selon vous, est-ce que les Américains vivent mieux *(better)* que les Français? Pourquoi (pas)?
4. Selon vous, est-ce qu'on vit mieux dans une grande ville ou à la campagne? Pourquoi?
5. Selon vous, dans quelle région des États-Unis est-ce qu'on vit le mieux *(the best)*? Pourquoi?
6. Dans quelle ville habitent vos parents? Est-ce qu'ils ont toujours vécu dans cette ville?
7. Avez-vous vécu à l'étranger? en Europe? en Asie? en Afrique? en Amérique latine?
8. Dans quelles villes avez-vous vécu?

B. Le verbe *savoir*

TO DESCRIBE WHAT WE KNOW

The verb **savoir** *(to know)* is irregular.

infinitive	**savoir**	Je dois **savoir** la réponse.
present	je **sais** tu **sais** il/elle/on **sait** nous **savons** vous **savez** ils/elles **savent**	Je **sais** parler français. Tu **sais** faire du ski. On **sait** jouer au tennis. Nous **savons** où tu habites. Vous **savez** qui va venir ce soir? Elles **savent** la date de l'examen.
passé composé	j'**ai** su	J'**ai su** la réponse à cette question.

→ The main meaning of **savoir** is *to know.*

Je sais...	*I know . . .*	**Je sais** la réponse.
Je sais que...	*I know (that) . . .*	**Je sais que** vous n'aimez pas le bruit.
Je ne sais pas si...	*I don't know if (whether) . . .*	**Je ne sais pas si** vous aimez Paris.
Sais-tu si...?	*Do you know if (whether) . . . ?*	**Sais-tu si** tu vas venir avec nous?

→ When **savoir** is followed by an INFINITIVE, it means *to know how to.*

Sais-tu nager?
***Do you know how to** swim? (**Can you** swim?)*

5 Activités

Demandez à vos camarades s'ils savent faire les choses suivantes.

❋ nager?
— ***Sais-tu nager?***
— ***Oui, je sais nager.***
ou — ***Non, je ne sais pas nager.***

1. parler espagnol?
2. faire du ski?
3. faire la cuisine?
4. piloter un avion?
5. jouer de la guitare?
6. danser le tango?
7. jouer aux échecs *(chess)*?
8. faire du parapente *(parasailing)*?

6 Qualifications professionnelles

Dites ce que les personnes suivantes savent faire d'après *(based on)* leur profession.

1. Pauline est interprète. Elle...
2. Nous sommes cuisiniers *(cooks)*. Nous...
3. Vous êtes musiciens. Vous...
4. Je suis photographe. Je...
5. Tu es journaliste. Tu...
6. Philippe et Éric sont mécaniciens. Ils...

quelles qualifications?
écrire des articles
jouer du piano
réparer les voitures
faire la cuisine
parler anglais et français
prendre des photos

C. *Connaître ou savoir?*

Connaître and **savoir** both mean *to know,* but they are used differently.

Connaître means *to know* in the sense of *to be acquainted or familiar with.* It cannot be used alone. It is used with nouns and pronouns designating:

• PEOPLE	— Est-ce que tu **connais** Mathilde? — Non, je ne la **connais** pas.
• PLACES	Nous **connaissons** bien ce quartier. Est-ce que vous **connaissez** un bon restaurant?
• INFORMATION	Julien ne **connaît** pas mon adresse.

Savoir means *to know* in the sense of *to have knowledge of a fact* or *to know by heart* (as a result of having learned or studied). It can be used:

• ALONE	Tu **sais**? Non, je ne **sais** pas.
• with a CLAUSE introduced by:	
que *(that)*	Tu **sais que** j'ai une nouvelle moto?
si *(if, whether)*	Est-ce que **tu sais si** Marc va venir?
an INTERROGATIVE expression	Je ne **sais** pas **où** tu habites. **Sais**-tu **qui** a téléphoné? Je ne **sais** pas **comment** aller chez toi.
• with an INFINITIVE	**Savez**-vous faire du ski?
• with a NOUN designating something LEARNED	Les étudiants ne **savent** pas la leçon.

→ Both **connaître** and **savoir** can be used with facts or things learned. Compare:

Est-ce que tu **connais** la leçon? *Do you know the lesson (what it covers)?*

Est-ce que tu **sais** la leçon? *Do you know the lesson (i.e., have you learned it)?*

7 *Connaître et savoir*

Complétez les phrases suivantes avec connaître et savoir.

1. Je ______ Philippe. Je ne ______ pas où il habite.
2. Tu ______ ce quartier. Est-ce que tu ______ s'il y a un centre commercial?
3. Vous ______ Bruxelles? Vous ______ que c'est la capitale de la Belgique?
4. Nous ______ bien cette ville. Nous ______ quels sont les meilleurs restaurants.
5. Est-ce que tes copains ______ Mélanie? Est-ce qu'ils ______ si elle vient à la fête?
6. Est-ce que Thomas ______ Pauline? Est-ce qu'il ______ que c'est ma cousine?

8 Et vous?

1. Connaissez-vous New York? Atlanta? La Nouvelle-Orléans? Quelles grandes villes connaissez-vous?
2. Connaissez-vous le Canada? Savez-vous quelle est la capitale?
3. Connaissez-vous bien votre ville? Savez-vous combien d'habitants il y a? Savez-vous qui est le maire *(mayor)*? Est-ce que vous le connaissez?
4. Connaissez-vous bien vos voisins? Savez-vous où ils travaillent? Savez-vous s'ils parlent français?
5. Connaissez-vous les bons restaurants de votre ville? Savez-vous s'il y a des restaurants français? Savez-vous s'ils sont chers?
6. Est-ce qu'il y a des étudiants étrangers à votre université? Est-ce que vous les connaissez? Savez-vous de quels pays ils viennent?

La cathédrale Saint-Louis de la Nouvelle-Orléans

9 Dans le quartier

Mathilde rend visite à son cousin Vincent. Elle lui pose des questions sur le quartier où il habite. Complétez les dialogues avec la forme appropriée de savoir ou connaître. Jouez le dialogue avec votre partenaire.

1. MATHILDE: Tu _____ bien ce quartier?
   VINCENT: Oui, je _____ beaucoup de gens ici.
2. MATHILDE: Tu _____ un bon restaurant?
   VINCENT: Oui, mais je ne _____ pas s'il est ouvert *(open)* aujourd'hui.
3. MATHILDE: Tu _____ où il y a un cinéma?
   VINCENT: Oui, mais je ne _____ pas quels films on passe en ce moment.
4. MATHILDE: Tiens, tu _____ ce magasin?
   VINCENT: Oui! Je _____ qu'il est très cher!
5. MATHILDE: Tu _____ comment s'appelle cette jeune fille là-bas?
   VINCENT: Non, je ne la _____ pas.
6. MATHILDE: Tu _____ ce café?
   VINCENT: Oui, et je _____ bien les serveurs. Allons prendre un café ici.

D. Le pronom relatif *qui*

Note linguistique
To provide additional information about people or things just mentioned, we often use a RELATIVE CLAUSE.

- A RELATIVE CLAUSE is a clause that is introduced by a relative pronoun (e.g., *who, whom, that,* or *which* in English; **qui** or **que** in French).
- A RELATIVE PRONOUN is a pronoun that RELATES or LINKS two sentences so that they form a single sentence.
- The ANTECEDENT of a relative pronoun is the noun (or pronoun) that it replaces.
- The choice of relative pronoun (**qui** or **que**) depends on the function of the relative pronoun in the relative clause.

Note how the two sentences on the left are joined into a single sentence on the right with the RELATIVE PRONOUN **qui.**

J'ai **des amis.** **Ils** habitent à Paris.	J'ai des amis **qui** habitent à Paris. *I have friends **who (that)** live in Paris.*
J'habite dans **un quartier.** **Il** est très animé.	J'habite dans un quartier **qui** est très animé. *I live in a neighborhood **that (which)** is very lively.*

The RELATIVE PRONOUN **qui** *(who, that, which)* is a SUBJECT pronoun.

- **Qui** refers to PEOPLE or THINGS.
- **Qui** is the subject of the verb that follows it.

→ The verb that follows **qui** agrees with its ANTECEDENT.

J'ai un ami **qui** travaille à Paris.
J'ai des amis **qui** travaillent à Paris.

C'est toi **qui** as téléphoné?
C'est vous **qui** avez téléphoné?

10 En ville

Pauline est en ville. Elle décrit ce qu'elle voit et ce qu'elle fait. Jouez le rôle de Pauline.

❋ Je rencontre un copain.
Il va au cinéma.
Je rencontre un copain qui va au cinéma.

1. Je parle à une dame.
   Elle attend le bus.
2. Je prends le bus.
   Il va au centre-ville.
3. Je regarde des maisons.
   Elles ont une architecture intéressante.
4. Je vois des touristes.
   Ils prennent des photos.
5. Je téléphone à une copine.
   Elle habite dans la banlieue.
6. J'entre dans un magasin.
   Il vend des vêtements de sport.
7. Je vais dans un café.
   Il sert d'excellents sandwichs.
8. Je parle à des copains.
   Ils sont dans mon cours.

11 Préférences

Pour chaque sujet, choisissez l'alternative que vous préférez.

❊ habiter dans une maison (elle a une piscine ou un grand jardin?)
Je préfère habiter dans une maison qui a une piscine.
ou ***Je préfère habiter dans une maison qui a un grand jardin.***

1. vivre dans un quartier (il est calme ou animé?)
2. habiter dans un immeuble (il est situé dans le centre ou dans la banlieue?)
3. avoir des amis (ils sont sympathiques ou très riches?)
4. écouter une station de radio (elle joue du rock ou de la musique classique?)
5. voir un film (il a des acteurs célèbres ou un bon scénario?)
6. aller dans les magasins (ils vendent des vêtements chers ou bon marché?)
7. avoir un professeur (il donne de bonnes notes ou de bons conseils?)
8. suivre des cours (ils sont faciles ou difficiles?)

Expressions pour la conversation

to express an opinion

à mon avis	*in my opinion*	**À mon avis,** Paris est la plus belle ville du monde.
d'après	*according to*	**D'après** toi, quelle est la plus belle ville des États-Unis?
selon	*according to*	**Selon** beaucoup de gens, c'est San Francisco.

Rappel
Stress pronouns are used after **d'après** and **selon.**

12 À mon avis

Exprimez votre opinion sur les sujets suivants.

❊ New York est une ville. / Elle est cosmopolite?
À mon avis (Selon moi), New York est une ville qui est cosmopolite.
ou ***À mon avis (Selon moi), New York est une ville qui n'est pas cosmopolite.***

1. Washington est une ville. / Elle a beaucoup de monuments intéressants?
2. Le français est une langue. / Elle est facile?
3. Les journalistes sont des gens. / Ils disent toujours la vérité?
4. Le président est un homme. / Il est trop conservateur?
5. La pollution est un problème. / Il a une solution?
6. La politique est un sujet. / Il intéresse les étudiants américains?
7. Les Français sont des gens. / Ils sont sympathiques?

13 Expression personnelle

Complétez les phrases suivantes avec une expression de votre choix.

1. J'ai un ami qui...
2. Je connais quelqu'un qui...
3. J'ai des voisins qui...
4. J'aime les gens qui...
5. J'habite dans un quartier qui...
6. Je voudrais vivre dans une ville qui...
7. J'habite dans une maison/un appartement qui...
8. Je n'aime pas les films qui...

E. Le pronom relatif *que*

Note how the two sentences on the left are joined into a single sentence on the right with the RELATIVE PRONOUN **que.**

Voici **des amies.** Nous **les** invitons souvent.	Voici des amies **que** nous invitons souvent. *These are friends **(whom, that)** we often invite.*
Voici **un musée.** Elles **le** visitent souvent.	Voici un musée **qu'**elles visitent souvent. *Here is a museum **(that, which)** they often visit.*

The RELATIVE PRONOUN **que** *(whom, that, which)* is a DIRECT-OBJECT pronoun.

- **Que** refers to PEOPLE or THINGS.
- **Que** is the direct object of the verb that follows it.

ÉLISION
que → qu'

→ Although in English direct-object relative pronouns *(whom, that, which)* are often omitted, the pronoun **que** must always be expressed in French.

→ If the verb of the relative clause is in the PASSÉ COMPOSÉ, the past participle AGREES with **que** since **que** is a PRECEDING direct object. The gender and number of **que** are determined by its ANTECEDENT.

C'est un musée **que** j'ai visité. Ce sont des villes **que** j'ai visitées.

14 Oui ou non?

Posez des questions à votre partenaire. Il/Elle va vous répondre affirmativement ou négativement suivant le modèle.

❋ Tu connais Chicago? (une ville)
—Tu connais Chicago?
—Oui, c'est une ville que je connais.
ou ***—Non, c'est une ville que je ne connais pas.***

1. Tu aimes San Francisco? (une ville)
2. Tu connais la France? (un pays)
3. Tu lis *People*? (un magazine)
4. Tu comprends l'espagnol? (une langue)
5. Tu trouves Bill Maher amusant? (un comédien)
6. Tu admires Beyoncé? (une chanteuse)
7. Tu aimes les snobs? (des gens)
8. Tu critiques le président? (une personne)

15 Expression personnelle

Complétez les phrases suivantes avec une idée personnelle.

❋ ... une ville que je voudrais visiter.
Santa Fe (Québec, Paris, Beijing) est une ville que je voudrais visiter.

1. ... une ville que j'aime.
2. ... un magazine que je lis.
3. ... une émission de télé *(TV show)* que j'aime regarder.
4. ... un film que je voudrais voir.
5. ... une actrice que je voudrais rencontrer.
6. ... un acteur que j'admire beaucoup.
7. ... une personne que j'aimerais connaître.
8. ... une personne que je respecte.

F. Résumé: *qui* ou *que*?

The choice between **qui** and **que** is determined by their FUNCTION in the relative clause.

Qui is the SUBJECT of the clause: antecedent + **qui** + VERB	**Que** is the DIRECT OBJECT of the clause: antecedent + **que** + SUBJECT + VERB
Alice est une fille **qui est** sympathique. Paris est une ville **qui est** très belle.	C'est une fille **que je connais** bien. C'est une ville **que je connais** bien.

16 La visite de la ville

Vous montrez votre ville à un copain français. Complétez les phrases avec qui ou que.

1. Voici un quartier ______ est très animé.
2. Voici un quartier ______ les touristes aiment visiter.
3. Voici un restaurant ______ sert des spécialités vietnamiennes.
4. Voici un restaurant ______ le guide touristique recommande.
5. Voici une boutique ______ vend des vêtements de sport.
6. Voici des boutiques ______ ne sont pas trop chères.
7. Voici un cinéma ______ passe des films français.
8. Voici le café ______ les étudiants préfèrent.
9. Voici l'autobus ______ je prends pour aller à l'université.
10. Voici un autobus ______ va au centre-ville.
11. Voici un musée ______ je visite souvent.
12. Voici un musée ______ a de très belles expositions *(exhibits)*.

© Rebecca Valette

17 Pauvre Antoine!

Antoine n'a pas de chance. Expliquez pourquoi en complétant les phrases avec qui ou que (qu').

1. Antoine a une voiture ______ ne marche pas.
2. Il a des copains ______ ses parents n'aiment pas.
3. Il a des professeurs ______ donnent des examens difficiles.
4. Il ne comprend pas les problèmes ______ son prof de maths donne.
5. Il a invité une copine ______ a oublié de venir.
6. Il a vu un film ______ il n'a pas aimé.
7. Il a perdu l'adresse d'une jeune fille ______ il a rencontrée pendant les vacances.
8. Il a perdu la montre ______ sa mère lui a donnée pour son anniversaire.

© Andre Jenny/Alamy

18 Expression personnelle

Complétez les phrases avec un commentaire personnel. Puis comparez vos réponses avec votre partenaire.

1. J'ai une copine qui...
2. J'ai un copain que...
3. J'ai des profs qui...
4. J'ai un prof que...
5. J'habite dans une ville qui...
6. J'habite dans un quartier que...
7. Je connais des gens qui...
8. Je connais des gens que...

CD3-16

Phonétique: Les lettres «an» et «am»

It is important to distinguish between the nasal and non-nasal pronunciations of "an" and "am".

- "an" + *consonant* represent the nasal vowel /ɑ̃/; the "n" is not pronounced
  Répétez: ancien banlieue habitant avantage janvier viande demander

- "am" + *consonant* represent the nasal vowel /ɑ̃/; the "m" is not pronounced
  Répétez: campagne champagne jambon pamplemousse lampe

- "an(n)" + *vowel* is pronounced /an/
  Répétez: animation animé année annonce anniversaire Annette

- "am(m)" + *vowel* is pronounced /am/
  Répétez: ami amusant américain camarade vietnamien dynamique flamme

Compréhension orale CD3-17

Plusieurs personnes vont parler de l'endroit où elles habitent. Écoutez chaque personne pour déterminer si elle a une opinion positive (A) ou négative (B) de cet endroit.

	1	2	3	4	5	6	7	8
A. ☺								
B. ☹								

Conversation dirigée

Your partner has moved to another city. You call him/her to find out about his/her new surroundings.

Ask your partner . . .

- if he/she lives downtown or in the suburbs
- in what type of housing he/she lives
- if the neighborhood is lively
- if it is quiet or noisy at night **(la nuit)**
- if there is a lot of traffic

Expression libre

Vous préférez habiter dans une très grande ville. Votre partenaire préfère habiter dans une petite ville ou à la campagne. Chacun explique les raisons de son choix.

très grande ville	petite ville (ou campagne)
•	•
•	•
•	•

Expression écrite

Vous allez recevoir *(to host)* un étudiant français chez vous pendant les vacances. Dans une lettre, vous faites la description de l'endroit *(place)* où vous habitez.

- dans quelle sorte de ville
- dans quel quartier
- dans quel genre de résidence

Expliquez les avantages et les inconvénients de votre quartier.

LEÇON 23 Le premier rendez-vous

OBJECTIVES
- To talk about the past
- To describe what we were doing at a certain time
- To describe what we used to do

© Royalty Free/Corbis

CD3-18 *Stéphane et Charlotte, un jeune couple parisien, sont mariés depuis cinq ans. Aujourd'hui ils célèbrent leur anniversaire de mariage dans un bon restaurant. Pendant le repas, ils évoquent leur premier rendez-vous.*

CHARLOTTE: **Tu te souviens?** — *Do you remember?*
STÉPHANE: Bien sûr, c'**était** un vendredi! — *was*
CHARLOTTE: Mais non, c'était un samedi!
STÉPHANE: Ah oui, c'est vrai! Nous **avions** rendez-vous dans un café du boulevard Saint-Michel. — *had*
CHARLOTTE: Tu as oublié... c'était à Saint-Germain-des-Prés. Et tu es arrivé **avec une demi-heure de retard**. — *half an hour late*
STÉPHANE: C'est parce que ce jour-là, j'étais **très ému**. Au café, je te regardais. Tu étais **si** belle! Tu portais une jupe rose et un pull rouge. Et je **respirais** ton parfum... «Allure» de Chanel. — *full of emotion*; *so*; *was smelling*
CHARLOTTE: Mais pas du tout! C'était «Shalimar» de Guerlain. Et je portais un pantalon noir et un chemisier bleu.
STÉPHANE: C'est possible, après tout... Après le café, nous sommes allés au cinéma du quartier. Nous avons vu un film policier anglais.
CHARLOTTE: Mais non, c'était une comédie américaine! Nous **avons ri** pendant tout le film. — *laughed*
STÉPHANE: Et après le film, je t'ai invitée à dîner.
CHARLOTTE: Sur ce point-là, je suis d'accord... Tu m'as invitée dans un restaurant russe.

STÉPHANE: L'atmosphère était très romantique. **Il y avait** des violonistes qui jouaient des valses viennoises... Nous avons dansé toute la soirée. — *There were*

CHARLOTTE: Oui, je me souviens bien. Tu dansais assez mal. Tu **me marchais sur les pieds** et moi, je ne disais rien. — *were stepping on my feet*

STÉPHANE: Et à la fin du dîner...

CHARLOTTE: C'est moi qui ai payé parce que ce soir-là tu n'avais pas ta carte de crédit.

STÉPHANE: Tu as peut-être raison... Mais quels **merveilleux souvenirs!** — *marvelous memories*

CHARLOTTE: Absolument merveilleux, mais un peu différents!

À propos du texte

1. Qu'est-ce que Stéphane et Charlotte ont fait pour leur premier rendez-vous?
2. Sur quel(s) point(s) est-ce qu'ils sont d'accord?
3. Selon vous, est-ce qu'ils forment un couple heureux?
4. Selon vous, est-ce que l'histoire est réaliste ou non? Expliquez.

Note culturelle

Les rencontres CD3-19

© Royalty Free/Corbis

Comme autrefois°, les jeunes couples français appartiennent° généralement au même milieu social. Ils ont le même niveau° d'éducation et viennent souvent de la même région géographique. L'occasion° de leur première rencontre a cependant beaucoup évolué.

Autrefois, dans les classes aisées°, les jeunes gens faisaient connaissance dans des réunions organisées par les familles ou les amis. Dans les classes plus modestes°, on faisait connaissance au bal° ou sur le lieu de travail.

Aujourd'hui, les lieux de rencontre sont multiples. Beaucoup de jeunes se rencontrent par hasard: au café, en boîte°, dans un club de vacances, sur la plage en été ou dans une station de ski° en hiver. D'autres font connaissance à l'université, au travail ou chez des amis. Certains utilisent des intermédiaires, par exemple les petites annonces° spécialisées ou les agences matrimoniales. Et avec l'Internet, les rencontres «virtuelles» sont de plus en plus fréquentes.

À votre avis

1. Aux États-Unis, est-ce que les jeunes couples ont beaucoup de choses en commun? Expliquez.
2. En général, comment est-ce que les futurs couples font connaissance aux États-Unis?
3. Quelles différences voyez-vous entre la formation des couples en France et aux États-Unis?

---

autrefois *in the past* **appartiennent** *belong* **niveau** *level* **occasion** *circumstances* **aisées** *well-to-do* **plus modestes** *less affluent* **bal** *dance* **boîte** *(night)club* **station de ski** *ski resort* **petites annonces** *personal ads*

La langue française

Vocabulaire: La séquence des événements

d'abord	*first, at first*	**D'abord,** nous avons fait les courses.
puis	*then*	**Puis,** nous sommes allés au cinéma.
ensuite	*after, then*	**Ensuite,** nous sommes allés au café.
enfin	*finally, at last*	**Enfin,** nous sommes rentrés chez nous.
finalement	*finally*	**Finalement,** je suis allé au lit et j'ai dormi.
		Hier, je suis allé en ville avec des copains.
soudain	*suddenly*	**Soudain,** nous avons entendu un grand bruit.
tout à coup	*all of a sudden*	**Tout à coup,** nous avons vu l'accident.
immédiatement	*immediately*	Nous avons **immédiatement** téléphoné à la police.
tout de suite	*immediately*	Une ambulance est arrivée **tout de suite.**

1 Qu'est-ce que tu as fait?

Des étudiants français discutent de ce qu'ils ont fait à certains moments. Jouez les rôles en suivant le modèle.

❋ hier soir
- préparer mes cours
- dîner à la cafétéria
- regarder un film à la télé

  — Qu'est-ce que tu as fait hier soir?
  — D'abord, j'ai préparé mes cours.
  — Et après?
  — Ensuite j'ai dîné à la cafétéria.
  — Et finalement?
  — Enfin, j'ai regardé un film à la télé.

1. le week-end dernier
   - nettoyer ma chambre
   - faire les courses
   - sortir avec des copains
2. pendant les vacances
   - rentrer chez mes parents
   - travailler dans un restaurant
   - faire un voyage
3. ce matin
   - prendre le petit déjeuner
   - lire le journal
   - aller à l'université
4. samedi soir
   - dîner au restaurant
   - voir un film
   - rentrer chez moi

A. Révision: Le passé composé

Review the forms of the PASSÉ COMPOSÉ in the following pairs of sentences.

with **avoir**	with **être**
J'**ai voyagé** cet été.	Je **suis allé(e)** au Mexique.
Aurélie **a pris** le bus.	Elle **est descendue** dans le centre-ville.
Thomas m'**a téléphoné.**	Il **n'est pas venu** chez moi.
Les touristes **ont visité** Paris.	Ils **sont montés** à la Tour Eiffel.

→ The passé composé of most verbs is formed with **avoir.**

→ The passé composé of several verbs of **motion** (*to go, to come,* etc.) is formed with **être.** The past participles of these verbs agree with the subject.

aller	**passer**	**monter**	**partir**	**rentrer**	**tomber**	**venir (venu)**
entrer	**rester**	**descendre**	**sortir**	**arriver**	**retourner**	**devenir (devenu)**

2 L'été dernier

Demandez à votre partenaire s'il/si elle a fait les choses suivantes l'été dernier.

1. travailler?
2. gagner de l'argent?
3. faire des économies?
4. rester chez toi?
5. rendre visite à des cousins?
6. partir en voyage?
7. aller à l'étranger *(abroad)*?
8. prendre l'avion?

3 Vendredi soir

Décrivez ce que ces personnes ont fait vendredi soir.

1. (finir / aller) Inès _____ sa préparation. Ensuite, elle _____ en ville.
2. (dîner / rentrer) Nous _____ au restaurant. Après, nous _____ chez nous.
3. (rester / regarder) Lucas et Antoine _____ chez eux. Ils _____ un DVD.
4. (étudier / sortir) Vous _____ un peu. Puis, vous _____.
5. (téléphoner / aller) Thomas _____ à une copine. Il _____ au cinéma avec elle.

Note linguistique
In French, as in English, people use different tenses to talk about the past.

- In French, the most common past tense is the PASSÉ COMPOSÉ, which you already know.
- Another frequently used past tense is the IMPERFECT or **l'imparfait**, which is introduced in this lesson.

B. L'imparfait: Formation

To describe what people WERE DOING at a certain time or for a certain time, French uses the IMPERFECT. Note the use of the imperfect in the following sentences.

– Qu'est-ce que tu **faisais** à six heures? — *What **were you doing** at six o'clock?*
– Je **téléphonais** à un copain. — ***I was phoning** a friend.*

– Où est-ce que vous **habitiez** quand vous **aviez** cinq ans? — *Where **were you living** when you **were** five?*
– Nous **habitions** à Québec. — *We **lived (used to live)** in Quebec.*

Note the forms of the IMPERFECT of regular verbs (in **-er, -ir, -re**) and the irregular verb **faire.**

infinitive		parler	finir	vendre	faire	
present (**nous**-form)	nous	**parlons**	**finissons**	**vendons**	**faisons**	
stem (from **nous**-form)		**parl-**	**finiss-**	**vend-**	**fais-**	endings
imperfect	je	**parlais**	**finissais**	**vendais**	**faisais**	-ais
	tu	**parlais**	**finissais**	**vendais**	**faisais**	-ais
	il/elle/on	**parlait**	**finissait**	**vendait**	**faisait**	-ait
	nous	**parlions**	**finissions**	**vendions**	**faisions**	-ions
	vous	**parliez**	**finissiez**	**vendiez**	**faisiez**	-iez
	ils/elles	**parlaient**	**finissaient**	**vendaient**	**faisaient**	-aient
negative	Je **ne parlais pas.**					
interrogative	**Est-ce que** tu **parlais**? **Parlais**-tu?					

→ The IMPERFECT has several English equivalents.

Mes cousins **habitaient** à Paris.
- *My cousins **lived** in Paris.*
- *My cousins **used to live** in Paris.*
- *My cousins **were living** in Paris.*

4 Les étudiants étrangers

Ces étudiants font leurs études à Paris. Dites où chacun *(each one)* habitait et quelle langue il parlait avant de venir en France.

❊ Jim (à San Francisco) ***Jim habitait à San Francisco. Il parlait anglais.***

1. Ivan et Boris (à Moscou)
2. nous (en Égypte)
3. Maria (à Madrid)
4. toi (à Rome)
5. vous (en Australie)
6. Carlos et Luisa (au Mexique)

anglais
arabe
espagnol
italien
russe

The imperfect is a *simple* tense. It consists of *one* word. It is formed as follows:

IMPERFECT STEM + IMPERFECT ENDINGS

- For all verbs (except **être**), the imperfect STEM is derived as follows:

imperfect STEM = **nous**-form of the PRESENT minus **-ons**

- The imperfect ENDINGS are the *same* for all verbs.

→ Note how the above pattern applies to other verbs.

acheter:	nous **achet**ons	→	j'**achetais**	faire:	nous **fais**ons	→	je **faisais**
payer:	nous **pay**ons	→	je **payais**	dire:	nous **dis**ons	→	je **disais**
sortir:	nous **sort**ons	→	je **sortais**	écrire:	nous **écriv**ons	→	j'**écrivais**
dormir:	nous **dorm**ons	→	je **dormais**	prendre:	nous **pren**ons	→	je **prenais**

→ Note the imperfect forms of the following expressions:

il y a → **il y avait** il neige → **il neigeait** il pleut → **il pleuvait**

5 L'imparfait, s'il vous plaît!

Complétez le tableau. Ensuite dites ce que les personnes faisaient hier.

INFINITIF	PRÉSENT	IMPARFAIT	HIER
regarder	nous ___	je ___	Tu ___ un film d'action.
jouer	nous ___	je ___	Éric ___ aux jeux sur ordinateur.
finir	nous ___	je ___	Nous ___ la préparation.
choisir	nous ___	je ___	Vous ___ des CD.
attendre	nous ___	je ___	Pauline ___ une copine.
répondre	nous ___	je ___	Vous ___ à vos textos.
lire	nous ___	je ___	Ils ___ le journal.
écrire	nous ___	je ___	Vous ___ une lettre.
voir	nous ___	je ___	Tu ___ un film.
boire	nous ___	je ___	Elles ___ du thé glacé.
vouloir	nous ___	je ___	Nous ___ aller en ville.

Note linguistique: Les temps passés

Although the PASSÉ COMPOSÉ and the IMPARFAIT are both PAST tenses, they are used to describe different types of events.

The PASSÉ COMPOSÉ is used to describe:	The IMPARFAIT is used to describe:
• what people DID at a specific time or for a specific period of time	• what people USED TO DO • what they WERE DOING during some period of time • what WAS GOING ON

In the next sections, you will learn more about how and when to use these tenses.

6 Aujourd'hui et autrefois *(Now and then)*

Céline explique ce qu'elle fait à l'université. Son père, M. Moreau, dit qu'à son époque *(in his time)* il faisait les mêmes choses. Jouez les deux rôles.

❋ avoir des examens oraux

CÉLINE: ***Nous avons des examens oraux.***

M. MOREAU: ***Nous aussi, nous avions des examens oraux.***

1. travailler beaucoup
2. préparer les cours
3. choisir des cours difficiles
4. perdre rarement notre temps
5. aller au cinéma le week-end
6. faire du sport
7. sortir le samedi soir
8. boire de la bière avec nos amis
9. apprendre beaucoup de choses intéressantes
10. lire beaucoup
11. vouloir changer le monde
12. avoir des idées anticonformistes

Manifestation devant le Panthéon, Paris

7 Le millionnaire

Monsieur Lefric a gagné dix millions d'euros à la loterie. Voici sa vie maintenant. Décrivez sa vie avant. Pour cela, complétez les phrases avec des verbes à l'imparfait.

MAINTENANT	AVANT
❋ ... il habite dans un château.	... il ***habitait*** dans un petit appartement.
1. ... il dîne au restaurant.	... il ______ chez lui.
2. ... il mange du caviar	... il ______ des pommes de terre.
3. ... il boit du champagne.	... il ______ de l'eau.
4. ... il a une Rolls-Royce.	... il ______ un vieux vélo.
5. ... il voyage dans son avion.	... il ______ en bus.
6. ... il joue au polo.	... il ______ au basket.
7. ... il sort avec une actrice de cinéma.	... il ______ avec une copine de lycée.
8. ... il passe les vacances à Monaco.	... il ______ les vacances à la campagne.

C. L'imparfait du verbe *être*

The imperfect of **être** has an irregular stem: **ét-**. The endings are regular.

j' **étais** *I was*	nous **étions** *we were*
tu **étais** *you were*	vous **étiez** *you were*
il/elle/on **était** *he/she/one was*	ils/elles **étaient** *they were*

→ The imperfect of **être** is used to describe where people WERE and how they WERE FEELING. It is NOT used to describe what they WERE DOING. Compare:

IMPERFECT of **être**		IMPERFECT of verb of action	
Éric **était** chez lui.	*Éric **was** at home.*	Il **étudiait.**	*He was **studying.***
J'**étais** fatigué.	*I **was** tired.*	Je ne **travaillais** pas.	*I **was** not **working.***

8 Le tremblement de terre *(earthquake)*

Hier il y a eu un léger *(light)* tremblement de terre dans la région. Dites où chacun était et ce que chacun faisait à ce moment-là.

❊ Isabelle (dans le parc / faire du jogging)
Isabelle était dans le parc. Elle faisait du jogging.

1. moi (dans ma chambre / étudier)
2. vous (au restaurant / dîner)
3. Claire (en voiture / téléphoner)
4. toi (dans la rue / attendre le bus)
5. nous (au café / boire des sodas)
6. mes parents (au salon / regarder la télé)
7. mon grand-père (chez lui / dormir)
8. Léa (en ville / aller chez un copain)
9. Éric (à la bibliothèque / lire un livre)
10. les voisins (dans le jardin / jouer au croquet)

9 Quand j'étais jeune...

Demandez à votre partenaire s'il/si elle faisait les choses suivantes quand il/elle était jeune.

❊ parler français?
— Est-ce que tu parlais français quand tu étais jeune?
— Oui, je parlais français.
ou ***— Non, je ne parlais pas français.***

1. avoir un vélo?
2. jouer aux jeux vidéo?
3. regarder la télé tous les jours?
4. aller souvent au cinéma?
5. manger dans les restaurants fast-foods?
6. utiliser un ordinateur?
7. faire du sport?
8. sortir le samedi soir?
9. lire les bandes dessinées?
10. vouloir aller à l'université?

Ce petit garçon porte le maillot des Bleus, l'équipe de France de football.

D. L'imparfait et le passé composé: Événements habituels et événements spécifiques

DESCRIBING WHAT WE DID AND WHAT WE USED TO DO

French speakers use different past tenses to describe what they USED TO DO regularly and what they DID on a particular occasion.

Compare the verbs in each pair of sentences.

Habituellement *(Usually)*...	Un jour...
Je **regardais** les matchs de foot.	J'**ai regardé** un match de rugby.
Nous **allions** au cinéma.	Nous **sommes allés** à un concert.
Thomas **sortait** avec Élodie.	Il **est sorti** avec Mathilde.

Although both the IMPERFECT and the PASSÉ COMPOSÉ are used to talk about the past, each has a different function.

The IMPERFECT is used to describe HABITUAL ACTIONS and CONDITIONS that existed in the past. It describes what people *used to do*, what *used to be.*

Quand j'**étais** jeune, nous **habitions** en France.	*When I **was** young, we **lived (were living)** in France.*
J'**allais** souvent au cinéma avec mes copains.	*I often **used to go (went)** to the movies with my friends.*

The PASSÉ COMPOSÉ is used to describe SPECIFIC PAST EVENTS. It describes what people *did*, what *took place*, what *happened.*

J'**ai habité** deux ans à Paris.	*I **lived** in Paris for two years.*
Cette semaine, je **suis allé** deux fois au cinéma.	*This week I **went** to the movies twice.*

10 Avant l'université

Demandez à votre partenaire de décrire sa vie maintenant et avant l'université. Vous pouvez utiliser les suggestions suivantes.

❊ où / habiter?
— ***Où habites-tu maintenant?***
— ***J'habite à Boulder.***
— ***Et avant, où habitais-tu?***
— ***J'habitais à Boston.***
ou — ***J'habitais à Boulder aussi.***

- à quelle école / aller?
- quelles matières / étudier
- quels sports / pratiquer?
- qui / être ton acteur favori?
- qui / être ton actrice favorite?
- que / faire le week-end?
- que / faire pendant les vacances?

11 En 1900

Dites si oui ou non, on faisait les choses suivantes en 1900.

❄ on / regarder la télé? ***On ne regardait pas la télé.***

1. on / écouter la radio?
2. on / vivre dans des gratte-ciel?
3. on / manger des produits naturels?
4. les femmes / voter?
5. on / aller au cinéma?
6. on / voyager en train?
7. les gens / avoir des réfrigérateurs?
8. beaucoup de gens / habiter à la campagne?
9. les maisons / avoir l'air conditionné?
10. les gens / travailler beaucoup?
11. les jeunes / jouer aux jeux vidéo?
12. tout le monde / aller à l'université?
13. les gens / être très heureux?
14. la vie / être plus simple qu'aujourd'hui?

12 Biville-sur-Mer

Voici deux illustrations représentant Biville-sur-Mer. Avec votre partenaire, décrivez la plage aujourd'hui et il y a cent ans.

MAINTENANT...

❄ ***Maintenant il y a beaucoup de gens.***

AUTREFOIS...

❄ ***Autrefois il y avait peu de gens.***

Vocabulaire: Quelques expressions de temps

événements spécifiques		événements habituels	
un soir	*one evening*	**le soir**	*in the evening*
		tous les soirs	*every evening*
mardi	*Tuesday*	**le mardi**	*on Tuesdays*
un mardi	*one Tuesday*	**tous les mardis**	*every Tuesday*
un jour	*one day*	**chaque jour**	*every day*
le 10 juin	*(on) June 10*	**tous les jours**	*every day*
un week-end	*one weekend*	**le week-end**	*on weekends*
		tous les week-ends	*every weekend*
une fois	*once*	**d'habitude**	*usually*
deux fois	*twice*	**habituellement**	*usually*
trois fois	*three times*	**parfois**	*sometimes*
plusieurs fois	*several times*	**autrefois**	*in the past*

➔ Both **temps** and **fois** correspond to the English word *time:*
temps refers to the *span of time* during which an action occurs,
fois refers to the *number of times* an action occurs.

Combien de temps as-tu passé à Paris? *How much time did you spend in Paris?*

Combien de fois es-tu allé en France? *How many times did you go to France?*

13 Pendant les vacances

Décrivez les vacances des personnes suivantes. Pour cela, complétez les phrases avec allait ou est allé(e).

❊ Le jeudi, Julien ____ au cinéma. ***Le jeudi, Julien allait au cinéma.***
❊ Un jeudi, il ____ au théâtre. ***Un jeudi, il est allé au théâtre.***

1. L'après-midi, Pierre ____ à la piscine.
2. D'habitude, Zoé ____ en Normandie.
3. Un week-end, Philippe ____ à la plage.
4. Le 21 juin, Thomas ____ à Toulouse.
5. Le matin, Vincent ____ au marché.
6. Plusieurs fois, Pauline ____ au concert.
7. Habituellement, Claire ____ au café.
8. Un samedi, Lise ____ chez une copine.
9. Deux fois, Léa ____ dans une discothèque.
10. Chaque soir, Éric ____ au cinéma.
11. Le dimanche, Irène ____ au restaurant.
12. Le 14 juillet, Marc ____ voir les feux d'artifice *(fireworks)*.

La basilique Saint-Sernin à Toulouse

14 Une fois n'est pas coutume *(Once does not make a habit)*

Nous changeons parfois nos habitudes. Expliquez cela en mettant les phrases à l'imparfait ou au passé composé.

❊ Léa (tous les étés: aller en Italie) — ***Tous les étés, Léa allait en Italie.***
(l'été dernier: visiter la Grèce) — ***Mais l'été dernier, elle a visité la Grèce.***

1. Antoine (habituellement: travailler pendant les vacances)
   (après l'université: faire un grand voyage)
2. Cécile (tous les jours: dîner chez elle)
   (pour son anniversaire: aller au restaurant avec des copines)
3. les étudiants (le soir: préparer leurs cours)
   (le soir après l'examen: sortir en ville)
4. les employés (en général: travailler jusqu'à *[until]* cinq heures)
   (le jour de la tempête de neige *[snowstorm]*: quitter le bureau à midi)

15 Un trimestre à Paris

Vanessa, une étudiante américaine, a passé un trimestre à Paris. Lisez son journal. Ensuite décrivez son séjour au passé en mettant les verbes à l'imparfait ou au passé composé.

J'arrive à Paris le 2 octobre. La première semaine, je trouve un studio dans le Quartier latin.

Pendant mon séjour, je suis des cours dans un institut d'arts graphiques. J'ai des cours tous les jours sauf le jeudi. Le matin, les cours commencent à neuf heures. Ils finissent l'après-midi à quatre heures. Nos professeurs sont intéressants, mais généralement ils nous donnent beaucoup de travail. Le jeudi nous visitons les musées. Un jour, nous visitons le musée Picasso. La semaine d'après, nous visitons le musée d'Orsay.

Le week-end, heureusement, je n'étudie pas. Généralement je sors avec Nadine, ma copine française. D'habitude, nous allons au cinéma. Un samedi nous allons dans un club de jazz. Là, je rencontre Jean-Pierre, un étudiant en droit. Nous sortons plusieurs fois ensemble.

Pendant les vacances de Noël, je fais du ski dans les Alpes.

Je passe un excellent trimestre en France. Finalement je rentre aux États-Unis le 15 janvier.

❊ ***Vanessa est arrivée à Paris le 2 octobre...***

16 Expression personnelle

Complétez les phrases suivantes en décrivant une situation habituelle (à l'imparfait) et un événement particulier (au passé composé). Utilisez les ressources de votre mémoire... et de votre imagination!

❊ Quand j'avais cinq ans...
Quand j'avais cinq ans,
j'avais une bicyclette.
Un jour, j'ai eu un accident...

1. Quand j'avais douze ans...
2. Quand j'allais à l'école secondaire...
3. Avant d'aller *(before going)* à l'université...
4. L'été dernier, pendant les vacances, ...

E. Le verbe *conduire*

The verb **conduire** *(to drive)* is irregular.

infinitive		**conduire**	Pierre ne veut pas **conduire.**
present	je	**conduis**	Je **conduis** une Renault.
	tu	**conduis**	Tu **conduis** une Ferrari.
	il/elle/on	**conduit**	On **conduit** une Citroën.
	nous	**conduisons**	Nous **conduisons** bien.
	vous	**conduisez**	Vous **conduisez** mal.
	ils/elles	**conduisent**	Elles **conduisent** vite.
passé composé	j'**ai**	**conduit**	J'**ai conduit** la voiture de mon oncle.

→ The following verbs are conjugated like **conduire:**

construire	*to build, construct*	Qui **a construit** la Tour Eiffel?
détruire	*to destroy*	Un cyclone **a détruit** cette maison.
produire	*to produce, create*	On **produit** beaucoup de vin en France.
traduire	*to translate*	J'**ai traduit** un article en français.

17 La bonne conduite *(Safe driving)*

Dites qui conduit bien et qui conduit mal.

❋ Tu es prudent. ***Tu conduis bien.***

1. Je fais toujours attention.
2. Vous prenez des risques inutiles.
3. Tu as souvent des accidents.
4. M. Martin est très nerveux.
5. Nous sommes restés calmes et attentifs.
6. Claire a respecté la limite de vitesse *(speed)*.

CD3-20

Phonétique: Les lettres «ai»

- At the end of a word, the letters "ai" represent the sound /e/. When followed by a silent consonant, they are also usually pronounced /e/.

Répétez: j'ai je fais je sais je connais lait français anglais jamais
j'étais tu allais il vendait elle parlait ils vivaient elles savaient

- In the last syllable of a word when followed by a pronounced consonant, the letters "ai" are usually pronounced /ɛ/.

Répétez: j'aime faire anglaise semaine anniversaire ordinaire

- At the end of a word, or when followed by a consonant, the letters "ain" and "aim" represent the nasal vowel /ɛ̃/.

Répétez: pain demain bain soudain Alain faim saint maintenant

- When the letters "ai" are not in the last syllable of a word, they are usually pronounced /ɛ/.

Répétez: nous aimons vaisselle connaissance maison

À votre tour

Compréhension orale

CD3-21

Plusieurs personnes parlent de leurs vacances. Marquez la rangée A quand un événement spécifique est mentionné et la rangée B quand un événement habituel est mentionné.

	1	2	3	4	5	6	7	8	9	10
A. événement spécifique										
B. événement habituel										

Conversation dirigée

You are interviewing a movie star about his/her childhood. Ask your partner (the movie star) . . .

- where he/she used to live
- to which school he/she used to go
- what sports he/she played
- what sort of movies he/she liked
- who his/her favorite actor/actress was

Expression libre

Décrivez ce que vous faisiez hier à différents moments de la journée. Demandez à votre partenaire ce qu'il/elle faisait à ces mêmes moments. Est-ce que vos activités étaient similaires ou différentes?

Hier à sept heures, je dormais (je prenais le petit déjeuner...)

Expression écrite

Décrivez vos vacances de l'été dernier. D'abord, décrivez votre routine quotidienne *(daily)*: ce que vous faisiez tous les jours. Ensuite, décrivez ce que vous avez fait un jour différent.

- Tous les jours, pendant les vacances, je...
- Un jour particulier, je...

LEÇON 24 Un cambriolage

OBJECTIVES

- To narrate a past event
- To tell the main facts of that event and describe the circumstances
- To describe events that took place at different times in the past

© Eric Farrelly/Alamy

CD3-22

La semaine dernière, un ***cambriolage*** *a eu lieu à la Galerie Durand. La police vient d'arrêter les cambrioleurs* ***grâce au*** *témoignage d'un étudiant, Théo Dumont. Aujourd'hui, une journaliste l'interviewe à la télévision locale.*

burglary / *thanks to*

– Vous **avez assisté** au cambriolage de la Galerie Durand. — *witnessed*

– Absolument!

– **Quand est-ce que c'est arrivé?** — *When did it happen?*

– C'était mardi dernier, le 5 mai. Il était quatre heures de l'après-midi.

– Qu'est-ce que vous faisiez dans le quartier?

– Je revenais de la fac. Je rentrais chez moi à pied. Quand j'ai tourné dans la rue St-Firmin, j'ai vu un homme sur une moto devant la Galerie Durand. Visiblement il attendait quelqu'un. J'**ai** aussi **remarqué** que la porte de la galerie était **entrouverte**. J'ai trouvé ça bizarre. — *noticed* / *half open*

– Ah bon! Pourquoi?

– Parce que le mardi, la galerie est toujours fermée. Alors, j'ai pensé que c'était certainement un cambriolage.

– Qu'est-ce que vous avez fait? Vous avez téléphoné à la police?

– Non, parce que ce jour-là je n'avais pas mon portable avec moi. Alors, j'ai attendu derrière un **arbre**. Je voulais savoir ce qui allait **se passer**. — *tree / to happen*

– Et qu'est-ce qui s'est passé?

– Après trois minutes, j'ai vu quelqu'un qui sortait par la porte.

– Est-ce que vous pouvez décrire cette personne?

– Oui! C'était une femme blonde, assez jeune. Elle portait une veste de cuir et un pantalon noir. Elle avait aussi des lunettes de soleil. Et sur le dos, elle portait un grand sac.
– Et qu'est-ce qu'elle a fait?
– Elle est montée sur la moto qui est partie **à toute vitesse.** *at high speed*
– C'est tout?
– Mais non! Vous savez peut-être que je suis photographe amateur. Ce jour-là, j'avais **justement** mon appareil photo avec moi. Alors, j'ai pris plusieurs photos. Quand je suis rentré chez moi, j'**ai agrandi** ces photos sur mon ordinateur. C'était formidable! On pouvait très bien lire la **plaque minéralogique** de la moto. J'ai immédiatement téléphoné à la police. Vous savez le reste. *in fact* *enlarged* *license plate*
– Oui, deux jours après, la police a retrouvé la moto dans une ferme isolée. À l'intérieur de la ferme, il y avait l'homme, la femme et quatre complices. C'était un gang qui cambriolait les galeries d'art de la région. Grâce à vous, la police a arrêté tout ce gang, et elle a récupéré un très grand nombre d'objets d'art... Vous êtes un véritable héros!
– Mais non, je suis **seulement** un assez bon photographe. *only*

À propos du texte

1. Quel fait divers *(news item)* est décrit?
2. Comment est-ce que l'étudiant a aidé la police?
3. Quel a été le résultat de son action?
4. Selon vous, est-ce que l'histoire est réaliste ou non? Expliquez.

Note culturelle

Les Français et l'art CD3-23

Dans un sondage° récent, 67% des Français trouvent que «l'art est quelque chose d'universel et essentiel pour l'humanité». Beaucoup de gens visitent les musées le week-end. Pour eux, la visite d'une belle exposition° est une forme importante de loisirs culturels.

Dans Paris même° il y a 134 musées et environ° 400 galeries d'art. Le musée du Louvre reçoit° plus de 8 millions de visiteurs par an; le musée d'Orsay, plus de 3 millions de visiteurs. Si on n'a pas assez d'argent pour acheter des tableaux°, on peut toujours décorer son appartement avec des belles affiches d'expositions.

Le musée d'Orsay

À votre avis

1. Est-ce que pour les Américains en général l'art est essentiel? Expliquez.
2. Quelles sont les formes de loisirs culturels aux États-Unis?

sondage *poll* **exposition** *art exhibit* **même** *itself* **environ** *about* **reçoit** *receives* **tableaux** *paintings*

Vocabulaire: Comment décrire un événement

Qu'est-ce qui est arrivé?
Qu'est-ce qui a eu lieu?
Qu'est-ce qui s'est passé?

arriver	*to happen*
avoir lieu	*to take place*
se passer	*to happen*

J'ai vu / **J'ai remarqué** / **J'ai observé** / **J'ai assisté à** / **J'ai été témoin de** / **J'ai été victime de** } quelque chose d'étrange.

remarquer	*to notice*
observer	*to observe, see*
assister à	*to see, be present at*
être témoin de	*to witness*

un témoin	*witness*
une victime	*victim*

Ah bon? Quand?

C'est arrivé / **Ça a eu lieu** | hier. / lundi dernier. / **pendant** le week-end. / **pendant que** je conduisais.

pendant	*during*
pendant que	*while*

Où étais-tu?

J'étais | **dehors.** / **à l'intérieur.** / en ville. / à la campagne.

dehors	*outside*
à l'intérieur	*inside*

Qu'est-ce que tu faisais?
Je faisais une promenade.
J'attendais un copain.

Qu'est-ce que tu as fait?
Eh bien, j'ai téléphoné à...
J'ai pris une photo de...

→ **Une victime** is always feminine, even if the victim is a man.
Un témoin is always masculine, even if the witness is a woman.

Vocabulaire: Quelques événements

un événement	*event*	**un incendie**	*fire*
un fait	*fact*	**un cambriolage**	*burglary*
un fait divers	*news item*	**un vol**	*theft*
un accident			

un cambrioleur	*burglar*
un voleur	*thief*
cambrioler	*to burglarize*
voler	*to steal*

1 Et vous?

1. Le mois dernier, avez-vous assisté à un match de football? à un événement sportif?
2. Avez-vous assisté à un événement culturel? à un concert? à d'autres événements? Quels étaient ces événements?
3. Avez-vous été témoin d'un accident? Où et quand?
4. Connaissez-vous quelqu'un qui a été victime d'un cambriolage? Où et quand a eu lieu ce cambriolage?
5. Quel est l'événement le plus important auquel *(to which)* vous avez assisté?
6. Selon vous, quel est l'événement le plus important des dix dernières années?
7. Quand a eu lieu votre anniversaire? l'anniversaire de votre meilleur(e) ami(e)?

2 Un événement extraordinaire

Avec votre partenaire, choisissez l'un des événements suivants. Ensuite, créez un dialogue où vous décrivez cet événement. Utilisez votre imagination.

❊ — ***Qu'est-ce qui est arrivé?***
— ***J'ai...???***
— ***Quand?***
— ***???***
— ***Où étais-tu?***
— ***???***
— ***Qu'est-ce que tu faisais?***
— ***???***
— ***Qu'est-ce que tu as fait?***
— ***???***

QUEL ÉVÉNEMENT?

- J'ai rencontré Brad Pitt.
- J'ai assisté au tournage *(filming)* d'un film.
- J'ai été témoin d'un accident.
- J'ai été victime d'un cambriolage.
- J'ai vu un OVNI *(UFO)*.
- J'ai vu un fantôme *(ghost)*.

A. La description d'un événement: le passé composé et l'imparfait

RELATING AN EVENT

When we narrate a past event, for instance, an accident, we describe the main facts and also some of the circumstances. Compare the use of the PASSÉ COMPOSÉ and the IMPERFECT in the following description.

The **passé composé** narrates WHAT HAPPENED, WHAT PEOPLE DID. It is used to describe the MAIN ACTIONS which constitute the STORY LINE.

Mathilde **a vu** un accident.	*Mathilde **saw** an accident.*
Une voiture **est rentrée** dans un mur.	*A car **ran** into a wall.*
Mathilde **a téléphoné** à la police.	*Mathilde **phoned** the police.*
Une ambulance **est arrivée.**	*An ambulance **came.***

The **imperfect** sets the SCENE. It is used to describe the CONDITIONS and CIRCUMSTANCES that form the BACKGROUND of the main event.

TIME AND WEATHER

C'**était** hier soir.	*It **was** last night.*
Il **était** neuf heures et demie.	*It **was** nine thirty.*
Il ne **faisait** pas beau.	*The weather **was** not good.*
Il **pleuvait.**	*It **was raining.***

OUTWARD APPEARANCE, AGE, PHYSICAL OR EMOTIONAL STATE

L'automobiliste **était** un jeune homme.	*The driver **was** a young man.*
Il **avait** vingt ans.	*He **was** twenty years old.*
Il **portait** un jean et un tee-shirt.	*He **was wearing** jeans and a tee shirt.*
Il **avait** sa ceinture de sécurité.	*He **had** his seat belt on.*
Il n'**était** pas sérieusement blessé, mais il **avait** très peur.	*He **was** not seriously injured, but he **was** very frightened.*

EXTERNAL CIRCUMSTANCES

Les boutiques **étaient** fermées.	*The stores **were** closed.*
Il n'y **avait** personne dans la rue.	*There **was** nobody in the street.*

OTHER ACTIONS IN PROGRESS

Mathilde **allait** en ville.	*Mathilde **was going** downtown.*
Elle **avait rendez-vous** avec une copine.	*She **was meeting** a friend.*
Sa copine l'**attendait** dans un café.	*Her friend **was waiting** for her in a café.*

3 Êtes-vous un bon témoin?

Vous avez assisté à la scène suivante et maintenant vous faites un rapport à la police. Répondez aux questions suivantes.

© Cengage Learning

1. À quel genre d'événement avez-vous assisté?
2. Où a eu lieu cet événement?
3. Quelle heure était-il? Quel temps faisait-il?
4. Est-ce qu'il y avait des gens dans la rue?
5. Combien de voitures est-ce qu'il y avait?
6. Comment est-ce que le cambrioleur est sorti de la banque?
7. Quels vêtements est-ce qu'il portait?
8. Est-ce qu'il avait une complice *(accomplice)*? Où était-elle?
9. Quels vêtements est-ce qu'elle portait?
10. Comment est-ce que les cambrioleurs sont partis?
11. Est-ce qu'il y avait un autre témoin?
12. Où était-il? Qui était-ce?

Maintenant, imaginez la suite *(the end of the story)*. Par exemple:

- Est-ce que le témoin a téléphoné à la police?
- Quand est-ce que la police est arrivée?
- Est-ce que les cambrioleurs ont eu un accident?
- Est-ce que la police les a arrêtés?
- ???

4 Excuses

Expliquez pourquoi les personnes suivantes n'ont pas fait certaines choses.

❊ Guillaume / sortir (il a la grippe)
Guillaume n'est pas sorti parce qu'il avait la grippe.

1. Dimitri / travailler (il est en vacances)
2. Valérie / faire les courses (elle est malade)
3. David et Antoine / assister aux cours (ils pensent que c'est samedi)
4. Théo / aller au cinéma (il veut préparer l'examen)
5. Simon / téléphoner à Jacqueline (son portable ne marche pas)
6. Inès / nager (il fait très froid)
7. Claire et Céline / utiliser l'imprimante (il n'y a pas de papier)
8. Vanessa / boire son café (il est trop chaud)

5 Pourquoi?

Demandez à votre partenaire pourquoi il/elle a fait les choses suivantes. Il/Elle va répondre avec l'explication suggérée (ou une autre explication de son choix).

❊ aller au café (j'ai soif)
— *Pourquoi est-ce que tu es allé(e) au café?*
— *Parce que j'avais soif.*
ou — *Parce que je voulais retrouver mes copains (parce qu'il pleuvait...)*

1. aller au restaurant (j'ai faim)
2. aller à la plage (il fait beau)
3. rester chez toi (je suis malade)
4. étudier (je veux réussir à l'examen)
5. aller en boîte *(club)* (j'ai envie de danser)
6. rentrer à la maison (il est minuit)
7. téléphoner à ta cousine (c'est son anniversaire)
8. prendre un manteau (il fait froid)
9. mettre une casquette (il y a trop de soleil)

6 Fait divers

Vous avez été témoin du fait divers suivant qui a été décrit dans le journal local. Votre partenaire va vous poser certaines questions sur l'événement, par exemple...

- Quelle était la date?
- Quelle était l'heure?
- C'était où?
- Qu'est-ce que tu faisais?
- Qu'est-ce que tu as vu?
- Qu'est-ce que tu as fait?

Des OVNIs° dans la région

Plusieurs habitants du village de Saint-Marcellin ont observé deux mystérieux objets lumineux dans la nuit du samedi 10 août vers onze heures et demie. Les objets, de forme circulaire, ont disparu° au bout de° 15 minutes. Un témoin a pris des photos de l'événement. La police fait son enquête°.

OVNIs *UFOs* **ont disparu** *disappeared* **au bout de** *after* **enquête** *inquiry*

7 Une rencontre intéressante

Vous avez passé l'été à Paris. Un soir vous êtes allé(e) dans un café. Racontez ce qui *(what)* est arrivé au passé.

1. C'est le 20 juillet.
2. Il est neuf heures du soir.
3. Il fait chaud.
4. J'ai soif.
5. Je vais dans un café.
6. Je commande un soda.
7. Un homme rentre.
8. Il est assez jeune.
9. Il est élégant.
10. Il porte un costume marron.
11. Il porte aussi des lunettes noires.
12. Il commande une bière.
13. Après un moment, il enlève (**enlever:** *to take off*) ses lunettes.
14. Je reconnais Simon Laballe, la grande star de football.
15. Je prends une photo.
16. Je lui demande son autographe.
17. Il me donne son autographe et un billet pour le prochain match.
18. Je sors du café.
19. Je suis très content(e) de cette rencontre.

8 Au Marché aux puces *(At the flea market)*

Racontez l'histoire suivante au passé. Pour cela, mettez les verbes en bleu au passé composé ou à l'imparfait.

Au Marché aux puces

C'est le 18 juin. Je suis en vacances. Il fait beau. Je ne veux pas rester chez moi. Je téléphone à mon amie Sylvie. Nous décidons d'aller au Marché aux puces.

Nous prenons l'autobus. Nous arrivons au Marché aux puces à deux heures. À cette heure-là, il y a beaucoup de monde *(people)*.

Les vendeurs proposent leurs marchandises aux touristes. Les touristes regardent. Certains dépensent beaucoup d'argent pour de la camelote *(junk)*. Sylvie n'achète rien. Moi, j'achète un bracelet pour un très bon prix.

Nous avons chaud. Nous allons dans un café. Nous buvons de la limonade. Ensuite, nous rentrons chez nous.

Le lendemain, je montre mon bracelet à ma tante Odile. Elle le regarde attentivement. Elle me dit que c'est un bracelet d'une très grande valeur.

Vraiment, je ne perds pas mon temps au Marché aux puces.

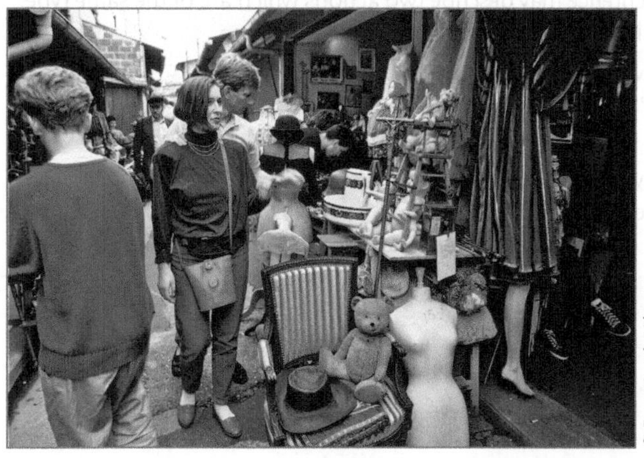

B. Le passé composé et l'imparfait dans la même phrase

As we narrate a past event, we may mention an action and also describe what was going on at the time. In such cases, we use both the PASSÉ COMPOSÉ and the IMPERFECT in the same sentence.

Les cambrioleurs **sont entrés** pendant que nous **dormions.**
Quand Alain **a téléphoné,** nous **étions** dans le jardin.
Dans la rue nous **avons vu** des musiciens qui **jouaient** du jazz.

The time relationship between the two actions in these sentences can be graphically depicted as follows:

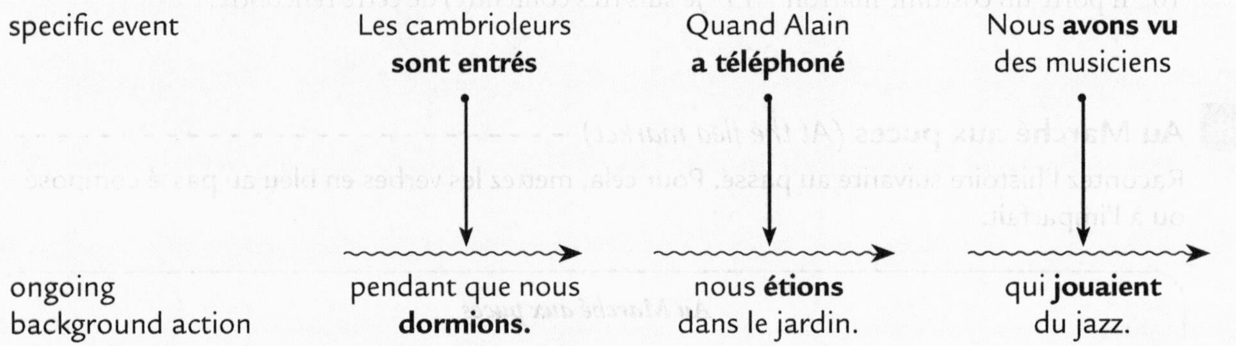

→ **Pendant que** is usually followed by the IMPERFECT.

J'ai vu un accident **pendant que j'attendais** le bus.

→ **Quand** can be followed by the PASSÉ COMPOSÉ or the IMPERFECT depending on whether a specific event or an ongoing action is described.

J'ai téléphoné **quand tu regardais** la télé.	*I called* ***when you were watching*** *TV.*
J'ai téléphoné **quand j'ai vu** ton message.	*I called* ***when I saw*** *your message.*

À noter
A sentence may describe two actions which are of the same type. In that case, both verbs are in the same tense.

two specific events

J'**ai dit** au revoir à mes amis quand ils **sont partis.**	*I **said** good-by to my friends when they **left.***

two ongoing actions

Je **regardais** la télé pendant que tu **étudiais.**	*I **was watching** TV while you **were studying.***

9 Au Quartier latin

Les personnes suivantes ont fait une promenade au Quartier latin à Paris. Dites qui elles ont vu et ce que ces personnes faisaient.

❊ Pierre rencontre une copine. Elle va à la fac. ***Pierre a rencontré une copine qui allait à la fac.***

1. Laure rencontre des copains. Ils sortent du cinéma.
2. Pauline écoute des musiciens. Ils jouent de la guitare.
3. David remarque un agent de police. Il arrête *(stops)* une voiture.
4. Isabelle parle à une Américaine. Elle cherche la Sorbonne.
5. Claire observe des enfants. Ils jouent au Jardin du Luxembourg.
6. Antoine voit des étudiants. Ils vont à une manifestation *(demonstration)*.
7. Les touristes regardent un mime. Il imite la Statue de la Liberté.
8. Zoé photographie des gens. Ils font la queue *(stand in line)* devant le musée.

10 Pas de chance! *(Tough luck!)*

Décrivez les mésaventures *(mishaps)* suivantes en mettant les verbes au passé.

1. Les voisins font un voyage.
   Pendant qu'ils sont en vacances, un cambrioleur entre chez eux.
2. Pierre et Marc font du camping.
   Une nuit, pendant qu'ils dorment, un ours *(bear)* mange leurs provisions.
3. Thomas va à la plage.
   Pendant qu'il nage, quelqu'un prend ses vêtements.
4. Les touristes montent à la Tour Eiffel.
   Pendant qu'ils sont dans l'ascenseur *(elevator)*, il y a une panne d'électricité *(power outage)*.

Maintenant, avec votre partenaire, décrivez une mésaventure semblable.

11 Curiosité

Julien a fait certaines choses. Il demande à son camarade de chambre David ce qu'il faisait à ce moment-là.

❊ téléphoner hier?
préparer le repas
JULIEN: ***Qu'est-ce que tu faisais quand j'ai téléphoné hier?***
DAVID: ***Je préparais le repas.***

1. sortir ce matin?
   écrire un email à mes parents
2. rentrer hier soir?
   dormir
3. aller à la bibliothèque lundi?
   ranger la chambre
4. faire les courses samedi?
   finir une préparation

C. Le plus-que-parfait

In French, as in English, we use the PLUPERFECT **(le plus-que-parfait)** to describe events and actions that HAD HAPPENED before other past events or actions. Compare:

Cet été, j'**ai visité** Québec. — *This summer I **visited** Quebec.*
L'été d'avant, j'**avais visité** Montréal. — *The summer before, I **had visited** Montreal.*

David **est allé** en France. — *David **went** to France.*
Il n'**était** jamais **allé** en Europe. — *He **had** never **gone** to Europe.*

Quand Alice **est arrivée** à l'aéroport, son avion **était parti.** — *When Alice **got** to the airport, her plane **had left.***

The PLUPERFECT is formed as follows:

IMPERFECT of **avoir** or **être** + PAST PARTICIPLE

Note the PLUPERFECT forms of **étudier** and **sortir.**

infinitive	**étudier**	**sortir**
pluperfect	j' **avais étudié** tu **avais étudié** il/elle/on **avait étudié** nous **avions étudié** vous **aviez étudié** ils/elles **avaient étudié**	j' **étais sorti(e)** tu **étais sorti(e)** il/elle/on **était sorti(e)** nous **étions sorti(e)s** vous **étiez sorti(e)(s)** ils/elles **étaient sorti(e)s**
negative	Je **n'avais pas étudié.**	Je **n'étais pas sorti(e).**
interrogative	**Est-ce que** tu **avais étudié**? **Avais**-tu **étudié**?	**Est-ce que** tu **étais sorti(e)**? **Étais**-tu **sorti(e)**?

→ The rules of AGREEMENT of the PAST PARTICIPLE are the same in the PLUPERFECT as in the PASSÉ COMPOSÉ.

when the auxiliary verb is	the past participle agrees with:	
avoir	PRECEDING DIRECT OBJECT	Avais-tu **regardé** ces photos? Oui, je **les** avais **regardées.**
être	SUBJECT	Georges était **sorti.** **Ses cousines** étaient **sorties** avec lui.

12 Vive la différence!

On aime faire des choses différentes. Lisez ce qu'ont fait les personnes suivantes et décrivez ce qu'elles avaient fait avant.

❊ Cette année Monique est allée à Québec. (l'année dernière / à Genève)
L'année dernière, elle était allée à Genève.

1. Ce matin les touristes ont visité le Louvre. (hier matin / le musée d'Orsay)
2. Vendredi vous avez assisté à un match de boxe. (jeudi / à un match de karaté)
3. Hier j'ai vu une comédie musicale. (la semaine dernière / un film d'horreur)
4. Cette semaine, mes amies sont allées dans un restaurant italien. (il y a deux semaines / dans un restaurant vietnamien)
5. Ce week-end Léa est sortie avec Antoine. (le week-end dernier / avec Thomas)
6. Cet hiver nous avons eu la grippe. (l'hiver dernier / une pneumonie)
7. En 2012, les Jeux olympiques ont eu lieu à Londres. (en 2008 / à Beijing)

13 Pourquoi?

Votre partenaire va demander, en utilisant le passé composé, pourquoi les personnes suivantes ont fait certaines choses. Expliquez pourquoi en utilisant le plus-que-parfait dans une phrase affirmative ou négative.

❊ les étudiants / rater l'examen? (étudier)
— Pourquoi est-ce que les étudiants ont raté l'examen?
— Parce qu'ils n'avaient pas étudié.

1. M. Dupont / prendre un taxi? (rater le bus)
2. Mme Marin / dîner au restaurant? (faire les courses)
3. Thomas / avoir une indigestion? (trop manger)
4. Isabelle / bien dormir? (boire du café)
5. Philippe / tomber de vélo? (voir l'obstacle)

14 Trop tard *(Too late)*

Les personnes suivantes ont fait certaines choses, mais trop tard. Expliquez ce qui leur est arrivé, d'après le modèle.

❊ Charles arrive à la gare. Le train part.
Quand Charles est arrivé à la gare, le train était déjà parti.

1. Philippe téléphone à Léa. Elle est sortie avec Jean-Pierre.
2. Nous arrivons au cinéma. Le film a commencé.
3. Mme Lambert entre dans la cuisine. Le chat a mangé le saumon.
4. La police arrive sur le lieu de l'accident. Les témoins sont partis.
5. Le serveur apporte l'addition *(check)*. Les clients ont quitté le restaurant.
6. M. Galand arrive au marché *(market)*. Le marchand a vendu tous les fruits.

15 Non, jamais!

Céline demande à ses copains ce qu'ils ont fait et s'ils avaient fait ces choses avant. Jouez les rôles suivant le modèle.

❊ l'été dernier / aller en Grèce

CÉLINE: ***Qu'est-ce que tu as fait l'été dernier?***
LE COPAIN: ***Je suis allé en Grèce.***
CÉLINE: ***Ah bon! Est-ce que tu étais allé en Grèce avant?***
LE COPAIN: ***Non, je n'étais jamais allé en Grèce.***

1. pendant les vacances d'hiver / faire du ski au Canada
2. le week-end dernier / lire *Le Petit Prince*
3. pendant les vacances / aller au Tibet
4. à Paris / monter à la Tour Eiffel
5. en Espagne / voir une corrida *(bullfight)*
6. pour ton anniversaire / sauter *(jump)* en parachute.

Le ski au Québec

 CD3-24

Phonétique: Les préfixes «de-», «dé-», «re-» et «ré-»

Be sure to distinguish between the vowels /ə/ and /e/ in the following prefixes and the first syllables of a word.

Répétez:

de- /də/ demander devant demain devoir demi devenir depuis
dé- /de/ décembre déjeuner dépense détester décrire déjà
re- /rə/ repas retour remarquer regarder revenir reconnaître
ré- /re/ récent répondre réserver répéter résidence réfléchir régime

Compréhension orale  CD3-25

Des personnes parlent d'événements différents. Marquez la rangée A quand la personne mentionne un fait principal. Marquez la rangée B quand elle mentionne une circonstance de l'événement.

	1	2	3	4	5	6	7	8	9	10
A. fait principal										
B. circonstance										

Conversation dirigée

You are a journalist for *France-Radar.* You are interviewing a witness who claims to have seen a UFO (un OVNI).

Ask your partner . . .

- what day it was
- what time it was
- what he/she was doing then
- what he/she saw
- what happened next
- if he/she took photos
- if he/she called the police
- what he/she did afterwards **(après)**

Expression libre

Votre partenaire et vous avez chacun(e) été victime d'un vol (réel ou imaginaire). Échangez vos histoires.

- Qu'est-ce que le voleur a pris?
- Où et quand le vol a-t-il eu lieu?
- Quelles étaient les circonstances de ce vol?
- Qu'est-ce que vous avez fait?
- Avez-vous retrouvé l'objet volé? Comment?

Expression écrite

Décrivez une fête *(party)* où vous êtes allé(e) récemment. Vous pouvez décrire:

les circonstances

- la date
- l'heure
- l'endroit: où? chez qui?
- les invités: Combien étaient-ils?
- Qui étaient-ils?
- Est-ce que vous les connaissiez?

ce que vous avez fait

- Qui avez-vous rencontré?
- De quoi avez-vous parlé?
- Qu'est-ce que vous avez mangé? bu?
- Quelle musique est-ce que vous avez écoutée?
- Qu'est-ce que vous avez fait?
- À quelle heure êtes-vous rentré(e) chez vous?

À l'hôtel

Où loger

Quand on voyage en France, on peut...

loger *(stay)*	dans	**un hôtel de luxe.**
aller		**un petit hôtel bon marché mais confortable.**
séjourner *(stay)*		**une auberge à la campagne** *(country inn).*
		une auberge de jeunesse *(youth hostel).*
		un gîte avec chambre d'hôte *(bed and breakfast).*

→ ***Comment réserver une chambre***

FEDERATION NATIONALE DES GITES DE FRANCE (FNGF)

Vous désirez? *(May I help you?)*
Je voudrais **une chambre.**

Quel genre (*What type*) de chambre désirez-vous?

Je voudrais une chambre	**pour une personne.**
	pour deux personnes.
	à un lit.
	à deux lits.

Combien de temps *(How long)* allez-vous rester?

Je vais rester	**deux nuits.**
	une semaine.
	du 2 au 7 août.
	jusqu'à *(until)* **mardi prochain.**
	jusqu'au 10 juillet.

Comment allez-vous régler *(settle your account)*?

Je vais **payer**	**en espèces** *(in cash).*
	par chèque.
	avec une carte de crédit.
	par carte bancaire *(debit card).*

Gîtes de France et chambres d'hôtes

Beaucoup de touristes qui visitent la France réservent des chambres d'hôtes° dans un *Gîte de France.* Les *Gîtes de France* sont des maisons privées° avec un maximum de six chambres d'hôtes. Ces maisons sont généralement situées° à la campagne ou dans des petits villages. Ce sont souvent des maisons anciennes avec beaucoup de charme et de caractère. Les chambres sont confortables et relativement bon marché. L'atmosphère est familiale. Le matin, un excellent petit déjeuner est servi aux hôtes par le maître° ou la maîtresse° de maison.

hôtes *guests* **privées** *private* **situées** *located*
maître *master* **maîtresse** *lady*

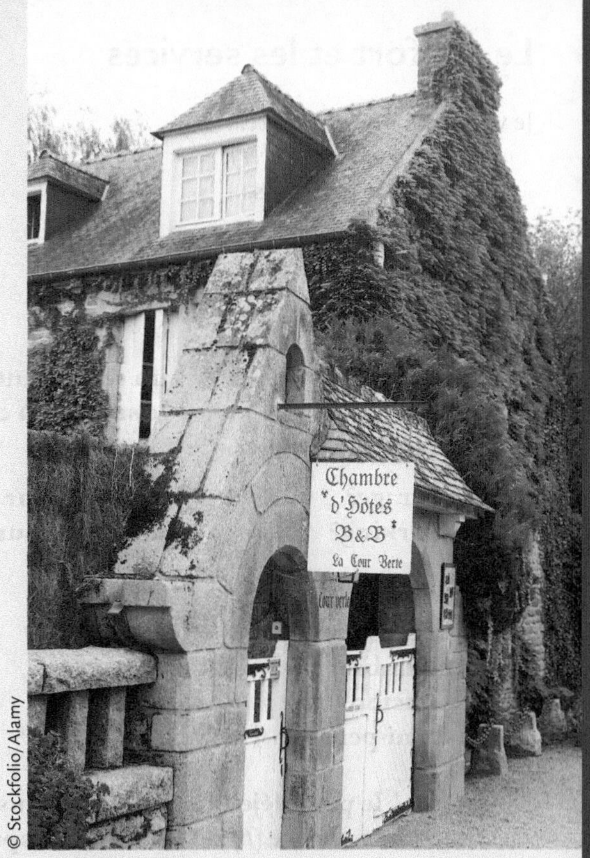

© Stockfolio/Alamy

À votre tour

1. Où loger

Vous allez passer une semaine en France. Choisissez un type de logement et expliquez les avantages (et les désavantages) de votre choix en fonction des éléments suivants:

- prix
- confort
- service
- calme
- ville ou campagne
- ambiance
- possibilité de rencontrer d'autres personnes

2. Une réservation

Cet été, vous allez passer quelque temps à Québec. Téléphonez à la réceptionniste (votre partenaire) pour réserver une chambre. Mentionnez:

- le genre de chambre
- la durée du séjour *(stay)*
- le mode de paiement

À l'hôtel

Le confort et les services

Je voudrais une chambre...

- **avec douche** *(shower)*.
- **avec salle de bains.**
- **avec la télévision.**
- **avec accès Internet avec wifi.**
- **avec la climatisation** *(air conditioning)*.
- **avec l'air conditionné.**
- **avec un balcon.**
- **avec une belle vue.**

Est-ce que l'hôtel a...

- **une piscine?**
- **un spa** *(hot tub)*?
- **une salle de fitness?**
- **un restaurant?**
- **le service en chambre** *(room service)*?
- **un garage?**
- **un parking?**
- **un ascenseur** *(elevator)*?
- **un accès pour personnes handicapées?**

Combien coûte...
Quel est le prix de...

- **la chambre?**
- **la pension** *(three meals a day)*?
- **la demi-pension** *(breakfast and dinner)*?

Est-ce que | **le petit déjeuner** / **le service** *(tip)* | est | **inclus** *(included)*? / **compris** *(included)*?

NE PAS
DÉRANGER
DO
NOT
DISTURB
© Cengage Learning

Recherches Internet

Avec votre partenaire choisissez une région de France où vous désirez séjourner pendant une semaine: Alsace, Normandie, Touraine, Provence, etc. Allez sur l'Internet pour trouver un logement intéressant. (Par exemple, consultez **www.logis-de-france.fr.**) Décrivez:

- la localité
- le nombre de chambres
- les éléments de confort
- le prix de la chambre
- le prix des autres éléments

© Cengage Learning. Photo: © Owen Franken/Corbis

AUBERGE PROVENÇALE

à 10 kilomètres de Nice

12 chambres

tout confort

Propriétaires:

Stéphane et Charlotte Pelard

Prix

Chambre
60 – 85 €

Menu
22 – 28 €

Petit déjeuner
8 €

Demi-Pension
54 – 60 €

Services

© Cengage Learning

À votre tour

1. Le confort à l'hôtel

Quels sont les trois éléments de confort les plus importants pour vous?

- Établissez une liste par ordre d'importance.
- Comparez votre liste avec celle de votre partenaire.
- Quels sont les éléments que vous avez en commun?

1.
2.
3.

2. Une chambre au Vieux Moulin

Vous téléphonez au Vieux Moulin. Vous voulez réserver une chambre.

- Indiquez le genre de chambre que vous voulez.
- Informez-vous sur les services de l'hôtel.
- Demandez le prix pour la formule que vous désirez.

Le/La propriétaire (votre partenaire) va répondre à vos questions.

IMAGES DU MONDE FRANCOPHONE

Avant de lire
Qu'est-ce que vous savez d'Haïti?
- situation géographique
- population
- langues
- histoire

Haïti

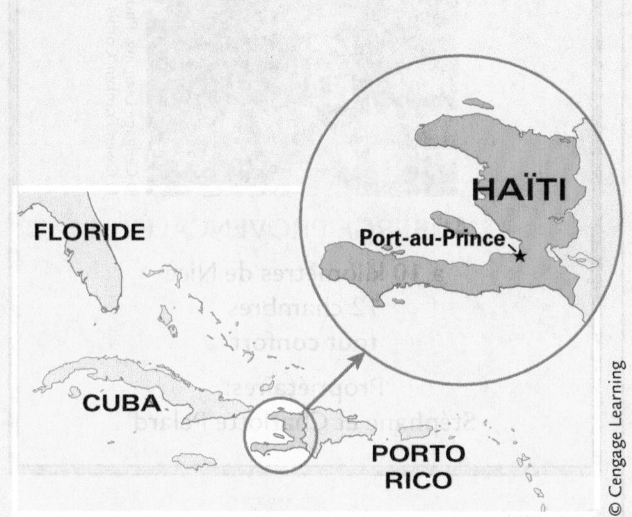

Haïti et ses habitants

Haïti est situé à l'ouest de la grande île° d'Hispaniola.

Les Haïtiens sont d'origine africaine. Ce sont les descendants des anciens esclaves° transplantés de leur Afrique natale pour travailler dans les plantations de la colonie française de Saint-Domingue. En libérant° leur pays en 1804, ces esclaves ont créé la première nation indépendante de population noire.

Après deux cents ans d'indépendance, Haïti n'a malheureusement pas de régime démocratique stable. Cette situation politique a provoqué une crise économique très grave. Aujourd'hui, Haïti est le pays le plus pauvre° de l'hémisphère américain.

Dans ces conditions, beaucoup d'Haïtiens ont décidé de quitter leur pays. Ils ont émigré aux États-Unis et au Canada, notamment à Miami, Boston, New York et Montréal. Là, ils forment des communautés très actives, avec des journaux en français et des stations de radio diffusant° de la musique populaire haïtienne.

Malgré les difficultés de leur existence, les Haïtiens restent optimistes. Leur joie de vie s'exprime° dans de multiples fêtes familiales et populaires, dans la musique toujours présente° et dans leur gentillesse° et leur hospitalité.

Les Haïtiens parlent créole, une langue qui combine des éléments de français et de langues africaines. Le créole est la langue populaire utilisée dans la conversation et la vie de tous les jours. Une partie de la population sait parler français qui reste la langue littéraire.

Population:	10 millions
Capitale:	Port-au-Prince
Langues officielles:	créole et français
Monnaie:	la gourde
Devise°:	«L'Union fait la force.»

créole	français
Ayiti	Haïti
creyol	créole
piti	petit
mizik	musique
zetazini	États-Unis

île *island* **esclaves** *slaves* **En libérant** *By freeing* **pauvre** *poor* **diffusant** *broadcasting* **s'exprime** *expresses itself* **toujours présente** *ever-present* **gentillesse** *kindness* **Devise** *Motto*

Un peu d'histoire

Époque amérindienne

pré-1492 • Des tribus Arawak habitent Haïti, le «pays des montagnes».

Colonisation française

1697 • Saint-Domingue, la partie ouest d'Haïti, devient une colonie française.
• Transplantation massive d'esclaves africains.
• Prospérité de la colonie et misère des esclaves.

Indépendance

1791 • Révolte générale des esclaves.

1801 • Leur chef, Toussaint Louverture, devient gouverneur de Saint-Domingue.

1803 • Intervention et défaite° de l'armée française.

1804 • L'indépendance est proclamée.
• Saint-Domingue redevient Haïti.
• Divisions sociales et rivalités politiques.

Occupation américaine

1915–1934 • Les Marines occupent Haïti et répriment° brutalement l'insurrection paysanne°.

Époque moderne

1956–1986 • Période de dictature° avec la famille Duvalier (Papa Doc et Baby Doc).

1990 • Retour progressif mais incertain de la démocratie.

2010 • Un terrible tremblement de terre° dévaste Port-au-Prince.

Toussaint Louverture, commandant des esclaves révoltés, devient gouverneur de Saint-Domingue (1801).

Réunion des Musées Nationaux/Art Resource, NY

Le Général Jean-Jacques Dessalines crée le premier drapeau° haïtien, 18 mai 1803. Tableau de Sénèque Obin.

John J. Burns Library, Boston College

Quelques Haïtiens célèbres

- **Toussaint Louverture** héros de l'Indépendance
- **Henri Christophe** héros de l'Indépendance et Roi d'Haïti
- **Jean-Baptiste Point du Sable** fondateur de Chicago
- **John Audubon** artiste et ornithologiste

Après la lecture

Quels sont les trois faits les plus importants que vous avez appris sur Haïti et ses habitants?

Recherches Internet

- Choisissez une période de l'histoire haïtienne et composez un paragraphe à ce sujet.
- Choisissez un Haïtien célèbre et écrivez une courte biographie.

---

défaite *defeat* **répriment** *repress* **paysanne** *peasant*
dictature *dictatorship* **tremblement de terre** *earthquake*
drapeau *flag*

Avant de lire
Qu'est-ce que vous savez du vaudou?
- origine
- religion ou magie?
- description

Le vaudou:
tradition spirituelle populaire

La majorité des Haïtiens sont catholiques ou protestants et pratiquent° leur religion avec ferveur et dévotion. Beaucoup observent aussi les rites ancestraux du culte vaudou.

Le vaudou est né dans la région du Bénin en Afrique occidentale. Il est arrivé en Haïti avec les milliers° d'esclaves déportés brutalement de leurs terres natales. Dans sa forme actuelle, le vaudou intègre les éléments de la spiritualité africaine avec certains aspects de la religion catholique.

Pour les adeptes du vaudou, il existe un monde invisible dominé par un être° suprême, **Bon Dieu** (ou **Bondye,** en créole), et peuplé d'° une infinité d'esprits divins nommés loas. Certains loas représentent les forces naturelles qui animent le monde. Il y a...

- **Dambala,** le dieu-serpent° de la sagesse°
- **Agoué,** le dieu° de la mer°
- **Erzulie,** la déesse° de la beauté et de l'amour
- **Ogoun,** le dieu de la guerre°

D'autres loas correspondent aux saints de l'église catholique. Chaque être humain° a un loa personnel qui le protège° contre l'adversité et la maladie°.

Les loas sont invoqués rituellement au cours de° cérémonies menées° par un prêtre°, **hougan,** ou une prêtresse, **mambo.** La cérémonie commence par des prières°. Les participants dansent aux sons des tambours° et des chants incantatoires. Les loas interviennent et prennent possession des danseurs. Chaque danseur et son loa deviennent alors le corps° et l'esprit d'une même° personne. Ainsi invoqués, les loas répondent favorablement aux prières des pratiquants°. Ils leur apportent la santé° physique et le bien-être° spirituel, et peut-être aussi l'amour° et l'argent.

Pour les Haïtiens, la conquête de la liberté a commencé dans la nuit historique du 14 août 1791 par une cérémonie vaudou. Pendant cette cérémonie, un groupe d'esclaves révoltés a fait le serment° solennel de libérer le pays. Ce serment, «La liberté ou la mort°» est devenu la devise° de la rébellion.

From the collection of James and Elizabeth Crowe

Hector Hyppolite, *Ogoun et sa monture*

---

pratiquent *practice* **milliers** *thousands* **être** *being* **peuplé d'** *inhabited by* **dieu-serpent** *snake god* **sagesse** *wisdom* **dieu** *god* **mer** *sea* **déesse** *goddess* **guerre** *war* **humain** *human* **protège** *protects* **maladie** *sickness* **au cours de** *during* **menées** *led* **prêtre** *priest* **prières** *prayers* **aux sons des tambours** *to the sound of drums* **corps** *body* **même** *same* **pratiquants** *believers* **santé** *health* **bien-être** *well-being* **amour** *love* **serment** *oath* **mort** *death* **devise** *motto*

In a private collection

Levoy Exil, *Loas*

La pratique du vaudou a assuré la permanence et la continuité de la spiritualité africaine à travers° les siècles. Elle a renforcé l'unité et la solidarité du peuple haïtien dans sa résistance à l'esclavage. Elle lui a apporté un réconfort° moral pendant les autres périodes difficiles de son histoire: guerres civiles, instabilité politique et misère économique.

En 2003, le vaudou a finalement été reconnu comme une véritable religion par un décret° du gouvernement haïtien. «Le vaudou est une partie essentielle de notre identité nationale,» a déclaré Jean-Baptiste Aristide, le président de la République haïtienne, en signant le décret.

Aujourd'hui, le vaudou est une source d'inspiration pour les peintres, les musiciens et les poètes haïtiens.

La musique haïtienne

En Haïti, la musique, c'est la vie. Elle est présente tous les jours à la radio, dans les bals populaires du samedi, dans les concerts publics et à l'occasion des fêtes familiales.

- La musique la plus populaire est le **kompas.** C'est une musique de danse aux rythmes énergiques inspirés du merengué et de la salsa. Les chanteurs de kompas chantent en créole et sont accompagnés par un orchestre composé de trompette, saxophone, piano, accordéon, guitare, tambours et conga.
- Le **ra-ra** est la musique de Carnaval.
- Les musiciens haïtiens modernes créent des styles originaux incorporant le **rap,** le **jazz** et le **reggae.**

Quelques musiciens et groupes musicaux

- Tropicana d'Haïti
- Tabou Combo
- Coupé Cloué
- Wyclef Jean
- Emeline Michel
- Teri Moïse

Après la lecture

- Quels sont les trois faits les plus importants que vous avez appris sur le vaudou?
- Selon vous, est-ce que le vaudou est une religion?

Recherches Internet

Téléchargez de la musique haïtienne et décrivez:

- les instruments utilisés
- le rythme
- vos impressions

à travers *across* **réconfort** *support* **décret** *decree*

L'art haïtien

En Haïti, l'art fait partie de la vie de tous les jours. On le trouve dans la rue, sur les autobus, à l'intérieur des maisons, dans les églises...

Les peintres haïtiens n'ont généralement pas reçu de formation° technique. Leur style est caractérisé par un dessin linéaire, l'absence de perspective et l'usage de couleurs chaudes et vibrantes, particulièrement le rouge, le bleu et le vert. Ces artistes trouvent leur inspiration dans la culture populaire du pays. Leurs sujets préférés sont la nature, les scènes de la vie quotidienne°, les scènes historiques et les esprits° de la religion vaudou.

Autrefois peu connu, l'art haïtien est entré dans les musées et les collections privées° du monde entier.

Francks Décéus, *Vieux couple*

Quelques artistes haïtiens

- Sénèque Obin
- Philomé Obin
- Castera Bazile
- Rigaud Benoît
- Hector Hyppolite
- Préfète Duffaut
- Pauleus Vital
- Gérard Valcin
- Louisiane Saint Fleurant
- Salnave Philippe Auguste

Dieuseul Paul, *La famille*

Préfète Duffaut, *La Tour de Babel couronnée*

G. E. Ducasse, *Autobus dans l'avenue*

formation *training* **quotidienne** *daily* **esprits** *spirits* **privées** *private*

© Manu Sassoonian/Art Resource, NY

Rigaud V. Benoît, *Scène de pêche*

Arthur Morrissey Haitian Painting Collection, John J. Burns Library, Boston College

Fritz Merise, *Scène de marché*

Après la lecture

Quel est le tableau que vous préférez? Pourquoi?
Comparez votre choix avec vos camarades.

Recherches Internet

- Choisissez un peintre haïtien et trouvez un de ses tableaux sur Internet.
- Choisissez un peintre haïtien et écrivez une brève biographie.

La cuisine haïtienne

La cuisine haïtienne est une cuisine très épicée° qui utilise les produits° locaux: viande de porc, poissons, fruits et légumes tropicaux. Voici quelques spécialités haïtiennes.

Griots

Morceaux° de porc frits° pimentés° servis sur du riz et de la purée de haricots°.

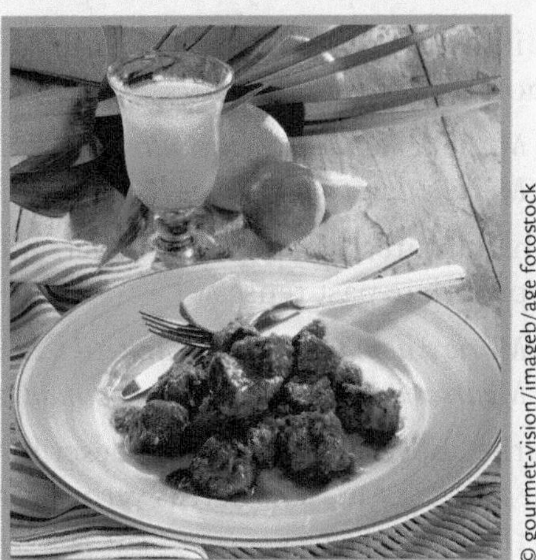

© gourmet-vision/imageb/age fotostock

Pain patate

Dessert à base de patate douce°, avec raisins secs° et figues.

Tchiaca de pois et de maïs°

Porc cuit avec du maïs, des pois rouges° et des épices.

Crémasse

Boisson alcoolisée à base de lait condensé, de lait de coco° et de rhum, parfumée° à la vanille et à la cannelle°.

épicée *spiced* **produits** *products* **Morceaux** *Pieces* **frits** *fried* **pimentés** *with chili pepper* **purée de haricots** *mashed beans* **patate douce** *sweet potato* **raisins secs** *raisins* **maïs** *corn* **pois rouges** *kidney beans* **coco** *coconut* **parfumée** *flavored* **cannelle** *cinnamon*

Albert Camus, écrivain et philosophe

© Henri Cartier-Bresson/Magnum Photos

Faisons connaissance

Albert Camus (1913–1960) est né en Algérie dans une famille pauvre. Il étudie la philosophie et milite° contre le fascisme et contre l'oppression coloniale. Arrivé à Paris en 1940, il entre dans la Résistance[1] comme journaliste. Écrivain° et philosophe, il reçoit le Prix Nobel de Littérature en 1957. Camus exprime° ses idées° philosophiques dans des romans comme *L'Étranger*° et *La Peste*°. Pour lui, l'homme doit faire face à° l'absurdité du monde. Il acquiert° la liberté par la révolte.

Dans le roman *L'Étranger*, Meursault, le narrateur est un homme qui n'exprime° pas d'émotions. Il est condamné à mort, non pas parce qu'il a tué° un autre homme mais parce qu'il refuse de mentir° et d'accepter les règles° de la société.

Pour mieux comprendre

Discours indirect *(Indirect speech)*

In French, as in English, one can express what a person has said directly or indirectly.

In direct speech **(discours direct),** the words of the speaker are given in quotation marks:

Marie demande: «Est-ce que tu m'aimes?»
Meursault répond: «Je ne t'aime pas.»

In indirect speech **(discours indirect),** the words of the speaker are reported without quotation marks:

Marie demande à Meursault s'il l'aime.
Meursault répond qu'il ne l'aime pas.

When indirectly reporting conversations that occurred in the past, one must use the appropriate past tenses.

Marie a demandé à Meursault s'il l'aimait.
Meursault a répondu qu'il ne l'aimait pas.

In the above examples, verbs describing specific past actions *(asked* and *answered)* are in the PASSÉ COMPOSÉ, whereas verbs describing an emotional state *(loved* and *didn't love)* are in the IMPERFECT.

In the selection you are about to read, Meursault, the narrator, reports the conversations indirectly from his point of view.

Marie m'a demandé si je l'aimais.
J'ai répondu que je ne l'aimais pas.

---

milite *militates* **Écrivain** *Writer* **exprime** *expresses* **idées** *ideas* **Étranger** *Foreigner, Stranger* **Peste** *Plague*
faire face à *take a stand against* **acquiert** *acquires* **exprime** *expresses* **tué** *killed* **mentir** *to lie* **règles** *rules*

[1]Resistance against the German Occupation of France between 1940 and 1944.

Extrait de *L'Étranger*

Le samedi après les funérailles de sa mère, Meursault, le narrateur, est allé à la plage où par hasard il a rencontré Marie Cardona, ancienne secrétaire au bureau où il travaille. Les deux ont passé la nuit ensemble. Ils se sont revus le week-end suivant. C'est maintenant leur troisième week-end ensemble.

Le soir, Marie est venue me chercher° et m'a demandé si je voulais me marier avec elle. J'ai dit que cela m'était égal° et que nous pourrions le faire si elle le voulait. Elle a voulu savoir alors si je l'aimais. J'ai répondu comme je l'avais déjà fait une fois, que cela ne signifiait rien mais que sans doute je ne l'aimais pas. «Pourquoi m'épouser° alors?» a-t-elle dit. Je lui ai expliqué que cela n'avait aucune° importance et que si elle le désirait, nous pouvions nous marier. D'ailleurs°, c'était elle qui le demandait et moi je me contentais de dire oui. Elle a observé alors que le mariage était une chose grave°. J'ai répondu: «Non.» Elle s'est tue° un moment et elle m'a regardé en silence. Puis elle a parlé. Elle voulait simplement savoir si j'aurais accepté la même proposition venant° d'une autre femme, à qui je serais attaché de la même façon. J'ai dit: «Naturellement.» Elle s'est demandé alors si elle m'aimait et moi, je ne pouvais rien savoir sur ce point. Après un moment de silence, elle a murmuré que j'étais bizarre, qu'elle m'aimait sans doute à cause de cela mais que peut-être un jour je la dégoûterais° pour les mêmes raisons. Comme je me taisais°, n'ayant° rien à ajouter°, elle m'a pris le bras en souriant et elle a déclaré qu'elle voulait se marier avec moi. J'ai répondu que nous le ferions dès qu'elle° le voudrait.

to pick me up
it was all the same to me
marry me
no
Besides
sérieuse / *stopped speaking*
coming
would disgust
was silent / having / to add
as soon as she

Dramatisation

Composez un dialogue basé sur l'extrait que vous avez lu. Les deux personnages sont Meursault, le narrateur, et son amie Marie. Transformez le discours indirect en discours direct.

Analyse

Faites le portrait psychologique de Meursault.
Est-ce que c'est un homme sincère? Pourquoi ou pourquoi pas?

À la découverte

Dans votre cahier, vous allez faire la connaissance du poète français Paul Verlaine.

Images de la vie

UNITÉ 9

© Jacques Loïc/Photononstop/Glow

Leçon 25:
Le sport, c'est la santé

Leçon 26:
Pauvre Stéphane!

Leçon 27:
Le grand amour

Rencontres francophones
One way to meet people in France is to join a sports club or a dance class. Go to www.google.fr and find two or three places where you might engage in your favorite activities. Share your discoveries with your classmates.

LEÇON 25 Le sport, c'est la santé

OBJECTIVES

- To talk about various sports
- To refer to places previously mentioned

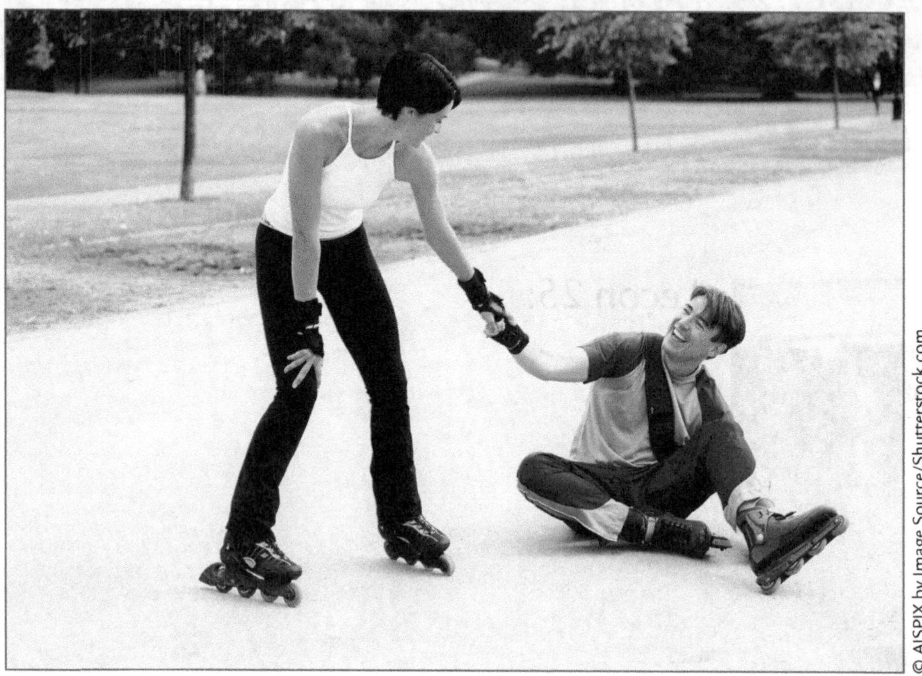

CD3-26 *Éric et Jérôme sont étudiants dans une école de commerce à Lyon. Ils font beaucoup de choses en commun, mais ils ont deux façons différentes de pratiquer le sport.*

JÉRÔME: Salut, ça va bien?

ÉRIC: Oui, je suis **en forme**. Je viens de faire du roller avec ma copine. Nous en faisons tous les lundis après-midi au parc de la Tête d'Or. Et toi, ça va la santé? — *in shape*

JÉRÔME: Ne m'en parle pas! J'ai un terrible **mal de tête**. — *headache*

ÉRIC: Tu veux de l'aspirine?

JÉRÔME: Non merci, j'en ai pris ce matin.

ÉRIC: Alors, **qu'est-ce que tu as**? Tu es **malade**? Tu as la grippe? — *what's wrong / sick*

JÉRÔME: Je suis seulement très **fatigué**! J'ai passé toute la nuit sur mon ordinateur. — *tired*

ÉRIC: Pour le cours d'informatique? Oh là là! Quel courage!

JÉRÔME: Le cours d'informatique? En vérité, je n'y ai pas pensé.

ÉRIC: Alors, explique!

JÉRÔME: Eh bien, voilà. Martin est venu chez moi hier soir. Il a apporté un nouveau jeu interactif extraordinaire. On y a joué toute la nuit. Le jeu consiste à obtenir les meilleurs **résultats** dans dix sports différents. On fait du ski, du snowboard, de la **planche à voile**, du surf, de l'**escalade**, du **parapente**... — *scores*; *windsurfing / rock climbing*; *paragliding*

julia melnick

Français 1020
Unité 9, Leçon 25

Dialogue, « Le sport, c'est la santé » (pp. 400-401)

Questions sur le dialogue:

In each answer, replace the underlined elements of the question with « y » but BE CAREFUL of the VERB TENSE that is used.

1. Eric fait du roller <u>au parc de la Tête d'Or</u> ? il y fait du roller

2. Jérôme a passé toute la nuit <u>sur son ordinateur</u> ? il y a passé tout la nuit

3. Jérôme a pensé <u>à son cours d'informatique</u> ? il n'y a pas pensé

4. Martin est venu <u>chez Jérôme</u> hier soir ? il y est venu

5. Martin et Jérôme, ils ont joué <u>au jeu interactif</u> ? ils y ont joué

6. Jérôme va penser <u>aux conseils d'Eric</u> ? (=Eric's advice) ? il va y penser

ÉRIC: Ah maintenant je vois pourquoi tu es si fatigué! Alors voilà un conseil: Si tu veux être en forme, abandonne le sport virtuel et fais du sport **en plein air**! *outdoors*

JÉRÔME: Je vais y penser...

À propos du texte

1. Qui est le plus sportif, Éric ou Jérôme? Expliquez.
2. Est-ce qu'Éric donne un bon conseil à Jérôme? Expliquez.
3. Quels sports mentionnés dans le texte pratiquez-vous?

Note culturelle

Les Français et le sport CD3-27

© PICIMPACT/Corbis

Pour les jeunes Français, la pratique du sport est plus individuelle que collective. Ils font du jogging, de la natation, du VTT (vélo tout terrain) ou simplement de la marche à pied. Beaucoup jouent au tennis, mais ils sont peu nombreux° à participer à des sports d'équipe°.

Les «sports de glisse°» sont particulièrement appréciés par les jeunes: le ski et le snowboard en hiver, la voile° et la planche à voile en été. Ceux qui aiment les émotions fortes font du parapente ou du deltaplane.

À Paris, les gens de tout âge ont la possibilité de faire du roller grâce à° une association sportive appelé «Pari-Roller». Tous les vendredis soirs, cette association organise la traversée° de Paris en roller. Cet événement a lieu entre dix heures du soir et une heure du matin sur un circuit de rues interdites aux° voitures. Pendant trois heures, des milliers de Parisiens traversent Paris en roller, accompagnés de policiers eux aussi en roller.

À votre avis

1. Quelles différences et similarités voyez-vous entre la pratique du sport en France et aux États-Unis?
2. Aimeriez-vous participer à un événement comme «Pari-Roller»? Pourquoi ou pourquoi pas?

peu nombreux *few* **équipe** *team* **glisse** *gliding, sliding* **voile** *sailing* **grâce à** *thanks to* **traversée** *ride across* **interdites aux** *closed to*

Vocabulaire: Le sport...

Quand on est **sportif/sportive** *(athletic)*, on peut...

pratiquer *(do, play, take part in) un sport.*

jouer dans **une équipe** *(team).*

faire du sport.

QUELQUES SPORTS INDIVIDUELS

l'alpinisme *(m.)*	*mountain climbing*	**l'escalade** *(f.)*	*rock climbing*
le jogging		**la gymnastique**	
le parapente	*paragliding*	**la marche à pied**	*walking, hiking*
le roller	*in-line skating*	**la natation**	*swimming*
le ski		**la planche à voile**	*windsurfing*
le ski nautique	*waterskiing*	**la voile**	*sailing*
le snowboard			

Chaque jour, on peut...

marcher *(walk) vite.*

faire de l'exercice *(exercise).*

faire du yoga.

courir *(run).*

➔ **Jouer à** + SPORT is used mainly with team and competitive sports.

Nous **jouons au volley.** Ils **jouent au basket.**

➔ **Faire du/de la/des** + SPORT is used with most other sports.

Élodie **fait du roller.** David **fait de la natation.**

➔ **Courir** is an irregular verb.

present	je **cours** tu **cours** il/elle/on **court**	nous **courons** vous **courez** ils/elles **courent**
passé composé	j'**ai** couru	

Vocabulaire: ... et la santé

Ça va?

Oui, ça va.

Je suis **bien portant(e)** *(healthy)*.

Je suis **en forme** *(in shape)*.

Je suis **en bonne santé** *(in good health)*.

Non, ça ne va pas.

Je suis **malade** *(sick)*.

Je suis **fatigué(e)** *(tired)*.

Je suis **en mauvaise santé.**

Qu'est-ce que tu as? *(What's wrong?)*

J'ai **un rhume** *(cold)*.

J'ai **la grippe** *(flu)*.

1 Le sport et vous

1. Êtes-vous sportif/sportive? Quel(s) sport(s) pratiquez-vous régulièrement?
2. Quels sports pratiquez-vous en été? en automne? en hiver? au printemps?
3. Quels sports d'hiver peut-on pratiquer dans votre région? Quels sports d'été?
4. Est-ce que vous faites du jogging? Combien de miles courez-vous par semaine?
5. Est-ce que vous avez couru dans une course *(race)*? Combien de kilomètres avez-vous couru?
6. Est-ce que vous jouez dans une équipe? Dans quel sport?
7. Est-ce que votre université a une équipe de football? Assistez-vous aux matchs de football?
8. Quels sports regardez-vous à la télé? Quelles sont vos équipes préférées?

2 À votre santé!

1. Êtes-vous plutôt *(rather)* en bonne ou en mauvaise santé?
2. Est-ce que vous êtes en bonne forme physique?
3. Qu'est-ce que vous faites pour rester en forme?
4. Avez-vous été malade cet hiver? Avez-vous eu la grippe? Combien de temps avez-vous été malade?
5. Que faites-vous quand vous avez un rhume?

A. Le pronom *y*

In the answers to the questions below, note the form and position of the PRONOUN that replaces expressions indicating location.

Vas-tu **à la piscine**?	Oui, j'**y** vais.	*Yes, I'm going **there**.*
Ton mobile est **sur la table**?	Non, il n'**y** est pas.	*No, it's not **there**.*
Es-tu allé **en France** cet été?	Oui, j'**y** suis allé.	*Yes, I went **there**.*
As-tu été **chez Marc** hier?	Non, je n'**y** ai pas été.	*No, I didn't go **there**.*

The PRONOUN **y** replaces phrases introduced by PREPOSITIONS OF PLACE, such as **à, dans, en, sur,** or **chez** (but never **de**). In this usage, it corresponds to the English *there.*

PREPOSITION OF PLACE + { noun / pronoun } → **y**	Marc va **au café.**	Il **y** va.
	Anne est **chez elle.**	Elle **y** est.

→ While *there* is often omitted in English, **y** must be used in French.

Tu vas **au match de basket**? Oui, j'**y** vais. *Yes, I'm going (there).*

The PRONOUN **y** is also used to replace phrases introduced by **à** that refer to things, but not people.

à + THING or CONCEPT → **y**	Tu assistes **aux matchs de foot**?	Oui, j'**y** assiste.
	Joues-tu **au tennis**?	Non, je n'**y** joue pas.
	As-tu répondu **à mon email**?	Oui, j'**y** ai répondu.
but: **à** + PERSON → **lui, leur**	As-tu répondu **au prof**?	Je **lui** ai répondu.

POSITION

Like other object pronouns, the PRONOUN **y** usually comes BEFORE the VERB.

→ In an INFINITIVE CONSTRUCTION, **y** comes BEFORE the infinitive.

Quand vas-tu aller à Paris? Je vais **y** aller cet été.

→ In AFFIRMATIVE COMMANDS, **y** comes AFTER the verb and is linked to it by a hyphen in writing and by the liaison consonant /z/ when speaking.

Allons à la piscine.	**Allons-y.**	BUT: N'**y** allez pas.
Pensons à notre match.	**Pensons-y.**	BUT: N'**y** pensons pas.

À noter

Before **y,** the **tu**-form of the imperative of **aller** and **-er** verbs takes a final **-s.** This is so that liaison may occur.

Va au stade. **Vas-y** ce matin. Pense à ta santé. **Penses-y.**

3 Et toi?

Demandez à vos camarades s'ils font souvent les choses suivantes. Dans leurs réponses, ils peuvent utiliser des expressions de temps, comme très souvent, assez souvent, de temps en temps, jamais.

❊ aller au cinéma?
— ***Tu vas souvent au cinéma?***
— ***Oui, j'y vais assez souvent (de temps en temps).***
ou — ***Non, je n'y vais pas très souvent. (Je n'y vais jamais.)***

1. aller au complexe sportif?
2. aller en ville?
3. aller chez le dentiste?
4. passer chez tes grands-parents?
5. passer à la bibliothèque?
6. dîner à la cafétéria?
7. penser aux vacances?
8. réfléchir à l'avenir *(future)*?

4 Voyages

Demandez à votre partenaire s'il/si elle a fait les choses suivantes.

❊ aller à San Francisco?
— ***Tu es allé(e) à San Francisco?***
— ***Oui, j'y suis allé(e).***
ou — ***Non, je n'y suis pas allé(e).***

1. aller en Floride?
2. aller au Canada?
3. aller à la Martinique?
4. aller dans l'Arizona?
5. descendre dans le Grand Canyon?
6. monter à la Statue de la Liberté?
7. passer par le Golden Gate Bridge?
8. assister aux «World Series»?

© Owen Franken/Corbis

5 Au bureau

Monsieur Durand demande à son patron *(boss)* s'il doit faire certaines choses. Le patron répond affirmativement ou négativement, en utilisant les pronoms y ou lui. Jouez les deux rôles avec votre partenaire.

❊ passer à la banque? (oui)
M. DURAND: ***Est-ce que je dois passer à la banque?***
LE PATRON: ***Oui, passez-y.***

1. aller à la réunion *(meeting)*? (oui)
2. rester au bureau ce soir? (non)
3. téléphoner à Mme Mercier? (non)
4. répondre à ce message? (oui)
5. répondre à ce client? (oui)
6. répondre à cet email? (non)
7. écrire à M. Boulot? (oui)
8. passer à la poste? (oui)

B. Le pronom *en*

In the answers to the questions below, note the PRONOUN that replaces the expressions in bold type.

Tu fais **du sport**?	Oui, j'**en** fais.
Tu fais **de la voile**?	Non, je n'**en** fais pas.
Tu prends **des vitamines**?	Non, je n'**en** prends pas.
As-tu acheté **des CD**?	Oui, j'**en** ai acheté.
As-tu pris **de l'aspirine**?	Non, je n'**en** ai pas pris.

The PRONOUN **en** replaces DIRECT OBJECTS introduced by the articles **du, de la, de l', des,** and the negative **de.**

du (de l')	+ NOUN → **en**	Éric achète **du pain.**	Il **en** achète.
de la (de l')		Éric boit **de l'eau.**	Il **en** boit.
des		Éric a **des amis.**	Il **en** a.
de (d')		Il n'a pas **de problèmes.**	Il n'**en** a pas.

LIAISON
il en‿achète
il en‿a
il n'en‿a pas

→ The pronoun **en** often corresponds to the English pronouns *some* and *any* (or *none*, in negative sentences). While these pronouns may sometimes be omitted in English, **en** must always be expressed in French.

– Tu as **de l'argent**?	*Do you have **(any) money**?*
– Oui, j'**en** ai.	*Yes, I do (have **some**).*
– Non, je n'**en** ai pas.	*No, I don't (have **any**).*

→ In the PASSÉ COMPOSÉ, there is NO agreement of the past participle with **en.**

As-tu **acheté** des livres? Non, je n'en ai pas **acheté.**

The PRONOUN **en** is also used to replace a NOUN PHRASE introduced by the preposition **de** *(of, from, about)*, when the phrase refers to things, but NOT people.

de + PLACE → **en**	– Tu viens **de la piscine**? – Oui, j'**en** viens. *(I am coming **from there.**)*
de + THING → **en**	– Tu parles **de tes projets**? – Non, je n'**en** parle pas. *(I don't talk **about them.**)*
de + PERSON → **de** + STRESS PRONOUN	Oui, je parle **de lui.** *(I talk **about him.**)*

POSITION

Like other object pronouns, the PRONOUN **en** usually comes BEFORE the VERB.

→ In an INFINITIVE CONSTRUCTION, **en** comes BEFORE the INFINITIVE.

Vas-tu faire **du jogging**? Je vais **en** faire ce week-end.

→ There is always LIAISON after **en** when the next word begins with a vowel sound.

As-tu **de l'aspirine**? Non, je n'**en**‿ai pas. Je vais **en**‿acheter.

→ Note the use of **en** with **il y a.**

Est-ce qu'il y a **de la glace**? Oui, **il y en a.** / Non, **il n'y en a pas.**

→ In AFFIRMATIVE COMMANDS, **en** comes AFTER the verb and is linked to it by a hyphen in writing and by the liaison consonant /z/ when speaking.

Prenez du gâteau.	Prenez-**en.**	BUT: N'**en** prenez pas.
Prends du café.	Prends-**en.**	BUT: N'**en** prends pas.

À noter

Before **en,** the **tu**-form of the imperative of **-er** verbs takes a final **-s.** This is so that liaison may occur.

Apporte de l'eau minérale. **Apportes-en.** Achète du pain. **Achètes-en.**

6 Vive le sport!

Demandez à vos camarades s'ils font les choses suivantes. Ils vont vous répondre, en utilisant des expressions comme souvent, tous les jours, rarement, ne... jamais.

❊ du sport?
— ***Fais-tu du sport?***
— ***Oui, j'en fais tous les jours.***
ou — ***Non, je n'en fais jamais.***

1. de la marche à pied?
2. du ski nautique?
3. de la planche à voile?
4. de la gymnastique?
5. du yoga?
6. de l'escalade?
7. du snowboard?
8. du roller?

7 Un régime de champion(ne)

Aux Jeux olympiques, un journaliste américain interviewe un(e) athlète français(e). Avec votre partenaire, jouez les deux rôles.

❊ faire du jogging? (tous les jours)
— ***Vous faites du jogging?***
— ***Oui, j'en fais tous les jours.***

1. faire de la gymnastique? (avant le petit déjeuner)
2. faire du vélo? (l'après-midi)
3. faire de la natation? (tous les week-ends)
4. prendre des vitamines? (quelquefois)
5. boire de l'eau minérale? (à tous les repas)
6. prendre des vacances? (rarement)
7. manger des produits naturels? (tout le temps)
8. donner des interviews? (de temps en temps)

8 Pourquoi pas?

Demandez à vos camarades s'ils font les choses suivantes. Ils vont répondre négativement et expliquer pourquoi.

❊ manger de la viande?
— ***Tu manges de la viande?***
— ***Non, je n'en mange pas.***
— ***Pourquoi est-ce que tu n'en manges pas?***
— ***Parce que je suis végétarien(ne).***

1. faire du jogging?
2. faire de la planche à voile?
3. faire de l'espagnol?
4. vouloir du gâteau?
5. vouloir de la limonade?
6. prendre des photos?
7. acheter des vêtements?

POURQUOI PAS?

- Je suis fauché(e) *(broke)*.
- Je n'ai pas faim.
- Je n'ai pas soif.
- Je déteste courir.
- Je ne sais pas nager.
- Je ne suis pas doué(e) *(gifted)* pour les langues.
- Je suis végétarien(ne).
- Mon appareil photo ne marche pas.

9 Une fête

Vous organisez une fête avec un(e) ami(e) français(e). Il/Elle propose de faire les choses suivantes. Acceptez.

❊ faire les courses
— ***Je fais les courses?***
— ***Oui, fais-les, s'il te plaît.***

❊ acheter des jus de fruits
— ***J'achète des jus de fruits?***
— ***Oui, achètes-en, s'il te plaît.***

1. acheter du jambon
2. faire des sandwichs
3. faire la vaisselle
4. nettoyer l'appartement
5. envoyer les invitations
6. apporter ma chaîne-stéréo
7. apporter des CD
8. prendre des photos

RAPPEL
The pronouns **le, la, les** replace direct-object nouns introduced by definite articles.

10 En vacances

Demandez à vos camarades s'ils ont fait les choses suivantes pendant les vacances. Ils vont répondre affirmativement ou négativement en utilisant les pronoms **en** ou **y**.

❊ aller en Italie?
— ***Tu es allé(e) en Italie?***
— ***Oui, j'y suis allé(e).***
ou — ***Non, je n'y suis pas allé(e).***

❊ faire de la voile?
— ***Tu as fait de la voile?***
— ***Oui, j'en ai fait.***
ou — ***Non, je n'en ai pas fait.***

1. aller à la mer?
2. faire de la planche à voile?
3. rester chez toi?
4. gagner de l'argent?
5. aller chez tes cousins?
6. voir des films intéressants?
7. rencontrer des personnes intéressantes?
8. aller à la campagne?
9. faire du camping?
10. prendre des photos?

C. Le pronom *en* avec les expressions de quantité

Note the use of the pronoun **en** in the answers on the right.

Avez-vous **une auto**?	Oui, j'**en** ai **une.**
Avez-vous **un vélo**?	Oui, j'**en** ai **un.**
Combien de semaines de vacances prenez-vous?	J'**en** prends **quatre.**
Combien de frères avez-vous?	J'**en** ai **trois.**
Avez-vous **beaucoup d'argent**?	Non, je n'**en** ai pas **beaucoup.**
Avez-vous **trop d'examens**?	Oui, nous **en** avons **trop.**
As-tu acheté **plusieurs CD**?	Oui, j'**en** ai acheté **plusieurs.**
As-tu lu **d'autres livres**?	Oui, j'**en** ai lu **d'autres.**
Est-ce qu'il y a **une piscine** à l'université?	Non, il n'y **en** a pas, mais il y **en** a **une** en ville.

The PRONOUN **en** replaces a direct object introduced by **un/une,** a NUMBER, or an expression of QUANTITY.

en + verb + { **un/une** / NUMBER / expression of QUANTITY }	As-tu pris des photos? Oui, j'**en** ai pris **une.** Oui, j'**en** ai pris **cinq.** Oui, j'**en** ai pris **beaucoup.**

→ In an AFFIRMATIVE sentence, the number **un/une** must be used with **en** if the reference is to a SINGLE person or object.
In a NEGATIVE sentence, however, the number **un/une** is NOT used. Compare:

As-tu **une guitare**?		Oui, j'**en** ai **une.**	*Yes, I have **(one).***
	BUT:	Non, je n'**en** ai pas.	*No, I don't **(have one).***

→ In AFFIRMATIVE COMMANDS, **en** comes immediately AFTER the verb.

Achète **un appareil photo.**	Achètes-**en un.**
Prends **plusieurs photos.**	Prends-**en plusieurs.**

→ The PRONOUN **en** corresponds to the English *of it, of them.* Although these expressions are rarely used in English, **en** must be expressed in French.

As-tu **beaucoup de patience**?	Oui, j'**en** ai **beaucoup.**	*Yes, I have a lot **(of it)**.*
Avez-vous **des soeurs**?	Oui, j'**en** ai **trois.**	*Yes I have three **(of them)**.*

→ When **en** replaces an expression introduced by **quelques,** the pronoun **quelques-un(e)s** is used.

Tu as acheté **quelques CD**?	Oui, j'**en** ai acheté **quelques-uns.**
Tu as pris **quelques photos**?	Oui, j'**en** ai pris **quelques-unes.**

11 Possessions

Demandez à votre partenaire s'il/si elle a les objets suivants.

❊ une guitare?
— As-tu une guitare?
— Oui, j'en ai une.
ou *— Non, je n'en ai pas.*

1. une voiture?
2. un vélo?
3. une tablette?
4. un smartphone?
5. un lecteur DVD?
6. une batte de baseball?
7. une raquette de tennis?
8. une raquette de squash?
9. une planche à voile?
10. un appareil photo?

12 D'accord?

Lisez les phrases suivantes et dites si vous êtes d'accord ou non. Si vous n'êtes pas d'accord, exprimez votre opinion en rectifiant la phrase.

❊ Nous avons beaucoup d'examens.
Je suis d'accord! Nous en avons beaucoup.
ou *Non, je ne suis pas d'accord! Nous n'en avons pas beaucoup.*

1. Les professeurs ne donnent pas assez de préparations.
2. Les étudiants ont trop de temps libre *(free time)*.
3. À l'université nous faisons beaucoup de sport.
4. En général, les gens ne font pas assez d'exercice.
5. Les athlètes professionnels gagnent trop d'argent.
6. Les Américains prennent beaucoup de vacances.
7. Les États-Unis consomment trop d'énergie.
8. Nous produisons assez d'énergie solaire.

Vacances à Saint-Tropez

13 Et vous?

Répondez aux questions suivantes en utilisant le pronom en.

❊ Combien de frères avez-vous?
J'en ai un (deux, trois...).
ou *Je n'en ai pas.*

1. Combien de soeurs avez-vous?
2. Combien de CD avez-vous?
3. Combien de cours avez-vous demain?
4. Combien d'étudiants est-ce qu'il y a dans la classe?
5. Combien de garçons est-ce qu'il y a?
6. Combien de filles est-ce qu'il y a?

CD3-28

Phonétique : Les lettres «qu»

In French, the letters "qu" almost always represent the sound /**k**/.

Répetez: qui quart quartier Québec question quitter équipe gymnastique

Compréhension orale 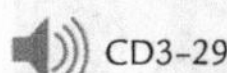 CD3-29

Quatre étudiants français parlent de leur sport préféré. Écoutez chaque personne et déterminez le sport qu'elle pratique. Écrivez le nom de cette personne sous l'image qui représente ce sport.

1. ________	2. ________	3. ________	4. ________

Thomas
Émilie
Pierre
Nathalie

Conversation dirigée

You are spending your vacation in Saint-Tropez on the French Riviera. On the beach you meet some French students with whom you strike up a conversation.

You might ask them . . .

- if they often go to the beach
- if they play volleyball
- if they windsurf
- if they know a good jazz club **(une boîte de jazz)**
- and, of course, the answer is yes!
- if they want to go there with you tonight

Sondage

Vous êtes journaliste pour le magazine Sports et jeunesse. Vous voulez savoir quels sports individuels les étudiants américains pratiquent pendant la semaine, en été et en hiver.

Choisissez quatre étudiants et faites une enquête. Indiquez leurs réponses dans le tableau.

Quels sont les sports les plus populaires?

❊ ***— Bonjour Alice. Quel sport est-ce que tu pratiques pendant la semaine?***
— Je fais du jogging.
— Et en été?
— Je fais de la natation...

nom	❊ *Alice*				
pendant la semaine	*jogging*				
en été	*natation*				
en hiver					

Expression écrite

Écrivez un petit paragraphe où vous indiquez quels sports vous aimez et pourquoi. Puis indiquez quels sports vous pratiquez et quels sports vous ne pratiquez pas. Donnez le plus possible de détails: quand vous les pratiquez et avec qui, si vous êtes très sportif (sportive), etc.

LEÇON 26 Pauvre Stéphane!

OBJECTIVES
- To describe our daily routine
- To describe the body

© Jon Bradley/Getty Images

CD3-30

Stéphane et Valérie Lafont se sont ***récemment*** *mariés. Ils viennent de trouver un appartement dans la banlieue parisienne. Ils sont très contents de leur* ***choix****. Le quartier est agréable, l'immeuble est moderne et l'appartement est spacieux et confortable. Mais parfois il y a un petit problème...* — *recently* / *choice*

Ce matin à sept heures, Valérie ***se lève*** *et va dans la cuisine, mais son mari reste au lit. Elle l'appelle.* — *gets up*

VALÉRIE:	Alors, Stéphane, **tu te lèves?**	*are you getting up*
STÉPHANE:	Oui, je me lève... dans dix minutes!	
VALÉRIE:	Comment? Tu n'as pas assez dormi?	
STÉPHANE:	Tu parles! Avec tous ces bruits, **je n'ai pas fermé l'oeil** de la nuit!	*I didn't sleep a wink*
VALÉRIE:	Quels bruits? Moi, je n'ai rien entendu! De quoi est-ce que tu parles?	
STÉPHANE:	À trois heures, le **réveil a sonné** chez les Durand.	*alarm clock / rang*
VALÉRIE:	Tiens, c'est curieux! D'habitude ils se lèvent à six heures et demie. Ils sont peut-être partis en voyage très **tôt** ce matin.	*early*
STÉPHANE:	Et à cinq heures, j'ai entendu un chien dans la rue. J'ai ouvert la fenêtre. Et qu'est-ce que j'ai vu? Mademoiselle Morin qui **se promenait** avec son chien!	*was taking a walk*
VALÉRIE:	Elle ne se promenait pas! Elle **sortait** son chien, c'est tout! Alors, tu vas **te lever,** oui ou non? Le café est prêt!	*was taking out* / *to get up*
STÉPHANE:	Écoute, je suis vraiment furieux contre les voisins.	

VALÉRIE: Mon pauvre Stéphane, si tu n'es pas heureux ici, on peut chercher un autre appartement.

STÉPHANE: Ah ça, pas question! On est très bien ici!

À propos du texte

1. Qui se lève d'abord? Valérie ou Stéphane?
2. Est-ce que Stéphane a bien ou mal dormi? Pourquoi?
3. Pensez-vous que les Lafont vont chercher un autre appartement? Pourquoi ou pourquoi pas?
4. Avez-vous parfois un problème similaire avec un(e) voisin(e) ou votre camarade de chambre? Expliquez.

Note culturelle

Le logement des Français CD3-31

© Ellen Rooney/Robert Harding Library/Corbis

Pour les Français, la résidence est le centre principal et parfois unique de leurs activités personnelles, familiales et sociales. La qualité de la vie est donc le critère essentiel dans le choix d'un logement. Les éléments les plus importants sont le confort, la sécurité, la convivialité et la détente°.

Dans leur logement, les Français préfèrent une grande cuisine à une grande salle de bains... et deux petites salles de bains plutôt qu'une grande. Ils veulent une salle à manger séparée et pensent que les enfants ont besoin d'une chambre plus grande que celle° de leurs parents.

Pour beaucoup de Français, le logement idéal est une maison individuelle avec un jardin, située dans une ville petite ou moyenne. Ce choix reflète un style de vie marqué par l'importance de la vie privée°, de l'environnement et des loisirs.

À votre avis

1. Pour les Américains, quels sont les critères essentiels dans le choix d'un logement?
2. Pour vous, quel est le logement idéal? Faites-en une petite description.

détente *relaxation* **celle** *that* **privée** *private*

Vocabulaire: Les parties du corps

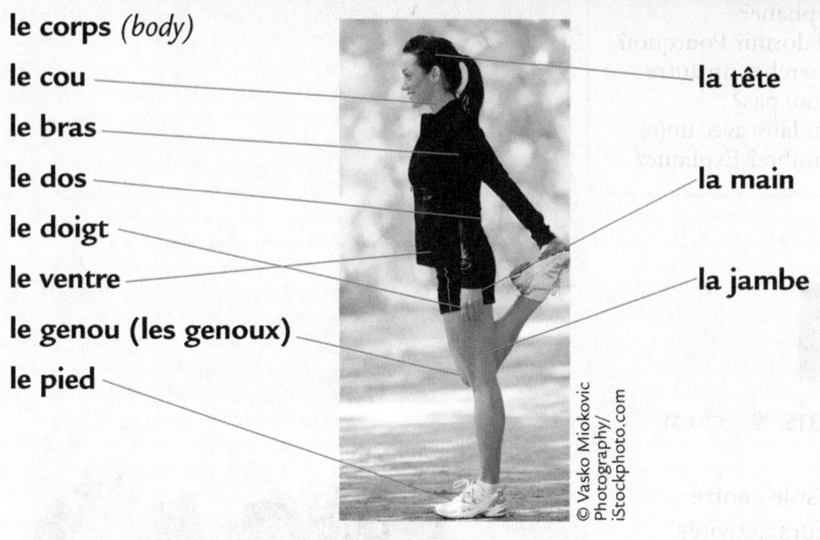

QUELQUES MOUVEMENTS PHYSIQUES

On peut... **lever** *(raise) la main.*
plier *(bend) les genoux.*
ouvrir *(open) les yeux.*
fermer *(close) la bouche.*

→ **Les cheveux** is always used in the plural. **Un cheveu** is a single strand of hair.

1 Un peu d'exercice

Faites les mouvements correspondant aux instructions suivantes.

1. Levez la main droite.
2. Levez la main gauche.
3. Levez la tête.
4. Levez les deux bras.
5. Pliez les genoux.
6. Fermez les yeux.
7. Ouvrez les yeux.
8. Ouvrez la bouche.

A. L'emploi de l'article défini avec les parties du corps

TO DESCRIBE THE BODY

Note the use of the DEFINITE ARTICLE in the following sentences.

Elle a **les** yeux bleus.	*She has blue eyes. (**Her** eyes are blue.)*
J'ai **les** cheveux bruns.	*I have brown hair. (**My** hair is brown.)*
Ouvrez **la** bouche.	*Open **your** mouth.*
Fermez **les** yeux.	*Close **your** eyes.*

In French, the DEFINITE ARTICLE is used to introduce parts of the body.

→ To describe pain or discomfort, the French use the expression:

avoir mal à + DEFINITE ARTICLE + part of the body	
J'**ai mal à la** tête. Tu **as mal aux** pieds.	*I have a headache. (My head hurts.)* *You have sore feet. (Your feet are sore.)*

2 Auto-portrait

Faites votre portrait en complétant les phrases suivantes.

J'ai les yeux...	J'ai les cheveux...	J'ai le visage...
❍ bleus	❍ blonds	❍ rond
❍ verts	❍ bruns	❍ ovale
❍ noirs	❍ noirs	❍ carré *(square)*
❍ marron	❍ roux *(red)*	❍ triangulaire

Maintenant, faites le portrait de votre partenaire.

3 Malaises *(Discomforts)*

Dites où les personnes suivantes ont mal.

❊ David a trop mangé. ***Il a mal au ventre.***

1. Isabelle a une migraine.
2. Pierre va chez le dentiste.
3. Antoine a la grippe.
4. Thomas a trop étudié.
5. Claire a des chaussures trop petites.
6. Léa est tombée de vélo.
7. Élodie a couru dix kilomètres.
8. Alice a porté des valises trop lourdes *(heavy)*.

B. Les verbes réfléchis: Formation

TO DESCRIBE OUR DAILY ROUTINE

> **Note linguistique: Verbes réfléchis**
>
> To talk about daily activities such as *getting up, washing, getting dressed,* the French use REFLEXIVE VERBS.
>
> REFLEXIVE VERBS are conjugated with a REFLEXIVE PRONOUN, that is, a pronoun that represents the same person as the subject.

Note the use of the REFLEXIVE VERBS in the following sentences.

Je **me lève** à sept heures.	*I **get up** at seven.*
Philippe **se lave.**	*Philippe is **washing up.***
Nous **nous habillons.**	*We **are getting dressed.***

REFLEXIVE VERBS in the present tense are conjugated like **se laver** *(to wash oneself)* and **s'habiller** *(to get dressed).*

infinitive	se laver	s'habiller
present	je **me lave** tu **te laves** il/elle/on **se lave** nous **nous lavons** vous **vous lavez** ils/elles **se lavent**	je **m'habille** tu **t'habilles** il/elle/on **s'habille** nous **nous habillons** vous **vous habillez** ils/elles **s'habillent**
negative	Je **ne me lave pas.**	Je **ne m'habille pas.**
interrogative	Est-ce que tu **te laves**?	Est-ce que tu **t'habilles**?

ÉLISION
me → m'
te → t'
se → s'

LIAISON
nous nous‿habillons
vous vous‿habillez

→ REFLEXIVE VERBS are formed according to the following pattern:

reflexive verb = reflexive pronoun + verb

→ REFLEXIVE PRONOUNS represent the same person as the SUBJECT.

Je me lave.	***I** am washing **(myself)**.*
Alice s'habille.	***Alice** is getting **(herself)** dressed.*

→ Like other object pronouns REFLEXIVE PRONOUNS come BEFORE the verb.

Éric **se** lave.	Tu ne **te** laves pas.

Vocabulaire: Les occupations de la journée

se réveiller	*to wake up*	Je **me réveille** à sept heures.
se lever	*to get up*	Le dimanche nous **nous levons** à neuf heures.
se laver	*to wash, wash up*	Tu **te laves** avant le petit déjeuner.
s'habiller	*to dress, get dressed*	Mélanie **s'habille** toujours bien.
se promener	*to go for a walk*	Vous **vous promenez** dans le parc.
se reposer	*to rest*	Le week-end, nous **nous reposons.**
se coucher	*to go to bed*	Je **me couche** à onze heures.
adverbs		
tôt	*early*	En semaine, je me lève **tôt.**
tard	*late*	Le samedi, je me couche **tard.**

→ **Se lever** and **se promener** are conjugated like **acheter.**

je me lève	**nous nous levons**
je me promène	**nous nous promenons**

4 Qu'est-ce qu'ils font?

Complétez les phrases avec le pronom qui convient.

1. Mes copains _____ promènent.
2. Vous _____ reposez.
3. Pauline _____ habille.
4. Mon petit frère _____ réveille.
5. Tu _____ lèves à huit heures.
6. Marc _____ couche à minuit.
7. Mes grands-parents _____ reposent.
8. Nous _____ couchons tôt en semaine.
9. Je _____ lave le matin.

© Rebecca Valette

Pont des Arts et l'Institut de France, Paris

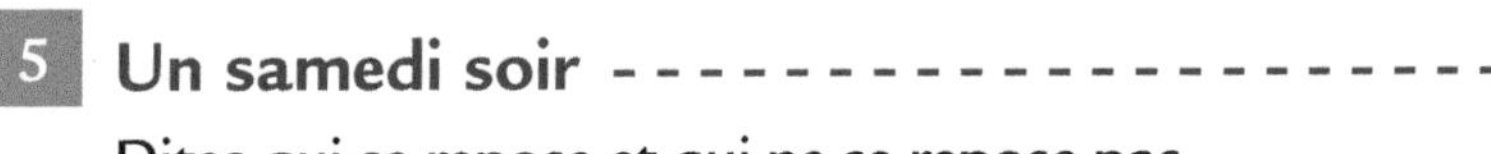

5 Un samedi soir

Dites qui se repose et qui ne se repose pas.

❊ Isabelle prépare l'examen.
Elle ne se repose pas.

1. Nous regardons la télé.
2. Je vais au cinéma.
3. M. Boulot travaille.
4. Nous étudions.
5. Mme Lassalle lit ses emails.
6. Vous jouez à un jeu d'ordinateur.
7. Tu nettoies ta chambre.
8. Léa et Marc font le problème de maths.

6 Et vous?

Complétez les phrases suivantes avec l'une des expressions entre parenthèses ou une expression de votre choix.

1. En semaine, je me réveille... (à six heures / à sept heures / ??)
2. Le dimanche, je me lève... (tôt / tard / ??)
3. En semaine, je me couche... (avant onze heures / après onze heures / ??)
4. Le samedi soir, je me couche... (avant minuit / après minuit / ??)
5. Le week-end, je me promène... (en ville / à la campagne / ??)
6. Je m'habille bien quand je vais... (à un concert / au restaurant / à un rendez-vous / ??)
7. Je m'habille de façon décontractée *(casually)* quand je vais... (en classe / à un match de football / ??)
8. Je me repose... (le samedi soir / le dimanche après-midi / ??)

7 La journée de Christine

Décrivez la journée de Christine. Pour cela remplacez les expressions soulignées par des verbes réfléchis.

1. Elle ouvre les yeux à sept heures.
2. Elle sort du lit.
3. Ensuite, elle prend un bain *(bath)*.
4. Après, elle met ses vêtements.
5. Après le déjeuner, elle fait la sieste.
6. Elle fait une promenade en ville.
7. Elle va au lit à dix heures.

Note linguistique: Verbes réfléchis et non-réfléchis

In French, many verbs can be used reflexively or non-reflexively. Compare:

Vincent **lave** sa voiture. Après, **il se lave.**	*Vincent **washes** his car.* *Afterwards, **he washes (himself).***
Le bruit **réveille** Alice. Alice **se réveille.**	*The noise **wakes up Alice.*** *Alice **wakes (herself) up.***
Nous **achetons** un CD pour un copain. Nous **nous achetons** aussi des CD.	*We **buy** a CD for a friend.* *We also **buy** CDs **for ourselves.***

→ In a REFLEXIVE CONSTRUCTION, the subject and the reflexive pronoun are the SAME person. The subject does the action on *himself* or for *himself.*

→ To express the RESULT of a reflexive action, the following construction is used:

subject + **être** + past participle

Paul se réveille. Il **est réveillé.**	*Paul wakes up.* *He is awake.*
Émilie s'habille. Elle **est habillée.**	*Émilie is getting dressed.* *She is dressed.*

Vocabulaire: Dans la salle de bains

On trouve...

un peigne	*comb*	**une brosse à cheveux**	*hairbrush*
du dentifrice	*toothpaste*	**une brosse à dents**	*toothbrush*
du savon	*soap*		
du shampooing	*shampoo*		
un rasoir	*razor*		
du rouge à lèvres	*lipstick*		

On peut...

se peigner	*comb one's hair*	**se brosser les cheveux**	*brush one's hair*
se raser	*shave*	**se brosser les dents**	*brush one's teeth*
se maquiller	*put on makeup*	**prendre un bain**	*take, have a bath*
		prendre une douche	*take, have a shower*

➔ To describe an action that one performs on one's body, the French use the construction:

subject + REFLEXIVE VERB + DEFINITE ARTICLE + part of the body
Je **me lave la** figure. Ils **se lavent les** mains.

8 Occupations du matin

Les personnes suivantes sont dans la salle de bains. Pour chaque personne, choisissez une activité et dites quel objet ou quel produit elle utilise.

❊ ***Je me lave les mains. J'utilise du savon.***

- moi
- toi
- Éric
- Zoé et Léa
- nous
- vous

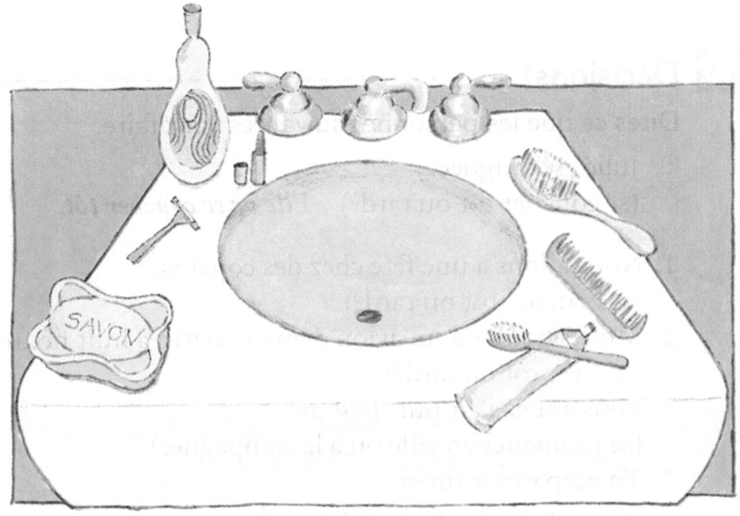

quelle activité?

se raser
se peigner
se brosser les cheveux
se brosser les dents
se laver les mains
se maquiller
prendre un bain

C. L'infinitif des verbes réfléchis

Note the position of the reflexive pronouns in the following sentences.

Je vais **me reposer.**	*I am going* ***to rest.***
Je n'aime pas **me lever** tôt.	*I don't like* ***to get up*** *early.*
Nous voulons **nous promener.**	*We want* ***to go for a walk.***
Tu ne dois pas **te coucher** tard.	*You should not* ***go to bed*** *late.*

In an INFINITIVE construction, the reflexive pronoun comes directly BEFORE the infinitive.

subject + (ne) + verb + (pas) + REFLEXIVE PRONOUN + infinitive

Je vais **me reposer.** Je ne vais pas **me promener.**

→ Note that the reflexive pronoun always represents the same person as the subject of the main verb.

Tu vas **te** promener. **Paul** va **se** promener.

9 Préférences

Demandez à vos camarades s'ils aiment faire les choses suivantes.

❋ se promener
— ***Est-ce que tu aimes te promener?***
— ***Oui, j'aime me promener.***
ou — ***Non, je n'aime pas me promener.***

1. se promener à la campagne
2. se promener quand il pleut
3. se lever tôt le dimanche
4. se coucher tard le samedi soir
5. se laver avec de l'eau froide
6. se reposer pendant la classe
7. s'acheter des vêtements chers
8. se réveiller avec de la musique

10 Décisions!

Dites ce que les personnes suivantes vont faire.

❋ Julie est fatiguée.
(se coucher tôt ou tard?) ***Elle va se coucher tôt.***

1. Nous allons à une fête chez des copains.
(se coucher tôt ou tard?)
2. Mme Thomas a un avion demain matin à huit heures.
(se lever tôt ou tard?)
3. Vous aimez l'air pur *(fresh air).*
(se promener en ville ou à la campagne?)
4. Tu prépares le dîner.
(se laver les mains ou la figure?)
5. Vincent et Claire vont à un mariage.
(s'habiller bien ou comme d'habitude *[as usual]*?)

D. L'impératif des verbes réfléchis

TO MAKE SUGGESTIONS

Compare the position of the reflexive pronouns in affirmative and negative commands.

affirmative	negative
Repose-toi ce week-end.	Ne **te repose** pas maintenant.
Promenons-nous à la campagne.	Ne **nous promenons** pas en ville.
Couchez-vous avant minuit.	Ne **vous couchez** pas trop tard.

Commands with reflexive verbs are formed as follows:

affirmative	VERB - { **toi** / **nous** / **vous** }	Lève-**toi.** Reposons-**nous.** Habillez-**vous.**
negative	ne { **te** / **nous** / **vous** } VERB pas	Ne **te** lève pas. Ne **nous** reposons pas. Ne **vous** habillez pas.

11 En colonie de vacances *(summer camp)*

Cet été, vous êtes moniteur/monitrice *(counselor)* dans une colonie de vacances. Dites aux enfants ce qu'ils doivent faire.

❊ se lever à sept heures ***Levez-vous à sept heures.***

1. se laver avec du savon
2. se brosser les dents
3. se peigner
4. s'habiller pour la marche à pied *(hike)*
5. se promener en groupe
6. se reposer après le déjeuner
7. se laver les mains avant le dîner
8. se coucher avant dix heures

Un lac glaciaire des Alpes

12 Bons conseils

Votre camarade de chambre vous explique sa situation. Donnez-lui les conseils appropriés (avec des verbes à la forme affirmative ou négative).

❊ Je suis malade. (se lever?) ***Ne te lève pas.***

1. Je suis fatigué. (se reposer?)
2. J'ai mal à la tête. (se promener?)
3. J'ai sommeil. (se coucher tard?)
4. Je dois finir une préparation. (se reposer?)
5. Je prépare le dîner. (se laver les mains?)
6. Je vais à une entrevue professionnelle. (s'habiller bien?)

E. Le verbe *ouvrir*

The verb **ouvrir** *(to open)* is irregular.

infinitive		ouvrir	Je vais **ouvrir** le garage.
present	j'	**ouvre**	J'**ouvre** la porte.
	tu	**ouvres**	Tu **ouvres** le cahier.
	il/elle/on	**ouvre**	On **ouvre** le livre.
	nous	**ouvrons**	Nous **ouvrons** la fenêtre.
	vous	**ouvrez**	Vous **ouvrez** le magazine.
	ils/elles	**ouvrent**	Elles **ouvrent** le journal.
passé composé	j'ai	ouvert	J'**ai ouvert** votre lettre.

→ In the present tense, **ouvrir** is conjugated like a regular **-er** verb.

Verbes conjugués comme *ouvrir*

découvrir	*to discover*	Les médecins vont **découvrir** une cure contre le cancer.
offrir	*to give, offer*	Mes parents m'**ont offert** une nouvelle voiture.
souffrir	*to suffer*	**As**-tu **souffert** quand tu es allé chez le dentiste?

13 Et vous?

1. Est-ce que votre université offre beaucoup de cours intéressants?
2. Qu'est-ce que vous avez offert à votre père pour son anniversaire? à votre mère? à votre meilleur(e) ami(e)?
3. Dans quelle banque avez-vous ouvert un compte-chèques *(checking account)*?
4. Souffrez-vous beaucoup quand vous allez chez le dentiste? quand vous avez un examen? quand vous êtes en classe de français?
5. À l'université, avez-vous découvert l'amitié *(friendship)*? la tranquillité? la stabilité? le bonheur *(happiness)*?

CD3-32

Phonétique: Les lettres «gn»

In French, the letters "gn" represent the sound /ɲ/, which is similar to the "ny" in *canyon*.
Répétez:

champagne montagne Espagne magnifique peigne se peigner

Agnès a un magnifique peigne espagnol.

Compréhension orale CD3-33

Écoutez les descriptions suivantes. Puis indiquez si les actions se passent dehors ou à l'intérieur.

	1	2	3	4	5	6	7	8
A. dehors								
B. à l'intérieur								

Conversation dirigée

You have a French classmate who is usually lively and full of energy. Today, however, your friend does not look so good.

Ask your friend . . .

- if he/she is sick
- if he/she has a headache
- if he/she has a stomachache
- if he/she is going to rest after class
- at what time he/she is going to bed

Expression libre

Vous êtes journaliste pour un journal français.

- Vous voulez savoir quelles marques *(brands)* de certains produits les étudiants préfèrent.
- Choisissez quatre camarades de classe et faites une enquête.
- Indiquez les résultats dans le tableau.

❋ ***— Dis-moi, Jennifer, quelle marque de dentifrice est-ce que tu utilises?***
— J'utilise Colgate.
— Et quelle marque de shampooing utilises-tu? ...

	❋	1	2	3	4
nom	*Jennifer*				
dentifrice	*Colgate*				
shampooing					
parfum ou eau de toilette					

Expression écrite

Décrivez vos activités habituelles pendant les vacances dernières en utilisant au moins six verbes réfléchis à l'imparfait.

L'été dernier, je me levais à dix heures du matin...

LEÇON 27 Le grand amour

OBJECTIVES

- To discuss personal relationships
- To express feelings and emotions
- To describe interactions

CD3-34

	*C'est le week-end. Caroline et Mélanie se promènent sur les Champs-Élysées. Tout à coup, Caroline **s'arrête** devant un magasin où sont exposées de magnifiques robes de **mariée**.*	*stops* / *bride*
CAROLINE:	Tiens! À propos, tu sais qui va **se marier**?	*to get married*
MÉLANIE:	Je ne sais pas.	
CAROLINE:	Mon cousin Alexandre! Il va se marier en juillet!	
MÉLANIE:	Ton cousin Alexandre? Le célibataire **endurci**?! Ça, c'est impossible! Tu **te souviens**? Un jour il nous a dit: «Le mariage est une institution complètement archaïque! Aujourd'hui on peut **vivre en union libre** et avoir des enfants sans être marié. Moi, je ne vais jamais me marier!»	*hard core* / *remember* / *live together*
CAROLINE:	Oui, je me souviens bien... Mais c'était l'année dernière!	
MÉLANIE:	Et où est-ce qu'il a rencontré sa fiancée?	
CAROLINE:	Ils **se sont rencontrés** aux sports d'hiver en Suisse.	*met*
MÉLANIE:	Ah bon? Comment?	
CAROLINE:	Eh bien, quand il est arrivé, il a voulu faire du ski immédiatement. Comme il n'était pas en forme, il a fait une **chute** phénoménale... Quelqu'un l'a aidé à **se relever**. C'était elle...!	*fall* / *to get up*
MÉLANIE:	Qui, elle?	
CAROLINE:	Eh bien, Sabina, sa future femme... Elle est italienne... Ils **sont** immédiatement **tombés amoureux**.	*fell in love*
MÉLANIE:	Et ensuite?	

CAROLINE: À la fin des vacances, elle est rentrée en Italie, et Alexandre à Paris. Depuis, ils **se téléphonent** tous les jours. Et tous les week-ends Alexandre **se rend** en Italie! *phone each other* *goes*

MÉLANIE: C'est le grand amour!

CAROLINE: Absolument! Et comme la famille de la jeune fille est résolument contre l'union libre, ils ont décidé de se marier!

À propos du texte

1. Qui est Alexandre?
2. Quelle opinion avait-il sur le mariage?
3. Comment et pourquoi a-t-il changé d'opinion?

Note culturelle

Le mariage en France

CD3-35

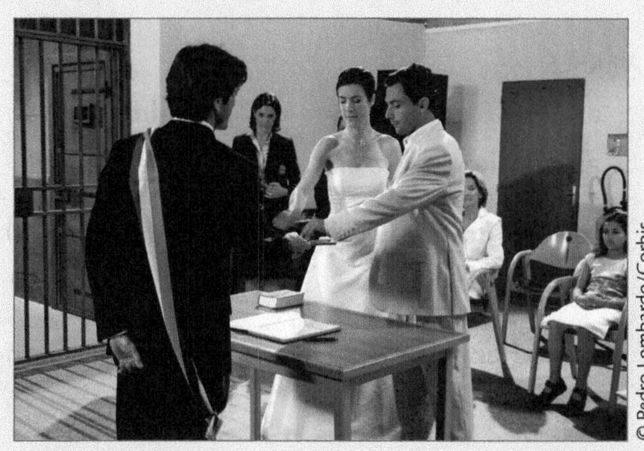

© Pedro Lombardo/Corbis

En France, le mariage est un acte civil officiel. Avant le mariage, les futurs époux° doivent accomplir un certain nombre de formalités administratives (publication de l'intention de mariage, examen médical, etc.). Le mariage est célébré obligatoirement à la mairie° par le maire° ou son adjoint°. Les nouveaux mariés° reçoivent un **livret de famille.** C'est un document officiel où seront inscrits les événements familiaux importants (naissances°, décès° et, éventuellement°, divorce).

Beaucoup de couples désirent aussi avoir un mariage religieux. Après le mariage civil, ils vont à l'église, à la mosquée ou à la synagogue où sera célébrée la cérémonie religieuse.

Aujourd'hui, beaucoup de jeunes décident de vivre ensemble et d'avoir des enfants sans être mariés. Ils vivent alors en **union libre.** En France, les couples non-mariés ont la possibilité d'avoir une existence légale. Pour cela, ils doivent signer un simple document appelé PACS (Pacte civil de solidarité). Cette possibilité est ouverte à tous les couples, hétérosexuels ou homosexuels. Les couples **pacsés** ont les mêmes avantages fiscaux et légaux que les couples mariés.

À votre avis

1. Quelles sont les différences entre le mariage en France et aux États-Unis?
2. Quelles différences voyez-vous entre l'union libre en France et *living together* aux États-Unis?
3. Êtes-vous pour ou contre l'institution du PACS? Expliquez.

époux *spouses* **mairie** *city hall* **maire** *mayor* **adjoint** *assistant* **nouveaux mariés** *newlyweds* **naissances** *births* **décès** *deaths* **éventuellement** *if it is the case*

La langue française

Vocabulaire: L'amitié, l'amour et le mariage

NOMS

l'amour *(m.)*	*love*	**l'amitié** *(f.)*	*friendship*
le mariage	*marriage; wedding*		

ADJECTIFS

amoureux/amoureuse (de)	*in love (with)*	Jérémie est **amoureux de** Sophie.
célibataire	*single*	Est-ce que tu vas rester **célibataire**?
même	*same*	Marc et moi, nous avons les **mêmes** amis.

VERBES

aimer	*to love*	Tu m'**aimes?**
aimer bien	*to like*	Je t'**aime bien.**
tomber amoureux (de)	*to fall in love (with)*	Julie **est tombée amoureuse d'**Alain.
se fiancer (avec)	*to get engaged (to)*	Céline va **se fiancer avec** Antoine.
se marier (avec)	*to marry, get married*	Alice va **se marier avec** Thomas.
divorcer	*to divorce*	Mon oncle vient de **divorcer.**
avoir rendez-vous	*to have a date*	Thomas **a rendez-vous** avec Émilie.
	to have an appointment	J'**ai rendez-vous** chez le dentiste.
donner rendez-vous à	*to make a date with*	Alice **donne rendez-vous à** Marc.
	to arrange to meet	Je vous **donne rendez-vous** à midi.
s'entendre bien (avec)	*to get along (with)*	Je **m'entends bien avec** mes amis.
se disputer (avec)	*to argue, quarrel (with)*	Je **me dispute avec** mon frère.
se rencontrer	*to meet (for the first time)*	Ils **se sont rencontrés** chez Cécile.

EXPRESSIONS

ensemble	*together*	David et Élodie sont toujours **ensemble.**
entre	*between, among*	Nous sommes **entre** amis.

1 Et vous?

1. Êtes-vous marié(e) ou célibataire? Si vous êtes célibataire, avez-vous l'intention de vous marier? Quand?
2. Selon vous, quel est l'âge idéal pour se marier? Pourquoi?
3. Avez-vous déjà assisté à un mariage? Où? Quand? Qui était le marié *(groom)*? Qui était la mariée *(bride)*? Quand est-ce qu'ils se sont fiancés?
4. Est-ce que vous avez eu rendez-vous chez le dentiste récemment *(recently)*? Quand?
5. Est-ce que vous avez donné rendez-vous à un(e) ami(e) récemment? Quand? Est-ce que vous êtes sorti(e)s ensemble? Où?

2 Relations personnelles

Complétez les phrases suivantes avec une expression de votre choix. Comparez vos réponses avec votre partenaire.

1. Je m'entends très bien avec...
2. Je ne m'entends pas avec...
3. Je me dispute souvent avec...
4. Je ne me dispute jamais avec...

- mon frère
- ma soeur
- mes parents
- mon/ma camarade de chambre
- mon copain
- ma copine
- mes profs

3 Débat

Êtes-vous d'accord avec les opinions suivantes? Choisissez un thème et débattez-le avec un(e) camarade qui a une opinion opposée.

1. La famille est la base de la société.
2. Le mariage est une institution démodée *(obsolete)*.
3. Dans la vie, on aime seulement une fois.
4. On peut être amoureux de plusieurs personnes en même temps.
5. Le grand amour arrive à tout âge.
6. L'amitié est plus importante que l'amour.
7. Entre amis, on ne se dispute jamais.
8. Les gens célibataires sont plus heureux que les gens mariés.
9. Quand on a des enfants, on ne doit pas divorcer.
10. En cas de séparation, l'union libre est préférable au mariage.

A. Les verbes réfléchis: Sens idiomatique

REFLEXIVE VERBS are used idiomatically:

- to describe certain feelings or changes in feelings

  Pourquoi est-ce que tu **t'impatientes**? — *Why **are you getting impatient**?*

- to describe certain movements

  Thomas **se rend à** la bibliothèque. — *Thomas **is going to** the library.*

- to describe certain other actions and situations

  Tu as tort! **Excuse-toi**! — *You are wrong! **Apologize**!*

Vocabulaire: Quelques verbes réfléchis

SENTIMENTS ET ÉMOTIONS

s'amuser	*to have fun*	**s'ennuyer**	*to get bored*
se détendre	*to relax*	**s'énerver**	*to get upset*
s'impatienter	*to get, grow impatient*	**se fâcher**	*to get angry*
s'inquiéter	*to worry*	**se sentir (triste)**	*to feel (sad)*

SITUATION ET MOUVEMENTS

se trouver	*to be (located)*	**s'asseoir**	*to sit down*
se dépêcher	*to hurry, hurry up*	**se rendre à**	*to go to*
s'arrêter	*to stop*	**s'en aller**	*to go away, leave*

AUTRES VERBES

s'appeler	*to be called, named*	**se rappeler**	*to remember, recall*
s'excuser	*to apologize*	**se souvenir (de)**	*to remember*
se tromper	*to make a mistake*	**s'intéresser à**	*to be interested in*

➔ Note the following conjugation patterns:

s'appeler (se rappeler)	je m'appelle	nous nous appelons
s'ennuyer (like **payer**)	je m'ennuie	nous nous ennuyons
se sentir (like **partir**)	je me sens	nous nous sentons
se souvenir (like **venir**)	je me souviens	nous nous souvenons
s'en aller (like **aller**)	je m'en vais	nous nous en allons

➔ The verb **s'asseoir** is irregular.

present	je **m'assieds** tu **t'assieds** il **s'assied**	nous **nous asseyons** vous **vous asseyez** ils **s'asseyent**
past participle	**assis**	

4 Réactions personnelles

Dites comment vous réagissez dans les situations suivantes. (Le verbe peut être affirmatif ou négatif.)

❊ Vous êtes dans la classe de français. (s'ennuyer?)
Je ne m'ennuie pas.
ou *Je m'ennuie.*

1. Vous êtes en vacances. (se détendre?)
2. Vous êtes à une soirée *(party)* très snob. (s'amuser?)
3. Vous ne comprenez pas le problème de maths. (s'énerver?)
4. Votre copain est en retard *(late)* à un rendez-vous. (s'impatienter?)
5. Votre copain est très en retard. (s'inquiéter?)
6. Vous avez un «D» à un examen. (se fâcher?)
7. Vous avez joué au basket. (se sentir fatigué[e]?)
8. Vous avez mal à la tête. (se sentir en forme?)

5 Un rendez-vous manqué *(Stood up)*

Racontez *(Tell)* l'histoire. Pour cela, complétez les phrases avec un verbe réfléchi qui indique l'endroit ou le mouvement.

Antoine a rendez-vous avec Émilie dans un café.

- Antoine ______ pour être à l'heure au rendez-vous.
- Il ______ au café en bus.
- Il prend un bus qui ______ juste devant le café.
- Il entre dans le café et ______ sur une chaise.
- Il attend Émilie, mais Émilie ne vient pas.
- Alors, il ______ et rentre chez lui.

6 L'ami(e) idéal(e)

Dites si oui ou non l'ami(e) idéal(e) fait les choses suivantes.

❊ s'impatienter
Non, il/elle ne s'impatiente pas.

1. s'énerver souvent
2. se fâcher avec moi
3. se sentir généralement triste
4. s'amuser quand je suis triste
5. se souvenir de mon anniversaire
6. s'intéresser à mes problèmes personnels
7. s'excuser quand il/elle a tort
8. s'ennuyer quand je suis avec lui/elle

Fête d'anniversaire au Petit Keller, Paris

7 Pratique

Expliquez ce que les personnes suivantes font. Pour cela, remplacez les expressions soulignées par un des verbes suggérés.

❊ Alice va très vite.
Elle se dépêche.

1. Émilie fait une erreur.
2. Antoine demande pardon.
3. Pauline va à une réunion *(meeting)*.
4. Thomas part.
5. Philippe utilise une chaise.
6. Éric et Nicolas sont très impatients.
7. Julie a des souvenirs de tout.
8. Claire est très intéressée par la musique.
9. Isabelle est furieuse.

s'asseoir / se dépêcher / s'excuser / se fâcher / s'intéresser à / se souvenir de
se tromper / se rendre à / s'impatienter / s'en aller

8 Bons conseils

Donnez des conseils à un ami français qui est dans les circonstances suivantes. Utilisez l'impératif affirmatif ou négatif des verbes de la liste. Soyez logique.

❊ Votre ami est très impatient.
Ne t'impatiente pas!

❊ Il a tort.
Excuse-toi!

1. Il est en retard *(late)*.
2. Il va à une fête *(party)*.
3. Il travaille trop.
4. Il a peur de l'avenir *(future)*.
5. Il attend un copain depuis une heure.
6. Il fait un problème de maths.
7. Il a un rendez-vous avec une copine.
8. Il voit un feu rouge *(red light)*.

s'amuser
s'arrêter
s'excuser
s'impatienter
s'inquiéter
se fâcher
se détendre
se tromper dans les calculs
se souvenir de l'heure

9 Et vous?

Complétez les phrases suivantes avec une expression personnelle. Ensuite, comparez vos réponses avec celles de votre partenaire.

1. Je m'intéresse à...
2. Je me souviens toujours de...
3. Je m'amuse quand...
4. Je m'ennuie quand...
5. Je me dépêche quand...
6. Je me fâche quand...
7. Je m'inquiète quand...
8. Je me sens heureux/heureuse quand...
9. Je me sens fatigué(e) quand...
10. Je m'excuse quand...

© jannoon028/Shutterstock.com

B. Les verbes réfléchis: Sens réciproque

In a RECIPROCAL ACTION two or more people are engaged in a mutual activity. Note how reciprocal actions are expressed in the sentences on the right.

Thomas **rencontre** Alice. Alice **rencontre** Thomas.	Ils **se rencontrent.**	*They **meet (each other).***
Je **téléphone** à Cécile. Cécile me **téléphone.**	Nous **nous téléphonons.**	*We **phone one another.***

REFLEXIVE VERBS may be used to express RECIPROCAL ACTIONS. Since reciprocity involves more than one person, the subject is usually PLURAL.

Pierre et Marie **s'écrivent.**	*Pierre and Marie **write (to) each other.***
Nous **nous voyons** souvent.	*We often **see each other.***

→ In conversational usage, **on** is frequently used in reciprocal constructions.

On se voit demain? *Shall we see each other tomorrow?*

10 Rapports personnels

Décrivez vos rapports avec différentes personnes. Pour cela, utilisez les verbes suggérés dans des phrases affirmatives ou négatives.

❊ mes copains
Mes copains et moi, nous nous téléphonons assez souvent.

1. mon meilleur copain
2. ma meilleure copine
3. mes parents
4. mes cousins
5. mon frère/ma soeur

s'entendre	s'écrire
se disputer	se téléphoner
se voir	se donner rendez-vous

11 Des bonnes copines

Émilie et Delphine sont de très bonnes copines. Décrivez leur amitié. Pour cela, complétez les phrases avec les verbes de la liste. Soyez logique.

1. Émilie et Delphine _____ depuis dix ans.
2. Elles _____ tous les soirs et elles _____ de ce qu'elles ont fait pendant la journée.
3. De temps en temps, elles _____ en ville et elles vont au cinéma.
4. Pendant les vacances, elles _____ des lettres ou elles _____ des emails.
5. Elles ne _____ jamais.

- se connaître
- se disputer
- s'écrire
- s'envoyer
- se parler
- se téléphoner
- se donner rendez-vous

C. Le passé composé des verbes réfléchis

In the sentences below, the reflexive verbs are in the PASSÉ COMPOSÉ.

Alice **s'est levée** à six heures.	*Alice **got up** at six.*
Philippe et Alain **se sont promenés.**	*Philippe and Alain **took a walk.***
— Est-ce que **vous vous êtes reposés**?	***Did** you **rest**?*
— Non, nous **ne nous sommes pas reposés.**	*No, we **didn't rest.***

Note the forms of the PASSÉ COMPOSÉ of **s'amuser** *(to have fun)*.

	masculine	feminine
singular	je **me suis amusé** tu **t'es amusé** il/on **s'est amusé**	je **me suis amusée** tu **t'es amusée** elle **s'est amusée**
plural	nous **nous sommes amusés** vous **vous êtes amusé(s)** ils **se sont amusés**	nous **nous sommes amusées** vous **vous êtes amusée(s)** elles **se sont amusées**
negative	je **ne me suis pas amusé**	je **ne me suis pas amusée**
interrogative	est-ce que tu **t'es amusé?**	est-ce que tu **t'es amusée?**

→ The PASSÉ COMPOSÉ of REFLEXIVE VERBS is formed as follows:

> reflexive pronoun + present of **être** + past participle

→ For many (but not all) reflexive verbs, the PAST PARTICIPLE agrees with the REFLEXIVE PRONOUN, which is the same in number and gender as the SUBJECT.

Élodie s'est **amusée** à la fête. **Pierre et Alice se** sont **rencontrés** dans un café.

12 Un week-end

Dites si oui ou non les personnes suivantes se sont amusées le week-end dernier.

❊ Philippe a étudié.
Il ne s'est pas amusé.

1. Je suis allé à une fête *(party)*.
2. Nous avons travaillé.
3. Tu as nettoyé ta chambre.
4. Léa est sortie avec un copain.
5. Vous avez vu une comédie.
6. Mathilde a eu un rendez-vous.
7. Mes cousines ont dîné en ville.
8. Les étudiants ont préparé l'examen.

Au Jardin du Luxembourg, Paris

13 Pauvre Monsieur Martin!

Décrivez la journée de Monsieur Martin avec des verbes au passé composé.

❊ se réveiller très tard ***M. Martin s'est réveillé très tard.***

1. se lever de mauvaise humeur
2. s'habiller rapidement
3. se dépêcher
4. se tromper de bus
5. s'énerver
6. se disputer avec ses collègues
7. se sentir malade
8. se coucher avec une migraine
9. se souvenir de la date: «Aujourd'hui, c'est vendredi 13!»

14 Hier soir

Dites ce que les personnes suivantes ont fait hier soir. Faites des phrases logiques au passé composé avec les verbes de la liste.

se coucher tôt
se coucher tard
se promener
se disputer
se reposer
s'habiller bien

1. Pauline était fatiguée.
2. Nous avions sommeil.
3. J'ai vu un film à dix heures.
4. Vous êtes allés à la campagne.
5. Éric et Léa ont eu une querelle.
6. Tu as dîné dans un restaurant élégant.

15 Hier

Éric demande à Martine ce qu'elle a fait hier. Jouez les deux rôles avec votre partenaire.

❊ à quelle heure / se lever? (à sept heures et demie)
ÉRIC: ***À quelle heure est-ce que tu t'es levée?***
MARTINE: ***Je me suis levée à sept heures et demie.***

1. où / se promener après les cours? (au jardin du Luxembourg)
2. que / s'acheter au Bon Marché? (une nouvelle robe)
3. dans quel café / s'arrêter après? (au café de Cluny)
4. pourquoi / se dépêcher? (pour être à l'heure à un rendez-vous)
5. à quelle heure / se coucher? (à onze heures et quart)

16 Pas de chance!

Hier les personnes suivantes n'ont pas eu de chance. Expliquez pourquoi dans des phrases affirmatives ou négatives. Soyez logique.

❊ Isabelle / s'amuser à la fête?
Elle ne s'est pas amusée à la fête.

1. moi / me lever de mauvaise humeur?
2. vous / vous réveiller pour l'examen de français?
3. Élodie / se disputer avec son fiancé?
4. Thomas / se souvenir de l'heure de son rendez-vous?
5. nous / nous tromper dans le problème de maths?
6. toi / t'entendre avec ton meilleur ami?
7. Mathilde / se coucher avec un terrible mal de tête?
8. le professeur / s'asseoir sur une chaise cassée *(broken)*?

Note linguistique: L'accord du participe passé

→ There is AGREEMENT when the REFLEXIVE PRONOUN functions as a DIRECT OBJECT. This is the case for most reflexive verbs.

Alice **s'**est **habillée.** *Alice got dressed (i.e., dressed herself).*

Nous **nous** sommes **lavés.** *We washed up (i.e., washed ourselves).*

→ There is NO AGREEMENT when the REFLEXIVE PRONOUN functions as an INDIRECT OBJECT. This happens in the following cases:

- The corresponding non-reflexive verb is followed by **à** + PERSON.

(téléphoner à)	se téléphoner	Thomas et Pierre se sont **téléphoné**.
(écrire à)	s'écrire	Alice et Mélanie se sont **écrit**.

- The reflexive verb is followed by a PART OF THE BODY or other NOUN.

Nous nous sommes **lavé** les mains. Elles se sont **acheté** des CD.

17 Une histoire d'amour

Racontez au passé composé l'histoire de Julie et de Nicolas.

1. Ils se rencontrent à une fête.
2. Ils se parlent.
3. Ils s'entendent bien.
4. Ils se téléphonent le lendemain.
5. Ils se donnent rendez-vous.
6. Ils se voient souvent.
7. Ils s'envoient des textos.
8. Ils s'écrivent des poèmes.
9. Ils se déclarent leur amour.
10. Ils se fiancent.
11. Ils se marient à la mairie.
12. Ensuite, ils se marient à l'église.

Devant l'Hôtel de Ville, Tours

 CD3-36

Phonétique: Les consonnes /k/ et /s/

The consonant sounds /k/ and /s/ have several spellings in French.

- la consonne /k/

c before **a, o, u**	café Canada corps cou découvrir curieux cuisine
c before **l, r**	classe Claire crayon cravate crème
qu before **e, i**	publique musique

- la consonne /s/

s	sa santé semaine six souvenir surpris sympa rester
ss	brosser assister poisson possible je m'assieds intéresser
c before **e, i, y**	ce célibataire divorce facile cinq cinéma Cécile cyclone
ç before **a, o, u**	ça français garçon nous commençons ils se fiançaient

Compréhension orale  CD3-37

Écoutez bien. Pour chaque situation, indiquez si c'était une bonne ou une mauvaise expérience.

	1	2	3	4	5	6
☺						
☹						

Conversation dirigée

Your cousin in Montreal calls you to say that she is getting married.

Ask her (your partner) . . .

- how, where, when she met her fiancé
- how they are keeping in touch
- what the wedding plans are

Sondage

Vous interviewez quatre étudiants américains sur le thème du sommeil *(sleep)*. Demandez à chaque étudiant(e):

- à quelle heure il/elle s'est levé(e) ce matin
- à quelle heure il/elle s'est couché(e) hier soir
- combien d'heures il/elle a dormi

Indiquez les résultats dans le tableau.

nom				
se lever ce matin				
se coucher hier soir				
heures de sommeil				

Expression écrite

Vous allez passer un semestre sur un campus français. Écrivez une lettre à votre futur(e) camarade de chambre où vous expliquez votre routine quotidienne. Donnez des détails.

En semaine je me réveille à sept heures et demie. Je ne me lève pas immédiatement. J'attends cinq ou dix minutes. Ensuite je me lève, je prends une douche et je me lave les cheveux... Le week-end je me lève beaucoup plus tard...

La santé

La santé et les maladies

Quand on est malade, on va...
chez le médecin.
à l'hôpital.

→ ***Comment parler de sa santé***

Comment allez-vous?

Ça va.
Je suis en forme *(in good shape).*
Je suis en bonne santé *(in good health).*

Ça ne va pas.
Je ne suis pas en forme.
Je suis malade.

Comment vous sentez-vous? *(How are you feeling?)*

Je me sens bien.

Je ne me sens pas bien.
Je me sens mal.
Je suis | **Je me sens** — **fatigué(e).** / **déprimé(e)** *(depressed).*

Où avez-vous mal? *(Where does it hurt?)*

J'ai **mal** | **à la tête.** / **au ventre** *(stomach).*

J'ai **une douleur** *(pain)* | **à l'épaule** *(shoulder).* / **au genou.**

Qu'est-ce que vous avez? *(What's wrong?)*

J'ai | **une migraine.** / **la grippe** *(flu).* / **un rhume** *(cold).*

Quels autres symptômes avez-vous?

J'ai **de la fièvre** *(fever).*
J'ai la nausée. *(I feel nauseated, sick.)*
J'ai mal au coeur. *(I have an upset stomach.)*
J'ai **des crampes à l'estomac.**
J'ai **des boutons** *(a rash).*

Je tousse. *(I'm coughing.)*
J'éternue. *(I'm sneezing.)*

La médecine en France

Quand on est malade, on va chez **un généraliste** ou, en cas de problème particulier, chez **un spécialiste**.

La France a un système de **Sécurité Sociale** qui assure° la population contre la maladie et les accidents. Quand on va chez le médecin ou à l'hôpital, on présente sa carte d'assurance médicale appelée **Carte Vitale**. Cette carte à puces° permet le remboursement d'une grande partie des frais° médicaux par la Sécurité Sociale. Ainsi° la médecine pour les Français est pratiquement gratuite°.

assure *insures* **carte à puces** *smart card* **frais** *expenses*
Ainsi *Thus* **gratuite** *free*

À votre tour

1. Maladies

Pendant un séjour en France, vous avez l'une des maladies ou l'un des malaises de la liste. Expliquez votre problème au médecin (votre partenaire):

la grippe	**une angine** *(sore throat)*
une allergie	**une indigestion**
une bronchite	**le rhume des foins** *(hay fever)*

- comment vous vous sentez
- où vous avez mal
- quels sont les autres symptômes

2. Comparaisons

Avec votre partenaire comparez le système de santé en France et aux États-Unis. Pour cela, décrivez les avantages et les désavantages de chaque système. Quel est le meilleur système?

Avantages	Désavantages
•	•
•	•

La santé

À la pharmacie

Je voudrais...

- **des vitamines.**
- **des cachets** *(tablets)* **d'aspirine.**
- **des pastilles** *(lozenges)* **pour la gorge** *(throat).*
- **des gouttes** *(drops)* **pour les yeux.**
- **un médicament** *(medicine)* **contre** | **la douleur.** / **la toux** *(cough).*
- **un désinfectant.**
- **de l'ouate** *(cotton).*
- **des cotons-tiges** *(cotton swabs).*
- **du sparadrap** *(adhesive tape).*
- **des pansements** *(bandages).*
- **une bande Velpeau** *(Ace bandage).*

→ ***Comment parler d'un accident***

Tu as eu un accident?

Qu'est-ce qui t'est arrivé? *(What happened to you?)*

Je me suis fait mal | **au dos.** *(I hurt my back.)* / **à l'épaule.**

Je me suis blessé(e) à la main. *(I injured, hurt my hand.)*

Je me suis cassé | **la jambe.** *(I broke my leg.)* / **le bras.**

Je me suis coupé(e) | **au pied.** *(I cut my foot.)* / **au genou.**

Je me suis foulé | **la cheville.** *(I sprained my ankle.)* / **le poignet** *(wrist).*

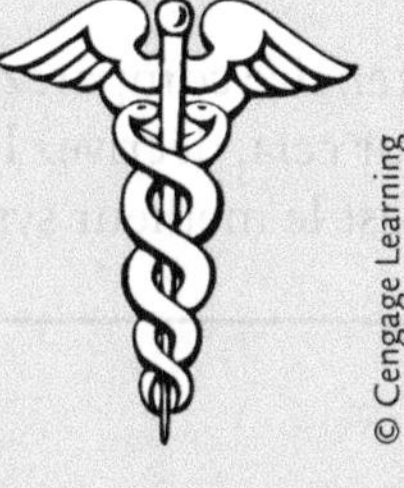

En cas d'urgence

© Patrick Allard/REA/Redux

Pour les petits problèmes de santé (indigestions, rhumes, etc.), on peut aller à la pharmacie du quartier où on habite. Le pharmacien conseillera° les médicaments à prendre.

En cas d'urgence médicale ou d'accident grave, on peut téléphoner au SAMU (Service d'aide médicale urgente) en faisant° le 15. Ce service public fournit° des ambulances et des équipes de spécialistes en soins° d'urgence.

conseillera *will advise* **en faisant** *by dialing/entering*
fournit *furnishes* **soins** *care*

Conversation CD3-38

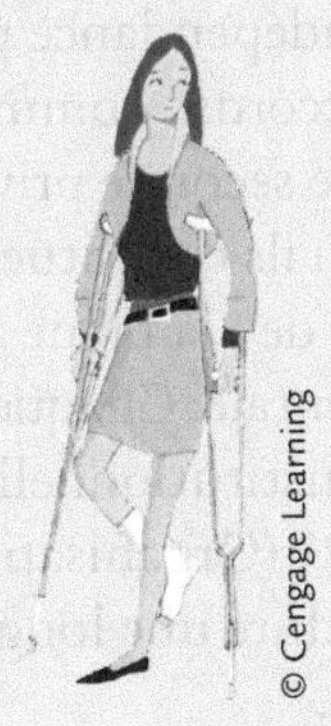

© Cengage Learning

Émilie veut savoir ce qui est arrivé à son amie Laure.

ÉMILIE: Dis donc, Laure, qu'est-ce qui t'est arrivé?
LAURE: Tu vois, je me suis cassé la jambe.
ÉMILIE: Ah bon? Comment est-ce que c'est arrivé?
LAURE: Je faisais du roller et je suis tombée.
ÉMILIE: Pauvre Laure. Tu n'as pas de chance!

À votre tour

Pas de chance

Vous voulez savoir ce qui est arrivé aux personnes suivantes. Avec votre partenaire, composez des dialogues sur la base des illustrations. Expliquez la cause de chaque accident en utilisant votre imagination.

Thomas	Amélie	Alain	Stéphanie
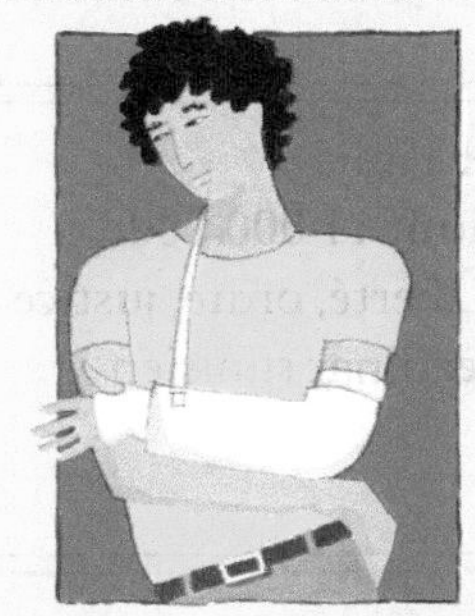			

© Cengage Learning

Recherches Internet

Imaginez que vous êtes en France et que vous avez très mal aux dents. Avant d'aller chez le dentiste, cherchez le vocabulaire nécessaire sur l'Internet: **http://french.about.com/library/begin/bl-dentist.htm**
Décrivez votre problème à votre partenaire (le dentiste).

Avant de lire
Que savez-vous de l'Afrique du Nord?
- nombre de pays
- histoire
- rôle de la France

L'Afrique du Nord
Le Maghreb

Le Maghreb est un mot arabe qui signifie *de l'ouest*. Autrefois, le Maghreb était l'extrémité occidentale du monde musulman. Aujourd'hui, ce terme désigne trois pays d'Afrique du Nord: le Maroc, l'Algérie et la Tunisie. Ces trois pays ont beaucoup de points communs: la religion musulmane et la culture islamique, une population d'origine berbère et arabe et des relations historiques complexes et difficiles avec la France.

Les relations avec la France ont d'abord été définies par une lourde° domination politique et économique: colonisation de l'Algérie et protectorat sur le Maroc et la Tunisie. Entre les années 1956 et 1962, ces pays ont obtenu° leur indépendance par la négociation ou la révolte armée. Malgré° ce passé colonial, ils ont conclu° des accords° commerciaux et culturels avec la France. Ils ont aussi maintenu° le français comme langue seconde privilégiée. Depuis l'indépendance, des millions de Maghrébins ont émigré en France où ils constituent une minorité islamique très importante.

Les pays du Maghreb font partie de° la Ligue Arabe. Ils pratiquent une politique extérieure généralement modérée et pro-occidentale. Chaque pays a son individualité propre°:

- **Le Maroc** est une monarchie constitutionnelle avec un roi°, Mohammed VI, et un Parlement.
- **L'Algérie** est membre de l'OPEP° (Organisation des Pays Exportateurs de Pétrole). Malgré ses richesses naturelles, ce pays a enduré une longue guerre° civile provoquée par un conflit armé avec des extrémistes musulmans.
- **La Tunisie** est un pays démocratique, ouvert au tourisme.

MAROC

Capitale: Rabat
Population: 32 000 000
Devise: Dieu, la patrie°, le roi
Monnaie: dirham

ALGÉRIE

Capitale: Alger
Population: 36 000 000
Devise: La révolution par le peuple et pour le peuple
Monnaie: dinar algérien

TUNISIE

Capitale: Tunis
Population: 11 000 000
Devise: Liberté, ordre, justice
Monnaie: dinar tunisien

lourde *heavy* **ont obtenu** *won* **Malgré** *In spite of* **ont conclu** *signed* **accords** *agreements* **ont ... maintenu** *maintained* **font partie de** *are members of* **propre** *own* **roi** *king* **l'OPEP** *OPEC* **guerre** *war* **patrie** *fatherland*

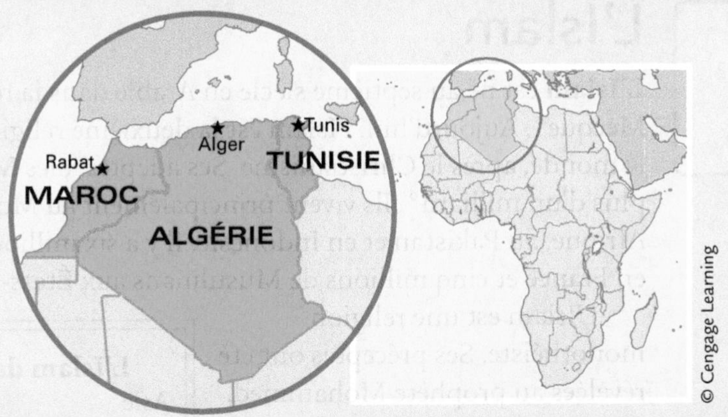

Un peu d'histoire

L'époque ancienne

1000–250 av. JC	• Populations berbères établies en Afrique du Nord.
	• Fondation de Carthage (près de Tunis) et établissement d'un empire maritime carthaginois en Méditerranée.
250 av. JC - 400	• Rivalité entre Rome et Carthage.
	• Destruction de Carthage.
	• Colonisation romaine et introduction du Christianisme.
670–710	• Conquête de l'Afrique du Nord par des tribus arabes.
	• Introduction de l'Islam et conversion de la population berbère.
12e - 13e siècles	• Établissement d'un puissant° royaume° au Maroc.
16e siècle	• Annexion de l'Afrique du Nord par la Turquie.

L'époque coloniale

1830	Début° de la colonisation française en Algérie.
1881	Protectorat français en Tunisie.
1912	Protectorat français au Maroc.
1942	Débarquement des troupes américaines en Afrique du Nord.
1952–1962	Guerre° d'Algérie et indépendance de l'Algérie.
1956	Indépendance de la Tunisie et du Maroc.

L'époque moderne

1956–1962	Entrée du Maroc, de la Tunisie et de l'Algérie aux Nations Unies
2011	En Tunisie, «Révolution de la dignité» et remplacement d'un régime autocratique par un gouvernement islamiste modéré.

Après la lecture
Quels sont les trois faits les plus importants que vous avez appris sur l'Afrique du Nord?

Recherches Internet
Informez-vous sur un pays de l'Afrique du Nord et préparez une courte présentation.

puissant *powerful* **royaume** *kingdom* **Début** *Beginning* **Guerre** *War*

> **Avant de lire**
> Que savez-vous de l'Islam?
> • croyances
> • présence dans le monde

L'Islam

L'Islam est né au septième siècle en Arabie dans la région de La Mecque°. Aujourd'hui, l'Islam est la deuxième religion pratiquée dans le monde, après le Christianisme. Ses adeptes°, les **Musulmans,** sont plus d'un milliard°. Ils vivent principalement au Moyen-Orient°, en Afrique, au Pakistan et en Indonésie. Il y a six millions de Musulmans en France et cinq millions de Musulmans aux États-Unis.

L'Islam est une religion monothéiste. Ses préceptes ont été révélées au prophète Mohammed. Les Musulmans doivent observer un certain nombre de pratiques religieuses décrites dans un livre sacré, le **Coran,** et résumées° dans les «Cinq piliers° de l'Islam».

L'Islam dans le monde

Asie	1 020 000 000
Afrique	420 000 000
Europe	51 000 000
Amérique du Nord	7 000 000
Amérique du Sud	2 000 000
Total	1 500 000 000

La mosquée de Kairouan en Tunisie

Les piliers de l'Islam

- **La croyance° en Dieu°**
  Un Musulman croit° en un Dieu unique: Allah.
- **La prière°**
  Un Musulman fait cinq prières par jour.
- **Le jeûne°**
  Un Musulman pratique le jeûne pendant le mois du Ramadan.
- **La charité**
  Un Musulman doit donner chaque année un pourcentage de sa fortune aux pauvres°.
- **Le pèlerinage°**
  Un Musulman doit faire un pèlerinage à La Mecque, le Hadj, au moins une fois dans sa vie.

> **Après la lecture**
> Comparez les préceptes de l'Islam à vos propres croyances. Quelles sont les différences? Quelles sont les similarités?

La Mecque *Mecca* **adeptes** *believers* **milliard** *billion* **Moyen-Orient** *Middle East* **résumées** *summarized* **piliers** *pillars*
croyance *belief* **Dieu** *God* **croit** *believes* **prière** *prayer* **jeûne** *fasting* **pauvres** *poor* **pèlerinage** *pilgrimage*

Avant de lire

Que savez-vous du raï?

- origine
- type de musique
- instruments

Khaled

Le raï:

musique d'Algérie

Le raï est né dans la région d'Oran, un port situé sur la Méditerranée. À l'origine, le raï était chanté par les femmes pendant les cérémonies familiales. Le terme raï signifie littéralement *avis*° ou *point de vue,* et, par extension, *sort*° ou *destin.*

Dans les années 1970, le raï devient une musique de revendication°. Les jeunes chanteurs expriment° leurs émotions, mais aussi leur malaise° et leur désir de liberté. Certains de ces chanteurs viennent en France dans les années 1980. Le raï devient rapidement populaire dans les quartiers d'immigrés maghrébins. Il se modernise aussi. Les chanteurs s'accompagnent de guitares électriques, de synthétiseurs et de batterie. Ils chantent en arabe mais aussi en français et anglais.

Aujourd'hui, le raï fait partie° de la musique multiculturelle de la France. Les stars du raï donnent des concerts aussi en Europe et aux États-Unis.

Quelques chanteurs de raï

Khaled
Faudel
Cheb Bilal
Rachid Taha
Reda Taliani
Cheba Kheira

Recherches Internet

Téléchargez une chanson de musique raï.

avis *opinion* **sort** *destiny* **revendication** *reclaiming (of one's rights)* **expriment** *express* **malaise** *unrest* **fait partie** *is part*

Avant de lire
Connaissez-vous des athlètes nord-africains? Qui?

Une championne en or:

Nezha Bidouane

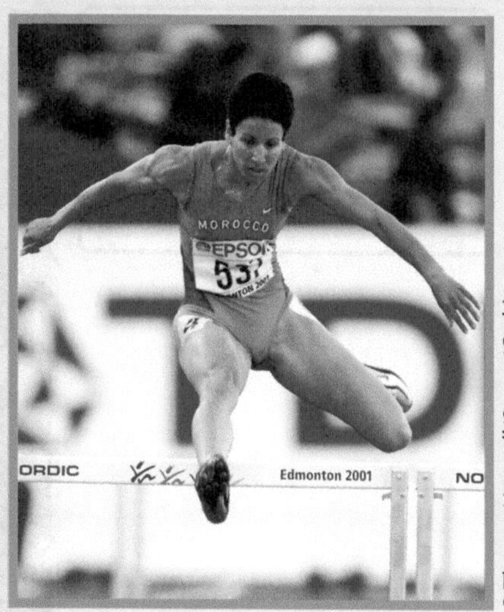

© Thomas Hartwell/Sygma/Corbis

Nezha Bidouane est née à Rabat, dans un quartier pauvre° de la capitale marocaine. À l'école, elle excelle en gymnastique. Un jour, elle découvre sa vocation en regardant à la télévision les exploits des athlètes marocains. Son ambition: être championne du monde. Sa spécialité: le 400 mètres haies°.

D'abord, Nezha Bidouane doit suivre un entraînement° intensif et participer à de nombreuses compétitions locales. Après de multiples victoires, elle est admise dans l'équipe° nationale d'athlétisme°.

Nezha Bidouane arrive rapidement au sommet de sa spécialité. Elle bat° le record d'Afrique, triomphe aux Jeux Méditerranéens et Pan-Arabes, et devient deux fois championne du monde du 400 mètres haies.

Aux Jeux olympiques d'Athènes en 2004, Nezha Bidouane a l'honneur de porter le drapeau° de l'équipe marocaine. Après les Jeux, elle décide de quitter la compétition mais elle n'abandonne pas l'athlétisme. Elle adopte une nouvelle carrière°: la formation° de jeunes championnes marocaines.

Champions olympiques maghrébins

© Reuters/Corbis

Hicham el Guerrouj (Maroc)
Médailles d'or° des 1500 et 5000 mètres (Athènes 2004)

© Getty Images

Nouria Benida Merah (Algérie)
Médaille d'or du 1500 mètres (Sydney 2000)

© Chen Shaojin/Xinhua/Landov

Oussami Mellouli (Tunisie)
Médaille d'or du 1500 mètres nage libre° (Beijing 2008)

© Fabrice Coffrini/AFP Photo/Newscom

Hasna Benhassi (Maroc)
Médaille de bronze du 800 mètres (Beijing 2008)

---

pauvre *poor* **haies** *hurdles* **entraînement** *training* **équipe** *team* **athlétisme** *track and field* **bat** *beats* **drapeau** *flag* **carrière** *career* **formation** *training* **or** *gold* **nage libre** *freestyle*

Après la lecture
Quelles sont les spécialités des athlètes maghrébins?

Avant de lire
Êtes-vous allé(e) dans un restaurant marocain? Qu'est-ce que vous avez mangé?

© Penny Tweedie/Alamy

Un plat maghrébin:

le couscous

Le couscous est probablement d'origine berbère. C'est un plat° de semoule° cuite à la vapeur° et garni de légumes et de morceaux° de viande préparés en pot-au-feu°. Le couscous est servi avec une sauce épicée° qu'on appelle *harissa*.

Dans un repas marocain traditionnel, les invités sont assis autour d'° une table basse° et mangent le couscous avec la main droite. Comme boisson, ils boivent du thé à la menthe°.

Aujourd'hui, le couscous est très populaire en France et dans les autres pays d'Europe qui ont une population immigrée d'origine maghrébine. Si on veut manger un bon couscous, on peut aller dans un restaurant marocain, algérien ou tunisien.

On peut aussi faire soi-même° son couscous. Pour cela, on utilise une marmite° spéciale appelée *couscoussière*. Dans la partie inférieure on met l'eau, la viande et les légumes. Dans la partie supérieure les graines de couscous cuisent° doucement° à la vapeur.

© Cengage Learning

Recherches Internet
Allez sur le site d'un restaurant marocain.
- Dans quelle ville est-il situé?
- Décrivez le menu (les plats, les boissons)
- Aimeriez-vous aller dans ce restaurant? Pourquoi ou pourquoi pas?

---

plat *dish* **semoule** *semolina* **cuite à la vapeur** *steamed* **morceaux** *pieces* **en pot-au-feu** *gently simmered in water* **épicée** *spicy* **autour de** *around* **basse** *low* **menthe** *mint* **soi-même** *oneself* **marmite** *pot* **cuisent** *cook* **doucement** *gently*

Perspectives d'avenir

UNITÉ 10

Leçon 28:
Une candidate parfaite

Leçon 29:
Après l'université

Leçon 30:
Si j'avais plus d'argent…

Rencontres francophones
Talk with one or two of the seniors at your university with a French major or minor. Find out why they decided on a French concentration. Do they plan to use French in their future professional life? to do volunteer work in a French-speaking area? Did they choose French for personal enrichment?

LEÇON 28 Une candidate parfaite

OBJECTIVES

- To describe different personalities
- To indicate how we do certain things
- To rank people and things

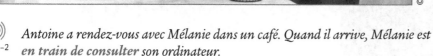

© auremar/Shutterstock.com

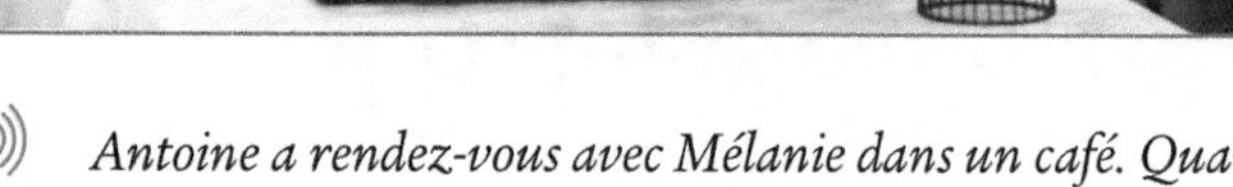

CD4-2 *Antoine a rendez-vous avec Mélanie dans un café. Quand il arrive, Mélanie est* ***en train de consulter*** *son ordinateur.* — *busy consulting*

ANTOINE: Alors, les nouvelles sont bonnes?
MÉLANIE: Je ne sais pas. Je regarde les offres d'emploi.
ANTOINE: Ah bon? Pourquoi?
MÉLANIE: Je cherche un job pour cet été. Ce n'est pas facile! Et toi, tu as une idée de ce que tu vas faire pendant les vacances?
ANTOINE: J'ai promis à mon oncle de passer le mois d'août chez lui.
MÉLANIE: Où ça?
ANTOINE: À Monaco!
MÉLANIE: Oh là là... Monsieur va passer des vacances de **milliardaire**. — *multi-millionaire*
ANTOINE: Pas exactement! Je vais là-bas pour travailler. Mon oncle a un petit hôtel et en été il a **constamment** besoin de personnel. — *constantly*
MÉLANIE: Mais alors, peut-être qu'il **engage** des étudiants! — *is hiring*
ANTOINE: Effectivement, je crois qu'il a besoin d'une réceptionniste. C'est peut-être un job pour toi... Après tout, tu es gentille, jolie... et absolument charmante!
MÉLANIE: Et n'oublie pas que je suis aussi sérieuse et compétente. Et **en plus**, je parle anglais, allemand et italien. — *moreover*
ANTOINE: Alors, tu es la candidate **parfaite**! Tiens, je vais téléphoner immédiatement à mon oncle. — *perfect*
MÉLANIE: Merci! Tu es vraiment le copain parfait!

À propos du texte

1. Pourquoi est-ce que Mélanie est la candidate parfaite?
2. Pourquoi est-ce qu'Antoine est un copain parfait?
3. Selon vous, est-ce que Mélanie va obtenir le job? Pourquoi?
4. Avec votre partenaire, trouvez une conclusion à l'histoire.

Note culturelle

Occupations d'été CD4-3

Contrairement aux étudiants américains, les étudiants français ont peu de frais de scolarité à payer. Ils ont cependant° besoin d'argent pour leurs dépenses° personnelles. Beaucoup voudraient donc° trouver un job pendant les vacances d'été.

Les possibilités d'emploi sont malheureusement° assez limitées. En conséquence, seulement une minorité d'étudiants français travaillent en été. Certains font des stages° de formation professionnelle, mais ces stages ne sont pas très bien rémunérés. D'autres trouvent des jobs comme guides touristiques ou moniteurs de colonies de vacances°.

Quant à la majorité des étudiants, ils voyagent… ou ils passent les vacances en famille ou avec leurs copains.

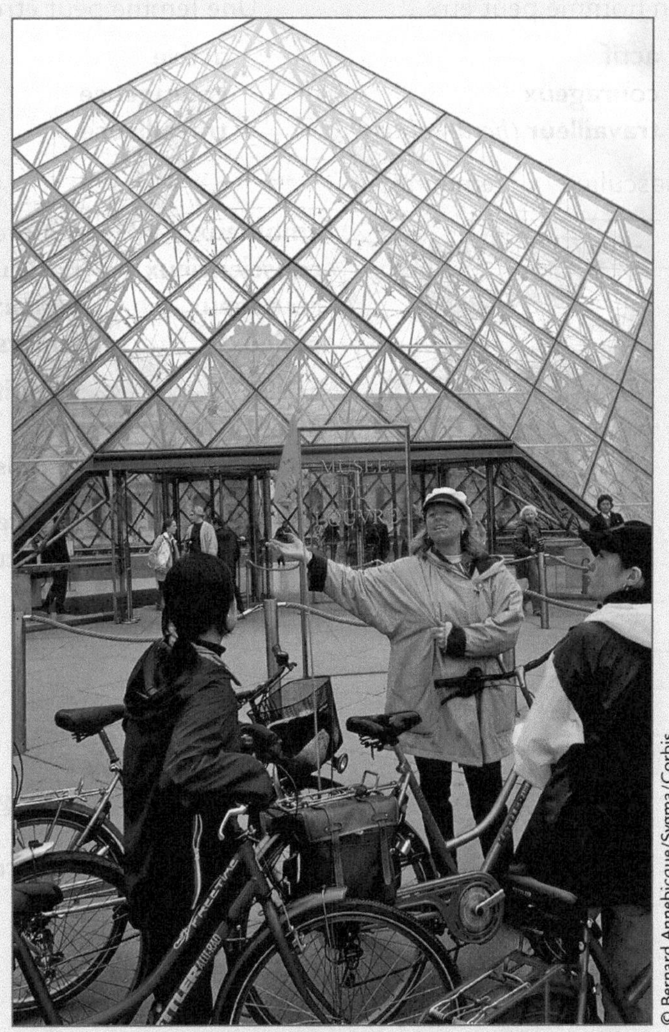

© Bernard Annebicque/Sygma/Corbis

À votre avis

1. Que font la majorité des étudiants américains pendant les vacances? Pourquoi?
2. Est-ce que vous avez travaillé l'été dernier? Dans quelle sorte de job?
3. Selon vous, quelle est la meilleure façon de passer les vacances d'été?

cependant *however* **dépenses** *expenditures* **donc** *therefore* **malheureusement** *unfortunately* **stages** *internships* **moniteurs… vacances** *camp counselors*

La langue française

Vocabulaire: La description

LA PERSONNALITÉ

Un homme peut être...	Une femme peut être...
actif	**active**
courageux	**courageuse**
travailleur *(hard-working)*	**travailleuse**

masculine → feminine			
-eux → -euse	**ambitieux** **consciencieux** **courageux** **curieux**	**généreux** **nerveux** **sérieux** **superstitieux**	**ennuyeux** *(boring)* **heureux** *(happy)* **malheureux** *(unhappy)* **paresseux** *(lazy)*
-f → -ve	**actif** **attentif** **imaginatif**	**intuitif** **naïf** **impulsif**	**sportif** *(athletic)* **perceptif**
-el → -elle	**intellectuel** **superficiel**	**naturel** **ponctuel**	**réel**
-en → -enne	**musicien** *(musically gifted)*		
-on → -onne	**mignon** *(cute)*		
-er → -ère	**familier**	**étranger** *(foreign)*	
-et → -ète	**discret** **secret**	**indiscret**	**inquiet** *(worried)*
-eur → -euse	**travailleur**		
-teur → -trice	**créateur** *(creative)*	**conservateur** *(conservative)*	

D'AUTRES CARACTÉRISTIQUES

masculine		feminine		masculine		feminine	
gros	→	**grosse**	*big, fat*	**net**	→	**nette**	*neat, clean*
faux	→	**fausse**	*false*	**sot**	→	**sotte**	*dumb*
roux	→	**rousse**	*red-headed*	**gentil**	→	**gentille**	*nice*
doux	→	**douce**	*sweet, soft*	**long**	→	**longue**	
jaloux	→	**jalouse**	*jealous*	**blanc**	→	**blanche**	*white*
fou	→	**folle**	*crazy*	**franc**	→	**franche**	*frank*
favori	→	**favorite**		**public**	→	**publique**	

A. Révision: Le féminin des adjectifs

TO DESCRIBE PERSONALITY

Note how men and women are described.

Pierre est **patient** et **calme.**	Pauline est **patiente** et **calme.**
Éric est **sérieux** et **attentif.**	Léa est **sérieuse** et **attentive.**

ALL FEMININE adjectives end in **-e** in the singular.

→ For REGULAR adjectives, the FEMININE is formed by adding an **-e** to the MASCULINE form.

If the masculine ends in **-e,** there is NO CHANGE in the feminine.

→ For IRREGULAR adjectives, the feminine is formed according to different patterns.

The most frequent patterns are summarized in the **Vocabulaire.**

1 Une question de personnalité

Lisez ce que font les personnes suivantes. Puis décrivez leur personnalité en utilisant un adjectif de la liste.

❋ Mathilde ne sort jamais le vendredi treize.
Elle est superstitieuse.

1. Isabelle veut créer une compagnie.
2. Pierre et Paul détestent étudier.
3. Julie dit toujours la vérité.
4. Ce week-end, mes cousines vont préparer leur examen.
5. En hiver, Zoé fait du ski. En été, elle nage et elle joue au volley.
6. Ma soeur ne parle de ses problèmes à personne.
7. Alice ne se repose jamais.
8. Françoise aime discuter des grandes questions philosophiques.
9. La secrétaire arrive toujours à l'heure *(on time)* au bureau.
10. Émilie est furieuse quand son copain téléphone à une autre fille.
11. Ces étudiants font toujours attention quand le professeur parle.
12. Laura a peur du futur.

actif
ambitieux
attentif
consciencieux
franc
inquiet
intellectuel
jaloux
paresseux
ponctuel
secret
sportif
superstitieux

2 L'ami(e) idéal(e)

Décrivez l'ami idéal et l'amie idéale. Comparez votre description avec votre partenaire.

L'ami idéal
- Il doit être...
- Il ne doit pas être...

L'amie idéale
- Elle doit être...
- Elle ne doit pas être...

B. Les adverbes en *-ment*

TO DESCRIBE HOW WE DO THINGS

To describe how we do certain things, we use ADVERBS OF MANNER. In French, many adverbs of manner end in **-ment.** (In English, they end in *-ly.*) Note how these adverbs are derived from corresponding adjectives.

Pierre est **poli.**	Il parle **poliment** *(politely).*
Tu es **calme.**	Tu parles **calmement** *(calmly).*
Sarah est **sérieuse.**	Elle étudie **sérieusement** *(seriously).*
Élise est **intuitive.**	Elle comprend **intuitivement** *(intuitively).*

Most ADVERBS OF MANNER are derived from adjectives, as follows:

When the masculine adjective ends in...	the adverb is formed:	
a VOWEL	MASCULINE adjective + **-ment**	poli → **poliment**
a CONSONANT	FEMININE adjective + **-ment**	acti**f**, acti**ve** → **activement** sérieu**x**, sérieu**se** → **sérieusement**

→ Adverbs of manner corresponding to adjectives ending in **-ent** and **-ant** are formed as follows:

MASCULINE adjective (minus **-ent**) + **-emment**	pati**ent** → **patiemment**
MASCULINE adjective (minus **-ant**) + **-amment**	const**ant** → **constammant**

Tu es **intelligent.**	Tu parles **intelligemment.**
David est **brillant.**	Il réussit **brillamment** à l'examen.

EXCEPTION
lent → lentement

→ Adverbs in **-ment,** like other adverbs of manner, usually come immediately after the verb they modify.

Élodie répond **intelligemment** à la question du professeur.

→ The adjective **rapide** has two corresponding adverbs: **rapidement** and **vite** (which is more commonly used).

Ces voitures de sport sont **rapides.**	*These sports cars are **fast.***
Elles voyagent **rapidement**. / Elles vont **vite.**	*They go **fast.***

The COMPARISON of adverbs follows the same pattern as the comparison of adjectives.

Éric étudie	**plus sérieusement que** Zoé. **moins sérieusement que** Léa. **aussi sérieusement que** Julie.	*Éric studies*	***more seriously than** Zoé.* ***less seriously than** Léa.* ***as seriously as** Julie.*

→ The comparative form of **bien** is **mieux.**

Nous jouons au foot **mieux que** vous.	*We play soccer **better than** you.*

3 De quelle manière?

Les personnes suivantes travaillent d'une manière qui reflète leur personnalité. Exprimez cela, en utilisant l'adverbe en -ment qui convient.

❊ Julien est sérieux.
(travailler) ***Il travaille sérieusement.***

1. David est généreux.
(aider ses amis)
2. Thomas est ponctuel.
(arriver au rendez-vous)
3. Éric et Lucas sont actifs.
(participer au débat)
4. Antoine est discret.
(parler de ses amis)
5. Philippe est consciencieux.
(préparer ses examens)
6. Jérôme est attentif.
(écouter le professeur)
7. Mathilde est polie.
(parler à ses voisins)
8. Nicolas est franc.
(répondre aux questions)

4 Comment?

Dites ce qu'ont fait les personnes suivantes et comment. Pour cela, utilisez le passé composé et l'adverbe dérivé de l'adjectif entre parenthèses.

❊ (brillant) Nicole / réussir à l'examen de français.
Nicole a réussi brillamment à l'examen de français.

1. (impatient) toi / répondre à la question
2. (intelligent) Marc / répondre au professeur
3. (élégant) Monique / s'habiller pour le mariage de sa cousine
4. (patient) nous / attendre nos amis
5. (constant) ces gens / parler pendant le film
6. (violent) vous / fermer la porte
7. (prudent) la police / entrer dans la maison abandonnée
8. (imprudent) ces ingénieurs / parler des secrets de leur entreprise *(company)*

5 Et vous?

Dites comment vous faites les choses suivantes. Pour cela, complétez les phrases avec un adverbe qui correspond à une expression de la liste ou avec un autre adverbe en -ment.

1. J'étudie...
2. Je prépare mes cours...
3. J'écoute le prof...
4. J'arrive sur le campus...
5. Je fais du sport...
6. Je parle à mes parents...
7. Je réponds à mes textos...
8. J'attends mes copains...
9. J'aide mes amis...
10. Je conduis ma voiture...
11. Je vais à mes rendez-vous...

d'une manière...

attentive	calme
difficile	franche
généreuse	polie
ponctuelle	prudente
rapide	rare
régulière	sérieuse

6 Un job d'été

Vous êtes gérant(e) *(manager)* d'un hôtel de luxe à Monaco et vous avez engagé un(e) étudiant(e) pour un job d'été. Posez-lui des questions sur ses qualités et dites-lui de travailler en conséquence.

❊ ponctuel? (arriver... à l'hôtel)
— ***Vous êtes ponctuel(le)?***
— ***Oui, je suis ponctuel(le).***
— ***Alors, arrivez ponctuellement à l'hôtel!***

1. consciencieux? (faire votre service...)
2. patient? (écouter... le maître d'hôtel)
3. poli? (servir... les clients)
4. aimable *(friendly)*? (répondre... à la clientèle)
5. attentif? (écouter... mes conseils)
6. énergique? (travailler...)

Quelques adverbes en *-ment*

heureusement	*fortunately*	**Heureusement,** Éric s'est souvenu de la date de l'examen.
malheureusement	*unfortunately*	**Malheureusement,** il l'a raté.
vraiment	*really*	**Vraiment,** il n'a pas eu de chance.
évidemment	*obviously, of course*	**Évidemment,** il n'étudie pas beaucoup.
seulement	*only*	Si **seulement** il étudiait plus!

➔ The above adverbs have a meaning somewhat different from the adjectives from which they are derived.

➔ They are often placed at the beginning of the sentence for emphasis.

7 La bonne réponse

Avec votre partenaire, jouez les dialogues suivants. Complétez les réponses avec un adverbe du Vocabulaire qui convient.

1. — Tu as réussi à l'examen?
   — Oui, ______ j'ai réussi!
2. — Combien de photos as-tu prises à la fête hier soir?
   — ______ une!
3. — Tu as gagné ton match de tennis?
   — Non, ______ j'ai perdu!
4. — Tu vas inviter Caroline pour ton anniversaire?
   — ______! C'est ma copine!

C. La construction verbe + infinitif

To express our attitude toward a certain action, we often use the construction verb + INFINITIVE.

Éric **aime sortir** avec ses copains, ... mais il **préfère sortir** avec Léa. — *Éric **likes to go out (going out)** with his friends. . . . but he **prefers going out** with Léa.*

Nathalie **hésite à se marier.** Elle **continue à travailler.** — *Nathalie **hesitates to get married.** She **continues to work (working).***

Paul **ne cesse pas de parler** de lui. **Acceptez**-vous **de l'écouter**? — *Paul **doesn't stop talking** about himself. **Do you agree to listen** to him?*

INFINITIVE CONSTRUCTIONS follow different patterns, depending on the main verb:	
main verb + infinitive	Nous **devons** partir.
main verb + **à** + infinitive	Nous **hésitons à** partir.
main verb + **de** + infinitive	Nous **refusons de** partir.

→ In similar English constructions, the second verb is an infinitive or a verbal form ending in *-ing*. In French, the second verb must be an INFINITIVE.

J'aime **jouer** au tennis. *I like **to play** tennis.* *I like **playing** tennis.*

Verbes suivis de l'infinitif

verbe + infinitif

aimer	*to like, love*	**espérer**	*to hope*
aller	*to go*	**pouvoir**	*can, to be able*
détester	*to hate, detest*	**préférer**	*to prefer*
devoir	*must, to have to*	**vouloir**	*to wish, want*

verbe + **à** + infinitif

apprendre à	*to learn*	Nous **apprenons à faire** de la voile.
chercher à	*to try, strive*	Je n'**ai** pas **cherché à gagner** de l'argent.
commencer à	*to begin*	**J'ai commencé à travailler** lundi.
continuer à	*to continue*	**Continuez**-vous **à étudier** le français?
hésiter à	*to hesitate*	N'**hésitez** pas **à exprimer** votre opinion.
réussir à	*to manage to*	**J'ai réussi à réparer** ma voiture.

8 Et vous?

Demandez à votre partenaire s'il/si elle fait les choses suivantes.

❊ regretter / apprendre le français?
— Est-ce que tu regrettes d'apprendre le français?
— Oui, je regrette d'apprendre le français.
ou ***— Non, je ne regrette pas d'apprendre le français.***

1. regretter / être à cette université?
2. hésiter / parler français en classe?
3. rêver / être millionnaire?
4. chercher / gagner beaucoup d'argent?
5. refuser / étudier le week-end?
6. apprendre / jouer de la clarinette?

9 Une question de personnalité

Informez-vous sur les personnes suivantes et dites si oui ou non elles font les choses entre parenthèses.

❊ Julien est franc. (hésiter / dire la vérité)
Il n'hésite pas à dire la vérité.

1. Vous êtes trop curieux. (chercher / savoir tout sur vos amis)
2. Ces étudiants sont paresseux. (refuser / étudier le week-end)
3. Léa est persévérante. (continuer / suivre des cours de piano)
4. Nous sommes des étudiants brillants. (cesser / faire des progrès en français)
5. Ces filles sont courageuses. (décider / prendre des risques)
6. Vous êtes égoïstes. (essayer / aider vos amis)
7. Alice est ambitieuse. (rêver / être présidente d'une compagnie internationale)
8. Ces étudiants sont timides. (hésiter / parler en public)

verbe + **de** + infinitif

s'arrêter de	*to stop*	Quand est-ce que tu **t'arrêtes d'étudier**?
cesser de	*to stop, quit*	**J'ai cessé de fumer** *(to smoke)*.
choisir de	*to choose, decide*	**J'ai choisi d'étudier** le chinois.
décider de	*to decide*	Nous **avons décidé de partir** en vacances.
essayer de	*to try*	**Essayez de trouver** un job!
finir de	*to finish*	**J'ai fini de regarder** le journal.
oublier de	*to forget*	As-tu **oublié de mettre** une annonce *(ad)*?
refuser de	*to refuse*	Nous **refusons de répondre** à la question.
regretter de	*to regret*	Je ne **regrette** pas **d'apprendre** le français.
rêver de	*to dream of*	Caroline **rêve d'acheter** une voiture de sport.
se souvenir de	*to remember*	Est-ce que tu **t'es souvenu de téléphoner** à Paul?

10 À la recherche d'un job

Isabelle est à la recherche d'un job pour cet été. Décrivez ce qu'elle fait. (Attention: les phrases peuvent être affirmatives ou négatives.)

❋ Isabelle / cherche / travailler cet été
Isabelle cherche à travailler cet été.

1. Elle / voudrait / gagner de l'argent
2. Elle / rêve / trouver un job dans une banque
3. Elle / décide / mettre une annonce dans les journaux
4. Elle / apprend / préparer son CV *(résumé)*
5. Elle / hésite / demander des lettres de recommandation
6. Un jour, elle / réussit / obtenir un rendez-vous
7. Elle / oublie / apporter son CV
8. Elle / réussit / obtenir le job
9. Elle / commence / travailler la semaine prochaine

La Défense, quartier d'affaires à l'ouest de Paris

11 Expression personnelle

Complétez les phrases suivantes avec une expression personnelle.

❋ Depuis que *(Since)* je suis à l'université, je rêve...
Depuis que je suis à l'université, je rêve de visiter Paris (d'avoir une voiture de sport...).

1. En ce moment, j'apprends...
2. Je voudrais apprendre...
3. Parfois j'hésite... mais je n'hésite jamais...
4. Parfois j'oublie... mais je n'oublie jamais...
5. Je regrette... mais je ne regrette pas...
6. J'aime... mais je préfère...
7. Je ne refuse jamais...
8. J'ai décidé...
9. Cet été, je vais continuer...
10. Je vais essayer...
11. Je cherche...
12. J'ai choisi...

D. Les nombres ordinaux

TO RANK PEOPLE AND THINGS

To rank people or things, we use ordinal numbers. Note the forms of these numbers.

À la course de cinq kilomètres, ...

Victoria est arrivée **première.**	*Victoria came in **first.***
David a fini **deuxième.**	*David finished **second.***
Isabelle est arrivée **dix-huitième.**	*Isabelle came in **eighteenth.***

ORDINAL NUMBERS are derived from cardinal numbers according to the pattern:

NUMBER (minus final **-e** if any) + **-ième**

trois → **troisième**	quatr(e) → **quatrième**
vingt-sept → **vingt-septième**	quinz(e) → **quinzième**

PRONONCIATION
In ordinal numbers "x" is pronounced /z/: **deuxième, sixième, dixième.**

→ EXCEPTION: **un → premier, première**

BUT: **vingt et unième, trente et unième,** etc.

→ Note the following spelling modifications:

cinq → **cinquième**   neuf → **neuvième**

ORDINAL NUMBERS are ADJECTIVES and agree with the nouns they modify.

→ Ordinal numbers come BEFORE the noun they modify.

Quel est le **dixième** mois de l'année?

ÉLISION
There is NO ELISION before:
le huitième
le onzième

→ ADVERBS in **-ment** can be derived from ordinal numbers.

Pour obtenir un job, **premièrement,** il faut préparer son CV.
Deuxièmement, il faut demander des lettres de recommandation.

12 Le concours de photo *(photo contest)*

Vous êtes le juge d'un concours de photo. Donnez aux étudiants suivants leur classement *(ranking)*.

❋ Mark (5e) ***Mark est cinquième.***

1. Anne (1ère)
2. Philippe (2e)
3. Nathalie (6e)
4. Louis et Marc (10e)
5. Sarah et Léa (15e)
6. Jérôme (18e)
7. Zoé (21e)
8. Michèle (32e)
9. Julie (41e)
10. Antoine (66e)
11. Amélie (74e)
12. Élodie (100e)

CD4-4

Phonétique: Consonnes finales

When a French word ends in a consonant sound, that final consonant is very distinctly pronounced. This makes it easier to distinguish many feminine adjectives and plural verbs.

Répétez: doux - douce   jaloux - jalouse   favori - favorite   long - longue
blanc - blanche   grand - grande   sérieux - sérieuse   discret - discrète
il vend - ils vendent   il finit - ils finissent   il boit - ils boivent   il met - ils mettent
il doit - ils doivent   il suit - ils suivent   il lit - ils lisent   il vit - ils vivent

À votre tour

Compréhension orale  CD4-5

Écoutez bien les descriptions. Pour chaque description, indiquez si elle concerne la personne A, la personne B ou la personne C.

A. B. C.

	1	2	3	4	5	6	7	8	9	10
A.										
B.										
C.										

Conversation dirigée

It is the eve of graduation and you and your roommate are talking about your four years of college.

With your partner, discuss . . .

- what you have learned to do
- what you have succeeded in doing
- what you hope to do

❊ ***— Moi, j'ai appris à parler français. Et toi, qu'est-ce que tu as appris?***

Expression libre

Mentionnez trois traits de personnalité que vous avez et trois traits que vous n'avez pas. Utilisez les adjectifs de cette leçon. Ensuite comparez votre portrait avec celui de votre partenaire. Quels traits avez-vous en commun?

Je suis...	*Je ne suis pas...*
•	•
•	•
•	•

Expression écrite

Un futur employeur français vous a demandé de faire votre autoportrait. Écrivez un paragraphe où vous décrivez vos qualités. Donnez des exemples.

Je suis consciencieux (consciencieuse). Je ne refuse jamais de finir mon travail.

LEÇON 29 Après l'université

OBJECTIVES

- To describe future events
- To discuss professional choices
- To talk about future possibilities

© Arthur Thévenart/Corbis

Le Futuroscope, près de Poitiers, France

CD4-5

*Comment voyez-vous l'**avenir**? Où **serez-vous** dans dix ans? Et d'abord, qu'est-ce que vous **ferez** quand vous **aurez** votre diplôme? Trois étudiants répondent à ces questions.*

future / will you be
will do / (will) have

Alice (étudiante d'une école de commerce)

Je n'ai pas encore mon diplôme et j'**ai déjà reçu** une offre d'emploi d'une grande compagnie internationale. Je suis donc optimiste sur mon avenir personnel.

already received

Quand j'aurai mon diplôme, je n'aurai probablement pas de difficulté à trouver un emploi intéressant et bien payé. Avec la **mondialisation** de l'économie, les jeunes ont beaucoup de possibilités, **surtout** quand ils acceptent de s'expatrier.

globalization
especially

Où est-ce que je serai dans dix ans? J'**habiterai** peut-être en Chine ou au Japon. Ou bien, je serai **de retour** à Paris. Qui sait?

will live
back

Emmanuel (étudiant en sociologie)

Les progrès de la technologie ont beaucoup simplifié les conditions de travail mais ils ont créé d'autres problèmes: le **chômage**, par exemple. Je ne sais pas si je trouverai du travail à la fin de mes études et quelle sorte de travail j'aurai. **Ainsi** je ne peux pas **prédire ce que** je ferai quand j'aurai mon diplôme, et **encore moins** ce que je ferai dans dix ans.

unemployment
Thus / predict / what
even less

Je sais seulement que je n'habiterai plus à Paris. J'habiterai en province parce que la vie y est plus agréable. J'espère aussi que je serai marié et que j'aurai des enfants. Pour moi, **fonder une famille**, c'est très important.

having a family

Mélanie (étudiante en biologie)

Après mon diplôme, je continuerai mes études aux États-Unis. Quand je reviendrai, je chercherai un emploi dans un laboratoire de recherches. Aujourd'hui la science fait des progrès énormes. Dans dix ans, **il y aura** *(there will be)* probablement un vaccin contre le **Sida** *(AIDS)* et des remèdes efficaces contre les maladies qui déciment les populations du **Tiers-Monde** *(Third World)*.

Mais est-ce qu'il y aura une solution au problème de la **faim** *(hunger)*? Est-ce que les gens vivront en **paix** *(peace)* et en sécurité? Ça, c'est moins sûr!

À propos du texte

1. Qui est l'étudiant le plus optimiste? Pourquoi?
2. Qui est l'étudiant le plus réaliste? Pourquoi?
3. Qui est l'étudiant le plus pessimiste? Pourquoi?

Note culturelle

Les étudiants face à l'avenir° 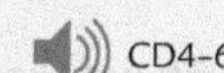 CD4-6

Les étudiants français sont généralement assez optimistes pour leur avenir, mais beaucoup expriment certaines inquiétudes°. Leur préoccupation principale est de trouver un travail après l'université. Dans un pays où le taux de chômage° est de 9%, ils savent bien que les diplômes ne sont pas une garantie d'emploi.

Seulement 20% des étudiants français pensent qu'il leur sera très facile de trouver un travail correspondant à leur formation°. Les plus concernés sont ceux qui ont fait des études littéraires ou de sciences humaines. Par contre°, les étudiants des écoles de commerce et les scientifiques voient leur avenir professionnel avec beaucoup d'optimisme.

Les possibilités d'emploi pour les étudiants français:

ÉTUDES	FACILE	DIFFICILE
• commerce	91%	9%
• sciences, médecine	88%	12%
• droit, sciences politiques	71%	29%
• lettres, sciences humaines	48%	52%

À votre avis

1. Êtes-vous plutôt optimiste ou pessimiste pour votre avenir? Expliquez.
2. Aux États-Unis, pour quelles études est-ce qu'il est très facile de trouver un emploi? Pour lesquelles est-ce très difficile?
3. Comparez la situation de l'emploi en France et aux États-Unis.

avenir *future* **inquiétudes** *worries* **taux de chômage** *unemployment rate* **formation** *education*
Par contre *On the other hand*

La langue française

Vocabulaire: Expressions de temps

bientôt	*soon*	Ma soeur aura **bientôt** son diplôme.
alors	*then, at that moment*	**Alors,** elle cherchera du travail.
tout de suite	*right away*	J'arrive **tout de suite.**
dans un instant	*in a second*	Je descendrai **dans un instant.**
dans une minute	*very soon*	Je téléphonerai à Sophie **dans une minute (dans un moment).**
dans un moment	*very soon*	
de nouveau	*again*	Je lui téléphonerai **de nouveau** demain.
en avance	*early, ahead of time*	Nous sommes **en avance** pour notre rendez-vous.
à l'heure	*on time*	Soyez **à l'heure**!
en retard	*late*	Si tu ne pars pas maintenant, tu vas être **en retard.**

→ **Tôt** and **en avance** both mean *early*. While **tôt** refers to absolute time, **en avance** refers to relative time.

Je suis arrivé **tôt** à la gare. — *I arrived at the station **early** (e.g., at 6 a.m.).*
Je suis **en avance.** — *I am **early** (in relation to the train departure time).*

The same distinction exists between **tard** and **en retard** *(late)*.

1 Quand?

Complétez les phrases suivantes avec l'expression de temps qui convient.

1. M. Moreau a raté *(missed)* son avion parce qu'il est arrivé ______ à l'aéroport.
2. Je suis allé au cinéma samedi dernier. J'y suis allé ______ hier soir.
3. Attendez-moi. Je suis presque prêt. J'arrive ______.
4. Nous sommes en mai. Les vacances vont commencer ______!
5. Je n'aime pas attendre. Sois ______ au rendez-vous.
6. Si nous arrivons ______ chez le dentiste, nous allons lire des magazines.

A. Le verbe *recevoir*

The verb **recevoir** *(to receive, to get)* is irregular.

infinitive		**recevoir**	Je voudrais **recevoir** ta réponse.
present	je	**reçois**	Je **reçois** une lettre.
	tu	**reçois**	Tu **reçois** un email.
	il/elle/on	**reçoit**	Éric **reçoit** son diplôme.
	nous	**recevons**	Nous **recevons** cette revue.
	vous	**recevez**	Vous **recevez** un bon salaire.
	ils/elles	**reçoivent**	Elles **reçoivent** de l'argent de leurs parents.
passé composé		**j'ai reçu**	**J'ai reçu** une bonne note à l'examen.

Verbes conjugués comme *recevoir*

recevoir	*to receive, to get*	Nous **recevons** le journal le matin.
	to entertain	Je **reçois** mes amis chez moi.
décevoir	*to disappoint*	Ne **décevez** pas vos parents.
apercevoir	*to see, to catch a glimpse of*	**As**-tu **aperçu** ton prof ce matin?
s'apercevoir (de)	*to realize*	Je **me suis aperçu de** mon erreur.

2 De la Tour Eiffel

Un groupe de touristes observe Paris du sommet de la Tour Eiffel. Dites ce que chacun aperçoit.

❈ moi (la Sorbonne) ***J'aperçois la Sorbonne.***

1. Paul (Montmartre)
2. Sophie (Notre-Dame)
3. moi (les Invalides)
4. toi (le Louvre)
5. nous (le Centre Pompidou)
6. vous (le musée d'Orsay)
7. Michèle et Zoé (l'Arc de Triomphe)
8. Marc et Philippe (la Défense)

© Robert Holmes/Corbis

3 Et vous?

1. Recevez-vous souvent des lettres? des emails? des textos? de qui?
2. Quand avez-vous reçu votre diplôme de *high school*?
3. Quand allez-vous recevoir votre diplôme de l'université?
4. Aimez-vous recevoir des cadeaux *(presents)*? Quels cadeaux avez-vous reçus pour votre anniversaire?
5. Allez-vous recevoir des amis chez vous ce week-end?
6. Quand vous faites une erreur en français, est-ce que vous vous en apercevez immédiatement?
7. Est-ce qu'il y a des personnes qui vous déçoivent? Qui et pourquoi?

B. Le futur

TO DESCRIBE FUTURE EVENTS

To describe what we WILL DO and what WILL HAPPEN, we use the FUTURE TENSE.

Je **partirai** à six heures.	*I **will leave (will be leaving)** at six.*
Nous **prendrons** le train.	*We **will take** the train.*
— Est-ce que tu **travailleras** cet été?	***Will** you **work** this summer?*
— Non, je **ne travaillerai pas.**	*No, I **won't (will not) work**.*

Note the forms of the FUTURE tense of regular verbs (in **-er, -ir,** and **-re**) and irregular verbs like **dire.**

						future endings
infinitive		**habiter**	**finir**	**vendre**	**dire**	
future stem		**habiter-**	**finir-**	**vendr-**	**dir-**	
future	j'	**habiterai**	**finirai**	**vendrai**	**dirai**	**-ai**
	tu	**habiteras**	**finiras**	**vendras**	**diras**	**-as**
	il/elle/on	**habitera**	**finira**	**vendra**	**dira**	**-a**
	nous	**habiterons**	**finirons**	**vendrons**	**dirons**	**-ons**
	vous	**habiterez**	**finirez**	**vendrez**	**direz**	**-ez**
	ils/elles	**habiteront**	**finiront**	**vendront**	**diront**	**-ont**
negative	Je **n'habiterai pas** à Paris.					
interrogative	**Est-ce que tu habiteras** à Bordeaux? **Habiteras-tu** à Bordeaux?					

4 Travail à l'étranger

Les étudiants suivants vont travailler à l'étranger cet été. Dites où ils travailleront et quelles langues ils parleront.

❋ Claire / à Toronto
Claire travaillera à Toronto. Elle parlera anglais.

1. toi / à Tokyo
2. on / à Beijing
3. vous / à Québec
4. nous / à Rome
5. Émilie / à Saint-Pétersbourg
6. Jim et Erica / à Lyon
7. mon camarade de chambre / à Mexico
8. mes cousines / à Berlin

allemand
anglais
chinois
espagnol
français
italien
japonais
russe

The FUTURE is a SIMPLE TENSE, that is, it consists of one word. It is formed as follows:

FUTURE STEM + FUTURE ENDINGS

FUTURE STEM

The FUTURE STEM always ends in **-r.**

→ For most REGULAR verbs and many IRREGULAR verbs, the future stem is:

infinitive (*minus* final **-e,** if any)	
partir → je **partir**ai	**écrire** → j'**écrir**ai
sortir → je **sortir**ai	**prendre** → je **prendr**ai

→ For verbs like **acheter, appeler, payer,** and **employer,** the future stem is:

je-form of the PRESENT TENSE + **-r**	
j'achète → j'**achèter**ai	**je paie** → je **paier**ai
j'appelle → j'**appeller**ai	**j'emploie** → j'**emploier**ai

FUTURE ENDINGS

The FUTURE ENDINGS are the same for all verbs.
These endings are similar to the forms/endings of **avoir** in the present tense.

RAPPEL

j'**ai**	nous av**ons**
tu **as**	vous av**ez**
il **a**	ils **ont**

5 Après l'université

Demandez à votre partenaire s'il/si elle va faire les choses suivantes après l'université.

❋ travailler
— ***Est-ce que tu travailleras?***
— ***Oui, je travaillerai.***
ou — ***Non, je ne travaillerai pas.***

1. voyager en Europe
2. chercher un job
3. gagner de l'argent
4. acheter une voiture de sport
5. vivre à la campagne
6. écrire un roman
7. se reposer
8. s'amuser
9. se marier
10. apprendre une autre langue

La Grand-Place de Bruxelles, Belgique

6 Deux voyages différents

Cet été, vous allez visiter la France. Votre partenaire va aussi voyager en France, mais vous avez chacun des projets très différents. Expliquez vos projets.

❊ — ***Moi, je partirai en juin. Et toi?***
— ***Moi, je partirai en juillet.***

A	B
• partir en juin	• partir en juillet
• voyager en première classe	• voyager en classe économie
• rester à l'hôtel	• rester chez des copains
• louer une voiture	• louer un vélo
• visiter les musées	• visiter les petits villages
• dîner dans des grands restaurants	• dîner dans des fermes *(farms)*
• manger du caviar	• manger des spécialités régionales
• boire du champagne	• boire le vin local
• acheter des vêtements	• acheter des cartes postales
• rentrer fauché *(broke)*	• rentrer avec beaucoup d'expériences intéressantes

© Janet Valette

Dîner à la campagne

7 Prédictions

Prédisez certaines choses aux personnes suivantes.

❊ Kevin (rencontrer une Française / se marier avec elle)
Kevin rencontrera une Française. Il se mariera avec elle.

1. Isabelle (vivre à Québec / trouver un travail *[job]* intéressant)
2. toi (passer une année à Paris / s'amuser beaucoup)
3. nous (voyager / connaître des aventures extraordinaires)
4. vous (choisir une carrière scientifique / découvrir une cure contre le cancer)
5. moi (écrire un grand roman / gagner le prix Nobel de littérature)
6. mes copains (gagner à la loterie / acheter un château en France)

8 Oui ou non?

Déterminez si oui ou non les personnes suivantes vont faire les choses suggérées.

❊ Caroline étudie beaucoup.
  • rater son examen?
  Elle ne ratera pas son examen.

1. Thomas va travailler cet été.
   • voyager?
   • rendre visite à ses copains?
   • gagner de l'argent?
2. Nous avons une entrevue professionnelle.
   • préparer nos CV?
   • s'habiller bien?
   • mâcher *(chew)* du chewing-gum?
3. Vous cherchez du travail *(work)*.
   • lire les journaux?
   • répondre aux annonces *(ads)*?
   • demander des lettres de recommandation?
4. Tu es au régime *(on a diet)*.
   • grossir?
   • maigrir?
   • perdre cinq kilos?
5. Isabelle a une mauvaise grippe.
   • prendre de l'aspirine?
   • se lever?
   • sortir?
6. Éric et Léa vont dîner dans un restaurant chinois.
   • commander des spaghetti?
   • boire du thé?
   • manger avec des baguettes *(chopsticks)*?

9 Procrastination

Votre camarade de chambre est toujours en retard pour faire certaines choses. Il/Elle va répondre à vos questions en utilisant le futur et un pronom complément.

❊ téléphoner à ta mère (ce soir)
  — Quand est-ce que tu vas téléphoner à ta mère?
  — Je lui téléphonerai ce soir.

1. finir ta préparation (après le dîner)
2. laver ta voiture (ce week-end)
3. écrire à tes cousins (samedi)
4. nettoyer la chambre (dimanche)
5. répondre à ta copine (dans deux jours)
6. payer la note *(bill)* de téléphone (la semaine prochaine)
7. vendre tes livres (avant les vacances)

C. Futurs irréguliers

The following verbs have IRREGULAR FUTURE STEMS. Note, however, that their endings are regular.

infinitive	future stem	
être	ser-	Nous **serons** à l'heure.
faire	fer-	Est-ce qu'il **fera** beau ce week-end?
aller	ir-	J'**irai** à Québec l'été prochain.
avoir	aur-	Vincent **aura** une bonne lettre de recommandation.
savoir	saur-	Je ne **saurai** jamais la vérité.
courir	courr-	Est-ce que tu **courras** dans le marathon?
pouvoir	pourr-	Vous **pourrez** voyager.
voir	verr-	Nous **verrons** nos amis ce soir.
envoyer	enverr-	Est-ce que tu m'**enverras** une photo?
devoir	devr-	Tu **devras** trouver un job.
recevoir	recevr-	Nous **recevrons** notre diplôme en mai.
vouloir	voudr-	Mes cousins ne **voudront** pas venir avec nous.
venir	viendr-	**Viendrez**-vous avec nous?
obtenir	obtiendr-	Anne **obtiendra** son passeport demain.

→ Verbs conjugated in the present like the above verbs have similar irregular stems in the future.

devenir	(like **venir**)	Ma cousine **deviendra** ingénieur.
s'apercevoir	(like **recevoir**)	Tu **t'apercevras** de tes erreurs.

The following impersonal expressions have IRREGULAR FUTURE forms.

present	future	
il y a	**il y** aura	**Il y aura** un concert dimanche.
il faut	**il** faudra	**Il faudra** acheter des billets *(tickets)*.
il pleut	**il** pleuvra	J'espère qu'**il** ne **pleuvra** pas.

10 L'an 2100

Comment sera le monde en l'an 2100? Indiquez si les prédictions suivantes sont certaines, possibles, probables ou impossibles. Est-ce que votre partenaire est d'accord avec vous?

	certain	possible	probable	impossible
1. Il y aura une cure pour le Sida *(AIDS)*.	❍	❍	❍	❍
2. Tout le monde sera vacciné contre le cancer.	❍	❍	❍	❍
3. On vivra jusqu'à *(until)* cent ans.	❍	❍	❍	❍
4. La Chine sera la plus grande puissance *(power)* économique du monde.	❍	❍	❍	❍
5. Il fera toujours beau parce que les savants *(scientists)* sauront contrôler le climat.	❍	❍	❍	❍
6. Pendant les vacances, on ira sur la lune *(moon)* où il y aura des hôtels interspatiaux.	❍	❍	❍	❍
7. On pourra filmer les rêves *(dreams)*.	❍	❍	❍	❍
8. Les gens seront plus heureux qu'aujourd'hui.	❍	❍	❍	❍

11 Dans cinq ans

Est-ce que votre vie sera différente dans cinq ans? Faites des phrases selon le modèle.

avoir: plus de? moins de?

❊ vacances
J'aurai moins de vacances qu'aujourd'hui.

1. argent
2. responsabilités
3. illusions
4. bons copains

être: plus? moins?

❊ riche
Je serai plus riche qu'aujourd'hui.

5. optimiste
6. idéaliste
7. conservateur (conservatrice)
8. calme

12 Dans l'avenir

Demandez à votre partenaire si un jour il/elle fera les choses suivantes. Si votre partenaire répond affirmativement, demandez quand.

❊ aller à Paris
— Est-ce que tu iras à Paris un jour?
— Oui, j'irai à Paris. (Non, je n'irai pas à Paris.)
— Quand iras-tu à Paris?
— J'irai à Paris dans deux ans.

1. aller en Chine
2. faire un voyage au Tibet
3. voir les pyramides d'Égypte
4. être millionnaire
5. courir dans un marathon
6. obtenir un doctorat
7. être un acteur (une actrice) célèbre
8. recevoir un Oscar
9. devenir président(e) d'une compagnie
10. faire de la politique
11. pouvoir faire des économies
12. envoyer tes enfants à l'université
13. devoir chercher du travail *(work)*
14. savoir faire du parapente *(parasailing)*

Vocabulaire: Quelques professions

LES PROFESSIONS MÉDICALES

un médecin	*doctor*	**un infirmier (une infirmière)**	*nurse*
un(e) dentiste		**un(e) pharmacien(ne)**	

LES PROFESSIONS LITTÉRAIRES ET ARTISTIQUES

un écrivain	*writer*	**un acteur (une actrice)**	
un(e) cinéaste	*filmmaker*	**un(e) journaliste**	
un(e) photographe		**un(e) architecte**	

LES PROFESSIONS LÉGALES ET COMMERCIALES

un(e) avocat(e)	*lawyer*	**un vendeur (une vendeuse)**	*salesperson*
un chef d'entreprise	*CEO*	**un homme (une femme) d'affaires**	*businessperson*

LES PROFESSIONS ADMINISTRATIVES

un(e) comptable	*accountant*	**un(e) fonctionnaire**	*civil servant*
un(e) secrétaire		**un(e) employé(e)**	

LES PROFESSIONS SCIENTIFIQUES

un ingénieur	*engineer*	**un chercheur (une chercheuse)**	*researcher*
un(e) technicien(ne)		**un(e) informaticien(ne)**	*data specialist*

→ A few professions, such as **un médecin, un écrivain,** are always MASCULINE, even when they refer to women.

Toni Morrison est **un** écrivain remarquable.

→ After **être** and **devenir,** names of professions are used without **un, une,** or **des,** except when modified by an adjective.

Mme Dupont est **pharmacienne.**
*Mrs. Dupont is **a pharmacist.***

Isabelle veut devenir **ingénieur.**
*Isabelle wants to become **an engineer.***

Marc est **un très bon photographe.**
*Marc is **a very good photographer.***

13 Avantages professionnels

Avec votre partenaire, choisissez une profession différente. Chacun va expliquer les caractéristiques de sa profession. Utilisez les expressions suivantes dans des phrases affirmatives ou négatives.

❋ être indépendant(e)?
— Moi, je serai architecte. Je serai assez indépendant.
— Et moi, je serai comptable. Je ne serai pas très indépendante.

- avoir un bon salaire?
- avoir des responsabilités?
- avoir des employés?
- avoir un(e) secrétaire?
- devenir célèbre *(famous)*?
- devoir travailler beaucoup?
- pouvoir utiliser mon diplôme?
- pouvoir rencontrer des gens intéressants?
- être utile à la société?
- aller souvent à l'étranger?

14 Quelle sera leur profession?

Lisez ce que les personnes suivantes vont faire plus tard et dites quelle sera leur profession. Utilisez le futur du verbe être et les professions du Vocabulaire.

❋ Béatrice ira à l'hôpital tous les jours.
Elle sera médecin (infirmière).

1. Nous deviendrons des spécialistes de l'information.
2. Élodie verra ses patients régulièrement.
3. Laure et Émilie feront du droit international.
4. Je pourrai interviewer des acteurs célèbres *(famous)*.
5. Vous aurez des responsabilités importantes dans votre entreprise *(company)*.
6. Julien écrira des mémos et répondra au téléphone.
7. Nous saurons résoudre *(to resolve)* les problèmes techniques.
8. Ma cousine négociera des contrats importants.
9. Jérémy travaillera dans un grand magasin où il servira la clientèle.

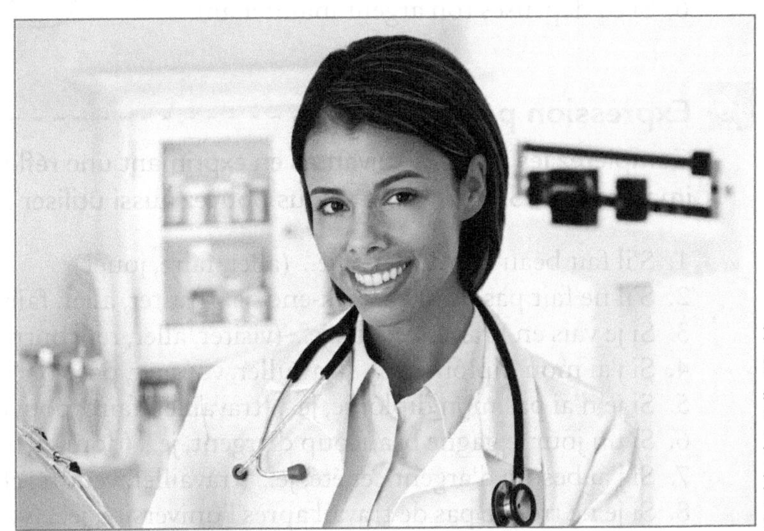

D. La construction: *si* + présent

TO MAKE ASSUMPTIONS ABOUT THE FUTURE

The following sentences indicate what WILL HAPPEN IF a certain condition is met. Note the use of tenses.

S'il **fait** beau, nous **irons** à la plage.	*If the weather **is** nice, we **will go** to the beach.*
Si j'**ai** de l'argent, je **voyagerai** cet été.	*If I **have** money, I **will travel** this summer.*

The above sentences consist of two parts:
- the **si** *(if)* clause, which expresses the condition
- the result clause, which tells you what WILL HAPPEN

When making assumptions about the future, the pattern of tenses is:

si-clause: PRESENT	result clause: FUTURE
Si vous **travaillez,**	vous **gagnerez** de l'argent.

ÉLISION
si + il → s'il
si + ils → s'ils
BUT:
si + elle → si elle
si + elles → si elles

15 Attention!

Dites à votre partenaire ce qui arrivera s'il/si elle fait ou ne fait pas certaines choses. Soyez logique!

❊ Si tu manges trop...
Attention! Si tu manges trop, tu seras malade!

1. Si tu n'étudies pas...
2. Si tu ne te dépêches pas...
3. Si tu lis trop...
4. Si tu te reposes maintenant...
5. Si tu racontes des mensonges *(lies)*...
6. Si tu dépenses ton argent maintenant...

- avoir mal à la tête
- avoir une mauvaise note
- être malade
- être en retard à ton rendez-vous
- être fauché(e) *(broke)* pour les vacances
- devoir étudier ce soir
- perdre tes amis

16 Expression personnelle

Complétez les phrases suivantes en exprimant une réflexion personnelle. Utilisez votre imagination! Si vous voulez, vous pouvez aussi utiliser l'un des verbes entre parenthèses.

1. S'il fait beau ce week-end, je... (aller, faire, jouer)
2. S'il ne fait pas beau ce week-end, je... (rester, aller, faire)
3. Si je vais en France cet été, je... (visiter, aller, rencontrer)
4. Si j'ai mon diplôme, je... (travailler, voyager, pouvoir)
5. Si je n'ai pas mon diplôme, je... (travailler, faire, pouvoir)
6. Si un jour je gagne beaucoup d'argent, je... (donner, acheter, s'intéresser à)
7. Si j'ai besoin d'argent cet été, je... (travailler, vendre, chercher)
8. Si je ne trouve pas de travail après l'université, je... (voyager, aller, trouver)

E. L'usage du futur après *quand*

TO DESCRIBE RELATED FUTURE EVENTS

The following sentences describe what WILL HAPPEN WHEN another event occurs. Compare the use of tenses in the French and English sentences below.

Quand j'**aurai** mon diplôme, je **chercherai** du travail.	*When I **have** my degree, I **will look for** work.*
Quand nous **serons** au Canada, nous **visiterons** Québec.	*When we **are** in Canada, we **will visit** Quebec City.*

When referring to future events, the French use the FUTURE tense in BOTH the main clause and the **quand**-clause.

quand-clause: FUTURE	main clause: FUTURE
Quand j'**aurai** de l'argent,	j'**achèterai** une voiture.

LIAISON
quand‿il(s)
quand‿elle(s)
quand‿on

→ The **quand**-clause may also come after the main clause.

Je chercherai du travail, **quand j'aurai mon diplôme.**

→ The main clause may be in the IMPERATIVE.

Écris-moi quand tu **seras** à Paris.

17 Projets de voyage

Dites ce que les personnes suivantes feront quand elles seront dans les endroits indiqués.

❊ nous / à Paris / faire une promenade en bateau-mouche *(sightseeing boat)*
Quand nous serons à Paris, nous ferons une promenade en bateau-mouche.

1. toi / en Égypte / voir les Pyramides
2. vous / en Grèce / visiter le Parthénon
3. moi / en Espagne / assister à une corrida *(bullfight)*
4. mes cousins / au Mexique / prendre des photos des ruines aztèques
5. nous / en Inde / faire une promenade à dos d'éléphant
6. Mélanie et Marc / au Népal / faire du trekking dans l'Himalaya

18 S'il te plaît!

Demandez à votre partenaire de faire certaines choses. Votre partenaire répondra affirmativement.

❊ fermer la fenêtre / sortir
— S'il te plaît, ferme la fenêtre quand tu sortiras.
— D'accord! Je fermerai la fenêtre quand je sortirai.

1. faire les courses / aller en ville
2. acheter le journal / rentrer ce soir
3. envoyer cette lettre / passer à la poste
4. rendre ces livres / être à la bibliothèque
5. donner ton adresse / partir en vacances
6. montrer tes photos / revenir de vacances

19 Choix personnels

Quel choix possible ferez-vous à différents moments de votre vie? Comparez votre choix avec votre partenaire.

❋ avoir mon diplôme (chercher du travail ou partir en vacances?)
Quand j'aurai mon diplôme, je partirai en vacances (je chercherai du travail).

1. gagner de l'argent (acheter une voiture ou faire des économies?)
2. avoir des vacances (voyager ou me reposer à la maison?)
3. avoir vingt-cinq ans (me marier ou rester célibataire?)
4. se marier (avoir immédiatement des enfants ou attendre un peu?)
5. avoir une famille (mettre mes enfants à l'école publique ou dans une école privée?)
6. être riche (dépenser tout mon argent ou aider les autres?)
7. avoir cinquante ans (être conservateur/conservatrice ou être libéral/libérale?)
8. être retraité(e) *(retired)* (faire des voyages ou travailler comme volontaire?)

20 Projets personnels

Avec votre partenaire, complétez les phrases suivantes, chacun avec une réflexion personnelle. Utilisez votre imagination!

1. Si je gagne à la loterie, ...
2. Quand je serai millionnaire, ...
3. Si je vais en France cet été, ...
4. Quand j'aurai une augmentation *(increase)* de salaire, ...
5. Si je perds mon emploi, ...
6. Quand j'aurai mon avion personnel, ...
7. Si je n'ai pas mon diplôme, ...
8. Quand je serai président(e) des États-Unis, ...

CD4-8

Phonétique: Les lettres «in» et «im»

English speakers often have trouble pronouncing "in" and "im" correctly in French.

- "in(n)" + *vowel* is pronounced /in/, as in the English "seen" (and not "sin")
  Répétez: copine minute inutile inégal médecine innovation innocent
- "im(m)" + *vowel* is pronounced /im/, as in the English "deem" (and not "dim")
  Répétez: image imiter Maxime immense immédiat immeuble
- "in," "yn" + *consonant* represent the nasal vowel /ɛ̃/; the "n" is not pronounced
  Répétez: infirmier ingénieur information indiscret instant singulier syndicat
- "im," "ym" + *consonant* represent the nasal vowel /ɛ̃/; the "m" is not pronounced
  Répétez: imper impatient impossible impulsif simple sympa symbole

À votre tour

Compréhension orale CD4-9

Plusieurs personnes parlent de l'avenir. Écoutez chaque personne et indiquez si elle est plutôt *(more or less)* optimiste ou plutôt pessimiste.

	1	2	3	4	5	6	7	8	9	10
A. ☺										
B. ☹										

Conversation dirigée

Your friend has just told you that he/she has bought a Eurail Pass and plans to visit Europe next summer.

Ask your partner . . .
- when he/she will leave
- how long he/she will stay in Europe
- which countries he/she will visit
- what he/she will do when he/she is in France
- when he/she will come back

Expression libre

Décrivez vos différents projets pour l'été prochain. Comparez ces projets avec votre partenaire.
- travail?
- voyages?
- loisirs?
- autres activités?

Expression écrite

Décrivez comment vous voyez votre avenir personnel dans dix ans. Considérez les domaines suivants:
- profession
- situation financière
- famille
- loisirs

Leçon 30 Si j'avais plus d'argent...

OBJECTIVES

- To discuss vacation plans
- To describe hypothetical situations
- To make polite requests

© Blazej Lyjak/Shutterstock.com

CD4-10 *On dit que «l'argent ne fait pas le **bonheur**». Et **pourtant**, **chacun** voudrait avoir plus d'argent. Alors, **que feriez-vous** si vous aviez plus d'argent? Voici la réponse de plusieurs Français.* — *happiness / nevertheless / everyone / what would you do*

Catherine (24 ans, employée de banque)

Moi, je **ferais** beaucoup de grands voyages pendant les vacances. Je commencerais par l'Asie. J'aimerais faire du trekking dans l'Himalaya... — *would take*

Stéphanie (21 ans, étudiante)

Je n'habiterais plus chez mes parents. Je trouverais une chambre en ville. Comme ça, je **serais** indépendante. **À part ça**, ma vie ne changerait pas beaucoup. Je continuerais à préparer mon diplôme. — *would be / Aside from that*

Christophe (27 ans, comptable)

Si j'avais plus d'argent, je réaliserais mon **rêve**. D'abord, je quitterais mon travail et je vendrais toutes mes possessions. Ensuite, j'achèterais un grand bateau et je **ferais le tour du monde**. Quelque part je rencontrerais peut-être **l'âme-soeur**. — *dream / would go around the world / soul sister*

Marie-France (35 ans, avocate)

Mon mari est architecte. **À deux**, nous gagnons bien notre vie. Alors que ferions-nous avec plus d'argent? Je ne sais pas. Nous ferions probablement des **dépenses inutiles**. Nous achèterions un plus grand appartement. Nous conduirions une plus grosse voiture. Nous consommerions davantage... et, bien sûr, nous paierions plus d'**impôts**! Est-ce que nous serions plus heureux qu'aujourd'hui? Je ne suis pas sûre.

Together
expenditures / useless
taxes

Sébastien (18 ans, lycéen)

Moi, j'achèterais une voiture de sport et je ferais un grand voyage avec un copain. On s'amuserait bien!

À propos du texte

1. Qui est la personne la plus réaliste? la plus aventureuse? Expliquez.
2. Quel est le projet le plus original? le moins original? Pourquoi?
3. Quel est le projet décrit dans le texte que vous aimeriez réaliser? Comparez votre choix avec votre partenaire.

Note culturelle

Les Français et l'argent

CD4-11

Selon un proverbe, «l'argent est bon serviteur°, mais mauvais maître°». Ce proverbe résume assez bien l'attitude ambiguë des Français vis-à-vis de l'argent.

Personnellement les Français voudraient avoir plus d'argent pour améliorer° la qualité de vie, mais ils n'aspirent pas à devenir riches. Dans l'échelle° des choses importantes, l'argent vient loin derrière la santé, la vie familiale, le développement personnel, l'amitié et la vie professionnelle.

LES PRIORITÉS DES FRANÇAIS:

1. la santé
2. la vie familiale
3. le développement personnel
4. l'amitié
5. la vie professionnelle
6. l'argent

La majorité des Français n'ont pas le «culte de l'argent». Soixante-dix pour cent des jeunes cadres° préféreraient gagner moins d'argent mais avoir plus de loisirs.

Collectivement, les Français considèrent la richesse comme un obstacle à l'égalité sociale. En conséquence, le gouvernement français a créé un impôt° sur la fortune, appelé ISF (Impôt de Solidarité sur la Fortune). Chaque année les Français les plus riches doivent payer un impôt de 1% sur la valeur de tous leurs biens° au-delà° d'une certaine limite. Comme son nom l'indique, cet impôt réaffirme que dans la conception française, la richesse individuelle doit bénéficier° à toute la société.

À votre avis

1. Quelles différences voyez-vous dans la conception de l'argent en France et aux États-Unis?
2. Pensez-vous que l'impôt sur la fortune est une bonne ou une mauvaise idée? Expliquez.

serviteur *servant* **maître** *master* **améliorer** *to improve* **échelle** *scale* **cadres** *executives* **impôt** *tax* **biens** *assets* **au-delà** *above* **bénéficier** *benefit*

La langue française

Vocabulaire: Projets de vacances

NOMS

un départ	*departure*	**une arrivée**	*arrival*
le commencement	*beginning*	**la fin**	*end*
le hasard	*chance*	**une occasion**	*chance, opportunity*
l'avenir *(m.)*	*future*	**la chance**	*luck*
un jour de congé	*day off*	**une fête**	*feast, holiday; party*

VERBES

avoir l'occasion (de)	*to have the opportunity*	As-tu **eu l'occasion de** voyager cet été?
durer	*to last*	Les grandes vacances **durent** trois mois.
réaliser	*to carry out, see through*	Je voulais aller au Japon cet été, mais je n'**ai** pas **réalisé** ce projet.

EXPRESSIONS

chacun(e)	*each one, each person*	Est-ce que **chacun** a acheté son billet d'avion?
ailleurs	*elsewhere*	L'année dernière, je suis allé au Canada. Cette année, je vais aller **ailleurs.**
vers	*toward (+ place)*	Il est allé **vers** la plage.
	around (+ time)	Il rentrera **vers** midi.
à cause de	*because of*	J'ai étudié **à cause de** l'examen.
cependant	*however, yet*	J'ai raté mon examen. **Cependant** j'avais beaucoup travaillé.
pourtant	*nevertheless, yet*	Anne réussit toujours à ses examens. **Pourtant,** elle ne travaille pas beaucoup.

→ Note: **parce que** *(because)* introduces a clause, whereas **à cause de** *(because of)* introduces a noun.

Nous sommes restés chez nous **parce qu'il faisait mauvais.**
Nous sommes restés chez nous **à cause du mauvais temps.**

1 Questions

1. Quand célèbre-t-on la fête nationale aux États-Unis? en France? Quelles sont les autres grandes fêtes qu'on célèbre aux États-Unis?
2. Combien de jours de congé avez-vous à Noël? au printemps?
3. En général, combien de jours de congé est-ce que les Américains prennent par an?
4. Combien de temps dure la classe de français? un match de football? un match de basket?
5. Est-ce que vous habitez sur le campus? Si vous habitez ailleurs, où habitez-vous?
6. Vers quelle heure déjeunez-vous? Vers quelle heure dînez-vous?
7. Quel projet voulez-vous réaliser avant la fin de l'année?
8. Avez-vous eu l'occasion de faire un voyage récemment? Où et quand?
9. Croyez-vous *(Do you believe)* à la chance? au hasard? Expliquez.
10. Est-ce que vous pensez souvent à l'avenir? Voyez-vous votre avenir avec optimisme ou pessimisme? Pourquoi?

A. Le conditionnel: Formation

TO DESCRIBE HYPOTHETICAL SITUATIONS

We use the CONDITIONAL to describe what we WOULD DO or what WOULD HAPPEN IF certain conditions were met.

Si c'était les vacances,	*If it were vacation time,*
... je **voyagerais.**	*. . . I **would travel.***
... nous **visiterions** Paris.	*. . . we **would visit** Paris.*
... mes amis **partiraient** en Italie.	*. . . my friends **would leave** for Italy.*
... je **n'étudierais pas.**	*. . . I **would not study.***
... est-ce que tu **voyagerais**?	*. . . **would** you **travel**?*

Note the forms of the CONDITIONAL tense of regular verbs (in **-er, -ir,** and **-re**) and irregular verbs like **dire.**

infinitive		**habiter**	**finir**	**vendre**	**dire**	conditional endings
future stem		**habiter-**	**finir-**	**vendr-**	**dir-**	
conditional	j'	**habiterais**	**finirais**	**vendrais**	**dirais**	-ais
	tu	**habiterais**	**finirais**	**vendrais**	**dirais**	-ais
	il/elle/on	**habiterait**	**finirait**	**vendrait**	**dirait**	-ait
	nous	**habiterions**	**finirions**	**vendrions**	**dirions**	-ions
	vous	**habiteriez**	**finiriez**	**vendriez**	**diriez**	-iez
	ils/elles	**habiteraient**	**finiraient**	**vendraient**	**diraient**	-aient
negative	Je **n'habiterais pas** à Paris.					
interrogative	**Est-ce que tu habiterais** à Bordeaux? **Habiterais-tu** à Bordeaux?					

The CONDITIONAL is a SIMPLE tense. It is formed as follows:
CONDITIONAL = FUTURE STEM + IMPERFECT ENDINGS

→ For all verbs, the CONDITIONAL stem is the same as the FUTURE stem.

infinitive	future stem	conditional
être	**ser-**	**Seriez**-vous plus heureux avec plus d'argent?
aller	**ir-**	À ta place, je n'**irais** pas au cinéma ce soir.
faire	**fer-**	Je **ferais** mes devoirs.
acheter	**achèter-**	Avec 20 000 euros, nous **achèterions** une voiture neuve.

2 Si j'étais président(e)...

Dites si vous feriez les choses suivantes si vous étiez président(e).

❊ taxer les gens très riches?
Oui, je taxerais les gens très riches.
ou *Non, je ne taxerais pas les gens très riches.*

1. développer l'énergie solaire?
2. protéger la nature?
3. aider les pays pauvres?
4. quitter les Nations Unies?
5. détruire les stocks d'armements nucléaires?
6. fermer les bases militaires à l'étranger?
7. abolir la peine de mort *(death penalty)*?
8. créer un Ministère de l'Environnement?

3 Au choix

Dites quel serait votre choix si vous aviez les possibilités suivantes. Ensuite expliquez votre choix, si vous voulez.

❊ habiter en ville ou à la campagne?
J'habiterais à la campagne parce que j'aime la nature.

1. acheter une voiture ou une moto?
2. passer les vacances à la mer ou à la montagne?
3. visiter Paris ou Londres *(London)*?
4. vivre en Europe ou en Asie?
5. aller au cinéma ou au restaurant?
6. voir un match de foot ou un match de basket?
7. être acteur/actrice ou athlète professionnel(le)?
8. faire du ski alpin ou du patinage *(ice skating)*?

4 Vacances à la Martinique

Les personnes suivantes discutent de ce qu'elles feraient si elles étaient à la Martinique. Exprimez l'idée de chacune en utilisant le conditionnel.

❊ Léa / aller à la plage tous les jours
Léa irait à la plage tous les jours.

1. nous / faire de la planche à voile
2. moi / être bien bronzé(e) *(tanned)*
3. Alice et Michelle / vouloir goûter *(to taste)* la cuisine créole
4. vous / voir la ville de Saint-Pierre
5. David / pouvoir faire de la voile
6. Pauline / envoyer des cartes à ses amis
7. nous / courir sur la plage tous les matins
8. moi / savoir faire du ski nautique

B. Le conditionnel: Emploi

The USES of the CONDITIONAL are generally similar in French and English.

HYPOTHETICAL SITUATIONS

The conditional is used to express what WOULD HAPPEN if a condition contrary-to-fact were met. Often (but not always) this condition is expressed by the construction **si** + IMPERFECT.

Si j'étais riche, j'**achèterais** un avion.	*If I were rich, I **would buy** a plane.*
À ta place, je **serais** plus sérieux.	*In your place, I **would be** more serious.*

INDIRECT SPEECH

The conditional is used to describe what people said or thought IN THE PAST about a FUTURE event. It describes what they said WOULD HAPPEN.

Compare the use of tenses in the following sentences:

Il **dit** qu'il **voyagera** cet été.	*He **says** that he **will travel** this summer.*
Il **a dit** qu'il **voyagerait** cet été.	*He **said** that he **would travel** this summer.*

POLITE REQUESTS

The conditional is used instead of the present to make a wish or a request sound more POLITE.

Je **veux** de l'argent.	*I **want** some money.*
Je **voudrais** de l'argent.	*I **would like** some money.*
Pouvez-vous me prêter vingt euros?	***Can** you lend me twenty euros?*
Pourriez-vous me prêter vingt euros?	***Could** you lend me twenty euros?*
Vous **devez** travailler.	*You **must** work.*
Vous **devriez** travailler.	*You **should (ought to)** work.*

5 Politesse

Exprimez les requêtes et les suggestions suivantes d'une façon plus polie en utilisant le conditionnel.

❊ Je veux vous parler. ***Je voudrais vous parler.***

1. Je veux aller au cinéma avec vous.
2. Nous voulons vous inviter.
3. Peux-tu m'aider?
4. Peux-tu me téléphoner demain?
5. Pouvez-vous venir à trois heures?
6. Tu dois être plus patient.
7. Tu dois aider tes amis.
8. Vous devez être plus généreux.

6 On n'est jamais content...

On n'est pas toujours content de sa situation. Dites ce que feraient ces personnes si elles ne faisaient pas ce qu'elles font maintenant.

❋ Pierre travaille. (voyager)
Si Pierre ne travaillait pas, il voyagerait.

1. Mélanie étudie. (aller à la plage)
2. Philippe travaille dans une banque. (être acteur)
3. Nathalie est étudiante. (faire de la politique)
4. Nicolas est au régime. (manger des spaghetti)
5. Philippe nettoie son appartement. (sortir avec ses copains)
6. Émilie a des examens. (partir en vacances)

Le surf à Seignosse, près de Bayonne, France

7 Si...

Dites ce que vous feriez ou ne feriez pas si vous étiez dans les circonstances suivantes. Utilisez les expressions suggérées ou votre imagination.

❋ avoir beaucoup d'argent
• acheter un yacht?
Si j'avais beaucoup d'argent, je n'achèterais pas de yacht.

1. être millionnaire
   • avoir un avion?
   • boire du champagne tous les jours?
   • aider les pauvres?
   • ???
2. voir un OVNI *(UFO)*
   • prendre des photos?
   • rester calme?
   • partir très vite?
   • ???
3. être bloqué(e) dans un ascenseur *(elevator)*
   • avoir peur?
   • appeler «Au secours» *("Help")*?
   • attendre patiemment l'arrivée de la police?
   • ???
4. me trouver sur une île déserte
   • manger des insectes?
   • faire du feu *(fire)*?
   • construire un radeau *(raft)*?
   • ???

8 Nouvelles

Certaines personnes ont annoncé des nouvelles. Décrivez ces nouvelles.

❋ Vincent / annoncer / il vient demain
Vincent a annoncé qu'il viendrait demain.

1. le professeur / dire / il donne un examen facile
2. Francine / écrire à ses amis / elle rentre en septembre
3. mon oncle / téléphoner / il nous invite à dîner dimanche
4. les économistes / prédire / l'inflation continue l'année prochaine
5. moi / lire dans le journal / il y a des soldes *(sales)* demain
6. la radio / annoncer / il fait beau ce week-end

C. Résumé: L'emploi des temps après *si*

TO EXPRESS DIFFERENT CONDITIONS

The sentences below express certain conditions and their consequences. Compare the verb tenses used in each set of sentences.

Si je **travaille** cet été,
je **gagnerai** de l'argent.
Si je **travaillais** (maintenant),
je **gagnerais** ma vie.

*If I **work** this summer,*
*I **will earn** money.*
*If I **were working** (now),*
*I **would earn** my living.*

Si nous **n'allons pas** au cinéma samedi,
nous **irons** au concert.
Si nous **n'allions pas** en classe (aujourd'hui),
nous **irions** au café.

*If we **don't go** to the movies Saturday,*
*we **will go** to the concert.*
*If we **were not going** to class (today),*
*we **would go** to the café.*

In sentences containing **si** clauses, the sequence of tenses is as follows:

to describe:	**si** clause	**result** clause	
possibility concerning the future	PRESENT	FUTURE	Si tu **étudies,** tu **réussiras.**
hypothesis contrary to fact	IMPERFECT	CONDITIONAL	Si tu **étudiais,** tu **réussirais.**

→ The **si** clause may either precede or follow the result clause.

Si je travaillais plus, j'obtiendrais de bonnes notes.

J'obtiendrais de bonnes notes, **si je travaillais plus.**

9 Différences d'opinion

Cécile parle de ses projets. Antoine dit qu'il ferait d'autres choses s'il était à sa place. Jouez les deux rôles avec votre partenaire.

❄ avoir de l'argent / acheter une voiture (acheter une moto)
CÉCILE: ***Si j'ai de l'argent, j'achèterai une voiture.***
ANTOINE: ***Eh bien, moi, si j'avais de l'argent, j'achèterais une moto.***

1. sortir ce soir / aller au cinéma (aller au restaurant)
2. aller à la campagne / faire un pique-nique (faire une promenade dans la forêt)
3. voyager cet été / visiter l'Italie (visiter la Grèce)
4. aller à Paris / rester chez des amis (rester à l'hôtel Méridien)
5. avoir besoin d'argent / vendre ma télé (vendre mon ordinateur)
6. continuer mes études / faire du droit (faire de la médecine)

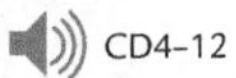 CD4-12

Phonétique: La chute du «e muet»

In the future and conditional of **-er** verbs, the final "e" of the infinitive is a "mute e" and is often dropped in conversational speech.

Répétez: je commenc~~e~~rai tu invit~~e~~rais il dîn~~e~~ra nous quitt~~e~~rons vous pass~~e~~rez ils trouv~~e~~raient

This is also the case with stem-changing verbs in **-eler, -eter, -ener,** and **-ayer.**

Répétez: j'appell~~e~~rai tu rappell~~e~~rais vous achèt~~e~~rez nous amèn~~e~~rons ils pai~~e~~raient

À votre tour

Compréhension orale CD4-13

Écoutez les personnes suivantes. Si elles utilisent le futur, elles parlent d'un projet. Si elles utilisent le conditionnel, elles parlent d'une situation hypothétique. Déterminez ce que chaque personne décrit et marquez la rangée A ou B.

	1	2	3	4	5	6	7	8	9	10
A. projet										
B. situation hypothétique										

Conversation dirigée

A classmate is talking about dropping out of school. You are wondering what he/she would do if he/she were not a student.

Ask your classmate (your partner) . . .

- if he/she would work (and if so, where)
- where he/she would live
- what he/she would do during the week
- what he/she would do during the weekend
- if he/she would take French lessons

Expression libre

Avec votre partenaire, discutez de ce que vous feriez dans l'une des circonstances suivantes.

- si vous trouviez un portefeuille *(wallet)*
- si vous assistiez à un cambriolage
- si vous n'obteniez pas votre diplôme
- si vous alliez en Europe cet été
- si vous étiez millionnaire
- s'il y avait un tremblement de terre *(earthquake)*

Expression écrite

Imaginez que vous avez gagné 50 000 dollars à la loterie. Écrivez un court paragraphe où vous mentionnez plusieurs choses que vous feriez (et aussi ce que vous ne feriez pas).

En voyage

Un voyage en train

Quand on voyage en France, on doit...

aller à **la gare.**
passer | **au guichet** *(ticket window).*
| **au distributeur automatique** de billets *(tickets).*
acheter **un billet.**
réserver **une place** *(seat).*

On peut acheter...

un aller simple *(one-way ticket).*
un aller-retour *(round trip ticket).*

On peut voyager...

en première classe (en première).
en seconde classe (en seconde).

Quand on a acheté son billet, on doit...

consulter **le tableau d'affichage** *(schedule of trains).*
composter *(punch and validate)* le billet.
aller sur **le quai** *(platform).*
chercher **sa voiture** *(coach, passenger car).*
trouver sa **place** *(seat).*

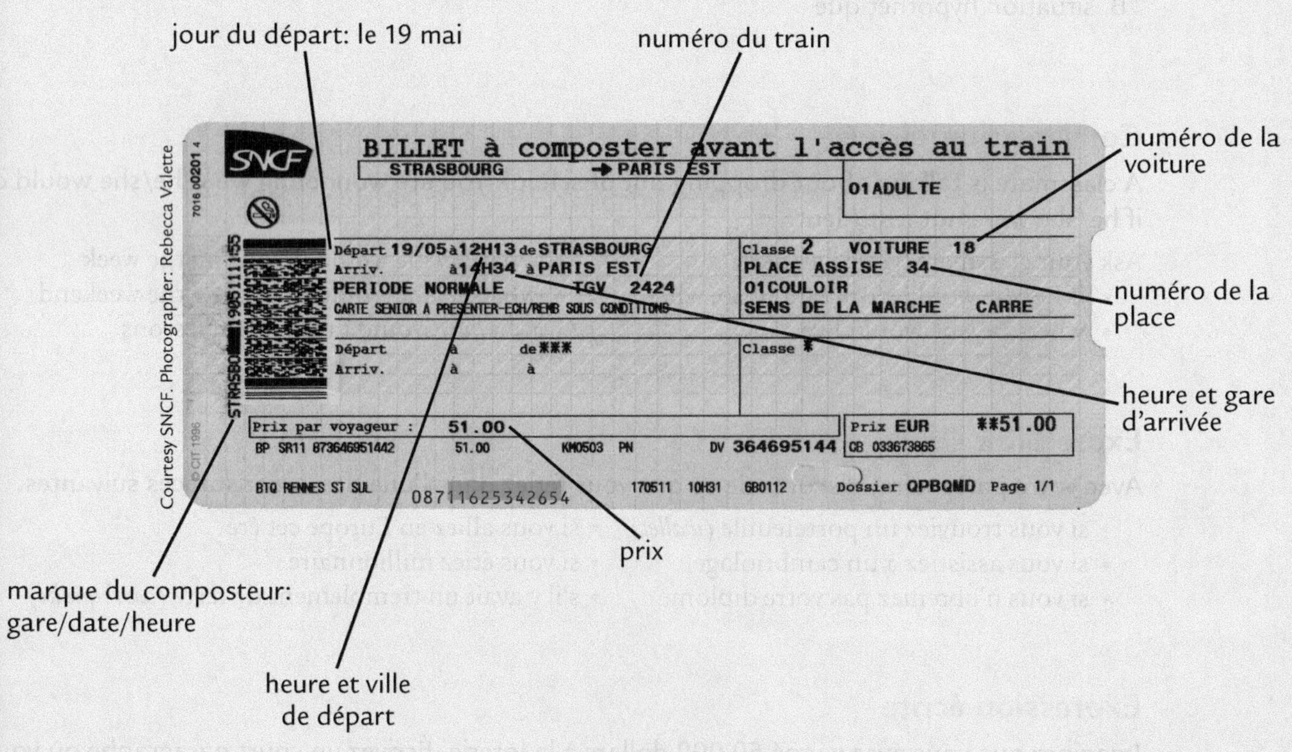

Courtesy SNCF. Photographer: Rebecca Valette

Le TGV

La France a un réseau° de trains très rapides appelés TGV (trains à grande vitesse°). Ce réseau relie° Paris avec les grandes villes françaises comme Lyon, Marseille, Bordeaux, et certaines villes étrangères comme Bruxelles et Genève. Le TGV peut rouler° à une vitesse maximum de 300 kilomètres à l'heure.

réseau *network* **à grande vitesse** *high speed*
relie *connects* **rouler** *run*

Conversation CD4-14

Christophe va passer le week-end chez un copain à Tours. Il achète son billet à la Gare Montparnasse.

CHRISTOPHE: Bonjour, monsieur. Je voudrais un billet de TGV pour Tours.
L'EMPLOYÉ: Un aller simple?
CHRISTOPHE: Non, un aller-retour. Je voudrais rentrer lundi avant midi.
L'EMPLOYÉ: En quelle classe voulez-vous voyager?
CHRISTOPHE: En seconde s'il vous plaît.
L'EMPLOYÉ: Voilà, ça fait 86 euros.

À votre tour

Prenons le train

Sur la carte, choisissez une destination où vous voulez passer le week-end. Avec votre partenaire – l'employé(e) – composez et jouez un dialogue où vous achetez votre billet de train. (Note: le prix d'un billet aller-retour est deux fois le prix du billet aller simple.)

PARIS À	PRIX DU BILLET	
	1ère classe	2nde classe
RENNES	102 €	56 €
NANTES	110 €	59 €
TOURS	79 €	43 €
POITIERS	96 €	53 €
ANGOULÊME	108 €	61 €
BORDEAUX	114 €	71 €
TOULOUSE	129 €	86 €

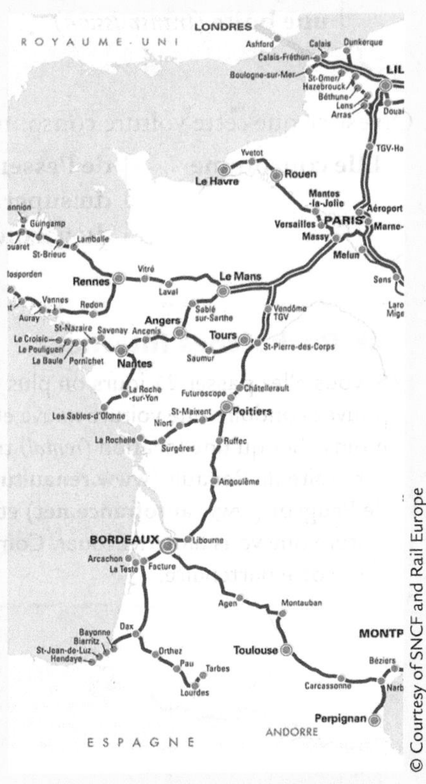

En voyage

Un voyage en voiture

→ *Pour louer une voiture*

Je voudrais louer...

une voiture de tourisme.	**un minivan.**
une voiture de sport.	**une décapotable** *(convertible)*.
un SUV.	**un 4 x 4** *(four-wheel drive)*.

C'est quelle **marque** *(make)* de voiture?

C'est
- une Renault.
- une Peugeot.

Est-ce que c'est une voiture...

- **confortable?**
- **rapide** *(fast)*?
- **spacieuse** *(roomy)*?
- **sûre** *(safe)*?
- **fiable** *(reliable)*?
- **économique?**

> **le confort**
> **la vitesse** *(speed)*
> **l'espace** *(room)*
> **la sécurité**
> **la fiabilité**
> **le coût** *(cost)*

Est-ce que la voiture a...

- **un lecteur CD?**
- **un GPS?**
- **la climatisation** *(air conditioning)*?
- **un grand coffre** *(trunk)*?
- **une boîte** *(transmission)* — **automatique?** / **manuelle?**

Qu'est-ce que cette voiture consomme *(take)*?

Elle consomme
- **de l'essence ordinaire** *(regular gas)*.
- **du super.**
- **du gazole / du diesel.**

> **Recherches Internet**
>
> Si vous allez passer 21 jours ou plus en France, vous pouvez conduire une voiture neuve et cela vous coûtera moins cher qu'une location *(rental)* traditionnelle. Allez sur le site de Renault **(www.renaultusa.com)** ou le site de Peugeot **(www.autofrance.net)** et choisissez une voiture que vous aimeriez louer. Comparez votre choix avec votre partenaire.

© AFP/Getty Images

© AFP/Getty Images

© AP/Wide World Photos

Les voitures françaises

La France produit plus de deux millions de véhicules par an. Les marques principales sont Renault, Peugeot et Citroën. Les voitures françaises ont une technologie de pointe. Beaucoup sont équipées de GPS et d'éclairage° et essuie-glaces° automatiques.

éclairage *lights* **essuie-glaces** *windshield wipers*

À votre tour

1. Ma voiture

Décrivez votre voiture (ou la voiture d'un ami). Mentionnez:

- la marque
- la couleur
- le genre de voiture
- les autres caractéristiques

Êtes-vous satisfait(e) de votre voiture? Pourquoi ou pourquoi pas?

2. Un voyage

Choisissez un des voyages suivants avec votre partenaire. Ensuite, décidez ensemble quel genre de voiture vous allez louer. Expliquez votre choix.

- une semaine à la Martinique
- dix jours sur la Côte d'Azur *(French Riviera)*
- un mois pour faire la traversée *(crossing)* du Sahara
- deux semaines de camping au Québec

3. Train ou voiture?

Vous allez visiter la France avec votre partenaire. Vous préférez voyager en train. Votre partenaire préfère louer une voiture. Discutez des avantages et des désavantages de chaque solution. Considérez les éléments suivants.

- vitesse
- sécurité
- flexibilité de l'itinéraire
- confort
- coût
- possibilités touristiques

IMAGES DU MONDE FRANCOPHONE

Avant de lire

Que savez-vous sur le rôle de la France dans le monde?
- économie
- politique
- action humanitaire

La France dans le monde

La France dans le monde: hier et aujourd'hui

© AFP/Getty Images

Au dix-septième siècle, la France était la première puissance° mondiale. Le français était la langue internationale de la diplomatie, des lettres, des arts et aussi des sciences et du commerce. Aujourd'hui, la France reste une nation importante, même si son influence dans le monde a diminué. La France est particulièrement présente dans les domaines économique, politique et humanitaire.

Politique

La France a une politique internationale très active. Cette politique est basée sur deux principes fondamentaux: indépendance et solidarité. Son but° est de maintenir la paix° et de promouvoir° la liberté et la démocratie dans le monde.

Comme membre permanent du Conseil de Sécurité des Nations Unies, la France autorise et participe aux actions internationales de cette organisation, par exemple en Afghanistan, en Serbie et dans les pays d'Afrique. Un autre objectif est d'assurer la sécurité et de lutter° activement contre le terrorisme.

De par° sa situation géographique, la France a une vocation européenne. Membre fondateur de l'Union Européenne, sa politique consiste à renforcer la coopération entre les pays membres.

La France a aussi des accords° de coopération avec ses anciennes colonies africaines. Elle entretient° des relations privilégiées avec les pays de la «Francophonie».

L'innovation a de l'avenir
quand elle est toujours plus propre,
plus sûre et plus performante.
MICHELIN
MICHELIN

Courtesy Michelin

Économie

La France fait partie du G8 (Groupe des Huit) qui regroupe les huit pays les plus industrialisés (dans l'ordre: les États-Unis, le Japon, l'Allemagne, la France, l'Angleterre, l'Italie, le Canada et la Russie). La France a des relations commerciales avec tous les pays du monde. Les entreprises françaises exportent des automobiles, des avions, du matériel scientifique, des produits pharmaceutiques et des produits agro-alimentaires... et, bien sûr, des produits de luxe français (parfums, bijoux°, vêtements) réputés pour leur qualité et leur style. Certaines de ces entreprises sont de grandes multinationales: Air France (transport aérien), Renault (automobile), Michelin (pneus°), Louis Vuitton (produits de luxe), Danone (produits alimentaires) et Accor (hôtellerie).

---

puissance *power* **but** = objectif **paix** *peace* **promouvoir** *to promote* **lutter** *to fight* **De par** *By virtue of*
accords *agreements* **entretient** *maintains* **bijoux** *jewelry* **pneus** *tires*

Selon un sondage° mené° par un institut international de recherche, la France a une très bonne image dans le monde. Voici les pays où une grande majorité de la population pense que la France joue un rôle positif dans le monde.

(en pourcentage de réponses positives)

Allemagne	77%	Afrique du Sud	69%
Italie	73%	Canada	68%
Chine	72%	Philippines	68%
Corée du Sud	72%	Espagne	67%
Liban°	69%	Russie	63%

Action humanitaire

Chaque année, les catastrophes naturelles, les conflits internationaux et les guerres° civiles font des milliers° de victimes, plus spécialement dans les pays les moins développés.

Les organisations humanitaires françaises, publiques et privées°, sont toujours parmi les premières à apporter des secours° à ces victimes. Parmi° ces organisations, on peut citer «Médecins sans Frontières» et «Médecins du Monde». D'autres organisations comme «Action contre la Faim» collectent des fonds° pour aider la population de ces pays et, en particulier, les enfants.

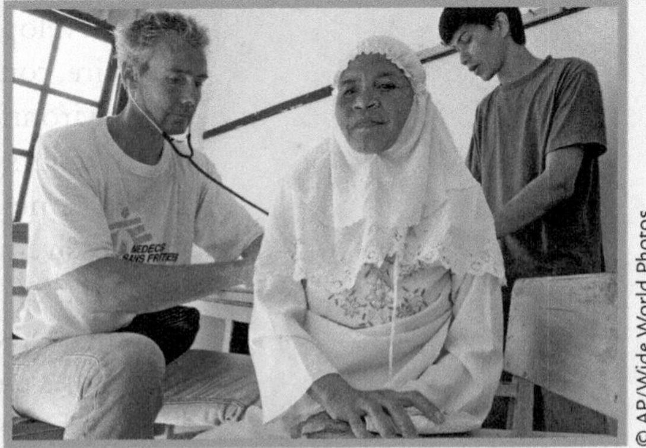
© AP/Wide World Photos

Médecins sans Frontières

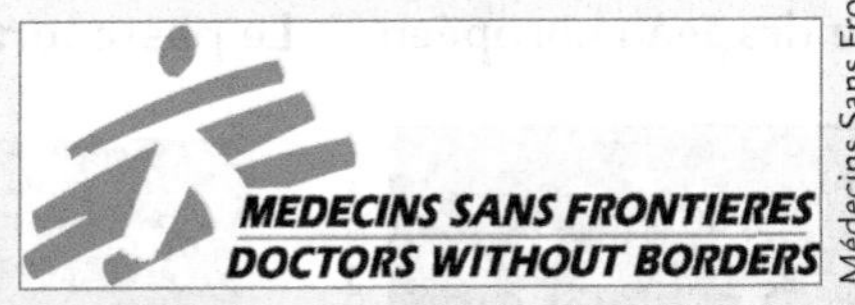

Médecins Sans Frontières

Cette organisation a été créée en 1971 par un groupe de médecins parisiens. Leur but était d'apporter un secours médical immédiat aux victimes des catastrophes humaines et naturelles. «Intervenir n'est pas un choix, c'est une obligation», a déclaré son premier président Bernard Kouchner. Aujourd'hui, 2 500 volontaires – médecins, infirmières et autre personnel médical – et 15 000 assistants locaux interviennent dans 60 pays différents, souvent dans des conditions extrêmement dangereuses. Pour son action humanitaire, «Médecins sans Frontières» a reçu le Prix Nobel de la Paix° en 1999.

Après la lecture

- Quels sont les deux faits les plus intéressants que vous avez appris sur le rôle de la France dans le monde?
- Selon vous, est-ce que la France est une grande puissance? Expliquez.

Recherches Internet

Faites des recherches sur «Médecins sans Frontières» ou une autre association caritative.

- histoire
- objectifs
- champ d'action

sondage *poll* **mené** *taken* **Liban** *Lebanon* **guerres** *wars* **des milliers** *thousands* **privées** *private* **secours** *help* **Parmi** *Among* **fonds** *money* **Prix Nobel de la Paix** *Nobel Peace Prize*

Avant de lire
Que savez-vous sur l'Union Européenne?
- pays membres
- objectifs
- importance économique

La France et l'Europe

L'idée d'une grande Europe unie est très ancienne. Elle est devenue une réalité après la Deuxième Guerre° mondiale. Les partisans de l'unification de l'Europe avaient deux objectifs principaux: l'établissement d'une paix° permanente entre les pays européens et la reconstruction économique des pays ravagés par la guerre.

L'Europe est née officiellement en 1957 avec le Traité de Rome qui créait la CEE (Communauté Économique Européenne) ou «Marché Commun». Ce traité instituait une zone de libre-échange° entre six pays: la France, l'Allemagne, l'Italie, la Hollande, la Belgique et le Luxembourg. Grâce à° ce vaste marché intérieur, les pays membres ont connu une expansion économique très rapide. La coopération entre ces pays s'est aussi développée dans un grand nombre de domaines: finances, défense militaire, construction aéronautique, exploration de l'espace, protection de l'environnement et lutte contre la drogue et le terrorisme.

Au cours des° années, la CEE est devenue la CE (Communauté Européenne), puis l'Union Européenne. Cette union s'est agrandie° progressivement avec l'entrée de l'Angleterre, de l'Irlande et du Danemark (1973), puis de la Grèce (1981), de l'Espagne et du Portugal (1986), et ensuite de la Suède°, de l'Autriche° et de la Finlande (1995). Dix autres pays, en majorité de l'ancien bloc soviétique, ont rejoint l'Union Européenne en 2004. Avec l'addition de la Bulgarie et de la Roumanie en 2007, l'Union Européenne est aujourd'hui un grand bloc de 27 pays représentant 500 millions d'habitants et constituant la plus grande zone économique du monde.

Les emblèmes européens

Le drapeau européen

© Image Source/Alamy

C'est un drapeau bleu avec un cercle de douze étoiles°. Le nombre 12 est un symbole de plénitude.

Le passeport européen

© Rebecca Valette

Ce passeport permet de circuler librement dans les pays de l'Union Européenne.

L'euro

© Cengage Learning
© Cengage Learning

L'euro est la monnaie commune de dix-sept pays européens.

L'hymne européen

Erich Lessing/Art Resource, NY

«L'Ode à la joie» de Beethoven a été choisie pour célébrer la volonté de vivre dans la paix et l'harmonie.

Guerre *War* **paix** *peace* **libre-échange** *free trade* **Grâce à** *Thanks to* **Au cours des** *Over* **s'est agrandie** *grew in size* **Suède** *Sweden* **Autriche** *Austria* **étoiles** *stars*

Pour les citoyens° des pays membres, l'Europe est une réalité très concrète. Avec le passeport européen, ils peuvent voyager d'un pays à l'autre sans formalité douanière° et dans dix-sept pays ils peuvent payer leurs achats avec la même monnaie, l'euro. Avec le programme Erasmus, les jeunes Européens peuvent commencer leurs études dans un pays et les continuer dans un autre. Quand ils ont terminé ces études, ils peuvent chercher un emploi dans le pays européen qui leur offre les meilleures possibilités de travail.

Aujourd'hui, l'Union Européenne est plus qu'une union économique où les gens, les marchandises et les capitaux peuvent circuler librement. C'est aussi un grand espace de liberté et de démocratie où la majorité des gens partagent° des valeurs° communes: respect de l'individu et de la dignité humaine, maintien° de la paix, lutte° contre l'injustice et la discrimination et solidarité avec les nations du Tiers-Monde°.

Deux réalisations° européennes: Airbus et Ariane

Airbus est le produit° de la coopération scientifique, technique et financière entre quatre pays: la France, l'Allemagne, l'Espagne et l'Angleterre. Cet avion est utilisé sur les longues et moyennes° distances par un grand nombre de compagnies aériennes.

La fusée° Ariane est le lanceur° de satellites européens. De conception française, ce projet spatial a été financé par dix pays européens. La fusée Ariane est lancée à Kourou, le centre spatial français en Guyane. Ce centre est aussi utilisé pour le lancement de certaines fusées russes Soyouz.

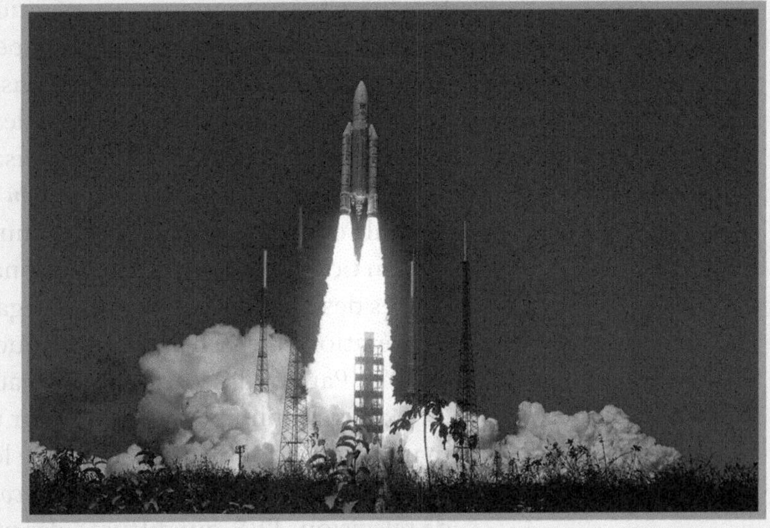
© Alain Nogues/Sygma/Corbis

Après la lecture

- Quels sont les deux faits les plus importants que vous avez appris sur l'Union Européenne?
- Selon vous, est-ce que l'Union Européenne est un concurrent économique des États-Unis?

Recherches Internet

Faites des recherches sur les projets actuels d'Airbus ou d'Arianespace.

citoyens *citizens* **formalité douanière** *going through customs* **partagent** *share* **valeurs** *values* **maintien** *maintenance* **lutte** *struggle/fight* **Tiers-Monde** *Third World* **réalisations** *achievements* **produit** *product, result* **moyennes** *intermediate* **fusée** *rocket* **lanceur** *launcher*

Avant de lire
Que savez-vous sur la Francophonie?
- définition
- objectifs
- étendue géographique

La Francophonie

La Francophonie est un groupe d'une cinquantaine° de pays favorables au maintien° du français comme langue internationale. Ce groupe est constitué, bien sûr, par les pays et régions de population francophone, comme la France, la Suisse, la Belgique et le Québec et par les pays d'Afrique où le français est langue officielle ou administrative. Il inclut aussi un certain nombre d'autres pays ou régions qui ont eu des relations historiques et amicales avec la France, comme le Vietnam, le Liban, l'Égypte et la Roumanie. Au total ces pays représentent une population de 500 millions de personnes.

Les pays de la Francophonie sont unis non seulement par l'intérêt commun porté à la promotion de la langue française, mais aussi par une certaine vision du monde basée sur des valeurs communes: respect des différences culturelles, primauté° des considérations morales sur les objectifs économiques, coopération économique et culturelle avec les pays les plus défavorisés°. Groupement° à base linguistique, la Francophonie constitue aussi un ensemble géopolitique avec une voix° claire dans les affaires internationales.

La Francophonie est une organisation souple avec une structure administrative simple. L'*Organisation internationale de la Francophonie* (*OIF*) formule et présente la position commune des 56 pays membres sur un certain nombre de sujets internationaux. Elle a le statut d'observateur auprès des Nations Unies. L'OIF organise des programmes de coopération culturelle et linguistique entre les pays membres. Elle a son siège° à Paris et des bureaux régionaux au Togo, au Gabon et au Vietnam.

La Francophonie s'exprime° par un certain nombre de manifestations° politiques, comme les *Sommets de la Francophonie*, et culturelles comme *La Fête de la Francophonie*. Elle a aussi une chaîne° de télévision, TV5, qui diffuse° des programmes francophones dans le monde entier.

www.francophonie.org; © OIF

cinquantaine *about fifty* **maintien** *maintaining* **primauté** *primacy* **défavorisés** *underprivileged* **Groupement** *Association* **voix** *voice* **siège** *seat* **s'exprime** *is expressed* **manifestations** *events* **chaîne** *channel* **diffuse** *broadcasts*

La Journée internationale de la Francophonie

Cette grande fête de la Francophonie est célébrée le 20 mars dans un très grand nombre de pays francophones et non francophones. Ce jour-là, de nombreuses activités sont organisées sur le thème de la diversité multiculturelle: concerts de musique francophone, festivals de danse et de cinéma, jeux et compétitions sportives, conférences° et, bien sûr, concours° de langue française.

Quelques activités de la Journée internationale de la Francophonie

• Burkina Faso	Fête de festival francophone (à Ouagadougou)
• Cambodge	Rallye francophone (à Phnom-Penh)
• Cameroun	Festival de musique francophone (à Douala)
• Guinée	Concours de contes (à Conakry)
• Haïti	«Nwit moun fou» (à Port-au-Prince)
• Niger	Dictée de la Francophonie (à Niamey)
• Québec	Francofête (à Saint-Jean-sur-Richelieu)
• Suisse	Concert de Marka (à Genève)
• Vietnam	Chantons en français (à Hanoï)

Cérémonie d'ouverture des Jeux de la Francophonie à Niamey, Niger

Après la lecture

- Est-ce que le français est une langue internationale importante? Expliquez.
- Est-ce que la Francophonie joue un rôle important dans le monde? Expliquez.

Recherches Internet

Informez-vous sur les activités de la Journée internationale de la Francophonie près de chez vous. Point de départ: **www.20mars.francophonie.org.** Puis cliquez sur «Amériques-Caraïbe» et ensuite «États-Unis».

conférences *lectures* **concours** *contests*

Eugène Ionesco et le théâtre de l'absurde

Faisons connaissance

Eugène Ionesco (1909–1994) est né en Roumanie. En 1970, il reçoit la plus haute distinction pour un écrivain de langue française: il est élu° membre de l'Académie Française. Ionesco est le père du *théâtre de l'absurde* qui est une sorte «d'anti-théâtre». Dans ce théâtre d'avant-garde, l'auteur crée une tension dramatique très forte avec une situation totalement absurde, une intrigue quasi-inexistante, des personnages sans personnalité et un style caractérisé par une grammaire simple et un vocabulaire très limité. Dans un monde absurde, le langage lui-même° devient absurde.

La Leçon est un «drame pur» avec deux personnages° principaux: un vieux professeur et une jeune étudiante. Le professeur, d'abord gentil et timide, devient progressivement tyrannique et violent, et finalement tue° son élève.

Pour mieux comprendre

La conversation

In free conversation, one often hesitates while looking for the right word. In English, one inserts the syllable *uh*. The French use a different sound: *euh*.

Vocabulaire thématique

In language textbooks, new vocabulary is often presented thematically: clothing, foods, modes of transportation, family members, etc. Traditional exercises consist of series of sentences that incorporate the new expressions. When Ionesco tried to learn English using a self-teaching method, he quickly realized the artificiality of dialogues based on the overuse of thematic vocabulary. In several of his plays, he draws inspiration from such vocabulary themes. In this scene from *La Leçon,* Ionesco derives comic effect from the nonsensical use of weather expressions.

élu *elected* **lui-même** *itself* **personnages** *characters* **tue** *kills*

Extrait de *La Leçon*

En préparation de son «doctorat total», une élève arrive chez un professeur pour sa première leçon. Dans la scène qui suit, ils parlent du temps qu'il fait.

LE PROFESSEUR: Il fait beau aujourd'hui... ou plutôt° pas tellement... Oh! si quand même°. Enfin, il ne fait pas trop mauvais, c'est le principal... Euh... euh... Il ne pleut pas, il ne neige pas non plus. *rather* / *after all*

L'ÉLÈVE: Ce serait bien étonnant°, car° nous sommes en été. *astonishing / since*

LE PROFESSEUR: Je m'excuse, Mademoiselle, j'allais vous le dire... mais vous apprendrez que l'on peut s'attendre à tout°. *expect anything*

L'ÉLÈVE: Évidemment, Monsieur.

LE PROFESSEUR: Nous ne pouvons être sûrs de rien, Mademoiselle, en ce monde.

L'ÉLÈVE: La neige tombe l'hiver. L'hiver, c'est une des quatre saisons. Les trois autres sont... euh... le prin...

LE PROFESSEUR: Oui?

L'ÉLÈVE: ... temps, et puis l'été... et... euh...

LE PROFESSEUR: Ça commence comme automobile, Mademoiselle.

L'ÉLÈVE: Ah, oui, l'automne...

LE PROFESSEUR: C'est bien cela, Mademoiselle, très bien répondu, c'est parfait. Je suis convaincu° que vous serez une bonne élève.Vous ferez des progrès. Vous êtes intelligente, vous me paraissez° instruite°, bonne mémoire. *convinced* / *seem / educated*

L'ÉLÈVE: Je connais mes saisons, n'est-ce pas, Monsieur?

LE PROFESSEUR: Mais oui, Mademoiselle... ou presque. Mais ça viendra. De toute façon°, c'est déjà bien. Vous arriverez à les connaître, toutes vos saisons, les yeux fermés. Comme moi. *In any case*

L'ÉLÈVE: C'est difficile.

LE PROFESSEUR: Oh, non. Il suffit° d'un petit effort, de la bonne volonté°, Mademoiselle. Vous verrez. Ça viendra, soyez-en sûre. *One just needs* / *will*

Source: Eugène Ionesco *La Leçon* © Éditions Gallimard

Analyse

Faites une liste des éléments «absurdes» dans la conversation entre le professeur et son élève. Comparez votre liste avec d'autres étudiants.

Dramatisation

Avec un(e) partenaire, jouez la scène en classe.

À la découverte

Le théâtre de l'absurde s'est inspiré du mouvement surréaliste des années 1920. Dans votre cahier, vous ferez la connaissance du poète surréaliste Paul Éluard (dont Salvador Dali a fait le portrait).

Le monde actuel

UNITÉ 11

Leçon 31:
La réussite

Leçon 32:
Français et Européens!

Leçon 33:
La mondialisation: pour ou contre?

Rencontres francophones
Go to the Internet and print out the descriptions of two or three jobs **(offres d'emploi)** that require a knowledge of French. Share your findings with a classmate. Would any of these be of interest to either of you?

LEÇON 31 La réussite

OBJECTIVES
- To discuss professional goals
- To describe simultaneous actions

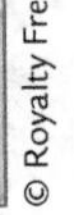

© Royalty Free/Alamy

CD4-15

Comment réussir sa vie? Pour chacun de nous, la ***réussite*** *a un sens différent. Six Français nous expliquent ce que signifie pour eux personnellement la réussite.* — *success*

Ali Mimouni (20 ans, étudiant)

De quelle réussite parlez-vous? De la réussite financière? De la réussite professionnelle? De la réussite **sentimentale**? De la réussite sociale? On ne peut pas réussir dans tous les domaines. Pour moi, la réussite, c'est d'abord d'obtenir mon diplôme en sciences économiques. Ensuite, on verra.

sentimentale: in one's love life

Muriel Vallier (22 ans, étudiante)

Je me spécialise en informatique. Plus tard, j'aimerais être indépendante dans mon travail. Pour moi, la réussite consisterait à créer ma propre **entreprise** de **logiciel**. Malheureusement en France les conditions ne sont pas très favorables. Évidemment, je pourrais m'expatrier en Angleterre ou aux États-Unis comme beaucoup de jeunes diplômés français. Mais je préfère rester en France. Alors, pour moi la réussite ce sera de travailler dans une entreprise où j'aurai beaucoup de responsabilités.

entreprise: business
logiciel: software

Jean-François Fournier (26 ans, employé de banque)

Pour beaucoup de gens, réussir consiste à gagner beaucoup d'argent. Mais en France, il est impossible de faire fortune comme aux États-Unis. Alors, pour moi, la réussite c'est d'avoir un travail où je gagne relativement bien ma vie sans trop me forcer, et c'est surtout d'avoir des loisirs et beaucoup de copains et de copines. Après tout, il n'est pas **interdit** de **profiter de** la vie! *forbidden / to enjoy*

Monique Maury (37 ans, assistante sociale)

Aujourd'hui, quand on parle de réussite, on parle surtout de réussite matérielle. Évidemment, dans notre société moderne, il est indispensable de gagner assez d'argent pour vivre. Mais ce n'est pas **en gagnant** de l'argent *by earning* qu'on réussit sa vie. Il y a mille autres façons plus importantes de réussir. On peut réussir en développant ses talents et ses qualités, en se développant intellectuellement ou plus simplement en faisant bien ce qu'on sait faire... Sans être idéaliste, je pense personnellement qu'on réussit sa vie **en étant** *by being* utile à la société, en plaçant le «tu» avant le «je», en enrichissant l'existence des gens qui vivent **autour de** vous. C'est ce que j'essaie de faire! *around*

Pascal Duchamp (45 ans, ingénieur)

En **courant** après l'argent, les gens perdent leur identité. *running* Ils deviennent irritables, stressés, égoïstes, et ils oublient le monde autour d'eux. Pour moi, c'est le contraire de la réussite. Dans la vie, il faut d'abord rester en harmonie avec les gens qui vous **entourent**. *surround* Personnellement, j'essaie de passer le maximum de temps avec ma femme et mes enfants. Si je réussis dans le domaine familial, je réussirai ma vie.

Antoine Verdier (61 ans, libraire)

Réussir, réussir! Qu'est-ce que cela veut dire? Aujourd'hui tous les jeunes veulent réussir, c'est-à-dire gagner beaucoup d'argent très vite et sans faire d'effort! Comment peut-on réussir sans travailler et sans prendre de risques?

À propos du texte

1. Selon vous, qui est la personne la plus idéaliste? la plus réaliste?
2. Qui est la personne avec qui vous êtes le plus d'accord sur le sens de la «réussite»? Pourquoi?

Note culturelle

La vie professionnelle 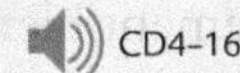 CD4-16

Pour beaucoup de jeunes Américains, l'idéal professionnel est de créer une entreprise et, éventuellement°, de faire fortune. Les jeunes Français, au contraire, préfèrent travailler pour une grande entreprise où ils feront carrière. Beaucoup choisissent la fonction publique°.

LES JEUNES FRANÇAIS, OÙ VEULENT-ILS TRAVAILLER?

• dans la fonction publique	41%
• dans une grande entreprise	32%
• dans une petite ou moyenne entreprise	10%
• en profession libérale (e.g., avocat, médecin)	4%
• en créant une entreprise	4%
• pas de réponse	2%

ET LES JEUNES AMÉRICAINS?

Faites un sondage similaire dans votre classe. Comparez les résultats avec le tableau ci-dessus.

L'emploi dans les entreprises privées° ou publiques présente en effet un grand nombre d'avantages: une semaine limitée à 35 heures de travail, des congés° payés de cinq semaines par an, une protection sociale contre la maladie et le chômage°, et, plus tard, la garantie d'une retraite° confortable.

Les choix professionnels des jeunes Français reflètent une conception de la vie basée sur un bon équilibre entre le travail et le développement personnel. Le salaire est une considération importante, mais non pas essentielle. Il y a d'autres facteurs à prendre en compte°: l'ambiance du travail, les relations humaines, la sécurité et l'importance absolue des loisirs.

Certains jeunes Français préfèrent cependant° l'indépendance et le risque. Ils créent des entreprises dans des domaines où ils sont compétitifs: l'électronique, les logiciels° et la communication électronique de l'information.

À votre avis

1. Quelles différences voyez-vous dans les choix professionnels des jeunes Américains et des jeunes Français?
2. Quelles différences voyez-vous dans la vie professionnelle en France et aux États-Unis?
3. Préférez-vous travailler en France ou aux États-Unis? Pourquoi?
4. Que pensez-vous de la conception française de la vie?

éventuellement *possibly* **fonction publique** *civil service* **privées** *private* **congés** *vacation* **chômage** *unemployment* **retraite** *retirement* **en compte** *into account* **cependant** *however* **logiciels** *software*

Vocabulaire: La vie professionnelle

LE TRAVAIL

Après les études,...

on cherche | **un travail** *(job)*
| **un emploi** *(job)*

on choisit | **une profession**
| **un métier** *(trade)*
| **une carrière** *(career)*

LES SECTEURS ÉCONOMIQUES

On peut travailler dans...

le commerce *(trade)*
l'industrie *(f.)*
les affaires *(f.) (business)*
la publicité *(advertising)*
l'immobilier *(m.) (real estate)*
l'informatique *(f.)*
la communication
la recherche *(research)* **scientifique**
la fonction publique *(civil service)*
les relations publiques

L'ENTREPRISE

On travaille pour...

un patron/une patronne *(boss)*
une entreprise *(firm)*
une firme
une compagnie
une société *(company)*

On peut aussi...

créer une entreprise
être son propre *(own)* **patron/sa propre patronne**
réussir *(succeed)* **dans les affaires**

la réussite *success*

→ The adjective **propre** has different meanings according to its position.

BEFORE the noun: J'ai ma **propre** voiture. *I have my **own** car.*
AFTER the noun: J'ai une voiture **propre.** *I have a **clean** car.*

1 Et vous?

1. Qu'est-ce que vous allez faire après vos études?
2. Quelle sera votre profession future?
3. Dans quel secteur économique voulez-vous travailler? Pourquoi avez-vous choisi ce secteur?
4. Dans quelle sorte d'entreprise préférez-vous travailler? grande? petite? moyenne *(average size)*? Pourquoi?
5. Aimeriez-vous travailler pour une entreprise multinationale? Pourquoi ou pourquoi pas?
6. Aimeriez-vous créer une entreprise? Dans quel secteur?
7. Selon vous, quels sont les avantages et les inconvénients d'être son propre patron?
8. Est-ce que vous espérez réussir? Dans quel domaine?

A. L'infinitif

The INFINITIVE is the basic form of the verb. Note how it is used in French.

Être riche n'est pas mon objectif.	***Being** rich is not my goal.*
Je préfère **être** heureux.	*I prefer **being (to be)** happy.*
Créer sa propre entreprise n'est pas facile.	***Creating** one's own business is not easy.*
J'aimerais **créer** ma propre entreprise.	*I would like **to create** my own business.*

In French, the INFINITIVE is often used as a SUBJECT or an OBJECT.

Note the forms of the past infinitive.

J'espère **avoir réussi** à mon examen.	*I hope **to have passed** my exam.*
Léa n'est pas ici. Elle doit **être sortie.**	*Léa isn't here. She must **have gone out.***

The PAST INFINITIVE is formed according to the following pattern:

avoir / **être**	+ PAST PARTICIPLE	**avoir travaillé**	**avoir réussi**
		être parti	**s'être promené**

À noter

The rules of agreement of the past participle apply to the past infinitive.

Marc doit être **sorti.**

Mes soeurs doivent être **rentrées.**

2 Le choix d'une profession

Pour vous, quels sont les trois éléments les *plus importants* dans le choix d'une profession? les trois éléments les *moins importants*? Comparez votre liste avec votre partenaire.

- travailler en équipe
- être son propre patron
- pouvoir voyager
- avoir des responsabilités
- gagner un bon salaire
- avoir des heures flexibles
- aimer le travail
- être indépendant(e)
- avoir des collègues sympathiques
- avoir des possibilités d'avancement *(promotion)*
- avoir des avantages sociaux
- avoir la sécurité de l'emploi

B. La construction adjectif / nom + *de* + infinitif

Note the use of the INFINITIVE in the following sentences:

Es-tu **sûr de réussir**?	*Are you **sure to be successful**?*
Je suis **content d'avoir trouvé** un travail intéressant.	*I am **happy to have found** an interesting job.*
Il est **important de gagner** sa vie.	*It is **important to earn** one's living.*
Il n'est pas **indispensable d'être** très riche.	*It is not **indispensable to be** very rich.*
Je n'ai pas **la patience d'attendre.**	*I don't have **the patience to wait.***
As-tu **le temps de voyager**?	*Do you have **the time to travel**?*

ADJECTIVES and NOUNS are often followed by INFINITIVES.
The most common patterns are:

adjective + **de** + infinitive	Je suis **content de travailler** à Paris.
le/la/les + noun + **de** + infinitive	J'ai **la possibilité de travailler** à Paris.

→ In French the definite article **le/la/les** is always used to introduce the noun. In English, *the* is sometimes omitted. Compare:

C'est **l'heure de partir.** — *It's **time to leave.***

3 Opinions professionnelles

Lisez ce que font les personnes suivantes. Demandez à votre partenaire d'exprimer sa propre opinion sur leurs actions. Utilisez la construction il est + adjectif.

❊ Camille apprend le chinois. (utile?)
— ***Est-ce qu'il est utile d'apprendre le chinois?***
— ***Oui, il est utile d'apprendre le chinois.***
ou — ***Non, il n'est pas utile d'apprendre le chinois.***

1. Lucas gagne beaucoup d'argent. (indispensable?)
2. Françoise suit des cours d'informatique. (bon?)
3. Alain a beaucoup de diplômes. (important?)
4. Céline réussit dans sa carrière. (difficile?)
5. Marc a le sens des affaires. (essentiel?)
6. Kevin crée une entreprise. (facile?)
7. Léa travaille dans la fonction publique. (intéressant?)
8. Ma cousine conduit très vite. (dangereux?)

4 Pourquoi pas?

Laure demande à Marc pourquoi il ne fait pas certaines choses. Jouez les deux rôles, d'après le modèle.

❊ attendre tes amis? (la patience)
LAURE: ***Pourquoi est-ce que tu n'attends pas tes amis?***
MARC: ***Je n'ai pas la patience d'attendre mes amis.***

1. faire du sport? (l'énergie)
2. répondre à tes messages? (le temps)
3. aller au cinéma le samedi? (l'habitude)
4. voyager? (l'occasion)
5. dire la vérité? (le courage)
6. voter? (l'âge)

5 Leurs sentiments

Antoine veut savoir si les personnes suivantes ont fait certaines choses. Sophie répond affirmativement et explique leurs sentiments. Jouez les deux rôles, d'après le modèle.

❊ Thérèse / réussir à l'examen d'anglais (sûre)
ANTOINE: ***Thérèse a réussi à l'examen d'anglais, n'est-ce pas?***
SOPHIE: ***Oui, elle est sûre d'avoir réussi à l'examen d'anglais.***

1. Nicolas / trouver un travail intéressant (heureux)
2. Pierre / obtenir une promotion (content)
3. Élodie / rater l'examen de maths (furieuse)
4. Céline / passer ses vacances à Paris (enchantée *[delighted]*)
5. Madame Lassalle / créer sa propre entreprise (fière *[proud]*)

La cathédrale de Notre-Dame de Paris

C. La construction préposition + infinitif

The PREPOSITIONS **pour** and **avant** express purpose and sequence. Note the use of the INFINITIVE after these prepositions.

Je vais à l'université **pour étudier** les sciences.	*I go to the university* ***(in order) to study*** *science.*
Thomas cherche du travail **avant de partir** en vacances.	*Thomas is looking for a job* ***before leaving*** *on vacation.*

In French, all PREPOSITIONS (except **en**) are followed by INFINITIVES.	
preposition + infinitive	Je viens **pour travailler.**

→ In English, most prepositions are followed by a verbal form in *-ing.*

Étudiez	**avant de sortir.**	*Study*	***before going out.***
	au lieu de sortir.		***instead of going out.***

→ The past INFINITIVE is used after the preposition **après.**

Je chercherai du travail **après avoir obtenu** mon diplôme.	*I will look for work* ***after getting*** *my degree.*

Prépositions suivies de l'infinitif

pour	*in order to*	J'apprends le français **pour aller** en France.
sans	*without*	**Sans étudier,** vous ne réussirez pas à l'examen.
avant de	*before*	Nous avons dîné **avant de partir.**
au lieu de	*instead of*	**Au lieu d'étudier,** Jacques est sorti.
après	*after*	Qu'est-ce que tu vas faire **après avoir obtenu** ton diplôme?

→ The construction **pour** + INFINITIVE indicates PURPOSE and INTENTION. While in English *in order to* is often reduced to *to,* in French **pour** must always be expressed. Compare:

Réussir n'est pas facile.	***To succeed*** *is not easy.*
Pour réussir, il faut travailler.	***(In order) to succeed,*** *one has to work.*

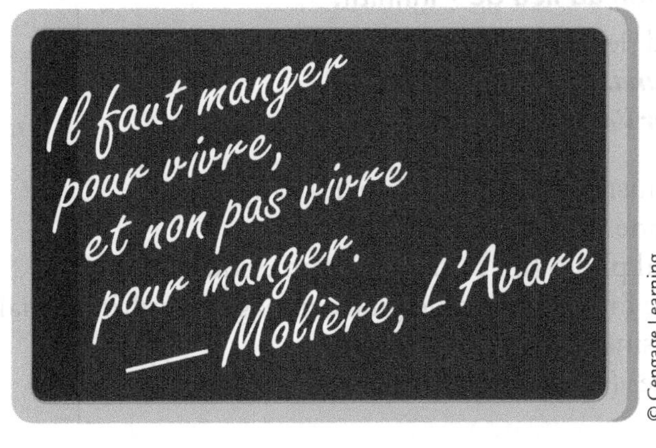

Il faut manger
pour vivre,
et non pas vivre
pour manger.
— Molière, L'Avare

6 À l'université?

Expliquez pourquoi les étudiants suivants vont à l'université.

❊ Thomas étudie les maths.
Thomas va à l'université pour étudier les maths.

1. Clément fait des études de droit.
2. Nous apprenons l'espagnol.
3. Tu te spécialises en biologie.
4. Vous faites de l'informatique.
5. Céline joue dans une équipe de basket.
6. Je reste avec mes copains.
7. Ma cousine prépare un diplôme d'ingénieur.
8. Alexandre rencontre des gens intéressants.

Élèves de l'École Polytechnique, au défilé du 14 juillet à Paris

7 L'ordre chronologique

Expliquez l'ordre dans lequel les personnes suivantes font certaines choses. Suivez le modèle.

❊ Vincent prend ses livres et il va à l'université.
Vincent prend ses livres avant d'aller à l'université.

1. Je me lave les mains et je mange.
2. Nous étudions et nous regardons la télé.
3. Tu mets un short et tu joues au tennis.
4. On réfléchit et on répond.
5. Pauline cherche son passeport et elle part en voyage.
6. Mes amis téléphonent et ils viennent.
7. Je parle à mes parents et je prends des décisions importantes.
8. Pierre prépare son CV *(résumé)* et il va à l'entrevue professionnelle.

8 Conseils

Votre partenaire parle de ses activités. Dites-lui qu'il/qu'elle devrait faire autre chose en utilisant la construction au lieu de + infinitif.

❊ étudier l'allemand (le japonais)
—J'étudie l'allemand.
—Au lieu d'étudier l'allemand, étudie le japonais!

1. suivre un cours d'histoire (un cours de marketing)
2. faire une promenade (les courses)
3. acheter un appareil photo (un caméscope numérique)
4. travailler pour une firme américaine (une compagnie multinationale)
5. lire les bandes dessinées (les petites annonces)
6. penser aux vacances (à ton avenir)

9 D'autres conseils

Votre partenaire va vous parler de ses projets. Dites-lui de ne pas faire ces choses sans en faire d'autres. Suivez le modèle.

❋ sortir / Prends ton imperméable!
*— **Je vais sortir.***
*— **Très bien, mais ne sors pas sans prendre ton imperméable!***

© Tupungato/Shutterstock.com

1. partir / Dis au revoir à tes amis!
2. quitter le restaurant / Paie l'addition *(check)*!
3. poster *(to mail)* cette lettre / Mets un timbre *(stamp)*!
4. utiliser cette nouvelle machine / Lis les instructions!
5. acheter cet ordinateur / Compare les prix!
6. aller à Paris / Réserve une chambre d'hôtel!
7. partir en vacances / Donne ton adresse à tes voisins!

10 Et après?

David décrit à Amélie ce que certaines personnes ont fait. Amélie lui demande ce que ces personnes ont fait après. Jouez les deux rôles selon le modèle.

❋ Isabelle / dîner en ville (aller au cinéma)
DAVID: ***Isabelle a dîné en ville.***
AMÉLIE: ***Ah bon? Et qu'est-ce qu'elle a fait après avoir dîné en ville?***
DAVID: ***Elle est allée au cinéma.***

1. Alice / terminer ses devoirs (mettre la télé)
2. Nathalie / finir son travail (parler à sa patronne)
3. Antoine / préparer son CV (chercher un job)
4. Mélanie / répondre à l'annonce (aller à une entrevue)
5. ma cousine / obtenir son diplôme (passer deux mois au Mexique)
6. ma tante / quitter son travail (créer sa propre entreprise)

11 Expression personnelle

Complétez les phrases avec une expression de votre choix.

1. Je vais à l'université pour...
2. J'apprends le français pour...
3. Je voudrais avoir de l'argent pour...
4. Parfois je m'amuse au lieu de...
5. Je ne veux pas me marier avant de...
6. Je ne prends jamais de décisions importantes sans...
7. Je chercherai du travail après...
8. Selon moi, il est important de..., mais il n'est pas essentiel de...

D. Le participe présent

TO EXPRESS RELATIONSHIPS BETWEEN ACTIONS

Two actions may occur SIMULTANEOUSLY or be related by CAUSE-AND-EFFECT, as in the sentences on the left. In the sentences on the right, these relationships are expressed by using the construction **en** + PRESENT PARTICIPLE.

Je travaille et j'écoute la radio.	Je travaille **en écoutant** la radio. *(I work **while listening** to the radio.)*
On fait de l'exercice et on reste en forme.	**En faisant** de l'exercice, on reste en forme. *(**By doing** exercise, one stays in shape.)*
Quand il est arrivé à Paris, Marc m'a téléphoné.	**En arrivant** à Paris, Marc m'a téléphoné. *(**Upon arriving** in Paris, Marc called me.)*

FORMS

The PRESENT PARTICIPLE of all regular and most irregular verbs is derived as follows:

nous-form of the present tense *minus* **-ons** + **-ant**

regular verbs			irregular verbs		
(écouter)	nous **écout**ons →	**écoutant**	(faire)	nous **fais**ons →	**faisant**
(finir)	nous **finiss**ons →	**finissant**	(lire)	nous **lis**ons →	**lisant**
(vendre)	nous **vend**ons →	**vendant**	(voir)	nous **voy**ons →	**voyant**

→ There are three irregular present participles.

avoir	→ **ayant**	**En ayant** de l'ambition, vous réussirez dans vos projets.
être	→ **étant**	**En étant** riche, vous ne serez pas nécessairement heureux.
savoir	→ **sachant**	**En sachant** parler français, vous aimerez votre visite à Paris.

When a reflexive verb is used in a present participle construction, the reflexive pronoun represents the same person as the subject of the sentence.

En **nous** promenant en ville, **nous** avons rencontré nos amis.

C'est en forgeant
qu'on devient
forgeron.

Practice makes perfect.

USES

> The PRESENT PARTICIPLE is used to express a relationship of CAUSE-AND-EFFECT or (near) SIMULTANEITY between two actions.

→ In the construction **en** + PRESENT PARTICIPLE, the preposition **en** has several English equivalents.

cause / manner	*by*	C'est **en prenant** des risques qu'on réussit.
simultaneity	*while*	**En allant** en ville, j'ai rencontré Léa.
	upon (immediately after)	**En rentrant** chez lui, Denis a mis la radio.

Note linguistique: Le participe présent

The French PRESENT PARTICIPLE in **-ant** is used much less frequently than its English counterpart.

- The PRESENT PARTICIPLE is *never* used as a verbal noun. The INFINITIVE is used instead.

  Voter est un droit. *__Voting__ is a right.*

- The PRESENT PARTICIPLE is *never* used after a preposition, other than **en.** The INFINITIVE is used instead.

  J'ai fait cela **sans réfléchir.** *I did that __without thinking.__*

- The PRESENT PARTICIPLE is *never* used to express a progressive action. The simple PRESENT or IMPERFECT is used instead.

  J'étudie. ***I am studying.***
  J'étudiais. ***I was studying.***

12 Études linguistiques

On peut apprendre les langues de différentes façons. Expliquez comment les personnes suivantes ont appris certaines langues. Utilisez la construction en + participe présent.

❋ Pierre / le russe / écouter des CD
Pierre a appris le russe en écoutant des CD.

1. Pauline / le japonais / passer un an à Tokyo
2. nous / l'espagnol / regarder la télé mexicaine
3. Christophe / l'allemand / sortir avec une jeune fille de Berlin
4. vous / le français / suivre des cours à l'Alliance française
5. moi / l'italien / travailler pour une compagnie italienne
6. toi / le portugais / voir des films brésiliens
7. mes amis français / l'anglais / écouter des chansons *(songs)* américaines

13 Chacun à sa manière

Dites quand ou comment les personnes suivantes font certaines choses.

❊ Vous écoutez la radio quand vous étudiez.
Vous écoutez la radio en étudiant.

1. Je rencontre mes amis quand je vais au café.
2. Nous achetons le journal quand nous allons à l'université.
3. Nous nous amusons quand nous lisons les bandes dessinées.
4. M. Duval écoute les nouvelles quand il conduit sa voiture.
5. J'écoute de la musique quand je me promène.
6. Beaucoup de Français regardent la télé quand ils dînent.
7. Tu lis le journal quand tu prends le petit déjeuner.
8. Cette entreprise développe ses ventes *(sales)* quand elle crée de nouveaux produits *(products)*.
9. On reste en forme quand on fait du yoga.
10. On est heureux quand on a de bons amis.

14 Et vous?

Dites quand ou comment vous faites les choses suivantes. Utilisez votre imagination.

❊ gagner de l'argent?
Je gagne de l'argent en faisant du télémarketing.

1. préparer les examens?
2. rester en forme?
3. se reposer?
4. s'informer?
5. se détendre?
6. préparer l'avenir?
7. chercher du travail?
8. rester en contact avec ma famille?

CD4-17

Phonétique: Les lettres «on» et «om»

It is important to distinguish between the nasal and non-nasal pronunciations of "on" and "om."

- "on" + *consonant* represent the nasal vowel /ɔ̃/. The "n" is not pronounced.
  Répétez: considérer monter rencontrer annoncer montagne conseil
- "om" + *consonant* represent the nasal vowel /ɔ̃/. The "m" is not pronounced.
  Répétez: combien tomber compagnie comptabilité
- "on(n)" + *vowel* is pronounced /ɔn/
  Répétez: limonade téléphone patronne personne je connais mayonnaise
- "om(m)" + *vowel* is pronounced /ɔm/
  Répétez: tomate promenade comme commerce sommeil communication

Compréhension orale CD4-18

Plusieurs personnes parlent de leur profession. Dans quel secteur travaillent-elles? Pour chaque personne inscrivez la lettre de sa spécialité professionnelle à côté de son nom.

1. _____ Céline
2. _____ Robert
3. _____ Léa
4. _____ Philippe
5. _____ Suzanne
6. _____ Jean-Richard

a. le commerce
b. l'industrie
c. l'immobilier
d. la recherche scientifique
e. la fonction publique
f. les relations publiques

Conversation dirigée

Your partner has been recruited by a French company to work in its Paris headquarters. You want to find out more about this job.

Ask your partner . . .

- for which company he/she will be working
- in which economic sector
- what the advantages **(les avantages)** and the disadvantages **(les désavantages)** are to working in France

Expression libre

Décrivez vos projets professionnels. Puis, comparez vos projets avec votre partenaire.

- Dans quel secteur économique voulez-vous travailler?
- Dans quel genre d'entreprise?
- Quelles sont vos ambitions professionnelles? Expliquez vos raisons.

Expression écrite

Quel est le sens *(meaning)* de la réussite pour vous? Expliquez comment vous voulez réussir...

- dans votre vie professionnelle
- dans votre vie familiale
- dans votre vie en général

LEÇON 32 Français et Européens!

OBJECTIVES
- To express personal obligations
- To state opinions about people's actions
- To express wishes and make requests

© Bernd Thissen/dpa/Corbis

CD4-19

L'Union européenne a beaucoup changé depuis sa création. À l'origine, elle avait six pays membres. Aujourd'hui, elle en a vingt-sept. Plusieurs jeunes Français présentent leurs idées sur l'Europe.

Vincent

Je suis très pro-européen. La suppression des **frontières** (*borders*) a créé énormément de possibilités que nos parents n'avaient pas. Nous pouvons voyager sans passeport dans vingt-sept pays différents et dans dix-sept pays nous utilisons la même **monnaie** (*currency*), l'euro. Avec le programme Erasmus*, les étudiants peuvent faire leurs études dans des pays différents. Par exemple, moi, j'ai passé une année à l'Université de Dublin. Et quand j'aurai mon diplôme, je pourrai travailler dans le pays de mon choix.

Mélanie

Je suis évidemment pour l'Europe. Sa création a été un facteur d'expansion économique pour tous les pays-membres. Elle a aussi permis la réalisation de grands projets communs: l'Eurotunnel, l'Eurostar, la **fusée** (*rocket*) Ariane et les avions européens Airbus. Aujourd'hui, il faut que l'Europe reste compétitive vis-à-vis des États-Unis et des pays d'Asie. Pour cela, il faut que les pays européens adoptent une politique économique commune. Il est aussi essentiel qu'ils continuent à coopérer dans tous les domaines: les finances, la politique monétaire, la recherche scientifique, l'exploration spatiale et l'énergie.

Yasmina

Je suis heureuse et **fière** (*proud*) d'être française et citoyenne européenne. Pour moi, l'Europe n'est pas seulement une union économique. Elle joue aussi

* Erasmus est un programme d'échanges entre les grandes universités européennes.

un rôle très positif dans un grand nombre de domaines très importants dans le monde moderne: respect des **droits** humains et de la diversité culturelle, promotion de la liberté et de la démocratie, maintien de la **paix** et de la sécurité, protection de l'environnement, solidarité avec les pays du Tiers-Monde. Si on veut préserver la paix, il est indispensable que l'Europe **ait** une **voix** forte dans les affaires internationales. Pour cela, il faut que les Européens **soient** unis. Il faudrait que les différents pays votent une constitution commune et qu'ils forment un gouvernement commun. Je suis peut-être idéaliste, mais je pense que cela **se fera** un jour.

rights / *peace* / *have / voice* / *are* / *will happen*

Clément

D'accord, nous sommes Européens, mais nous devons aussi rester Français. Pour moi, cette distinction est très importante. Nous n'avons pas la même histoire, la même culture, la même langue, les mêmes traditions, ni les mêmes **valeurs**. Et nous n'avons pas beaucoup de points communs avec les anciens pays du bloc soviétique, comme la Pologne ou la République tchèque. Dans un **monde** de plus en plus uniforme, il est important que nous préservions notre identité nationale. Pour cela, il est essentiel que nous gardions notre culture. Je suis pour l'unité économique de l'Europe, mais pas pour l'unité politique. Pour rester unis, il n'est pas nécessaire que nous **ayons** un gouvernement européen ou une constitution européenne. **De toute façon**, avec vingt-sept pays différents, c'est impossible!

values / *world* / *have* / *In any case*

À propos du texte

Catégorisez l'opinion de chaque étudiant vis-à-vis de l'Europe:
- enthousiaste? • neutre? • positive? • négative?

Note culturelle

Les Français et l'Europe 

CD4-20

La France est un des pays fondateurs° de l'Europe. En 1957, elle s'est jointe à cinq autres pays (l'Allemagne, l'Italie, la Hollande, la Belgique et le Luxembourg) pour former la Communauté européenne.

Cinquante ans après, la majorité des Français reste très favorable à l'Europe. Les jeunes en particulier considèrent que l'Europe est un élément positif pour leur avenir. Certains Français cependant sont concernés par l'extension géographique de l'Europe. Leurs inquiétudes° principales sont la perte° de l'identité nationale et la menace sur l'emploi.

fondateurs *founding* **inquiétudes** *worries* **perte** *loss*
sondage *poll* **espoir** *hope* **crainte** *fear*

Quels sentiments la construction européenne évoque-t-elle chez les Français? Voici les résultats d'un sondage° récent.

L'espoir°	52%
La crainte°	37%
L'indifférence	11%

À votre avis

Considérez-vous l'Europe comme...
- un facteur de paix et de sécurité?
- une grande force économique?
- un rival politique des États-Unis?
- un concurrent économique des États-Unis?

Expliquez votre position.

La langue française

Vocabulaire: La politique internationale

NOMS

le monde	*world*	**la paix**	*peace*
un pays	*country*	**la guerre**	*war*
un rapport	*relationship*		
un gouvernement	*government*	**une puissance**	*power*
un citoyen	*citizen*	**une citoyenne**	*citizen (female)*
un droit	*right*	**une loi**	*law*
		une valeur	*value*

ON DOIT...

conserver *(keep, preserve)*	**les ressources naturelles.**
protéger *(protect)*	**l'environnement.**
maintenir *(maintain)*	la paix dans le monde.
garder *(keep)*	ses valeurs.

On ne doit pas **menacer** *(threaten)* les autres pays.

réel(le)	*real*	Le terrorisme est un danger **réel.**
actuel(le)	*present, current*	Est-ce que l'inflation est un problème **actuel**?
réellement	*really, actually*	J'ai **réellement** besoin d'argent.
actuellement	*at present, currently*	Mes parents sont **actuellement** en Europe.
à l'heure actuelle	*at present*	**À l'heure actuelle,** ils sont à Rome.

→ **Maintenir** is conjugated like **obtenir:**

PRESENT: je **maintiens,** nous **maintenons**
PASSÉ COMPOSÉ: **j'ai maintenu** FUTURE: je **maintiendrai**

1 Que pensez-vous?

1. Avec quels pays les États-Unis ont-ils les meilleurs rapports? les plus mauvais rapports?
2. À l'heure actuelle, quels dangers menacent la paix dans le monde? la sécurité des États-Unis?
3. Est-ce que le gouvernement protège réellement les citoyens? Comment?
4. Est-ce que tous les citoyens ont réellement les mêmes droits? Expliquez.
5. Est-ce que l'Europe est une grande puissance économique? Expliquez.

Note linguistique: Temps et modes — Introduction au subjonctif

The VERB of a sentence identifies an action. The verb is characterized by its TENSE and its MOOD.

- The TENSE of a verb indicates the TIME of the action.

  The PRESENT, the PASSÉ COMPOSÉ, the IMPERFECT, and the FUTURE are all tenses.

- The MOOD of a verb reflects the ATTITUDE OF THE SPEAKER toward the action.

  The INDICATIVE is used to make FACTUAL STATEMENTS.

  It is the most frequent mood in both French and English.

  The IMPERATIVE is used to give ORDERS.

  The SUBJUNCTIVE is used to express FEELINGS or OPINIONS about an action.

The SUBJUNCTIVE is very rarely used in English.

INDICATIVE	SUBJUNCTIVE
I **am** poor.	I wish I **were** rich.
You **are** often late.	It is important that you **be** on time.

By contrast, the SUBJUNCTIVE is quite frequently used in French.

INDICATIVE	SUBJUNCTIVE
Tu **as** des dollars.	Il faut que tu **aies** des euros.
Vous **visitez** Londres.	Il est bon que vous **visitiez** Paris.
Nous **parlons** anglais.	Le professeur veut que nous **parlions** français.

The SUBJUNCTIVE is almost always found in DEPENDENT clauses introduced by **que.** Its use is determined by what is expressed in the MAIN CLAUSE. Here are some examples.

MAIN CLAUSE expresses . . .	DEPENDENT CLAUSE
• an obligation • an opinion • a wish	**que** + SUBJUNCTIVE

- Note how the SUBJUNCTIVE is used after **il faut que** to express personal obligation.

  Il faut que nous visitions Prague. — ***We must visit** Prague.*
  Il faut que vous preniez des photos. — ***You must take** pictures.*

© Fridmar Damm/Zefa/Corbis

A. La formation du subjonctif: Verbes à un radical

Regular verbs like **parler, finir,** and **attendre,** and many irregular verbs like **partir** have ONE PLURAL STEM in the present indicative. This plural stem is used to form the PRESENT SUBJUNCTIVE.

infinitive		**parler**	**finir**	**attendre**	**partir**	subjunctive endings
present indicative	ils	**parl**ent	**finiss**ent	**attend**ent	**part**ent	
	nous	**parl**ons	**finiss**ons	**attend**ons	**part**ons	
present subjunctive	je	**parle**	**finisse**	**attende**	**parte**	**-e**
	tu	**parles**	**finisses**	**attendes**	**partes**	**-es**
	il/elle/on	**parle**	**finisse**	**attende**	**parte**	**-e**
	nous	**parlions**	**finissions**	**attendions**	**partions**	**-ions**
	vous	**parliez**	**finissiez**	**attendiez**	**partiez**	**-iez**
	ils/elles	**parlent**	**finissent**	**attendent**	**partent**	**-ent**

The PRESENT SUBJUNCTIVE of verbs that have ONE PLURAL STEM in the present indicative is formed as follows:

SUBJUNCTIVE STEM	+ SUBJUNCTIVE ENDINGS
ils-form of present indicative *minus* **-ent**	**-e, -es, -e, -ions, -iez, -ent**

2 Voyage en Europe

Plusieurs personnes voyagent en Europe. Dites quelle langue chacun doit parler. Utilisez la construction il faut que + subjonctif.

❊ Mes cousines visitent Madrid.
Il faut qu'elles parlent espagnol.

1. Nous sommes à Berlin.
2. Vous voyagez en Italie.
3. Céline visite Saint-Pétersbourg.
4. Antoine est en vacances à Vienne.
5. Élodie et Vincent sont à Dublin.
6. Nous visitons Venise.
7. Vous passez un mois à Moscou.
8. Pauline et Thomas sont à Séville.

allemand
anglais
espagnol
italien
russe

Le Grand Canal de Venise

3 Le subjonctif, s'il vous plaît

Pour chaque verbe, donnez la forme **ils** du présent de l'indicatif. Ensuite, complétez les phrases avec le subjonctif de ces verbes.

INFINITIF	PRÉSENT	SUBJONCTIF
❊ finir	ils ______ *ils finissent*	Il faut que (tu) ______ ce livre. ***Il faut que tu finisses ce livre.***
1. réussir	ils ______	Il faut que (je, vous, les élèves) ______ à l'examen final.
2. regarder	ils ______	Il faut que (tu, nous, ils) ______ ce site web.
3. choisir	ils ______	Il faut que (tu, Caroline, nous) ______ un bon logiciel.
4. répondre	ils ______	Il faut que (Pauline, mes copains) ______ à ses/leurs messages.
5. attendre	ils ______	Il faut que (nous, tu, les voyageurs) ______ les autres.
6. lire	ils ______	Il faut que (je, tu, vous) ______ ce sondage *(poll)* sur l'Europe.
7. écrire	ils ______	Il faut que (tu, nous, mes amis) ______ un email.
8. partir	ils ______	Il faut que (vous, tu, Olivier) ______ demain matin.
9. se reposer	ils ______	Il faut que (je, nous, tes amis) ______ pendant le week-end.

4 Quelques obligations personnelles

Décrivez deux ou trois obligations que vous devez accomplir aux moments indiqués. Utilisez l'expression **il faut que** pour décrire chaque obligation. Comparez votre liste avec votre partenaire.

❊ ***Avant de partir en vacances, il faut que je choisisse mes cours pour l'année prochaine.***

AUJOURD'HUI	CE WEEK-END	AVANT DE PARTIR EN VACANCES
• téléphoner à une copine	• laver mon linge *(laundry)*	• rendre des livres à la bibliothèque
• répondre à mon email	• ranger ma chambre	• chercher du travail
• préparer mes cours	• finir mes devoirs	• trouver un job
• passer à la bibliothèque	• écrire à mes parents	• réserver mon billet d'avion
• lire un article	• aider un copain	• choisir mes cours pour l'année prochaine

B. Le subjonctif après *il faut que*

TO EXPRESS OBLIGATIONS

Note how PERSONAL OBLIGATIONS are expressed in the following sentences.

Il faut que je réussisse à cet examen.	***I must (have to) pass*** *this exam.*
Il faut que vous trouviez un job.	***You need to (have to) find*** *a job.*

PERSONAL OBLIGATIONS can be expressed by the construction:	
il faut que + SUBJUNCTIVE	**Il faut que** tu **partes** maintenant.

→ Note that GENERAL OBLIGATIONS are expressed by the construction: **il faut** + INFINITIVE. Compare the following sentences:

infinitive	subjunctive
En général...	En particulier...
il faut respecter la nature.	**il faut que vous respectiez** la nature.
il faut préserver sa culture.	**il faut que nous préservions** notre culture.

→ Note the use of the following constructions to express:

• an OBLIGATION *[should]* • **Il faut que** vous partiez.	• a BAN or ILLEGAL ACTION *[shouldn't]* • **Il ne faut pas que** vous stationniez ici.
• a NECESSITY *[have to]* • **Il faut que** tu obtiennes un passeport.	• a LACK OF NECESSITY *[don't have to]* • **Il n'est pas nécessaire que** tu obtiennes un visa.
• a POSITIVE RECOMMENDATION *[do]* • **Il faut que** tu étudies.	• a NEGATIVE RECOMMENDATION *[don't]* • **Il ne faut pas que** tu perdes ton temps.

Il faut qu'une
porte soit ouverte
ou fermée.

© Cengage Learning

5 Avant d'aller à Prague

Les étudiants suivants vont aller à Prague cet été. Dites ce que chacun doit faire avant de partir.

❊ nous / réserver les billets d'avion
Il faut que nous réservions les billets d'avion.

1. Nathalie / finir ses cours à l'université
2. Julien / réussir à ses examens
3. ma cousine / vendre sa vieille voiture
4. Mélanie / téléphoner à l'agence de voyages
5. Daniel / chercher son passeport
6. toi / choisir un hôtel confortable
7. vous / louer une voiture
8. Sylvie / trouver l'adresse de sa copine tchèque

6 Invitations

Votre partenaire vous propose de faire certaines choses. Acceptez son invitation, mais dites-lui qu'avant il faut que vous fassiez d'autres choses.

❊ dîner / finir mes devoirs
— Est-ce que tu veux dîner avec moi?
— Oui, d'accord! Mais avant, il faut que je finisse mes devoirs.

1. aller en ville / téléphoner à un ami
2. déjeuner / rendre ces livres à la bibliothèque
3. regarder la télé / répondre à un email
4. jouer au tennis / rendre visite à une copine
5. aller au cinéma ce soir / lire ce livre
6. aller au café / écrire à mes cousins
7. sortir / mettre un manteau
8. faire du shopping / conduire ma soeur à l'aéroport

7 Oui ou non?

Vous voyagez en France en voiture avec un copain. C'est lui qui conduit. Dites-lui ce qu'il doit ou ne doit pas faire. Commencez vos phrases par il faut que ou il ne faut pas que.

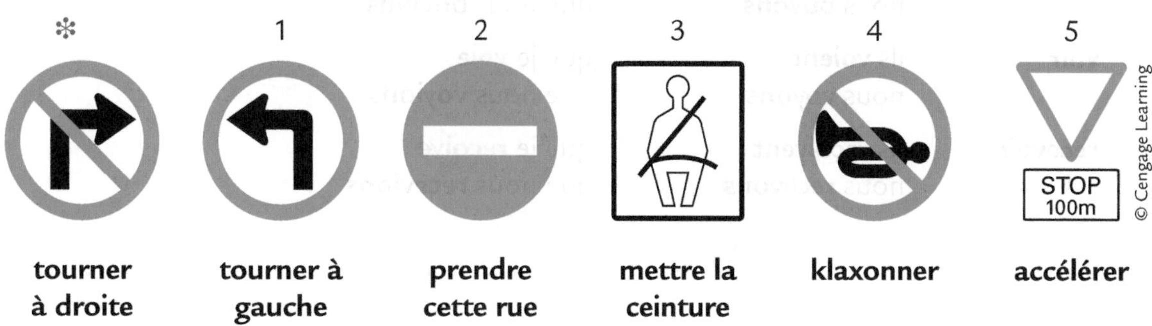

❊ ***Il ne faut pas que tu tournes à droite.***

C. La formation du subjonctif: Verbes à deux radicaux

Some verbs like **acheter, prendre,** and **venir** have TWO PLURAL STEMS in the present indicative. These verbs also have two stems in the subjunctive.

infinitive		acheter	prendre	venir	regular subjunctive endings
present indicative	ils	**achèt**ent	**prenn**ent	**vienn**ent	
	nous	**achet**ons	**pren**ons	**ven**ons	
present subjunctive	j'	achète	prenne	vienne	-e
	tu	achètes	prennes	viennes	-es
	il/elle/on	achète	prenne	vienne	-e
	nous	**achetions**	**prenions**	**venions**	-ions
	vous	**achetiez**	**preniez**	**veniez**	-iez
	ils/elles	achètent	prennent	viennent	-ent

The PRESENT SUBJUNCTIVE of verbs with TWO STEMS in the indicative is formed as follows:		
subject	subjunctive stem	+ subjunctive endings
je, tu, il, ils	**ils**-form of the present indicative *minus* **-ent**	**-e, -es, -e, -ent**
nous, vous	**nous**-form of the present indicative *minus* **-ons**	**-ions, -iez**

➔ The following verbs have two subjunctive stems:

	indicative	subjunctive
payer	ils **paient** nous **payons**	que je **paie** que nous **payions**
préférer	ils **préfèrent** nous **préférons**	que je **préfère** que nous **préférions**
appeler	ils **appellent** nous **appelons**	que j'**appelle** que nous **appelions**
boire	ils **boivent** nous **buvons**	que je **boive** que nous **buvions**
voir	ils **voient** nous **voyons**	que je **voie** que nous **voyions**
recevoir	ils **reçoivent** nous **recevons**	que je **reçoive** que nous **recevions**

8 Mes obligations personnelles

Dites si oui ou non vous devez faire les choses suivantes. Comparez vos réponses avec votre partenaire. Commencez vos phrases par Il faut que ou Il n'est pas nécessaire que + subjonctif.

❊ obtenir mon diplôme?
Il faut que j'obtienne mon diplôme.
ou ***Il n'est pas nécessaire que j'obtienne mon diplôme.***

1. payer mes frais de scolarité?
2. apprendre l'espagnol?
3. devenir riche?
4. acheter une nouvelle voiture?
5. devenir végétarien(ne)?
6. prendre des vitamines?
7. recevoir une bonne note en français?
8. voir le professeur avant l'examen?
9. nettoyer ma chambre tous les week-ends?
10. boire un bon café au petit déjeuner?
11. revenir à l'université l'année prochaine?
12. me souvenir de l'anniversaire de mon copain/ma copine?

9 Des bons conseils

Avec votre partenaire, dites ce que les personnes suivantes doivent ou ne doivent pas faire dans ces circonstances particulières.

❊ Mélanie a un examen.
• sortir ce soir? ***Il ne faut pas qu'elle sorte ce soir.***
• réviser ses cours? ***Il faut qu'elle révise ses cours.***

1. Thomas a la grippe.
   - prendre de l'aspirine?
   - boire du thé chaud?
   - se lever?
   - sortir avec ses copains?
2. Élodie voit un accident.
   - quitter les lieux *(site)*?
   - appeler la police?
   - prendre des photos?
3. Julie va à Tokyo cet été.
   - apprendre le japonais?
   - acheter un dictionnaire?
   - devenir végétarien(ne)?
4. Mon cousin a eu un accident avec la voiture de sa mère.
   - accuser le voisin?
   - dire la vérité?
   - payer la réparation?
5. Nicolas est secrètement amoureux de Léa mais il est très timide.
   - lui écrire un poème?
   - lui écrire une lettre d'amour anonyme?
   - lui envoyer des fleurs *(flowers)*?
6. Émilie est invitée à la cérémonie des Oscars.
   - refuser l'invitation?
   - acheter une nouvelle robe?
   - prendre son appareil photo?

D. Le subjonctif après les expressions d'opinion

TO EXPRESS CERTAIN OPINIONS

Note how certain opinions are expressed in French:

Il est important que vous gardiez votre culture.	***It is important that you keep*** *your culture.*
Il est essentiel que nous protégions l'environnement.	***It is essential that we protect*** *the environment.*

The subjunctive is used after many EXPRESSIONS of OPINION according to the pattern:	
il est + adjective + **que** + SUBJUNCTIVE	**Il est important que j'obtienne** mon diplôme.

→ Note that in the above sentences, the opinions concern specific persons. If the opinion is a general one, the following construction is used:

il est + adjective + **de** + INFINITIVE

Compare the following sentences:

infinitive	subjunctive
En général... **il est utile d'apprendre** des langues.	En particulier... **il est utile que tu apprennes** le chinois.
il est essentiel de maintenir ses traditions.	**il est essentiel que les gens maintiennent** leurs traditions.

10 C'est important?

Dites si les choses suivantes sont importantes ou non pour vous. Comparez votre réponse avec votre partenaire.

❊ finir l'université
Oui, il est important que je finisse l'université.
ou ***Non, il n'est pas important que je finisse l'université.***

1. recevoir un «A» en français
2. trouver un job cet été
3. voyager à l'étranger
4. apprendre plusieurs langues
5. gagner beaucoup d'argent
6. voter aux élections
7. devenir célèbre *(famous)*
8. dire toujours la vérité

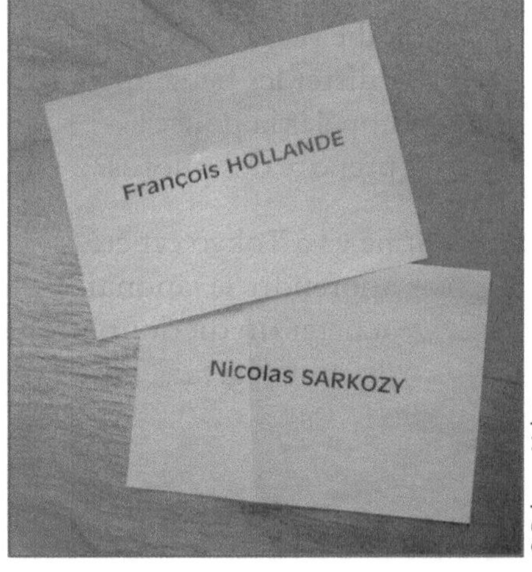

Vocabulaire: Quelques expressions d'opinion

Il est bon	**Il est nécessaire**	**Il est normal** *(to be expected)*
Il est essentiel	**Il est regrettable**	**Il est juste** *(fair)*
Il est important	**Il est préférable**	**Il est dommage** *(too bad)*
Il est indispensable	**Il est utile**	**Il vaut mieux** *(it is better)*

11 Pour un monde meilleur

Comment peut-on améliorer *(to improve)* le monde? Exprimez votre opinion en utilisant les expressions encadrées avec les sujets suivants.

❊ le public / protéger l'environnement
Il est essentiel que le public protège l'environnement.

normal
nécessaire
utile
essentiel
bon
juste
important

1. on / arrêter l'expansion des armes nucléaires
2. le gouvernement / développer des sources alternatives d'énergie
3. tout le monde / respecter les différences culturelles
4. la Chine / devenir plus libérale
5. la Russie / devenir plus démocratique
6. les États-Unis / maintenir des bonnes relations avec l'Europe
7. les pays riches / aider les pays pauvres
8. les Nations Unies / assurer la paix dans le monde

12 Dans une démocratie moderne

À votre avis, comment doit fonctionner une démocratie moderne? Donnez votre opinion sur les sujets suivants en utilisant une expression du Vocabulaire.

❊ les jeunes / participer à la vie publique?
Il est normal (Il est indispensable) que les jeunes participent à la vie publique.

1. le président / préserver la Constitution?
2. la Constitution / garantir la liberté de la presse?
3. les lois / protéger les libertés individuelles?
4. le Congrès / taxer les riches?
5. les journalistes / critiquer le gouvernement?
6. la police / maintenir l'ordre public?
7. le gouvernement / assurer la diversité culturelle?
8. les minorités / garder leurs traditions?

E. Le subjonctif après les verbes de volonté

TO EXPRESS WISHES

Note how WISHES are expressed in French.

Je **voudrais que vous restiez.**	*I **would like you to stay.***
Je **ne veux pas que tu partes.**	*I **don't want you to leave.***
Le professeur **souhaite que nous réussissions** à l'examen.	*The professor **wishes that we pass** the test.*

The subjunctive is used after expressions of WILL, WISH, or DESIRE according to the construction:

subject + verb + **que** + someone (or something) + SUBJUNCTIVE

Je voudrais que vous visitiez Rome avec nous.

Note that in the above sentences, the wish concerns someone other than the subject of the main verb.

If the opinion is a general one, the following construction is used:

il est + adjective + **de** + INFINITIVE

Compare the following pairs of sentences:

Je veux **sortir.**	*I want **to go out.***
Je veux **que tu sortes avec moi.**	*I want **you to go out with me.***
Alice souhaite **visiter** Paris.	*Alice wishes **to visit** Paris.*
Alice souhaite **que vous visitiez** Paris.	*Alice wishes **you to visit** Paris.*

13 À vos souhaits! *(Best wishes)*

Souhaitez du succès aux personnes suivantes.

❊ toi / réussir à tes examens
Je souhaite que tu réussisses à tes examens.

1. Pauline / obtenir son diplôme
2. vous / trouver un travail en France
3. Élodie / rencontrer un garçon sympathique
4. Matthieu / gagner à la loterie
5. toi / devenir millionnaire
6. Florence et Valérie / connaître des aventures extraordinaires
7. Charlotte / écrire un best-seller
8. notre professeur / recevoir le Prix Nobel de Littérature

Vocabulaire: Verbes de volonté

accepter	*to agree*	**J'accepte**	
aimer mieux	*to prefer*	**J'aime mieux**	
désirer	*to wish*	**Je désire**	
permettre	*to allow, give permission*	**Je permets**	que vous veniez à Paris avec moi.
préférer	*to prefer*	**Je préfère**	
souhaiter	*to wish*	**Je souhaite**	
vouloir	*to want*	**Je veux**	
vouloir bien	*to agree, be willing*	**Je veux bien**	

→ The above verbs are often used in the conditional to make the wish or request more polite.

J'aimerais mieux que tu ne dises pas cela. ***I would prefer** that you not say that.*

14 Quelques services

Vous habitez en France. Vous passez dans les endroits suivants. À chaque endroit, expliquez le service que vous désirez. Soyez logique.

❊ chez le mécanicien
Je voudrais que vous répariez ma voiture.

1. à la pharmacie
2. à la teinturerie *(dry cleaners)*
3. chez le photographe
4. à l'agence de voyages
5. à la station-service
6. à l'agence immobilière *(real estate)*

- réparer ma voiture
- réserver mon billet d'avion
- trouver un appartement bon marché
- changer l'huile *(oil)*
- préparer cette ordonnance *(prescription)*
- développer ces photos
- nettoyer cette veste

15 Oui ou non?

Expliquez ce que les personnes veulent ou ne veulent pas. Soyez logique.

❊ les étudiants (le prof / donner un examen difficile?)
Les étudiants ne veulent pas que le prof donne un examen difficile.

1. le prof (les étudiants / préparer les cours?)
2. le patron (les employés / perdre leur temps?)
3. les employés (le patron / augmenter les salaires?)
4. le candidat (le public / voter pour lui?)
5. le public (le gouvernement / augmenter les impôts *[taxes]*?)
6. les pacifistes (les différents pays / détruire les armements nucléaires?)
7. les écologistes (on / détruire la nature?)

16 D'accord, mais...

Clément veut faire certaines choses. Son camarade de chambre est d'accord, mais à une condition. Jouez les deux rôles avec votre partenaire d'après le modèle.

❊ prendre ta voiture (mettre de l'essence)
— Je voudrais prendre ta voiture.
— Écoute, je veux bien que tu prennes ma voiture, mais je voudrais que tu mettes de l'essence.

1. organiser une fête (ranger l'appartement)
2. jouer de la clarinette (fermer ta porte)
3. inviter ma copine à dîner (préparer le repas)
4. regarder tes notes (m'aider avec la préparation)

CD4-21

Phonétique: Les lettres «en» et «em»

It is important to distinguish between the nasal and non-nasal pronunciations of "en" and "em".

- "en" + *consonant* represent the nasal vowel /ɑ̃/. The "n" is not pronounced.
  Répétez: dentiste gentil entreprise vendeur essentiel vraiment indispensable
- "em" + *consonant* represent the nasal vowel /ɑ̃/. The "m" is not pronounced.
  Répétez: emploi employer ensemble ressembler emblème
- "en" + *vowel* is pronounced /ən/
  Répétez: menacer genou promenade arsenal
- "enn" + *vowel* is usually pronounced /ɛn/
  Répétez: citoyenne ennemi moyenne
- "em" + *vowel* is pronounced /əm/
  Répétez: premier demander semaine remettre Allemagne remarquer
- "emm" + *vowel* is pronounced /ɛm/
  Répétez: dilemme exception: femme /am/

Compréhension orale CD4-22

Vous allez entendre plusieurs opinions. Indiquez si ces opinions sont plutôt libérales ou plutôt conservatrices.

	1	2	3	4	5	6	7	8
A. libérale								
B. conservatrice								

Conversation dirigée

You have a friend who loves to give advice. Every time you mention a problem, he/she tells you two or three things you should do or not do.

Tell your partner . . .

- you have a sore throat
- you have a very difficult exam tomorrow
- you want to lose weight
- you need money
- you don't know anyone at this university

❊ ***— J'ai très mal à la gorge.***
— Alors, il faut que tu boives du thé et que tu prennes de l'aspirine. Il ne faut pas que tu sortes ce soir.

Expression libre

Décrivez au moins trois choses que vous devez faire avant la fin du mois. Comparez votre liste avec votre partenaire.

Il faut que je...

Expression écrite

Expliquez comment on peut améliorer *(improve)* le monde d'aujourd'hui. Pour cela, faites plusieurs suggestions, en indiquant ce qui est important, nécessaire, etc.

Pour améliorer le monde d'aujourd'hui, il faut qu'on maintienne la paix.

LEÇON 33 La mondialisation: pour ou contre?

OBJECTIVES

- To express beliefs and doubts
- To express various emotions

CD4-23

Plusieurs étudiants francophones donnent leur opinion sur la «mondialisation» de l'économie. Ils discutent les conséquences, positives ou négatives, que cette mondialisation peut avoir sur les différents pays et sur leurs habitants.

Patricia (Suisse)

Je pense que la mondialisation est une bonne chose pour les consommateurs. Aujourd'hui tout le monde peut s'acheter les produits de la technologie moderne parce qu'ils sont **fabriqués** à bon marché dans les pays d'Asie. La mondialisation offre aussi beaucoup de possibilités aux jeunes qui n'hésitent pas à s'expatrier. Ma cousine qui travaille pour un groupe financier anglais, vient d'accepter un poste à Singapour. Là-bas, elle aura un salaire deux fois supérieur à son salaire actuel et elle fera l'expérience d'une culture nouvelle... et cela, **grâce à** la mondialisation!

fabriqués: manufactured
grâce à: thanks to

Yasmina (France)

Il est évident que la mondialisation a des avantages, mais je pense qu'elle profite **avant tout** aux grandes entreprises multinationales. Il est regrettable qu'elle crée des dislocations économiques et sociales avec des conséquences très sérieuses pour les individus. Dans la ville où j'habite, il y a une **fabrique** de **produits** pharmaceutiques. Eh bien, la direction internationale de l'entreprise a décidé de relocaliser cette fabrique en Slovaquie où les salaires sont deux fois plus bas. Résultat: cinquante personnes vont perdre leur emploi. Je doute que ces personnes-là soient très favorables à la mondialisation!

avant tout: above all
fabrique: factory
produits: products

Ibrahim (Maroc)

La mondialisation permet l'expansion de l'économie globale. Cette expansion est basée sur la localisation rationnelle de la production. Dans les vingt dernières années, beaucoup d'industries de base ou de services se sont ainsi implantées en Chine et en Inde, avec comme résultat un développement économique très rapide de ces deux pays. Je suis sûr que les pays d'Afrique peuvent aussi profiter de la mondialisation.

Kouadio (Côte d'Ivoire)

Je doute que la mondialisation soit bénéfique aux pays du Tiers-Monde. Il est vrai que des emplois ont été créés dans ces pays, mais il est aussi vrai que leurs habitants travaillent dans des conditions très difficiles et gagnent des salaires **de misère** pour produire des objets réservés aux Américains ou aux Européens. En réalité, je pense que la mondialisation représente l'exploitation des pays pauvres par les pays riches, comme à l'époque du colonialisme. Je ne pense pas que ce renforcement des inégalités soit bon pour l'avenir du monde.

de misère: miserable

Émilie (Canada)

Avec la mondialisation économique est venue la mondialisation des modes de vie. Grâce à cette mondialisation, les jeunes d'aujourd'hui ont un très grand nombre de points communs, qu'ils soient Québécois, Américains, Allemands, Indiens, Japonais ou Sénégalais. Ils vivent dans une culture internationale dynamique et créatrice. Personnellement, je suis très heureuse de participer à cette culture moderne. Je ne regrette vraiment pas le monde confiné de mes parents et de mes grands-parents.

Pauline (France)

Je **crains** qu'avec la mondialisation les gens oublient les richesses de leur propre culture au profit d'une culture universelle mais sans **âme**. J'ai vraiment peur que l'adoption de cette culture standardisée détruise notre humanité. Aujourd'hui nous écoutons tous la même musique **bruyante**. Nous regardons tous les mêmes films de plus en plus violents. Nous portons tous les mêmes vêtements sans style personnel. Nous consommons tous les mêmes aliments artificiels et insipides. Il est indéniable que nous vivons dans un village global. Il est regrettable cependant que ce village soit habité par des zombies.

crains: fear
âme: soul
bruyante: extremely loud

À propos du texte

1. Quels étudiants sont pour la mondialisation? Quels étudiants sont contre?
2. Avec quel étudiant êtes-vous le plus d'accord?
3. Êtes-vous personnellement pour ou contre la mondialisation? Pourquoi?

Note culturelle

Les Français et la mondialisation CD4-24

Les Français ont une vision très mitigée° de la mondialisation. Cinquante pour cent y sont plutôt° favorables et cinquante pour cent sont plutôt défavorables. Leur opinion dépend généralement du contexte géographique des effets de cette mondialisation.

Sur le plan° global, les Français pensent que la mondialisation stimule le commerce et qu'elle est donc bénéfique pour tous et particulièrement pour les pays sous-développés. Ils sont cependant concernés par les effets de l'expansion économique sur l'écologie et sur l'environnement.

Sur le plan national, ils pensent que la France ne profite pas spécialement de la mondialisation. Ils redoutent° aussi la perte° de l'identité nationale.

Mais c'est sur le plan personnel que les Français sont le plus pessimistes. Beaucoup ont peur de perdre leur emploi. Cette menace spécifique explique le mieux les réserves° de l'opinion française sur la mondialisation.

À votre avis

1. Est-ce que les Américains sont plutôt favorables ou défavorables à la mondialisation? Pourquoi?
2. Est-ce que la mondialisation a des effets plutôt positifs ou plutôt négatifs pour...
   - l'économie mondiale?
   - les pays sous-développés?
   - les États-Unis?
   - votre situation personnelle?

   Expliquez.

---

mitigée *ambivalent* **plutôt** *more or less* **plan** *level* **redoutent** *fear* **perte** *loss* **réserves** *reservations*

A. Les verbes *croire* et *craindre*

The verbs **croire** *(to believe)* and **craindre** *(to fear)* are irregular.

infinitive	croire	craindre
present	je **crois** tu **crois** il/elle/on **croit** nous **croyons** vous **croyez** ils/elles **croient**	je **crains** tu **crains** il/elle/on **craint** nous **craignons** vous **craignez** ils/elles **craignent**
passé composé	j'**ai** **cru**	j'**ai** **craint**

→ Note the following constructions with **croire.**

croire *(+ noun)*	*to believe (somebody or something)*	Je ne **crois** pas les journalistes. Je ne **crois** pas cette histoire.
croire à *(+ noun)*	*to believe in (something)*	Je **crois au** progrès scientifique.

Verbes conjugués comme *craindre*

craindre	*to fear*	Qu'est-ce que vous **craignez**?
plaindre	*to feel sorry for*	Je **plains** les gens pessimistes.
se plaindre	*to complain*	Les étudiants **se plaignent** de l'examen.

1 Oui ou non?

Décrivez les personnes suivantes selon leur personnalité. Soyez logique!

❊ Vous êtes courageux. (craindre le danger?)
Vous ne craignez pas le danger.

1. Thomas est superstitieux. (croire à son horoscope?)
2. Émilie et Céline sont pessimistes. (croire à l'avenir?)
3. Les journalistes sont critiques. (se plaindre du gouvernement?)
4. Nous sommes idéalistes. (croire au progrès social?)
5. Tu es pacifiste. (craindre la guerre?)
6. Vous êtes optimistes. (craindre l'avenir?)
7. Nicolas est déprimé. (se plaindre de tout?)
8. Pierre et Julie sont amoureux. (croire au bonheur?)

B. Les subjonctifs irréguliers

The SUBJUNCTIVE forms of **être** and **avoir** have IRREGULAR STEMS and ENDINGS.

infinitive	**être**	**avoir**
present subjunctive	que je **sois** que tu **sois** qu'il/elle/on **soit** que nous **soyons** que vous **soyez** qu'ils/elles **soient**	que j' **aie** que tu **aies** qu'il/elle/on **ait** que nous **ayons** que vous **ayez** qu'ils/elles **aient**

2 À l'agence de voyages

Vous travaillez pour une agence de voyages. Expliquez à quelle heure les personnes suivantes doivent être à l'aéroport et ce qu'elles doivent avoir avec elles. Utilisez le subjonctif d'être et d'avoir.

❋ David (à deux heures / son passeport)
Il faut que David soit à l'aéroport à deux heures.
Il faut qu'il ait son passeport.

1. Carole (à dix heures / son visa)
2. vous (à trois heures et demie / vos bagages)
3. ces touristes (à quatre heures dix / leurs billets d'avion)
4. toi (à huit heures / ta carte d'embarquement *[boarding pass]*)
5. nous (à six heures moins le quart / nos valises *[suitcases]*)
6. M. et Mme Sénéchal (à sept heures et quart / une pièce d'identité)

3 Et vous?

Quelle est l'importance des choses suivantes pour vous? Indiquez votre opinion en utilisant les adjectifs suggérés.

❋ ***Il est indispensable que je sois en bonne santé, mais il n'est pas indispensable que je sois riche.***

important?
nécessaire?
essentiel?
indispensable?

- avoir une profession intéressante
- être riche
- être en bonne santé
- avoir de bons amis
- avoir de bons rapports avec tout le monde
- être optimiste

The SUBJUNCTIVE forms of the verbs below have IRREGULAR STEMS, but regular ENDINGS.

verbs with one subjunctive stem				verbs with two subjunctive stems		
	faire	**pouvoir**	**savoir**		**aller**	**vouloir**
que je	fasse	puisse	sache	que j'	aille	veuille
que tu	fasses	puisses	saches	que tu	ailles	veuilles
qu'il/elle/on	fasse	puisse	sache	qu'il/elle/on	aille	veuille
que nous	fassions	puissions	sachions	que nous	**allions**	**voulions**
que vous	fassiez	puissiez	sachiez	que vous	**alliez**	**vouliez**
qu'ils/elles	fassent	puissent	sachent	qu'ils/elles	aillent	veuillent

4 Obligations personnelles

Dites si oui ou non vous devez faire les choses suivantes. Commencez vos phrases par **il faut que** ou **il n'est pas nécessaire que.**

❊ *Ce week-end, il n'est pas nécessaire que je fasse les courses.*

ce week-end

- aller au supermarché
- faire les courses
- faire ma lessive *(laundry)*
- faire du sport
- aller à la bibliothèque

dans la vie

- pouvoir gagner un bon salaire
- faire des économies
- faire beaucoup de voyages
- savoir parler français
- savoir toujours la vérité

5 La démocratie

Dites que les choses suivantes sont importantes ou non dans une démocratie. Commencez vos phrases par **Il est très (assez, pas du tout) important que.**

❊ l'électorat / être bien informé
Il est très important que l'électorat soit bien informé.

1. le président / être honnête
2. tout le monde / pouvoir voter
3. les citoyens / vouloir participer à la vie politique
4. le public / savoir la vérité
5. le gouvernement / faire les réformes nécessaires
6. chaque personne / pouvoir exprimer ses opinions
7. les journalistes / pouvoir avoir accès aux membres du gouvernement
8. les gens pauvres / aller à l'université

C. Le subjonctif après les expressions de doute

TO EXPRESS DOUBT AND CERTAINTY

Note how CERTAINTY and DOUBT are expressed in the following sentences. Compare the verbs in each set of sentences.

CERTAINTY	DOUBT
Je **sais que** vous **parlez** français.	Je **doute que** vous **parliez** chinois.
Je **pense que** vous **êtes** français.	Je **ne pense pas que** vous **soyez** américain.
Je **suis sûr que** tu **as** mon adresse.	Je **ne suis pas sûr que** tu **aies** mon adresse email.
Je **crois que** vous **habitez** à Paris.	Je **ne crois pas que** vous **habitiez** en Suisse.

The INDICATIVE is used after expressions of BELIEF and CERTAINTY.
The SUBJUNCTIVE is used after expressions of DOUBT, DISBELIEF, and UNCERTAINTY. . .

→ An expression of CERTAINTY may become an expression of DOUBT when it is used in the NEGATIVE or INTERROGATIVE form. Compare:

Certainty: indicative	Doubt: subjunctive
Tu crois que Pierre **est** ambitieux.	**Tu ne crois pas** qu'il **soit** patient.
Je pense que Julie **est** très riche.	**Penses-tu** qu'elle **soit** généreuse?
Vous êtes sûr que Marc **a** son billet.	**Êtes-vous sûr** qu'il **ait** aussi son passeport?
Il est vrai que le français **est** utile.	**Il n'est pas vrai** que le français **soit** inutile.

6 L'optimiste et le pessimiste

L'optimiste voit le monde d'une façon positive. Le pessimiste voit le monde d'une façon négative. Jouez les deux rôles avec votre partenaire.

❋ la vie / être belle
L'OPTIMISTE: ***Je crois que la vie est belle.***
LE PESSIMISTE: ***Et bien, moi, je ne crois pas que la vie soit belle.***

1. le français / être une langue utile
2. les professeurs / être sympathiques
3. les gens / être honnêtes
4. les jeunes / être idéalistes
5. l'avenir / être plein *(full)* de promesses
6. les journalistes / dire la vérité
7. le président / avoir des idées brillantes
8. les politiciens / vouloir faire des réformes

Vocabulaire: Verbes et expressions de certitude et de doute

expressions de certitude (+ INDICATIF)	expressions de doute (+ SUBJONCTIF)
je sais que...	**je doute que...**
je dis que...	**je ne dis pas que...**
je crois que...	**je ne crois pas que...** **crois-tu que...?**
je pense que...	**je ne pense pas que...** **penses-tu que...?**
je suis sûr(e) que...	**je ne suis pas sûr(e) que...** **es-tu sûr(e) que...?**
il est sûr / vrai / certain que...	**il n'est pas sûr / vrai / certain que...** **est-il sûr / vrai / certain que...?**
il est clair que...	**il est douteux que...**
il est évident que...	**il est possible que...** **il est impossible que...**

7 Notre monde

Exprimez votre opinion sur les sujets suivants en utilisant une expression du **Vocabulaire.** Est-ce que votre partenaire a la même opinion?

❊ La situation économique est excellente?
—Je suis sûr (Il est certain) que la situation économique est excellente.
—Je doute (Il n'est pas sûr) que la situation économique soit excellente.

1. L'Europe est une superpuissance?
2. La Chine est un rival économique des États-Unis?
3. Le monde est en sécurité?
4. La démocratie se développe rapidement?
5. Le terrorisme est une très grande menace pour les États-Unis?
6. Les pays d'Afrique deviennent prospères?
7. Les Nations Unies peuvent maintenir la paix dans le monde?
8. La recherche médicale fait de grands progrès?
9. La mondialisation aide les pays pauvres?
10. Les gens perdent leur culture?

8 À votre avis?

Demandez à votre partenaire quelle est son opinion sur les sujets suivants. Commencez vos questions par **Crois-tu que...** Votre partenaire peut expliquer sa position.

❊ les extraterrestres / exister?
—Crois-tu que les extraterrestres existent?
—Non, je ne crois pas que les extraterrestres existent. Je n'ai jamais vu d'extraterrestres.

1. le grand amour / exister?
2. l'argent / faire le bonheur?
3. la science / pouvoir tout expliquer?
4. la société / être trop violente?
5. le terrorisme / être une réalité?
6. une guerre nucléaire / être possible?
7. la mondialisation / être une bonne chose?
8. les Nations Unies / pouvoir maintenir la paix?

D. Le subjonctif après les expressions d'émotion

TO EXPRESS FEELINGS

Note how feelings (happiness, sadness) are expressed in French. On the left, the subject expresses feelings about his or her own actions. On the right, the subject expresses feelings about the actions of others.

Je suis content **d'aller** en France.	Je suis content **que mes amis aillent** en France.
Je suis heureux **de visiter** Paris.	Je suis heureux **que vous visitiez** Paris.
Je suis triste **de partir.**	Je suis triste **que vous partiez.**

To express the subjects' feelings about the ACTIONS OF ANOTHER PERSON, the following construction is used:

expression of emotion + **que** + SUBJUNCTIVE	**Je regrette que vous partiez.**

To express the subjects' feelings about THEIR OWN ACTIONS, the following construction is used:

expression of emotion + **de** + INFINITIVE	**Pauline est triste de partir.**

9 Contents ou non?

Dites si les personnes suivantes sont contentes ou non des actions d'autres personnes et expliquez pourquoi.

❊ le professeur / les étudiants sont paresseux
Le professeur n'est pas content que les étudiants soient paresseux.

1. le patron / les employés sont travailleurs *(hard-working)*
2. Vincent / ses parents sont généreux avec lui
3. Isabelle / son copain sort avec une autre fille
4. Jérôme / sa copine est en retard au rendez-vous
5. le professeur / les étudiants font des progrès en français
6. l'entraîneur *(coach)* / l'équipe perd le match
7. les écologistes / on fait des économies d'énergie
8. mes parents / je réussis dans mes cours
9. M. Dupont / sa fille a un bon travail

La Coupe d'Europe de Rugby

Vocabulaire: Les émotions

la joie *(happiness)*
être content *(happy)*
être heureux/heureuse
être ravi *(delighted)*

la tristesse et le regret
être triste
être malheureux/malheureuse
être désolé *(very sad)*
regretter
déplorer

l'étonnement *(amazement)*
être surpris
être étonné *(astonished)*

la crainte *(fear)*
avoir peur
craindre

la fierté *(pride)*
être fier/fière *(proud)*

la colère *(anger)*
être furieux/furieuse *(mad, furious)*

10 Relations personnelles

Exprimez votre réaction personnelle aux situations suivantes. Utilisez l'expression qui reflète cette émotion.

❊ Votre grand-mère est malade.
Je suis triste (Je crains) que ma grand-mère soit malade.

1. Votre meilleur(e) ami(e) est malade.
2. Il n'y a pas d'examens ce trimestre.
3. Il fait beau ce week-end.
4. Vos cousins gagnent à la loterie.
5. Votre copain/copine ne vient pas à un rendez-vous.
6. Votre mère a une promotion dans son travail.
7. Votre camarade de chambre a un accident avec votre voiture.
8. L'équipe de votre université gagne un match important.

11 D'accord ou non?

Avec votre partenaire, exprimez vos réactions aux situations suivantes, en utilisant les expressions du **Vocabulaire.** Êtes-vous d'accord ou non?

❊ Le président est démocrate/républicain.
—Je suis content(e) que le président soit démocrate (républicain).
—Et bien moi, je déplore que le président soit démocrate (républicain).

1. Le prochain *(next)* président est une femme.
2. Les États-Unis sont un pays capitaliste.
3. Les chefs d'entreprise ont des salaires extraordinaires.
4. Les Américains sont patriotes.
5. La Chine devient une superpuissance *(superpower).*
6. Les Européens ne sont pas toujours d'accord avec nous.
7. Beaucoup de gens sont opposés à la mondialisation.

E. Le subjonctif après certaines conjonctions

TO EXPRESS POTENTIAL SITUATIONS

Note the use of the SUBJUNCTIVE in the following sentences.

Le professeur répète **pour que** les élèves comprennent.	*The professor repeats* ***so that*** *the students understand.*
Thomas téléphone à Cécile **avant qu'**elle aille en Italie.	*Thomas calls Cécile* ***before*** *she goes to Italy.*
Je te prête ma voiture **à condition que** tu sois prudent.	*I am loaning you my car* ***on the condition that*** *you be careful.*

The SUBJUNCTIVE is used after certain CONJUNCTIONS which express:	
• PURPOSE or INTENT **pour que**	Je te passe mon portable **pour que tu prennes** ma photo.
• TIME LIMIT **avant que**	Je vous téléphonerai **avant que vous partiez.**
• CONDITION **à condition que**	Nous irons à la plage **à condition qu'il fasse** beau.

→ The above conjunctions introduce potential situations which have NOT YET HAPPENED. The speaker is not sure that they will occur, and therefore uses the subjunctive.

→ The situation concerns someone or something other than the subject of the main clause.

12 À la résidence universitaire

Vous habitez dans une résidence universitaire en France. Vous demandez à votre camarade de chambre (votre partenaire) de faire certaines choses. Il/Elle accepte à condition que vous fassiez certaines choses. Suivez le modèle.

❇ organiser une fête / nettoyer l'appartement après
— ***Est-ce que je peux organiser une fête?***
— ***Écoute, je veux bien que tu organises une fête...***
mais à condition que tu nettoies l'appartement après.

1. inviter un copain à dîner / faire la vaisselle
2. utiliser ton portable / payer les communications
3. mettre du rock / fermer ta porte
4. ouvrir la fenêtre / mettre le chauffage *(heat)*
5. prendre ta voiture / payer l'essence *(gas)*
6. rentrer à deux heures du matin / ne pas faire de bruit *(noise)*
7. utiliser ton ordinateur / ne pas regarder mes emails
8. emprunter tes notes / les rendre avant l'examen

→ The INFINITIVE is used after the PREPOSITIONS **pour, avant de, à condition de** when the subject does not change.

Charlotte viendra...	Charlotte viendra...
pour parler de son voyage.	**pour que vous parliez** de votre voyage.
avant de partir en Italie.	**avant que vous partiez** en vacances.
à condition d'être invitée.	**à condition que vous soyez** là.

→ The INDICATIVE is used after CONJUNCTIONS introducing actual situations, rather than hypothetical situations which have not yet happened.

parce que *(because)*	Je travaille **parce que** j'**ai** besoin d'argent.
pendant que *(while)*	Nous faisons une promenade **pendant qu'**il **fait** beau.
depuis que *(since)*	Nous parlons français **depuis que** nous **sommes** à Paris.

13 Pour quelle raison?

Expliquez pourquoi les personnes suivantes font certaines choses pour d'autres personnes.

❋ Philippe donne son adresse à Stéphanie / écrire pendant les vacances
Philippe donne son adresse à Stéphanie pour qu'elle écrive pendant les vacances.

1. Julie donne son numéro de portable à Léa / téléphoner ce soir
2. Pierre donne de l'argent à son camarade de chambre / faire les courses
3. Madame Dupont envoie un chèque à sa fille / payer les frais de scolarité
4. Monsieur Lebel paie les études de son fils / devenir médecin
5. Patricia donne son appareil photo à sa cousine / prendre des photos
6. le professeur écrit des lettres de recommandation aux élèves / trouver du travail
7. le candidat parle aux électeurs / voter pour lui
8. le public vote pour le président / faire des réformes

14 Vous êtes le président!

Vous êtes le (la) président(e) d'une grande entreprise internationale. Aujourd'hui vous avez une réunion avec vos employés. Faites votre présentation en complétant les phrases suivantes.

❋ Je vous ai convoqués pour que...
(nous / discuter de la situation de l'entreprise)
Je vous ai convoqués pour que nous discutions de la situation de l'entreprise.

1. Nos résultats ont augmenté depuis que...
(l'entreprise / avoir des représentants en Chine)
2. J'ai engagé une agence de Tokyo pour que...
(elle / faire de la publicité à la télévision japonaise)
3. Les résultats resteront bons à condition que...
(la situation internationale / rester favorable)
4. Nos exportations en Europe augmentent parce que...
(le dollar / être faible *[weak]*)
5. Il faut continuer nos efforts avant que...
(la concurrence *[competition]* / avoir de nouveaux produits)
6. Je vais augmenter votre salaire à condition que...
(vous / avoir de meilleurs résultats)

CD4-25

Phonétique: Les terminaisons «-tion» et «-sion»

The endings "-tion" and "-sion" represent very different sounds in French and in English. Be sure to pronounce these endings clearly, with tension. Répétez:

-tion	/sjɔ̃/	na<u>tion</u> condi<u>tion</u> situa<u>tion</u> atten<u>tion</u> mondialisa<u>tion</u>
-stion	/stjɔ̃/	que<u>stion</u> ge<u>stion</u> sugge<u>stion</u>
-ssion	/sjɔ̃/	mi<u>ssion</u> pa<u>ssion</u> profe<u>ssion</u> posse<u>ssion</u>
-sion	/zjɔ̃/	télévi<u>sion</u> déci<u>sion</u> occa<u>sion</u> fu<u>sion</u> confu<u>sion</u>

When followed by a vowel, the "on(n)" is not nasal. Répétez:

-tion(n)-	/sjɔn/	na<u>tion</u>al excep<u>tionn</u>el
-stion-	/stjɔn/	que<u>stionn</u>aire
-ssion-	/sjɔn/	mi<u>ssionn</u>aire pa<u>ssionn</u>é profe<u>ssionn</u>elle
-sion-	/zjɔn/	occa<u>sionn</u>el

À votre tour

Compréhension orale  CD4-26

Écoutez les personnes suivantes qui vont exprimer leurs opinions sur la mondialisation. Si elles ont une opinion plutôt positive, marquez A. Si elles ont une opinion plutôt négative, marquez B.

	1	2	3	4	5	6	7	8	9	10
A. pour										
B. contre										

Conversation dirigée

A good friend (your partner) is phoning to tell you what's new. Let him/her know how you feel about each bit of news.

Your partner tells you that . . .

- he/she is sick
- he/she has a new car
- he/she is going to France this summer
- he/she failed his/her exams
- he/she wants to leave **(quitter)** the university
- he/she is engaged
- his/her parents are divorcing

Expression libre

Discutez de la situation internationale avec votre partenaire. Vous êtes optimiste, votre partenaire est pessimiste. Utilisez des expressions des pages 525 et 527. Par exemple:

L'OPTIMISTE	LE PESSIMISTE
Je suis sûr(e) que...	**Je crains que...**
Je crois que...	**Je ne crois pas que...**

Expression écrite

Avez-vous une opinion positive ou négative de la vie politique et économique aux États-Unis? Exprimez vos idées dans un petit paragraphe où vous utilisez des expressions comme:

- je pense que
- je crois que
- je crains que
- je déplore que
- je doute que
- je suis heureux/heureuse que

Reference Section

Appendices

Vocabulaire

Index

I. Les sons français

	Son	Orthographe	Exemples
Voyelles orales	/a/	**a, à, â**	banane, là, château
	/i/	**i, î**	Mimi, Philippe, Nîmes
		y	Sylvie
	/e/	**é**	Léa
		e (devant un **z**, **t** ou **r** final et non prononcé)	chez, chalet, dîner
		ai	français
	/ɛ/	**è**	chère, Michèle
		ei	Seine
		ê	tête
		e (devant 2 consonnes)	Isabelle
		e (devant une consonne finale prononcée)	cher
		ai (devant une consonne finale prononcée)	française
	/u/	**ou, où, oû**	Loulou, où, coûter
	/y/	**u, û**	Lulu, dû
	/o/	**o**	auto
		au, eau	loyaux, beau
		ô	rôle
	/ɔ/	**o**	Nicole
		au	Paul
	/ø/	**eu, oeu**	neveu, voeux
		eu (devant la terminaison **-se**)	sérieuse
	/œ/	**eu, oeu** (devant une consonne finale prononcée, excepté /**z**/)	moteur, soeur
	/ə/	**e**	le, René
Voyelles nasales	/ɑ̃/	**an, am**	André, Adam
		en, em	ensemble, emblème
	/ɛ̃/	**in, im**	instant, important
		yn, ym	synthèse, symphonie
		ain, aim	américain, faim
		en (dans la terminaison **-ien**, **-yen**)	bien, moyen
	/ɛ̃/ ou /œ̃/	**un, um**	brun, humble
	/ɔ̃/	**on, om**	on, salon, bombe

	Son	Orthographe	Exemples
Semi-voyelles	/ɥ/	**u** (devant une voyelle)	suave, Suisse
	/j/	**i, y** (devant une voyelle)	piano, Yolande, payer
		il, ill (après une voyelle)	travail, travailler
	/w/	**ou** (devant une voyelle)	oui
	/wa/	**oi** (devant une consonne)	noir
		oy	voyage
	/wɛ̃/	**oin**	loin
Consonnes	/b/	**b**	barbare
	/ʃ/	**ch**	machine
	/d/	**d**	David
	/f/	**f, ph**	Fifi, photo
	/g/	**g** (devant **a**, **o**, **u** ou consonne)	garçon, Margot, Gustave
		gu (devant **e**, **i**, **y**)	guerre, guitare, Guy
	/ʒ/	**j, je** (devant **a**)	Jacques, Jean
		g (devant **e**, **i**, **y**)	danger, Gigi
		ge (devant **a**, **o**, **u**)	changeant, Georges, courageux
	/ɲ/	**gn**	espagnol
	/l/	**l**	Lili, il
	/m/	**m**	maman
	/n/	**n**	ananas
	/p/	**p**	papa
	/r/	**r**	Robert
	/k/	**c** (devant **a**, **o**, **u** ou consonne)	cacao, Corinne, Hercule
		ch (devant **r**)	Christine
		qu	qualité
		k	kilo
	/s/	**c** (devant **e**, **i**, **y**)	Cécile
		ç (devant **a**, **o**, **u**)	garçon
		s (au début d'un mot ou avant une consonne)	Suzanne, reste
		ss	masse
		t (devant **i** + voyelle)	solution
	/z/	**s** (entre deux voyelles)	rose
		z	zéro, bronzer
	/t/	**t, th**	tante, théâtre
	/v/	**v**	Victor
	/gz/	**x** (devant **a**, **o**, **u**)	examiner
	/ks/	**x** (devant **e**, **i**)	taxi

II. Les verbes réguliers

A. Conjugaison régulière

	Indicatif			
Infinitif	Présent	Passé composé	Imparfait	Plus-que-parfait
Verbes en ***-er***	je parl**e**	j'**ai** parlé	je parl**ais**	j'**avais** parlé
parler	tu parl**es**	tu **as** parlé	tu parl**ais**	tu **avais** parlé
	il/elle/on parl**e**	il **a** parlé	il parl**ait**	il **avait** parlé
	nous parl**ons**	nous **avons** parlé	nous parl**ions**	nous **avions** parlé
	vous parl**ez**	vous **avez** parlé	vous parl**iez**	vous **aviez** parlé
	ils/elles parl**ent**	ils **ont** parlé	ils parl**aient**	ils **avaient** parlé
Verbes en ***-ir***	je fin**is**	j'**ai** fini	je finiss**ais**	j'**avais** fini
finir	tu fin**is**	tu **as** fini	tu finiss**ais**	tu **avais** fini
	il/elle/on fin**it**	il **a** fini	il finiss**ait**	il **avait** fini
	nous fin**issons**	nous **avons** fini	nous finiss**ions**	nous **avions** fini
	vous fin**issez**	vous **avez** fini	vous finiss**iez**	vous **aviez** fini
	ils/elles fin**issent**	ils **ont** fini	ils finiss**aient**	ils **avaient** fini
Verbes en ***-re***	je répond**s**	j'**ai** répond**u**	je répond**ais**	j'**avais** répond**u**
répondre	tu répond**s**	tu **as** répond**u**	tu répond**ais**	tu **avais** répond**u**
	il/elle/on répond	il **a** répond**u**	il répond**ait**	il **avait** répond**u**
	nous répond**ons**	nous **avons** répond**u**	nous répond**ions**	nous **avions** répond**u**
	vous répond**ez**	vous **avez** répond**u**	vous répond**iez**	vous **aviez** répond**u**
	ils/elles répond**ent**	ils **ont** répond**u**	ils répond**aient**	ils **avaient** répond**u**
Verbes pronominaux	je me lave	je me **suis** lavé(e)	je me lavais	je m'**étais** lavé(e)
se laver	tu te laves	tu t'**es** lavé(e)	tu te lavais	tu t'**étais** lavé(e)
	il/on se lave	il s'**est** lavé	il se lavait	il s'**était** lavé
	elle se lave	elle s'**est** lavée	elle se lavait	elle s'**était** lavée
	nous nous lavons	nous nous **sommes** lavé(e)s	nous nous lavions	nous nous **étions** lavé(e)s
	vous vous lavez	vous vous **êtes** lavé(e)(s)	vous vous laviez	vous vous **étiez** lavé(e)(s)
	ils se lavent	ils se **sont** lavés	ils se lavaient	ils s'**étaient** lavés
	elles se lavent	elles se **sont** lavées	elles se lavaient	elles s'**étaient** lavées

	Conditionnel	Subjonctif	Impératif	Participes	
Futur	Présent	Présent		Présent	Passé
je parler**ai**	je parler**ais**	que je parl**e**		parl**ant**	parl**é**
tu parler**as**	tu parler**ais**	que tu parl**es**	parl**e**		
il parler**a**	il parler**ait**	qu'il/elle/on parl**e**			
nous parler**ons**	nous parler**ions**	que nous parl**ions**	parl**ons**		
vous parler**ez**	vous parler**iez**	que vous parl**iez**	parl**ez**		
ils parler**ont**	ils parler**aient**	qu'ils/elles parl**ent**			
je finir**ai**	je finir**ais**	que je finiss**e**		fin**issant**	fin**i**
tu finir**as**	tu finir**ais**	que tu finiss**es**	fin**is**		
il finir**a**	il finir**ait**	qu'il/elle/on finiss**e**			
nous finir**ons**	nous finir**ions**	que nous finiss**ions**	fin**issons**		
vous finir**ez**	vous finir**iez**	que vous finiss**iez**	fin**issez**		
ils finir**ont**	ils finir**aient**	qu'ils/elles finiss**ent**			
je répondr**ai**	je répondr**ais**	que je répond**e**		répond**ant**	répond**u**
tu répondr**as**	tu répondr**ais**	que tu répond**es**	répond**s**		
il répondr**a**	il répondr**ait**	qu'il/elle/on répond**e**			
nous répondr**ons**	nous répondr**ions**	que nous répond**ions**	répond**ons**		
vous répondr**ez**	vous répondr**iez**	que vous répond**iez**	répond**ez**		
ils répondr**ont**	ils répondr**aient**	qu'ils/elles répond**ent**			
je me laverai	je me laverais	que je me lave		se lavant	lavé
tu te laveras	tu te laverais	que tu te laves	lave-toi		
il se lavera	il se laverait	qu'il/on se lave			
elle se lavera	elle se laverait	qu'elle se lave			
nous nous laverons	nous nous laverions	que nous nous lavions	lavons-nous		
vous vous laverez	vous vous laveriez	que vous vous laviez	lavez-vous		
ils se laveront	ils se laveraient	qu'ils se lavent			
elles se laveront	elles se laveraient	qu'elles se lavent			

B. Verbes à modification orthographique

	Indicatif			
Infinitif	Présent	Passé composé	Imparfait	Plus-que-parfait
acheter	j'achète tu achètes il/elle/on achète nous achetons vous achetez ils/elles achètent	j'ai acheté	j'achetais	j'avais acheté
préférer	je préfère tu préfères il/elle/on préfère nous préférons vous préférez ils/elles préfèrent	j'ai préféré	je préférais	j'avais préféré
payer	je paie tu paies il/elle/on paie nous payons vous payez ils/elles paient	j'ai payé	je payais	j'avais payé
appeler	j'appelle tu appelles il/elle/on appelle nous appelons vous appelez ils/elles appellent	j'ai appelé	j'appelais	j'avais appelé

	Conditionnel	Subjonctif	Impératif	Participes	
Futur	Présent	Présent		Présent	Passé
j'achèterai	j'achèterais	que j'achète que tu achètes qu'il/elle/on achète que nous achetions que vous achetiez qu'ils/elles achètent	achète achetons achetez	achetant	acheté
je préférerai	je préférerais	que je préfère que tu préfères qu'il/elle/on préfère que nous préférions que vous préfériez qu'ils/elles préfèrent	préfère préférons préférez	préférant	préféré
je paierai	je paierais	que je paie que tu paies qu'il/elle/on paie que nous payions que vous payiez qu'ils/elles paient	paie payons payez	payant	payé
j'appellerai	j'appellerais	que j'appelle que tu appelles qu'il/elle/on appelle que nous appelions que vous appeliez qu'ils/elles appellent	appelle appelons appelez	appelant	appelé

III. Les verbes auxiliaires

	Indicatif			
Infinitif	Présent	Passé composé	Imparfait	Plus-que-parfait
être	je suis tu es il/elle/on est nous sommes vous êtes ils/elles sont	j'ai été	j'étais	j'avais été
avoir	j'ai tu as il/elle/on a nous avons vous avez ils/elles ont	j'ai eu	j'avais	j'avais eu

IV. Les verbes irréguliers

	Indicatif				
Infinitif	Présent		Passé composé	Imparfait	Plus-que-parfait
aller	je vais tu vas il/elle/on va	nous allons vous allez ils/elles vont	je suis allé(e)	j'allais	j'étais allé(e)
s'asseoir	je m'assieds tu t'assieds il/elle/on s'assied	nous nous asseyons vous vous asseyez ils/elles s'asseyent	je me suis assis(e)	je m'asseyais	je m'étais assis(e)
boire	je bois tu bois il/elle/on boit	nous buvons vous buvez ils/elles boivent	j'ai bu	je buvais	j'avais bu
conduire	je conduis tu conduis il/elle/on conduit	nous conduisons vous conduisez ils/elles conduisent	j'ai conduit	je conduisais	j'avais conduit

	Conditionnel	Subjonctif	Impératif	Participes	
Futur	Présent	Présent		Présent	Passé
je serai	je serais	que je sois que tu sois qu'il/elle/on soit que nous soyons que vous soyez qu'ils/elles soient	 sois soyons soyez	étant	été
j'aurai	j'aurais	que j'aie que tu aies qu'il/elle/on ait que nous ayons que vous ayez qu'ils/elles aient	 aie ayons ayez	ayant	eu

	Conditionnel	Subjonctif	Participe	Autres verbes ayant une conjugaison semblable
Futur	Présent	Présent	Présent	
j'irai	j'irais	que j'aille que nous allions	allant	
je m'assiérai	je m'assiérais	que je m'asseye que nous nous asseyions	s'asseyant	
je boirai	je boirais	que je boive que nous buvions	buvant	
je conduirai	je conduirais	que je conduise que nous conduisions	conduisant	construire détruire produire traduire

	Indicatif				
Infinitif	Présent		Passé composé	Imparfait	Plus-que-parfait
connaître	je connais tu connais il/elle/on connaît	nous connaissons vous connaissez ils/elles connaissent	j'ai connu	je connaissais	j'avais connu
courir	je cours tu cours il/elle/on court	nous courons vous courez ils/elles courent	j'ai couru	je courais	j'avais couru
croire	je crois tu crois il/elle/on croit	nous croyons vous croyez ils/elles croient	j'ai cru	je croyais	j'avais cru
devoir	je dois tu dois il/elle/on doit	nous devons vous devez ils/elles doivent	j'ai dû	je devais	j'avais dû
dire	je dis tu dis il/elle/on dit	nous disons vous dites ils/elles disent	j'ai dit	je disais	j'avais dit
écrire	j'écris tu écris il/elle/on écrit	nous écrivons vous écrivez ils/elles écrivent	j'ai écrit	j'écrivais	j'avais écrit
envoyer	j'envoie tu envoies il/elle/on envoie	nous envoyons vous envoyez ils/elles envoient	j'ai envoyé	j'envoyais	j'avais envoyé
faire	je fais tu fais il/elle/on fait	nous faisons vous faites ils/elles font	j'ai fait	je faisais	j'avais fait
falloir	il faut		il a fallu	il fallait	il avait fallu
lire	je lis tu lis il/elle/on lit	nous lisons vous lisez ils/elles lisent	j'ai lu	je lisais	j'avais lu

	Conditionnel	Subjonctif	Participe	Autres verbes ayant une conjugaison semblable
Futur	Présent	Présent	Présent	
je connaîtrai	je connaîtrais	que je connaisse que nous connaissions	connaissant	disparaître reconnaître
je courrai	je courrais	que je coure que nous courions	courant	
je croirai	je croirais	que je croie que nous croyions	croyant	
je devrai	je devrais	que je doive que nous devions	devant	
je dirai	je dirais	que je dise que nous disions	disant	contredire (vous contredisez) interdire (vous interdisez) prédire (vous prédisez)
j'écrirai	j'écrirais	que j'écrive que nous écrivions	écrivant	décrire
j'enverrai	j'enverrais	que j'envoie que nous envoyions	envoyant	
je ferai	je ferais	que je fasse que nous fassions	faisant	
il faudra	il faudrait	qu'il faille		
je lirai	je lirais	que je lise que nous lisions	lisant	élire

	Indicatif				
Infinitif	Présent		Passé composé	Imparfait	Plus-que-parfait
mettre	je mets tu mets il/elle/on met	nous mettons vous mettez ils/elles mettent	j'ai mis	je mettais	j'avais mis
ouvrir	j'ouvre tu ouvres il/elle/on ouvre	nous ouvrons vous ouvrez ils/elles ouvrent	j'ai ouvert	j'ouvrais	j'avais ouvert
partir	je pars tu pars il/elle/on part	nous partons vous partez ils/elles partent	je suis parti(e)	je partais	j'étais parti(e)
pleuvoir	il pleut		il a plu	il pleuvait	il avait plu
pouvoir	je peux tu peux il/elle/on peut	nous pouvons vous pouvez ils/elles peuvent	j'ai pu	je pouvais	j'avais pu
prendre	je prends tu prends il/elle/on prend	nous prenons vous prenez ils/elles prennent	j'ai pris	je prenais	j'avais pris
recevoir	je reçois tu reçois il/elle/on reçoit	nous recevons vous recevez ils/elles reçoivent	j'ai reçu	je recevais	j'avais reçu
savoir	je sais tu sais il/elle/on sait	nous savons vous savez ils/elles savent	j'ai su	je savais	j'avais su
suivre	je suis tu suis il/elle/on suit	nous suivons vous suivez ils/elles suivent	j'ai suivi	je suivais	j'avais suivi

	Conditionnel	Subjonctif	Participe	Autres verbes ayant une conjugaison semblable
Futur	Présent	Présent	Présent	
je mettrai	je mettrais	que je mette que nous mettions	mettant	permettre promettre
j'ouvrirai	j'ouvrirais	que j'ouvre que nous ouvrions	ouvrant	couvrir découvrir offrir souffrir
je partirai	je partirais	que je parte que nous partions	partant	dormir (j'ai dormi) s'endormir (je me suis endormi(e)) mentir (j'ai menti) sentir (j'ai senti) servir (j'ai servi) sortir (je suis sorti(e))
il pleuvra	il pleuvrait	qu'il pleuve	pleuvant	
je pourrai	je pourrais	que je puisse que nous puissions	pouvant	
je prendrai	je prendrais	que je prenne que nous prenions	prenant	apprendre comprendre
je recevrai	je recevrais	que je reçoive que nous recevions	recevant	apercevoir s'apercevoir (je me suis aperçu(e)) décevoir
je saurai	je saurais	que je sache que nous sachions	sachant	
je suivrai	je suivrais	que je suive que nous suivions	suivant	

	Indicatif				
Infinitif	Présent		Passé composé	Imparfait	Plus-que-parfait
venir	je viens tu viens il/elle/on vient	nous venons vous venez ils/elles viennent	je suis venu(e)	je venais	j'étais venu(e)
vivre	je vis tu vis il/elle/on vit	nous vivons vous vivez ils/elles vivent	j'ai vécu	je vivais	j'avais vécu
voir	je vois tu vois il/elle/on voit	nous voyons vous voyez ils/elles voient	j'ai vu	je voyais	j'avais vu
vouloir	je veux tu veux il/elle/on veut	nous voulons vous voulez ils/elles veulent	j'ai voulu	je voulais	j'avais voulu

	Conditionnel	Subjonctif	Participe	Autres verbes ayant une conjugaison semblable
Futur	Présent	Présent	Présent	
je viendrai	je viendrais	que je vienne que nous venions	venant	devenir (je suis devenu(e)) revenir (je suis revenu(e)) se souvenir (je me suis souvenu(e)) maintenir (j'ai maintenu) obtenir (j'ai obtenu)
je vivrai	je vivrais	que je vive que nous vivions	vivant	
je verrai	je verrais	que je voie que nous voyions	voyant	prévoir (je prévoirai)
je voudrai	je voudrais	que je veuille que nous voulions	voulant	

Vocabulaire

Français-Anglais

This vocabulary includes all the words used in *Contacts* except compound numbers and grammatical terminology. The definitions given are limited to the context in which the words are used in this book. Lesson references are given for those words and expressions that are formally activated in **La langue française** sections. If a word is formally activated in more than one lesson, a reference is given for each lesson.

Regular adjectives are given in the masculine form, with the feminine endings in parentheses. Irregular adjectives are given in both the masculine and feminine forms, separated by slashes. Irregular masculine plural forms are given in parentheses.

The gender of each noun is given in parentheses. Irregular feminine or plural nouns are also noted beside the singular form. Expressions are listed according to their key word. The symbol ~ indicates repetition of the key word.

The following abbreviations are used.

VP	Vie pratique	*mpl*	masculine plural
abbrev	abbreviation	*n*	noun
adj	adjective	*obj pron*	object pronoun
adv	adverb	*pc*	passé composé
art	article	*pl*	plural
conj	conjunction	*pp*	past participle
f	feminine	*prep*	preposition
fpl	feminine plural	*pron*	pronoun
inf	infinitive	*qqch*	quelque chose
inv	invariable	*qqn*	quelqu'un
m	masculine	*sth*	something
m/f	masculine/feminine	*v*	verb

à at, to, in 4, 9; by 15
~ + *city* in/to/at + *city* 4
~ **bientôt!** see you soon! 1
~ **cause de** because of 30
~ **cette époque** at that time
~ **cheval** on horseback
~ **condition que** provided that, on the condition that 33
~ **côté de** beside 12; nearby, next to
~ **demain** see you tomorrow
~ **droite de** to the right of 12
~ **gauche de** to the left of 12
~ **... kilomètres/mètres/minutes** . . . kilometers/meters/minutes away
~ **l'aise** at ease
~ **l'étranger** abroad 15
~ **l'extérieur** outside
~ **l'heure** on time 29
~ **l'heure actuelle** at the present time 32
~ **l'intérieur** inside
~ **la campagne** in the country 22
~ **la fois** at the same time
~ **la mode** fashionable
~ **la suite de** following
~ **lundi!** see you (on) Monday! VP 2
~ **merveille** beautifully VP 4
~ **moins que** unless
~ **nouveau** again
~ **partir de** (starting) from
~ **pied** on foot 9, VP 3
~ **qui** to whom 6
~ **raison** rightly
~ **tort** wrongly
~ **tout à l'heure** see you later 1
~ **toute vitesse** at full speed
~ **vélo** by bicycle 9, VP 3
~ **votre tour** your turn
abonné/abonnée (*m/f*) subscriber
abonnement: à ~ payant by paid subscription
abord: d'~ first; at first 23
aboyer to bark
absolument absolutely
accéder to have access to
accepter to accept 32
accès (*m*) access
~ **pour personnes handicapées** handicap access VP 8
~ **wifi** WiFi access 12
accessoires (*mpl*) accessories
accident (*m*) accident 24
accord (*m*) agreement
d'~! agreed! OK! all right! 4, 5
être d'~ to be in agreement 5
achat (*m*) shopping
acheter to buy 11
s'~ to buy for oneself 16
acier (*m*) steel
acquis(e) acquired
acteur/actrice (*m/f*) actor/actress VP 5, 29
actif/active active 8, 28
action (*f*) action VP 5
actualité (*f*) current events VP 7
actuel/actuelle current, present, of today 32
à l'heure (*f*) ~ at this time
actuellement at present, currently 32
addition (*f*) check, bill (*in a restaurant*) VP 1
administration (*f*) **des affaires** business administration 20
adorer to love 2
adoucir to soften
~ **les moeurs** to have a civilizing influence
adresse (*f*) address
~ **électronique** (e-mail) address VP 7
adresser: s'~ à to address oneself to
aérobic (*f*): **faire de l'~** to do aerobics

aéroport (*m*) airport
affaire (*f*) bargain
affaires (*fpl*) business 31
administration des ~ business administration
femme (*f*) **d'~** businesswoman 29
homme (*m*) **d'~** businessman 29
affiche (*f*) poster 7
affreux/affreuse awful
africain(e) (*adj*) African 16
Afrique (*f*) Africa
~ du Nord North Africa
âge (*m*) age 13
Quel ~...? How old . . . ?
agence (*f*) **de voyages** travel agency
agent (*m*) **de police** police officer, policeman
agglomération (*f*) town, urban area
agneau (*m*) lamb (meat)
agrandir: s'~ to expand
agréable nice, pleasant 22
agriculteur/agricultrice (*m/f*) farmer
ah bon! OK!
aider to help 20
aïe! ouch!
ailleurs elsewhere 30
aimer to like, to love 2, 4, 17, 20, 27, 28
~ bien to like 27
~ mieux to prefer 32
aîné(e) (*adj*) older 10
ainsi in that manner, so, thus
~ que as well as 14
air (*m*): **avoir l'~** + *adj.* to look, to seem
~ conditionné air conditioning VP 8
en plein ~ outdoors
aise (*f*): **à l'~** at ease
alcool (*m*) alcohol
alcoolique (*adj*) alcoholic
algérien(ne) (*adj*) Algerian
alimentaire dietary
habitude (*f*) **~** dietary habit
produit (*m*) **~** food
alimentation (*f*) food VP 6
Allemagne (*f*) Germany 16
allemand (*m*) German (*language*)
allemand(e) (*adj*) German 8, 16
aller to go 9, VP 3, 15, 23, 28
~ + *inf* to be going to + *inf* 9
~ à qqn to fit someone VP 4
~-retour (*m*) round trip VP 10
~ simple (*m*) one-way VP 10
s'en ~ to go away, to leave 27
allié(e) (*m/f*) ally
allô hello (*on the phone*) VP 2
alors therefore; then, so 12; at that moment 29
~? so? 12
alpinisme (*m*) mountaineering 25
ambitieux/ambitieuse ambitious 8, 28
améliorer to improve
amener to bring/take along 11

Américain/Américaine (*m/f*) American 8
américain(e) (*adj*) American 1, 2, 16
américaniser: s'~ to become Americanized
Amérique (*f*) America, the Americas 16
ami(e) (*m/f*) friend 2
amitié (*f*) friendship 27
amour (*m*) love 27
amoureux/amoureuse de in love with 27
follement ~ completely in love
tomber ~ de to fall in love with 27
amphis (*mpl*) lecture halls
ampleur (*f*) magnitude
amusant(e) amusing 8
amuser: s'~ to have fun 27
an (*m*) year 6, 14
avoir ... ans to be . . . years old 13
tous les ans every year
anathème (*m*) something condemned
ancien/ancienne (*adj*) old 22; former
anglais (*m*) English (*language*) 3, 8
anglais(e) (*adj*) English 1, 7, 16
Anglais/Anglaise (*m/f*) English person 16
Angleterre (*f*) England 16
animal (*m*) animal 10
animation (*f*) animation 22
animé(e) full of life, lively 22
année (*f*) year 6, 14
~ de naissance year of birth
bonne ~! Happy New Year!
cette ~ this year 14
anniversaire (*m*) birthday 14
fête d'~ birthday party
mon ~ est ... my birthday is . . . 6
annonce (*f*) ad (advertisement); classified ad 21
annoncer (à) to tell, to announce
annuaire (*m*) directory
annuler to cancel
anonymat (*m*) anonymity
anorak (*m*) parka
antenne parabolique (*f*) satellite dish
anthropologie (*f*) anthropology 20
antillais(e) (*adj*) West Indian
Antilles (*fpl*) West Indies
antiquaire (*m/f*) antique dealer
antipathique (*adj*) unpleasant 8
août (*m*) August 6
apercevoir to catch a glimpse of, to see 29
s'~ to realize 29
apéritif (*m*) before-dinner drink
appareil (*m*) camera; telephone; piece of equipment
~ ménager household appliance
qui est à l'~? who is calling? VP 2
appareil photo (*m*) camera 7
~ numérique digital camera VP 7

appartement (*m*) apartment 9, VP 3, 12, 22
appartenir to belong
appeler to call VP 2
comment vous appelez-vous? what is your name?
comment t'appelles-tu? what is your name? 1
je m'appelle ... my name is . . . 1
s'~ to be called, to be named 27
appliquer: s'~ to apply
apporter to bring 11
apprendre (à) to learn 18, 28
approcher: s'~ de to come close to
après after 14, 31
~ tout after all
d'~ according to 22
d'~ vous in your opinion
après-demain day after tomorrow 14
après-guerre: d'~ post-war
après-midi (*m*) afternoon 1, 14
cet ~ this afternoon 14
de l'~ in the afternoon (P.M.) 1
demain ~ tomorrow afternoon 14
Arc (*m*) **de Triomphe** Arch of Triumph (*monument in Paris*)
arche (*f*) **perdue** lost ark
architecte (*m/f*) architect 16, 29
architecture (*f*) architecture 20
argent (*m*) money 12; silver VP 4
armée (*f*) army
arrêt (*m*) **d'autobus** bus stop
arrêter to arrest, to halt
s' ~ (de) to stop 27, 28
arrivée (*f*) arrival 30
arriver to arrive 9, 15, 24; to come 15, 23; to happen, 24
~ à to arrive at 9
~ de to come from 9
j'arrive I'm coming
art (*m*) art
le septième ~ the seventh art (*film making*)
beaux-arts (*mpl*) fine arts 20
article (*m*) item VP 6
artistique (*adj*) artistic
ascenseur (*m*) elevator VP 8
asiatique (*adj*) Asian 16
Asie (*f*) Asia 16
aspirine (*f*) aspirin 25, VP 9
asseoir: s'~ to sit down 27
assez enough; rather, fairly 5
~ bien okay 3
~ (de) enough (of) 18
~ loin pretty far VP 3
assiette (*f*) plate
assis(e) seated 27
assistant social/assistante sociale (*m/f*) social worker
assister à to attend, to go to VP 5, 24; to be present at 24
association (*f*): **liberté** (*f*) **d'~** freedom of assembly
associer: s'~ to team up
je t'assure I assure you

athlétisme (*m*): **faire de l'~** to do track and field
atomique: centrale (*f*) **~** nuclear power plant
atroce atrocious
attendre to wait for, to expect 13, 20
attentif/attentive attentive 28
attention: faire ~ à to pay attention to
~! Careful! VP 2
attentivement attentively
attraper to catch
~ un virus to catch a virus
au contraire on the contrary 22
au courant well-informed; on top of
au début at first, in the beginning
au lieu de instead of 31
au milieu de in the middle of
au pair au pair (providing childcare in exchange for room and board)
au revoir good-by 1, VP 2
auberge (*f*) inn
~ à la campagne country inn VP 8
~ de jeunesse youth hostel VP 8
aucun(e): ne ... ~ none, not any
audiovisuel: équipement (*m*) **~** audiovisual equipment
augmentation (*f*) increase
augmenter to increase
aujourd'hui today 10, 14; now 14
aussi also, too 5; as, so
~ ... que as . . . as 12
moi ~ me too 6
Australie (*f*) Australia 16
australien/australienne (*adj*) Australian 16
autant as much, as many
~ ... que (*conj*) as much as
auteur (*m*) author
auto (*f*) car 7
autobus (*m*) bus
arrêt (*m*) **d'~** bus stop
automne (*m*) fall, autumn 6, 10
en ~ in fall 10
auto-stop (*m*) hitchhiking
faire de l'~ to hitchhike
autour de around
autre (*adj*) other 19
~ chose something else
un(e) ~ ... another . . . 19
autre (*pron*) other (one)
autrefois formerly, in the past 23; then
Auvergne (*f*) *region in central France*
avance (*f*): **avoir ... minutes d'~** to be . . . minutes early
en ~ ahead of time, early 29
avant before 14
~ de before 31
~ que before 33
avantage (*m*) advantage 22
avant-hier day before yesterday 14
avare stingy
avec with 4
et ~ ça? anything else? VP 1, VP 6
~ qui with whom 6
~ quoi with what 6

avenir (*m*) future 30
aventure (*f*) adventure
avenue (*f*) avenue 22
avion (*m*) airplane
en ~ by airplane 9
par ~ by air mail
aviron (*m*): **faire de l'~** to row, to do crew
avis (*m*) opinion
à mon ~ in my opinion 12, 22
avocat/avocate (*m/f*) lawyer 29
avoir to have 2, 7
~ ... ans to be . . . years old 13
~ besoin de to need, to have to 7, 13
~ chaud to be hot 13
~ confiance to trust
~ conscience to be aware
~ de la chance to be lucky
en ~ assez to have enough
~ envie de to feel like, to want to 13
~ faim to be hungry 13
~ froid to be cold 13
~ l'air + *adj* to seem, to look 25
~ l'intention de to plan to, to intend to 13
~ l'occasion (de) to have the opportunity (to)
~ la nausée to feel nauseous, sick VP 9
~ la passion de ... to love to . . .
~ lieu to take place 14, 24
~ mal à + *part of body* to hurt, or have a pain somewhere VP 9
~ peur to be afraid 13, 32
~ raison to be right 13
~ rendez-vous (avec) to have a date (with) 24, 27
~ soif to be thirsty 13
~ sommeil to be sleepy 13
~ tort to be wrong 13
avril (*m*) April 6
aztèque (*adj*) Aztec

bac (*m*) (*See* **baccalauréat**)
baccalauréat (*m*) *exam at the end of high school that grants entrance to the university*
bague (*f*) ring VP 4
baigner: se ~ to swim
baignoire (*f*) bathtub 12
bâiller to yawn
bain (*m*) bath
maillot (*m*) **de ~** swimming suit 11
prendre des bains de soleil to sunbathe
prendre un ~ to take a bath, to have a bath 26
salle (*f*) **de bains** bathroom 12
bal (*m*) **masqué** masked ball
balcon (*m*) balcony VP 8
ballon (*m*) balloon
banane (*f*) banana VP 6
banc (*m*) bench
bande (*f*): **~ dessinée** comic strip 21
~ Velpeau Ace bandage VP 9

banlieue (*f*) suburb VP 3, 22
banque (*f*) bank 9
banquier/banquière (*m/f*) banker
bar (*m*) bar
barbant(e) (*adj*) boring 19
bas (*mpl*) stockings 11
bas/basse (*adj*) low
baseball (*m*) baseball
basket (*m*) basketball 9
les baskets (*fpl*) trainers, sneakers 11
basketball (*m*) basketball 9
bateau (*m*) boat
faire du ~ to go boating
bateau-mouche (*m*) sightseeing boat
bâtiment (*m*) building
bâton (*m*) stick
battre to defeat, to beat
battu(e) defeated
bavardages (*mpl*) gossip
beau/bel/belle/beaux/belles beautiful, handsome, pretty 8, 11, 12
il fait beau it is beautiful 10
beaucoup much, very much, a lot 5, 15, 18
~ de much (many), very much (very many), a lot of, lots of 18
~ trop (de) much too much, far too many 18
beaujolais (*m*) *a French red wine*
beau-père (*m*) stepfather 10
beaux-arts (*mpl*) fine arts 20
belge (*adj*) Belgian 16
Belgique (*f*) Belgium 16
belle-mère (*f*) stepmother 10
Bénélux (*m*) *free trade zone formed by Belgium, Luxemburg, and the Netherlands*
besoin: avoir ~ de to need 13
bête stupid
beurre (*m*) butter 17
bibliothèque (*f*) library 9
bicyclette (*f*) bicycle 7; cycling
bien (*m*) good, advantage
bien (*adj*) fine 3; well 5, 15; good
assez ~ okay 2
~ portant healthy 25
~ sûr! of course! 4
~ sûr que non! of course not!
~ vivre (*m*) good living
eh ~ ... well . . . 11
ou ~ or
très ~ very well 3
bientôt soon 29
à ~! see you soon! VP 2
bienvenus: soyez les ~ welcome
bière (*f*) beer VP 1, 17
~ pression draft beer
bifteck (*m*) steak
bilingue bilingual
billet (*m*) bill (*currency*) VP 1; ticket VP 7
biologie (*f*) biology 3, 20
bistrot (*m*) small café, bistro
blanc/blanche white 11, 28

blanchisserie (*f*) laundry
blessé(e) hurt
blesser: se ~ to wound oneself VP 9
bleu(e) blue 11
blog (*m*) blog 21, VP 7
blond(e) blond 8
blouson (*m*) jacket, windbreaker 11
BNP (Banque Nationale de Paris) *a French bank*
boeuf (*m*) beef 17
boire to drink 17
prendre qqch à ~ to have something to drink 17
boisson (*f*) beverage, drink VP 1, 17
boîte (*f*) can VP 6
boîte de nuit (*f*) nightclub
boitier (*m*) case VP 7
bon/bonne (*adj*) good 8
ah ~! OK! 9
il est ~ it is good 32
il fait ~ it is nice out 10
~ marché (*adj/inv*) cheap, inexpensive 11
~ séjour! have a nice stay!
~ vivant (*adj*) jovial; (*m*) jovial fellow
bonheur (*m*) happiness
bonjour hello, good morning 1, 2
bottes (*fpl*) boots 11
bouche (*f*) mouth 26
boucle (*f*) **d'oreille** earring VP 4
bouger to move
bouillabaisse (*f*) *a fish soup*
boulanger/boulangère (*m/f*) baker
boulevard (*m*) boulevard 22
boulot (*m*) job, work (*slang*)
boum (*f*) party
bourgeois/bourgeoise (*m/f*) *member of the middle class*
bourgeois(e) (*adj*) middle-class
bourse (*f*) scholarship 10; grant
bout (*m*) end
bouteille (*f*) bottle 18
boutique (*f*) shop 9, 11
~ de soldes discount shop
boutons (*mpl*) rash VP 9
avoir des ~ to have a rash VP 9
boxe (*f*): **match** (*m*) **de ~** boxing match
bracelet (*m*) bracelet VP 4
branché(e) plugged in
se brancher sur Internet to connect to the Internet VP 7
~ sur le Web to connect to the Internet VP 7
bras (*m*) arm 26
Brésil (*m*) Brazil 16
brésilien/brésilienne (*adj*) Brazilian 16
bridge (*m*) bridge (*game*) 9
brillamment brilliantly 28
brillant(e) brilliant 8
brocoli (*m*) broccoli
bronchite (*f*) bronchitis
bronzé(e) tanned
bronzer: se ~ to get a tan
brosse (*f*) brush 26
~ à cheveux hairbrush 26
~ à dents toothbrush 26
brosser: se ~ to brush 26
brouillés: oeufs ~ (*mpl*) scrambled eggs
bruit (*m*) noise 22
brun(e) brown, dark-haired, brunette 8
bruyant(e) (*adj*) noisy 22
budget (*m*) budget
bureau (*m*), **bureaux** (*pl*) desk 12; office 9
~ de change currency exchange (office)
~ des renseignements information desk
~ de tabac tobacco and stamp vendor
bus (*m*) bus 9, VP 3
en ~ by bus 9
business (*m*) business 11
but (*m*) goal

ça (cela) (*pron*) that
~, c'est vrai that's true 18
~ fait ... that makes . . . /you owe me . . . VP 1
~ fait combien? how much is it? VP 1
~ te va? is that OK with you?
~ va? how are you? 3
~ va ... things are going . . . 3, VP 9
c'est ~! agreed!
non, ce n'est pas ~ no, that's not it VP 2
oui, c'est ~ yes, that's it VP 2
cabine (*f*) **téléphonique** phone booth VP 2
cabinet (*m*) **de toilette** bathroom 12
cachet (*m*) tablet VP 9
cadeau (*m*), **cadeaux** (*pl*) gift, present
cadre (*m/f*) executive 29
café (*m*) café 2, 9
~-tabac café that sells cigarettes
café (*m*) coffee VP 1, 17
café-crème (*m*) coffee with cream
~ noir (*m*) black coffee
cahier (*m*) notebook 7
Caire: le ~ Cairo 16
caisse (*f*) cashier's desk, cash register
calcul (*m*) calculus, calculation
calculatrice (*f*) calculator 7
calendrier (*m*) calendar
Californie (*f*) California 16
calme calm 8, 22
calmement calmly 28
camarade (*m/f*) friend
~ de chambre roommate 2
cambriolage (*m*) burglary 24
cambrioler to burglarize 24
cambrioleur/cambrioleuse (*m/f*) burglar 24
camelote (*f*) junk
camembert (*m*) *type of French cheese*
caméra (*f*) movie camera 7
caméscope (*m*) camcorder 7, VP 7
campagne (*f*) country, countryside 15, 22
à la ~ in the country 22
auberge (*f*) **à la ~** country inn
camping (*m*) camping 25
faire du ~ to go camping
Canada (*m*) Canada 16
Canadien/Canadienne (*m/f*) Canadian person 1
canadien(ne) (*adj*) Canadian 1, 2, 8, 16
cantine (*f*) school cafeteria 18
capital(e) (*adj*) principal, main
capitale (*f*) capital 16
car (*conj*) because
carotte (*f*) carrot VP 6
carrière (*f*) career 31
carte (*f*) card 21; map
~ bancaire debit card 12, VP 8
~ de crédit credit card 12, VP 8
~ d'étudiant student ID card
~ postale postcard 21
cartes (*fpl*) cards (*game*) 9
caserne (*f*) **de pompiers** fire station VP 3
casquette (*f*) cap 11
casser to break 26
se ~ to break VP 9
cassette (*f*) cassette 7
cauchemar (*m*) nightmare
cause: à ~ de because of 30
caviar (*m*) caviar 17
CD (*m*) compact disk 7
CD-ROM (*m*) CD-ROM 7
ce (*pron*) it, that, this, he, she
ce n'est pas it is not 8
ce n'est pas ça that's not it VP 2
ce/cet/cette/ces (*adj*) this, that 11
ceci this
CEE (Communauté économique européenne) (*f*) European Economic Community (EEC)
ceinture (*f*) belt VP 4
cela that
célèbre famous
célébrer to celebrate 11
célibataire single, unmarried 10, 27
cent one hundred 11
~ mille one hundred thousand 11
deux ~s two hundred 11
centaines (*fpl*): **des ~ de** hundreds 22
centime 1/100 euro VP 1
centrale (*f*) **atomique** nuclear power plant
centre (*m*) center 9
~ commercial mall 9, 11
~ sportif gym VP 3
centre-ville (*m*) city center, downtown VP 3, 22
cependant however, yet 30
céréales (*fpl*) cereal 17
cerise (*f*) cherry VP 6

certain(e) (*adj*) certain 19
un(e) ~ ... a certain . . . 19
certain(e)s ... (*pron*) some 19; some people
cesser de to stop, to quit 28
c'est it is 2, 8
c'est-à-dire that is to say
~ ça! agreed! VP 2
~ de la part de qui? who is calling? VP 2
~ possible it is possible 18
chacun/chacune (*pron*) each one, every one 30
~ à son goût each to his/her own taste
chaîne (*f*) chain VP 4; TV channel 23
chaîne-stéréo (*f*) stereo 7
chaîne hi-fi (*f*) stereo VP7
chaise (*f*) chair 7, 12
chambre (*f*) bedroom 12
camarade de ~ roommate 2, 12
~ à un lit (hotel) room with one bed VP 8
~ d'hôtel hotel room VP 8
champ (*m*) field
champion/championne (*m/f*) champion
championnat (*m*) championship
chance (*f*) luck 30
avoir de la ~ to be lucky
quelle ~! what luck!
changement (*m*) change
~ de vitesse automatique automatic transmission VP 10
~ de vitesse manuel manual transmission VP 10
chanson (*f*) song VP 7
chanter to sing 5
chanteur/chanteuse (*m/f*) singer VP 5
chapeau (*m*), **chapeaux** (*pl*) hat 11
chaque (*adj*) each, every 19
~ jour each/every day 23
charbon (*m*) coal
chargé(e) full
charmant(e) charming
charte (*f*) charter
chat (*m*) cat 10
chatter to chat (on-line) VP 7
château (*m*), **châteaux** (*pl*) castle
chaud(e) warm, hot 10
avoir ~ to be warm/hot 13
il fait ~ it's warm out 10
chauffeur (*m*) driver
chausser to put shoes on
~ du + *shoe size* to take a certain shoe size
chaussettes (*fpl*) socks 11
chaussures (*fpl*) shoes 11
chef (*m*) head (*person in charge*); chef
~ d'entreprise company head (CEO) 29
~ du personnel personnel director
chemin (*m*) pathway, direction
~ de fer (*m*) railroad
demander son ~ to ask for directions

chemise (*f*) shirt 11, VP 4
chemisier (*m*) blouse 11
chèque (*m*) check 12
~ de voyage traveler's check
compte (*m*) **~** checking account
par ~ by check VP 8
cher/chère expensive 11; dear
chercher to look for 12, 20
~ à to try to, to strive 28
chercheur/chercheuse (*m/f*) researcher 29
cheval (*m*), **chevaux** (*pl*) horse
à ~ on horseback
cheveux (*mpl*) hair 26
cheville (*f*) ankle VP 9
chez ... at . . .'s house 9
~ le médecin to the doctor VP 9; at the doctor's
~ moi at home 9; at my house
chien (*m*) dog 10
chiffre (*m*) number, numeral
chimie (*f*) chemistry 20
chimique (*adj*) chemical
chimiste (*m/f*) chemist
Chine (*f*) China 16
chinois (*m*) Chinese (*language*) 3
chinois(e) (*adj*) Chinese 2, 7, 8, 16
chocolat (*m*) cocoa, hot chocolate
choisir to choose, to select 13; to decide 28
choix (*m*) choice VP4
chômage (*m*) unemployment
au ~ out of work
chose (*f*) thing 7
autre ~ something else
chouette great
chut! shh!
-ci (over) here
cidre (*m*) cider 17
ciel (*m*) sky
cinéaste (*m/f*) moviemaker, 29
cinéma (*m*) movie theater 2, 9
le ~ the movies 9; film VP 5
~ de quartier local theater
cinéphile (*m/f*) serious movie-goer
cinq five 1
cinquante fifty 3
cinquième fifth 28
circulation (*f*) traffic 22
circuler to travel
cité (*f*) community
~ dortoir bedroom community
~ universitaire student residence, group of dormitories
citoyen/citoyenne (*m/f*) citizen 32
citron (*m*) **pressé** (fresh) lemonade
civilisation (*f*) civilization 2
clair(e) well lit; light
il est ~ que it is clear that 33
classe (*f*) classroom 7; class 19
deuxième ~ second class VP 10
première ~ first class VP 10
classement (*m*) ranking
classique (*adj*) classical
clavier (*m*) keyboard VP 7
clé (*f*) key

climatisation (*f*) air conditioning VP 8, VP 10
Coca (*m*) Coke
cocon (*m*) cocoon
coeur (*m*) heart 26
avoir mal au ~ to have an upset stomach 26
coffre (*m*) trunk VP 10
coiffeur/coiffeuse (*m/f*) hairdresser
colère (*f*) anger 33
se mettre en ~ to get angry
collants (*mpl*) tights, pantyhose 11
collectivité (*f*) community
collège (*m*) middle school 2
colon (*m*) colonist
combien (de) how many? how much? 11, 18
c'est ~? ça fait ~? how much is it? VP 6
~ de fois how many times? 23
~ de temps? how long? VP 8, 23
comédie (*f*) comedy VP 5
comédien/comédienne (*m/f*) comedian VP 5
commander to order 18
comme as, for, like, since 20
~ les autres like others
~ ci, ~ ça okay, not too bad 3
commencement (*m*) beginning 30
commencer (à) to begin 19, 28
~ par to begin by/with 19
comment how 6, VP 3
~ allez-vous? how are you? 3
~ dit-on ...? how do you say . . . ?
~ t'appelles-tu? what is your name? 1
~ vas-tu? how are you? 3
~ vous appelez-vous? what is your name?
commerçant/commerçante (*m/f*) shopkeeper
commerce (*m*) business 3, 31
représentant(e) (*m/f*) **de ~** sales representative
commissariat (*m*) **de police** police station VP 3
commun(e) common
communication (*f*) communication 31
communiquer to communicate VP7
~ par email to communicate by email VP7
~ par Skype to communicate by Skype V7
compact disque (*m*) compact disk 7
compagnie (*f*) company 31
compétent(e) competent 8
complet (*m*) suit
complice (*m/f*) accomplice
compliqué(e) complicated
composer to compose, to make up VP 7
composter (un billet) to punch and validate (a ticket) VP 10

compréhensif/compréhensive (*adj*) understanding
comprendre to understand 18
je comprends I understand VP 2
comprenez-vous ...? do you understand . . . ? VP 2
compris(e) understood; included
service ~ tip (service charge) included
comptabilité (*f*) accounting 20
comptable (*m/f*) accountant 29
compte (*m*) account
~ chèques checking account
compte-rendu (*m*) report
compter to count; to plan
comptoir (*m*) counter
concert (*m*) concert VP 5
concevoir to conceive, to view
concombre (*m*) cucumber VP 6
concours (*m*) contest
~ d'entrée entrance exam
concurrence (*f*) competition
condition: à ~ que on the condition that, provided that 32
conduire to drive 23, 30; to lead
se ~ bien to behave properly
se ~ mal to misbehave, to behave badly
conférence (*f*) lecture
confiance (*f*): **faire ~ à** to trust
confiture (*f*) jam 17, VP 6
conflit (*m*) conflict
conformiste (*adj*) conformist 8
confort (*m*) comfort VP 8, VP 10
confortable comfortable 8, VP 8, VP 10
confus(e) (*adj*) confused
congé (*m*): **jour** (*m*) **de ~** holiday, day off 30
~ payé paid holiday
conjoncture (*f*) situation
conjugaison (*f*) conjugation
connaissance (*f*): **faire la ~ de** to make the acquaintance of 15; to meet for the first time 15, 22
connaître to be acquainted with, to be familiar with, to know, to meet 20, 22
se connecter sur Internet to go on the Internet, to connect to the Internet VP 7
connu(e) well-known
consacré(e) (*adj*) devoted
consacrer to devote
conscience (*f*): **avoir ~** to be aware
consciencieux/consciencieuse conscientious 8, 28
conseil (*m*) piece of advice 19
donner des conseils to give advice
conseiller/conseillère (*m/f*) advisor
conséquent: par ~ therefore
conservateur/conservatrice conservative 8, 28
conserver to keep, to save 32
considérer to consider 11
console (*f*) **de jeux vidéo** video game console
consommations (*fpl*) beverages, snacks
consommer to consume, to use; to take (type of fuel) VP 10
construire to build, to construct 23
consulat (*m*) consulate
contemporain(e) (*adj*) contemporary
content(e) happy 8, 33
contestation (*f*) challenge
contester to challenge
continent (*m*) continent 16
continu(e) continuous
continuer (à) to continue VP 3, 28
contraire (*m*): **au ~** on the contrary 22
contrat (*m*) contract
contravention (*f*) ticket (*for a traffic violation*)
contre against 22, VP 9
convenir to be suitable
conversation (*f*): **entamer la ~** to strike up a conversation
copain/copine (*m/f*) friend 2
corbeille (*f*) wastepaper basket
coréen(ne) (*adj*) Korean 8
corps (*m*) body 26
correspondance (*f*) correspondence; change of trains
corrida (*f*) bullfight
cosmopolite cosmopolitan
costume (*m*) man's suit 11; costume VP 5
Côte (*f*) **d'Ivoire** Ivory Coast
côtelette (*f*) cutlet, chop
coton (*m*) cotton VP 4
coton-tige (*m*) cotton swab VP 9
cou (*m*) neck 26
coucher: se ~ to go to bed 26
couleur (*f*) color 11; **de quelle ~** what color 11
coup (*m*): **tout à ~** suddenly 24
~ de soleil (*m*) sunburn
couper to cut 26
se ~ to cut oneself 26, VP 9
courageux/courageuse brave, courageous 28
courante: eau ~ running water 12
courir to run 25
courriel (*m*) e-mail VP
courrier (*m*) mail 21
~ électronique e-mail VP 7
cours (*m*) class, course 3, 19
suivre un ~ to take a course 19
course (*f*) race
courses (*fpl*): **faire les ~** to shop for food 10, 18, VP 6
court(e) short VP 4, 26
cousin/cousine (*m/f*) cousin 2, 10
coût (*m*) cost 12, VP 10
coûter to cost 11, 12
craindre to fear 33
crainte (*f*) fear 33
crampes (*fpl*) **à l'estomac** stomach cramps VP 9
cravate (*f*) tie 11, VP 4
crayon (*m*) pencil 7
créateur/créatrice creative 8, 28
créatif/créative creative
Crédit Lyonnais (*m*) *a French bank*
crédit (*m*): **carte** (*f*) **de ~** credit card
créer to create 31, VP 7
~ une entreprise to start a business 31
crème (*f*) cream 17, custard 27
creux/creuse empty
criminalité (*f*) crime 22
crise (*f*) **mondiale** world crisis
critique (*adj*) critical
critiquer to criticize 35
croire to believe, to think 33
~ à to believe in 33
~ que to believe/think that 33
croissant (*m*) crescent-shaped roll VP 1
croque-monsieur (*m*) *grilled ham and cheese sandwich*
croyance (*f*) belief
cruel/cruelle cruel 28
crypté(e) (*adj*) scrambled
Cuba Cuba 16
cubain(e) (*adj*) Cuban 16
cuir (*m*) leather VP 4
cuisine (*f*) cooking 10, 18; kitchen 12
faire la ~ to cook 10
culture (*f*): **~ physique** bodybuilding
maison de la ~ arts center
cultiver : se ~ to learn new things VP7
culturel/culturelle (*adj*) cultural 22
curieux/curieuse curious 8, 28

d'abord first; at first 23
d'accord: être ~ to agree 2
~! agreed! OK! all right! 5
dactylo (*f*) typist
d'ailleurs besides, moreover; by the way
dame (*f*) lady 8
dames (*fpl*) checkers
danois(e) (*adj*) Danish
dans in 12
~ l'ensemble on the whole
~ l'état de in the state of 16
danse (*f*) dance 9
danser to dance 5
d'après according 22
~ vous according to you, in your opinion
date (*f*) date (*calendar*) 14
quelle est la ~? what is the date? 6
davantage more
de (d') about, from, of 4, 8, 9; of (possessive) 10
superlative **+ de** in 12
~ même likewise
~ nouveau again

~ **plus en plus** more and more
~ **temps en temps** once in a while 23
DEA (*m*) *degree after 1 year of study beyond the* **maîtrise**
débat (*m*) debate
debout standing up
début (*m*) beginning
au ~ at first, in the beginning
décapotable (*f*) convertible VP 10
décembre (*m*) December 6
décevoir to disappoint 29
décider (de) to decide 28
déclin (*m*) decline
décorateur/décoratrice (*m/f*) (interior) decorator
découverte (*f*) discovery
découvrir to discover 26
décrire to describe 21
dedans inside
défaite (*f*) defeat
défendre (à qqn de) to forbid, to prohibit 28
se ~ to defend oneself
défense (*f*) protection, defense
défiler to march
degrés (*mpl*) degrees (*weather*) 12
dehors outside 24
déjà already 14, 23; ever 15
déjeuner (*m*) lunch, noon meal 18
petit~ breakfast 18
déjeuner (*v*) to have lunch 18
deltaplane (*m*): **faire du ~** to go hanggliding
demain tomorrow 12
demande (*f*) request
demander: ~ à qqn de (si) ... to ask someone to (if) . . . 21
~ **qqch à qqn** to ask for sth from someone 21
~ **son chemin** to ask for directions
~ **un renseignement** to ask for information
se ~ to wonder
démarrer to drive away
déménagement (*m*) moving (*house*)
déménager to move (*house*)
demi(e): il est ... heure(s) et ~ it is half past . . . 3
demi (*m*) half
demi-frère (*m*) half-brother 10
demi-heure (*f*) half-hour
demi-pension (*f*) breakfast and dinner VP 8
demi-soeur (*f*) half-sister 10
dentifrice (*m*) toothpaste 26, VP 6
dentiste (*m/f*) dentist 29
dents (*fpl*) teeth 26
départ (*m*) departure 30
dépassé(e) (*adj*) outdated
dépasser to surpass, to exceed
dépêcher: se ~ to hurry 27
dépendre to depend
dépense (*f*) expense
dépenser to spend money 12
déplacer: se ~ to move around
déplorer to deplore 33
déprimé(e) depressed VP 9
déprimer to depress
depuis (*adv*) for, since VP4, 16
~ **combien de temps** for how long 16
~ **quand?** since when? 16
depuis que (*conj*) since 33
déranger (qqn) to bother
dernier/dernière last 14; recent
derrière behind 12; in back, in back of
désaccord (*m*) disagreement
désagréable unpleasant
descendre to get off, to go down, to stop at a place 15, 23
déshonneur (*m*) disgrace
désigné(e) identified
désirer to wish, to want 32
vous désirez? may I help you? VP 1, VP 8
désolé(e) very sad 33
être ~ to be very sorry 33
désordre (*m*) disorder, disarray
en ~ messy
désormais from now on
dessert (*m*) dessert 17
dessin (*m*) **animé** cartoon 23
destinée (*f*) destiny
détendre: se ~ to relax 27
détester to detest, to hate 4, 17, 28; to dislike 2, 3, 4
détruire to destroy 23, 30
dette (*f*) debt 10
DEUG (*m*) *degree received after 2 years of university study*
deux two 1
~ **cents** two hundred 10
~ **cent un** two hundred one 10
~ **mille** two thousand 10, 15
tous/toutes les ~ both
deux-roues (*m*) two-wheeler
deuxième second 28
devant in front (of) 12
devenir to become 16, 23
qu'est-ce que tu deviens? what have you been up to?
devise (*f*) motto
devises (*fpl*) currency
devoir (*v*) must, should, to have to, to be supposed to 19, 28
~ + *noun* to owe 19
je dois I must 5, 19
je vous dois I owe you
vous devez you should, must 19
devoir (*m*) written assignment 19
devoirs (*mpl*) homework
faire les ~ s to do homework 10, 19
d'habitude usually 23
dialogue (*m*) dialog VP 5
difficile difficult, hard 8, 19
difficulté (*f*) difficulty
diffuser to broadcast
dimanche (*m*) Sunday 5
le ~ on Sundays
diminuer to diminish, to lessen
dîner (*m*) dinner, supper 18
~ **seul** only dinner (is served)
dîner (*v*) to have dinner 5, 18
diplôme (*m*) degree, diploma 19
dire (qqch à qqn) to say, to tell 21
c'est-à-dire that is to say
~ **que** to say that 33
que ~? what to say?
vouloir ~ to mean 21
direct: vol ~ non-stop flight VP 10
directions (*fpl*) directions, compass points 16
diriger to direct, to manage
dis donc! hey! say! 16
discipline (*f*) discipline
discours (*m*) speech
discret/discrète discreet 28
discuter to chat; to talk 18
~ **de** to discuss, to talk about
disparaître to disappear
disparition (*f*) disappearance
disparu(e) disappeared
disponibilités (*fpl*) number available
disposer to be in charge
dispute (*f*) argument
disputer: se ~ (avec) to argue, quarrel (with) 27
disquette (*f*) floppy disk, diskette VP 7
distraction (*f*) amusement, entertainment
distrait(e) (*adj*) distracted
distributeur automatique (*m*) ATM (automatic teller machine)
~ **de billets** automatic ticket machine VP10
dites ... say . . . 16
diversifier: se to become varied
diversité (*f*) diversity 22
divorcé(e) (*adj*) divorced 10
divorcer to divorce 27
dix ten 1
~ **mille** ten thousand 11
dix-huit eighteen 3
dix-neuf nineteen 3
dix-sept seventeen 3
dixième tenth 28
dizaine (*f*) about ten
docteur (*m*) doctor
chez le ~ at the doctor's office VP 9
doctorat (*m*) Ph.D. (*degree for 2–5 years of study beyond the* **maîtrise**)
documentaire (*m*) documentary film VP 5
doigt (*m*) finger 26
dois (*See* **devoir**)
domaine (*m*) domain, field, realm
domicile (*m*) house, address
dommage too bad
il est ~ que it is too bad that 32
donc therefore
données (*fpl*) data
donner (qqch à qqn) to give 21
donnez-moi give me VP 1

~ **rendez-vous à** to arrange to meet, to make a date/ appointment with 27
se ~ rendez-vous to arrange to meet one another 27
dormir to sleep 15
dos (*m*) back VP 9
d'où from where 16
douane (*f*) customs 32
douanier (*m*) customs officer
douche (*f*) shower 12, VP 8
prendre une ~ to take a shower, to have a shower 26
douleur (*f*) pain VP 9
doute (*m*) doubt
sans ~ probably, undoubtedly
douter to doubt
je doute que I doubt that 33
douteux: il est ~ que it is doubtful that 32
doux/douce soft, sweet 28
douzaine (*f*) dozen VP 6
douze twelve 1
~ **cents (= mille deux cents)** twelve hundred 10
drame (*m*) **psychologique** psychological drama VP 5
drapeau (*m*) flag
drogue (*f*) drugs
droit (*m*) law (*field of study*) 20; right 32
droit(e) right (*direction*)
à droite de to the right of/on the right 12
droit (*adv*): **tout ~** straight ahead
drôle funny 8
drôlement peculiarly
dû (*pp* of **devoir**)
dur (*adv*) hard
dur(e) (*adj*) hard, difficult
durer to last 30
DVD (*m*) DVD 7, VP 7
dynamique dynamic, vigorous

eau (*f*) water 17
~ **courante** running water
~ **minérale** mineral water 17, VP 1
échange (*m*) exchange
libre-échange (*m*) free trade
échanger to exchange VP2, VP 7
échapper to escape
écharpe (*f*) scarf VP 4
échecs (*mpl*) chess 9
éclairage (*m*) lights **VP10**
école (*f*) school 9, 20
économe thrifty
économie (*f*) economy 3
économies (*fpl*): **faire des ~** to save money 10
économique (*adj*) economical VP 10
économiques: les sciences (*fpl*) ~ economics 20
écouter to listen to 5, 20
écoutez! listen! VP 2
écran (*m*) screen VP 7

écrire (qqch à qqn) to write 21
s'~ to write to each other 27
écrivain (*m*) writer 29
écrivez! write! VP 2
éditer (les photos) to edit (photos) VP 7
effectuer to perform
effet: en ~ as a matter of fact 17
effets (*mpl*) **spéciaux** special effects VP 5
efficace efficient
effort (*m*) effort
égal(e) (égaux *mpl*) equal 28
égalité (*f*) equality 2
à ~ equal
église (*f*) church
égoïste selfish 8
Égypte (*f*) Egypt 16
égyptien/égyptienne Egyptian 16
électronique (*f*) electronics 20
élégamment elegantly
élevé(e) high
élire to elect
elle she, it 2, 4; her 6
~**-même** herself, itself
elles they 4; them 6
~**-mêmes** themselves
email (*m*) e-mail VP 5, 21
embouteillage (*m*) traffic jam
émission (*f*) TV program, show, broadcast 23
emploi (*m*) use; employment; job 29, 31
employé/employée (*m/f*) employee 29
employer to employ, to hire, to use 11
emprunt (*m*) borrowed item
emprunter to borrow VP 7
en (*pron*) some, any (of it, of them); from it (them); about it (them) 25
en (*prep*) by 9; in 12
~ + *fabric or material* made of . . .
~ **avance** early, ahead of time 29
~ **avion** by plane 9
~ **bus** by bus 9
~ **ce moment** at this time/ moment
~ **désordre** messy
~ **effet** as a matter of fact, indeed 17
~ **exprès** by special delivery
~ **face (de)** across (from); opposite 12
~ **faillite** bankrupt
~ **fait** in fact
~ **forme** in shape 25
~ **hausse** on the rise
~ **ligne** on-line
~ **moyenne** on the average
~ **plus** moreover
~ **poche** in one's pocket
~ **plein air** outdoors
~ **recommandé** by registered mail VP 7
~ **retard** late 29; behind
~ **semaine** during the week
~ **solde** on sale
~ **taxi** by taxi VP 3

~ **tête** in first place
~ **train** by train 9
~ **tout** in all
~ **vacances** on vacation 15
~ **ville** in the city 12, 22; in town
~ **voiture** by car 9
~ **voyage** on a trip 5
enchanté(e) pleased to meet you 1; delighted
encore again, still, yet 23
~ **une fois** once more, again VP 2
~ **un peu** a little more, a little longer
ne ... pas ~ not yet 14, 23
endroit (*m*) place 15
énergique energetic 8
énerver: s'~ to get nervous, upset 27
enfance (*f*) childhood
enfant (*m/f*) child 10
petit-~ grandchild
enfermer: s'~ to close oneself
enfin at last, finally 23; well . . . VP 8
engagé(e) involved
engager: s'~ to get involved
énigme (*f*) puzzle
enlever to take (sth) off
ennemi(e) (*m/f*) enemy 33
ennuyer: s'~ to get bored 27
ennuyeux/ennuyeuse boring 8, 28
enregistrement (*m*) recording
studio (*m*) **d'~** recording studio
enregistrer to check (*baggage*) VP 10; to record, to tape
enrichir: s'~ to get rich
enseignement (*m*) education, instruction
enseigner to teach
ensemble together 19, 27
dans l'~ on the whole
ensuite after, then 23; next; afterwards
entamer la conversation to strike up a conversation
entendre to hear 13
s'~ bien (avec) to get along (with) 27
entendu heard; agreed VP 8
entracte (*m*) intermission
entraîner: s'~ to train VP 9
entre among 27, 28; between 12, 27, 28
entrée (*f*) starter 17
entreprise (*f*) firm 31
entrer to come in, to enter (into) 9, 15, 23
~ **en vigueur** to come into effect
entretien (*m*) upkeep
entrevue (*f*) interview
envahissant(e) invasive
envie: avoir ~ de to feel like, to want to 13
environ approximately, around
carte ~ menu (*prices*) approximately
environnement (*m*) environment 32
envoyer (qqch à qqn) to send 11, 21

épaule (*f*) shoulder VP 9
épice (*f*) spice
épinards (*mpl*) spinach
époque (*f*) epoch, period, time ; era
à son ~ in one's time
épouser to marry
épouvantable: il fait un temps ~ the weather is awful
époux/épouse (*m/f*) spouse
épreuve (*f*) challenge, test
équilibré(e) balanced
équipe (*f*) team
équipement (*m*) equipment
~ électronique electronic equipment VP 7
~ ménager household appliances
équiper to equip
équitation (*f*) horseback riding
faire de l'~ to go horseback riding
ériger: érigeant establishing
escalade (*f*) rock-climbing 25
escale (*f*) stop(over)
escaliers (*mpl*) stairway
escargot (*m*) snail
espace (*m*) room
~ vert open land
espadrilles (*fpl*) *rope-soled sandals*
Espagne (*f*) Spain 16
Espagnol/Espagnole (*m/f*) Spaniard
espagnol(e) (*adj*) Spanish 8, 16
espagnol (*m*) Spanish (*language*) 3
espèces (*fpl*) cash VP 8
en ~ in cash VP 8
espérer to hope 11, 28
espoir (*m*) hope
esprit (*m*) spirit
~ de finesse intuition
~ de géométrie logic
essayer (de) to try 11, 28; to try on 11, VP 4
essence (*f*) gasoline VP 10
~ ordinaire regular gas VP 10
essentiel (*m*) what counts
essentiel/essentielle (*adj*) essential
il est ~ it is essential 32
essuie-glaces (*m*) windshield wipers VP10
est (*m*) east 16
estomac (*m*) stomach VP 9
estudiantin(e) (*adj*) student
et and 4
~ toi? and you? 2
~ vous? and you? 2
établissement (*m*) creation
étage (*m*) floor, story (of building)
premier ~ second floor VP 3
étagère (*f*) shelf 12
étape (*f*) stage
état (*m*) state 16; government
dans l'~ de in the state of 16
~ de santé state of (one's) health
État-providence (*m*) Welfare State
États-Unis (*mpl*) United States 16
été (*m*) summer 6, 10
en ~ in summer 10
éternuer to sneeze VP 9
étoile (*f*) star VP 5
restaurant à ... étoiles a . . . -star restaurant
étonnant(e) (*adj*) surprising
étonné (*adj*) astonished 33
étonnement (*m*) amazement 33
étranger (*m*) foreigner 15
étranger/étrangère foreign, from abroad 15, 28
étranger: à l'~ abroad 15
être to be 4
~ à to belong to 10
~ reçu(e) à un examen to pass an exam 19
étroit(e) (*adj*) narrow VP 4
études (*fpl*) studies 3, 10, 20
~ commercial business 20
~ d'ingénieur engineering studies 20
~ supérieures higher education 20
faire des ~ (de) to study 10, to go to school 19; to specialize in 20
étudiant(e) (*m/f*) student 8
étudier to study 3, 4
euro (*m*) *European currency unit,* euro
Europe (*f*) Europe 16
européen/européenne (*adj*) European 16
Européen/Européenne (*m/f*) European person
eux them 6
chez ~ at their house
~-mêmes themselves
évasion (*f*) escape, getting away
événement (*m*) event 24
éventuel/éventuelle possible
évidemment obviously, of course 28
évident: c'est ~ it's obvious
il est ~ que it is obvious that 33
éviter to avoid
exagérer to exaggerate
examen (*m*) exam 3, 19; test
être reçu(e) à un ~ to pass an exam 19
passer un ~ to take an exam 19
préparer un ~ to study for an exam 19
rater un ~ to fail/flunk an exam 19
réussir à un ~ to pass an exam 19
excepté except
exclusivité (*f*)**: films en ~** newly released movies
excuser: s'~ to apologize 27
excusez-moi excuse me VP 3
exercice (*m*) exercise
faire de l'~ to exercise 25
exigence (*f*) demand
exode (*m*) exodus
expérience (*f*) experiment
explication (*f*) explanation
expliquer to explain
exposer to display, to exhibit; to describe
exposition (*f*) exhibit
exprès: en ~ by special delivery
express (*m*) espresso
expression (*f*) expression
d'~ française French-speaking
liberté (*f*) **d'~** freedom of speech
exprimer to express
s'~ to express oneself, to be expressed
extérieur (*m*)**: à l'~** outside
extrait (*m*) excerpt, extract
extraordinaire extraordinary, incredible

fabriquer to manufacture
fac (*f*) university
face: en ~ (de) across (from), opposite 12
~ à against, toward
faire ~ à to face up to
fâché(e) (*adj*) angry
fâcher: se ~ to get angry 27
facile easy 8, simple 19
faciliter to make easier
façon (*f*) way, manner
de toute ~ in any case
facteur/factrice (*m/f*) mailman; factor
facture (*f*) invoice, bill VP7
faculté (fac) (*f*) a specialized school within a university 9, 20
faible weak 8
faillite (*f*) bankruptcy
en ~ bankrupt
faim (*f*) hunger
avoir ~ to be hungry 13
faire to do, to make 10; to be active in 17
~ + *size* to take a certain size VP 4
~ + *sport* to play/practice/do a sport 17, 25
~ + *subject* to study
~ attention (à) to pay attention (to) 10
~ concurrence à to compete with
~ confiance à to trust
~ de l'exercice to exercise
~ de la photo to take pictures/ photographs
~ des achats (en ligne) to make purchases (on-line) VP 7
~ des économies to save money 10
~ des études (de) to go to school, to study 10; to specialize in 20
~ des progrès to improve 19; to make progress 19
~ des recherches to do research 20
~ du camping to go camping
~ du shopping to shop 10
~ du sport to be active in a sport, to do sports 25
~ du tourisme to go sightseeing
~ du yoga to do yoga
~ face à to face up to
~ grève to go on strike

~ **la connaissance de** to make the acquaintance of, to meet for the first time 15
~ **la cuisine** to cook, to do the cooking 18
~ **la vaisselle** to do the dishes 10
~ **le ménage** to do the housecleaning 10
~ **le tour** to go around
~ **les courses** to go food shopping 10
~ **les devoirs** to do homework 10, 20
~ **les valises** to pack
~ **noir** to be dark
~ **nuit** to be dark
~ **partie de** to be a member, to be part of
~ **peur à** to frighten
~ **un match (de)** to play a game (of) 10
~ **un séjour** to reside, to spend time
~ **un stage** to do an internship, to undergo training 15
~ **un voyage** to go on/take a trip 10, 15
~ **une opération bancaire** to bank (on-line) VP7
~ **une promenade** to take/go for a ride/walk 10
se ~ to happen
se ~ mal to hurt oneself VP 9
tout ~ to do everything
fait (*m*) act, fact 24
~ **divers** news item 24
faites attention! pay attention! VP 2
falloir to be necessary 19
il a fallu it was necessary 19
il fallait it was necessary
il faut it is necessary, one/you must 19
familier/familière familiar 28
famille (*f*) family 10
situation (*f*) **de ~** marital status
fantôme (*m*) ghost
farci(e) stuffed
fasciner to fascinate
fatigant(e) tiring
fatigué(e) tired 25, VP 9
faut: il ~ + *inf* it is necessary, one should 19
faute (*f*) lack
~ **d'argent** for lack of money
fauteuil (*m*) armchair 12
faux/fausse false 8, untrue 28; fake
c'est faux! that's/it's false/wrong! 8, it's untrue!
faux ami (*m*) false cognate 2
favori/favorite favorite
favoriser to promote, to favor
fax (*m*) fax machine ; fax message
félicitations! (*f*) congratulations!
femme (*f*) woman 8; wife 10
~ **d'affaires** businesswoman 29
femme ingénieur woman engineer 29

fenêtre (*f*) window 12
ferme (*f*) farm
fermé(e) closed
fermer to close, to shut 26
fermez vos cahiers! close your notebooks! VP 2
festival (*m*) **de Cannes** Cannes film festival
fête (*f*) feast, holiday; party 30
~ **d'anniversaire** birthday party
~ **de la Bastille** *French national holiday (July 14)*
~ **nationale** national holiday
feuille (*f*) **de papier** sheet of paper VP 1
feuilleton (*m*) TV series
février (*m*) February 6
fiabilité (*f*) reliability VP
fiable (*adj*) reliable VP
fiancer: se ~ (avec) to get engaged (to) 27
fichier (*m*) (computer) file VP 7
fier/fière: être ~ to be proud 33
fierté (*f*) pride 33
fièvre (*f*) fever VP 9
figure (*f*) figure; face 26
figurer: se ~ to imagine
filiale (*f*) branch (*of a company*)
fille (*f*) girl 8; daughter 10
jeune ~ (young) girl
film (*m*) movie VP 5
~ **d'animation** animated movie VP 5
~ **d'aventure** adventure movie VP 5
~ **comique** comedy
~ **d'épouvante** horror movie VP 5
~ **de science-fiction** sci-fi movie VP 5
~ **documentaire** documentary
~ **en exclusivité** newly released movie
~ **historique** historical movie VP 5
~ **policier** detective movie VP 5
~ **romantique** romance
fils (*m*) son 10
fin (*f*) end 30
finalement finally 23
finances (*fpl*) **personnelles** personal finances
finesse (*f*): **esprit** (*m*) **de ~** intuition
finir to end, to finish 13, 23
~ **de** to finish 28
flash (*m*) **d'information** news flash
Floride (*f*) Florida 16
flûte (*f*) flute 9
fois (*f*) time 23
à la ~ at the same time
encore une ~ once more, again VP 1
une ~ once 23
folklorique (*adj*) folk, folkloric
fonctionnaire (*m/f*) civil servant 29
fonction publique (*f*) civil service 31

fond (*m*) back
au ~ (du magasin) at the back (of the store)
ski (*m*) **de ~** cross-country skiing
fondé(e) founded
fonder: ~ une famille to start a family
foot (*m*) soccer 9
football (*m*) soccer 9
~ **américain** football 9
forcément necessarily
forcer: se ~ to exert oneself
forêt (*f*) forest
forme (*f*) shape 25
en ~ in shape 25, VP 9
être en ~ to be in shape 25, VP 9
formidable extraordinary
fort(e) strong 8; loud
forum (*m*) **de discussion** (computer) newsgroup VP 7
fou/ folle crazy 28
foulard (*m*) head scarf VP 4
fouler: se ~ to sprain VP 9
fournisseur (*m*) supplier
foyer (*m*) residence
frais (*mpl*) expenses, fees 21
~ **de scolarité** tuition fees 12
~ **médicaux** medical expenses
fraise (*f*) strawberry VP 6
franc/franche (*adj*) frank 28
français(e) (*adj*) French 1, 7, 8, 16
d'expression française French-speaking
Français/Française (*m/f*) French person 8, 16
français (*m*) French (*language*) 3
France (*f*) France 16
France 3 *a French TV channel*
franchement frankly, honestly
francophone (*adj*) French-speaking
fraternité (*f*) brotherhood 2
fréquentation (*f*) attendance
fréquenter to attend
frère (*m*) brother 2,10
demi-~ half-brother 10
frites (*fpl*) French fries 17
~**-saucisses** (*fpl*) sausages and French fries
pommes ~ French fries
froid(e) cold; reserved (person)
froid (*m*) cold
avoir ~ to be cold 13
il fait ~ it is cold 10
fromage (*m*) cheese 17
frontière (*f*) border 32
fruits (*mpl*) fruit(s) 18, VP6
fugitif/fugitive fleeting
fumer to smoke
furieux/furieuse furious 33
être ~ to be furious 33

gagner to earn, to win 12
~ **sa vie** to earn one's living 22
~ **bien sa vie** to earn a good living
gamin(e) (*m/f*) kid, child
gant (*m*) glove

garage (*m*) garage VP 8
garçon (*m*) boy, young man 8
garde (*m*) **républicain** republican guard
garder to keep 20, 32; to preserve
- **la ligne** to keep one's figure, to watch one's weight
gare (*f*) train station 9, VP 10
gâteau (*m*) cake 17
gauche (*f*) left
à ~ de to the left of 12
gazole (*m*) diesel fuel VP 10
géant(e) (*m/f*) giant
gendarme (*m*) police
généreux/généreuse generous 8, 28
génial(e) (géniaux *mpl***)** bright, smart 8; great
génie (*m*) genius
genou (*m*), **genoux** (*pl*) knee 26, VP 9
genre (*m*) type 22
quel ~ de what kind of 22
gens (*mpl*) people 8
gentil/gentille nice 8, 28
gentilhomme (*m*) gentleman
géométrie (*f*) geometry
esprit (*m*) **de ~** logic
gérer to manage
gestion (*f*) management 20
gîte: (*m*) **~ avec chambre d'hôte** bed and breakfast VP 8
glace (*f*) ice cream 17; mirror
golf (*m*) golf
gorge (*f*) throat 26
goût (*m*) taste
chacun à son ~ each to his/her own taste
une question de ~ a matter of taste
goûter to taste
gouttes (*fpl*) drops VP 9
gouvernement (*m*) government 32
GPS ~ (*m*) GPS (Global Positioning System) VP 10
grâce à thanks to
gramme (*m*) (*abbrev* **g**) gram
grand(e) big, large, tall 8, VP 4
~ magasin (*m*) department store
~ grande surface (*f*) discount superstore 11
grandes marques (*fpl*) designer labels
grand-chose much
grand-mère (*f*) grandmother 10
grand-père (*m*) grandfather 10
grands-parents (*mpl*) grandparents 10
gratuit(e) free (of charge) 19
graver (un CD, DVD) to burn (a CD, DVD) VP 7
gravité (*f*) gravity, seriousness
grec/grecque (*adj*) Greek 16
Grèce (*f*) Greece 16
grenier (*m*) attic
grève (*f*) strike
grill (*m*) grill (*restaurant*)
grippe (*f*) flu 25, VP 9
gris(e) gray 11
gros/grosse big 28; fat 28
gros lot (*m*) jackpot (*in the lottery*)
grossir to gain weight, to get fat 13
groupe (*m*) group
guérir to cure
guerre (*f*) war 32
Seconde ~ mondiale World War II
guichet (*m*) ticket window VP 10
guide (*m*) guidebook
guide (*m/f*) guide (person)
guitare (*f*) guitar 7, 9
gym (*f*) exercise, gymnastics
faire de la ~ to exercise
gymnase (*m*) gymnasium
gymnastique (*f*) exercise, gymnastics 25
faire de la ~ to do gymnastics/ exercises

*The asterisk * indicates an aspirate 'h'; no liaison or elision is made at the beginning of the word.*

habiller: s'~ to dress, to get dressed 26
habitant/habitante (*m/f*) inhabitant 22
habiter to live (in) 4, 22
habitude (*f*) habit
d'~ usually 23
~ alimentaire dietary habit
~ de travail work habit
habituellement usually 23
habituer: s'~ à to get used to
haricots* (*mpl*) beans 18
~ verts green beans VP 6
hasard* (*m*) chance 30; accident
par ~ by chance
hauteur* (*f*) height
hériter to inherit
hésiter (à) to hesitate 28
heure (*f*) hour, time 1
à ... heure(s) (*abbrev* **h**) at . . . o'clock 3
à l'~ on time 29
à l'~ actuelle at the present time ; at this time
à quelle ~? at what time? 4, 6
dans ... heure(s) in . . . hour(s) 4
~ de loisir free time
quelle ~ est-il? what time is it? 1
une ~ de libre a free hour
heureux/heureuse happy 8, 28
être ~ to be happy 33
heureusement fortunately 28
hier yesterday 14
avant-~ day before yesterday 14
~ soir yesterday evening, last night 14
histoire (*f*) history 3, 20; story 21, 24
hiver (*m*) winter 6, 10
en ~ in winter 10
HLM (habitation (*f*) **à loyer modéré)** low-rent housing
hollandais(e)* (*adj*) Dutch 16
Hollande* (*f*) Holland 16
homme (*m*) man 8
~ d'affaires businessman 29
honnête honest 8
hôpital (*m*) hospital 9
horaire (*m*) schedule
hors saison off-season
hors-d'oeuvre* (*m*) appetizer
hôte/hôtesse (*m/f*) host, hostess
hôtel (*m*) hotel 2
~ de grand luxe luxury hotel VP 8
huit* eight 1
huitième* eighth 28
humeur (*f*) mood
de bonne/mauvaise ~ in a good/ bad mood

ici here 9
~ ... This is . . . (*on the phone*) VP 2
idéaliste (*adj*) idealistic 8
identité (*f*) identity
carte d'~ ID card VP 4
pièce d'~ proof of identity VP 4
idiot(e) stupid 8
il he, it 4
il est it is 8
il faut + *inf* it is necessary, you have to/must/should, one has to/must/ should 19
il pleut it is raining 10
il vaut mieux it is better
il y a there is/there are 7
~ + *elapsed time* . . . ago 15
il n'y a pas de there is no 7
~ quoi! it's nothing!
ils they 4
imaginatif/imaginative imaginative 8, 28
immédiatement immediately 23
immeuble (*m*) building, apartment building VP 3, 22
immobilier (*m*) real estate 31
impatient(e) impatient
impatienter: s'~ to get/grow impatient 27
impensable unthinkable
imper (*m*) raincoat 11
impératif (*m*) imperative
impoli(e) (*adj*) impolite 8
important(e) important
il est ~ it is important 32
plus ~ que greater than
imprimante (*f*) printer VP 7
imprudent(e) careless
impulsif/impulsive impulsive 8, 28
incendie (*m*) fire 24
inclus(e) included VP 5
inconditionnel/ inconditionnelle absolute
inconnu(e) unknown
inconvénient (*m*) disadvantage, drawback
Inde (*f*) India 16
indécis(e) indecisive
indépendant(e) independent 8
indien/indienne (*adj*) Indian 16
indiscret/indiscrète indiscreet 28

indispensable: il est ~ it is indispensable 32
individu (*m*) individual
individualiste (*adj*) individualistic 8
individuel/individuelle (*adj*) individual
maison (*f*) single family house VP 3, 22
industrie (*f*) industry 31
inégal(e) (inégaux *mpl*) unequal
infiniment (*adv*) infinitely
infirmier/infirmière (*m/f*) nurse 29
informaticien/informaticienne (*m/f*) data specialist 29
information (*f*) information; news (broadcast)
flash d'~ news flash
informations (*fpl*) the news
informatique (*f*) computer science 3, 20, 31
informer: s'~ to get informed
s'~ (sur) to find out (about) VP 7
ingénieur (*m*) engineer 29
études d'~ engineering studies
ingrédient (*m*) ingredient 17
inquiet/inquiète worried 28
inquiéter: s'~ to worry 27
inscrire to enroll
s'~ to register, to sign up
inscrit(e) enrolled, registered VP7
insensible indifferent
installé(e): bien ~ (*adj*) comfortable, well set up
installer: s'~ to settle, to get settled
instant: dans un ~ in a short while 4, 29
instituteur/institutrice (*m/f*) teacher
instruire: s'~ to learn
intellectuel/intellectuelle intellectual 8, 28
intelligent(e) intelligent 8
intention (*f*): **avoir l' ~ de** to intend 13
interdiction (*f*) **de stationner** no parking
interdire (à qqn de) to forbid, to prohibit
intéressant(e) interesting 8
intéresser: ~ qqn to interest someone
s'~ à to be/get interested in 27
intérieur (*m*) inside (section)
Internet (*m*) Internet VP 7
interprète (*m/f*) interpreter
interroger to question, to interrogate
interview (*f*) interview
interviewer (*v*) to interview
intuitif/intuitive intuitive 8, 28
intuitivement intuitively 28
inutile useless 8, 19
il est ~ it is useless
inutilement uselessly, in vain
inventer to invent, to come up with
invention (*f*) invention
invité/invitée (*m/f*) guest
inviter to invite 4,
invraisemblable unlikely
histoire ~ unlikely story
irlandais(e) (*adj*) Irish 16
Irlande (*f*) Ireland 16
irrésolu(e) wavering
isolement (*m*) isolation
Israël (*m*) Israel 16
israélien/israélienne Israeli 16
Italie (*f*) Italy 16
italien (*m*) Italian (*language*) 3
italien(ne) (*adj*) Italian 8, 16
Italien/Italienne (*m/f*) Italian person
itinéraire (*m*) route, itinerary

jaloux/jalouse jealous 28
jamais ever, never 4
ne ... ~ not ever, never 15, 23
jambe (*f*) leg 26, VP 9
se casser la ~ to break one's leg VP 9
jambon (*m*) ham 17
janvier (*m*) January 6
Japon (*m*) Japan 16
japonais (*m*) Japanese (*language*)
japonais(e) (*adj*) Japanese 8
Japonais/Japonaise (*m/f*) Japanese person
jardin (*m*) garden 12
jaune yellow 11
jazz (*m*) jazz music
je (j') I 1
jean (*m*) jeans 11
jeter to throw
jeu (*m*) game 9
~ des acteurs acting
Jeux olympiques Olympic Games
jeux télévisés TV game shows
terrain (*m*) **de jeux** playground
jeux de rôle role plays
jeux sur ordinateur computer games 9
jeux vidéo video games 9
jeudi (*m*) Thursday 5
jeune young 8
~ femme (*f*) young woman 8
~ fille (*f*) young girl 8
~ homme (*m*) young man 8
Maison des Jeunes (*f*) youth center
jeunesse (*f*): **auberge de ~** youth hostel VP8
job (*m*) job (*slang*)
jogging (*m*) jogging 25
faire du ~ to go jogging
joie (*f*) happiness 33
joie (*f*) **de vivre** zest for life
joindre to join
joli(e) pretty 8
jouer to play 5, 9, 25
~ à to play a sport/game 5, 9, 25
~ de to play an instrument 9
qu'est-ce qu'on joue? what's playing? (*at the movies*)
joueur/joueuse (*m/f*) player
jour (*m*) day 12, 14
chaque ~ each/every day 23
~ de congé day off, holiday 30
par ~ per day 12
quel ~ est-ce? what day is this? 6
quel ~ sommes-nous? what day is this?
tous les jours every day 23
un ~ one day 23
un beau ~ suddenly one day
journal (*m*), **journaux** (*pl*) newspaper(s); diary, journal 21
~ télévisé television news (show)
journaliste (*m/f*) journalist, reporter 29
journée (*f*) (whole) day 14
Joyeux: ~ Noël! Merry Christmas!
~ anniversaire! happy birthday!
judo (*m*): **faire du ~** to practice judo
juge (*m/f*) judge
juillet (*m*) July 6
juin (*m*) June 6
jupe (*f*) skirt 11
jurer to swear, to vow
jus (*m*) juice 17
~ d'orange orange juice VP 1, 17
~ de raisin grape juice 17
~ de tomate tomato juice 17
jusqu'à (*prep*) until, up to VP 3, VP 8
jusqu'à ce que (*conj*) until 32
juste fair, just, right
il est ~ it is fair/just/right 32
~ milieu (*m*) happy medium
justement (*adv*) as a matter of fact; exactly
justice (*f*) justice 2

karaté (*m*): **match** (*m*) **de ~** karate match
faire du ~ to practice karate VP 9
ketchup (*m*) ketchup 17,
kilo(gramme) (*m*) (*abbrev* **kg**) kilogram
kilomètre (*m*) (*abbrev* **km**) kilometer
à ... kilomètres . . . kilometers away VP 3
Kronenbourg (*f*) *a brand of French beer*

la (*See* **le**)
là there 9
-là (over) there 11
là-bas (over) there 9
laboratoire (*m*) laboratory
laine (*f*) wool VP 4
laisser to leave 20
~ un message to leave a message VP 2
lait (*m*) milk 17
laitier: produit (*m*) **~** dairy product
lampe (*f*) lamp 12
lancer to launch
langue (*f*) language 3, 16, 20
lapin (*m*) rabbit VP
large (*adj*) wide VP 4

laver to wash 26
se ~ to wash oneself 26, to wash up, to get washed
lave-vaisselle (*m*) dishwasher
le/la (*art*) the 2
le/la/l'/les (*pron*) him, her, it, them 20
le/la/l'/les (*art*) the 8
le + *day of the week* on + *day of the week* 14, 23
le soir in the evening (*habitually*)
lecteur CD (*m*) CD player 7, VP 7, VP 10
~ ebook ebook reader VP7
~ de livre électronique electronic book reader VP7
~ DVD DVD player 7, VP 7
~ DVD portable portable DVD player VP 7
~MP3 MP3 player VP7
lecture (*f*) reading 2
léger/légère light
quelque chose de ~ something light
légume (*m*) vegetable VP 6
lent(e) slow 8
lentement (*adv*) slowly 19
les (*See* **le**)
lettre (*f*) letter 21
lettres (*fpl*) humanities 20
leur (*pron*) to/for them 21
leur(s) (*adj*) their 10
lever to lift 26
~ des poids to lift weights
se ~ to get up 26
Liban (*m*) Lebanon 16
libanais/libanaise (*adj*) Lebanese 16
libéral(e) (libéraux *mpl*) liberal 8
liberté (*f*) liberty 2
libraire (*m/f*) bookseller
librairie (*f*) bookstore 2
libre free VP 4; free-flowing, unoccupied
une heure de ~ a free hour
~-échange (*m*) free trade
un moment de ~ free time
temps (*m*) **~** free time
librement freely
licence (*f*) *equivalent to a B.A. degree; granted after 3–4 years of university study*
lié(e) linked
lier to link
lieu (*m*), **lieux** (*pl*) site, place 24
avoir ~ to take place 24
~ de naissance place of birth
~ de travail work place
ligne (*f*) figure, waistline 18; (phone) line VP 2
garder la ~ to keep one's figure, to watch one's weight
limonade (*f*) lemon soda VP 1, 17
lin (*m*) linen
lire (*v*) to read 21
lisez! read! VP 2
lit (*m*) bed 12
litre (*m*) (*abbrev* **l**) liter
littéraire literary 20
littérature (*f*) literature 3, 20
living (*m*) (informal) living room 12
livre (*m*) book 7
livre (*f*) pound VP 6
locataire (*m/f*) tenant
logement (*m*) housing 12
loger to stay VP 8
logiciel (*m*) software application
loi (*f*) law 32
loin de far (from) 12
loisirs (*mpl*) leisure-time activities 5, 9, 12; free time
long/longue long VP 4, 28
longtemps (for) a long time
lot (*m*): **gros ~** jackpot (*in the lottery*)
lotissement (*m*) development VP 3, 22
loto (*m*) lottery
loué(e) (*adj*) rented
louer to rent 12
loyal(e) (loyaux *mpl*) loyal 8
loyer (*m*) rent 12
lui (*pron*) him, her 6; to (for) him/her 21
lui-même himself, itself
lumière (*f*) light
lundi (*m*) Monday 5
lune (*f*) moon
lunettes (*fpl*) glasses 11
~ de soleil sunglasses 11
lutte (*f*) fight
luxe (*m*) luxury
hôtel de ~ luxury hotel VP8
lycée (*m*) secondary school
lycéen/lycéenne (*m/f*) high school student

M. (*abbrev* **Monsieur**) Mr. 2
ma (*See* **mon**)
machine (*f*) machine
Madagascar (*m*) Malagasy Republic
Madame (*abbrev* **Mme**) Mrs., Ma'am 1
Mademoiselle (*abbrev* **Mlle**) Miss 1
magasin (*m*) store 9
grand ~ department store
magazine (*m*) magazine 21
~ d'actualité news magazine
mai (*m*) May 6
maigrir to get thin, to lose weight 13
mail (*m*) e-mail VP 7
maillot (*m*) **de bain** swimming suit 11
main (*f*) hand 26
Maine (*m*) (*state of*) Maine 16
maintenant now 5, 14
maintenir to maintain 32
maintien (*m*) maintenance
mairie (*f*) town hall
mais but 4
~ non! of course not! 4
~ oui! sure, of course! 4
maison (*f*) home, house 9, 12
à la ~ at home VP 2, 9
~ de la culture arts center
~ des Jeunes youth center
~ individuelle single family house VP3, 22
maître (*m*) master
maîtrise (*f*) *equivalent to an M.A.; granted for 1 year of study beyond the* **licence**
mal (*m*) evil; pain; difficulty
avoir ~ à + *part of body* to have a sore . . . , to have a . . . ache 26, VP 9
avoir ~ au coeur to have an upset stomach 26
avoir du ~ à to have a hard time doing something
il n'y a pas de ~ there's no harm done
se faire ~ to hurt oneself VP 9
où avez-vous ~? where does it hurt? VP 9
mal (*adj*): **si ~ que ça** all that bad
mal (*adv*) not great 3; badly 3, 5
~ posé(e) badly phrased
pas ~ not bad 3
malade (*m/f*) patient
malade (*adj*) sick 25, VP 9
tomber ~ to get sick
maladie (*f*) illness
maladroit(e) clumsy
malaise (*m*) discomfort
malchance (*f*) bad luck
mâle (*m*) male
malgré in spite of
malheureusement unfortunately 28
malheureux/malheureuse unhappy 8, 28, 33
malhonnête dishonest
management (*m*) management
manche (*f*) sleeve
manger to eat 5
manière (*f*) manner, way
manières (*fpl*) manners (*etiquette*)
manifestation(*f*) (political) demonstration
manquer to miss
manteau (*m*), **manteaux** (*pl*) coat 11
manufacture (*f*) factory
maquiller: se ~ to put on makeup 26
marchand/marchande (*m/f*) merchant, vendor
~ de journaux newsstand
marche (*f*) **à pied** hiking, walking 25
marché (*m*) open-air market VP 6
~ aux puces flea market
marcher to run, work (*function*), walk 7, 25
ça marche bien it's going well
mardi (*m*) Tuesday 5, 14, 23
margarine (*f*) margarine 17
mari (*m*) husband 10
mariage (*m*) marriage 27, wedding
marié/mariée (*m/f*) groom/bride
jeunes mariés newlyweds
marié(e) (*adj*) married 10
marier: se ~ (avec) to get married, to marry 27

marin (*m*) sailor
marketing (*m*) marketing (*sales*) 3, 20
Maroc (*m*) Morocco 16
marocain(e) (*adj*) Moroccan 16
marque (*f*) **(de voiture)** make (of car) VP 10
marques (*fpl*) brands
grandes ~ designer labels
marron (*adj/inv*) brown 11
mars (*m*) March 6
martiniquais(e) (*adj*) from Martinique
match (*m*) game
faire un ~ to play a game 10
~ de boxe boxing match
~ de karaté karate match
mathématiques (*fpl*) mathematics 3, 20
maths (*fpl*) math 3, 17
faire des ~ to study math 17
matin (*m*) morning 1, 14
ce ~ this morning 14
du ~ in the morning, A.M. 1
mauvais(e) bad 8, VP5
il fait ~ the weather is bad 10
mayonnaise (*f*) mayonnaise 17
me (*pron*) (for/to) me 21
mécanicien/mécanicienne (*m/f*) mechanic
méchant(e) (*adj*) nasty, mean 8
médaille (*f*) medal VP
médecin (*m*) doctor 29
médecine (*f*) medicine (*subject of study*) 20
médicament (*m*) medicine (*drug*) VP 9
médiocre (*adj*) mediocre VP 5
méfiance (*f*) distrust
méfiant(e) distrustful
meilleur(e) (*adj*) better 12
le/la ~ the best 12
mél (*m*) e-mail VP 2
mélange (*m*) mixing, mixture
melon (*m*) melon 17
même even 20; same 27 *stress pron* + **même** . . . self
~ si even if 20
de ~ likewise
tout de ~ all the same
menace (*f*) threat
menacer to threaten 32
ménage (*m*) housework 10
faire le ~ to do the housework 10
ménager/ménagère: appareil (*m*) **~** household appliance
équipement (*m*) **~** household appliances
mener to lead
mensonge (*m*) lie
-ment (*adverbial ending*) -ly
menu (*m*) **à prix fixe** set-price menu
mer (*f*) sea 15
merci thanks 3
~ bien thank you
mercredi (*m*) Wednesday 5
mère (*f*) mother 10
belle ~ stepmother 10
merveille: à ~ beautifully VP 4
merveilleux/merveilleuse marvelous
mes (*See* **mon**)
Mesdemoiselles (*fpl*) (*abbrev* **Mlles**) Misses, young ladies
message (*m*) message 21
météo (*f*) weather forecast
métier (*m*) trade (*profession*) 31
mètre (*m*) (*abbrev* **m**) meter
à ... mètres . . . meters away
métro (*m*) subway VP 3
en ~ by subway
station (*f*) **de ~** subway station
mettre to place, to put, to put on, to turn on, to wear 18
~ en ligne upload VP7
~ en valeur to stress
~ la stéréo à fond to blast the stereo
~ la table to set the table 18
~ qqn à la porte to fire someone
~ une note to give a grade 18
se ~ en colère to get angry
meuble (*m*) piece of furniture 12
mexicain(e) Mexican 2, 8, 16
Mexico Mexico City
Mexique (*m*) Mexico 16
midi (*m*) noon 1
Midi (*m*) the south of France
mien: le ~ (*pron*) mine
mieux (*adv*) better 28
il vaut ~ it is better 32
le ~ the best
mignon/mignonne (*adj*) cute 8, 28
migraine (*f*) migraine VP 9
milieu (*m*) background, center, environment
au ~ (de) in the middle (of)
juste ~ happy medium
militer to be active
mille (*n/inv*) thousand 11
cent ~ one hundred thousand 11
deux ~ two thousand 15
dix ~ ten thousand 11
~ cent one thousand one hundred, eleven hundred
million (*m*) million 11
mince thin
minérale: eau (*f*) **~** mineral water 17
mini-chaîne (*f*) compact stereo
Minitel (*m*) *French home computer service linking householder to giant information and services network*
minivan (*m*) minivan VP 10
minuit (*m*) midnight 1
minute (*f*) minute
dans une ~ in a minute 29
mise (*f*) **en scène** setting, directing (*of a film*) VP 5
mixte coeducational
Mlle (*abbrev for* **Mademoiselle**) Miss 2
Mme (*abbrev for* **Madame**) Mrs. 2
mobile (*m*) cell phone VP 1, 7
mobylette (mob) (*f*) moped 7
moche (*adj*) plain, not good-looking 8
mode (*f*) fashion
à la ~ fashionable
~ de vie lifestyle
photographe (*m*) **de ~** fashion photographer
modem (*m*) modem VP 7
modérément moderately
moderne modern 22; new 22
moeurs (*fpl*) manners
moi (*pron*) me 6, 12
chez ~ at (my) home 9
~ aussi me too 6
~-même myself
~ non plus me neither 6
moins less 12
à ~ que unless
au ~ at least 22
le/la/les ~ the least 12
mois (*m*) month 6, 12, 14
par ~ per month 12
tous les ~ every month
moment (*m*) moment
dans un ~ in a moment 4; in a short while 29
en ce ~ at this moment/time
~ de libre free time
un ~ ... just a moment . . .
mon/ma (*adj*) my 2
mon/ma/mes (*adj*) my 10
monde (*m*) world 16, 32; people
tout le ~ everybody, everyone 19
trop de ~ too many people
mondiale: crise (*f*) **~** world crisis
monnaie (*f*) change, coins, currency
mononucléose (*f*) mononucleosis
monopole (*m*) monopoly
Monsieur (*abbrev* **M.**) Mister, Mr., Sir 1
monsieur (*m*) gentleman 8
montagne (*f*) mountain 15
à la ~ in the mountains 15
montant (*m*) amount
monter to climb, to get on, to go up 15, 23
montre (*f*) watch 7
montrer (qqch à qqn) to show 21
morceau (*m*) (small) piece 18
mort (*f*) death 15
Moscou Moscow
mot (*m*) word 21
~ apparenté cognate 2
moto (*f*) motorcycle 7; motorcycling
faire de la ~ to go motorcycling
mouchoir (*m*) handkerchief VP 4
moufles (*fpl*) mittens
mourir to die 15
moutarde (*f*) mustard 17
moyen (*m*) means VP7, way
Moyen Âge (*m*) Middle Ages
Moyen-Orient (*m*) Middle East 16

moyen/moyenne (*adj*) average, middle; so-so VP 5
en moyenne on the average
MP3 (*m*) Mp3, iPod VP2
mur (*m*) wall 12
musée (*m*) museum 2, 6, 9
musical(e) (*adj*) musical
music-hall (*m*) music hall, variety theater
musicien/musicienne (*m/f*) musician
musicien/musicienne (*adj*) musical 8; musically gifted 28
musique (*f*) music 2, 9

nager to swim 5
naïf/naïve naïve 8, 28
naissance (*f*) birth
naître to be born 15
natation (*f*) swimming 25
nationalité (*f*) nationality 16
naturel/naturelle natural 28
nausée (*f*) nausea VP 9
nautique: ski (*m*) **~** water skiing
naviguer: ~ sur l'Internet, sur le Net to surf the Net
ne (n'): ~ ... aucun(e) none, not any
~ ... jamais not ever, never 4, 14, 23
~ ... pas not 1, 4
~ ... pas du tout not at all 4
~ ... pas encore not yet 14
~ ... personne no one, nobody 13
~ ... plus no longer, not anymore
~ ... que only
~ ... rien not anything, nothing 13
n'est-ce pas? right? aren't you? don't you?
~ quittez pas, s'il vous plaît please hold VP 2
né(e) born
nécessaire: il est ~ it is necessary 19, 32
neige (*f*) snow 10
neiger to snow 10
il neige it's snowing 10
il va ~ it is going to snow 10
nerveux/nerveuse nervous 28
Net (*m*) the Net, the Internet
net/nette neat 28
nettement (*adv*) clearly
nettoyage (*m*) cleaning
nettoyer to clean 11
neuf nine 1
neuf/neuve (*adj*) new 11, 22
neuvième ninth 28
neveu (*m*) nephew 10
nez (*m*) nose 26
ni nor
nièce (*f*) niece 10
niveau (*m*) level
~ d'instruction level of formal education
Noël: Joyeux ~! Merry Christmas!
noir(e) black 11
faire ~ to be dark

nom (*m*) noun; name, last name
nombre (*m*) number
nombreux/nombreuses (*adj pl*) many, numerous
de ~ many, numerous 19
nommé(e): être ~ to be named/designated
nommer to name
non no 4
mais ~! why no! of course not! 4
~ plus neither
nord (*m*) north 16
normal: il est ~ it is to be expected 32
note (*f*) grade 19; bill, check (*in a restaurant*)
notes (*fpl*) lecture notes 19
noter to write down
notre (nos *pl*) our 10
nourriture (*f*) food 18
nous we 4; us 6, 21
Nouveau-Brunswick (*m*) New Brunswick
nouveau/nouvel/nouvelle/nouveaux/nouvelles new 11
à nouveau again
de nouveau again 29
nouvelle (*f*) news item, piece of news 21
les nouvelles (*fpl*) the news 21
~s sportives sports news
Nouvelle-Écosse (*f*) Nova Scotia
la ~ -Orleans New Orleans 16
novembre (*m*) November 6
nucléaire nuclear
nuit (*f*) night 14
de la ~ all night long
faire ~ to be dark
table (*f*) **de ~** night table
nul of no interest VP 5
numéro (*m*) number; license number (*of a car*)
~ de téléphone phone number VP 2
~ de portable cell phone VP 2

obèse obese
objectif (*m*) goal
objet (*m*) object 7
objets trouvés lost and found
obligé(e) obliged, indebted
être ~ de to be obliged to, to have to
observer to observe, to see 24
obtenir to get, to obtain 19; to receive
occasion (*f*) chance, opportunity 30
avoir l'~ de to have the chance/opportunity to 30
d'~ second-hand
occupé(e) busy; occupied
occuper to occupy, to spend
s'~ de to be busy with, to take care of; to deal with
octobre (*m*) October 6
oeil (*m*), **yeux** (*pl*) eye 26

oeuf (*m*) egg 17
oeufs brouillés scrambled eggs
oeufs sur le plat fried eggs
offert(e) offered
offrir to give, to offer 26
s'~ to treat oneself
oiseau (*m*) bird
omelette (*f*) omelet VP 1
on one, people, they, you 4
oncle (*m*) uncle 10
onze eleven 1
~ cents (= mille cent) eleven hundred 10
onzième eleventh 28
opprimé(e) (*adj*) oppressed
optimiste (*adj*) optimistic 8
or (*m*) gold VP 4
orange (*m*) orange (*color*) 11; (*f*) orange (*fruit*) VP 6
jus d'~ orange juice 17
orange (*adj/inv*) orange 11
orchestre (*m*) band
ordinaire (*adj*) plain 22
ordinateur, ordi (*m*) computer 7, VP7
~ de bureau desktop VP7
~ portable laptop 7, VP 7
ordre (*m*) order
oreille (*f*) ear 26
boucle (*f*) **d'~** earring
organiser to organize VP 7
s'~ to get organized, to organize oneself
originaire native
original(e) (originaux *mpl*) original
ou or 4
~ bien or (else)
où? where? 1, 6
ouate (*f*) cotton VP 9
oublier (de) to forget 20, 28
ouest (*m*) west 16
oui yes 4
mais ~! why yes! of course! 4
ouragan (*m*) hurricane
outil (*m*) tool
ouvert(e) open
ouvrez vos livres! open your books! VP 2
ouvrier/ouvrière (*m/f*) worker, factory worker
ouvrir to open 26
OVNI (*m*) **(objet volant non-identifié)** UFO

pain (*m*) bread 17
paix (*f*) peace 32
palais (*m*) palace; palate, taste
Palestine (*f*) Palestine 16
palestinien/palestinienne Palestinian 16
Palme (*f*) **d'or** Golden Palm (*award*)
pamplemousse (*m*) grapefruit VP 6
panneau (*m*) sign
pansement (*m*) bandage VP 9
pantalon (*m*) pants 11
papier (*m*) document, paper
feuille (*f*) **de ~** sheet of paper VP 2

Pâques (*m*) Easter
paquet (*m*) package VP 6
par by, through 12, 15; per
~ **avion** by air mail
~ **conséquent** therefore
~ **exemple** for example
~ **hasard** by chance
~ **jour** per day 12
~ **mois** per month 12
~ **plaisir** for fun
~ **semaine** per week 12
~ **tous les temps** in any kind of weather
parachutisme (*m*): **faire du ~** to go parachuting
parapente (*m*) paragliding 25
parc (*m*) park 9, VP 3
parce que because 6, 30
pardon! excuse me! pardon me! VP 3
parebrise (*m*) windshield
parents (*mpl*) parents, relatives 10
paresseux/paresseuse lazy 8, 28
parfait! perfect!
parfois sometimes 23
parfum (*m*) perfume
parking (*m*) parking lot, parking space VP 8
parler to speak, to talk 4, 23
~ **à** to talk to 21
~ **de** to talk about
se ~ to talk to each other
parmi among
part (*f*) piece, portion 18
partager to share
particulier/particulière private
partie (*f*): **faire ~ de** to be a member, to be part of
partir (de) to go away, to leave 15, 23
partout everywhere
pas: ne ... ~ not 4
~ **du tout** not at all 4
~ **encore** not yet
~ **mal** not bad 3, VP 5
passé (*m*) past
passeport (*m*) passport
passer to spend time 9, 15; to go by/through 9, 15, 23
~ **un examen** to take an exam 19
se ~ to happen 24
se ~ de to do without
passe-temps (*m*) hobby 9
passionnant(e) exciting
passionné(e) enthused
pastèque (*f*) watermelon
pastille (*f*) lozenge VP 9
pâté (*m*) pâté 17
pâtes (*fpl*) pasta 17
patiemment patiently
patient(e) patient 8
patinage (*m*) skating
pâtisserie (*f*) pastry shop
pâtissier/pâtissière (*m/f*) pastry shop; pastry seller, baker
patriote (*adj*) patriotic
patron/patronne (*m/f*) boss 31
pauvre (*m/f*) poor (person)
pauvre (*adj*) poor
payer to pay (for) 11, 32
pays (*m*) country 16, 32
Pays-Bas (*mpl*) the Netherlands
PC (*m*) PC (personal computer)
~ **portable** portable PC
peigne (*m*) comb 26
peigner: se ~ to comb 26
peignoir (*m*) bathrobe
peinture (*f*) painting 20
pellicule (*f*) film (*for a camera*)
pendant during 14, 15, 24; for + *length of time* 16, 24
pendant que (*conj*) while 24,
pénible tiresome, boring 8
penser to believe, to think 9, 33
~ **à** to think about 9
~ **que** to think that 9, 33
pension (*f*) boarding house; room and board 12; three meals a day VP 8
perceptif/perceptive perceptive 28
perdre to lose 13
~ **son temps** to waste one's time 13
se ~ to get lost
perdu(e) lost
père (*m*) father 10
beau- stepfather 10
permettre (à qqn de) to allow, to give permission 18, 28, 32
personne (*f*) person 8
ne ... ~ no one, not anyone 13,
~ **... ne** no one, nobody
perte (*f*) **de temps** waste of time
peser to weigh
pessimiste (*adj*) pessimistic 8
petit(e) small 8; short (*person*) VP 4
petit déjeuner (*m*) breakfast 18, VP 8
petite annonce (*f*) classified ad
petit-enfant (*m*) grandchild 10
petite-fille (*f*) granddaughter 10
petit-fils (*m*) grandson 10
petits pois (*mpl*) peas VP 6
pétrole (*m*) fuel, oil
pétrolier/pétrolière (*adj*) petroleum, oil
peu (de) little, not many, not much 5, 18; few 18, shortly
~ **nombreux/nombreuses** rare
un ~ (de) a little (of), some 18
peur (*f*) fear 33
avoir ~ de to be afraid of, to fear 13, 33
faire ~ à to frighten
peut-être maybe, perhaps 4
peux (*See* **pouvoir**)
pharmacie (*f*) pharmacy 2, VP 9, drugstore VP 9; pharmacology 20
pharmacien/pharmacienne (*m/f*) pharmacist 29
philosophe (*m/f*) philosopher
philosophie (*f*) philosophy 2, 3, 20
photo (*f*) photograph 7; photography 7, VP 7
faire de la ~ to take photographs/pictures
photographe (*m/f*) photographer 29
~ **de mode** fashion photographer
phrase (*f*) sentence 21
physique (*f*) physics 3, 20
physique: culture (*f*) ~ bodybuilding
piano (*m*) piano 9
pièce (*f*) piece; coin VP 1; room (*of a house*) 12; paper, document
~ **(de théâtre)** play VP 5
~ **d'identité** proof of identity
~ **jointe** (computer, Internet) attachment VP 7
pied (*m*) foot 26
à ~ on foot 9, VP 3
piéton/piétonne (*m/f*) pedestrian
piloter to fly a plane
pique-nique (*m*) picnic
pire worse
piscine (*f*) pool 9, VP 8, 25
pizza (*f*) pizza VP 1
placard (*m*) closet 12
place (*f*) assigned seat (*train*) VP 10
chaque chose à sa ~ everything in its place
réserver une ~ to reserve a seat VP 10
plage (*f*) beach 9
plaindre to feel sorry for 33
se ~ to complain 33
plaire to please, to be pleasing
s'il te plaît/s'il vous plaît please VP 2
il/elle me plaît I like it a lot VP 4
plaisir (*m*) pleasure
avec ~ with pleasure
par ~ for fun
plan (*m*) map
sur le ~ (de) as far as, concerning
planche (*f*): ~ **à voile** windsurfing 25
planter to crash (computer) VP 7
plastique (*m*) plastic VP 4
plat (*m*) dish VP 1, 17
~ **principal** main course 18
~ **salé** salty dish
~ **sucré** sweet dish
plein air: en ~ outdoors
plein de lots of, full of
pleuvoir to rain
il pleut it's raining 10
il va ~ it's going to rain 10
plier to bend 26
plongée (*f*) **sous-marine** scuba diving
faire de la ~ to go scuba diving
pluie (*f*) rain 10
plupart: pour la ~ for the most part
la ~ du temps most of the time
plus more 11; plus
de ~ en ~ more and more
en ~ moreover
le/la/les ~ the most 12
ne ... ~ anymore, no longer
~ **(de) ... que** more . . . than 11
~ **tard** later, later on

plusieurs several 19
~ fois several times 23
plutôt fairly; rather, instead
pneumonie (*f*) pneumonia
poème (*m*) poem 21
poids (*m*) weight
lever des ~ to lift weights
poignet (*m*) wrist VP 9
pointure (*f*) shoe size VP 4
poire (*f*) pear VP 6
pois: petits ~ (*mpl*) peas VP 6
poisson (*m*) fish 17
~ rouge goldfish 10
poivre (*m*) pepper 17
poker (*m*) poker
poli(e) polite 8, 28
police (*f*) police force
agent (*m*) **de ~** police officer
commissariat (*m*) **de ~** police station
poliment politely 28
politique (*f*) politics, policy
~ étrangère foreign policy
politique (*adj*) political
émission (*f*) **~** political program
sciences (*fpl*) **~** political science 20
pollution (*f*) pollution 22
polo (*m*) polo shirt 11
pomme (*f*) apple VP 6
jus de ~ apple juice VP 6
~ de terre (*f*), **pommes de terre**(*pl*) potato 18
pommes frites French fries VP 6
ponctuel/ponctuelle punctual, on time 8, 28
porc (*m*) pork 17
côtelette de ~ pork chop
portable (*m*) cell phone VP 2, 7
porte (*f*) door 12; gate (*in an airport*)
mettre qqn à la ~ to fire someone
portefeuille (*m*) wallet VP 4
porter to wear 11
portugais (*m*) Portuguese (*language*)
portugais(e) (*adj*) Portuguese 16
Portugal (*m*) Portugal 16
poser une question (à qqn) to ask (someone) a question 21
posséder to own 11
possible possible
c'est ~ it's possible
il est ~ it's possible 33
possibilité (*f*) possibility 22
~ d'emploi job possibilities (*opportunities*) 22
postale: carte (*f*) **~** postcard 21
poste (*f*) post office 9; mail
~ aérienne airmail
~ restante general delivery
poster to mail; to post (on Faceboook, etc.) VP7
pot (*m*) jar VP 6
poulet (*m*) chicken 17
pour for 4, 22
~ + *inf* (in order) to 19, 31
~ que (*conj*) so that 33; in order for
~ qui? for who(m)? 6
pourboire (*m*) tip (*in a restaurant*)
pourquoi why 6
pourriez-vous me dire ...? could you tell me . . . ?
pourtant nevertheless, yet 30; however
pouvoir (*v*) can, may, to be able 19, 28
est-ce que tu peux ...? can you . . . ? 5
je peux I can 5, 19
pouvez-vous me dire ...? can you tell me . . . ? VP 3
pouvez-vous répéter? can you repeat? VP 2
pratiquer to be active in a sport, to practice a sport 25
précipitamment hurriedly
précisions (*fpl*) details
préférable: il est ~ it is preferable 32
préféré(e) favorite 17
préférer to prefer 2, 11, 17, 28, 32
premier/première first 6, 14, 28
première classe first class VP 10
prendre to take VP 3, to take along 18
~ au sérieux to take seriously
~ le petit déjeuner to have breakfast 18
~ le repas to have the meal 18
~ qqch à boire to have sth to drink 18
~ qqch à manger to have sth to eat 18
~ un billet to buy a ticket
~ un verre to have a drink
~ une douche to take a shower
prenez une feuille de papier! take a sheet of paper! VP 2
prénom (*m*) first name
préoccuper: se ~ (de) to worry, to be/get concerned about
préparation (*f*) homework 19
préparer to make food, to prepare 18
~ un cours to prepare/study for a class/course VP 7
~ un diplôme to prepare/study for a degree/diploma 19
~ un examen to prepare/study for an exam 19
se ~ to get ready
près nearby
~ de near 12
~ d'ici near here
tout ~ nearby, very near VP 3
présentation (*f*) introduction (*of people*)
~ PowerPoint PowerPoint presentation
présenter to introduce
je vous présente ... this is . . .
président/présidente (*m/f*) president
presque almost
presse (*f*) press, newspapers
pressé(e) (*adj*) in a hurry
pression (*f*) pressure
bière ~ (*f*) draft beer
prestigieux/prestigieuse prestigious
prêt(e) ready
prêter (qqch à qqn) to loan 21
prévoir to forecast, to foresee 20
prévu(e) forecast, planned
principal(e) (principaux ***mpl*****)** principal; main VP 5
printemps (*m*) spring 6, 10
au ~ in spring 10
privatiser to privatize
prix (*m*) price 12
~ fixe set price
~ réduit reduced price
problème (*m*) problem 22
procédé (*m*) process
prochain(e) next 14
procurer to obtain
produire to create, to produce 23
produit (*m*) product
~ alimentaire food
~ laitier dairy product
~ ménager household product VP6
prof (*m*) teacher 2
professeur (*m*) professor; teacher
profession (*f*) profession 31
profil (*m*) profile VP2, 12
~ sur Facebook a Facebook profile 12
profiter de to enjoy, to make the most of, to take advantage of
programme (*m*) program
progrès (*m*) progress
faire des ~ to make progress; to improve 19
projet (*m*) plan
faire des projets to make plans
promenade (*f*) walk, ride
faire une ~ to go for/take a ride/walk 10
~ à pied on foot 9
~ à vélo by bicycle 9
promener to walk, to stroll
se ~ to go for/take a ride/walk/stroll 26
promettre (à qqn de) to promise 18
pronom (*m*) pronoun
pronominal (pronominaux ***mpl*****)** reflexive
propre (*adj*) clean 22; own 31
être son ~ patron to be one's own boss 31
propreté (*f*) cleanliness
propriétaire (*m/f*) owner
propriété (*f*) property
protéger to protect 32
province (*f*) province; region other than the capital 16
en ~ outside of metropolitan Paris (elsewhere in France)
prudent(e) careful
psychologie (*f*) psychology 3, 20
pub (*f*) ad, commercial

public/publique government-controlled
publicité (*f*) advertising 20, 31, commercials
puis then 23
puissance (*f*) power 32
pull (*m*) sweater 11,
pull-over (*m*) sweater
puni(e) (*adj*) punished
pyjama (*m*) pajamas

qu'est-ce-que what? 5
 ~ **c'est?** what is it? what is that?
 ~ **tu as?** what's wrong? 25
 ~ **vous avez?** what's wrong? VP 9
quai (*m*) platform (*in a train station*) VP 10
qualité (*f*) good point
quand when 6, 29
quant à as for VP7
quantité (*f*) quantity VP 6
quarante forty 3
quart (*m*) quarter
 il est ... heures et ~ it is quarter past . . . 3
 il est ... heures moins le ~ it is quarter of . . . 3
quartier (*m*) area, district, neighborhood 9, VP 3, 22
 cinéma (*m*) **de ~** local theater
 ~ **latin** Latin Quarter (of Paris)
quatorze fourteen 3
quatre four 1
4x4 (quatre-quatre) (*m*) four-wheel drive VP 10
quatre-vingts eighty 11
quatre-vingt-dix ninety 11
quatrième fourth 28
que (qu') (*pron*) what? 6; that, which, whom 22
 ~ **dire?** what to say?
 ~ **signifie ...?** what does . . . mean? VP 2
 qu'est-ce ~ what?
que (*conj*) than; that 22
québécois(e) (*adj*) from Quebec 3
Québécois/Québécoise (*m/f*) person from Québec
quel/quelle/quels/quelles (*adj*) which, what 11
 ~ + *noun* what (a) . . . !
 à ~ heure? at what time? 6
 ~ **est la date?** What is the date? 6
 ~ **que soit** whatever may be
Quel temps fait-il? How's the weather?
quelqu'un someone 13, 22; anyone
quelque chose something 13, 18; anything
quelquefois sometimes
quelques some 19
quelques-un(e)s some
question (*f*) question
 poser une ~ (à qqn) to ask a question 21
 une ~ de a matter of

qui (*pron*) who? whom? 2, 6; who, that, which 22
 ~ **est à l'appareil?** who's calling?
 ~ **est-ce?** who is it? 2
 à ~ ? to who(m)? 6
 avec ~? with who(m)? 6
 de ~ ? about who(m)? 6
 pour ~? for who(m)? 6
quinzaine (*f*) about fifteen
quinze fifteen 3
quinzième fifteenth 28
quitter to leave (behind) 15
 ne quittez pas, s'il vous plaît please hold VP 2
quoi what 6
 de ~? about what ? 6
 il n'y a pas de ~! it's nothing!
quotidien/quotidienne daily VP7

raconter to tell about 21
radio (*f*) radio 7
raisin (*m*): **jus** (*m*) **de ~** grape juice VP 6
raison (*f*) reason
 à ~ rightly
 avoir ~ to be right 13
ralenti: au ~ at a slow pace
randonnée (*f*) excursion
rapide (*adj*) fast, rapid 8, 28, VP 10
rapidement (*adv*) fast, rapidly 28
rappeler to remind
 se ~ to remember 27
rapport (*m*) relationship
raquette (*f*) racket 7
 ~ **de tennis** tennis racket
rarement rarely 19
raser: se ~ to shave 26
rasoir (*m*) razor 26
rater to flunk, to fail 19
 ~ **un examen** to fail/flunk an exam 19
ravi(e) (*adj*) delighted 33
ravin (*m*) ditch
rayon (*m*) department VP 6
réalisateur/réalisatrice (*m/f*) director VP 5
réalisation (*f*) achievement
réaliser to carry out, to see through 30
réaliste realistic
rebelle rebellious
récemment recently
réception (*f*) reception desk (*in a hotel*)
recevoir to get, to receive 29, VP 7
recherche (*f*) research 20, 31
 faire des recherches to do research 20, VP 7
réciproque reciprocal
récital (*m*) recital VP 5
recommandé: en ~ by registered mail
récompense (*f*) reward
réconcilier: se ~ to make peace
reconnaître to recognize 20
reconverti(e) (*adj*) converted
rectifiant: en ~ by rectifying/fixing

reçu(e) received
 être ~ à un examen to pass an exam 19
récupérer to recover
redoubler to repeat a year of study
réduit(e) reduced
réel/réelle actual, real 28, 32
réellement (*adv*) really, actually 32
réfléchir à to think about 13
refléter to reflect
réflexion (*f*) thought
refuser (de) to refuse 28
regarder to look at, to watch 5, 20
 regardez! look! VP 2
régime (*m*) diet; government
 être au ~ to be on a diet 18
 faire un ~ to go on a diet 18
 suivre un ~ to be on a diet 19
région (*f*) region 16
règlement (*m*) the rules
régler to settle one's account VP 8
régner to exist; to reign
regret (*m*) regret
regrettable: il est ~ it is regrettable 32
regretter (de) to regret 28, 33
 Je regrette I am sorry 5
régulier/régulière regular
réhumaniser to rehumanize, to make more humane
rejeter to reject
relations (*fpl*) relations 10; connections
 ~ **publiques** public relations 31
remarié(e) (*adj*) remarried 10
remarque mind you
remarquer to notice 24
remboursé(e) reimbursed
remercier to thank
 je vous remercie thank you VP 3
remettre to put back 18
 ~ **en question** to call into question
remplacer to replace
rémunéré(e): bien ~ well-paid
rencontre (*f*) meeting (*by chance*) 27; encounter
 ~ **sportive** sporting event, match
rencontrer to meet (*for the first time or by chance*), to run into 15
 se ~ to meet, to meet one another 27
rendez-vous (*m*) appointment, date 6, 27
 avoir ~ to have an appointment/a date 24, 27
 donner ~ à to make an appointment/date with, to arrange to meet 27
 j'ai ~ I have an appointment/a date
 se donner ~ to arrange to meet each other; to make a date/appointment with each other 27
rendormir: se ~ to fall back asleep
rendre to give back 13, 21
 ~ **visite à** to visit a person 13, 21

se ~ à to go to 27
se ~ compte de to realize
se ~ visite to visit each other
renseignement (*m*) information
bureau des renseignements information desk
demander un ~ to ask for information
renseigner to give information, to inform
rentrée (*f*) start of the new term
rentrer to go back, to get back, to return 9, 23
réparateur/réparatrice (*m/f*) repair person
repas (*m*) meal 12, 18
repasser to repeat, to rebroadcast
répéter to repeat
répétez! repeat! VP 2
répondeur (*m*) answering machine VP 2
répondre à to answer 13, 21
répondez answer VP 2
reportage (*m*) report, reporting
reposer: se ~ to rest 26
reprendre to have seconds 18
représentant(e) (*m/f*) **de commerce** sales representative
requête (*f*) request
RER (Réseau Express Régional du métro parisien) (*m*) *suburban subway service*
réseau (*m*) network
~ câble cable network
~ social social network VP7
réservé(e) reserved
réserver to reserve
résidence (*f*) dormitory VP 3, 12; residence
~ secondaire vacation home
résolu(e) resolved
résoudre to resolve, to solve
respirer to breathe
ressembler à to resemble, to look like
se ~ to resemble each other
ressource (*f*) resource 32
restaurant (*m*) restaurant 2, VP 8
rester to stay 9, 15
résultat (*m*) result
retard (*m*): **avoir ... minutes de ~** to be . . . minutes late
en ~ late 29; behind
retour (*m*) return
de ~ back from
retourner to go back, to return 15, 23
retraite (*f*) retirement
régime de ~ retirement pension
retraité/retraitée (*m/f*) retired person
retrouver to meet (again) 15, to rediscover
se ~ to meet (again) 27
réunion (*f*) (organized) meeting; gathering
réunir: se ~ to meet
réussir à to succeed, to be successful in 13, 19, 28, 31
~ un examen to pass an exam 13, 19
reussite (*f*) success 31
rêve (*m*) dream
réveiller to wake (someone) up 26
se ~ to wake up 26
revenir to come back 16
revenu (*m*) income
rêver (de) to dream 28
revoir to see again, to look over
au ~ good-by, VP 2
revue (*f*) illustrated magazine 21
rez-de-chaussée (*m*) 1st floor VP 3
rhume (*m*) cold (*illness*) 25, VP 9
riche (*adj*) rich 8
richesse (*f*) wealth
rien nothing
de ~! it's nothing
ne ... ~ nothing
risque (*m*) risk
prendre des risques to take risks
riz (*m*) rice 17
robe (*f*) dress 11
~ de mariée wedding gown
~ du soir evening dress
robinet (*m*) faucet
fermer le ~ to shut off the faucet
rock (*m*) rock (music)
roi (*m*) king
roller (*m*) in-line skating 25
roman (*m*) novel 21
~ policier detective novel 21
rosbif (*m*) roast beef 17
rose pink 11
rôti(e) roasted 17
rouge red 11
~ (*m*) **à lèvres** lipstick 26
poisson (*m*) **~** goldfish
roux/rousse red-headed 28
rue (*f*) street 9
rugby (*m*) rugby
russe (*m*) Russian (*language*) 16
Russe (*m/f*) Russian person
russe (*adj*) Russian 8, 16
Russie (*f*) Russia 16

sa his, her, its 10
sabbatique: une année (*f*) **~** sabbatical
sable (*m*) sand
sac (*m*) bag, purse, back pack 7
~ à main purse, handbag VP 4
sacré(e) sacred
sain(e) healthy, sound
saison (*f*) season 6, 14
hors ~ off season
salade (*f*) salad VP 1, 17
sale dirty 22
salé(e) salted
salle (*f*) hall, large room
~ à manger dining room 12
~ de bains bathroom 12, VP 8
~ de cinéma movie theater
~ de classe classroom
~ de concert concert hall VP 5
~ d'exercices exercise room VP 8
~ de séjour family room 12
~ de spectacles theater VP 5
salon (*m*) formal living room 12
salut! hi! bye 1
samedi (*m*) Saturday 5
le ~ on Saturdays
sandales (*fpl*) sandals 11
sandwich (*m*) sandwich
~ au fromage cheese sandwich VP 1
~ au jambom ham sandwich VP 1
sang-froid (*m*) cool, composure
sans (*prep*) without 20, 31
~ arrêt constantly
sans que (*conj*) without
santé (*f*) health 25, VP 9
état (*m*) **de ~** state of health
être en bonne ~ to be in good health 25, VP 9
être en mauvaise ~ to be in poor health 25
saucisson (*m*) salami 17
sauf except
saumon (*m*) salmon 17
sauter to jump
Savoie (*f*) *French department in the Alps*
savoir to know, to have knowledge of, to know how to, to know by heart 22
je sais I know VP 2
je sais que ... I know that 33
savez-vous ...? do you know . . . ? VP 2
savoir-faire (*m*) know-how
savoir-vivre (*m*) good manners
savon (*m*) soap 26
scanner (*m*) scanner VP 7
scénario (*m*) script (movie or play) VP 5
scène (*f*) scene
la mise en ~ directing (*of a film/play*)
sciences (*fpl*) science(s) 3, 20
~ économiques economics 20
~ humaines et sociales human and social sciences 20
~ politiques political science 3, 20
~ sociales social sciences 20
scientifique (*m/f*) scientist
scientifique (*adj*) scientific 31
scolarité (*f*) tuition 12
scooter (*m*) motor scooter 7
sculpture (*f*) sculpture 20
séance (*f*) performance, showing VP 5
sec/sèche dry
seconde (*f*) second (class) VP 10
en ~ in second class VP 10
secret/secrète secret 28
secrétaire (*m/f*) secretary 29
Secrétariat (*m*) **d'État** (federal) department
section (*f*) section
sécurité (*f*) safety VP 10
Seine (*f*) *river flowing through Paris*
seize sixteen 3

séjourner to stay VP 8
sel (*m*) salt 17
selon according to 12, 22
semaine (*f*) week 14
en ~ during the week
jour de la ~ day of the week 5
par ~ per week 12
semblable similar
sembler to seem
sénateur/sénatrice (*m/f*) senator
Sénégal (*m*) Senegal 16
sénégalais(e) from Senegal, Senegalese 16
sens (*m*) meaning, sense
sensibilité (*f*) sensitivity
sentimental(e) (sentimentaux *mpl***)** sentimental
sentir to feel, to smell 15
se ~ to feel 27; to feel (*healthwise*) VP 9
sept seven 4
septembre (*m*) September 6
septième seventh 28
~ art (*m*) seventh art (= *film*)
sérieux/sérieuse serious 8, 28
sérieusement seriously 28
serment (*m*) **d'allégeance** oath of allegiance
serré(e) tight VP 4
serveur/serveuse (*m/f*) waiter/waitress 18
service (*m*) service, service charge, tip VP 8
à votre ~! at your service!
~ en chambre room service VP 8
self-service (*m*) self-service restaurant
~ compris/inclus tip included VP 8
station-~ (*f*) service station
serviette (*f*) towel
servir to serve 18
~ à + *inf* to be used for
~ à qqn to help someone
se ~ de to use 3
serviteur (*m*) servant
ses his, her, its 10
seul(e) (*adj*) only; alone 15, 19
seulement (*adv*) only 19, 28
shampooing (*m*) shampoo 26
shopping (*m*) shopping 10
short (*m*) shorts 11
si if 12, 29, 30; whether 21; so
si yes (*to a negative question*) 20
mais ~! why yes! 20
sida (*m*) AIDS
sidérurgique (*adj*) steel-making
siècle (*m*) century
siège (*m*) seat
signalement (*m*) description
signifier to mean, to signify
que signifie ... ? what is the meaning of...? what does... mean? VP 2
site (*m*) (web) site VP 7
situation (*f*) job; situation
~ bancaire bank balance
~ de famille marital status VP
situé(e) located, situated
six six 1
sixième sixth 28
ski (*m*) skiing 25,
~ de fond cross-country skiing
~ nautique water-skiing 25
station (*f*) **de ~** ski resort
skier to ski
skis (*mpl*) **nautiques** water skis
smartphone (*m*) smartphone VP2
SMIC (salaire minimum interprofessionel de croissance) (*m*) minimum wage
smoking (*m*) tuxedo
SMS (*m*) SMS VP 7
snack (*m*) snack 11; fast-food place
SNCF (*f*) **(Société Nationale des Chemins de fer français)** French national railroad system
snowboard (*m*) snowboarding 25
sociable friendly, sociable
société (*f*) company 31
sociologie (*f*) sociology 3
soda (*m*) soft drink VP 1
soeur (*f*) sister 2, 10
demi-~ half-sister 10
sofa (*m*) sofa 12
soi oneself
~-même oneself
soie (*f*) silk VP 4
soif (*f*): **avoir ~** to be thirsty 13
soigner to care for
soir (*m*) evening 1, 14, 23
ce ~ this evening, tonight 14
demain ~ tomorrow evening 14
du ~ in the evening; P.M. 1
hier ~ last night 14
le ~ in the evening, evenings 23
tous les soirs every evening 23
soirée (*f*) evening 14; formal party
soixante sixty 11
soixante-dix seventy 11
soixante-douze seventy-two 11
soixante et onze seventy-one 11
soixante-treize seventy-three 11
solde (*m*) sale VP 4
boutique de soldes discount shop
en ~ on sale VP 4
sole (*f*) sole 17
soleil (*m*) sun 10
coup (*m*) **de ~** sunburn
il fait du ~ it's sunny 10
somme (*f*) sum
sommeil (*m*): **avoir ~** to be sleepy 13
sommet (*m*) summit, top
son/sa/ses (*adj*) his, her, its 10
sonate (*f*) sonata
sonner to ring VP 2
sorte (*f*) kind
sortie (*f*) date, outing 15, VP 5
sortir to go out, to leave 15; to take out 23
~ avec to date, to go out with 15
~ de to go out of, to leave 15
sot/sotte dumb 28
soudain suddenly 23
souffrir to suffer 26
souhait (*m*) wish
souhaiter to wish 32
souligné(e) underlined
souligner to underline
soumettre to submit
soumis(e) submitted
soupçonner to suspect
soupe (*f*) soup 17
souris (*f*) mouse (computer) VP 7
sous under 12
sous-marin (*m*) submarine
sous-marin(e) (*adj*) underwater
plongée (*f*) **sous-marine** scuba diving
souvenir (*m*) memory
souvenir: se ~ de to remember 27, 28
souvent often 5,
Soviétique: Union (*f*) **~** Soviet Union 16
spa (*m*) hot tub VP 8
spacieux/spacieuse (*adj*) roomy
sparadrap (*m*) adhesive tape VP 9
spectacle (*m*) show; entertainment VP 5
~ de variété variety show VP 5
spirituel/spirituelle (*adj*) witty 8
sport (*m*) sport 2, 9, 25
faire du ~ to be active in a sport, to do sports 25
sportif/sportive athletic 8, 25, 28
stade (*m*) stadium 9
stage (*m*) internship, training
station (*f*) station
~ de métro subway station
~-service gas/service station
~ de ski ski resort
stationner to park
interdiction (*f*) **de ~** no parking
steak-frites (*m*) steak and French fries VP 1
stressé(e) under stress
studio (*m*) studio apartment 12
~ d'enregistrement recording studio
stupide (*adj*) stupid 8
stylo (*m*) pen 7
subir to suffer
succéder: se ~ to follow one another
sucre (*m*) sugar 17
sucré(e) sweet
sud (*m*) south 16
suffire to be enough, to suffice
Suisse (*f*) Switzerland 16
suisse (*adj*) Swiss 8, 16
suite: à la ~ de following
suivant according to
suivant(e) (*adj*) following

suivi(e) par followed by
suivre to follow 19
- **~ un conseil** to follow (take) advice 19
- **~ un cours** to be enrolled in/take a course 19
- **~ un régime** to be on a diet 19
- **~ un sujet** to keep abreast of a topic 19

sujet (*m*) subject, topic
- **à ce ~** on this topic
- **au ~ de** on the subject of
- **suivre un ~** to keep abreast of a topic 19

super (*adj*) great 8; (*m*) high-test gasoline VP 10
supérette (*f*) convenience store VP 6
superficiel/superficielle superficial 28
supermarché (*m*) supermarket 9, VP 6
superstitieux/superstitieuse superstitious 28
sur on 12; out of (+ *number*)
- **~ Internet** on the Internet, on the Web VP 7
- **~ le plan (de)** as for, concerning

sûr(e) sure; safe VP 10
- **bien sûr!** of course! 4
- **bien sûr que non!** of course not!
- **il est sûr que** it is sure that 33

sûrement surely
surfer sur le Web (sur l'Internet) to surf the Web VP 7
surpris(e) (*adj*) surprised
- **être ~** to be surprised 33

surprise (*f*) surprise
surtout above all, especially, mainly
surveillance (*f*) supervision
survêt (*m*) jogging suit 11
SUV (*m*) SUV (sport utility vehicle) VP 10
sympa nice 8
sympathique nice 8
symptômes (*mpl*) symptoms VP 9
syndicat (*m*) labor union
- **~ d'Initiative** tourist office

ta your 10
tabac (*m*) tobacco
table (*f*) table 7, 12
- **mettre la ~** to set the table 18
- **~ de nuit** night table

tableau (*m*), **tableaux**(*pl*) painting
- **~ d'affichage** schedule of trains VP 10

tablette (*f*) tablet computer 7
taille (*f*) size VP 4
tailleur (*m*) woman's suit 11
taire: se ~ to be quiet
- **tais-toi!** be quiet!

tant de so many
tante (*f*) aunt 10
taper to type
tapis (*m*) rug, carpet 12
tapis (*m*) **de souris** mouse pad
tard late 26, 29
- **plus ~** later, later on
- **trop ~** too late

tarif (*m*) price list, rate
- **tarifs postaux** postage rates

tarte (*f*) pie 17
tartine (*f*) toasted bread slice
tasse (*f*) glass 18
te (*pron*) you 21
technicien/technicienne (*m/f*) technician 29
tee-shirt (*m*) tee shirt 11
tel/telle (*adj*) such (a); (*pron*) such
télé (*f*) television 7
- **à la ~** on television

télécarte (*f*) phone card
télécharger to download VP 7
télécopieur (*m*) fax machine
téléphone (*m*) telephone 7, VP 2
- **~ fixe** land line VP2

téléphoner (à) to call, to phone 5, 21, 27
- **se ~** to call/phone each other 27

téléspectateur/téléspectatrice (*m/f*) TV viewer
téléviseur (*m*) TV set 7
télévision (*f*) television 2, 9, VP 8
tellement (*adv*) so very, that much, so much 17
témoignage (*m*) testimony
témoin (*m*) witness 24
- **être ~ de** to witness 24

température (*f*): **quelle ~ fait-il?** what's the temperature? 10
tempête (*f*) storm
temps (*m*) time 10, 23
- **de ~ en ~** once in a while, from time to time
- **emploi du ~** schedule
- **en même ~** at the same time
- **~ libre** free time
- **tout le ~** all the time
- **une question de ~** a matter of time

temps (*m*) weather 10
- **par tous les ~** in any kind of weather
- **quel ~ fait-il?** what's the weather? how is the weather? 10

tendance (*f*) tendency, trend
tendre à to tend to
tenir to hold
tennis (*m*) tennis 9
- **les ~** (*fpl*) tennis shoes, sneakers 11

terminer to finish, to end
terrain (*m*) **de jeux** playground
terrasse (*f*) *sidewalk section of a café*
terre (*f*) earth
tes your 10
tête (*f*) head 26, VP 9
- **en ~** in first place

texan(e) (*adj*) from Texas, Texan
Texas (*m*) Texas 16
texte (*m*) text
texto (*m*) text messsage 21
TF 1 (Télévision Française 1) *French TV channel*
TGV (*m*) **(train à grande vitesse)** *highspeed train* VP 10
thé (*m*) tea VP 1, 17
- **~ glacé** (*m*) iced tea 17

théâtre (*m*) theater 9
- **faire du ~** to be active/involved in, to do theater

thématique (*adj*) thematic
thon (*m*) tuna 17
tien (*pron*) yours
tiens! hey! look!
Tiers-Monde (*m*) Third World
timbre (*m*) stamp
timide timid
toi (*pron*) you
- **et ~?** and you? 3

toilette (*f*): **cabinet** (*m*) **de ~** bathroom
toilettes (*fpl*) toilets 12
tomate (*f*) tomato 17, VP 6
tomber to fall 15, 23
- **~ amoureux/amoureuse de** to fall in love with 27
- **~ malade** to get sick

ton/ta (*adj*) your 2
ton/ta/tes (*adj*) your 10
tort (*m*) wrong
- **à ~** wrongly
- **avoir ~** to be wrong 13

tôt early 26
toujours always 5; still
tour (*f*) tower; high rise VP 3, 22
tour (*m*) turn
- **à votre ~** it's your turn
- **faire le ~** to go around

tourner to turn VP 3
tous/toutes les deux both
tousser to cough VP 9
tout/toute/tous/toutes (*adj*) all, every 19
- **tous les +** *day of the week* every + *day of the week* 23
- **tous les jours** every day
- **~ le/la/les** all (of) the . . . , the whole, every 19
- **tout le monde** everybody, everyone 19
- **tout le temps** all (of) the time
- **toutes sortes** all kinds

tout (*adv*): **en ~** in all
- **~ à coup** all of a sudden, suddenly 23
- **~ à fait** absolutely
- **~ de même** all the same
- **~ de suite** immediately 23, 29
- **~ droit** straight ahead VP3
- **~ en +** *pres. participle* while (at the same time), by, in
- **~ près** nearby VP 3

tout (*pron/inv*) all, everything
- **après ~** after all
- **c'est ~?** is that all? VP 6
- **pas du ~** not at all

toux (*f*) cough VP 9

tract (*m*) flyer
tradition (*f*) tradition
traduire to translate 23
train (*m*) train 9, VP 3, VP 10
en ~ by train 9, VP 10
~ à grande vitesse (TGV) *high-speed train* VP 10
traité (*m*) treaty
tranche (*f*) slice 18
tranquille quiet
tranquillement quietly
transformer to transform
transport(s) (*m*) transportation 12
travail (*m*), **travaux** (*pl*) job, work 31
travailler to work 5
travailleur/travailleuse (*adj*) hardworking 28
traverser to cross VP 3
treize thirteen 3
trekking (*m*): **faire du ~** to trek
trente thirty 3
~ et un thirty-one 3
très very 3, 5
~ bien very well 3, VP 2
trésor (*m*) treasure, treasury
triste (*adj*) sad 8; lifeless 22
être ~ to be sad 33
tristesse (*f*) sadness 33
trois three 1
troisième third VP 3, 28
tromper: se ~ to be mistaken, to make a mistake 27
trop (de) too, too many, too much 5, VP 4
~ tard too late
trouver to find 20
se ~ to be located VP 3, 27
trouvés: objets ~ lost and found
truc (*m*) thing, something
tu you (*familiar*)
tube (*m*) tube VP 6
tuer to kill

un(e) (*art*) a, an 3
~ autre another 19
un moment ... just a moment . . .
un peu de some 18
un(e) (*number*) one 1
un + *day of the week* one + *day of the week* 23
un beau jour suddenly one day
uni(e) united
Union européenne (*f*) European Union
union libre (*f*) living together as an unmarried couple
unique sole, only
uniquement only
universitaire (*adj*) university VP 3
université (*f*) university 1, 9, 19
urbain(e) urban
urbanisation (*f*) urbanization
urgence (*f*) emergency VP 9
en cas d'~ in an emergency VP 9
usine (*f*) factory

utile useful 8, 19
il est ~ it is useful 32
utilisant: en ~ by using
utiliser to use 7

va (*imperative*) go
vacances (*fpl*) vacation 15
en ~ on vacation 15
grandes ~ summer vacation
vaisselle (*f*) dishes
faire la ~ to do/wash the dishes 10
valable valid
valeur (*f*) value
mettre en ~ to stress
valise (*f*) suitcase
faire les valises to pack
valoir to be worth
il vaut mieux it is better 31
variétés (*fpl*) variety show VP 5
spectacle (*m*) **de ~** variety show VP 5
vaut: il ~ mieux it is better 32
veau (*m*) veal 17
végétarien/végétarienne (*adj*) vegetarian
veiller à to look out for, to watch over
vélo (*m*) bicycle 7; cycling
à ~ by bicycle 9,
faire du ~ to go cycling
~ tout terrain (*m*) mountain bike
velours (*m*) corduroy
vendeur/vendeuse (*m/f*) salesperson
vendre to sell 13, 23
se ~ to sell, to be sold
vendredi (*m*) Friday 5
venir to come 16, 23
~ de + *inf* to have just + *pp* 16
vent (*m*) wind 10
il fait du ~ it is windy 10
ventes (*fpl*) sales; selling
ventre (*m*) stomach 26, VP 9
véridique realistic
véritable real, true
vérité (*f*) truth 21
Vermont (*m*) Vermont
vernissage (*m*) gallery opening
verre (*m*) glass 18
prendre un ~ to have a drink
vers (*with time*) around 30; (*with direction*) toward 30
vert(e) green 11
veste (*f*) jacket 11
vêtement (*m*) piece of clothing 11
vêtements (*mpl*) clothing 11
veuillez laisser un message please leave a message VP 2
veux (*See* **vouloir**)
viande (*f*) meat 17
victime (*f*) victim 24
vie (*f*) life 15, 22
gagner sa ~ to earn one's living 22
~ de fou crazy life
~ quotidienne daily life
~ urbaine urban life 22
vietnamien/vietnamienne (*adj*) Vietnamese

vieux/vieil/vieille/vieux/vieilles old 11
vignoble (*m*) vineyard
village (*m*) village 22
dans un ~ in a village 22
ville (*f*) city 9, 22
en ~ in town; in the city 9, 22
vin (*m*) wine 17
vingt twenty 3
vingt-deux twenty-two 3
vingt et un twenty-one 3
vingt et unième twenty-first 28
vingt-trois twenty-three 3
violet/violette purple 11
violon (*m*) violin 9
virus (*m*) virus VP7
visage (*m*) face 26
vis-à-vis de on, compared to, toward
visite (*f*) visit
visiter to visit a place 4, 13, 14
vitamine (*f*) vitamin 25, VP 9
vite fast 19, 28
vitesse (*f*) speed VP 10
à toute ~ at high speed
limite (*f*) **de ~** speed limit
vitrine (*f*) shop window
vivant: bon ~ (*adj*) jovial
bon ~ (*m*) jovial fellow
vive + *noun* hurrah for . . . ! long live . . . !
vivre to live 22
joie (*f*) **de ~** happiness
~ à deux to live together (as a couple)
~ bien (*m*) good living
~ en couple to live together (as a couple)
vocabulaire (*m*) vocabulary
voici here is, here are, here comes, here come 2
voie (*f*) track, route
voilà there is, there are, there comes, there come 2
voile (*f*) sailing 25
voir to see VP 5, 20
se ~ to see each other 27
voisin/voisine (*m/f*) neighbor
voisin(e) (*adj*) neighboring
voisinage (*m*) relations as neighbors
voiture (*f*) car 7 ; coach, passenger car (on a train) VP10
en ~ by car
~ de sport sports car VP 10
~ de tourisme sedan VP 10
vol (*m*) flight; theft 24
~ direct non-stop flight
volé(e) stolen
voler to steal 24, to fly
volets (*mpl*) shutters
voleur/voleuse (*m/f*) thief 24
volley (*m*) volleyball 9
volleyball (*m*) volleyball 9
volontaire: travail (*m*) **~** volunteer work
volontiers gladly
votre (vos *pl***)** your 10

voudrais: je ~ I would like VP 1, 5, 32
je ~ vous présenter ... I would like you to meet . . .
vouloir to want 19, 28, 32
est-ce que tu veux? do you want? 5
est-ce que vous voulez? do you want?
je veux I want 5, 19
je veux bien I'd be glad to, I'm willing 5
je voudrais I would like 5
~ bien to accept; to agree, to be willing, to want 32
~ dire to mean 21
vous you (*formal or plural*) 4, 6, 21
et ~? and you? 3
voyage (*m*) trip 10, 15
agence (*f*) **de voyages** travel agency
en ~ on a trip
faire un ~ to take/go on a trip 10
~ organisé tour
voyager to travel 5, 15
voyageur/voyageuse (*m/f*) traveler
vrai(e) true 8
c'est vrai it's true
il est vrai que ... it is true that . . . 33
vraiment really 14, 28
~? really? 14
VTT (*m*) **(vélo tout terrain)** mountain bike
vue (*f*) view
belle ~ beautiful view VP 8

WC (*mpl*) bathroom, toilet(s) 12
week-end (*m*) weekend 14, 23
tous les week-ends every weekend 23
western (*m*) western (*movie*)
Wifi WiFi 12

y (*pron*) it, there 25
allons-y let's go
il ~ a there is/there are
il ~ a deux ans two years ago
~ a-t-il? is there? are there?
yaourt (*m*) yogurt 17
yeux (*mpl*) eyes 26, VP 9
yoga (*m*): **faire du ~** to do yoga 25

zapper to quickly change (TV) channels
zéro (*m*) zero 1
zut darn

Vocabulaire

Anglais-Français

This English-French listing includes all the active vocabulary formally presented in the **La langue française** sections. Only those French equivalents that occur in the text are given. Expressions are listed according to the key word. The symbol ~ indicates repetition of the key word.

The following abbreviations are used.

abbrev	abbreviation	*mpl*	masculine plural
adj	adjective	*n*	noun
adv	adverb	*obj pron*	object pronoun
art	article	*pc*	passé composé
conj	conjunction	*pl*	plural
f	feminine	*prep*	preposition
fpl	feminine plural	*pron*	pronoun
inf	infinitive	*rel pron*	relative pronoun
int	interrogative	*qqch*	quelque chose
inv	invariable	*qqn*	quelqu'un
m	masculine	*sth*	something
m/f	masculine/feminine	*v*	verb

a, an un(e)
able: be ~ pouvoir
about de
above all surtout
abreast: keep ~ of a topic suivre un sujet
abroad à l'étranger
from ~ étranger/étrangère (*adj*)
absolutely absolument
accept accepter
access accès (*m*)
accident l'accident (*m*)
accidentally par hasard
according to d'après, selon, suivant
accountant le/la comptable
accounting la comptabilité
-ache: have a . . . ~ avoir mal à + *part of body*
achieve réussir, réaliser
acquaintance: make the ~ of faire la connaissance de
acquainted: be ~ (with) connaître
across (from) en face (de)
active actif/active
be ~ in (a sport) pratiquer
actor/actress l'acteur/l'actrice (*m/f*)
actual réel/réelle
ad (advertisement) l'annonce (*f*)
classified ~ la petite annonce
address l'adresse (*f*)
admire admirer
advertising la publicité
advice: piece of ~ le conseil
afraid: be ~ avoir peur
after après, ensuite
~ all après tout
afternoon l'après-midi (*m*)
in the ~ de l'après-midi
this ~ cet après-midi
tomorrow ~ demain après-midi
again à nouveau, de nouveau, encore; encore une fois
against contre
ago il y a + *elapsed time*
agree accepter, être d'accord, vouloir bien
agreed! d'accord!
agreement l'accord (*m*)
be in ~ être d'accord
ahead of time en avance
airplane l'avion (*m*)
by ~ en avion
airport l'aéroport (*m*)
all (*pron/adj*) tout/toute/tous/toutes
after ~ après tout
~ of a sudden tout à coup
~ right! d'accord!
~ the . . . tout le/toute la/tous les/toutes les ...
~ the time tout le temps
not at ~ pas du tout
allow permettre (à qqn de)
ally l'allié(e) (*m/f*)
almost presque
alone seul(e)
a lot (of) beaucoup (de)
already déjà
also aussi
always toujours
A.M. du matin
amazement l'étonnement (*m*)
ambitious ambitieux/ambitieuse
American (*n*) l'Américain/Américaine (*m/f*)
among parmi, entre
amusing amusant(e)
analysis l'analyse (*f*)
and et
~ you? et toi? et vous?
anger la colère
angry furieux/furieuse
to get ~ se mettre en colère, se fâcher
animal l'animal (*m*)
animation l'animation (*f*)
another un(e) autre
answer répondre (à)
~! répondez!
anthropology l'anthropologie (*f*)
any (*pron*) en
anymore ne ... plus
anyone quelqu'un
not ~ ne ... personne
anything quelque chose

apartment l'appartement (*m*)
studio ~ le studio
apologize s'excuser
appetizer l'entrée (*f*), le hors-d'oeuvre
apple la pomme
appointment le rendez-vous
have an ~ avoir rendez-vous
make an ~ with donner rendezvous à
April avril (*m*)
architect l'architecte (*m/f*)
architecture l'architecture (*f*)
area (*field*) le domaine; (*neighborhood*) le quartier
aren't you (we, they, etc.)? n'est-ce pas?
argue (with) se disputer (avec)
arm le bras
armchair le fauteuil
around vers + *time*
arrange to meet (each other) (se) donner rendez-vous
arrival l'arrivée (*f*)
arrive arriver
art l'art (*m*)
arts les arts (*mpl*)
fine arts les beaux-arts (*mpl*)
article l'article (*m*)
artistic (*adj*) artistique
as comme
~ ... ~ aussi ... que
~ a matter of fact en effet
~for quant à
~ much . . . ~ autant de ... que
ask demander
~ for sth from someone demander qqch à qqn
~ someone a question poser une question à qqn
~ someone if/to . . . demander à qqn si/de ...
assignment: written ~ le devoir
astonished (*adj*) étonné(e)
at à
~ . . .'s house chez ...
~ . . . o'clock à ... heures
~ last enfin
~ present actuellement
~ that moment alors
~ the present time à l'heure actuelle
~ what time . . .? à quelle heure ...?
~ your service à votre service
athletic sportif/sportive
attend assister à
attention: pay ~ (to) faire attention (à)
attentive attentif/attentive
attract attirer
August août (*m*)
aunt la tante
avenue l'avenue (*f*)
awful: the weather is ~ il fait un temps épouvantable

back le dos; le fond
at the ~ (of the store) au fond (du magasin)
backpack le sac
bad mauvais(e)
it is ~ weather il fait mauvais
it is too ~ that il est dommage que
not ~ pas mal
not too ~ comme ci, comme ça
badly mal
behave ~ se conduire mal
balcony le balcon
banana la banane
bank (*v*) **on-line** faire une opération bancaire en ligne
bar le bar
basketball le basket, le basketball
bath le bain
bathroom le cabinet de toilette, la salle de bains, les WC
be être
~ . . . years old avoir ... ans
~ able to pouvoir
~ active in a sport pratiquer, faire du/de la/des + *sport*
~ active/involved in politics faire de la politique
~ afraid of avoir peur de
~ born naître
~ busy with s'occuper de
~ called s'appeler
~ careful faire attention
~ cold avoir froid (*person*); faire froid (*weather*)
~ concerned about/with se préoccuper de
~ enrolled in a course suivre un cours
~ hot avoir chaud (*person*); faire chaud (*weather*)
~ hungry avoir faim
~ interested in s'intéresser à
~ located se trouver
~ lucky avoir de la chance
~ mistaken se tromper
~ necessary être nécessaire, il faut
~ on a diet suivre un régime, être au régime
~ one's own boss être son propre patron
~ right avoir raison
~ scared of avoir peur de
~ sleepy avoir sommeil
~ successful at réussir à
~ supposed to devoir
~ thirsty avoir soif
~ warm avoir chaud
~ willing vouloir bien
~ wrong avoir tort
beach la plage
beans les haricots (*mpl*)
beautiful beau/bel/belle/beaux/belles
it is ~ il fait beau (*weather*)
because parce que
~ of à cause de
become devenir
bed le lit
go to ~ se coucher
bedroom la chambre
beef le boeuf
beer la bière
draft ~ la bière pression
before: (*adv*) avant; (*prep*) avant de; (*conj*) avant que
. . . minutes ~ . . . ... heures moins ...
begin commencer (à)
~ by/with commencer par
beginning le commencement
behave (well/badly) se conduire (bien/mal)
behind derrière
Belgium la Belgique
believe croire, penser
~ in croire à
~ that croire que
belong to être à
bend plier
beside à côté de
best (*adj*) le/la meilleur(e)
best (*adv*) mieux
better (*adj*) meilleur(e)
it is ~ il vaut mieux
between entre
beverage la boisson
bicycle la bicyclette, le vélo
by ~ à vélo
big grand(e), gros/grosse
bilingual bilingue
bill l'addition (*f*), la facture, la note
biology la biologie
birthday l'anniversaire (*m*)
black noir(e)
blond blond(e)
blouse le chemisier
blue bleu(e)
body le corps
book le livre
bookstore la librairie
boots les bottes (*fpl*)
border la frontière
bored ennuyé(e)
to get ~ s'ennuyer
boring ennuyeux/ennuyeuse, barbant(e)
born né(e)
be ~ naître
I was ~ je suis né(e)
borrow (from) emprunter (à)
boss le chef, le patron/la patronne
boulevard le boulevard
boy le garçon
brave courageux/courageuse

Brazil le Brésil
bread le pain
break casser, se casser
breakfast le petit déjeuner
bridge (*game*) le bridge
bright génial(e) (géniaux *pl*), intelligent(e)
brilliant brillant(e)
brilliantly brillamment
bring apporter
  ~ along amener
brother le frère
brown brun(e), marron (*inv*)
brunette brun(e)
brush (*n*) la brosse
brush (*v*) (se) brosser
build construire
building le bâtiment
  apartment ~ l'immeuble (*m*)
burglarize (*v*) cambrioler
burglary le cambriolage
bus le bus
  by ~ en bus
business les affaires (*fpl*), le business, l'entreprise (*f*)
  ~ administration l'administration (*f*) des affaires
businessman/woman l'homme/la femme d'affaires
  ~ sense le sens des affaires
  create a ~ entreprendre
business (*study of*) les études de commerce
busy: be ~ with s'occuper de
but mais
butter le beurre
buy acheter
  ~ for oneself s'acheter
  ~ on-line acheter en ligne
by à, en, par

café le café
cafeteria: school ~ la cantine
cake le gâteau
calculator la calculatrice
call appeler, téléphoner à (qqn), se téléphoner
called: be ~ s'appeler
calm calme
calmly calmement
camcorder le caméscope
camera l'appareil photo (*m*)
  movie ~ la caméra
camping le camping
can (*be able to*) pouvoir
Canada le Canada
cap la casquette
capital la capitale
car l'auto (*f*), la voiture
  by ~ en voiture
card la carte
  post~ la carte postale
care: take ~ of s'occuper de
career la carrière
carrot la carotte
carry out réaliser
cartoon le dessin animé
case: in ~ of en cas de
catch attraper
  ~ a glimpse of apercevoir
CD le CD, le compact disque
CD player le lecteur de compacts disques
celebrate célébrer
cell phone le portable
center le centre
century le siècle
cereal les céréales (*fpl*)
certain certain(e)
chair la chaise
champion le champion/la championne
chance (*luck*) le hasard; (*possibility*) l'occasion (*f*)
  by ~ par hasard
  have the ~ to avoir l'occasion de
channel: TV ~ la chaîne
chat (*v*) (on-line) chatter
cheap bon marché (*inv*)
check le chèque
  traveler's ~ le chèque de voyage
checkers les dames (*fpl*)
cheese le fromage
chemistry la chimie
cherry la cerise
chess les échecs (*mpl*)
chicken le poulet
child l'enfant (*m/f*)
China la Chine
Chinese (*language*) le chinois
choice le choix
choose choisir (de)
church l'église (*f*)
cider le cidre
citizen le citoyen/la citoyenne
city la ville
  in the ~ en ville
civil servant le/la fonctionnaire
  ~ service la fonction publique
civilization la civilisation
class la classe, le cours
classified ad la petite annonce
classroom la (salle de) classe
clean (*v*) nettoyer
clean (*adj*) propre
climb monter
close fermer
  ~ your books! fermez vos livres!
closet le placard
clothing les vêtements (*mpl*)
  piece of ~ le vêtement
coat le manteau (manteaux *pl*)
coffee le café
cognate le mot apparenté
  false ~ le faux ami
cold (*illness*) le rhume
cold (*temperature*) le froid
  be ~ avoir froid
  it is ~ il fait froid
color la couleur
  what ~? de quelle couleur?
comb (*n*) le peigne
comb (*v*) se peigner
come venir, arriver
  ~ back revenir
  ~ close to s'approcher de
  ~ in entrer
comfortable confortable
comic strip la bande dessinée
commercial(s) la publicité
compact disk le compact disque, le CD
compact stereo la mini-chaîne
company (*firm*) la compagnie, l'entreprise (*f*), la société
competent compétent(e)
computer l'ordinateur (*m*)
  ~ games les jeux (*mpl*) sur ordinateur
  ~ science l'informatique (*f*)
  ~ scientist l'informaticien/l'informaticienne (*m/f*)
  ~file le fichier
communicate (*v*) communiquer
concerned: be/get ~ about se préoccuper de
condition: on the ~ that à condition que
conformist (*adj*) conformiste
conscientious consciencieux/consciencieuse
conservative conservateur/conservatrice
consider considérer
construct construire
content satisfait(e)
continue continuer à
contrary: on the ~ au contraire
controlled: government ~ public/publique
cook (*v*) faire la cuisine
cooking (*n*) la cuisine
cost (*v*) coûter
cost (*n*) le coût
country (*countryside*) la campagne
  in the ~ à la campagne
country (*nation*) le pays
courageous courageux/courageuse
course le cours, la classe
  take a ~ suivre un cours
course: of ~! bien sûr! mais oui!
  of ~ not! bien sûr que non! mais non!
cousin le cousin/la cousine
crazy fou/fol/folle/fous/folles
cream la crème
create créer, produire
  ~ a business entreprendre
creative créateur/créatrice
crime la criminalité

criticize critiquer
cruel cruel/cruelle
cultural (*adj*) culturel/culturelle
curious curieux/curieuse
custard la crème
customs la douane
cut couper
  ~ oneself se couper
cute (*adj*) mignon/mignonne

daily (*adj*) quotidien/quotidienne
dance (*n*) la danse
dance (*v*) danser
data specialist l'informaticien/l'informaticienne (*m/f*)
date (*n*) (*calendar*) la date
  what is the ~? quelle est la date?
date (*n*) (*appointment*) le rendez-vous
  have a ~ avoir rendez-vous
  make a ~ with donner rendez-vous à
date (*v*) sortir avec
daughter la fille
day le jour, la journée
  ~ after tomorrow après-demain
  ~ before yesterday avant-hier
  ~ off le jour de congé
  every ~ chaque jour, tous les jours
  per ~ par jour
  what ~ is this? quel jour est-ce? quel jour sommes-nous?
death la mort
debt la dette
December décembre (*m*)
decide décider (de), choisir (de)
degree le diplôme
degrees (*weather*) les degrés (*mpl*)
it is . . . degrees out il fait ... degrés
delighted (*adj*) ravi(e)
dentist le/la dentiste
departure le départ
deplore déplorer
describe décrire
desk le bureau (bureaux *pl*)
dessert le dessert
destroy détruire
detective novel le roman policier
detest détester
diary le journal
die mourir
diet le régime
  be on a ~ être au régime, suivre un régime
difficult difficile, dur(e)
diminish diminuer
dining room la salle à manger
dinner le dîner
  eat/have ~ dîner
diploma le diplôme
directions les directions (*fpl*)
dirty sale
disappoint décevoir
discover découvrir
discovery la découverte
discreet discret/discrète
disease la maladie
dishes la vaisselle
do the ~ faire la vaisselle
diskette la disquette
dislike détester
district le quartier
diversity la diversité
divorce (*v*) divorcer
divorced (*adj*) divorcé(e)
do faire
  ~ the exercise! faites l'exercice!
  ~ without se passer de
doctor le docteur, le médecin
  at the ~'s office chez le docteur/le médecin
documentary film le documentaire
domain le domaine
don't you (we, they, etc.)? n'est-ce pas?
door la porte
dormitory la résidence
doubt: I ~ that je doute que
doubtful douteux/douteuse
downtown en ville, centre-ville
download télécharger
dream (about/of) rêver (de)
dress (*n*) la robe
dress (*v*) s'habiller
dressed: get ~ s'habiller
drink (*n*) la boisson
drink (*v*) boire
  have something to ~ prendre qqch à boire
drive conduire
dumb sot/sotte
during pendant
DVD le DVD
dynamic dynamique

each (*adj*) chaque
each (one) (*pron*) chacun/chacune
ear l'oreille (*f*)
early en avance, tôt
earn gagner
  ~ a good living bien gagner sa vie
  ~ one's living gagner sa vie
easily facilement
east l'est (*m*)
easy facile
eat manger, prendre
  ~ dinner dîner
  ~ lunch déjeuner
  have sth to ~ prendre qqch à manger
economics les sciences (*fpl*) économiques
economy l'économie (*f*)
education: higher ~ les études (*fpl*) supérieures
egg l'oeuf (*m*)
  fried eggs les oeufs sur le plat
Egypt l'Égypte (*f*)
eight huit
eighteen dix-huit
eighth huitième
eighty quatre-vingts
elect élire
electronics l'électronique (*f*)
elevator l'ascenseur (*m*)
eleven onze
  ~ hundred onze cents (= mille cent)
eleventh onzième
elsewhere ailleurs
e-mail l'email (*m*), le courriel, le mél
employ employer
employee l'employé/l'employée (*m/f*)
  public/state ~ le/la fonctionnaire
end (*n*) la fin
end (*v*) finir
enemy l'ennemi(e) (*m/f*)
energetic énergique
engaged: get ~ to se fiancer avec
engineer l'ingénieur (*m*)
engineering studies les études (*fpl*) d'ingénieur
England l'Angleterre (*f*)
English (*language*) l'anglais (*m*)
English (*adj*) anglais(e)
enough (of) assez (de)
enrolled: be ~ in a course suivre un cours
enter entrer (dans)
enterprise l'entreprise (*f*)
environment l'environnement (*m*)
epoch l'époque (*f*)
equal égal(e) (égaux *mpl*)
equality l'égalité (*f*)
equipment l'équipement (*m*)
  audio-visual ~ l'équipement audiovisuel
  piece of ~ l'appareil (*m*)
errands: do ~ faire les courses
especially surtout
essential essentiel/essentielle
establish établir
even même
evening le soir, la soirée
  evenings le soir
  every ~ tous les soirs
  in the ~ du soir, le soir (*habitually*)
  this ~ ce soir
  tomorrow ~ demain soir
event l'événement (*m*)
ever déjà, jamais
  not ~ ne ... jamais
every chaque
  ~ day chaque jour, tous les jours
  ~ + *day of the week* tous les + *day of the week*
everybody tout le monde
everyone tout le monde
exam l'examen (*m*)
exchange l'échange (*m*)

excuse me excusez-moi, pardon
excuse oneself s'excuser
executive le/la cadre
exercise (*n*) l'exercice (*m*)
exercise (*v*) faire de l'exercice, faire de la gym(nastique)
expected: it is to be ~ il est normal
expense la dépense
expensive cher/chère
experiment l'expérience (*f*)
explain expliquer
express exprimer
  ~ oneself s'exprimer
eye l'oeil (*m*) (yeux *pl*)

face la figure, le visage
fact le fait
  as a matter of ~ en effet
factory l'usine (*f*)
fail an exam rater un examen
fair (*adj*) juste
fall (*n*) l'automne (*m*)
  in ~ en automne
fall (*v*) tomber
false faux/fausse
familiar familier/familière
  be ~ with connaître
family la famille
famous célèbre, connu(e)
far (from) loin (de)
fast (*adj*) rapide; (*adv*) rapidement, vite
fat gros/grosse
  get ~ grossir
father le père
favorite favori/favorite, préféré(e)
fax machine le télécopieur, le fax
fax-modem le modem-fax
fear (*n*) la peur, la crainte
fear (*v*) avoir peur de
feast la fête
February février (*m*)
feel sentir, se sentir
  ~ like avoir envie de
  ~ sorry for plaindre
feeling (*n*) le sentiment
feet les pieds (*mpl*)
few peu (de)
  a ~ quelques
  a ~ times quelquefois
field le domaine
fifteen quinze
fifteenth quinzième
fifth cinquième
fifty cinquante
fight (*v*) lutter
figure (*body*) la ligne
finally enfin, finalement
finances: personal ~ les finances (*fpl*) personnelles
find trouver
fine (*adv*) bien
  ~ arts les beaux-arts (*mpl*)
finger le doigt
finish finir (de)
fire l'incendie (*m*)
fire station la caserne de pompiers
firm (*company*) la compagnie, l'entreprise (*f*), la firme
first premier/première
  at ~ au début, d'abord
  ~ of all d'abord
fish le poisson
five cinq
flag le drapeau
flu la grippe
flunk an exam rater un examen, échouer à un examen
follow suivre
  ~ advice suivre un conseil
following suivant(e)
food l'alimentation (*f*)
foot le pied
  on ~ à pied
football le football américain
for depuis, pendant, pour
  ~ how long? depuis combien de temps?; depuis quand? pendant combien de temps?
  ~ + *length of time* depuis + *length of time*
  ~ whom pour qui?
forbid défendre (à qqn de), interdire (à qqn de)
forecast (*n*) (*weather*) la météo
forecast (*v*) prévoir
foreign étranger/étrangère
foreigner l'étranger/l'étrangère (*m/f*)
foresee prévoir
foretell prédire
forget oublier (de)
formerly autrefois
fortunately heureusement
forty quarante
four quatre
fourteen quatorze
fourth quatrième
France la France
frank franc/franche
free (*of charge*) gratuit(e)
free (*at liberty*) libre
  ~ time le temps libre
freedom la liberté
French (*adj*) français(e)
  ~ fries les frites (*fpl*)
French (*language*) le français
Friday vendredi (*m*)
friend l'ami(e), le/la camarade, le copain/la copine
friendly sociable
friendship l'amitié (*f*)
fries: French ~ les frites (*fpl*)
from de
  ~ time to time de temps en temps
  ~ where d'où
front: in ~ (of) devant
fruit le fruit
fun amusant(e)
  have ~ s'amuser
funny drôle, amusant(e)
furious furieux/furieuse
furniture: piece of ~ le meuble
future l'avenir (*m*); (*tense*) le futur

gain weight grossir
game le jeu (jeux *pl*)
  computer games les jeux sur ordinateur
  play a ~ faire un match, jouer
  TV ~ shows les jeux télévisés
  video games les jeux vidéo
garage le garage
garden le jardin
generous généreux/généreuse
gentleman le monsieur
German (*language*) l'allemand (*m*)
Germany l'Allemagne (*f*)
get obtenir, recevoir, chercher
  ~ acquainted (with) faire la connaissance (de)
  ~ along (with) s'entendre (avec)
  ~ back rentrer
  ~ down/off descendre (de)
  ~ on monter
gift le cadeau (cadeaux *pl*)
girl la fille
  young ~ la jeune fille
give donner (qqch à qqn), offrir
  ~ back rendre
  ~ a gift offrir un cadeau
  ~ a grade mettre une note
  ~ permission permettre (à qqn de)
  ~ sth back rendre qqch (à qqn)
glass la tasse
glasses les lunettes (*fpl*)
  sun~ les lunettes de soleil
glimpse: catch a ~ of apercevoir
go aller
  ~ away partir (de); s'en aller
  ~ back rentrer, retourner
  ~ by/through passer (par)
  ~ down descendre
  ~ for a ride/walk faire une promenade, se promener
  ~ home rentrer
  ~ on a trip faire un voyage
  ~ out (of) sortir (de)
  ~ out with sortir avec
  ~ shopping faire les courses
  ~ to assister à; se rendre à
  ~ up monter
golf le golf
good (*adj*) bon/bonne
  ~ morning bonjour
  in a ~ mood de bonne humeur
  it is ~ il est bon
good-by au revoir

government le gouvernement
~-controlled public/publique
grade la note
grandchild le petit-enfant (petits-enfants *pl*)
granddaughter la petite-fille
grandfather le grand-père
grandmother la grand-mère
grandparent le grand-parent (grands-parents *pl*)
grandson le petit-fils
grapefruit le pamplemousse
gray gris(e)
Greece la Grèce
Greek (*language*) le grec
green vert(e)
grill le grill
grow impatient s'impatienter
gym centre sportif
gymnastics la gymnastique

hair les cheveux (*mpl*)
hairbrush la brosse à cheveux
half (*n*) la moitié
half (*adj*) demi(e)
~ past . . . il est ... heure(s) et demie
~-brother le demi-frère
~-sister la demi-soeur
hall la salle
ham le jambon
hand la main
handsome beau/bel/belle/beaux/belles
happen arriver, se passer
happiness la joie
happy content(e), heureux/heureuse
hard difficile, dur(e)
hard-working travailleur/travailleuse
harm: there's no ~ done il n'y a pas de mal
hat le chapeau
hate détester
have avoir
~ a meal prendre le repas
~ breakfast prendre le petit déjeuner
~ dinner dîner
~ fun s'amuser
~ just + *pp* venir de + *inf*
~ knowledge of savoir
~ lunch déjeuner
~ seconds reprendre
~ sth to eat/drink prendre qqch à manger/à boire
~ the opportunity/the chance to avoir l'occasion de
~ to (must) avoir besoin de, devoir, il faut + *inf*, être obligé(e) de
he il
head (*person in charge*) le chef
head (*part of the body*) la tête
headache: to have a ~ avoir mal à la tête
health la santé
be in good ~ être en bonne santé
be in poor ~ être en mauvaise santé
healthy bien portant(e)
hear entendre
heart le coeur
hello bonjour; salut (*informal*); allô (*on telephone*)
help aider
her (*pron*) elle, lui
her (*adj*) son/sa/ses
here ici
~ is, ~ are, ~ comes, ~ come voici, voilà
hesitate hésiter (à)
hey! dis! tiens!
hi! salut!
hi-fi la chaîne-stéréo
high rise la tour
high-tops les baskets (*fpl*)
hiking (*n*) la marche à pied
him (*pron*) lui
hire employer
his (*adj*) son/sa/ses
history l'histoire (*f*)
hitchhike faire de l'auto-stop
hobby le passe-temps
holiday la fête, le jour de congé, le jour férié
home la maison
at ~ à la maison, chez + *stress pron*
homework les devoirs (*mpl*)
do ~ faire les devoirs
honest franc/franche, honnête
hope espérer
hospital l'hôpital (*m*)
hot chaud(e)
it's ~ out il fait chaud
hour l'heure (*f*)
in . . . hour(s) dans ... heure(s)
house la maison
at . . .'s ~ chez + *person*
housework le ménage
do the ~ faire le ménage
housing le logement
how comment
for ~ long? depuis combien de temps?
~ are you? comment allez-vous? ça va?
~ do you say . . .? comment dit-on . . .?
~ many combien (de)
~ much combien (de)
however cependant, pourtant
humanities les lettres (*fpl*)
hundred cent
one ~ thousand cent mille
one thousand one ~ mille cent, onze cents
two ~ deux cents
hungry: be ~ avoir faim
hurry se dépêcher
husband le mari

I je
ice cream la glace
idea l'idée (*f*)
idealistic idéaliste
if si (s')
ill malade
illness la maladie
imaginative imaginatif/imaginative
immediately tout de suite
impatient impatient(e)
get/grow ~ s'impatienter
impolite impoli(e)
important important(e)
improve améliorer, faire des progrès
impulsive impulsif/impulsive
in dans, en, à
~ + *city* à + *city*
~ + *country* en + *fem. country*/au + *masc. country*
~ + *month* en + *month*
~ + *season* en/au + *season*
~ case of en cas de
~ fact en effet
~ order to pour
~ the evening le soir
~ the state of . . . dans l'état de ...
increase augmenter
indeed en effet
independent indépendant(e)
indiscreet indiscret/indiscrète
indispensable indispensable
individual (*n*) l'individu
individual (*adj*) individuel/individuelle
individualistic individualiste
industry l'industrie (*f*)
inexpensive bon marché (*inv*)
information les renseignements (*mpl*)
ingredient l'ingrédient (*m*)
inhabitant l'habitant(e)
inside à l'intérieur (de), dedans
instead of au lieu de
intellectual intellectuel/intellectuelle
intelligent intelligent(e)
intend avoir l'intention de
interested: be ~ in s'intéresser à
interesting intéressant(e)
Internet Internet
intuitive intuitif/intuitive
intuitively intuitivement
invention l'invention (*f*)
invite inviter
Ireland l'Irlande (*f*)
Irish irlandais(e)
it (*pron*) cela (ça); il, elle, ce

it is c'est, il est
~ . . . degrees il fait ... degrés
~ bad out il fait mauvais
~ beautiful il fait beau
~ better il vaut mieux
~ cold il fait froid
~ necessary il faut + *inf*, il est nécessaire
~ nice out il fait bon
~ raining il pleut
~ warm, hot il fait chaud
~ windy il fait du vent
Italian (*adj*) italien/italienne
Italian (*language*) l'italien (*m*)
Italy l'Italie (*f*)
its son/sa/ses

jacket la veste
jam la confiture
January janvier (*m*)
Japan le Japon
Japanese (*language*) le japonais
jealous jaloux/jalouse
jeans le jean
job l'emploi (*m*), le travail (travaux *pl*)
jogging le jogging
~ suit le survêt
journalist le/la journaliste
judge juger
juice le jus
grape ~ le jus de raisin
orange ~ le jus d'orange
tomato ~ le jus de tomate
July juillet (*m*)
June juin (*m*)
junior high school le collège
just juste
justice la justice

keep conserver, garder
~ abreast of a topic suivre un sujet
keyboard le clavier
kilogram le kilo(gramme)
kilometer le kilomètre
kind gentil/gentille, sympathique
kitchen la cuisine
knee le genou (genoux *pl*)
know connaître, savoir
I ~ that . . . je sais que ...
~ by heart connaître par coeur
~ how to savoir + *inf*
knowledge: have ~ of savoir
known connu(e)
unknown inconnu(e)
well-known connu(e)

laboratory le laboratoire
lady la dame
lamp la lampe
language la langue
large grand(e)
last (*v*) durer
last (*adj*) dernier/dernière
at ~ enfin
~ night hier soir
late en retard, tard
it is ~ il est tard
to be ~ être en retard
law la loi; le droit (*field of study*)
lawyer l'avocat/l'avocate (*m/f*)
lazy paresseux/paresseuse
learn apprendre (à)
~ new things se cultiver
least le/la/les moins
at ~ au moins
leave partir (de), sortir (de), quitter; s'en aller
leave (*holiday*) le jour de congé
lecture la conférence
left: on/to the ~ of à gauche de
leg la jambe
leisure-time activities les loisirs (*mpl*)
lemon soda la limonade
lend prêter (qqch à qqn)
less moins
~ than moins ... que
letter la lettre
liberal libéral(e) (libéraux *mpl*)
liberty la liberté
library la bibliothèque
lie (*n*) le mensonge
life la vie
lights éclairage (*m*)
like (*v*) aimer, aimer bien, plaire à
I would ~ je voudrais
like (*conj*) comme
lipstick le rouge à lèvres
listen to écouter
~! écoutez!
liter le litre
literature la littérature
little (*adj*) petit(e)
little (*adv*) peu (de)
a ~ un peu
a ~ bit of un peu de
live (*v*) habiter, vivre
living: earn one's ~ gagner sa vie
~ room la salle de séjour, le salon
~ room (*informal*) le living
long long/longue
a ~ time longtemps
longer: no ~ ne ... plus
look
~ (at) regarder
~ for chercher
~ like ressembler à
~ (*seem*) avoir l'air + *adj*
~! regardez!; tiens!
lose perdre
~ weight maigrir
lot: a ~ (of) beaucoup (de)
love (*n*) l'amour (*m*)
love (*v*) adorer, aimer
loyal loyal(e) (loyaux *mpl*)
luck la chance
lucky: be ~ avoir de la chance
lunch le déjeuner
have ~ déjeuner
-ly (*adverbial ending*) -ment

Ma'am Madame (Mme)
mad (*crazy*) fou/folle; (*angry*) furieux/furieuse
magazine le magazine
illustrated ~ la revue
maintain maintenir
make faire, rendre (+ *adj*), préparer
~ a date/an appointment donner rendez-vous à
~ a mistake se tromper
~ progress faire des progrès
~ the acquaintance of faire la connaissance de
makeup: to put on ~ se maquiller
mall le centre commercial
man l'homme (*m*)
business ~ l'homme (*m*) d'affaires
young ~ le garçon, le jeune homme
management la gestion, le management
many beaucoup (de), de nombreux/de nombreuses
how ~ combien (de)
not ~ peu (de)
too ~ trop (de)
very ~ beaucoup (de)
March mars (*m*)
marketing le marketing
marriage le mariage
married marié(e)
get ~ se marier (avec)
marry épouser, marier, se marier (avec)
Martinique (*from*) martiniquais(e)
math les maths (*fpl*)
study ~ faire des maths
mathematics les mathématiques (*fpl*)
matter: as a ~ of fact en effet
May mai (*m*)
may (*be able to*) pouvoir
maybe peut-être
mayonnaise la mayonnaise
me (*pron*) me, moi
~ neither moi non plus
~ too moi aussi
meal le repas
mean (*v*) signifier, vouloir dire
means (*n*) le moyen
meat la viande
medicine (*subject of study*) la médecine
medicine (*drug*) le médicament
meet rencontrer, connaître (*in pc*)
arrange to ~ donner rendez-vous à
~ again (se) retrouver

meet (*continued*)
~ **by chance** rencontrer, se rencontrer
~ **for the first time** faire la connaissance de; (se) rencontrer
meeting (*by chance*) la rencontre
organized ~ la réunion
method la méthode
Mexico le Mexique
middle le milieu
in the ~ of au milieu de
midnight minuit (*m*)
milk le lait
million million (*m*)
mineral water l'eau (*f*) minérale
minute la minute
in a ~ dans une minute
in . . . minutes dans ... minutes
misbehave se conduire mal
Miss mademoiselle (Mlle)
mistake: make a ~ se tromper de
mistaken: be ~ se tromper de
Mister Monsieur (M.)
modern moderne
moment: in a ~ dans un moment
Monday lundi (*m*)
money l'argent (*m*)
save ~ faire des économies
month le mois
per ~ par mois
this ~ ce mois-ci
mood l'humeur (*f*)
in a bad ~ de mauvaise humeur
in a good ~ de bonne humeur
moped la mobylette
more plus
~ **. . . than** plus ... que
morning le matin
in the ~ du matin
this ~ ce matin
Moroccan (*adj*) marocain(e)
most la plupart (de)
the ~ . . . le/la/les plus ...
mother la mère
motorcycle la moto
mountain la montagne
mountaineering l'alpinisme (*m*)
mountain bike le VTT, le vélo tout terrain
mouse (*computer*) la souris
mouse pad le tapis de souris
mouth la bouche
movie le film
~ **camera** la caméra
~ **theater** le cinéma
movies le cinéma
MP3 le lecteur MP3
Mr. (*abbrev*) M.
Mrs. (*abbrev*) Mme
much beaucoup (de)
as ~ . . . as autant de ... que
how ~? combien?
~ **too** ~ beaucoup trop (de)
not ~ peu (de)
too ~ trop (de)
very ~ beaucoup (de)
museum le musée
music la musique
musical musicien/musicienne
must devoir, il faut + *inf*
I ~ je dois
mustard la moutarde
my (*adj*) mon/ma/mes
myself moi-même

naïve naïf/naïve
name (*n*) le nom
first ~ le prénom
my ~ is . . . je m'appelle ...
what is your ~? comment vous appelez-vous?
name (*v*) nommer
named: be ~ s'appeler
nationality la nationalité
natural naturel/naturelle
near près (de)
neat net/nette
necessary nécessaire
it is ~ il est nécessaire, il faut + *inf*
neck le cou
need (*v*) avoir besoin de
neighbor le voisin/la voisine
neighborhood le quartier
nephew le neveu
nervous nerveux/nerveuse
get ~ s'énerver
network le réseau
social ~ le réseau social
never ne ... jamais
nevertheless pourtant
new moderne, neuf/neuve, nouveau/nouvel/nouvelle/nouveaux/nouvelles
news les informations (*fpl*), les nouvelles (*fpl*)
~ **item, piece of** ~ la nouvelle, le fait divers
newspaper le journal (journaux *pl*)
next (*adj*) prochain(e)
next (*adv*) ensuite
~ **to** à côté de
nice agréable, gentil/gentille, sympathique
it is ~ out il fait beau/bon
niece la nièce
night la nuit
last ~ hier soir
~ **table** la table de nuit
tonight ce soir
nine neuf
nineteen dix-neuf
ninth neuvième
no non
~ **longer** ne ... plus
~ **one** ne ... personne
why ~! mais non!
noise le bruit
noisy (*adj*) bruyant(e)
noon midi (*m*)
~ **meal** le déjeuner
no one ne ... personne
north le nord
nose le nez
not ne ... pas
~ **anymore** ne ... plus
~ **anyone** ne ... personne
~ **anything** ne ... rien
~ **at all** ne ... pas du tout
~ **bad** pas mal
~ **ever** ne ... jamais
~ **many, much** peu (de)
~ **too bad** comme ci, comme ça
~ **yet** ne ... pas encore
notebook le cahier
notes: lecture ~ les notes (*fpl*)
nothing ne ... rien, rien
it's ~! de rien! il n'y a pas de quoi!
notice remarquer
novel le roman
detective ~ le roman policier
November novembre (*m*)
now maintenant
number le numéro
the greatest ~ la plupart de
numerous de nombreux/de nombreuses
nurse l'infirmier/l'infirmière (*m/f*)

object l'objet (*m*)
objective l'objectif (*m*)
observe observer
obtain obtenir
obvious: it is ~ that il est évident que
obviously évidemment
o'clock heures (*abbrev* **h**)
at . . . ~ à ... heure(s)
it is . . . ~ il est ... heure(s)
October octobre (*m*)
of de
~ **course!** bien sûr! évidemment!
~ **course not!** bien sûr que non! mais non!
offer offrir
office le bureau (bureaux *pl*)
often souvent
OK! d'accord! ah bon!
okay (*feeling*) assez bien; comme ci, comme ça
old ancien/ancienne, vieux/vieil/vieille/vieilles
how ~ are/is . . . Quel âge + *avoir*
older (*adj*) aîné(e)
on sur
~ + *day of the week* le ...
~ **foot** à pied
~**-line** en ligne
~ **the condition that** à condition que

~ **the contrary** au contraire
~ **this topic** à ce sujet
~ **time** à l'heure
~ **top of** au-dessus de
~ **vacation** en vacances
once une fois
~ **again** encore une fois
~ **in a while** de temps en temps
one (*number*) un(e); (*subject pron*) on
only (*adj*) seul(e); (*adv*) seulement
open ouvrir
~ **your books!** ouvrez vos livres!
opinion l'avis (*m*)
in my ~ à mon avis
opportunity l'occasion (*f*)
have the ~ **to** avoir l'occasion de
opposite en face (de)
optimistic optimiste
or ou, ou bien
orange (*n*) (*fruit*) l'orange (*f*)
~ **juice** le jus d'orange
orange (*n*) (*color*) orange (*m*)
orange (*adj*) orange (*inv*)
order (*v*) commander
organize organiser
original original(e) (originaux *mpl*)
other (*adj*) autre
other (one) (*pron*) l'autre (*m/f*)
our notre (nos *pl*)
outside dehors
~ **of** à l'extérieur de
owe devoir + *noun*
own (*v*) posséder
own (*adj*) propre

pack (*v*) faire les valises
painting la peinture
pants le pantalon
pantyhose les collants (*mpl*)
paper le papier; le journal (*newspaper*)
sheet of ~ la feuille de papier
paragliding le parapente
parents les parents (*mpl*)
park le parc
parka l'anorak (*m*)
participate actively in a sport faire du + *sport*
party la fête
formal ~ la soirée
pass (by) passer (par)
~ **an exam** être reçu(e) à un examen, réussir à un examen
past: in the ~ autrefois
half ~ **. . .** ... heures et demi(e)
pasta les pâtes (*fpl*)
pâté le pâté
patient (*adj*) patient(e)
patiently patiemment
pay (for) payer
~ **attention!** faites attention!
~ **attention to** faire attention à

peace la paix
pear la poire
peas les petits pois (*mpl*)
pen le stylo
pencil le crayon
people (*n*) les gens (*mpl*)
people (*pron*) on
pepper le poivre
per par
percent pour cent
perceptive perceptif/perceptive
perhaps peut-être
period (*of time*) l'époque (*f*)
permission: give ~ permettre
person la personne
personal stereo le Walkman, le baladeur
pessimistic (*adj*) pessimiste
pharmacist le pharmacien/la pharmacienne
pharmacology la pharmacie
philosophy la philosophie
phone (*v*) téléphoner (à)
photograph la photo
take photographs faire de la photo; prendre des photos
photography la photo
physics la physique
picnic le pique-nique
pictures: take ~ faire de la photo; prendre des photos
pie la tarte
piece le morceau, la part
pink rose
place (*n*) l'endroit (*m*), le lieu
take ~ avoir lieu
place (*v*) mettre
plain (not good-looking) (*adj*) moche
plain (*adj*) ordinaire
plan (*n*) le projet
plan (*v*) avoir l'intention de
play jouer
~ **a game** faire un match; jouer à
~ **(an instrument)** jouer de
~ **a sport** faire du/de la/des + *sport*; jouer à
pleasant agréable
please s'il vous plaît (*formal*), s'il te plaît (*informal*)
P.M. de l'après-midi, du soir
poem le poème
poker le poker
polite poli(e)
politely poliment
political science les sciences (*fpl*) politiques
politics: be active/involved in ~ faire de la politique
poll le sondage
pollution la pollution
pool la piscine
poor (*adj*) (*penniless*) pauvre; (*in quality*) mauvais(e)

poorly mal
pork le porc
portion la part
Portugal le Portugal
possible possible
post (*v*) poster
post office la poste
postcard la carte postale
poster l'affiche (*f*)
potato la pomme de terre
power le pouvoir
practice pratiquer
~ **a sport** pratiquer, faire du/de la/des + *sport*
prefer aimer mieux, préférer
preferable préférable
prepare préparer
present (*n*) le cadeau (cadeaux *pl*)
present (*adj*) actuel/actuelle
preserve garder
pretty beau/bel/belle/beaux/belles, joli(e)
price le prix
pride la fierté
printer l'imprimante (*f*)
private privé(e)
probably probablement, sans doute
problem le problème
produce produire
product le produit
profession la profession
professor le professeur, le prof
profile le profil
program le programme
TV ~ l'émission (*f*)
progress le progrès
make ~ faire des progrès
prohibit défendre de, interdire
promise (*v*) promettre (à qqn de)
protect protéger
proud fier/fière
provided that à condition que
psychology la psychologie
public public/publique
~ **relations** les relations (*fpl*) publiques
punctual ponctuel/ponctuelle
punished (*adj*) puni(e)
purchase (*n*) l'achat (*m*)
purchase (*v*) acheter
purple violet/violette
put (back) remettre
put (on) mettre

quarrel with se disputer avec
quarter le quart
it is ~ **of . . .** il est ... heures moins le quart
it is ~ **past . . .** il est ... heures et quart
Quebec (*from*) québécois(e)
question la question
ask someone a ~ poser une question à qqn

quickly rapidement, vite
quiet calme
quit cesser de

radio la radio
rain (*n*) la pluie
rain (*v*) pleuvoir
it's raining il pleut
raincoat l'imper (*m*)
rapid rapide, vite
rapidly rapidement
rarely rarement
rather assez, plutôt
razor le rasoir
read (*v*) lire
 ~! lisez!
reading la lecture
ready prêt(e)
 get ~ se préparer
real réel/réelle, véritable, vrai(e)
real estate l'immobilier (*m*)
realistic réaliste
realize s'apercevoir de, se rendre compte de
really vraiment
 ~? ah bon? vraiment?
 ~! ah bon!
receive recevoir
recognize reconnaître
red rouge
 ~-headed roux/rousse
refuse (*v*) refuser de
regarding à l'égard de
regret (*v*) regretter de
regular régulier/régulière
relations: personal ~ les relations (*fpl*) personnelles
relationship le rapport
relatives les parents (*mpl*)
remain rester
remarried (*adj*) remarié(e)
remember se souvenir de
render rendre + *adj*
rent (*n*) le loyer
 low ~ le loyer modéré
rent (*v*) louer
repeat répéter
 ~! répétez!
reporter le/la journaliste
research la recherche
 do ~ faire des recherches
researcher le chercheur/la chercheuse
reserved réservé(e)
reside habiter
resource la ressource
responsibility la responsabilité
responsible for responsable de
rest (*v*) se reposer
restaurant le restaurant
return rentrer, retourner; (*give back*) rendre à
rice le riz
rich riche
ride la promenade
 take/go for a ~ faire une promenade
right (*n*) (*entitlement*) le droit
 be ~ avoir raison
 it is ~ il est juste
 ~? n'est-ce pas?
right (*adj*) (*direction*) droit(e)
on/to the ~ à droite de
roast beef le rosbif
role play (*n*) le jeu de rôle
roller-blading (*n*) le roller
room la pièce, la salle, la chambre
 bed~ la chambre
 dining ~ la salle à manger
 large ~ la salle
 living ~ la salle de séjour, le salon; le living (*informal*)
 ~ and board la pension
roommate le/la camarade de chambre
roomy (*adj*) spacieux/spacieuse
rug le tapis
rugby le rugby
run courir; (*function*) marcher
 ~ into rencontrer
Russia la Russie
Russian (*language*) le russe

sad triste
sadness la tristesse
sailing la voile
 to go ~ faire de la voile
salad la salade
salami le saucisson
salesperson le vendeur/la vendeuse
salmon le saumon
salt le sel
same même
sandals les sandales (*fpl*)
satisfaction la satisfaction
satisfied satisfait(e), content(e)
Saturday samedi (*m*)
save conserver
 ~ money faire des économies
say dire (qqch à qqn)
 ~! dis!, dites!
scene la scène
scholarship la bourse
school l'école (*f*)
 go to ~ faire des études
 junior high ~ le collège
 secondary ~ le lycée
science les sciences (*fpl*)
 political ~ les sciences politiques
 social ~ les sciences humaines et sociales
scientist le savant/la savante
sculpture la sculpture
sea la mer
season la saison
second deuxième
secret secret/secrète
secretary le/la secrétaire
see apercevoir, voir
 ~ again revoir
 ~ by chance rencontrer
 ~ each other se voir
 ~ you later! à tout à l'heure!
 ~ you soon! à bientôt!
 ~ you tomorrow! à demain!
seem avoir l'air + *adj*, sembler
select choisir
-self -même
selfish égoïste
sell vendre
send envoyer (qqch à qqn)
 ~ back renvoyer
Senegalese (*adj*) sénégalais(e)
sense: business ~ le sens des affaires
sentence la phrase
sentimental sentimental(e) (sentimentaux *mpl*)
September septembre (*m*)
series: TV ~ le feuilleton
serious sérieux/sérieuse
seriously sérieusement
serve servir
service: at your ~! à votre service!
set (*v*): **~ the table** mettre la table
 ~ up établir
seven sept
seventeen dix-sept
seventh septième
seventy soixante-dix
 seventy-one soixante et onze
 seventy-three soixante-treize
 seventy-two soixante-douze
several plusieurs, quelques
 ~ times plusieurs fois
shampoo le shampooing
shape la forme
 be in ~ être en forme
share (*v*) partager
shave se raser
she elle
shelf l'étagère (*f*)
shirt la chemise
 polo ~ le polo
shoe la chaussure
shop (*n*) la boutique
shop (*v*) faire les achats, faire du shopping
 ~ for food faire les courses
 ~ on-line faire des achats en ligne
short (*length*) court(e); (*height*) petit(e)
shorts le short
should devoir, il faut
show (*n*) le spectacle
 TV game ~ le jeu télévisé
 TV ~ le spectacle, l'émission (*f*)
 variety ~ les variétés (*fpl*)
show (*v*) montrer (qqch à qqn)

shower la douche
to take a ~ prendre une douche
shut fermer
sick malade
silk la soie
silver l'argent (*m*)
simple facile
since (*adv*) depuis; comme (*because*); (*conj*) depuis que
~ when ? depuis combien de temps? depuis quand?
sing chanter
single célibataire
Sir Monsieur
sister la soeur
sit down s'asseoir
site le lieu
six six
sixteen seize
sixth sixième
sixty soixante
skating le patinage
ski (*v*) faire du ski, skier
skiing le ski
water ~ le ski nautique
skirt la jupe
sleep dormir
sleepy: be ~ avoir sommeil
slice la tranche
slow lent(e)
small petit(e)
smart intelligent(e), génial(e) (géniaux *mpl*)
smell (*v*) sentir
smoke (*v*) fumer
snack le snack
snail l'escargot (*m*)
sneakers les tennis (*fpl*)
snow (*v*) neiger
snow (*n*) la neige
snowboarding le snowboard
so alors
~ that pour que
~ then alors
soap le savon
soccer le foot, le football
sociable sociable
social science les sciences humaines (*fpl*)
social network le réseau social
sociology la sociologie
sock la chaussette
soda: lemon ~ la limonade
sofa le sofa
soft doux/douce
software application le logiciel
sole (*fish*) la sole
some (*partitive art*) du, de la, de l', des; (*adj*) certain(e)s; (*pron*) en; (*adj*) quelques; un peu (de)
~day un jour
someone quelqu'un
something quelque chose
sometimes parfois, quelquefois
somewhere quelque part
son le fils
soon bientôt
see you ~! à bientôt!
sore: have a ~ . . . avoir mal à + *part of body*
sorry désolé(e)
to be ~ regretter
south le sud
Spain l'Espagne (*f*)
Spanish (*language*) l'espagnol (*m*)
speak parler (à qqn)
specialize in faire des études de
speed la vitesse
spend: ~ money dépenser
~ time faire un séjour, passer du temps
spirit l'esprit (*m*)
sport le sport
be active in a ~ faire du sport
sports le sport
spring le printemps
in ~ au printemps
stadium le stade
starter (for a meal) l'entrée (*f*)
state (*geographical division*) l'état (*m*)
in the ~ of dans l'état de
station: train ~ la gare
stay (*n*) le séjour
stay (*v*) rester
steal (*v*) voler
stepfather le beau-père
stepmother la belle-mère
stereo la chaîne-stéréo
still encore
stockings les bas (*mpl*)
stomach le ventre
have an upset ~ avoir mal au coeur/au ventre
stop arrêter, s'arrêter de, cesser de
~ at a place descendre
store le magasin
department ~ le grand magasin
story l'histoire (*f*)
strawberry la fraise
street la rue
strive chercher à
strong fort(e)
struggle (*v*) lutter
student l'étudiant(e) (*m/f*)
studies les études (*fpl*)
artistic ~ les études artistiques
business ~ les études commerciales
engineering ~ les études d'ingénieur
literary ~ les études littéraires
professional ~ les études professionnelles
scientific ~ les études scientifiques
studio apartment le studio
study étudier, faire des études; faire + *subject*
~ for an exam préparer un examen
~ math faire des maths
stupid idiot(e), stupide
subject le sujet
keep abreast of a ~ suivre un sujet
suburbs la banlieue
subway le métro
by ~ en métro
succeed in réussir à
success la réussite
successful: be ~ in réussir à
suddenly soudain, tout à coup
suffer souffrir
sugar le sucre
suit: bathing ~ le maillot de bain
man's ~ le costume
woman's ~ le tailleur
suitcase la valise
summer l'été (*m*)
next ~ l'été prochain
this ~ cet été
sun le soleil
sunny: it is ~ il fait du soleil
Sunday dimanche (*m*)
sunglasses les lunettes (*fpl*) de soleil
superficial superficiel/superficielle
supermarket le supermarché
superstitious superstitieux/superstitieuse
supper le dîner
supposed: be ~ to devoir
sure sûr(e), certain(e)
it is (is not) ~ that il est (n'est pas) sûr que
surprise la surprise
surprised surpris(e)
survey le sondage
sweater le pull, le pull-over
sweet doux/douce
swim nager
swimming la natation
swimming suit le maillot de bain
Swiss (*adj*) suisse
Switzerland la Suisse

table la table
night ~ la table de nuit
set the ~ mettre la table
tablet computer (iPad) la tablette
take prendre
~ a course suivre un cours
~ a ride/a walk faire une promenade
~ a sheet of paper! prenez une feuille de papier!
~ a trip faire un voyage
~ along amener, prendre
~ an exam passer un examen
~ care of s'occuper de

take (*continued*)
~ pictures/photographs faire de la photo
~ place avoir lieu
talk parler (à qqn)
tall grand(e)
tax l'impôt (*m*)
tea le thé
iced ~ le thé glacé
teach enseigner
teacher le professeur, le prof
technician le technicien/la technicienne
tee shirt le tee-shirt
teeth les dents (*fpl*)
telephone l'appareil (*m*), le téléphone
television la télévision, la télé
on ~ à la télé
~ series le feuilleton
~ set le téléviseur
tell dire (à qqn de)
~ about raconter (de)
temperature: what's the ~? quelle température fait-il? quel temps fait-il?
ten dix
~ thousand dix mille
tendency: have a ~ to avoir tendance à
tennis le tennis
play ~ jouer au tennis
~ shoes les tennis (*fpl*)
tenth dixième
test l'examen (*m*)
text message le texto
than (*in comparisons*) que
thank you (thanks) merci (bien), Je vous remercie.
that (*adj*) ce/cet/cette/ces; (*conj*) que; (*pron*) ce, cela, ça; (*relative pron*) que, qui
~ is to say c'est-à-dire
~'s it c'est ça
~'s true ça, c'est vrai
the le/la/l'/les
theater le théâtre
be active/involved in ~ faire du théâtre
movie ~ le cinéma
theft le vol
their (*adj*) leur(s)
them elles, eux; les, leur
then alors, ensuite, puis
there là, y, là-bas
~ is, ~ comes, ~ are, ~ come voilà, voici
~ is/are il y a
~ was/were il y avait
these (*adj*) ces
they ils, elles, on
thief le voleur/la voleuse
thin mince
get ~ maigrir
thing la chose; l'objet (*m*)
think penser, croire, réfléchir
~ about penser à, réfléchir à
~ that penser que, croire que
third troisième
thirsty: be ~ avoir soif
thirteen treize
thirty trente
thirty-one trente et un
thirty-two trente-deux
this (*adj*) ce/cet/cette/ces
~ is . . . (*introduction of people*) je vous présente ...
those (*adj*) ces
thousand mille (*inv*)
one hundred ~ cent mille
one ~ one hundred mille cent
one ~ one mille un
two ~ deux mille
threaten menacer
three trois
throat la gorge
to have a sore ~ avoir mal à la gorge
through par
Thursday jeudi (*m*)
thus ainsi, donc
tie (*n*) la cravate
tights les collants (*mpl*)
time le temps, l'époque (*f*), la fois, l'heure (*f*)
ahead of ~ en avance
all the ~ tout le temps
a long ~ longtemps
at the present ~ à l'heure actuelle
at what ~? à quelle heure?
free ~ le temps libre
from ~ to ~ de temps en temps
on ~ à l'heure, ponctuel/ponctuelle
one ~ une fois
several times plusieurs fois
spend ~ passer, faire un séjour
waste one's ~ perdre son temps
what ~ is it? quelle heure est-il?
timid timide
tired fatigué(e)
tiresome pénible
to à, en
~ . . .'s house chez + *person*
~ the left of à gauche de
~ the right of à droite de
today aujourd'hui
together ensemble
toilet(s) les toilettes (*fpl*), les WC (*mpl*), le cabinet de toilette
tomato la tomate
tomorrow demain
~ afternoon demain après-midi
~ evening demain soir
tonight ce soir
too (*also*) aussi
me ~! moi aussi!
~ much, many trop (de)
tooth la dent
toothbrush la brosse à dents
toothpaste le dentifrice
toward vers
town la ville
in ~ en ville
tradition la tradition
traffic la circulation
train le train
by ~ en train
~ station la gare
translate traduire
transportation le transport, les transports
travel voyager
treaty le traité
trip le voyage
take/go on a ~ faire un voyage
true véritable, vrai(e)
truth la vérité
try essayer de
~ to chercher à
Tuesday mardi (*m*)
tuition les frais de scolarité
tuna le thon
turn on (*the TV*) mettre
TV la télé (*See also* **television**)
twelve douze
~ hundred douze cents (= mille deux cents)
twenty vingt
twenty-first vingt et unième
twenty-four vingt-quatre
twenty-one vingt et un
twenty-three vingt-trois
twenty-two vingt-deux
twice deux fois
two deux
~ hundred deux cents
~ hundred one deux cent un
~ thousand deux mille

uncle l'oncle (*m*)
under sous
understand comprendre
unequal inégal(e) (inégaux *mpl*)
unfortunately malheureusement
unhappiness le malheur
unhappy malheureux/malheureuse
United States les États-Unis (*mpl*)
university l'université (*f*)
unknown inconnu(e)
unless à moins que
unmarried célibataire
unpleasant désagréable, antipathique
until (*prep*) jusqu'à; (*conj*) jusqu'à ce que
untrue faux/fausse
upload mettre en ligne
up to jusqu'à
up: get ~ se lever

upset: get ~ s'énerver
have an ~ stomach avoir mal au coeur/au ventre
urban urbain(e)
us nous
use employer, se servir de, utiliser
useful utile
useless inutile
usually d'habitude, habituellement

vacation les vacances (*fpl*)
on ~ en vacances
variety show les variétés (*fpl*)
VCR le magnétoscope
veal le veau
vegetables les légumes (*mpl*)
Vermont le Vermont
very très
~ many, much beaucoup (de)
~ well très bien
victim la victime
video games les jeux (*mpl*) vidéo
Vietnamese (*adj*) vietnamien(ne)
vigorous dynamique
village le village
violin le violon
visit: ~ each other se rendre visite
~ a person rendre visite à
~ a place visiter
volleyball le volley, le volleyball

waistline la ligne
wait for attendre
waiter le garçon, le serveur
waitress la serveuse
wake (up) réveiller (qqn), se réveiller
walk marcher, promener
go for/take a ~ faire une promenade, se promener
walking la marche à pied
wall le mur
want vouloir (bien), désirer, avoir envie de
war la guerre
warm chaud(e)
be ~ avoir chaud
it's ~ out il fait chaud
wash laver, se laver
waste one's time perdre son temps
watch (*n*) la montre
watch (*v*) regarder
water l'eau (*f*)
mineral ~ l'eau minérale
water-skiing le ski nautique
way la façon, la manière, le moyen
we nous
weak faible
wear porter, mettre
weather le temps
the ~ is awful il fait un temps épouvantable
~ forecast la météo
what's the ~? how is the ~? quel temps fait-il?
Wednesday mercredi (*m*)
week la semaine
weekend le week-end
every ~ tous les week-ends
weight: gain ~ grossir
lose ~ maigrir
welcome: you're ~ de rien, il n'y a pas de quoi
~! soyez le/la/les bienvenu(e)(s)!
well bien
very ~ très bien
~ ... eh bien ...
~-known connu(e)
west l'ouest (*m*)
what (*pron*) que, qu'est-ce que, qu'est-ce qui; ce qui, ce que; quoi; (*adj*) quel/quelle/quels/quelles
at ~ time? à quelle heure?
~ does that mean? qu'est-ce que ça signifie?
~ is it? ~ is that? qu'est-ce que c'est?
~ is the date? quelle est la date?
~ is wrong? qu'est-ce que tu as?
~ is your name? comment vous appelez-vous?
~ is your name? (*fam*) comment t'appelles-tu?
~ kind of? quel genre de?
when quand
where où?
from ~ d'où
whether si
which (*adj*) quel/quelle/quels/quelles; (*pron*) qui, que
while (*conj*) pendant que
in a short ~ dans un instant, dans une minute, dans un moment
once in a ~ de temps en temps
white blanc/blanche
who qui, qui est-ce qui
~ is it? qui est-ce?
whole: the ~ tout le/toute la
whom (*int pron*) qui, qui est-ce que
for ~? pour qui
to ~? à qui
with ~? avec qui
why pourquoi
~ no! mais non!
~ yes! mais oui!, mais si! (*to a negative question*)
wife la femme
WiFi Wifi
willing: be ~ vouloir bien
win gagner
wind le vent
window la fenêtre
windshield wipers les essuie-glaces (*m*)
windsurfing la planche à voile
windy: it is ~ il fait du vent
wine le vin
winter l'hiver (*m*)
in ~ en hiver
wish désirer, souhaiter, vouloir
with avec
~ regard to à propos de
~ respect to à l'égard de
without (*prep*) sans; (*conj*) sans que
do ~ se passer de
witness (*n*) le témoin
witness (*v*) être témoin de
witty (*adj*) spirituel/spirituelle
woman la femme
businesswoman la femme d'affaires
(~) engineer la femme ingénieur
wool la laine
word le mot
work (*v*) (*function*) marcher; (*do a job*) travailler
work (*n*) le travail (travaux *pl*)
worker l'ouvrier/l'ouvrière (*m/f*)
world le monde
~ war la guerre mondiale
worried inquiet/inquiète
to be ~ s'inquiéter
worry s'inquiéter
would: I ~ like je voudrais
write écrire (qqch à qqn)
~! écrivez!
~ to each other s'écrire
writer l'écrivain (*m*)
wrong le tort
be ~ avoir tort
that's ~! c'est faux!

year l'an (*m*), l'année (*f*)
be . . . years old avoir ... ans
in the ~ . . . en ...
this ~ cette année
yellow jaune
yes oui; si (*to a negative question*)
why ~! mais oui! mais si!
yesterday hier
day before ~ avant-hier
~ afternoon hier après-midi
~ evening hier soir
~ morning hier matin
yet cependant, encore, pourtant
not ~ ne ... pas encore
yogurt le yaourt
you (*subject pron*) tu, vous, on; (*obj pron*) te; (*stress pron*) toi
and ~? et toi? et vous?
young jeune
~ girl la jeune fille
~ man le jeune homme
~ woman la jeune femme
your (*adj*) votre/vos; ton/ta/tes

zero zéro (*m*)

Index

FRANCE

Londres
ANGLETERRE
Dunkerque
Calais
Lille
Bruxelles
BELGIQUE
ALLEMAGNE
Valenciennes
ARTOIS
Manche
LUXEMBOURG
Luxembourg
Amiens
Le Havre
Rouen
PICARDIE
Reims
Metz
Caen
LORRAINE
Strasbourg
NORMANDIE
Paris
CHAMPAGNE
Nancy
Versailles
VOSGES
Brest
Chartres
Seine
ALSACE
BRETAGNE
Rennes
Le Mans
Orléans
FRANCHE-COMTÉ
PAYS DE LA LOIRE
BOURGOGNE
ANJOU
Angers
Tours
Besançon
Dijon
Berne
Nantes
SUISSE
TOURAINE
Loire
JURA
Lausanne
Saône
BOURBONNAIS
POITOU-CHARENTES
Genève
OCÉAN ATLANTIQUE
La Rochelle
Limoges
Clermont-Ferrand
Annecy
Lyon
LIMOUSIN
St-Étienne
ALPES
Grenoble
ITALIE
MASSIF CENTRAL
Bordeaux
Rhône
AUVERGNE
MONACO
Garonne
Avignon
Nice
Monte Carlo
0 50 100 150 200 mi
0 100 200 300 km
AQUITAINE
PROVENCE
CÔTE D'AZUR
Montpellier
Aix-en-Provence
Toulouse
Toulon
GASCOGNE
Marseille
PYRÉNÉES
LANGUEDOC
MIDI-PYRÉNÉES
Perpignan
ANDORRE
Capitale
Population des unités urbaines
plus de 1.000.000 habitants
de 500.000 à 1.000.000 habitants
de 100.000 à 500.000 habitants
moins de 100.000 habitants
ESPAGNE
Mer Méditerranée
Corte
CORSE
Ajaccio